国家软科学基金资助项目
陕西省高校哲学社会科学特色学科建设项目

保护文化传承的新农村建设

Protecting Cultural Inheritance in New Rural Reconstruction

杨豪中　李媛　杨思然　著

中国建筑工业出版社

图书在版编目（CIP）数据

保护文化传承的新农村建设/杨豪中等著. —北京：中国建筑工业出版社，2013.10
ISBN 978-7-112-15962-8

Ⅰ. ①保… Ⅱ. ①杨… Ⅲ. ①农村—文化遗产—保护—研究—中国 Ⅳ. ①K203

中国版本图书馆CIP数据核字（2013）第235968号

责任编辑：张幼平　郑淮兵
责任校对：王雪竹　陈晶晶

保护文化传承的新农村建设
杨豪中　李媛　杨思然　著
*
中国建筑工业出版社出版、发行（北京西郊百万庄）
各地新华书店、建筑书店经销
中新华文广告有限公司制版
北京云浩印刷有限责任公司印刷
*
开本：880×1230毫米　1/16　印张：26¾　字数：678千字
2015年1月第一版　2015年1月第一次印刷
定价：78.00元
ISBN 978-7-112-15962-8
（24765）

内容提要

本书分为理论篇与模式篇两大部分。理论篇除了阐述研究源起，研究主题、对象与价值，国内外研究现状，主要研究内容、目标、框架，研究方法与评述之外，重点从五个方面论述了新农村建设与文化传承的理论关系。五个方面分别为：中国文化的农耕文明属性特征，中国乡村与中国文化的依存关系，城市建设中“千城一面”的国际、国内经验，当代背景下农村建设与文化传承的关系，新农村建设、乡村非物质文化遗存、传统村落建筑环境三者相互支持模式的理论观点、原则与方法。

模式篇主要从三个方面层层递进论证和阐释新农村建设、乡村非物质文化遗存、传统村落建筑环境三者共生的建设模式。三个方面分别为：新农村建设、乡村非物质文化遗存、传统村落建筑环境的基础性研究；新农村建设、乡村非物质文化遗存、传统村落建筑环境三者支持关系研究；新农村建设、乡村非物质文化遗存、传统村落建筑环境三者共生性建设模式研究，即保护式、改造式、新建式。

本书可供相关专业研究工作者和各高校建筑类、规划、风景园林、环境设计等学科专业师生参考，也可供广大文化工作者参考和保存。

前　言

三农问题一直是关乎我国民生发展与国家长治久安的重大事宜，在农业、农村、农民三者关系上，农村以其场域性、地域性、时间性、空间性为物质表达形态，成为农业发展的物质条件和农民安居乐业、幸福生活的物质承载，而农民的安居乐业包含着多层次的需求，物质需求、精神需求、短期需求、长期需求则是关键。纵观历史长河，农耕文明是中国传统文化与当代文化的本源和根本属性，亦是风雅文化、经典文化形成的根基，而孕育农耕文明的土壤却是中国广大农村。乡村非物质文化遗存是传统文化在历史长河中的积淀与时代表现形式，至今广大乡村还遗留着丰富的非物质文化遗存，所以，今天的新农村建设不仅是物质和短期利益建设，更是关乎中华民族文化保护传承的长期利益建设。

本书正是以此为起点，针对当代新农村建设处于物质建设初期，全国各地出现大量“千村一面”现象，以及孕育农耕文明和中国传统文化的土壤正在遭受建设性破坏的严重问题，而建立以文化保护传承为目标的新型乡村建设模式。该模式是以新农村建设、乡村非物质文化遗存、传统村落三者的共生为要求和原则，包括理论研究与模式研究两个部分。理论研究阐释论证了农耕文明是中国文化的本源与属性，及农耕文明传承是新农村建设必须解决和实现的重大事宜；模式研究以陕西新农村建设为主要研究对象，通过对陕西新农村建设情况的梳理，对乡村非物质文化遗存地毯式田野考察，对传统村落建筑环境整体性的考察和把握，确定了使新农村建设在乡村非物质文化遗存、传统村落两相支持下的共生性建设模式，并以陕西省不同文化区内的传统村落为研究案例，总结出保护式、改造式、新建式三种具体的共生性建设方式。

本研究首次在农村建设的视阈中明确提出农耕文明是中国文化的本源与属性，乡村是孕育农耕文明的土壤，传统文化与乡村非物质文化遗存的母子关系；首次从保护乡村非物质文化遗存的角度出发，提出了解决新农村建设中文化保护传承的具体途径和方法；首次将传统村落建筑环境视为“容器”，将乡村非物质文化遗存视为“内容”，提出农村应该是两者情境交融的场域，而这种情境交融又是在新技术推动和引领下的发展和进步。本研究以多学科交叉为支撑，多种研究方法为支持，突破以单一视角和手段观察、解决现实问题的局限，从整体视野出发，以现象学田野考察法为研究手段，使共生模式成为科学、缜密、适时、可行的完整体系。

Preface

Issues concerning agriculture, countryside and farmers have been critical issues about the livelihoods and the country's lasting peace and stability of our nation. In agriculture, the relations among agriculture, rural areas and farmers, the rural areas uses field territory, territoriality, timeliness and spatial ity as the material expression form, making it the material conditions of agriculture development and the material bearing of the peasants'live work in peace contentment and happiness life. The peasants'live work in peace contentment contains multilevel requirements, of which material needs, spiritual needs, short-term and long-term demands are the key. Throughout history, agricultural civilization is the origin and fundamental properties of Chinese traditional culture and contemporary culture; it is also the forming foundation of elegance culture, classic culture, while the soil which nurtures the agricultural civilization is China's vast rural areas. Rural intangible cultural heritage is the long history accumulation and manifestation of the times of traditional culture. Today, there remains a large number of intangible culture heritage in the majority of the villages, so today's new rural construction is not only the substance and short-term interest construction, but also the long-term interest construction which is related to the preservation of the Chinese culture.

With the above viewpoint as the premise, this book builds a new rural construction mode with the purpose of culture protection and inheritance, aiming at the nationwide phenomenon of thousands of villages'same appearance in the new rural reconstruction at the initial stage of material construction, and the serious problem that soil, which breeds agricultural civilization and Chinese traditional culture, is suffering constructive destruction. With the symbiosis of new rural reconstruction, rural intangible cultural heritage and traditional villages as requirement and principle, this mode consists of theoretical research and mode research. Among them, the theoretical research explains and demonstrates that agricultural civilization is the source and nature of Chinese culture and the inheritance of agricultural civilization is an important event to be realized and resolved during the new rural reconstruction. The mode research takes new rural reconstruction in Shaanxi as the object, ascertaining the symbiosis construction mode which makes the new rural reconstruction supported by rural intangible cultural heritage and traditional villages, through sorting out the new rural reconstruction in Shaanxi, carpet investigating rural intangible cultural heritage and examining the integrity of building environment of traditional villages. And three symbiosis construction modes including protection mode, transformation mode and new construction mode are concluded by taking the traditional villages in Shaanxi three cultural regions as study cases.

For the first time, this study put forward in the threshold of the rural construction the obvious idea that farming civilization is the origin and properties of the Chinese culture, the village is the soil nurturing farming civilization, the relationship between traditional culture and rural intangible cultural heritage is the mother-child relationship. Based on the point of view of protecting the rural intangible cultural heritage for the first time, we put forward the specific ways and means of the resolution of the cultural heritage in new countryside construction. For the first time, we put the idea that the traditional village building environment can be regarded as "container", the intangible cultural heritage can be treated as "content" , the rural areas should be filed for situation integration of the two ,which is the developments and advances driven and led be the new technology. This article is based on the multi-disciplinary sciences and supported by various research methods, can break through the limitations solving the problems from single visual angle and means. We try to consider the issues in the view of unitary vision, use the approaches of phenomenology field research, making the mode a whole medical systems that is scientific, rigorous, timely and feasible.

目 录

第一章　绪论

1.1　作为综合体的新农村建设

1.1.1　国家农村建设背景

我国是一个以农耕文明为传统文化本体核心的国家，农业在我国已有上万年的历史，发展至今，我国已经是一个拥有9亿农村人口的农业大国。据统计，我国共有乡35000多个，其中行政村约65万个，自然村三百多万个[1]。无论是就人口比例还是实际空间领域，农民的居住问题、农村的建设情况都是关系国家发展前景的基础性问题。

1. 杨豪中，李媛.保护文化传承的陕西新农村建设[J].艺术评论，2011(7). 141

在2004年第十六届四中全会上，胡锦涛总书记明确分析了我国发展的现状是新世纪国家整体经济与社会情况发生了显著变化，工业化成为未来的发展方向，世界上已经完成工业化进程的大多数发达国家，具有相当成熟的经验值得我国学习。我国目前处于以工业发展促进农业进步、以城市发展带动乡村发展的阶段。社会主义新农村建设即是在如此历史背景条件下提出的针对性的目标和任务。据此，国家施行的具体措施包括于2006年取消农业税，为农民间接减负1600多亿，从2004年开始的直补至2009年达到1230亿元。大力加强农村基础设施建设，对农村道路、电网、饮水设施、沼气等涉及农民生活条件的方面进行了整治与建设。到2009年，全国87%的行政村通达客运班车，两大电网覆盖了除西藏之外的地区，并直接进村入户。2000年，全国饮水不安全的农民总量约为3.4亿，到2008年年底已解决1.6亿。全国农村沼气用户于2008年年末有3000多万户[2]。在公共服务方面，农村义务教育经费得到保障，新型农村合作医疗建立，农村广播电视村村通及电影放映工程、农家书屋得以开展[3]。完善农村社会保障制度，到2009年6月底有4470多万户农民纳入最低生活保障。国家还准备建立农村社会养老保险制度，并拟于2020年前覆盖全国。

2. 李景明，薛海.中国生物质能利用现状与发展前景[EB/OL]. http://www.gsagr.ac.cn/libr/kjxx/showart.asp?id=2081

3. 网络：http://www.cnr.cn/09zt/zgdjt/

国家农村建设的宏观背景推动我国农村发展进入了一个现代化和城市化的发展阶段，与此同时，农村建设运用“联排别墅”“别墅式”作为示范，趋同、单一、文脉断裂等问题亦严重显现出来，城市千城一面的尴尬现状将继而演变为农村的千村一面，其结果是对乡村结构和文化的“建设性破坏”。这种破坏是多层面的，包括传统村落建筑空间环境和传统建筑体系的风土性特征及其背后隐藏的乡村社会结构与非物质文化遗存（产）等，后果是破坏中国传统文化孕育和传承的基本土壤，加速传统和地域文化的衰竭与丧失。

1.1.2 农耕文明是中国传统文化本体核心

纵观中国历史，传统文化的产生和发展均以农耕文明为基础，农耕文明是中国文化演进过程中的隐动力和内在基因，它不仅决定了中国文化各方面最初的属性定位和本源，亦影响、牵制和限定了中国文化在今日与未来的具体走向。作为农耕文明源生地的广大乡村在千百年中留存了丰富的乡村文化遗存（产），它们是传统社会生活的传承和沉淀，是有关于中国传统社会农民“衣、食、住、行、想”五方面内容在长时间序列中交织、积淀而为“文化”的历史痕迹与总结，积微成著，后密于前，后世以这五方面为基础又融合或单个衍化为生产工具（衣、食、住、行、想）、居住地选址与建筑（住）、食粮与衣服（食、衣）、政治制度（想）、乡村社会结构（衣、食、住、行、想）、经济结构与发展（衣、食、住、行、想）、宗教信仰（想）、民间文化与风俗习惯（衣、食、住、行、想）、道德标准（想）等九个方面。

1.1.3 非物质文化遗存（产）

农耕文明的遗存体系中包含物质与非物质两方面的因素。物质因素是各个历史时期和具体时空中的物质承载，非物质因素却是隐藏和包含在物质因素中的不可见物质形成的隐动力。就像耕地工具经历了从新石器时期的神农教民稼穑的耒耜到曲辕犁，再到现代社会的双轮双铧犁，纺织工具从原始社会的纺轮到卧式织机到坐式织布机，再到现代社会的大型机械织布机的发展变迁那样，物质形式在不同历史时期有着显著技术进步与形态变化，但是最初关于“衣”的需求，关于纺线与经纬线编织的原理，及其对中国伦理与礼制传统思想、意识、观念的作用却成为影响中国人世界观的文化与文明基因传衍至今——这种非物质因素的隐动力也像从自然环境中提取地景特性融入传统村落建筑空间环境，从而形成场所精神一样：纵然客家人经历了长期的历史迁徙，在新的地景环境中扎根生存，但是，中原内陆地区宗祖文化传统却被带至了新环境中存在、繁衍。除此之外，物质与非物质的关系处处可见。事实上，物质总是在阶段性地变化着，非物质因素却相对稳定地存在和承传着，因为非物质代表了一个族群、团体及其中每个人共同拥有的宇宙观、价值观、世界观、哲学观。对于以华夏文脉为宗的子孙族群来说，以内陆中原农耕文明为主的文明体系是产生于中国特定地景环境中的文明成果，是在长期的历史进程中经历多次和平、战乱后民族文化大融合的结果。在几千年的时间中，它渗透于华夏子孙生活、思想的各个方面，渗透在自然环境和人文环境中。可以说，它就是孕育中国人、社会、自然环境及一切的母体，是既以物质为承载又超越了物质而绵久存在的生命推动力。

确定非物质文化遗产的保护方法是目前国际公认和通用的途径，亦适用我国农耕文明的保护与传承。联合国于2003年颁布的《公约》[1]明确规定了非物质文化遗产的概念、范畴、内涵与外延，即保护范围包括非物质主体及其相应的物质承载。

非物质文化遗产保护在我国的进展源于2005年国务院颁布的《通知》[2]与2006年、2008年先后认定与公布的两批10个类别的国家级非物质文化遗产[3]共1028项，加上各省级的非物质文化遗产名录，共4315项[4]。在我国广大空间场域中遗留下来的非物质文化遗存（产），是有关于中国人“衣、食、住、行、想”的文化积淀，是在时间推移与物质变化中保持不变特性的非物质因素，是被中国人所认同的价值观、宇宙观和世界观，而它们都是以农耕文明为母体，都直接或间接地来自于中国农村。可以说，广大农村丰富的非物质文化遗存（产）承载与传衍了内容极为丰富的民间原生态文化，是千百年农耕文明遗传基因直接得以孕育的土壤，是以传统村落为载体并自然形成的村落文化，是传统文化的根基。

1. 2003年联合国教科文组织颁布了《保护非物质文化遗产公约》，书中简称《公约》。

2. 2005年国务院颁布了《关于加强文化遗产保护的通知》，书中简称《通知》。

3. 中国对于非物质文化遗产的保护与世界同步.http://www.hnmuseum.com/hnmuseum/museum/learningcont010.jsp?type=3&preid=010ca49df203402881c10ca49533000c

4. 同上

1.1.4 多元文化激荡

一个国家，在每个发展阶段所呈现出来的面貌、特色和问题与它所处的社会、历史背景是分不开的。目前我国新农村建设受外来文化的冲击与影响，不注重非物质文化遗存（产）的现象屡屡发生，新农村文化建设缺乏自我造血功能。此外，在各种文化激荡的大环境中，大量留在农村的非物质文化遗存无法认清自身，受西方后现代文化理念、娱乐方式、生活方式等的冲击，不少优秀农村文化被取代或异化，造成非物质文化遗存（产）最终走向湮灭。我国目前发展阶段与世界发达国家发展阶段对接点和差异性的存在，导致我国长期处于各种文化相互激荡的氛围中。我们应当对祖先留下的文化遗存（产）保持敬畏，因为只有这些遗存（产）才是属于我们的永恒财富，才是华夏民族存在于世的“阿基米德点”。“在向现代性迈进的过程中，我们不能先见地设定某种模式（西方模式或者城市模式）为转换对象，而是要立足于农村的本土，通过实践不断建构出新质，这个新质就是真正适合于我国农村发展的方向。”[5]

5. 范玉刚．大众文化:现代性的后果[J].北京:中共中央党校学报，2004(3).114～118.

1.1.5 陕西区域背景

陕西乡村人口至2008年年末达到2178.2万，占总人口的57.9%（另有统计数据显示104个县全部农业人口是2669万）。陕西省政府办公厅提供的数据表明，全省需要常年救助的农业特困人口近200万，占全省农业人口的6.9%。陕西省2006年行政村为28847个，自然村为107706个，至2004年，人均耕地面积1.60亩。

自然环境条件的较大差异，使陕西顺天承地形成了关中、陕北、陕南三大区域（表1.1）。

陕西三大区域农业经济概况　表1.1

区域	地位	农耕特点	农作物	经济作物	特产
关中	我国首善之地，自古便是主要农耕区域	以一年两熟、两年三熟的旱地作物为主	小麦、玉米	棉花、油料、豆类、温带林特产品	秦川牛、关中驴、奶山羊
陕北	自然环境条件制约较大	一年一熟，粗耕粗放，旱作，畜牧区	小麦、玉米、谷子、糜子	土豆、苹果、红枣	皮毛生产
陕南	汉中盆地是鱼米之乡	一年两熟或两年三熟耕种区	稻米	油菜籽、柑橘、油橄榄等	
	秦岭山区为林业基地	大巴山区是一年两熟耕地	玉米、稻米、小麦	土豆、茶叶、麻	生漆、蚕茧、桐油、药材

此外，陕西省从2005年开始开展新农村建设，阶段性基本情况见表1.2。

2005～2009年陕西省新农村建设阶段性基本情况　表1.2

2005年	①2005年，实行工业反哺农业、城市支持农村，推进现代农业建设并积极调整农业结构，加快农村基础设施建设； ②颁布《陕西省农村村庄规划建设条例》，编制《陕西省农村村庄建设规划导则（试行）》、《村庄建设和人居环境治理专题规划》，下发《关于做好县域村庄布局规划编制工作的通知》
2006年	2006年，制定新农村建设规划纲要，实施村庄规划建设条例，出现新农村建设“典型”，加快了农村饮水、通电、道路、卫生和沼气等工程，建成农村饮水工程1700处，解决43万人的饮水困难和42万人饮水安全问题。解决边远地区9万人用电问题，通电话行政村达98.1%，新建通乡油路2000km、通村油（水泥）路1.4万km，位居西部第一，新建户用沼气池15万口等
2007年	一村一品“千村示范、万村推进”工程全面开始，出现一批专业“示范村”。基础设施建设、饮水工程、道路建设、用电、信息入户等取得较大成绩，广播电视和固定电话“村村通”全面实现。建成通村公路2.8万km。新建用户沼气池20.5万口等
2008年	大力发展“一村一品”和“一县一业”工程，切实加强基础设施建设，使农业产业化程度明显提高，农村生产生活条件进一步改善。5.7万农村安居工程项目开工建设，3.8万户入住新居等
2009年	努力发展壮大县域经济，建设百个工业集中区、百个重点镇，加快农业产业化、县域工业化、城镇化，重点镇规划编制工作基本完成，农村安居和保障性住房工程改善住房条件，新建、改建公路2.8万km等

陕西省新农村建设在发展的同时亦存在着大量“建设性破坏”，从最初的村庄整体规划建设方案到民居建筑方案和村级活动组织方案等可以看出，由陕西各大设计院所做的方案90%在满足占地面积、功能布局需求的同时只具备基本的形态，并没有很好地传承关中、陕北、陕南三个区域及各区域腹地典型地景特色、建筑文化特色和民俗文化特色，重点表现在：对各地建筑文化差异与建筑人类学的考察、挖掘、整理、分类与区别不够，而只是简单化地对建筑外形作模糊的风土性设计，按照这样的建筑方案实施后的村落，会在关中、陕北、陕南三个区域形成只有大的风貌差别，各个区域内部却是

千房一面的严重问题。另外，在村庄规划中，由于对传统村落外围地景结构、内部整体结构、场所精神及实体性元素的保护与研究工作不深入，加之各地设计院受建筑占地面积的制约而简单化、均质地对各个村庄施行“联排式”规划模式，加速了原本具有自然风土面貌的村落物质与非物质因素巨大、快速的崩溃与变迁，如此下去，不久的将来，陕西农村用地将会因“建设性破坏”而“千村一面”，农耕文化生长的土壤不复存在，故慎重地进行新农村建设，建立新农村建设、乡村非物质文化遗存（产）与传统村落建筑环境共生性保护模式是刻不容缓的重要事宜。

1.2 国内外相关研究内容

1.2.1 国内研究现状

目前，非物质文化遗产是国内一些专家、学者关注的研究方向，亦产生了一些很有影响的成果，但在共生视域中同时考虑非物质文化遗存（产）与传统村落建筑环境的关系及二者共同发展的则尚不多见，而进一步将陕西省新农村建设与文化传承相关联，将新农村建设与保护传统文化基本土壤相关联，将新农村建设与非物质文化遗存（产）、传统村落建筑环境相关联的研究及成果更为鲜见。

以下是国内外各学科与本课题研究相交叉情况的阐述：

在本源哲学领域，靳之林的系列性专著[1]以考古挖掘的地下文物和田野考察的民间活艺术形态相结合的方法，体系性地论证了本源哲学基本观点：阴阳观和生生观。《生命之树》阐释了阴阳观、生生观中的生命树崇拜和通天观，各地域的阴阳图腾崇拜，以及阴阳图腾、生命树、通天观相结合的崇拜观等。《绵绵瓜瓞》阐释了阴阳观产生的本源及在活态和考古资料中的表现，即：阴阳观也是生生观；葫芦在中国本源哲学中被视为混沌并作为产生宇宙万物的母体；中国原始哲学是阴阳观和通天观的统一，这种观念从7000年前的东部河姆渡文化时期到6000年前西部的半坡仰韶文化时期，一直延续下来（东部是⌂，西部是∧），成为渗透在两个区域人民生活中的地域文化浓缩符号。中国传统建筑屋顶形式的哲学观念即为正面阴阳观与侧面通天观的表象。《抓髻娃娃》阐释了中华民族的保护神伏羲女娲的合体，也即创造天地和通天通地的神祇盘古，抓髻娃娃即是盘古的民俗变体，是其在活态和考古资料中的表现与印证。在这三本书中，靳之林建立了本源哲学框架体系，阐明了中国文化的根源，亦从侧面表明了中国文化农耕文明属性从古至今连贯和一脉相承的特性。

在传统文化领域，梁漱溟先生的系列专著虽写于新中国建立之前或初期，但其对中国问题、文化模式、乡村建设等的分析，及其对乡村建设具体发展方式的体系性思考与深刻见解，仍对今天新农村建设具有重要参考价

1. 靳之林的系列专著主要包括《生命之树与中国民间民俗艺术》[M]、《绵绵瓜瓞与中国本源哲学的诞生》[M]、《抓髻娃娃与人类群体的原始观念》[M]等。

值。《中国文化要义》从根本处着眼，阐述了作者对中国文化形成的根本原因与主要症结的深刻剖析，认为中国未来最佳的文化模式应该是“人对物的西方文化”“人对人的中国文化”“人对自身的印度文化”，只有在此模式中人才能感受到愉悦本真人生的真正奥义。《乡村建设理论》是20世纪二三十年代作者在对中国问题进行深入分析之后，根据农村建设的实践而阐释的乡村建设模式。作者在对各种建设方法进行批判后认为首先应该认清中国大局，并在认清问题的基础上谈到乡村建设应先建立合适的文化模式，只有合适的文化模式才能推动经济建设并促进农业发展，最后阐述了乡村组织建设。

在历史文化地理学领域，吴松弟的《无所不在的伟力——地理环境与中国政治》这本历史文化地理学专著对中国整体场域的分析具有典型意义。它阐述了中国地理环境的隔绝性与独立性特点，从宏观视野将整个地景喻为碗心与碗边，将中心文化与四周文化的关系喻为“碗边的水总要流向碗心”，对于本课题思考地景与文化、文化融合的关系有较大启发。

在三农文化领域，张力军等著《图说中国传统农具》，以中国传统农具的发展为脉络，图文并茂，分类介绍了传统农具演进过程，并在其中以小知识点形式阐释了传统农业政策和农耕文明积淀的重要观念，通过考察传统农具发展过程而使中国传统农业发展的具体表象得以展现，有窥一斑见全貌的效果。胡泽学的《中国犁文化》以犁为研究对象，阐释了犁的历史发展脉络与形制演变、犁耕技术传播情况，及因犁而引起的相关文化现象。与《图说中国传统农具》相同，作者不仅注重对物质文化遗存的探讨，亦注重对非物质文化遗存的记录和阐释。国风著的《中国农业的历史源流》、《中国农村的历史变迁》、《中国农民的传统生活》从文化表现形式的角度阐述了农业、农民、农村在历史长河中的种种文化积淀，在看似轻松简洁的语言表达中，解释了从新石器时期至今的三农文化表象。

风水文化自战国至今，其体系已达到相当完备的程度，闻名于世的著作不胜枚举，当代风水学著作如于希贤等的《中国古代风水的理论与实践》（上、下）对风水进行了综合性阐释，既包括宅居，亦包括村落与城市风水模式。

在文化人类学领域，国内研究著作当以费孝通先生的《江村经济——中国农民的生活》、《乡土中国》等为代表。《江村经济——中国农民的生活》是作者在20世纪三四十年代，对长江流域村庄的农民生存状态进行的以小见大的人类学调研报告，在面对社会变迁农民如何选择新经济发展形式的问题上，作者认为当时中国农村的现状既不可能是对西方经济模式的全盘接受，也不可能是完全保留传统自然经济形式，这样的观点显示了作者的清醒。费孝通认为文化是人们在生活中运用工具和相关专业知识所形成的共同体，在面对新老工具交替变更之时，农民所抱有的态度亦即权衡取舍的态度是对过去经验的思考，对新工具的了解及其对未来的预测，所以新旧交替的变迁是一个综合过程，而不是单方面变化的结果。然而最终结果如何，仍然要以农民在经过实践之后的自身选择为主，因为经过实际生活过程的检验，新工具未必就适合而传统工具未必就不适合。作者在其中对村庄各种问题的分析，都具有宏观视野，从细微处着眼，以综合、系统的观察视角与态度，以期做到对现状和问题分析的客观，也正是这种科学的工作态度，从侧面反映了作者对国家发展所持有的强烈责任心。作者在后序中谈到对于人类学家利奇教授于"微型社会学"研究的质疑，认为每一个农村并不仅仅都是与众不同且自成一格的独秀，如果所处条件相同就会孕育和产生相同事物，这些事物便可看做是一个"类型"[1]，据相同的"类型"就会产生解决问题的方法论"模式"，也就是说人类学中的"整体"并不是数学领域中的"总数"。

1. 这种观点被收录在费孝通的《人的研究在中国》

《乡土中国》与《江村经济》不同，是作者20世纪40年代教学内容的汇总，是在对众多具体案例进行研究之后，概括隐藏在乡村社会之内的隐性文化驱动力。当其作为一本专著出版之时，作者希望在这本书中尝试回答中国基层乡村社会的种种特征，亦即中国乡村社会的大体模样、显著特征，这个显著特征是乡土本色、熟人社会、经验沟通、差序格局、私人道德、家族、男女有别、礼制秩序、无讼、无为政治、长老统治、名实分离、欲望与需要[2]。《乡土重建》中"中国社会变迁中的文化症结"，"乡村·市镇·都会"，"论城·市·镇"等对乡土社会在社会快速变迁中的症结认识极其深刻。"中国社会变迁中的文化症结"阐述了在人与人之间关系和技术改变的社会变迁中，传统文化观念不再适应：作者认为鉴于西方技术的引进，乡土社会在从农业经济向工业经济的转化方面是存在着可能性的，亦即匮乏经济（economy of scarity）向丰裕经济（economy of abundance）的转变。一定的经济形态有着相应的文化形态，丰裕经济是"无餍求得"的文化观念，匮乏经济是"知足"的文化观念，匮乏经济及"知足"观念形成了无法"位育"的传统，匮乏经济也是中国经济技术几千年没有根本变化的深层原因。作者认为，掠夺是人类共有的本性，掠夺观念不可能被匮乏经济所位育，随着西方丰裕经济的到来，乡土社会的经济模式与文化模式必然会在不相位育的情况下走向衰微。新经济模式到来，相应的文化模式却没有建立，就无法达到"社会完整"。丰裕经济存在的基础是越来越多的考虑人与自然的关系，控制自然的手段便是科学，科学愈进步，技术愈进步，现代社会人们已经无法在科学与技术进步的状况下获得和平生活，因此说，匮乏经济与丰裕经济都有弊端，匮乏经济使人贫穷，丰裕经济却使人不安全。同样面对经济结构与文化模式协调的问题，西方社会通过基督教与罗马法相配合的文化暂时缓解了"社会不完整"，但中国社会却因科技落后，在国际市场上始终处于低端，劳动力更为廉价，生活更加贫穷，传统文化价值观念更加衰微甚或

2. 费孝通.乡土中国[M]. 上海: 上海世纪出版社集团，2007. 8

3. 同上

丧失，新文化价值观念仍未产生，社会解组日益严重，“未获其利，先蒙其弊”[3]。现阶段，中国所需要做的是正视己之不足，学习西方先进，与此同时，也应努力建立与现代经济结构相位育的文化模式、社会结构。最后，作者说“中国社会变迁，是世界的文化问题。若是东方的穷困会成为西方社会解体的促进因素，则我们共同的前途是十分暗淡的”[1]。

在“乡村·市镇·都会”[2]中，费孝通论述了城乡矛盾的根因，提出“城乡相成论”[3]，即乡村是粮食与经济作物的供应者，城市是需求者，城市的工业产品又成为乡村的需求品，两者相辅相成，城市崛起应该成为乡村发展的推动力。然而，历史证明城市兴起加速了乡村的衰落，这种“经济畸形发展”缘由深刻，而解决矛盾的唯一途径仍是“城乡相成”，让城市成为生产基地，农村成为农业基地。在这一对矛盾中，作者主张首先应解决城市弊端。在“论城·市·镇”中作者从性质上再次对各种“城”进行了区分，只有区分才能为其找到合理的定位。

此外，［日］田仲一成著，人类学研究著作《中国祭祀戏剧研究》、《中国戏剧史》等，区别于正统、经典的戏剧史，从风土角度研究了乡村戏剧作为乡村祭祀文化源头从宗教形式到娱乐形式的演变，并总结了乡村戏剧发展史。［法］劳格文（John Lagerway）著《客家传统社会》（上、下），以田野考察和由生活在客家大本营内的民俗工作者真实记录的方法，详细、原真地阐述了客家传统社会民俗、经济、宗族情况。附录指出民间宗教是中国宗教的基础，对于中国农民来说，民间宗教信仰是儒、释、道、巫、术的综合，老百姓用单纯而又传统的智慧，从各个宗派中汲取有用部分来解决不同问题。民间宗教对老百姓是自然而然的事情，其存在对熟人社会的人际关系具有客观价值和意义。作者通过四种宗教形式的仪词的对比、区别研究，总结了民间宗教对农民生活的作用：四种宗教是共同、混杂的，以道教和佛教的作用最为明显；道教祭生，佛教度死，道教驱邪逐鬼，佛教救赎；道教与民间宗教驱邪逐魔功能相通，佛教与儒家祭祖功能相通，但根本目的都是保护、治疗、兴旺。

在建筑人类学领域，同济大学的常青针对遗存保护进行了深入研究和设计实践，细分其研究内容主要包括建筑遗产生存策略、建筑人类学的理论与应用、我国风土遗产整体保护的理论与方法。其研究成果包括1992年在《建筑学报》发表的《建筑人类学发凡》，1993年在《同济大学学报自然科学版》发表的《人类习俗与当代建筑思潮》，2002年在《建筑学报》发表的《梅溪实验——陈芳故居保护与利用设计研究》，2005年在《建筑师》发表的《略论传统聚落的风土保护与再生》，2006年在《时代建筑》发表的《杭州来氏聚落再生设计》，2007年翻译出版的《宅形与文化》等，这些内容反映了其在建筑人类学方面的研究、探索与中国习俗、地景、规划、建筑环境实际情况结合的成果。其中，关于建筑人类学体系的研究，详尽阐述、解释

1. 费孝通.乡土中国[M]. 上海：上海世纪出版社集团，2007. 252.

2. 费孝通.乡土中国[M]. 上海：上海世纪出版社集团，2007. 253.

3. 同上

了建筑人类学的系统，即建筑人类学是研究、探讨建筑与环境在发展变化中“古风”与恒常性传统的继承与进化问题，是一门研究“建筑潜能度”的科学，环境认知与“仪式化”是对建筑潜能度把握的两个重要方面等，其研究成果为国内运用人类学方法进行环境与建筑设计，提供了系统、有效的理论与实践经验。

在历史环境保护领域，张松著《历史城市保护学导论——文化遗产和历史环境保护的一种整体性方案》系统阐释了建立在历史城市保护体系之上的城市规划和建筑设计，包括对历史城市保护内涵与外延的解释，并举例介绍了日本、美国、法国、意大利、英国的历史城市保护方法，具有重要的文献价值。

在中国传统建筑及文化领域，已有若干大家、学者进行了深入且角度全面的研究，文献研究成果一脉相承，如田永复的《中国仿古建筑构造精解》清晰阐释了传统建筑构造、尺度与工艺，刘雨亭的《中国历代建筑典章制度》（上、下）综列了各个历史时期建筑的典章制度文献资料，杨慎初的《中国书院文化与建筑》，对书院的历史发展脉络，书院与官学、私塾的对比关系，书院建筑营建特点进行了比较完整和提纲挈领的整理。

在陕西民俗文化领域，王宁宇著《陕西药王崇祀风俗考察记》、《关中民间器具与农民生活》，是陕西民间艺术和民俗研究的人类学成果，其中《关中民间器具与农民生活》对关中民间生活器具传统制作技艺的田野考察实录，使人们能够看到昔日农民传统生活方式的影子。方李莉的《西行风土记》、《西部人文资源考察实录》等亦是运用田野考察法对西部人文民俗文化的考察实录。段友文著《黄河中下游家族村落民俗与社会现代化》专门论述黄河中下游地区大宗族、大家族式村落形成的历史背景、社会结构、文化民俗、文化空间与普遍特点，书中提到宗族村落在现代社会继替中适宜的转型，依然是学术界需要深入研究的问题。

在陕西传统村落、建筑研究领域，赵立瀛著《陕西古建筑》，张璧田、刘振亚等著《陕西民居》，侯继尧、王军著《中国窑洞》，周若琪等著《韩城村寨与党家村民居》，皆是地毯式田野考察的地域性研究著作，是国内此方面研究的较新成果。周庆华著《黄土高原·河谷中的聚落——陕北地区人居环境空间形态模式研究》，与雷振东著《整合与重构——关中乡村转型聚落研究》，则更进一步探讨了陕西地域化发展的问题与现代转型。

在民间艺术领域，杨先让等著《黄河十四走》（上、下），是黄河流域民间艺术与民俗田野考察较早的专著，真实记录了20世纪80年代黄河流域民俗文化生活。郭庆丰的《纸人记》、《符图记》、《阳歌阳图》，以艺术家的敏感和学者的田野考据，反映了陕北的场所精神，即一种附着、隐藏在陕北独特地域环境内和民间艺术大师生命中的非物质。

以上是与本书研究相关的专家，学者代表性研究成果概况，这些研究成果或是标志了领域内最高的学术思想，或是最具前沿性，且均对本书的研究和思考给予了较大的帮助和启迪，尤其是建构综合性、基础性的完整认识体系方面。然而，本书作为一个综合性的研究体系，所要完成的研究目标和主题——新农村建设、非物质文化遗存、传统村落环境三者并行的、共生的建设模式，亦是这多个领域研究均未曾涉及的，因此，本书的创新即启端于此。

1.2.2 国外研究现状

国外亦有与本课题相交叉的研究成果，如诺伯格·舒尔茨（Norberg-Schulz）《场所精神：迈向建筑现象学》，阿摩斯·拉普卜特（Amos Rapoport）《宅形与文化》、《建成环境的意义》，布莱恩·劳森（Bryan Lawson）《空间的语言》等，人类学著作如鲁斯·本尼迪克特(Ruth Benedict)的《菊与刀》，贡特·尼克斯（Nitschke Gunter）《从神道到安腾：有关日本的建筑人类学研究》等。这些专著的田野考察与所阐述的思想均为建筑现象学、人类学的理论与实践贡献了重要的方法论。

1.3 研究方法

本课题研究内容庞大，研究目标艰巨，哪一种方法都不可能达到预期目标，故在多学科交叉支持下，采取多研究方法综合运用的方式，主要包括现象学、人类学、社会学、本源哲学、美术学、建筑学、规划学、考古学等学科，田野考察法、文献分析法等为最主要的研究方法（表1.1）。

1.4 研究评述

农村建设是一个综合性的过程，不仅有物质条件的改善，亦需要有与之相配套的人文环境的适应性发展和驱动性反作用。事实上，事物背后隐藏的文化驱动力作用是根本的，归根结底，文化是众人心思的综合、择强，是时间积淀的结果，而变化无穷的形式乃是文化的表象。反观当今农村，在历经劫难与变革之后，种种物态形式的变化、遭毁和消逝，正是内在文化体系衰落和文化隐动力衰微的外在表现，所以，应该认识到农村建设既要治标亦要治本，既要改善外部物质形式、更迭技术形式，也要关注、调研、分析、解构推动形式形成、演进的背后隐动力并推动其继续演进与重建。两者时空关系，应是并行产生、并行前进和并行发展，任何一方面的滞后，都会造成另一方及整体发展的偏离和片面。这也是本书将新农村建设与非物质文化遗存并置进行综合性研究的原因。

将传统村落纳入进来，是因为其作为自然环境与传统文化的共生综合体典范，不仅是中国历史发展序列中，在最宏大场域和设计领域里杰出的设计典范，更是新农村建设的“物质”形式与空间形态形成的原型空间经验源始，及为非物质文化遗存的存在与发展提供契合物质空间形态的“容器”空间经验源始。更明确地说，在共生性建设模式中，传统村落是新农村建设形成的物质空间形态、形式的原型，传统村落亦是承载容纳非物质文化遗存的“容器”原型，抑或说传统村落是新农村建设与非物质文化遗存之间的桥梁和过渡。

另一点需要解释的是，新农村建设的“物质”形式与空间形态形成的原型空间经验源始为何一定要是传统村落？归根结底在于农村是中国农耕文明衍生的土壤和根基，而农耕文明是中国传统文化的本源和根本属性，当今于激荡和急剧变革的文化环境中，农耕文明的本源和根本属性作用在文化表象与潜意识，尤其是集体潜意识和无意识中仍然没有改变，甚或可以说，越是急剧的变迁，越是凸显了农耕文明本源和属性巨大的稳定性力量。基于这样重要和根本的原因，当代新农村建设，不应该是一场摧毁农耕文明存在土壤的运动，而应该是一场保护性和重建性的工程，以及为未来持续性发展而于今日做出正确抉择与行动，为未来提供积淀。此外，运用“源始”一词，或将传统村落物质空间形态、形式看作是新农村建设空间形态形成的原型经验来源，是强调新农村建设必须借鉴传统村落经验，但经验借鉴不是死板和完全照搬，而是与当下发展阶段的新技术经验、新文化经验、新社会组构经验和习俗经验相结合的借鉴。时至今日，中国文化的农耕文明本源与属性没有根本改变，正因如此，新农村建设可以也应该，更必须从传统村落中汲取本质性的经验。今天的新建设与传统经验是可以结合与共生的。因此，“源始”一词寓意从传统经验中汲取营养与借鉴创新的发展途径。

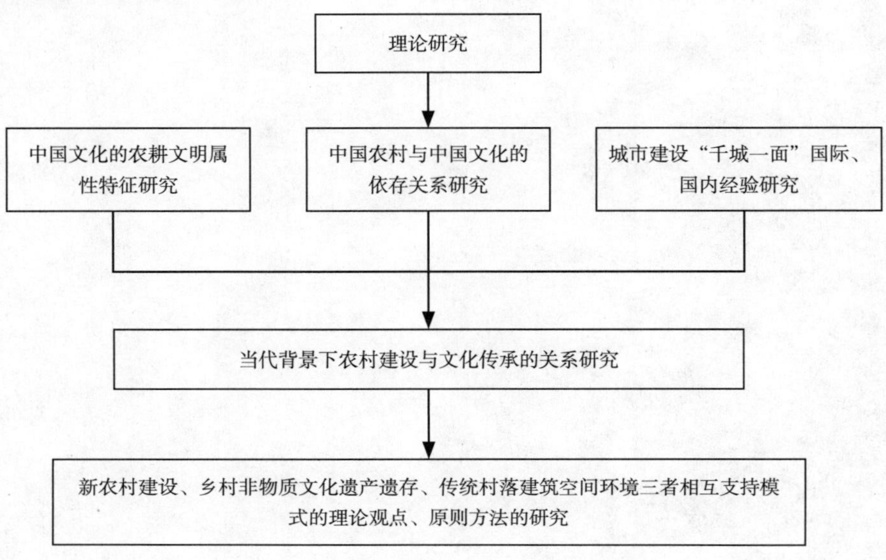

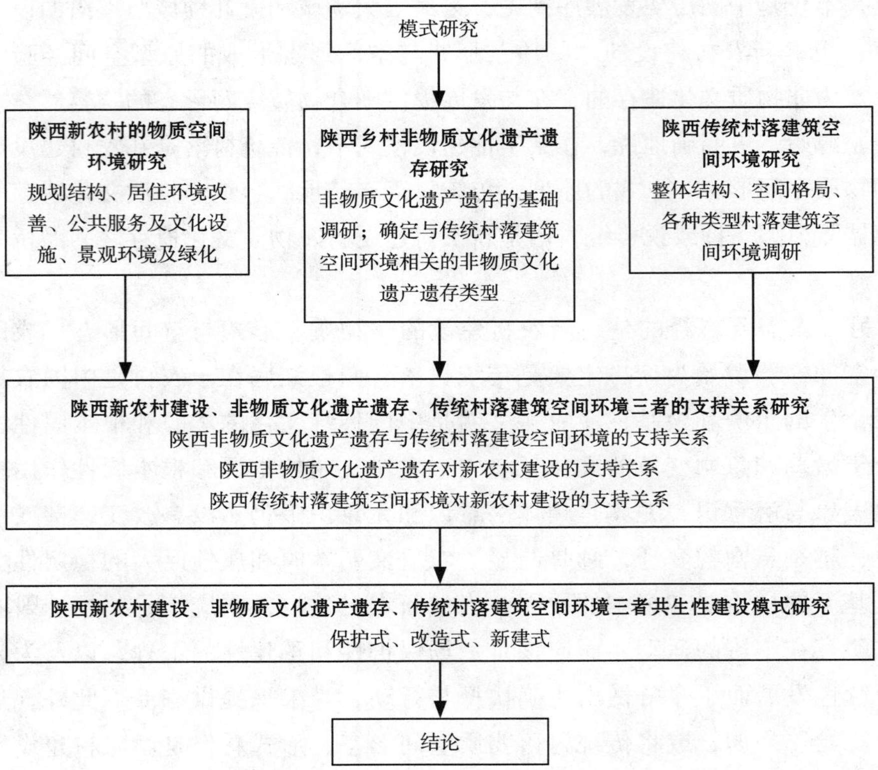
模式研究
陕西新农村的物质空间环境研究
规划结构、居住环境改善、公共服务及文化设施、景观环境及绿化
陕西乡村非物质文化遗产遗存研究
非物质文化遗产遗存的基础调研；确定与传统村落建筑空间环境相关的非物质文化遗产遗存类型
陕西传统村落建筑空间环境研究
整体结构、空间格局、各种类型村落建筑空间环境调研
陕西新农村建设、非物质文化遗产遗存、传统村落建筑空间环境三者的支持关系研究
陕西非物质文化遗产遗存与传统村落建设空间环境的支持关系
陕西非物质文化遗产遗存对新农村建设的支持关系
陕西传统村落建筑空间环境对新农村建设的支持关系
陕西新农村建设、非物质文化遗产遗存、传统村落建筑空间环境三者共生性建设模式研究
保护式、改造式、新建式
结论

第二章　新农村建设与农耕文明传承关系

事物的发展包含对过往的继承与继承经验在新阶段的创新。当国家迈入新的发展阶段，面对新历史时期和阶段性发展经验，亦需要面对继承与创新的现实问题。农村作为占据我国最大面积的场域亦是中华文明的发源地，它孕育、包含和承载了国家各个体系与层面的文化本源——农耕文明，其中不仅存在着物质可见因素，也拥有着观念、精神等层面的非物质因素。今天的新农村建设必须高度认识农耕文明对于中国文化的重要意义，高度认识农村场域对农耕文明衍生、存在与发展的重要性，在深刻认识问题的基础上建立更高的理论体系，为实践奠定正确的前提。

2.1　中国文化农耕文明本源与属性特征

2.1.1　中国文化农耕文明本源

文化是人类群体整个的生活方式和生活过程，中国文化是全体华夏子孙的生活方式和生活过程，这个过程发端于新石器时期农耕文明的产生，并在其后上千年的进化中，积淀和创造了一系列具有中国文化价值认同感的符号体系、价值评价体系和影响全体华夏子孙的心理、思维方式、价值取向与行动的社会规范体系。这个过程完整地诠释了一种文化方式在日积月累的演进中积淀为不朽文明的过程。上古时期东西方文化仍有很多相似之处，也就是从那时起，在两极范式作用下，各民族在长期发展、演绎的过程中形成了独特的文化系统，直至积淀为各自的文明。在各种独具特色的文化、文明林立的世界上，中华文明独树一帜、一脉相承地创造了几千年的历史。

如果将中国文化与文明看作是一个整体、一个体系或是一个宇宙，会发现在其内部始终存在着一条农耕文明生长脉络，这一脉络不仅决定了中国文化方方面面最初的属性定位和本源，亦影响、牵制和限定了中国文化在今天和未来的走向。

从文化作为族群、共同体认可的生活方式，而生活方式又由无以限量的行为组成这一角度来看，中国文化的发生可以归结为“衣、食、住、行、想”五个源发点。而自新石器时期农耕行为、农耕文化产生之后，中国人以农耕行为为本源的“衣、食、住、行、想”的方式、框架、思想、观念和哲学便逐步得以确立，积微成著，后密于前，继而成为地球上独立存在的文明体系。因此，可以说农耕文明是中国文化、文明的本源，是中国文化内在基因。由“衣、食、住、行、想”五个源发点在日后形成丰富的类别，即生产工具与技术、居住地选址与建筑、食粮与衣服、政治制度、社会结构、经济结构、宗教信仰、民间文化和风俗习惯、意识形态与道德标准9个大类别。行为决定文化，农耕行为产生农耕文化，后积淀为农耕文明，而这文明便是影响中华后世各种文化现象、文化表征的根源。

2.1.2 中国传统文化农耕文明属性研究

我国自古便以农业为治国之本，农业社会大的发展趋势是以中部内陆的农业中心向四周逐渐转变（尤其是向南方），而大的形成阶段又以各个重要的历史时期与朝代的更迭为背景，受治世、乱世的影响，产生了较为鲜明、起伏涨落的发展节奏。我国农业社会发展的大致脉络如图2.1所示。

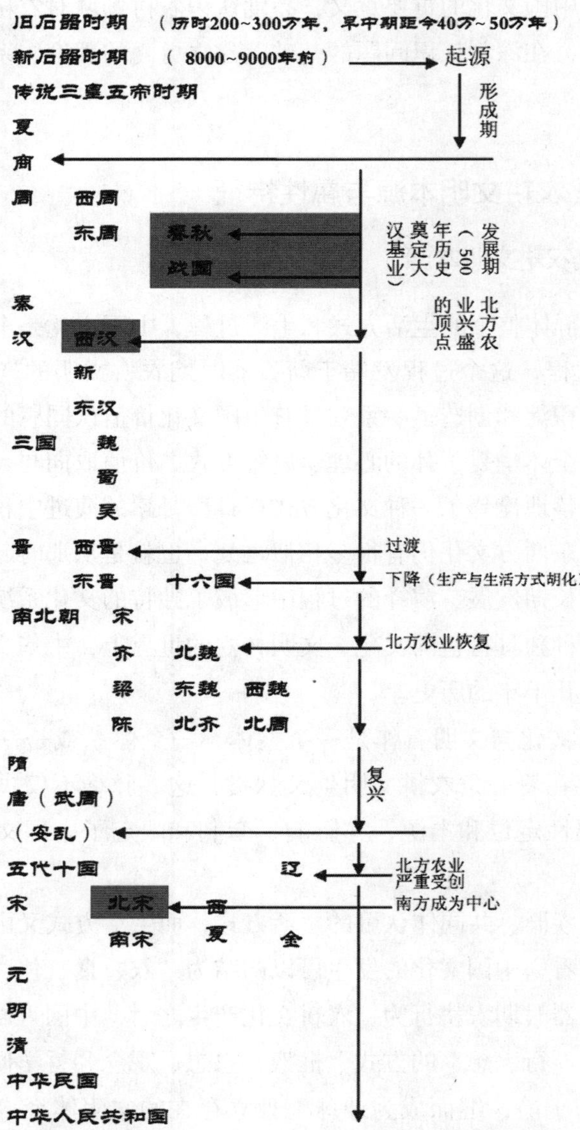

图2.1 中国农耕社会发展脉络

①新石器时期至商代的农耕社会形成期；②春秋、战国农业社会发展期；③经过秦朝积淀后的西汉北方农业兴盛期；④东汉与三国纷争，西晋过渡到东晋，北方农业水平大幅下降，田地荒芜，胡人南下中原，畜牧业占据主体，生产事业胡化，乳酪成为北方主要食品的衰落期；⑤北魏孝文帝农业改革恢复期；北朝、北齐至唐安史之乱的北方农业复兴期；⑥唐安史之乱至后周的再度衰退期；⑦北宋时农业中心由北向南转移期。至此，从汉至北宋的农业中心转移便已完成，辽、金、元、明、清，直至现代社会，仍然维持如此格局。

以上脉络分析可以看出，农业是历朝历代的主旋律，是后世和各方面发展的基础，是物质与文化产生的根源，故后世文化形态亦以农耕文明为其根本属性。

1. 生产工具与技术的农耕文明属性

传统生产工具与技术是一系列由农耕文明“衣、食、住、行”的本源而引发的生产、技术文化形态。

农业是个人和国家的大事，农业生产好坏决定着人们衣、食、住、行水平的高低，决定着国家政治根基的稳固与否，生产工具决定生产关系与上层建筑。从传统到现代中国社会，生产工具与技术的创造、革新、发展以农耕文明为本源与基础，是在以农耕文明为基础建立的技术文化体系上的种种衍生，因为，传统生产工具与技术文化的农耕文明属性决定了人们会形成固定的品质、习惯、心理，浅层精神活动成为民族基因，形成统一而宏观的民族性格，各个时代国人的集体无意识沉淀，影响至后世的方方面面。

1）传统生产工具与技术发展的农耕文明属性

新石器时代早期，华夏先祖凭借异常简陋的生产工具，从一片洪荒中创造了中华文明的雏形。在这样一个艰辛的历程中，耒耜发挥了无可替代的作用。耒耜是我国古代早期农业重要的生产工具，有学者认为我国早期社会应该被称为“耒耜农业”[1]社会。

华夏族真正意义层面的耕种行为源于耒耜。当这一具有开创新篇章的生产工具发明之后，先祖便欣喜地展开了不断扩大的耕种行为与规模，不但确立了粟、谷主要粮食作物的地位，更将各类经过甄别的种子栽培、培育为更多的作物品种，经过生存适应性的筛选和时间的积累，便产生了五谷（或百谷）。一旦在时间的序列中，行为变成了习惯、记忆与习俗，文化意识便应运而生。五谷便是华夏族关于“食粮”结构化认知的更为具体的概念基因。文明的结构化认知必然在不断的发展过程中予以拓展，于是“原始天文、历法、气象、水利、土壤、肥料、种子等知识和技术相应产生”[2]，且于部落迁徙中引起了技术、文化在黄河、长江流域大面积的扩展应用。

我国农业技术更新的大体脉络是以汉朝为界。汉之前，古代农业技术在黄河流域，经过战国于汉代完成稳定的模式与方法；汉代之后直至宋代，古代农业技术的发展趋势随着农业社会中心的转移形成了一个从北向南逐渐传播的过程，南方经历了一定发展时期后成为我国经济发达区域。尤其是在唐朝，长江流域不

1.《易·辞传》曰：“神农氏作，斩木为耜，揉木为耒，耒耜之利以教天下。”《世本·作篇》：“垂作耒耜。”宋衷注：“垂，神农臣。”

2. 农耕文化——耒耜之利[EB/OL].中国台湾网:http://www.axyjng.com/html/About.asp?ID=26

但摆脱了落后的局面，甚至超越了黄河流域的经济发展水平而成为国家经济中心（到了宋代，珠江三角洲的农业水平才得到进一步开发）。

从发展的技术更新程度上看，①从新石器时期到各历史时期技术的改进相当缓慢，原始先民主要采用“刀耕火种”（小麦）、“火耕水耨”（水稻）等方法进行农业生产，形成了定期的撂荒休耕制。②春秋战国时期黄河流域发展了牛耕、铁农具等，农业技术的应用具有革命性的意义。③战国后期确立了我国农业精耕细作的特色，更是质的飞越，《吕氏春秋》中“上农”、“任地”、“辩土”、“审时”诸篇[1]，是对黄河流域普遍农技水平的总结性记录。战国时期农业核心地区采用精耕农业技术基本包括以下内容：牛耕（使用铁农具）、播种、灌溉、施肥、中耕、除草、间苗、通风、通光、连年耕作、一年两获或两年三获、轮种。此外，庄子针对精耕农业和粗放农业亦有精辟的论述[2]。④南北朝时期，中国北方旱地农业耕作技术根据当地气候、土壤特点，形成耕→耙→耱等一整套耕作技术，达到了水土保墒、防旱保收的要求，确定了北方旱作地区耕作技术并沿用至今。⑤唐宋时期，北方发明“掘井种田”的灌溉手段（《金史·食货志》），为水稻北移打下基础。

水利技术文化也是源于农耕生产需要而形成。一阴一阳之谓道，“祸兮，福之所倚；福兮，祸之所伏”，一物的颓败之势也许正是另一物产生、兴起的重要原因。北方旱地水资源贫乏与黄河常年泛滥促成了古代水利事业的发展，为农业灌溉技术的形成创造了天然契机，继而成为日后农耕发展的关键性技术因素。宏观来看，我国农业水利主要的作用与贡献是治河防洪、农田水利、灌溉排水，水运交通[3]。古代水利技术发达，对几个帝国、王朝的形成起到了非常重要的促进、推动作用，最初推动了以发展北方旱地农业经营为核心的中国第一期统一大帝国秦汉的形成，后又促成了以南方水田农业开发为主的第二大帝国隋唐的诞生。

我国古代农业水利发展大致经过以下阶段：夏商周时期，大禹是我国治水成功的典范，用沟洫灌溉农田并将田野的积水排泄至江河湖沼。商周继续修建农田沟洫，这一时期，黄河流域的农业水利重点是防洪排涝，小型农田灌溉亦已出现。据此，可以说我国上古时期农业经营已经开始与水利有所关联，但在古籍上并无明确记载，到西周末年才逐渐出现与农业水利事业相关的记事，如在《诗经·小雅·都人之什》的“白华”篇：“滮池北流，浸彼稻田”[4]。

春秋时期，由于政治、经济、社会形势的转变，各国在农业经营上对水利有了更进一步的了解，如《左传》中郑国已经明了排水而后耕的事宜。秦始皇开凿郑国渠规模空前，“此一艰巨的水利工程完成以后，使得关中平原渭北地方多出了四万余顷田地的农业生产，充实了秦国的经济资源，增加了政治军事力量，且从秦王政十四年（公元前233年）以后得以陆续消灭韩、赵、魏、楚、燕、齐，平定六国，开创了古代统一大帝国——秦国。”[5]但秦帝国灭亡之时，数百年相继发展下来的水利事业却受到致命打击。

1. 陆玖译.吕氏春秋（上、下）[M].北京：中华书局，2011. 10.

2. 庄子认为：“昔予为禾，耕而鲁莽之，则其实亦鲁莽而报予。云而灭裂之，其实亦灭裂而报予。予来年变齐深其耕而熟耘之，其禾繁以滋，予终年厌飧。”

3. 中国古代水利[EB/OL].中国百科网:http://www.chinabaike.com/article/1/78/422/2007/2007051311195 6.html

4. 竹溪.周代农民专题研究[D].苏州:苏州大学，2010.

5. 国风.中国农业的历史源流[M].北京:经济科学出版社，2006.37.

西汉武帝之前，水利事业受惠帝、吕后的休养生息与文帝、景帝减田赋、息徭役政策的影响，因农业没有太大发展而有所阻滞。武帝继位之后，为平定匈奴所造成的边疆之乱而与匈奴连年征战，首都关中国防必须巩固，并达到农业自给自足，遂集中全力开发关中农业水利，开凿漕渠、河东渠、龙首渠、六辅渠[1]、白渠以及灵轵渠、成国渠、韦渠等小渠。事实上，由于汉武帝对外连年征战，对内大兴土木，国库空虚，民生凋敝，这些原因导致黄河流域渠水事业衰微，转而被黄河以南江淮流域小规模陂水事业所代替，中国古代农业水利至此也由北方转到了华中江淮流域。

1. 六辅渠是开凿六条小渠以辅助灌溉，是汉武帝为了解决关东地区十几个郡不断发生的水患而采取的水利措施。

东汉时期主要以淮河流域陂水性质的农业水利为主，总体来说，陂水事业的发展主要分三阶段：①西汉中晚期的开发期，乃为汉武帝渠水事业终止而淮河流域陂水事业发端之时；②东汉光武帝时大规模开发的全盛期，因汉光武帝、明帝、章帝的政权是建立在淮河豪强基础之上的，故陂水事业得到大规模发展；③安帝时代的普及期，由淮河中上游西部延伸至中下游东南部沿海地区，与此同时，东汉并没有完全放弃对北方渠水事业的维护，只因黄河流域渠水事业数百年开发的根基仍是国家政治、社会、文化、经济的中心。

魏晋南北朝之时，乱世、治世并存，北乱而南安的社会境况促使人口大量向南迁徙，亦将农田水利技术带至长江淮河区域，再次证明历史发展必然性中的偶然因素对日后格局具有的决定作用。结构性细节的差异总是引起日后的千差万别，作为南北争夺的焦点，淮河流域的水利是伴随着服务于军事功能目的的屯田方式而建立的[2]。长江下游南至钱塘江两岸,农田水利此时已有较大发展,出现不少大型塘堰，如位于浙江绍兴的东汉鉴湖，江苏丹阳北的西晋末练湖，江苏句容的六朝赤山湖等。相比之下，北方在整体农田水利工程呈现衰退的状态中，只于少数地区有些许修复和新建[3]，此阶段黄河因水患次数较少，故基本没有修建记录，受战乱影响，利用水攻之利及由此形成的人为灾患却频频出现，只曹孟德为向北征讨乌桓便在海河流域开凿了系列运河。

2. 曹魏在淮水干支流上大兴屯田水利，颍水两岸曾开渠500余里，但因修筑塘堰过多，工程质量差，西晋时已出现水灾频繁、土地渍涝返碱等弊端。

3. 如曹魏时筑戾陵堰（在今北京西），引湿水（今永定河）灌田万顷；北魏修艾山渠（在今宁夏），引黄河水灌田4万顷等。

隋、唐、宋、元堪称农田水利发展的高涨之时，主要表现为在国家整体经济重心向南转移的大背景下，于北方由盛至衰的趋势中，南方得到了长足发展，阶段性的发展概况见表2.1。

隋、唐、宋、元时期农田水利阶段性发展特点 表2.1

时期	农田水利阶段性特点
隋唐	隋炀帝开通济渠、永济渠等，使南北水运畅通
	北方建设涉及区域遍布黄河流域与西北各地
	安史之乱后，北方水利建设骤然衰退
	中唐之后的重点移至南方，受自然环境条件制约，以小型水利工程为主。如至五代时期，太湖流域已经形成治水、治田相结合的塘埔圩田系统。闽浙沿岸出现较多御咸蓄淡灌溉工程
宋	受南北割据影响，北方建设基本停滞，但仍有些许旧工程予以修复，尤以熙宁年间引黄、汴、滹沱等河泥沙放淤肥田，并引山溪灌溉，两者共达5万公顷以上，是中国引浊放淤最具代表性的事件
	珠江三角洲的水利获得开发，总体发展情况远不如湖、广、川、汉

续表

时期	农田水利阶段性特点
宋	黄河水患平均一两年一次，河口在山东北部至河北与天津间移动，修建资金与人力资源耗费巨大，收效甚微，未能根除隐患
	南宋初期黄河南徙并由淮河入海
元	云南等边疆地区的水利工程建设有所发展，黄河水患由少而多
	1351年（元至正十一年），贾鲁治河是历史闻名的堵口工程
	郭守敬规划开凿会通河、通惠河，开通成为日后南北交通大动脉的京杭大运河

明清时受历代积患影响，新建水利项目很少，以修复旧存为主，国家主持的大型项目未能满足实际需求，民间纷纷出现小型工程。清时井灌在北方得到一定发展，南方则较为普遍地利用山泉种稻。洞庭湖与珠江下游引入的水网圩田水利耕种方式乃为中国所特有。随农耕文明扩展，清时新疆、宁夏、内蒙古等地水利建设也获得长足发展。明代治黄在很长时期内是以保证运河漕运畅通为主，南分北堵，是一种半放任状态。晚明潘季驯主持治黄，着眼于泥沙，提出“以堤束水，以水攻沙”，大修堤防，固定渠道。清康熙时靳辅、陈潢沿用潘氏主张。乾隆以后河政日趋腐败，治河成了贪官污吏的窟穴。咸丰五年（1855年）黄河由淮河转而从大清河入海[1]，近代河患愈烈。淮河、长江、永定河等常闹水灾，相应进行了大量修治。京杭大运河明代曾重整畅通，但到清末淤塞以至湮废。晚明起，西方水利技术渐渐传入我国，但终清之世很少利用。

1. 大清河乃为当今黄河道。

以上是对传统时期农业与生产工具在宏观层面历史变革的梳理，针对生产技术则主要选择与农业息息相关的传统农田水利技术的发展脉络予以梳理，这些过程明确、客观地表明：从新石器时期农耕行为和农耕文化产生之后，农耕文明在传统社会各个阶段的社会发展以及在生产工具与技术发展方面的文化隐动力作用，抑或说，新石器时期之后，农耕文明便是中国传统社会生产工具与技术的本源和根本属性。

对于现代社会的生产工具与技术，及其农耕文明本源和根本属性，亦决定于中国至今仍是农业大国这一一直未曾改变的根本原因。物质条件决定了主要共同体行为的主导方向，亦决定了生产工具与技术的主要形式和内涵，这完全需要以高度宏观的视野将中国看作一个整体而进行特性考察：农业仍然是今天最主要的生产基础，农民仍然是今天最广大的人口，农村仍然是今天最广阔的空间场域。基于此，本书将以中国农业核心区域——地处黄河中上游与渭河流域的陕西作为考察现代生产工具和技术发展农耕文明本源和根本属性的对象。

2）陕西农业生产工具、技术和习俗的农耕文明属性

自古陕西就是中国农耕生产的核心区域，是中国生产工具与技术发源地，也是中国农耕文明与文化发源地，在传统社会，陕西关中地区生产工具与技术水平代表了国家的最高水平。可以说，中国传统社会重要的农耕技术与工具的产生与创造基本都在陕西，尤其是关中地区，从新石器时期的原始栽培种植技术到春秋

时期牛耕与铁农具的产生，再到战国时期精耕细作农耕技术的形成等，中国传统农业文化的重要节点基本都在陕西。

陕西重要的粮食作物包括五谷的“稻、黍、稷、麦、菽”，油料作物包括“油菜、花生、芝麻、油橄榄、蓖麻”等，还有副食“红薯、洋芋、山药、魔芋、芋头”等和各种瓜果，药材主要包括“天麻、厚朴、洋参、何首乌、杜仲、黄连、芍药、陈皮等”。在陕西农民长达几千年的耕作劳动中，形成了一系列完整而成熟的农耕技术文明。

（1）陕西农业生产工具

陕西传统生产工具以农业为中心，围绕各项农业生产活动不同程序的需要发明了各种功能的农具，按照农耕程序的8个阶段，包括耕播→施肥用药→中耕→灌溉→收割→场→加工→农业运输（或综合用途）。以小麦为例，主要的耕地工具为犁、耙、耱，人工撒播或者耧播，施肥依赖人力肩挑与畜驮，中耕主要使用镢、锄、锨，灌溉以辘轳、水桶、戽斗、水车、吊杆、龙骨水车等；场的工具比较多，碌碡、连枷、木叉、筛子、簸箕、风车等，满足碾压脱壳、去皮需要，加工类的农具主要为碾、磨、轧花、榨油等，农业运输传统时期以人力肩挑和畜驮为主。

经过调研与考察表明，从传统到现代，科技进步带来了农耕生产工具的机械化发展与效率的提高，双轮双铧犁、步犁、山地犁、拖拉机机引犁代替了人畜犁、直辕犁、曲辕犁，拖拉机机引圆盘耙代替了木齿耙和钉齿耙，条播机代替了耧，手动或机动喷雾（粉）器代替了粪勺、桶，柴油、电力水泵、排灌机代替了辘轳和戽斗，联合收割机代替了镰与铚，脱粒机代替了碌碡和连枷，风车代替了木锨继而又被脱粒机所替代，粉碎机代替了碾磨砻，榨油机代替了榨油杵，农用机车和载重机车代替了马拉车、人力车和架子车……农业工具的改良与技术进步向着机械化发展是我国农业现代化的必经之路，在这其中，应该认识到的是，技术的进步会提高生产率，会改变农业工具的外部形态，但不会改变千百年农业生产的客观规律。表2.2清晰表明了技术进步带来农耕程序中每一环节工具形式的变迁，带来生产劳作便捷，使传统繁重的劳动变得轻松，但是传统农业从耕到收获的客观程序与规律不会改变，因此农耕文明的根本属性没有改变，现代农业机械化的发展依然是对传统农耕文明阶段化的传承与发展。

陕西选点县传统与现代农业工具汇总 表2.2

区域	时期	耕播	施肥用药	中耕	灌溉	收割	场工具	加工	综合机械
临潼	传统	犁、耙、松、铧、耩子、菜耙、刨耙	沿用传统	镢、锹、锄	桶、辘轳、镊子	镰、棍、铲	杈、页筛、簸箕、毕都、碌碡、拨夹、坐坡、皂篱、抬根	错、锤、斧、鎚、锯、刀、铡子、磨子、碾子、轧花车、弹花柜、拧花车	钳子、积勾、车撑、勾搭、铁栓、鞍子、柜头、铁索、箱板、笼头、绳套、撇绳、笼嘴、土车、推车、牛槽、笼、篓
	现代	双轮双铧犁、播种机	喷雾器、喷粉器	耘锄	解放水车、抽水机	收割机	脱粒机	电磨子、粉碎机、铡草机、轧花机	架子车、马达、电风扇、手扶拖拉机、四轮拖拉机、拖车、电缆、电锯、螺丝刀、压面机、推土机、电夯
户县	传统	铁铧土木犁、钉齿耙、藤编木耱	沿用传统	镢、锹	木轮水车	镰刀	沿用传统	沿用传统	斧头、手推独轮木制土车、铁轮大车
	现代	山地犁、七寸步犁、双轮双铧犁、绳索牵引犁、水稻插秧机	人工喷雾器、人工喷粉器		解放式水车、电动机带动水泵抽水、电动水车、电动水泵	马拉摇臂收割机、改良的打稻机	剥棉秆皮机、小麦脱粒机		胶轮大车、架子车（滚珠轴承化）、拖拉机、面粉机、粉碎机、铡草机
蓝田	传统	犁铧、五寸、七寸步犁、耙、耱	沿用传统	铲、锹、镢、锄	引水自流灌溉、人力辘轳称杆提井水	镰	石碾、石磨	沿用传统	铁轮车、手推车
	现代	马拉双轮双铧犁、播种机	喷雾器、喷粉器		铁制水车、畜力水车、动力机械提水、电动机提水、水库、机井、抽水站、水力机械	收割机	脱粒机	畜力石碾、畜力石磨、水打磨、人力轧花车、轧油机、铡子、电力磨面机、电力粉碎机、电力铡草机、电力弹花机、电力轧花机、电力榨油机，加工厂（面粉、麦草、棉秆皮）	胶轮大车、铁木轮大车、胶轮架子车、锅驼机、柴油机、电动机、胶轮拖拉机、小型拖拉机、农用汽车、农用载重汽车
周至	传统	木犁、耙、耧	沿用传统	镢、锄、锹	吊杆、龙骨水车、辘轳等	沿用传统	杈、风车、碌碡、推把	碾子、磨子	沿用传统
	现代	畜力小麦条播机、插秧机、农业机械化耙地	喷粉机、喷雾器	农业机械化中耕	解放型水车、机动水车、排灌动力机、农用水泵		脱粒机		畜力胶轮大车、架子车、拖拉机、电动机、农用汽车、农机管理站
高陵	传统	犁、耧、耙、耱	沿用传统	锹、锄、镢	木斗水车、辘轳、滑车	沿用传统	碌碡、连枷	轧花机、石磨、碾子	铁、木制大车，独轮车
	现代	七寸步犁、双轮双铧犁、畜力条播机、半精量播种机、旋播机			解放式水车、链轮水车、抽水机、水泵	收割机、机动	脱粒机	磨面机、碾米机、饲料粉碎机	架子车、胶轮大车，大、中、小型拖拉机，手扶拖拉机、农用载重汽车
长安县	传统	铧、逼土、钉耙、木犁、磨、耧、木耙	沿用传统	铁锹、镢	沿用传统	镰刀	碌碡、风车、木锹、连枷	铡刀、石磨、石碾	沿用传统
	现代		喷粉器、喷雾器		农用排灌机械		锅驼机、柴油机	电动小型加工机具、铡草机、粉碎机	大中型拖拉机、农用载重汽车、胶轮大车、胶轮手推车
陈仓区	传统	犁、耱、耙	沿用传统	锄镢、铁锹、耧耙	小斗、自流灌溉	镰、连枷、碌碡	杈、木锹、簸箕、刮板、麦钩、铁杈、扫帚、筛子、风车、背篓、背架、拌笼、扁担	石磨、石碾、铡子	手推车、大车

续表

区域	时期	耕播	施肥用药	中耕	灌溉	收割	场工具	加工	综合机械
	现代	双轮双铧犁、小麦播种机、机引犁、机引耙、旋根机、机引播种机	机动喷雾、喷粉器		水斗水车、解放式水车、排灌机械、水泵、喷灌机械	马拉收割机、联合收割机、机动收割机	机动脱粒机、谷物烘干机、种子精选机	农产品加工机械、饲料粉碎机	胶轮大车、小型拖拉机、大中型农用拖拉机、大中型机引农具、小型机引农具、农用载重汽车
凤翔	传统	犁、耙、耱、石磙、三角耧	沿用传统	锨、镢、锄	人力吊斗、辘轳、木斗水车	镰、钐镰	连枷、碌碡	石磨、石碾、榨油梁、人力风车	独轮手推车、木轮推车、铁轮大车、胶轮大车
凤翔	现代	新式步犁、双轮双铧犁、播种机、旋耕机			解放式水车、水泵、喷灌机	马拉收割机、收割机	脱粒机	电动石磨、电动压面机、磨粉机、碾米机、榨油机等粉碎机、铡草机	大中型拖拉机、小型拖拉机、机引配套农具、推土机、农用汽车
岐山	传统	犁(木犁、铁犁)、耱	沿用传统	沿用传统	辘轳、桔槔、木斗子水车、旧式提水工具	镰、碌碡、连枷	沿用传统	碾	扁担、背篓、驮笼、独轮手推车、铁轮大车、人力堆担、畜力驼拉
岐山	现代	新式步犁、双轮双铧犁、双轮单铧犁、谷物播种机、圆盘耙、重型缺口耙、悬挂耙、水田耙、旋耕机、条播机、玉米硬茬播种机、明沟窝播机、机动水稻插秧机等	压缩式喷雾器、手摇喷粉器、背肩式喷雾器、机动式喷雾器、喷粉器		解放式畜力水车、水泵、喷灌机械等	马拉收割机、联合收割机、谷物割晒机、自走式联合收割机、小麦收割机	小麦脱粒机、大型腹式脱粒机、拖拉机牵引碌碡、电碌碡、打稻机、谷物烘干机		大中小型拖拉机、大中小型机引农具、大中小型配套农具、柴油机、铁轮大车、手推车、胶轮大车、架子车、农用载重汽车、拖拉机、架子车
武功	传统	犁、耙、耧		镢	桔槔、辘轳、水车	镰、钐子	连枷、碌碡、手摇风车、杈	磨、碾子、油梁、轧花机、织布机、纺线机	推车、木轮大车、胶轮大车、架子车
武功	现代	5寸、7寸步犁、单轮单铧（双轮双铧）犁、链轨式拖拉机牵引悬挂四铧、五铧犁、圆盘耙、条播机、玉米硬茬播种机	自制喷雾器、手摇或柴油喷雾器			自拨式马拉收割机、联合收割机	脱粒电动碌碡、机动碌碡、小麦脱粒机、大中小型脱粒机、玉米机械脱粒机		大中小型拖拉机
长武	传统	耧、耱		锄		镰、锨、镢	碌碡、连枷	石臼、石碾、石硙	担、抬、背、驮、木轮、铁轮、胶轮大车
长武	现代	7寸步犁、双轮铧犁、播种机	喷雾器		解放式畜力水车、抽水机	马拉割麦机、联合收割机	脱粒机	磨面机、粉碎机、铡草机	架子车、轮胎式拖拉机、大中小型拖拉机、半机械农具、新型农具
陇县	传统	犁、耙	粪斗	镢头、锨、锄	吊杆式	镰	碌碡、连耞、铁叉、木叉、扫帚、推耙、刮板、簸箕、风车、筛子	碾子、石磨、石臼、水磨、油磨、箩、蒲篮、铡子	人担、手推、畜驮、扁担、笼筐、背斗、手推车、土车、驮筐
陇县	现代	双轮双铧犁、山地犁、畜力条播机、山地水平沟播种机、山地水平沟小麦播种机	喷雾器、机动式喷雾器、担架式喷粉机、背负式弥雾喷粉机等		解放式水车、畜力牵引提水、动力机器牵引、低扬程水泵、高扬程水泵、农用排灌动力机械、农用水泵、喷灌机	马拉摇臂收割机	半复式脱粒机、手摇玉米脱粒机、扬场机、种子精选机	压面机、铡草机、粉碎机、磨粉机、碾米机、榨油机、打浆机、磨浆机	大中小型拖拉机、柴油机、架子车、畜力胶轮马车、农用汽车、电动机

续表

区域	时期	耕播	施肥用药	中耕	灌溉	收割	场工具	加工	综合机械
耀州区	传统	犁、耧、耙、耱		镢、锨、锄			碌碡、连枷	石磨、石碾和石臼	牲口，独轮车、硬轮大车
	现代	双轮双铧犁、单轮单铧犁、山地犁、新式步犁及新式耙、耧、绳索牵引犁、深耕犁、窄腿耧、畜力条播机、棉花条播机	人力喷雾器		农作排灌动力机械	马拉收割机、机动收割机	人力脱粒机、机动脱粒机	农副产品加工机	架子车、胶轮大车、小型拖拉机、机引农具、农用载重汽车、半机械化农具
韩城	传统	犁、耧、耙		锄、镢、锨		镰	碌碡、木杈、铁杈、推杈、钩耙、木锨、刮板、连枷	石碾、石磨、水磨、人力轧花车、榨油机、人畜力弹花机	肩挑、畜驮、铁轮、木轮大车、木轮手推车
	现代	步犁、畜力条播机、双轮双铧犁、三铧、五铧机引犁、圆盘耙、缺口耙(重耙)、小麦与棉花条播机、旋耕机、V型镇压器、二铧犁、旋耕机等	喷雾喷粉器		农田水利系统化建设包括渠战、井灌	马拉收割机、摇臂式收割机、手动稻麦收割机	机动脱粒机、联合收割机、割晒机、电碌碡、电动脱粒机	碾米机、磨面机、轧花机、榨油机、淀粉加工机、弹花机、饲料粉碎机、铡草机、全自动磨面机、锯齿轧花机、薄膜覆盖机	大中小型拖拉机及配套农具与机引农具、柴油机、农用载重汽车
蒲城	传统	犁、耧、耙		锨、镢、锄	水车		杈、碌碡、风车	石碾、石磨、秸杈	木制小推车、胶轮推车
	现代	双轮双铧犁、7寸步犁、圆盘耙、12行条播机、旋耕机、双向翻转单铧犁、人力麦垄点播机	小麦施肥沟播机		农田水利系统化建设包括渠战、井灌	马拉收割机、联合收割机	脱粒机	磨面机、碾米机、榨油机、轧花机、弹花机、饲料粉碎机、铡草机	大中小型拖拉机、柴油机、电动机、农用载重汽车加大、小型拖车
大荔	传统	犁、耩、耙、耱、石碾子、麦耧、秋耧		锄、锨、镢	辘轳、柳罐、马拉木斗水车、秤杆	镰	石碌碡、连枷、手耙、三、四、六、八、十股木杈、拥板、秸杈、两股铁杈、麦钩、搂麦耙、钐子	石磨子、石碾子	两轮大车、铁轱辘大车、四轱辘拉车
	现代	五寸步犁、七寸步犁、双轮双铧犁、单铧犁、马拉七行小麦播种机、木制双行棉花条播机、重型缺口耙、圆盘耙、钉齿耙、旋耕机、播种机			解放式链条水车、沙井水车	马拉收割机		花生脱粒机	胶轮大车、拖拉机、电动机、农用载重汽车、大中型配套农具
华县	传统	木犁铁铧、条编地耱、木框铁齿耙			秤杆、撇斗、辘轳、柳罐、木水车		碌碡	木杈	木（铁）轮车、肩挑、篓背
	现代	木耧、步犁、双轮双铧犁	喷粉及喷雾器		排灌动力机	畜力收割机	脱粒机、脱皮机	农副产品加工机械（磨面、碾米、轧花、榨油）	架子车、大中小型拖拉机及机引农具、农用汽车及拖车

续表

区域	时期	耕播	施肥用药	中耕	灌溉	收割	场工具	加工	综合机械
潼关	传统	犁、耙、耱、耧、耩子	粪钗、粪耙、铡刀	锄、镢、锨	辘轳、木斗水车	镰	芟子、耙子、刮板、碌碡、连枷、杈把、扫帚、木锨、簸箕、筛子、笸子、拥板、推杈	水磨，人畜力石磨、石碾、轧花车、弹花弓、纺线车、织布木机（有平机、腰机）	鞍、架、驮笼、扁担、筐、笼、背笼、独轮推车、四轮木车
	现代	新式步犁、双轮双铧犁、圆盘耙、灭茬机、四行棉播机、条播机	三用喷洒机、喷雾器、机动喷雾器	中耕机	排灌动力机	小麦割晒机	复式脱粒机	动力带动磨面机、碾米机、轧花机、榨油机	拖拉机及配套机具、锅驼机、柴油机
洛川	传统	犁、耧、耙、耱		铁锨、镢					肩背、畜驮、手推运输
	现代	步犁、双轮双铧犁	压缩喷雾器、手摇喷粉器、机动喷雾器和弥雾器喷粉机		抽水机、深井泵、三联泵				拖拉机、农用汽车、胶轮马车、架子车
宜川	传统	木犁、耩			戽斗、秤杆、辘轳、水车	裤子镰、钉把子镰	碌碡、连枷、脱粒机、扇车、木锨、扬场机	杵臼、碾、石磨、铡子	手推车、大车
	现代	7寸犁、5寸犁、5寸简化犁、双轮双铧犁、机引犁、木制钉齿耙、机引耙、缺口耙、圆耙、播种机	喷雾器、喷粉器、喷雾喷粉器		水泵、喷灌机	马拉收割机、机引收割机	脱粒机	磨粉机、轧花机、铡草机、粉碎机	大中小型拖拉机、架子车、拖车、农用汽车
吴旗	传统	木犁、步犁、条耱、耙、木榔头、木耧、耧磙子（镇压器）		大锄、小锄、耙子		镰刀、砍镰	连枷、碌碡、木锨、钗、风车	碾子、磨子	独轮车
	现代	手扶单铧双同犁、液压2、3、4铧牵引犁、畜力播种机、畜力条播机	喷壶、喷粉器、喷雾器	中耕犁、筑埂器、划印器	水泵	收割机	玉米脱粒机、小麦脱粒机	粉碎机、锄草机、碾米机、磨面机、榨油机、铡草机	架子车、拖拉机、机引犁、农用汽车、柴油机、电动机
安塞	传统	耩子、人工撒种		镰刀、锄头、老镢头			牛踩、连枷、碌碡	石磨、石碾子、铡刀	
	现代	山地犁、条播机、畜引山地犁、双轮双铧犁、4铧犁、3铧犁、2铧犁、铁制条播机、机引犁、山地犁、山地平沟条播机	人力喷雾（粉）器、背负式弥雾（粉）机、机动喷雾机、机动喷粉机		撑杆（半轮机械化）、水泵	镰	收割机、脱粒机、扬场机	粉碎机、碾米机、磨面机、铡草机、农副产品加工机械、机动铡草机、机动粉碎机	大中小型拖拉机、牵引机具、农用汽车、电动机、柴油机、汽油机

续表

区域	时期	耕播	施肥用药	中耕	灌溉	收割	场工具	加工	综合机械
清涧	传统	木犁（上装有铁铧）、耙	纳粪斗、茅勺、茅桶、茅篓、茅罐、磨粪石、捣粪圪朵	镢头（老镢、小镢儿、二指镢、三镢等）、锄头（普通锄、韭锄）、铁锹	桔槔、辘轳、扁担、水桶、罐子、水缸	镰刀、找刀（找镰）、	钯子、碌碡、连枷、杈子、木锨、刮板（刮子）、风车（扇车）、口袋、背篓、筐、筛、笸箩、簸箕、风箱	石磙、席囤、架囤、石仓、枣杆、铙钩、铲、枣笆、牛槽、猪槽、铡刀、草筛、牛料斗、搔子、碾、磨（普通磨、粉磨）、粉瓢、甑、鏊（二者用于蒸酒）、淋瓮（淋醋用）、拧车儿、绳车（均制绳用）、拧花车（用于棉花脱粒）、弹花弓、纺车、倒线车、拐子（缠线用）、砣[tú]儿（捻线用）、拨吊儿（捻毛线用）、织布机、梭子、筘、撬、錾、楔、夯、杵子、泥匙、泥叶（二者为泥抹子一类）、泥盘、锯、锛、推刨、钻子、砧子、火钳、杀猪刀、刨子、引杖、铁锅、斧、锤	
	现代	山地步犁	手动喷雾（粉）机、机动弥雾机、担架式机动喷雾机		涡轮机抽水浇地、水泵、抽水站		滚筒式脱粒机和切脱机	手摇割草机、打浆机、饲料粉碎机、自制水磨、面粉机、碾米机、马铃薯粉碎机、红外线自熟粉丝加工机	木轮车、胶轮车、架子车、手扶拖拉机、大中型拖拉机、小四轮拖拉机、柴油机、农用载重汽车
米脂	传统	犁、铁钯、钉齿耙、耱、耧	纳粪斗	镢头、铁锹、锄、粪桶	桔槔	镰	铁叉、木锨、连枷、碌碡、扇车、笸箩、簸箕	铡刀、石磨、石碾	
	现代	山地步犁、新式步犁、机引犁、播种机	人畜力喷雾器、喷粉器		铁制水车、水泵、抽灌设备		玉米脱粒机、铁皮扇车	手摇洋芋粉碎机、饲料粉碎机、打浆机、磨粉机、碾米机	滚珠轴承架子车、拖拉机、柴油机、电动机、动力机、农用汽车
横山	传统	犁、耙、耱、耧		镢、锨、锄		镰	杈、连枷	石磨、水磨、石锥、铡刀	
	现代	悬挂二铧犁、手扶双向单铧犁、手扶旋耕机、手扶双铧犁、畜力牵引播种机、拖拉机牵引播种机	人力喷雾机、机动喷雾机		离心泵、深井泵	割晒机		面粉机、碾米机、粉碎机、铡草机、打浆机	链轨式拖拉机、轮式拖拉机、小型拖拉机

续表

区域	时期	耕播	施肥用药	中耕	灌溉	收割	场工具	加工	综合机械
神木	传统	犁、耧、耩子、铧		铁锹、铁镢、铁耙、榔槌（俗称“土圪堵”）、大锄、小锄	辘轳、水竿、马打水车、水桶	镰刀、迁谷镰	铁叉、木叉、连枷、碌碡、风车、簸箕、筛子、口袋	碾子、石磨、椎臼、箩子	鞍子、笼驮、车、筐子、担子
	现代	畜力播种机、步犁、深耕三铧犁、7行播种机	背负式弥雾机		离心水泵、水车	马拉收割机、晒割机	打场机、脱粒机、扬场机	打浆机、铡草机、挤奶机、剪毛机、机械制砖机、制瓦机、碾纸机、压面机、卷扬机、粉碎机、碾米机、磨面机、洋芋粉碎机、推土机	拖拉机、柴油机、电动机、汽车、机动船、畜力车、架子车、胶皮大车
府谷	传统	土犁、钉齿耙、木耱、耧		镢、锹、锄	辘轳、吊杆	镰刀	杈、连枷、碌碡	石磨、石碾	手推独轮木制土车、木轮大车
	现代	双轮双铧犁，2、3、4、5铧犁、14行播种机	机动喷雾器与喷粉器		解放式水车、水泵	小型晒割机	玉米脱粒机、扬场机、	粉碎机、切脱机、铡草机、打浆机、面粉机、碾米机、磨面机、轧花机、榨油机	胶轮大车、架子车、柴油机和锅驼机、链式拖拉机、小型拖拉机、机动运输船、农用载重车
丹凤县	传统	犁、耙、耱		锄、铣、镢、立铲、手铲	绳索、桔槔（吊杆）、水斗	麦镰	木铣、杈、风车、碌碡、镰枷、簸箕、筛子、斗	石碾、木碾、石臼、石磨（旱磨、水磨、小磨）、打榨、冲榨、石榨、箩、轧花机、弹花柜、铡刀	木船、竹排、小板车、牲口拉驮、扁担、水担、尖担、担绳、背笼、背架、挎篮、铁钎、铁锤、撬杠
	现代	双轮双铧犁、12项畜力播种机	人力喷雾器、人力喷粉器、机动喷粉器		龙骨节水车、架子车、解放式水车、水轮泵、排灌机		收获机、脱粒机、扬场机、麦稻联合收割机	磨面机、碾米机、榨油机、粉碎机、打浆机、铡草机、轧花机、弹花机	胶轮大车、大中小型拖拉机、农业机械、半机械农具、农用汽车
留坝	传统	铁犁、木耙、耧耙	背篓、拌桶	挖锄、薅耙（铁锄）	筒车、龙骨水车、戽斗	镰	碌碡、连枷、木杈、扫帚、簸箕、筛子、斗、木锨	石磨、石臼、石碾、木榨	
	现代		喷雾器		喷灌机、抽水机（泵）、潜水泵	收割机	机动脱粒机、机动打谷机、烘干机、木制风车	水轮泵带石磨、磨面机、碾米机、榨油机、粉碎机、压面机、饲料粉碎机、脱粒机	橡胶双轮车（架子车）、手扶拖拉机、小四轮拖拉机、柴油机、电动机、农用汽车
佛坪	传统	犁、铁铧、（旱铧、水铧、接尖铧）、木耙、铁耙、钉耙	拌桶	锄、板锄、点锄、薅锄、项锄		镰、档席	连枷、木锨、晒扒、木杈、风车、柳簸、竹筛	石锥、石磨、石碾、水磨、木榨、弯刀	牛枷档、牵绳、木车厢、车架、牛驮鞍、背篓、背架、斧头、黄缸（木制大缸）、扁担、尖担、水桶、蒲篮、竹笼、炭筛(竹制),木勺、铡刀、菜刀

续表

区域	时期	耕播	施肥用药	中耕	灌溉	收割	场工具	加工	综合机械
佛坪	现代	双轮双铧犁、山地犁、绳索牵引犁	手摇喷雾器、喷粉器		水锤泵、水轮泵、排灌机械、		脚踏打谷机、小麦脱粒机	打米机、磨面机、饲料粉碎机、压面机、饲料饲草加工机、油料加工机	架子车、轴承推土拉板、高线滑轮、柴油机、手扶拖拉机、大中小型拖拉机、农用运输汽车
柞水	传统								
	现代		手摇式喷雾器、背负式喷雾器、背负抬架式机动喷雾（粉）机				脱粒机		大中小型拖拉机
商南	传统	畜力曲辕犁、木耙、人力撒播		镢、锄		镰	连枷、木锨、柳条簸箕	石臼、人畜磨面、水力磨面、油坊	
	现代	双轮双铧犁、双轮单铧犁、麦耧、小麦播种机、手动铁木水稻插秧机、玉米移栽机	除草剂、单架式喷雾机、手摇单筒式喷粉器、气压式喷雾（粉）器、背负式弥粉（雾）机、单架式喷雾机				晒割机、小麦脱粒机、谷物脱粒机	打米机、磨面机、饲料粉碎机、榨油机	拖拉机及农机具
勉县	传统	锄、木犁、耙	尿桶、尿斗、尿马勺	镢头（又称挖锄）、砍刀	辘轳、水秤杆、筒车、龙骨水车、戽斗	镰刀	连枷、木杈、木铣、搂耙、簸箕、木风车、脱粒工具、拌桶、	石磨、手磨、砻子、碓窝（手踏、脚踏两种）、箩、筛、草鞋机，人力、畜力、水力轧花机，人力榨油机，手纺线车，木织布机	扁担、尖担、箩斗、独轮车（又称鸡公车）、背架、背斗、滑杆、轿子
	现代	机引犁、机引耙、机引水稻插秧机			机械抽水灌溉、打井机械、提水机械、排淤机械、排灌动力机、农用水泵、喷灌机	收割机、联合收割机、机动收割机	小麦脱粒机、机动打谷机、谷物烘干机、	打米机、碾米机、磨面机、轧花机、榨油机、饲料粉碎机	大中小型拖拉机、柴油机、电动机、农用载重汽车、农业运输机械、架子车、胶轮手推车
城固	传统	畜力弓形木犁（铁铧）、人拉犁、掘挖、木齿耙、铁齿耙、平耙、立耙		镢锄、木榔头	自流灌溉、扬程筒车、手摇或者脚踏龙骨水车、桶、盆、戽斗	镰刀	拌桶、连枷、畜力石磙碾、风车、簸箕、木锨	水里磨面、打米、人畜力推石磨、人力砻稻脱壳、石碾、石锥	扁担、尖担、箩筐、背篓,肩挑背揹、独轮推车
	现代	步犁、山地犁、开沟犁、圆盘耙、畜力谷物播种机、双轮双铧犁、解放式水车、插秧机、播种机、三铧犁、钉齿耙、山川犁、滚齿耙、轧耙	人力喷雾器		人工降雨器、排灌动力	畜力摇臂收割机、联合收割机	人力玉米脱粒机、代筛风车、扬场机、烘干机、割晒机	打浆机、碾米机、面粉机	双轮车、土火车、高空索吊运输工具、拖拉机、双轮气胎人力车、电动机、柴油机

续表

区域	时期	耕播	施肥用药	中耕	灌溉	收割	场工具	加工	综合机械
石泉	传统	犁、耙		锄	龙骨车、筒车	镰、手工拔秧	连枷、拌桶		
	现代	山地犁、双轮双铧犁、拖拉机牵引犁、插秧机人力插秧机				拔秧机	碾场、脱粒机		
宁强	传统	山地犁、水犁、枷档、木齿耙、铁齿耙、钉耙、耧耙	尿桶、粪当当（舀粪长把工具）、尿马勺、粪撮箕	镢头（山锄、挖锄）、马蹬锄、水锄、草锄（月锄）、点锄	筒车、龙骨车、戽斗	镰刀（分割镰、锯镰、砍镰）	拌桶、档席、木连枷、木杈、木掀、风车、铁铲、漏筛、晒席、簸箕、细篾撮箕	水磨、水碾、水碓、腰磨（人推的大磨）、手磨（小磨）、碾子、碾槽、砻子、手碓、脚碓、筛子、箩、油榨、撮瓢、斧头、巴笼、竹篮、弯刀、砍刀、铡刀、扁桶、黄桶、扫帚	喇叭背斗、夹背、背夹子、扁担、独轮车（鸡公车）、人力车（架子车）、木船、木筏
	现代	双轮双铧犁、人力插秧机			水轮泵		小麦脱粒机、打谷机	粮油加工机械	柴油机、拖拉机、农用汽车
南郑	传统	弓形木制铁铧犁（水、旱）、木齿耙、铁齿耙			手摇或脚踏木制龙骨车、人推牛拉水车、筒车		拌桶、连枷、石磙	土砻子、木制架子锥、小型手锥、水力锥、平碾、雷公榨	
	现代	双轮双铧犁、旋耕机、机动插秧机	担架式喷雾机	马拉除草器	排灌机械	割晒机、拔秧机	小麦脱粒机	打米机、小型铸铁磨面机等农副产品加工机械	大中型拖拉机、配套机引农具、柴油机、电动机、农用汽车
镇巴	传统	犁、耙耕、挖锄、羊角锄	粪桶	月锄（又称薅锄）锄草	木制筒车、龙骨车	镰	拌桶、遮杨、连枷、风车、簸箕、竹筛	大小石磨、砻子、碓窝（手春、脚踏两种）、石碾、水磨、木榨榨油	篾制背篓、背架、打杵、扁担、撮箕
	现代	拖拉机配套犁、旋耕机、水田耙	筒式喷雾器与喷粉器		机械提水、水泵、排灌机械		脱粒机、稻麦晒割机	打米机、磨面机、榨油机、饲料粉碎机、打浆机	架子车、柴油机、电动机、手扶拖拉机、大中小型拖拉机、农用载重汽车
岚皋	传统	水犁、旱犁、撬耙、平耙、铁钉扒、点籽篓	粪桶、背篓、挎篮	角锄、板锄、薅锄		弯刀、镰刀	连枷、拌桶、挡席	晒席、围席、风车、荡筛、撮箕、提篮、箩筐、簸箕	背架子、扁担
	现代	双铧犁	手动喷雾器		革制水车		打谷机、玉米脱粒机	压面机、粉碎机、小钢磨、榨油机、饲料粉碎机、打浆机等农副产品加工机械	人力架子车、柴油机、电动机、拖拉机等

注：资料来源于实地调研及《陕西省志》等文献资料。

（2）在农业技术方面，从古至今未曾改变。关中、陕北、陕南三个地区情况基本相同，都是以耕、播、中耕、施肥、收获、灌溉的精耕细作为基本流程，旱地耕作以“耕→耙→耱”三阶段为核心，水田耕作以“耕→耙→耖”程序为核心，展开各项农耕生产。

因不同地理气候环境条件，在大体种植规律相同的情况下形成了稍有差异的地域性技术文化。①在送肥阶段，关中地势平坦，多用木轮车、肩挑、马拉车；陕北道路在峁梁上起伏，常用驴驮篓；对于陕南两山夹一川或三山夹两川的山地，山坡的耕地就需人力背篓运上。②在耕地阶段，三个区域都会将水田或旱田分为春茬地和夏茬地。陕南会在夏茬地里留一小块为春茬种植培育秧母，陕南的青肥是紫云英。关中与陕北的畜力犁常用牛、马、驴，陕南则用黄牛和水牛。③在施肥中。耕阶段，关中有“冬灌金、春灌银”的俗谚，冬锄与春锄也要2～3遍；在播种阶段，耧播是常用方法，陕南山地农民发明了筒播。④在收割阶段，如关中的武功地区要举行“开场饭”仪式，以丰盛的饭菜来供奉神灵与犒劳自己，然后带着收获的心情收割和开场，期间，秋种毕后，各家各户都要做当地特有的臊子面。臊子面是将各种各样的食材都切成小丁儿，长长的面条可以从里面捞出，这也是一种祈祷庄稼苗儿深扎根、来年长势好的重要仪式，所以臊子面又叫“扎根面”。此外，在收割之前的二三月份，关中、陕北、陕南会举办古会。古会属于庙会的一类，与庙会不同的是，古会以满足农业生产需求为主，主要是为在农忙之前购置新农具，如关中和陕北的忙前会、羊头会，陕南的骡马会、农具会、保障会等。有的古会也是一种收获前的仪式，如羊头会。⑤在农田灌溉方面，关中常用辘轳提水，水桶浇地，陕南则常用龙骨水车，直接将地势低的水源引入田地等。对待各种各样的困难，农民自有农民的办法，关中、陕北、陕南相关的农业技术文化是从新石器时期一直以来积淀而成的智慧与学问。

（3）在农耕习俗文化方面，围绕着农耕时序与过程，关中、陕北、陕南也形成了相应的观念与仪式习俗，长年累月的劳动养成的生产习惯是这些观念习俗的源泉，因时间久远，即使今天传统农具被机械农具所替代，技术进步解决了困难，可农耕时序的基本规律未曾改变，这使得习俗观念依然决定着农民的潜意识与世界观。应当说明的是，随着时间发展和时代变迁，习俗具体形式亦产生了些许变化，主要包括某些传统仪式衰落或简化以及某些新形式、新语言、新内涵等的增加，但是，农耕文明的根本属性未曾改变却是不争的事实。

2. 居住地选址、建筑、村落发展的农耕文明属性

传统居住地选址、建筑、村落发展是一系列由农耕文明“住”的本源而引发的建造和生活文化形态。

建筑与村落选址对于华夏民族而言具有重要的意义。“住”的行为或起源于遮风避雨，或起源于习俗仪式，而农业耕种环境负阴抱阳，农作物依时序生长，农耕程序依时序开展等本源思想，逐渐演化成风水观念、伦理等级观念，及后世形成的阴阳五行八卦等观念，运用在人居环境建造体系中。可以说，中国基于农耕文明的建筑起源为后世传统建筑的发展形成了几个非常重要的体系，这些体系既是物质形态的体系，亦是整体营造观念的体系，分别为：①在宏观环境与居住选址方面的风水观念体系；②在中观传统村落空间结构方面形成的风水观念体系和伦理等级体系；③在中观、微观环境中，建筑实体从单体到群组的伦理、等级制的空间序列和演变趋势，及其建筑功能、结构细节、装饰材料、组合方式等方面的生生不息和伦理观念体系；④在微观的建筑围合空间内部形成的以生生不息

生命观、阴阳观、伦理观等为主体的民间习俗、仪式和行为体系，这种习俗、仪式和行为又反作用于建筑围合空间形式的形成。这四个方面中国人“住”的本源一直延续了上千年，不仅反映了农耕文明对于中国人居建筑环境与意识发端、发展的影响和决定性作用，同时，也使这种作用深深地植入了中国文化之中并传承至今，尽管大量传统建筑因被损毁而失去了原本繁盛丰富、极具内涵的形式，可蕴含于形式之内和推动千年形式发展的文化隐动力却是不朽的，这种隐动力仍然在今天中国人的深层观念意识中具有重要的地位，其丰富的文化结构堪称中华文明的重要组成部分。

1）居住地选址的农耕文明属性

《礼记·礼运》说：“昔者先王未有宫室，冬则居营窟，夏则居橧巢……后有圣作，然后修火之利。范金、合土，以为台榭、宫室、牖户。”[1]这段文字是古人对先祖“住”的状况发展演变的描述，我国古代农耕文明起源于新石器时期，只因新石器时先祖开始定居。如约在公元前8000年左右，河南新郑裴李岗与河北邯郸磁山发现新石器文化遗址，比西安半坡早上千年，是目前已知的新石器最早遗址，具备早期聚落特征。遗址有房基、窑坑、陶窑和墓地，遗物有农业生产工具、粟及家畜骨骼，已经是典型的农村。一旦定居的形式产生，我国原始先民就从游牧民族进化而成为定居的以农耕文化为主的民族；反之，考古资料亦证明先民掌握了原始农业栽培技术，才使定居变为可能。

先民在日积月累的生存经验中，掌握了居住地和建筑选址的方法，建立了以穴居和巢居为主的南北相异的两种建筑居住方式。可以说，原始栽培技术促成了定居和定居文化的产生，引起了居住地选址方式与建筑形式的逐渐确立，也肇始了中华民族五千年的璀璨文明。

在选址方面，我国早期原始先民遵循的是天人合一、顺势而为的生存观念以及利用自然而非征服自然的观念。考古学家在对仰韶文化遗址进行深入研究之后总结出三种不同的地理类型：第一为因渭河南较多支流而总结的以河流两岸众多土丘为主的类型，第二为因渭北黄土高原为主而形成的与河床水平高差30～50m的马兰阶地类型，第三为因泾水水岸而总结的距河床有一定距离的泉水边类型，即河岸土丘、阶地、泉边[2]三种。中国江南地区的史前“湖熟文化”遗址，其存在时期相当于中原的商朝、周朝，大多在河湖沿岸的土墩山丘上，故被称为台型遗址。考古学家在对湖熟文化进行探研之后归纳其地理环境也为三种：第一种为面江倚岗（即北为江、南为岗）类型，在考古遗址中，江水又常由水田代替；第二种为两山夹川，河流贯穿于中，考古遗址常位于河岸土岗，且土岗与大山系脉络相连，此类型周围多有水田、平地和池塘；第三种为下凹小盆地，四周山岗环围，山岗以外是以此为中心环散状分布的圩田、小溪与池塘。[3]

总的来说，我国先祖的村落遗址都选择在傍邻小河的台地、丘陵，即近水高地，其中，水是支流或湖泊，地是台地或丘陵。这种选址的地理特点与方式早在8000年前的裴李岗文化就已十分明显。此遗址位于水系交汇[4]的三角形地域，有

1. 杨天宇.礼记译注[M].上海：上海古籍出版社，2004. 268.

2. 国风.中国农村的历史变迁[M].北京:经济科学出版社，2006. 6.

3. 国风.中国农村的历史变迁[M].北京:经济科学出版社，2006. 7.

4. 裴李岗文化遗址在双洎河支流绥水与洧水交汇处所形成的三角形地区，基本在洧水左岸。

的地方文化堆积层厚达1m以上，遗址挖掘有房基、陶窑、储藏窑穴，体现了明显的常态定居生活特征。

由于古代祖先在台地、丘陵上生活，故又被称为“丘民”。《孟子·尽心章句下》说：“民为贵，社稷次之，君为轻。是故得乎丘民而为天子。”[1]焦循[2]正义：“丘民尤言邑民、乡民、国民也。”此外，根据对虚（墟的本字）的解读，也可以得知，虚即为大丘，如《诗·鄘风·定之方中》言：“升彼虚矣，以望楚矣”[3]。这些考古与文献资料都证明了以农耕文明为本源和根本属性的传统居住地选址方式和观念在传统文化中的作用。

1. 王浩良译注.孟子译注[M].南昌:百花洲文艺出版社，2009. 297.

2. 焦循（1763～1820年），清代哲学家、数学家、戏曲理论家，字理堂，一字里堂，江苏甘泉（今扬州）人。

3. 辞海[M].上海：上海辞书出版社，2008. 2236.

陕西自古就为帝王都，从地理位置与文化定位上均居于中华的中心，居住地选址的起源亦以此为起点。根据考古资料，新石器时期仰韶文化阶段，在陕西境内的原始村落遗址都符合风水标准。这些原始村落包括西安半坡、临潼姜寨、长武县下孟村、华县护泉村、渭南史家村、城固莲花池、安康柏树岭、洛南商村、商县赵塬等，以及陕北黄土高原多处山丘峁梁上的遗址和陕南、洛南沟滩上高出洛水10m以上的山梁遗址，选址均为河流两旁台塬或坡地，近水则生活饮水方便，远水或高地则可免遭水灾侵害，整体环境优雅宜耕，符合可居、可耕、可食的定居标准。正是在最初的居住地选址确定以后，随着人口数量的不断增长，居住地的繁华与社会体系的产生，农业经济制度的确立与影响，陕西地域面貌演变成了关中平原阡陌相连与田畴纵横，陕北高原碧空黄土藏牛耕，陕南山川连绵有梯田的复杂地貌。

村落居住地选址的根本特性在于天地人合一、与自然和谐共生，所以自然村是基础。在以自然村为起点的演变过程中，最初先祖面临着一片广阔的纯自然属性的环境，最初的居住地选址必定是最佳的位置。但随着定居生活与农耕文明的不断发展，人类繁衍生息的能力增强，人口数量不断增加，最好的居住地选择完后，就面临着在居住地之间选择空白的地方进行再一次的居住地选择问题，这是一个不断发展与增长的过程。所以，单从村落的发展变化来看，存在着从自然村到行政村的变化过程。自然村保留着聚落概念最初的原始意义，行政村则是社会文化衍生的结果，是后续的衍生物。而对自然向往的愿望转变成一种基因根植于人们精神深处。

今天，陕西具有典型风水特征的选址村落仍遗存甚多，主要原因是地处西北内陆，经济发展水平长期落后于东部沿海城市，少有经济力量对占据最大面积的村落位置和选址予以迁变，即使有因灾、因发展需要而迁建的村落亦属少数，所以传统村落选址地均得到了保留。此外，在中国文化体系与国人意识中，认为通过风水观看、择取的村址与人居环境及其外围大环境较为协调，从根本上是科学的营造观念和方式，是选址地好坏的衡量标准。这两个主要原因使陕西传统村落选址得以保留。

陕西现有的风水聚居地，具有典型性的如韩城市各村落，该市现有884个自然村。东部川塬地区紧邻黄河，地势相对平坦，是境内涺水、凿开河、盘河、芝水等水系流经的地区，有灌溉之便，且地下水资源丰富，土壤肥沃，是农业发达最早的地区，也是村落密集、人口稠密的地区。韩城早期的农耕聚落如少梁邑、夏阳邑，现在的县城和一些汉唐古村落均在该区。宋、元时期建村立村活动也多集中在川塬的9个乡镇。村落规模远大于西部山区，500亩以上的占绝大多数，千亩以上也有相当的数量。相比之下，山区村落如王峰乡、盘龙乡等多在100～300亩之间，少数几个较大的村落也不过500～600亩。再如关中长安县杜曲镇的寺坡村也是典型的风水村。寺坡村位于长安区东南，距市区14.6km，东面是包茂高速，西面塬顶是樊川路。村子北依少陵塬，村前为河，原名寺坡底，缘于塬上有庙，村在塬下。此外，陕南勉县武侯祠的选址也是典型的风水格局。武侯墓在元坪村西南，大格局上，北玄武是笔峰山，南朱雀为书案梁，左青龙为武岗山，右白虎是土地岭，山脉走向为定军山、少祖山下沿9个小山岗环抱，这9个小山岗亦有“三台书案”之势，墓前土岗3层，自定军山向西约3里到此形成眠弓地势，少祖山下六岗如游龙之态，绵延五六里，延伸至墓后为将近半里的新月形地势，眠弓之内和新月之下恰是约360多亩的开阔地，一代名相诸葛孔明之墓即在此。陕西遗存的为数甚多的风水型村落说明，农耕文明一直都是居住地选址的本源和根本属性。

2）风水体系的农耕文明属性

从新石器时代起，当居住地选址的基本概念确立之后，由地理环境影响而决定的居住地选址“好”与“坏”的标准，便在后世发展成为“堪舆”的风水观。风水反映了先祖对自然环境适应性的选择，是以一定观念与理论为指导，在特定区域选择具有融合自然与人文特性的吉祥场所进行营造活动，其中，主要包括整体村落、阳宅、阴宅的吉祥选址、定位、朝向、布局，以表达生者永生、死者永寿、家族生生不息的理想。

风水反映了中国人的宇宙观。上古时期，恶劣的自然环境与时时侵凌的禽兽对人类生存造成了巨大威胁。为了生存，先祖选择了定居且逐渐具备定居能力，从择树为巢、挖洞而居至觅临水向阳之地营造栖息空间，逐渐形成了系列性的营造理论。如约六七千年前的半坡村遗址，以河流交汇处或距河较远泉边的马兰阶地为吉祥选址，足见当时的居住地选址已将方位、朝向、日照、风寒等因素纳入考虑。

尹弘基教授[1]认为，风水理论起源于先祖在黄土高原寻找吉祥窑址建窑的行为及对各种实践经验的汇总，因为他发现风水理论的核心原则均反映了吉祥窑洞成立的条件，这一点也在约6500年前的半坡窑洞仰韶文化遗址的风水格局中得以印证。

1. 尹弘基为新西兰奥克兰大学教授。

其后的发展中，风水学便有了文字记载。商朝甲骨文记载了古人“卜宅”经验。卜宅就是选择人生存的小环境，为了使小环境与大环境和谐，商人将中华的地域按照表象特征分为陆地型和水域型，前者包括“山、埠、丘、塬、岗”，后者包括“川、泉、河、涧、沼、泽、江、沱”，这为后来的相地术奠定了理论基础。

《尚书·禹贡》以华夏宏观视阈中的山水格局为基准，将国土划分为“九州”（冀州、兖州、青州、徐州、扬州、荆州、豫州、梁州、雍州），记述各州地境内山系主脉及支脉的相互关系、走向与趋势，土壤特性，特色物产分布等情况。在具体地理位置定位上，《周礼·大司徒》记载：“以土宜之法，辨十有二土之名物，以相民宅而知其利害，以阜人民，以蕃鸟兽（畜牧业），以毓草木（农林业），以任土事[1]；辨十有二壤之物，而知其种，以教稼穑树蓺。”[2]据“土宜”之法以“相民宅”的方法和观念皆已相当成熟。

“土宜法”是中国后世风水术的基础，这种观念最早起源于农业生产活动，是先祖在农耕中针对不同的土壤选择不同的栽培物，或根据栽培物的不同选择相宜的土壤，而形成的因地制宜的观念体系。中国幅员辽阔，自古就拥有着多种多样、复杂丰富的地质地貌，如平原、盆地、丘陵、高原、山川等，地基岩石与地表形态乃至气候的差异，都使土壤特性差异很大，如果仔细观察会发现数十米之内已非常明显。对于以农业为立国之本的政权来说，选择适宜的土壤耕种适宜的植物是关乎生命、国运的大事。因此，土宜、地宜的观念和理论自然形成。《淮南子·脩务训》中载，“神农乃始教民播种五谷，相土地宜、燥湿、肥墝、高下”，表明从神话时代起，中国就有了“地宜”概念。《逸周书·度训》中说：“土宜天时，百物行治”，可以看出“土宜”的概念已经成为仰天观地、理解掌握百物运行规则和治世的方法。

战国先秦时期是风水理论形成的阶段。《周易》与阴阳五行学说盛行，逐渐形成了以“仰观天文，俯察地理”为主导的学术思想。发展至秦，秦始皇不仅将“土宜”观念继续深入，还在此基础上衍生出“气”的观念。《晋书》记载：“始皇时，望气者云‘五百年后金陵有天子气’，故始皇东游以压之，改其地曰秣稜，堑北山以绝其势。”[3]秦始皇建造的阿房宫和始皇陵在表明秦代地理勘察技术高超的同时，也从侧面证实了当时相地术的发达。

汉代风水被称为堪舆，此时先祖将阴阳、五行、太极、八卦结合，形成了特有的宇宙世界认知体系，作为框架奠定了风水学的理论基石，对风水的应用与发展具有重要意义，它使风水由以前只是用于卜宅、相宅的具象活动升华至抽象理论。另外，这时不仅有了“择地”的概念还有了“择日”的概念。西汉时期，相地术更加盛行并被归入风水的“形法”[4]类中，东汉时期，人们注重丧葬的态度导致风水观念兴起，继而又转化为重视居住环境的社会风尚。《后汉书》记载：“使居有良田广宅，背山临流，沟池环匝，竹林周布，场圃筑前，果园树后”[5]是古人的家园理想及后世阳居建造的基本范式。

魏晋南北朝时期，风水理论已逐渐完善，出现了很多理论大家，最负盛名的是东晋郭璞，他在《葬经》中首次提出“风水”概念：“‘葬者’乘生气也。气，乘风则散，界水则止。古人聚之使不散，行之使有止，故谓之风水”。

唐时，风水学更为体系化，其间《葬书》与风水罗盘的广泛应用是社会风尚

1. 郑玄注：就地所生，任民所能。

2. 杨天宇.周礼译注[M]. 上海：上海古籍出版社，2004．149.

3. 王丙杰主编.晋书[M]. 北京：燕山出版社，2009. 40.

4. 周易学家李书有先生说：“风水”是以周易文化为其哲学依据，以中国古天文学、地理学为其古代自然科学依据，以中国古代关于人的学说为其人学依据的人居环境选择、布局、营造、调适的理论与方法，在其长期的发展演变中形成“形法”与“理法”两大派别。

5.（宋）范晔.后汉书[M].北京：中华书局，2007.

的一大特点。此外，重要的风水理论著作《青囊奥语》的完成，标志风水学说已经成为独立理论体系。这一时期更加注重对自然环境中山系川脉的考察与记录，风水理论进一步发展，且与山川地形堪踏的关系日趋紧密。总体来说，唐代不仅是我国历史发展进程中的一个高峰，亦对风水理论体系的发展起到了至关重要的促进作用：较之从前更具体系性，从皇家宫殿至乡宅墓地皆显著受其影响。

宋时，一批著名易学家的出现对风水的系统性阐述与认定起到了巨大推动作用，不仅有相关风水学著作出版，还形成了江西形法、福建理法两大风水理论体系。明清时期，从皇家到民间，风水已被整个社会所普遍信奉与尊崇。

从以上概述的风水发展史中能够看出，风水学说起源于传统农耕活动，是在具体的实践中先祖对宜人居住生存环境选址、布局、营造、调适的经验总结，可称为中国传统地理环境学说。摒弃后世由于过度信仰而产生的迷信心理，风水学说本身所包含的科学原理和文化内涵在今天仍然作用于人们的现实生活，无论是个体"因地制宜""因材施教"的诸多概念，还是对于国家治世的理念都有着重要的现实意义。风水学说是先祖留给后人珍贵的非物质文化遗存，它警示：要以自然为师，以顺之、适度的态度和观念对自然进行改造，而在此之前应首先对自然进行缜密观察与审慎研究，只有如此，营造而成的人居环境才能达到至仁、至和、至善的境界。

3）建筑的农耕文明属性

建筑是先民为保护自己，为遮风避雨和抵御外部侵袭，顺天时发展而成的人工物。人类发展的进程并无绝对定数，最初的一点契机未必能预料日后的结果。就像混沌理论中最初数字之间微小的变化却能造成一个动力学系统最后的混沌状态。先民最初在建造房屋的时候一定无法预料，几千年后，建筑不仅是承载人的生活起居、物质与精神活动的载体，也是人类历史文化的衍生与重要象征。

中国建筑发展，最初主要是由于地域环境条件和人的行为需要而引发，即北方穴居和南方巢居。《礼记·礼运》："昔者先王未有宫室，冬则居营窟，夏则居橧巢……后有圣作，然后修火之利。范金、合土，以为台榭、宫室、牖户。"[1]穴居与巢居各自成为一个体系而发展。穴居经过半地上和地上建筑的发展阶段，随后又从单体建筑发展而为群组建筑。巢居则逐步发展为干阑式建筑，临近沼泽、地面潮湿是干阑式建筑产生的最直接原因；当潮湿问题解决之后，南方建筑亦逐渐发展为地上。于是，北方穴居式建筑脉络与南方巢居式建筑脉络在此时便有了交汇点，这个交汇点使中华建筑走向了建筑民族化象征性的征程，建筑从此成为民族文化重要组成部分。此交汇点起端于西周时期岐山凤雏村建筑遗址，最初的合院式建筑群就是拥有轴线关系，强调天圆地方，强调对称、礼制、级别、方位、朝向、进制等综合体系的发端。这样的发展脉络是代表了中华建筑文化主要面貌的官方与皇家建筑群的演变过程；与此同时，由于财力物力的局限性和地域环境条件的影响，各地民居自成风格，如繁星点

1.杨天宇.礼记译注[M].上海：上海古籍出版社，2004，7. 268.

点，散落中华大地。

陕西传统民居依据地理环境不同主要包括三种：一是关中平原的合院式民居，二为陕北黄土高原的窑洞，三乃陕南地区的混合类型民居。陕南的地势类型较为丰富，平川、山丘、丘陵、平坝（大平坝、小平坝）、江河、山谷、谷口、平原等不同的地质形态，除了最突出的位置之外，在变化的坡地和不同地形之间的交界处（如谷口与平原交界处），都是农民选址建房的位置，但是仍以在平川、平坝等地势平坦之处所建的“四水归堂”或“一颗印”类型四合院为最高级别。据此分析，陕西省民居按照建筑类型主要可分两类：一类是关中与陕南的合院，包括一合院、二合院、三合院、四合院，以四合院为完整成熟形制；另一类是渭北台塬和黄土高原的窑洞，包括平原、台塬的地坑窑、高原靠崖窑、独立式窑洞等。

无论是合院式还是窑洞式，选址、朝向、布局、建造自古至今都受到风水观念的影响，讲究依山傍水和负阴抱阳。从新石器时期起窑洞就是风水学说的原型，考察风水的所有择地观念和原则，都是以窑洞选址和建造为标准，黄土高原的窑洞是风水理念的源头和最初古人探寻可居之地的空间原型；关中是人类发源地之一，是中国14个王朝建都之地，也是合院式民居空间原型的起源地和根基场所。这里的农民历来讲究建房风水，如太白县选宅基民间谚语：“一忌建在黄沙滩，土薄石多根基浅；二忌紧靠山坡边，土断脉绝事难安；三忌建在流沙坡，才竭人寡祸事多；四忌建在泉上边，房底流水钱艰难。”[1]关中相关的民俗还有很多。陕南处于地形复杂的山区，依秦望蜀傍楚，境内既是秦岭与大巴山的交界处，又有汉水等流域的润泽，虽受到经济与自然条件的制约，民居建筑类型多样，但农民仍然按照风水的观念建房，依山傍水的二三级台地、负阴抱阳的地势仍然是最佳建房地点。

1. 陕西省志・民俗志

4）传统村落的农耕文明属性

民居建筑是传统村落的构成元素。从新石器时代始，古人在依最初的风水观念建房之后，随着生息繁衍的延续，族群人口的增加以及民居建筑不断增加，形成聚落→农耕聚落→氏族聚落→宗族聚落→村落（自然村），随着空间规模、领域、功能需求的扩大，如何安排各个村落空间构成元素并协调其间关系，使风水观念和伦理等级观念成为最重要的隐动力。无论是考察中国传统聚落到村落历史性发展的全过程还是某个历史时间节点的一个传统村落，依风水观念进行的选址都是首要的，随后在长期的生长、发展、完善过程中，环境条件、天时地利、社会等级关系、伦理关系、文化意识形态等各层面的因素逐渐添加村落之中。因此传统村落是社会的基本构成元素，是多层复合的文化体，而其形成的本源和根本属性依旧是农耕文明的本质驱动。

3. 作物栽培、传统饮食结构、中医、丝织业的农耕文明属性

作物栽培、传统饮食结构、中医、丝织业是一系列由农耕文明“食、衣”的本源而引发的生产、生活文化形态。

1）作物栽培是农耕文明的起源与核心

农作物栽培是农耕文明的核心内容，关系从古至今“食”的问题。从新石器时代始的每个历史时期与朝代，都将农作物栽培作为国家政治、经济的核心内容。农作物由野生进化到人工培育，尤其是谷类作物开始种植，是人类文化演进的重要里程碑，古代文明的起源几乎都是建立在农作物人工栽培基础上的。

原始先民定居与产生农耕文化之前，渔猎、采集是先民维持生命的主要手段。生活方式往往是由人所处的地域环境自然条件决定的。新石器时期，先民主要在傍邻小河的台地或丘陵定居，这种自然环境条件自然而然地使渔猎、采集成为主要的生存方式。早期渔猎和采集比重很大，随着农耕愈发成熟，渔猎采集比重逐渐减少，这些均可从考古资料中得以证实。

新石器时期农作物栽培是当时文化最重要的特征。有专家学者指出，中国农业并非起源于一个地区，北方以抗旱、耐冷的粟、黍为主，配合其他的干果作物如柿、枣、栗等，构成了一个复合的旱地作物农业系统；南方则以水稻为主，结合其他水生植物如菱、藕、菰等形成一个复合水生农作物系统。各方面考古资料显示，大约在新石器时期相距不远的时间内，我国黄河流域与长江流域先后都展开了农作物栽培的工作。北方种小米，南方种稻米，“食”的文明早在公元前5000年前就已确立。小米性耐旱，蒸散系数低，水分利用率较高，比小麦更能适应华北黄土高原的气候和土壤，在早期的农业条件下更容易发展。小米不但是华北最早的粮食作物，也是秦汉之前这一地区最主要的食物。

2）传统饮食结构至今的农耕文明属性

中国是世界上主要栽培植物起源中心之一。N．瓦维洛夫在其所作《栽培植物的起源中心》一图中，将中国单独划分成一个驯化中心，在世界上12个变异中心中，中国就有黄河流域和华南地区两个。[1]中国人通过对某些植物种子的长期驯化选育，种植了品种繁多的粮食作物和蔬菜果类，形成了北方以粟为源头，以小米、小麦为最主要粮食作物和南方以水稻为主要粮食作物的饮食习性。这种早在公元前5000年前就已确立的以素食为主的饮食习性延续至今，对民族体质和心智习惯均具有重要的形塑力量。这种习性已经成了“食”的文明，印入了中国人的基因，并形成基因种族差异，沿传至今。

猪肉是中国人饮食结构中重要的佐膳。7000年前，中国便是家猪的起源中心地区之一。河姆渡遗址出土了大量的家猪骨骼，根据72头较完整的标本鉴定，含幼猪在内的少年个体约占54%，2至3岁的成年个体约占34%，老年个体仅占10%。[2]我国先祖在最初阶段重要的饲养家畜不是牛、羊、马而是猪，也是由我国特殊的地理环境特征决定的。有学者认为我国早期文明主要诞生于黄土高原和长江中下游，但这两个区域由于沟谷地形和河流湖泊纵横而不具备开阔牧场和草场，自然环境条件决定了先祖畜养的不是牛与绵羊，而是猪。北食粟，南食稻，并辅食以猪肉，乃是我国“食”文明的本源[3]，而此种本源是农耕文明最确定的属性特征和表现。

1．E.伊萨克著，葛以德译.驯化地理学.商务印书馆，1987.

2．国风.中国农业的历史变迁[M].北京：经济科学出版社，2006．24.

3．国风.中国农业的历史变迁[M].北京：经济科学出版社，2006．25.

3）中医的农耕文明属性

中医起源于华夏民族祖先适应自然、征服自然的过程。人类在进化的时候发现了火，火的应用加速了人类进化，不仅以熟食代替了茹毛饮血的原始状态，并发现了以火治病并演变成为中医灸法的起源。针灸砭石大约出现在距今8000至4000年前的新石器时期，《山海经》中记载："有石如玉，可以为针"，"砭而刺之"的针法，"热而熨之"的灸法，便是针灸的前身。传说伏羲是针灸的发明者，他"尝百草而制九针"[1]。人类在进食某种植物和食物的时候，发现其中一些种类具有治病的功效，于是将其应用于治病，这就是汤药的起源。另有一说，我国中医医术起源于巫术，古代有巫师苗父治病和巫师应用汤药治病的传说。《世本》记载："巫咸，尧臣也，以鸿术为帝尧之医"；《山海经·大荒西经》谓大荒之中"有灵山、巫咸、巫即……巫彭、巫姑、巫真、巫礼、巫抵、巫谢、巫罗什巫，从此升降，百药爰在"[2]。巫咸、巫彭往来灵山采药而成为医术的起源。

1. 皇甫谧（东汉）.帝王世纪.

2. 山海经·大荒西经[M].

从中药到中医都反映了我国传统"天人合一"的宇宙观和哲学观。中医二字最早出现在《汉书·艺文志·经方》中，它的基础是精气学说、阴阳学说和五行学说。中医认为人体是个小宇宙，世界是个大宇宙，小宇宙应该与大宇宙的循环气息相一致，应该像万物生发那样顺应天时。顺承《周易》的易变精神，中医强调"一方水土养一方人，一方水土养一方药"。

4）丝织业的农耕文明属性

丝织业最早起源于中国，丝织业的发源可以追溯到我国神话传说时代，神农氏发明耒耜、教民稼穑，黄帝元妃嫘祖育蚕治丝、制作衣裳。中国经济自给性最坚强的基础、最具体的表现是衣食两种生产活动的结合，这种结合组织最自然的形态是民间的家庭单元。在中国人的意识里，自古耕是男人之事，织是女人之事，"男耕女织"观念成为传统规范和家庭分工的基本原则。我国的"织"在远古是针对丝麻而言，宋元时期，棉花传入，便将织运用于棉布生产，丝织与棉纺织在中国表现出了最辉煌的一面。

自仰韶文化时期发展至今，我国最著名、最特殊的纤维是丝。1927年，李济在山西省西南部汾河下游夏县城北西阴村的仰韶文化层中，发现了人工切割的半个蚕茧。后来的考古证明，丝织技术并非起源于殷代，而是殷时丝织技术已达很高水平。在古代，丝织品是非常名贵的商品，往往都是皇室贵族才可享用的高档物品，是身份的象征，在商代便存在着专门为皇家进行丝织品制作的世袭氏族。春秋以后，一般农家只是从事丝织业原材料生产与加工，如蚕丝生产就是春秋以后农家重要的副业。汉代因宫廷的需要增加，宫廷直营工厂规模扩大，农村的丝织生产也由黄河流域、长江中游扩大到江南和四川。三国时期，丝织生产技术有了划时代进步，三国以后，北方长期战乱，中原部分氏族和农民纷纷逃向江南，并把先进的丝织技术带至此处，南方的丝织生产获得了相当的发展。唐朝初期，南方缫丝技术不如北方，中唐后一直到宋朝建国，200年间的战乱使北方丝织业遭到很大影响，长江中下游的丝织技术却有了巨大进步。北宋时期，北方游牧民族入侵中原，破坏了当地农桑，元朝仍然无法挽回华北地区丝织业的衰退之势。南宋时期，南方在大量北方资金涌入的情况下成为全国丝织业中心。宋元时期，机织与原料生产事业的分化更为显著。明代，为保证生丝与丝织品的扩大生产，明太祖令民间种桑养蚕。清朝，官营丝织工厂大多残破不堪，顺治时期重新整治。现代，丝织品以其天然、华丽的特性在众人心中仍然是最能代表中国文化的高档服饰面料。

除了丝织物以外，麻织物也是中国古代的重要衣料。中国麻织物的起源亦可追溯到新石器时期，河南渑池仰韶村和安阳后冈出土的土器表面有明显的绳纹和织物纹，专家推测应该是使用苧麻后的纹饰。丝织物在当时虽然已经开始生产，但最普遍的还是麻织物。殷周时期，麻织物是一般妇女们的日常生活用品，所以麻栽培多的地方麻织物的生产量也越多，多余的进而成为物物交换的对象。战国时代，村落共同体消失改由个别农家生产。汉代麻织业有了进一步发展，麻织品是政府重要的财政收入。

丝和麻是中国原产的植物，棉花却不属于中国古代文化核心区域，而是由印度传入的。但印度棉种质量与品质均不佳，到明清时期，我国南方的优良品种亚洲棉（亚洲棉也是从印度传入的，但品种不同）才代替了西北各省的印度棉。在棉输入中国本土以前，中国妇女已经承担了数千年纺织“丝麻”的传统责任，有着数千年机杼缝纫技术，但是缺少弹花与轧花的工序，是元朝的黄道婆改进了纺棉工具，使技术得以进步。此后，北方、江南的棉纺织业在一系列有利的形势下得到了快速发展。直至现代，尽管各种新技术开发下而生产出来的新型面料占据了商业市场并充斥于人们的生活，但是谈及中国服饰面料仍属丝麻，丝麻以其一为精细华丽，一为质朴自然的质感特色，成了中国人心中对服饰面料最具中国特性的深层认知，而这均源自于传承上千年未曾改变的农耕文明本源和根本属性。

4. 经济结构的农耕文明属性

传统经济结构是传统社会时期共同体在农耕文明“衣、食、住、行”社会环境无意识状态中“想”本源的衍生物。

文化面貌会反映每个民族的经济活动特征，如游牧民族和农耕民族的文化面貌不同是因为隐藏在其背后的经济活动、结构特点不同，经济发展程度对于文化变迁也有很大作用。自古农业在中国人的经济活动中即占据重要地位，这个特征从新石器时期至21世纪都是中国社会的显著特点。与此同时，农业对国人的影响，也反映在了其世世代代的生活、文化和意识观念中。

中国作为一个农业占主导地位的国家，土地的重要性显而易见。土地不仅供给着人们的各种基本生活所需，也是财富的最后归宿。我国古代以农业为经济主体，土地问题即土地分配与经营决定了国家经济结构的形式与变化。土地分配主要分为土地国有和土地私有两种制度（这是两个相对的概念，没有国有、公有，就没有私有。国有土地和土地国有是两个不同的概念，国有土地指的是国家所有的土地，国有土地并不排斥私有土地的存在；而土地国有则指的是土地归国家所有，如屯田、公田、官田均是我国历史进程中的政府所有田制度）。

中国历史上，战国是公有制与私有制的分水岭，其前是公有制时期，战国以后除了北魏太和年间至唐中叶270～280年间某些地区实行过性质特殊的均田制之外，基本属于私有制。土地私有制出现的根本原因在于生产力发展。春秋时期铁农具的使用和牛耕的出现，都加快了生产力发展，产生了更多的分外之地，相应的赋税制度调整，使劳动力得以解放，促使了农民可以去耕种更多的田地。公元前356～前338年商鞅变法，在秦国实行“废井田、开阡陌”，鼓励耕织、强迫分产等措施，是在政治上承认和推广土地私有制的里程碑。汉代土地私有制完全得以确立，两汉时期土地的产权观念进一步发展，交易手续进步，土地交易十分发达，且私有制并不排除公有土地。土地私有制可以进一步实行土地自由买卖，使拥有土地数量成为权利、财富、地位的象征，于是出现了土地兼并，其结果是少数人拥有大量田地，有田者不耕，耕者无其田。

土地兼并和小农经济是中国农业的基本问题。小农经济是小型劳动力在小型土地上耕作，两者紧密结合，特征之一是经济基础薄弱。自耕农和佃农在经济薄弱的土地上循环耕种，无论天灾还是人祸都有可能让其崩溃，崩溃之后重新建立起来的经济结构仍然如此，循环往复。小农经济的另一个特点是精耕细作，由于农民可以控制的土地非常有限，在赋税制度的压力之下，精细耕种是唯一的策略，精耕细作虽然提高了单位面积产量，但并非最经济的行为，在某种程度上是浪费人力资源。土地兼并是土地私有制产生的必然结果和根本性问题，土地兼并与小农经济相互作用，兼并愈烈，小农则愈苦，发展到最后便会使整个社会经济破产，天下大乱，丁口流徙与死亡，最后出现地旷人稀的局面，在废墟上重新建立起来的经济结构仍将是原来的循环。这种情况一方面反映了中国经济的循环性，一方面反映了中国经济的迟滞性。

现代中国经济结构与经济问题变得更为复杂。在农村，尽管现代农业技术代替了传统耕种技术，综合型农业服务站的建立改善了传统小农独立劳作的辛苦与不便，使得一些农业劳动力可以在农闲之时进城务工，但是，沿传上千年的农业耕种基本流程仍然未曾改变，因为农业的基本特征仍然是与天、地共存的事业，仍然是需要在“天地人合一”的根本观念指导下的事业。从国家宏观经济领域来看，由于农民人口占据最大比例和农村占据最广大的地域面积，决定了农业仍然是国家经济结构的主体和主要经济支柱。然而，现阶段出现的新问题和新矛盾，使农村、农业和农民三者的发展面临着巨大的挑战。据贺雪峰[1]的研究，仅仅农民进城务工就存在着进城不能满足基本生活保障和生活尊严的需求，回乡面临失去耕地的进退维谷之境，这将会成为重要的社会隐患。中国人上至三代均为农民的俗语说明“农”的因素在国人基因中的根深蒂固，今天即使是生活在城市，也仍然对代表了“地”——财富的买房、购房行为趋之若鹜。

1. 贺雪峰，男，1968年生，湖北荆门人，华中科技大学特聘教授，现为华中科技大学中国乡村治理研究中心主任，长期从事农村调查。

5. 社会意识形态的农耕文明属性

传统社会意识形态亦是传统社会时期共同体在农耕文明“衣、食、住、行”社会环境无意识状态中“想”本源的衍生物。

文化产生于行为，人类是在自己重复进行的行为当中，由物理作用而形成思维领域的世界观和方法论的，中国传统社会便是以农耕行为为传统意识形态的物理基础，而这种传统意识形态是以阴阳五行八卦为根基，以伦理道德的仁、义、礼、智、信为核心，以五经为教化统领，在上千年的农耕劳作中，感悟天地、四季、二十四时及人情等循环运行的文化成果，且日积月累地积淀为农耕文明沿传至今，对中国人全方位的物质与非物质有着无孔不入的渗透和影响作用。

1）农耕哲学与思想

在传统社会意识形态中，最初起决定性作用的是农耕经验、农耕哲学与农耕思想，其核心即为“重农”。“重农”思想分为三个层面：哲学观、政策与技术。传统社会“重农”哲学观的内涵是天人合一、报终返始，其观念即源自农耕耕种过程中对天地运行与轮回的感悟，并反省和作用于与天地自然的关系。政策层面，以“农为邦本”为所有政策制定的核心；技术层面，在农业生产过程中围绕“土宜”与“物候”两个方面进行了思想性的技术经验总结与创新。

（1）农耕哲学

天人合一哲学观认为，农业主要是如何通顺、和谐地处理“天、地、人”三者的关系。古人认为天地是孕化万物的根本，人是天地所生的精华、五行之端倪，故春秋时期孔子便说：“故人者，天地之心也，五行之端也，食味，别声，被色而生者也”[1]，人应“以天地为本，故物可举也。以阴阳为端，故情可睹也。以四时为柄，故事可劝也。以日、星为纪，故事可列也”[2]，强调人的行为应以天地客观规律为纲。《吕氏春秋·审时》：“夫稼，为之者人也，生之者地也，养之者天也。”[3]贾思勰在《齐民要术》中亦道：“顺天时，量地利，则用力少而成功多”，坚决反对不以天地四时为农业之本的“任情返道”行为。

报终返始的哲学观来自于“种地→养地→种地”的循环观念，天地是唯一的，天地孕化万物是以四时为时序的，四时是循环的，每一次都会回归于起点重新开始，为了保持地力就需要用粪药养地，取之于斯亦当报之于斯，如此才是永续与合理的。

（2）农政思想

农为邦本：农为国家兴亡之根本的思想是中国历朝历代农政思想的根本。秦孝公时期商鞅定“治、富、强、王”为国策，说“善为国者，仓廪虽满，不偷于农”，第一个提出农为“本”，其余行业为“末”。随后，孟子提出了重视农耕，使民“恒产”与“仁政富民”。战国又提出“上下俱富”。《管子》中说：“民事农则田恳，田恳则粟多，粟多则国富。国富者兵强，兵强者战胜。”总之，农为邦本的思想贯穿了整个中国发展历史，是最根本的治国之策。

以政裕民：在农为邦本前提下，荀况提出了这一思想。指政府应制定有利于

1．杨天宇.礼记译注[M].上海：上海古籍出版社，2004，7. 277.

2. 同上

3. 吕不韦.吕氏春秋·审时

农业、农民、农村发展建设的政策。荀况认为“轻田野之税，平关市之征，省商贾之数，罕兴力役，无夺农时，如是则国富矣。夫是之谓以政裕民”。[1]

生产有度：在土宜观的基础上，古人提出了生产适度的观念，就是说对于自然资源和农耕资源的利用要有节度。战国晚期至秦始皇时期的《睡虎地秦简·田律》中即已记载资源保护的相关法令，《礼记·月令》亦记载了四时各月所应和不应进行的资源采撷或保护的政令，如针对一月：“孟春之月，日在营室，昏参中，旦尾中。其日甲乙，其帝大皞，其神句芒，其虫鳞，其音角，律中大蔟，其数八，其味酸，其臭羶，其祀户，祭先脾。东风解冻，蛰虫始振，鱼上冰，獭祭鱼，鸿雁来……是月也，天气下降，地气上腾，天地和同，草木萌动。王命布农事，命田舍东郊，皆修封疆，审端经术，善相丘陵、阪险、原隰，土地所宜，五谷所殖，以教导民，必躬亲之。田事既饬，先定准直，农乃不惑……牺牲毋用牝。禁止伐木，毋覆巢，毋杀孩虫、胎、夭、飞鸟，毋 、毋卵……”[2]明确指出在孟春一月之时自然界的显著特征，包括星象、五音、五色、五味等，整体特征是天气下降，地气上升，天地之气混合为一，所以，东风化解冰冻，万物复苏，于是，本月不仅要认真观察土宜和嘉种，还应保护自然界幼小的生命，以使万物生长。孟子对此论说：“斧斤以时入山林，林木不可胜用也”。

兴修水利：水利是发展农业的必要条件，因此兴修水利是农业文化的重要组成部分。我国传统水利事业始于夏，发展于商，兴盛于战国秦汉。

奖励垦荒：由于人口不断增长及生产力水平有限，到唐代为止，一直以增加田亩数量增加粮食产量，奖励垦荒一直是传统农业政策与文化。但唐以后就因耕地开垦殆尽而发生了变化。

救灾赈济：天灾是难以避免的自然现象，传统社会重视对受水、蝗、旱、疫、地震灾害威胁生存灾民的救助，春秋时期即有处理“荒政”官员。传统社会救助主要分为两种措施：少取与多予，少取是少收或免收赋税，多予是直接给予救济。少取称为“蠲”，多予称为“赈”。除了“蠲赈”，还有“积谷备荒”、“年登则常积，岁凶则直给”、“移民就灾”等政策措施。

（3）农技思想

工欲善其事，必先利其器。古人在农耕生产中，从原始社会起即注重生产工具的创造与发明，仅从耒耜到犁的转变，就经历了三条轴线（每条轴线5～7个发展阶段），包括耒耜→石犁→青铜犁→铁犁→曲辕犁→新式步犁→重型五铧犁等发展时序。与此同时，在畜力农具之外还包括水力、风力农具等，这些“冷农具”时代的智慧结晶愈发印证了工欲善其事、必先利其器思想的重要。

物候观：物候即为动物或植物发生变化的时候，物候观就是以四时变化为农业耕作前提，以万物在四时中的生长规律为农业事宜安排规律的生产观念。古人长期观察寒暑交替、花开花落、草木枯荣、候鸟迁徙，于是便产生了“物候历”；当观察角度发生变化，以“天垂象”为标准时，“天文历”便在“物候历”的基础上衍生而成。所以，黄帝有“迎日推策”，颛顼有“载时以象天”，

1. 荀子·君道

2. 杨天宇. 礼记译注[M]. 上海：上海古籍出版社，2004.171～177.

帝喾有“历日月而迎送之”，帝尧有“敬顺昊天，数法日月星辰，敬民授时”，殷商甲骨文中有六十甲子与天干地支，传说禹帝“颁夏时于邦国”。

四时观：四时即四季，四时观即在相应的月份和季节安排农事，与物候观相同，都是农事安排的时间序列。四时观更为明确地将时序划分为具有明显变化的四个时段，每个时段又以“孟、仲、季”三个时段来划分，并据此来表述气候特征、农事安排注意事项及礼制事宜，这些内容都被详细记录在了《周礼·月令》中。《月令》对时序的记载后来又衍生为二十四节气。

土宜观：土宜即为因地制宜。土宜的思想最早见载于《周礼·职方》，当时不仅有施行土宜的官员，还对九州各地土壤与物产特色予以详细记录：“东南曰扬州……其畜宜鸟兽，其谷宜稻”，“正南曰荆州……其畜宜鸟兽，其谷宜稻”，“河南曰豫州……其畜宜六扰，其谷宜五种”，“正东曰青州……其畜宜鸡狗，其谷宜稻麦”，“河东曰兖州……其畜宜六扰，其谷宜四种”，“正西曰雍州……其畜宜牛马，其谷宜黍稷”，“东北曰幽州……其畜宜四扰，其谷宜三种”，“河内曰冀州……其畜宜牛羊，其谷宜黍稷”，“正北曰并州……其畜宜五扰，其谷宜五种”[1]。明代农学家马一龙阐释土宜观时说：“知时为上，知土次之。知其所宜，用其不可弃；知其所宜，避其不可为，力足以胜天矣。”总的来说，土宜观是中国农业精耕细作思想产生的前提。

1. 杨天宇.周礼译注[M].上海：上海古籍出版社，2004：479～485.

五谷观：农业的发展本身就是自然资源不断被人类所运用和驯化的过程，因此，在原始农业形成的过程中，最早产生的科学技术乃为原始种植栽培业，最早被栽培成农作物的就是粟、黍、稻、菽、麻、卖、薏苡、瓠，随后，甲骨文记载的农作物是黍、稷、小麦、大麦、稻、菽等，到了春秋战国时期，菽和粟被排在前面，此时“五谷”的概念便产生了，实际是六种，即稷、黍、麦、稻、大豆、大麻（前三种是南北方通定的，后三种依据地域情况而定），但古人五行的概念影响了对传统农作物的认知，所以“五谷丰登”的观念一直至今。

精耕细作：传统社会二千多年保持地力不衰的秘密在于精耕细作的科学程序，精耕细作在北方为“防旱保墒”的耕→耙→耨，在南方为辅以绿肥养地的耕→耙→耖。

粪药观：施肥技术的发明是传统农耕技术的重要举措。战国时期的《吕氏春秋·任地》就有“地可使肥，又可使棘”。南宋陈旉最早在《陈旉农书》中提出粪药的概念，他说：“相视其土之性类，以所宜粪而粪之，斯得其理矣。俚言谓之‘粪药’，以言用粪犹用药也”。他将为土施肥喻为为土调养和治病，完全是天人合一的科学理念。此后，元代《王祯农书》中也说：“粪田之法，得其中则可，若骤用生粪，及布粪过多，粪力峻热，即烧杀物，反为害矣”。粪药观亦是今天测土施肥理论的渊源。

轮作复种：轮作复种也是重要的保持地力的技术思想，产生于春秋战国之前。《吕氏春秋·任地》：“今兹美禾，来兹美麦”；《齐民要术》：“谷田必须岁易”，“麻，欲得良田，不用故墟”，“稻无所缘，唯岁易为良”。轮作技术在南北方具体为北方的豆谷轮作、南方的水旱轮作，以及南北通有的绿肥轮作。

间作套种：间作套种是在合理利用地力资源前提下使用的提高生产效率的技术，重点在于较短的生长期内收获两季作物。此技术最早约产生于汉代。西汉《氾胜之书》记载了实行瓜、薤、小豆的套种，《齐民要术》认为间作套种是“不失地力，田又调熟”。南宋间作套种技术有了很大发展，张孝主张的“桑竺套种”即是对深根浅根作物轮作技术的总结，他说“桑根植深，竺根植浅，并不相妨，而利倍增”。元代又进一步总结了桑黍不套种原则。

混作种植：混作种植与间作套种都是提高生产效率的技术，区别在于混作种植是同时同地播种种植不同作物，此技术最早产生于原始社会，一直延续下来。《齐民要术》中有对豆谷混作的记载，清乾隆时期河南《汲县志》中有“绿豆带种于晚谷及高粱中；豇豆带种于芝麻植谷中”，民国河北《通县编纂省志材料》中载：“混作者，如高粱与黄豆，或玉蜀黍与黄豆交杂播种是也”。

诞选嘉种：就是选择优良的品种，只有优良品种才能有好收成。“嘉种”最早记载于《诗经》中，战国时进一步提出了“良种”，汉代氾胜之发明了“穗选法”。当作物品种越来越多的时候，北宋贾思勰在《齐民要术》中便为它们进行了命名。至清代有了丰富的积累，《古今图书集成》中仅16省的水稻品种就有3400种左右，占今天的10%。嘉种选育技术在长期的积淀中，成为传统文化中人才“选拔”的原型。

农桑并举：农桑最早产生于中国的新石器时期。神话传说的三皇五帝时期，周族祖先神农氏教民稼穑，黄帝之妻嫘祖教民亲蚕，即为农桑文化的源头。农桑的确立，使先民具备了生存基础，农业与桑树也在传统文化中确立了无可替代的地位。与此同时，由农桑并举所衍生出的男耕女织也为传统文化中的男女生产伦理模式确立了原型。

直至今天，虽然农耕工具和技术有了长足进步，但农耕时序和农业、农民、农村大国的特性，使农耕哲学和思想仍然得以传承、延续和发展，农耕文明的本源和根本属性隐动力作用未曾改变。

2）传统社会意识形态

农业行为产生了农耕经验、哲学与思想，而上述种种的经验、哲学与思想又在日积月累的时序中不断影响作用于传统社会意识形态，进而形成积微成著的庞大文明成果。这些文明成果是先民“近取诸身、远取诸物”、不断总结的智慧结晶，自从有了文字便被载入史册，其中最重要的就是“五经”。“经”是织布中的经线，统领了纬线与其他。传统纺织过程中的“整经”技术是“经”文化原型，即使在技术革新、效率提高的今天，“整经”技术的本质亦未变过。“经”书就是文化范畴的经线，是对中国传统意识形态的完整总结，从周代起被逐步记载于《易》、《书》、《诗》、《礼》、《春秋》五经当中，虽至后世发展为十三经，但仍以最初的五经为根本。《易》是最早成书的，同时也是中国传统意识形态的根基，其所提出的五行八卦阴阳理论是传统文化“智”的结晶，在《易》的体系中五经本身就是五行。

仁	义	礼	智	信
↓	↓	↓	↓	↓
木	金	火	水	土
↓	↓	↓	↓	↓
《春秋》	《尚书》	《周礼》	《周易》	《诗经》

《易》被称为“群经之首，大道之源”，其中所阐释的占卜内容源于伏羲与文王据《河图》、《洛书》而演绎出的八卦（先天八卦与后天八卦）。虽然《易》是一本卜筮之书，但其中讲述的天、地、人、万物易与不易的道理却是中国传统文化的根源与永恒的智慧。《易》包罗万象，对后世的影响就像是通“天、地、人”三才和过去、现在、未来三时的“神木”。《易》既是宇宙万物，也是物质与非物质，亦是人文与科学，更是圣人之作与俗人之命……读过《易》才知《易》的奥义与披及万世的道理。《易》对后世的影响主要包括：八卦、五行、阴阳。

八卦：“卦”为挂于眼前的图像，八卦即衍生万物的八种自然现象，分别是天、地、雷、风、水、火、山、泽。古人用土圭测影的方法在四正四隅八个位置分别取得八个符号（爻）以与八种现象相对，即乾（天）、坤（地）、离（火）、坎（水）、震（雷）、巽（风）、兑（泽）、艮（山）。卦象由爻来表示，爻就是卦象的符号，“爻”就是“交”，代表万物都会相交（或是相生，或是相克，这就是文王八卦所阐释的现实世界的道理）。一卦为六爻，从下向上分别是初爻、二爻、三爻、四爻、五爻、六爻，二爻为地，四爻为人，六爻为天，因此，每一卦都是天、地、人三才关系所显示出的卦象及事物发展规律的预测。

五行：《易》认为构成万事万物的基本元素是金、木、水、火、土，它们相生相克的结果是万物产生的根源，所以由金、木、水、火、土所构成的万物亦是相生相克的关系，包括五方、五色、五季、五音、五气、五化、五味、五体、五星、五数、五时、五德、五脏、五情等。

阴阳：阴阳指万事万物都由两面组成的根本属性，即阴与阳。阴阳始于太极混沌，天地所生之后便有阴阳，正所谓“易有两极，是生两仪，两仪生四象，四象生八卦”。阴阳是万世万物的根本属性，阐释从两方面看世界的观念，天地、乾坤、刚柔、理气、离坎、震巽、兑艮、牡牝……

八卦阐释了古人看世界的方法，五行阐释了古人对万物本质的理解，阴阳则是古人对万事万物相互关系与根本属性的理解，八卦、五行、阴阳是一套完整的世界观，是圣人智慧的结晶与传统文化的精髓，是全体中国人根本的基因密码。

《书》，汉时称为《尚书》，即为上古之书，传说是孔子针对春秋乱世而对上古虞、夏、商、周时期帝王文史档案的总结，使后世能得尧、舜、禹、汤、文、武治国之道，以安天下。《书》中所阐释的治世之道主要为重德与爱民，阐释君应明仁政治民之道，臣应明贤臣事君之道，事实上，《书》就是“帝王之书”。

《诗》，即《诗经》，是对西周初年至春秋中期近500年间诗歌的汇总，共分为风、雅、颂三个部分。风是对民间歌谣的记述，雅主要是汇录士大夫作品，颂则以西周的祭神颂词为主，写作手法均按赋、比、兴的四言散文诗体例。可以说，《诗》是一部记载了西周初至春秋中期社会三个阶层主要生活内容的文化人类学典籍，《诗》可以使后人真实了解西周至春秋中期的社会面貌。《诗》的文学载体形式决定了《诗》在传统社会教育中的重要作用，孔夫子言：“诗三百，一言以蔽之，思无邪”，“不学诗，无以言”，“小子何莫学夫诗？诗可以兴，可以观，可以群，可以怨，迩之事父，远之事君，多识鸟、兽、草、木之名”。

《礼》，即《周礼》，相传为周公旦所著的传世之作。该书通过对各种官职与官制的规定，向后人展现了理想治国之法，希冀为后世千秋建立模式与标准，而支撑这种模式标准的就是“人法天”的哲学思想。《礼》通篇体现了“人法天”的哲学思想，并一改前朝五行、阴阳、法家各主其词的现象，而以儒家思想为根本，融众家之长，阐释了上至国家、下至个人的礼制。

《春秋》传说是由孔子编撰的鲁国史书，后人评价《春秋》是“微言大义”。司马迁评其：“夫春秋，上明三王之道，下辨人事之纪，别嫌疑，明是非，定犹豫，善善恶恶，贤贤贱不肖，存亡国，继绝世，补敝起废，王道之大者也……故春秋者，礼义之大宗也。夫礼禁未然之前，法施已然之后；法之所为用者易见，而礼之所为禁者难知。”《春秋》既是史又是经，以史的方式与中正的态度为后世礼义之榜样。

《易》、《书》、《诗》、《礼》、《春秋》五经，古人评价其分别从智、义、信、礼、仁五个方面支撑传统文化，无论是对国家治世还是对个人修养都具有不可替代的重要作用，同时，这些国家治世之道与个人修养的标准亦都是以农耕文明为基础，都是围绕农耕文化展开的，是传统社会士子必修的基本课程与普通百姓所应遵循的规范，亦是传统社会整体意识形态的根基。

虽然今天各种文化激荡使传统社会意识形态在国人整体意识层面貌似趋于衰落和崩溃，但是中国传统哲学的根本观念却没有改变，如五经之首《易》中所奠定的“变易观”、“阴阳观”等观念，已经幻化成了民族基因，传承在国人的血液中，并且无孔不入地反映在当今文化现象繁乱的社会生活与人们的语言、思维方式中。

6. 社会结构和乡村体制的农耕文明属性

传统社会结构和乡村体制都是传统社会时期共同体在农耕文明“衣、食、住、行”的无意识状态中“想”本源的衍生物。

1）社会结构及基本元素

社会结构指的是社会基本元素的构成方式。构成社会的基本元素是人，社会结构首先是指人与人以怎样的关系在一起生存。以农耕文明为本源和根本属性的“天人合一”观决定的伦理本位和差序格局，规定了中国是以“家天下”为主要社会结构形式的国家，所以家庭、家族、宗族是研究中国以农耕文明为主的社会结构所必须关注的问题。原始社会的经济结构是以“均”“公”“大同”为标准的，那时人与人之间没有姓氏差别和血缘差别，社会结构亦以原始部落为基本构成方式。到了三皇五帝时期，姓氏也并非区别血缘与族群的标志，而是政治统治的工具，如上古时期少典氏娶有蟜氏生黄帝与炎帝，黄帝姓姬，炎帝姓姜。周代以前，平民没有姓氏，周代后才将姓赐予众民，发展到秦汉时期，氏才普遍化并成为纯粹血缘的标志。两汉初期，我国以血缘为基础的社会结构得以完成，人人都有姓氏以便考察他的血缘和种族。

国家的形成与政治制度的发展既与姓氏、血缘、家族相关又非同时和并行。从新石器到三皇五帝时期，我国经历了从氏族到族群战争、族群内部分化、贫富差距产生的社会变迁。公元前2400年左右，亦即黄帝和龙山文化时期，是我国社会发展史上一个开始转变的关键，这个转变过程到了夏朝得以完成，此时仍是部落联盟，城市未出现。4000年前，夏朝开国以后黄河流域普遍进行了“城市革命”，国家机构形成，开始了我国的城邦时代，延续了1500年，史称“三代”。城邦时代标志着原始社会的消逝。夏朝禹将皇位传予启意味着世袭制取代了禅让制，从此“家天下”取代了“国天下”。一旦“家天下”的制度建立，血缘关系、家庭关系、家族关系、宗族关系在我国社会结构中的地位便快速确立与发展。

自从人人皆有姓氏，中国的社会结构就有了基础。中国人的姓氏是以父系标识的，族群关系非常重视父族。中国的族群关系主要由丧服制度和丧期时间的长短来体现，统称“五服”（《丧服传》），分别是斩衰三年、衰期、大功九月、小功五月、缌麻三月（“同父则期，同祖则大功。同曾祖则小功，同高祖则缌麻，高祖外五服”），这一体系又称为“五属之亲”，体现亲亲的原则。事实上，五服图明确反映了中国社会人与人之间的关系，每个人都是中心，又都不是中心，每个人都可以构成一个新的五服图。中国社会的族群结构就是由无数的五服图构成，它强调了伦理关系，体现了中国社会重视和谐共处的原则。在五服图内，划分出了“核心家庭”（父子两代）、“主干家庭”（祖、父、己）、“共祖家庭”（祖、父、己、伯叔及其子女）。这三种家庭是按照成员之间的关系远近而确定的类型。此外，根据家庭人口的多少和大小，中国古代的家庭又可以分为“汉型家庭”和“唐型家庭”。“汉型家庭”是以5口为标准的小型家庭，“唐型家庭”是以10口为标准的大家庭，且尊长在，子孙合籍，同居、共财。“汉型家庭”是“核心家庭”和“主干家庭”，“唐型家庭”是“共祖家庭”。“唐型家庭”诞生于两魏至隋唐的300多年间，“唐型家庭”再向后发展便出现了世家大族。

家庭与家族是既相互联系又相互区别的两个概念。居住在一起并共同拥有财产的是“家庭”，五服之内的单元家庭共同组成“家族”，五服以外却拥有共同祖先的则是“宗族”。家族不仅是出自同一祖先的血缘团体，也是祭祀同一祖先的宗教团体。中国在汉朝的时候出现了世家大族（世家大族的品评标准为：①人，人口多寡；②时，世代久远；③名，名誉大小；④位，禄位高低，即是否是一个大族、一个世族、一个名族、一个士族）。汉武帝初期始，士族阶层得以发展，其中还有阀阅等世家大族。在九品中正制度加速门第发展的同时，两汉时期的世家大族既是阀阅，是世族，更是讲究经学儒术的士族。到了东晋，门第之风与世家大族在人们心中的地位已经达到了顶峰。此后，世家大族在其后经历了不同的兴衰过程。唐朝科举制度兴起，学术与政治对全民开放，这影响了政治，也改变了社会形态，中古时期的世家大族日渐消融，至北宋初年已经零落殆尽。

至现代，考察社会的隐性组成结构，上述传统模式都以隐性力量存在着，只是趋于简化或被表面西方外来文化与商业文化所掩盖。当今社会结构的繁杂性特征所呈现出来的急剧变革与不稳定性，恰恰为稳定传统的自然创新开辟了广阔的生长空间。

2）乡村体制

乡村体制形成的最初原因在于政府有意于更好地统治地方民众，为此，历代君主都在县级行政机构以下设置类似于地方自治的乡村组织，以补足县管理力量的不足。在中国广袤的土地上生存的数以万计的民众，自古便是各朝代立国之本，他们承担着税收、兵源供应、各地社会秩序维护等功能，所以，施行行之有效的措施来管理和组织农村和农民是历朝历代都不惜余力的事情。

中国传统乡村体制大致特点是：①两税法未确立之前，以“丁”作为课税标准，但在实施过程中，历代均以家或户为标准；②秦汉时，乡村组织基本单位改为里，规定每里100户；③宋元明清等朝代，为了适应十进的里甲及保甲的标准户数（自然村往往难以适应这一制度）及运用一种与自然村完全不同的编组制度，减少地方村落组织的影响力，确保政权安全，采用了里甲户和保甲户的制度；④唐宋之后，镇的规模扩大和作用增强，逐渐成为贸易中心，所以镇成了文明产生的地方，从实质上瓦解了乡的意义，自此，“乡”就仅仅是等同于“乡村”的词汇了；⑤明清时期，采用以地区来划分里甲及保甲等组织，实质性地瓦解了里甲与保甲制度。乡村组织设置功能从最初的征收赋役向劝农、教农、维护社会安定功能转化。

总的来说，中国乡村最初是原生形的自然村，后来政府机构的建立只是附加与辅助的形式，其设置的基本目的是税收。因此，中国乡村是先有形后有内容，先有实后有虚。

7. 宗教信仰的农耕文明属性

传统宗教信仰亦是传统社会时期共同体在农耕文明“衣、食、住、行”的无意识状态中“想”本源的衍生物。

从农耕文明发展至夏启之后，“家天下”的世袭政治制度便确立起来。到了周代，礼仪兴起，儒家思想进一步加强，以后直至清朝，中国伦理本位的社会意识形态根深蒂固，无可替代，可以说伦理本位的儒教是中国最大的宗教，是非宗教的宗教。比较中西方，可以明显看出两种社会不同的基本组织结构方式及其所引起的一系列后效：西方重视集体和个人，中间是家庭，当两端得以重视的时候，夹在中间的家庭就不再具有集结的作用，而中国的社会组织恰恰与此相反，中国人重视家庭、重视伦理，大团体的国家乃是家庭的扩大，个人则于家庭中得到各自的不同定位。所以在中国传统社会中，没有个人的概念，只有个人在家庭伦理关系中的相对位置，家庭就是一个集团，但是，家庭中人与人的关系是由伦理关系确立而非独立个体之并置。伦理是秩序，在社会组织中，乃是人与人之间的关系和秩序，中国家庭伦理中父子关系是最基本的，这也是扩展到整个社会各个层次的伦理关系的基础。因此，中国伦理中家庭是最基本、最重要的单元与代表。伦理在中国社会是最基本、最普遍的组织方式，它由家庭出发却并未在家庭终止，而是扩散至整个国家，每个人都是伦理关系中的一员，每个人皆有权利亦皆有义务，由伦理关系形成的整个中国是一个消失了边界、没有对抗的庞大组织。具体来说，伦理关系包括：1）伦理社会的经济关系：有父母在堂、兄弟不分和祖父在堂、祖孙三代都不分的共财之义，有弟兄之间、近支亲族间的分财之义，有分居后富者将财产再分于贫者、亲戚朋友邻里之间彼此有无相通的通财之义。[1]这种伦理的经济生活在表面共产的情况下将视伦理关系的远近而相与为共。2）伦理社会的法律关系主要表现在两个方面。首先，在伦理为主的社会中人与人之间重视人情关系，人情为首、为重。其次，因为重视人情便由伦理关系衍生出彼此之间的义务，所以中国社会的法律是基于义务观念，而非基于权利观念产生的。[2] 3）伦理社会的政治关系：伦理关系是一个以个人为中心，不断向外扩散的关系网，每个人是自己的关系网的中心，同时又是他人中心关系网的一员，从远到近、从近到远，没有绝对的中心、中枢，没有团体，亦不形成对抗。大多数国家的统治是阶级和立体的，然而，中国伦理基础上的政治关系则是平面的，平面的扩展也是中国人的追求，就像中国的传统建筑，开阔、宽广、舒展的平面是最基本的审美特色一样。太平天下亦是中国政治的理想，它要求在伦理关系中，人人做好自己的角色，以孝悌思想为教化源头，人人相安相保，养老送终没有遗憾。

宗教是付诸实践的哲学思想，其本质意义在于使人生的存在具有超现实的感觉和价值，是信仰的归宿和精神的无限寄托。在中国传统社会中，儒教的伦理道德便是中国人的宗教，尽管孔子不推崇宗教和鬼神，不推崇出世和超现实，更

1. 梁漱溟. 中国文化要义[M].上海：上海世纪出版集团，2008，6. 74.

2. 同上

注重对现世幸福人生的体验，但他却创造了与宗教功效相同的共同体信仰。这种信仰和组织方式融合了他人与自我，忘记了躯壳，没有离开现实但又比现实看得远，让人可以在更大、更深的层面寻求人生意义，是在两面变化中的一“中”，即中庸，所以说，儒教的伦理道德是非宗教的宗教，它使每个人在社会结构和情感当中皆以对方为重，恒见对方而忘却自我，如若人与人之间互以对方为重，那么社会便能达到均衡与和谐。

时至今日，因我国处于急剧的社会变革时期，各种文化相互激荡，传统伦理的大宗教信仰貌似处在衰落甚或是崩溃的阶段，但应该认识到，如今种种只是文明发展过程中的插曲与阶段性表现，是源于农耕文明本源和根本属性的、属于中国人根本的大宗教观、伦理观的普遍性形式简化。历史是不断演进的过程，如将今天的社会现状放在中国宏观历史发展序列中来看，此时遇到的坎坷与中华民族几千年发展史中几度兴衰的历程相比，亦只是瞬间的困难。况且，历史的经验告诉我们，越是急剧的变革越是不稳定，历史洪流中，仁和中正的根本往往具有最强的生命力，这也是中国文化强调“中庸”、“守中”的本质意义。

8. 天文历法与民间文化、风俗习惯体系的农耕文明属性

古代天文历法、民间文化、风俗习惯体系是传统社会时期共同体在农耕文明“衣、食、住、行”的过程中随时间而逐渐积淀升华为“想”的衍生物。

1）天文历法的农耕文明属性

从新石器时期至今，我国先祖便在“天人合一”思想的指导下，顺四时，仰观天文，俯察地理，总结出了一套独具特色又行之有效的宇宙观、哲学体系以及文化、科学、技术体系，如五行、周易、易变观、八卦、阴阳、历法、二十八星宿、二十四节气等。其中历法的发明，不仅是先祖对时间、季节变化的经验总结，更是对农耕生活的合理规划和时效的精确把握，这种在实践中衍生出来的生活智慧在历史的变迁中，积淀并深植于中华民族意识深处。

天文学几乎是与人类历史同时起源和发展的。当先祖利用简单的工具进行采集和渔猎以获得食物时，他们就依靠观察太阳来决定出行的时间和远近。当历史进入农耕时代之后，农业生产中的播种、耕耘、收获、储藏都要和季节的变化紧密配合。最初先祖只是根据冰雪消融、杨柳发芽来确定季节或者月份，随后，他们也逐渐认识到天象循环和物候变化的依存关系，继而便以观察日月星辰在空中的位置变化与运动轨迹的规律总结出了四季和月份，而此种依据天象变化规律确定时序的方法就是“观象授时”。

（1）农业活动的根本和农民最关心的事情，便是在一年时序当中合理、适时地安排与开展农事活动，从而获得较高的农作物产量，传统社会上至统治阶层下至农民个体皆对此予以高度重视，国家的一项重要事务便是颁布历法，而我国亦是世界上最早制定历法的国家之一——这一点也证明了历法的农耕文明属性。历法共有三种：阴历、阳历和阴阳合历。阳历是太阳历，阴历是太阴

历、月亮历，阴阳合历就是今天的农历。阴阳合历[1]不仅考虑月亮的圆缺变化，亦考虑太阳的周年视运动，它基本能保持月份与气候冷暖变化的一致，不会像阴历那样在六月也可能出现下雪天气，是对农耕活动适应气候变化经验的总结，故沿用至今。

二十四节气[2]也是我国古代重要的节气历法内容，它依次指立春、雨水、惊蛰、春分、清明、谷雨、立夏、小满、芒种、夏至、小暑、大暑、立秋、处暑、白露、秋分、寒露、霜降、立冬、小雪、大雪、冬至、小寒、大寒。事实上，二十四节气从本质上体现了种子生长、农业耕种与四季时序的关系，而四季时序又是依据太阳运行带来的气候变化总结的自然规律，所以说二十四节气就是关于天象、地利、人事三合的科学规律。二十四节气的规定起源于黄河流域，只因黄河流域是农耕文明发生的源本地区，故陕西农民是一定要按照二十四节气来安排自己每年的农耕事宜和日常生活的。

（2）农民判断农时主要分为两个历史阶段，第一个阶段用"物候"，第二个阶段用历法。第一阶段是第二阶段的初期形态，第二阶段是建立在第一阶段的理论升华和更为科学、严谨的体系。历法的产生，根本原因是气候条件对农业的影响，从史前社会到今天我国的气候条件发生显著变化，尤其是黄河流域，当华北史前气候由温湿的北亚热带转变为温带以后，生态环境相应改变，动植物呈现减少的趋势。在这样气候变化非常大的环境中，人们必须依据常年的观察与经验的总结来顺天而行开展农务事宜。在精密的历法产生之前，黄河流域先民主要是通过"物候"来判断在田间工作的时间，如某种植物开花的时间，鸟类和动物迁徙栖息的时间，等等。《氾胜之书·耕作》开篇就说："凡耕之本，在于趣时。"该书认为"物候"是抓紧适当时间耕耘播种的重要指标，对于种植冬小麦，书中说最佳的种植时间是夏至过后70天时，如若太早便会遭遇虫害，且小麦会于冬季寒冷之前拔节，如若太晚，则穗子小而颗粒少。再如，书中认为种植大豆的最佳时机是三月榆树结荚，如遇雨便可在高田种植。《齐民要术》卷一谈种谷子的时候说到："二月、三月种者为稙禾，四月、五月种者为稺禾。二月上旬及麻菩、杨生种者为上时，三月上旬及清明节、桃始花时为中时，四月上旬及枣叶生、桑花落为下时。岁道宜晚者，五月、六月初亦得。""顺随天时，估量地利，可以少用些人力，多得到些成果，要是只凭主观，违反自然法则，便会白费劳力，没有收获。"随着气候变化越来越无常，先民就在"物候"经验知识的基础上发明了历法，并充分显示了黄河流域地区的气候特点，进一步用严谨的历法制度来指导农业生产过程，以避免灾难发生。《尚书·尧典》中记载尧帝布政的第一件事就是观察天象，颁布立法，便于人民从事耕作，为此说道："乃命义和，钦若昊天；历象日月星辰，敬授人时……寅宾出日，平秩东作。"屈万里先生注云："人时，《史记》、《汉书》俱引作民字……民时谓收获耕种之时。东作即春作，谓春日之农作也……使民治其春作。"具体地讲，黄河流域的农民如若从事农业生产，第一要事是必须了解历法，清晰掌握解冻时间、霜终止时间、

1. 据考证，中国大约从殷商时期就已经开始使用阴阳历，阴阳历的平年有6个30天的月，6个29天的月，加起来是354日，与一年的长度365日差11天。如果总是这样安排的话，那么，每三年就会差出一个多月。于是古人就想出了每三年加一个月的办法，这个多加的月就叫做闰月。后来人们发现三年加一个月太少，不能补上三年差出的33天；五年加两个闰月太多，又超出了五年差出的55天，如果在19年中加上7个闰月就能得到满意的结果，19个回归年是6939.75日，19年有228个月加7个闰月是235个月，235个月合计是6939.55日，与19个回归年的日数6939.75只差0.2天，也就是差不到5个小时。

2. 二十四节气实际上是把太阳周年视运动划分成24等份。按照中国古度一周天为365.25度，每一等份就是15度多一点。中国古人在很长一段时间认为太阳运动是均匀的，而且一天走一度，那么每一等份就相当于15天多。古人根据实际观测得出某年冬至发生的时刻，然后就从这个时刻开始累加，冬至累加15天多得到小雪，小雪累加15天多得到大雪，依此类推就可以得到全年的节气。

土壤水分以及风向等，以在最佳的时间节点展开诸如耕地、播种、中耕、除草、收获等农务。《诗经·豳风·七月》、《孟子》中谈到的“不违农时”，《吕氏春秋》中所谓的“月令”、“审时”，《氾胜之书》的“趋时”，都是对农务开展必须选择最佳时机展开的讨论。所以说，历法是我国传统文化中最重要的代表之一，而农耕文明从历法的衍生、发展再至各时期的使用，均是其本源和根本属性。

2）民俗文化与风俗习惯的农耕文明属性

中华民族以农耕文化为底蕴，世代传承着自身独有的物质与精神文明。在传统社会，各个方面的理念均衍生于务农事宜且均以农耕文明为本源，从宏观的时空观念来看，中国人的宇宙哲学观亦是以农耕的起始及成败为标准，如春耕、夏耘、秋收、冬藏的概念。《书经·尧典》中记载“以闰月定四时成岁”，其意是指一年可以分作四段，每段包含3个月，而第3个月乃是季月，因此有了四季的概念，而此概念的形成亦是古人在长期观察中总结了正月至三月适宜耕地播种，四月至六月适宜种子生长和除草，七月至九月适宜收获，十月至十二月适宜冬藏和狩猎。围绕着气候与地理条件的变化，先民在循环往复的农耕生活中，创造了年节，创造了以各种年节为时间节点和庆典仪式核心的民俗文化体系，久而久之，这种民俗文化体系逐渐积淀成为深厚的文化底蕴，成为承载中华文化的深层基因。

陕西地区重要年节 表2.3

<table>
<tr><th>序号</th><th colspan="2">名称</th><th>时间节点</th><th>象征意义</th><th>行为</th></tr>
<tr><td>1</td><td colspan="2">腊八节</td><td>腊月初八</td><td>“腊”义为把猎物风干，留在冬天食用。吃完腊八粥预示着年节的到来</td><td>腊八饭与陕西各地的腊八风俗</td></tr>
<tr><td>2</td><td colspan="2">尾牙</td><td>十二月十六</td><td>感谢一年来的事业顺利并祈求明年更好</td><td>以大型和丰盛的祭礼祭拜土地公，祭祀后请员工吃聚餐饭和发红包，以便员工开始办年货添新衣</td></tr>
<tr><td>3</td><td rowspan="4">送神</td><td>祭灶</td><td>十二月二十三</td><td>祭拜驻于自家的灶王并送其上天，同时请灶王“上天言好事，回府降吉祥”</td><td>灶饼、灶糖、大扫除、小年夜</td></tr>
<tr><td>4</td><td>送神</td><td>十二月二十四</td><td>送地界众神回天，并向玉皇大帝报告各家各户的善恶，并希望驻在家里的神能够多说好话</td><td>准备丰富的祭品（麦芽糖、汤圆）</td></tr>
<tr><td>5</td><td>挽面</td><td>十二月二十五</td><td></td><td></td></tr>
<tr><td>6</td><td>拂尘</td><td>十二月二十六</td><td>表示不让贫穷到家里来，欢欢喜喜除旧去垢、干干净净迎新纳祥</td><td>大扫除、换金花、换神红、挂门神、贴春联等</td></tr>
<tr><td>7</td><td colspan="2">除夕</td><td>腊月最后一天</td><td>“过年”，是一年中最重要的节日。“年”意为收获和谷熟。过年就是丰年祭，表示一年的结束并庆祝作物丰收，祭祀神灵和感谢它的佑护，祈求来年好运，神人同乐</td><td>祭拜玉帝、辞岁、吃年夜饭、给压岁钱、守岁</td></tr>
</table>

<table>
<tr><th>序号</th><th colspan="2">名称</th><th>时间节点</th><th colspan="2">象征意义</th><th colspan="2">行为</th></tr>
<tr><td rowspan="15">8</td><td rowspan="15">春节</td><td rowspan="14"></td><td>一月一日（初一）</td><td rowspan="15">标志旧的一年的结束和新的一年的开始</td><td>人拜神，“元日”</td><td rowspan="15">北方吃饺子，岭南地方舞春牛等，各地具体的庆祝活动有所不同</td><td>祭祖、拜神、焚香、放炮仗</td></tr>
<tr><td>一月二日（初二）</td><td>人拜人，“姑爷节”</td><td>“开年饭”“放生”</td></tr>
<tr><td>一月三日（初三）</td><td>送穷鬼，“赤口日”</td><td>扫除囤下的垃圾</td></tr>
<tr><td>一月四日（初四）</td><td>人乞米，“接财神”</td><td>在下午四点到晚上有接神仪式，准备供品</td></tr>
<tr><td>一月五日（初五）</td><td>神落天，“牛日”</td><td>吃饺子</td></tr>
<tr><td>一月六日（初六）</td><td>鬫一日，“送穷”“马日”</td><td>各地送穷的方式不同</td></tr>
<tr><td>一月七日（初七）</td><td>寻春去，“人日”</td><td>食丰盛的早饭</td></tr>
<tr><td>一月八日（初八）</td><td>八不归</td><td>初七出去的，初八不能回家</td></tr>
<tr><td>一月九日（初九）</td><td>九皇诞</td><td>祭拜玉皇大帝</td></tr>
<tr><td>一月十日（初十）</td><td>去打春，“地生日”</td><td>到旺地里耕种</td></tr>
<tr><td>一月十一日（初十一）</td><td>打仔回</td><td>家长要把对打石子的小孩赶回家</td></tr>
<tr><td>一月十二日（初十二）</td><td>搭灯棚</td><td>为元宵节准备灯棚</td></tr>
<tr><td>一月十三日（初十三）</td><td>开灯言凡</td><td>上灯</td></tr>
<tr><td>一月十四日（初十四）</td><td>灯火明，“接灶神”</td><td>试灯和接灶神</td></tr>
<tr><td>元宵节</td><td>一月十五日（初十五）</td><td>祈完灯，象征一个年节的结束。“元宵”寓意可以恢复劳力的药丸</td><td>看花灯，吃元宵</td></tr>
<tr><td>9</td><td colspan="2">青龙节</td><td>二月二</td><td colspan="2">龙抬头</td><td colspan="2">陕西地区民俗活动有爆米花、打围墙、围仓囤、引钱龙、敬龙王、敬药王、咬虫、抬懒婆娘、关中挑菜节</td></tr>
<tr><td>10</td><td colspan="2">立春</td><td>二月四日或五日</td><td colspan="2">提醒人们春天的到来</td><td colspan="2">打春牛，挂迎春春幡或挂过门笺，贴窗花和剪纸</td></tr>
<tr><td rowspan="2">11</td><td colspan="2">清明节</td><td>春分后第十五天</td><td colspan="2">清明节是春耕春种大好时节，扫墓、祭祖、郊游、戴柳</td><td colspan="2" rowspan="2">上巳节、看牡丹、斗花、油花卜、吃官金与合子馍、蒸燕燕、祭黄帝陵</td></tr>
<tr><td colspan="2">寒食节</td><td>陕西将清明与寒食在一天过</td><td colspan="2">寒食节禁用火，吃冷食</td></tr>
<tr><td>12</td><td colspan="2">端午节</td><td>五月初五</td><td colspan="2">防“五毒”和辟邪</td><td colspan="2">插艾草、挂菖蒲、吃粽子、饮雄黄、划龙船、跑采莲船、长命缕、戴初初、百索粽子</td></tr>
<tr><td>13</td><td colspan="2">七夕节（乞巧节）</td><td>七月初七</td><td colspan="2">对自然、时间的崇拜，牛郎织女相见之日</td><td colspan="2">乞巧棚、耍七姑娘、比巧芽、接牛女泪与穿七孔针、看蜘蛛网与瓜田听诉、磨碗乞巧、灞桥赛巧会、唱乞巧歌</td></tr>
<tr><td>14</td><td colspan="2">中秋节</td><td>八月十五</td><td colspan="2">祭月</td><td colspan="2">祭月、中秋吃月饼、赏月</td></tr>
<tr><td>15</td><td colspan="2">重阳节</td><td>九月九日</td><td colspan="2">日月并阳，登高远望、旅游、插茱萸、饮菊花酒、送花糕</td><td colspan="2">送花糕与曲连、插茱萸、饮菊花酒、登高旅游、雁塔登高、登乐游原</td></tr>
<tr><td>16</td><td colspan="2">冬至</td><td>冬至日</td><td colspan="2">季节崇祀</td><td colspan="2">吃饺子、九九消寒图、九九消寒句、九九消寒表、数九迎春联等</td></tr>
</table>

3）婚礼习俗的农耕文明属性

因四时与农作物生长之自然规律而积淀的伦理观念也影响与决定了中华民族共同体生命繁衍仪式和社会组织关系——婚姻制度。婚姻不仅具备了礼制的内涵与意义，也是中华民族约定而成的法律和习俗，维系着社会礼仪的发端，维系着社会关系的衍生和延续。婚礼是中国传统文化沿传至今的观念与习俗，是区别于其他民族的独特文化形态，自古先祖便认为婚姻关系是“小而兴家，大而兴国”的事宜，是个人生命过程新的起始。伦理观念在规定传统社会等级体系和人际关系，使传统社会正常运行的同时，也使门第高低成为限制个人生命力量拓展的因素，必然限制婚姻制度的制定和婚姻关系的缔结，但在漫长的历史长河中，婚姻、婚制、婚礼仍然是以农耕文明为本源的中国传统文化的重要组成部分。如果将中华民族作为统一的大群体来看，就像农作物的生长必然按照一定的时序过程进行，按照客观规律生长一样，婚姻、婚制、婚仪乃是这个大群体繁衍所应遵循的时序环节和规律，是形式亦是内容。

4）丧葬习俗的农耕文明属性

就像农作物生长一样，农耕文明不仅影响决定了先祖的行为方式，也影响和决定了其思维方式。如果说婚仪是生命新阶段的肇始，是孕育生命的开端，丧葬仪俗则是生命终点的礼仪。虽然周礼初始规定奠定了丧礼基础，但在全国各地，依据不同的地域文化和场所氛围，葬俗亦有着些许的调适，然而，“慎终追远”“民德归厚”“报本反始”的本源思想始终未曾更改。总的来说，丧礼包含三个方面的内容：葬俗、丧仪、死者永生信仰。葬俗是以何种方式处理遗体，丧仪是在处理遗体过程中所应遵循的、被共同体达成共识的仪俗形式和习惯，死者永生、灵魂不死信仰则体现了对死后世界的描述、对灵魂与物质相区别的认识观和坚定不移的信仰与精神的寄托。

与农耕文化萌芽、产生的时间相同，传统丧葬习俗起源于一万八九千年前的山顶洞人时期，到了新石器时期便已形成土葬观念与陶器等日用品陪葬习俗，就像农作物生于土、归于土的规律那样，“入土为安”的土葬观念亦于此时衍生，分明体现了农耕文明潜移默化的隐动力作用，使土葬成为中华民族葬俗的正统。

中国人的丧葬习俗反映了中国文化精神的形成与演变过程。新石器时代是模糊的亲族意识和灵魂不死的观念；殷商时期是祖先崇拜，这种祖先崇拜的意识里人伦意识与鬼魂意识混合为一；周人的丧礼，在宗法制度的政治关怀下，上层社会的丧葬观念倾向于政治性、伦理性，随后的儒家学派更加强调丧礼的伦理道德结构，彻底抛弃了宗教的特质而形成中国丧礼的大传统，但“灵魂不死”观念的宗教特质仍然保留在民间。东汉以来，受佛教轮回观的刺激，民间普遍接受这个新的死后观念，成为灵魂不死观念的延续。从魏晋到隋唐，上层知识分子从有无之辨到形神之辨，儒释道三家思想的纵横激荡，以及宋明理学中表现的三教融合，都对此产生了巨大的影响。在民间，宗教逐渐完成了三教归一，儒家慎终追远的孝道精神是融合的基础。在丧葬思想转变的同时，《家礼》的出现和修订，使大传统下移，至明清时大小传统混融无迹。

5）祭祀习俗的农耕文明属性

中国祭祀传统发端于上古社会的宗教心理。初民时期，神道是社会活动的主体和社会伦理的主体，祭祀权是权力的象征与源泉。国家建立后，“国之大事，唯祀与戎”观念产生，形成上层祭祀规范，平民阶层也建立了民间祭祀习俗。祭祀行为在中国社会形成“礼”与“俗”两大脉络，沿传数千年而逐渐合二为一，成为中国人最重要的传统之一。

传统祭祀礼俗主要包括祭祖、社祭、祭天三部分内容，分别从伦理功能、社会功能、政治功能三方面相因相成，形成一套发因个人、上达国家的祭祀系统，构成中国人的祭祀观。祭祖起源于殷商时期的祖先崇拜，到周代末年，受人文精神影响，对祖先的崇拜转化成了人文精神极为浓厚的“慎终追远”伦理观念。两汉时期，祭祖已是一项相当普遍的礼俗，深深融汇在民间日常生活中。魏晋南北朝时期，佛教宗教观念与孝道不断融合，汇合成一股新的时代精神。宋代，祭祖礼俗逐渐繁复和制度化，遍及全年的祭祖规制说明传统中国重视孝道的程度，与此同时，祭祀祖先已经不是一种单纯的宗教行为，而表现出人文精神与伦理观念交相辉映的极致。祭祖的场所，官家大族有祖庙和家庙，一般的庶人家庭由各自私设神龛逐渐发展成为共同供奉一个祖先的祠堂，其中供奉着象征性的依附了祖先灵魂的“神主”。

社祭是指在一定的场所进行的祭祀性活动。上古时期，社祭的功能并不局限于祭祀土地神，还包括祭祀上神，膜拜上帝、天神、高禖及谷神等。社祭在殷商的甲骨之上便有记载，到了周代成为定制。周代的社祭从上到下有一套颇为完密的祭祀体系，所供奉的社神有五土之神、勾龙（《左传》昭公二十九年记载，共工氏有个儿子名叫勾龙，死后为土）、禹、修车等，后来勾龙成了一直被官方和民间供奉的社神直至清代。《周礼》“春官”中记载有社的内容[1]。官方社祭礼仪与统治者权位的安危有密不可分的关系，这层关系一直不变地延续到了清代。汉代社祭在平民社会中的地位日趋重要，此一信仰结合自古以来对土地滋生万物的崇拜并与“社公”称谓的发展同步，成为后世土地公信仰的雏形。东汉时期，官方社祭政教合一，民间社祭蓬勃发展同步，社的信仰逐渐发展成为城隍神[2]与土地神两大系统。城隍是城镇居民生活信仰的重心之一，土地神信仰则是农村社交与信仰的重心。土地神是夫妇两位，专职村中的阴间事务，土地神的权限具有地域性限制。

祭祖、社祭与祭天，于神权社会里是部分人的特权，但是随着时代的变迁，祭祀逐渐普及化、平民化，经过不停的争论、抉择与融合，最后凝聚成为全体中国人的共同传统。

9. 道德标准体系的农耕文明属性

传统道德标准体系是传统时期共同体在农耕文明“衣、食、住、行”过程中的集体无意识随时间而逐渐积淀为“想”的衍生物，而农耕文明对于中国文化的

1. 社的位置是“中门之外，外门之内”，左边为宗庙，右边为社稷，建筑用色为五色体系，并与五方配合，社中栽种松、柏、栗、梓、槐5种树木，并依循方位而植，社祭一岁之内举行三次，分别为春祀祭、秋祭、冬祭，只有冬祭更为重要，称为“大割”。三祭中以每年的甲日为社祭之日。在先秦时期，社祭分官方和民间两个体系。

2. 城隍神是城镇的守护神，后来又发展为“阴官”，因此，有都城隍、州城隍、郡城隍和县城隍，县城隍最为普及。城隍庙又称为“阴堂正府”，多设置在城镇都会的繁华之地，建筑装饰华丽，显示了城隍神在地方上地位的崇高。明朝初年确定五月十一日为都城隍的诞辰。

决定和影响反映在道德伦理上的隐性作用主要源于农耕文明的几个重要的特点：

1）重视传承性：重视传承性伦理道德标准的形成，首先源于对农作物种子的深刻认识。当古人在尝百草的过程中认识到可以选择其中部分作为粮食作物的种子之后，涵养生命的种子便被一代代地传承下来，而人们又在传承的过程中积累了诞选嘉种的经验。种子栽培、农作物种植与气候变化密切相关，于是，物候观、二十四节气、阴阳历、天干地支等经验才得以产生。这些为了生存而采取的行为日积月累成为一种生存文化，会极大程度影响和投射于人的心理习惯，古人在“近取诸身、远取诸物”、天人合一的潜意识观念支配下，将自身与其所处的家庭、家族、国家皆看做种子，并以种子生长结出果实的发展过程经验与人的发展变化同构，于是，种子生长、结果的传承性便演化而为家庭、家族对祖先的膜拜及对家族世系记载的习俗。可以说，对祖先的敬畏崇拜是农耕文明的传承性塑造社会风尚的具体而突出的表现——另一个显性的表现便是中国人根深蒂固的“传宗接代”观念。当这些观念受到皇权的重视，从民间上升为国家意志之时，在家天下统治模式的规定下，传承性便进一步演化而为国家制度，体现在文化形式的各方面，成为中华民族上千年道德观念标准。

2）强调稳定性：自古以来，地理、气候等环境条件便先天地决定了中国人与土地紧密相连的天然关系，土地是中华民族赖以生存的珍贵资源，是繁衍生息的根本动力，中国人上千年发展进程中最主要、最重要的事宜，便是不断依据土地条件对农耕活动进行调适。对土地的依赖性决定，定居的稳定性成为农耕文明形成之初的首要事宜。在这之后，于文明缓慢的发展过程中，稳定性进一步成为整个民族的生存理念、行为规则与心理诉求，成为影响中华文化和人文心理最重要的因素之一。维持稳定性的根本途径与方法便是社会结构单元“家”的形成，以家庭为中心，以伦理道德为维系，下至家族、宗族，上至“家天下”，“家”文化不仅成为中国文化最典型的个性与保护中华民族的唯一屏障，亦成为基本的道德标准。

3）儒家思想根深蒂固的作用：在中国文化发展史上，可以说，孔子是认识、理解、发展与实践农耕文明最重要的人物，他承继、归纳和发展古人“天人合一”、“物我两在”、“近取诸身、远取诸物”等哲学观、天道观，形成了指引中国人去获得现世幸福生活体验的思想体系。他的思想尽管在后世经历了各种各样的演绎，但不可否认的是，儒家思想仍然是我国至今仍具有根深蒂固作用的思想体系、文化体系和道德标准体系。

以上从中华文化9个重要组成部分考察、分析、论述了从新石器时期产生之时至今，农耕文明一脉相承的隐动力作用。在这相对漫长的时序过程之中，繁复的历史变化使社会生活的表象丰富多彩，但于治世、乱世交相更迭的各个时期，农耕文明的本源作用和根本属性却一直忽明忽暗、忽显忽隐存在着。可以说，农耕文明的脉络就像生命体的枢机，在万物始于小、积微成著、后密于前的发展过程中，衍化出了中华民族的万千气象。

2.2　传统文化与非物质文化遗存（产）关系

传统文化是一个宏大的体系，是历史中人的智慧、行为、情感、技术等各方面的结晶，包括物质与非物质两层特性。其中，物质是传统文化的形式承载，非物质是传统文化的内涵与灵魂。物质世界的熵原则决定了在时空变化中，物质形式终将转化与消逝，只有非物质是永恒与不朽的。物质与非物质是传统文化的两个方面，是“有”与“无”的关系。非物质文化的“实质是一种表达，是群体或个人认识和改造主客观过程中产生的情感和动机的表达”[1]，是凝结在物质形式中的不可见的精神因素，是具有活态性、偶然性、变化性与不可复制唯一性的人的情感、智慧、技术等有关于人本身意志的表达，因此，具有生命的不可复制唯一性的非物质文化是传统文化的真正内涵与价值。

1．于海广，王巨山．中国文化遗产保护概论[M]．山东：山东大学出版社，2008：98.

非物质文化遗存（产）是由正在消逝或即将消逝的物质承载的非物质文化，这种物质形式的消逝亦引起了局部非物质文化消逝的现象，因为大多数人总是通过物质来记忆先祖曾经的智慧结晶和精神表达。2003年联合国教科文组织认定：“被各群体、团体、有时为个人视为其文化遗产的各种实践、表演、表现形式、知识和技能及其有关工具、实物、工艺品和文化场所。各个群体和团体随着其所处的环境、与自然界的相互关系和历史条件的变化不断使这种代代相传的非物质文化遗产得到创新，同时使他们自己有一种认同感和历史感，从而促进了文化多样性和人类的创造力……”[2]的为非物质文化遗产，按此规定，我国将非物质文化遗产分为民间文学、民间舞蹈、曲艺、民间美术、传统医药、民间音乐、传统戏剧、杂技与技艺、传统手工技艺、民俗10类。非物质文化遗产的认定需要一个过程，当其没有认定的时候被称为非物质文化遗存，遗产与遗存都属于非物质文化的范畴，都是传统文化阶段性的表现形式和凝结。

2．于海广，王巨山．中国文化遗产保护概论[M]．山东：山东大学出版社，2008．96.

2.2.1　传统文化是孕育非物质文化遗存（产）的母体

传统文化是非物质文化遗存（产）的母体。首先，传统文化为非物质文化的形成提供了时间跨度。非物质文化遗存（产）是在相当长时间内形成的较为稳定又历久弥新的文化形式，传统文化从新石器时期至今，历经几千年根基不变，为非物质文化遗存（产）的存在提供了时间长度。其次，传统文化孕育了非物质文化遗存（产）的各种类型。民间文学里的神话传说故事都源于传统宗教信仰与意识形态；民间舞蹈来源于劳动生产过程和民间风俗形式；曲艺常为人们在劳动过程中的抒情说唱形式；民间美术基本是以农村妇女为主的群体在劳动生活中的思想表达；传统医药是源于原始栽培和原始农业，以传统哲学为基础的治病方法；民间音乐源自人们劳动生产、生活中的说唱抒情表达；传统戏剧源自以民间俗信为主，从酬神娱神祭祀形式演变而来的娱乐项目；杂技和竞技也多从与民间祭祀相关的活动演变而来；传统手工技艺更是人们在传统衣食住行生活中总结的行为艺术；民俗则是融合了传统艺术形态、宗教信仰和多种文娱形式在内的节日庆典文化表达。可以说，传统文化包含了非物质文化遗存（产）的各个方面，是其孕育的母体。

2.2.2 非物质文化遗存是传统文化留传至今的结晶

非物质文化遗存（产）是传统文化流传至今的结晶，是经过时间的积淀与涤荡，至今天仍然被共同体所认同的文化符号与表达形式，并随着时间的变迁，活态地被赋予了衍生的意义与附加的形式，但其最初产生的属性没有变，历久弥新。

非物质文化遗存（产）的衍生与变化是充满偶然性和不可复制的唯一性的，但这也正是“文化”的价值之所在。正如英国著名人类学家马林诺夫斯基所说的：“无论有多少知识和科学能帮助人满足他的需要，它们总是有限度的……人事中有一大片广大的领域，非科学所能用武之地。它不能消除疾病和腐朽，它不能抵抗死亡，它不能有效增加人和环境的和谐，它更不能确立人和人之间的良好关系，这领域永久是在科学支配之外，它是属于宗教的范畴。”[1]

1. 崔榕. 湘西苗族文化的现代性建构[J]. 云南：云南民族大学学报哲学社会科学版，2011，28（4）. 55.

2.3 中国乡村与中国传统文化的依存关系

2.3.1 中国乡村占据地景最广大的面积

在我国多姿多彩的地景风貌中，除了典型的、面积较大的城市之外，乡村占据了最广大的地景，在960万平方公里的陆地面积中，0.3%是城市，其余除了0.83%的湖泊面积之外，剩下98.87%都有可能成为风土村落的存在地。“从宏观上看，人类历史上的物质环境整体，特别是建成环境，历来就不受设计者左右，这一环境整体是由民间的风土建筑构成的……”[2]图底关系明确的斑块与自然场所对比的特性是今天中国地景的主要特征。在这个巨大的空间场所中，风土乡村聚落集结了周围自然环境的特性，包括物质性与精神性的元件，并使人固着于土地上农耕劳作，在长年累月的时空变换过程中，最重要的循环观、物候观、继承性等意识演化成习俗与文化，在风土聚落的内部，习俗与文化被象征的形式不断重复与演化，再经过这里或由离开的人带向远方，在远方扎根，从农耕文明中心区的“碗心”带到“碗边”，放射状由深及浅分布。

2. ［美］阿摩斯・拉普卜特著.宅形与文化[M]. 常青等译. 北京：中国建筑工业出版社，2007. 1.

2.3.2 中国乡村风土文化是城市风雅文化的支撑和孕育中国传统文化的土壤

传统乡村聚落的“风土性”与“人文性”是我国传统文化最重要的物质载体。传统乡村聚落[3]大多都与自然场所结构保持一致，是场所结构的一个组成部分，是一种具有包被性场所的集结，由于它们都是自然场所结构系统中的构成元件，因此从宏观场所结构来考察，乡村聚落外部环境空间具有“风土性”本质特征。乡村聚落内部是依传统文化习俗而形成的具有空间发展态势的文化生态空

3. 这里的“乡村”仅指自然村落，强调与自然结构保持一致，在自然结构的基础上而生成的具有“风土性”的聚落。

间，具有生活性、稳定性与恒常性，“民间盖房习惯与大多数人的真实生活息息相关，是建成环境的主体……”[1]。“风土构成的模式是人们代代相传共同创造的……房子的形式是一种代代相袭的传统，具有法律般的效力，为集体所认同和崇拜……这种方式得以通行的根本原因还在于风土环境中共同拥有的生活意象和建房方式，以及很少的建筑类型，最终是一个被集体所认可的等级制及由此而来的聚落图式”。[2]

中国传统乡村聚落是孕育农耕文明的母体环境，也是对由农耕文明衍生出的文化、观念、习俗、生活方式与建房习惯从物质到精神层面完整的表达。农耕文明是民间文化的本源，也是中华文化的本源。按照民俗学对文化的分类方式，如果将传统乡村聚落所衍生的文化定义为“小传统文化”“风土文化”“民间文化”“下层文化”“民俗文化”，那么这种文化是对与其相对应的“大传统文化”“风雅文化”“经典文化”“上层文化”[3]的起源与支撑。风土文化、民俗文化尽管生灭自然，但其长期的稳定性却比上层文化更为突出。此外，其非常容易被一方共同体认同且激发共同情感的类型化特质，也是上层文化难以比拟的。如果说，上层文化、经典文化是“父文化”，下层文化、风土文化则是“母文化”，前者赋予人们理性精神与思想，后者给予人们真情实感和血肉，但是父亲亦是奶奶养育的，说到底，下层、风土的母文化是根本，所以民间文化从本质而言是我们整体文化的“母体”[4]，例如中国经典文化中的宇宙观及运作原则，即天人合一、致中和、与天地合、与人合、调理四时、太合万物等形而上学的哲学概念，都是源于农耕文明的饮食与中医、家族伦理、姓名系统、风水地理等世俗生活，所以说，乡村风土文化是城市风雅文化的支撑，是孕育中国传统文化的母体与土壤。

1. ［美］阿摩斯·拉普卜特著.宅形与文化[M]. 常青等译. 北京：中国建筑工业出版社，2007. 2.

2. ［美］阿摩斯·拉普卜特著.宅形与文化[M]. 常青等译. 北京：中国建筑工业出版社，2007. 5.

3. 在《农业社会与文化》第70页后，雷德菲尔德的分类是大传统与小传统、雅文化与俗文化、经典文化与民间文化、学院传统与大众传统以及权威文化与平民文化。这种分类被用于许多领域，如音乐、宗教、医药、文学等，但从未应用到建筑学。

4. 冯骥才语。

2.4 城市建设“千城一面”国际、国内经验

2.4.1 “千城一面”的现象

无可争议的事实是，我们正处在全球化的时代，每时每刻都在有意或无意地经历着全球化所带来的一切。从20世纪80年代起，这种现象便如飓风般从经济领域开始席卷世界范围内的大多数区域和角落，其影响范围之大、之广，对各民族文化冲击之深都是惊人的，无论是物质领域的商品和资本的跨国流动，还是精神、文化领域的生活方式与意识形态等，都在国际交流中冲突、碰撞、冲击和汇融。全球化可以为国家发展带来更高层次的平台，可以使人的衣食住行在一夜之间同步，全球化也是一场浩劫，在看不见的战场上，以无形的力量使国家、民族之间的差异消失在强势文化的统一性中，“千城一面”就是全球化重要的负面现象。今天，在随时可以获得的世界各国著名城市的鸟瞰图上，除了还有极少差异性的地景特征之外，人们分不清哪里是纽约，哪里是上海、沈阳、天津，分不清东京和香港，即使是北京，具有分野与标志性的紫禁城等传统建筑群也在“标准

化”城市的重重包围中显得异常狭蹙。2001年，汉派尔[1]来我国访问的时候曾表示，当他在北京乘车从外向内驶进的时候，周围的环境让他十分迷惑，因为与迈阿密、新加坡、法兰克福太相像了。在许多大城市确立了具有“标准国际化城市”的建设模式以后，盲目的崇尚与单方面追求GDP增长的趋势促使很多中、小型城市也以此为样板进行建造，形成南北方雷同、大小城相似、城里外一样的无差异现状：住宅区域盲目追求奢华，处处皆显庸俗而难掩贫乏；商业中心更是以一副无差异性面貌连锁店的形式再现，呆板而物欲；人行道面貌难以窥见、想象它的起点和终点，漫步的人们消失，人行道显得更加孤单；高速道“抽取了城市的精华，大大损伤了城市的元气。这不是城市的改建，这是对城市的洗劫”。[2]

城市建设“千城一面”包括城市空间方位感与城市特性的认同感两方面的模仿与雷同。

城市空间方位感的缺失表现在：在城市天际线控制上，城市之间盲目攀比，高层建筑鳞次栉比，“高度”不断攀升；在城市规模上，某些城市简单理解“做大做强”，唯规模、体积扩大为重，将表面形式的改变盲目地与效益增长相绑；在城市场所特性上，建设盲目且以“新”“洋”为美，无情地毁掉传统建筑街区，而代之以大投资额的仿古、虚假，无文化底蕴的“假古董”，甚至不顾环境氛围特性，缺乏统一、整体观念与视野，于传统风貌街区突兀地建造西洋建筑；在城市功能分区上，“简单”而“随意”地按照“想象”的使用功能重新分割城市，在市中心造商业街、步行街、金融街、行政办公区域、住宅区、旅游风景区，甚或文化长廊，就像简·雅各布斯的评述那样：“城市建设和城市设计……的实验者和教授者们却忽视了对真实生活中的成功和失败的研究，对那些意料之外的成功的原因漠不关心，相反，他们只是遵循源自小城镇、郊区地带、肺结核疗养院、集市和想象中的梦中城市的行为和表象的原则——这一原则源自除城市之外的一切”[3]；在具体的城市元件构成上，每个城市都以为市民服务的名义建立了实际上夏日骄阳暴晒、冬日寒风凛冽的广场，并都清一色地矗立着舶来的罗马柱和喷泉，公共建筑与居住建筑都像出自一个公司的作品，而其命名又全国统一的都有“罗马花园”、“帝豪广场”等洋名，大江南北，处处闪烁一种样式、仿制烟花的装饰灯，人造瀑布配上玻璃钢、膨化塑料堆砌的假山，还有喷上绿漆的水泥塑假树，小城镇房屋差不多全用白色瓷砖贴外墙，且明清仿古街亦都被复制在各个城市。

城市特性认同感的缺失表现为在现代化与工业化的冲击下，传统文化在当今社会中的失落。我国发展阶段与世界发达国家发展阶段的对接点和差异性的矛盾，使我国徘徊在各种文化相互激荡的氛围中。现代化道路是我国的目标，然而确定“现代性”主体原则的却是西方现代文明体系，更不用说“后现代”思潮的盛行了。这种现状让我们本已复杂的文化现状变得更为复杂，表现在建筑与城市建设上即为城市认同感的消失与场所精神的失落，以及“千城一面”之“千城一化”。图变意味着“遗忘”，很多城市的文化主题蜕变成了一味的“兼容并

1. 汉派尔为德国建筑学会会长。

2. ［加］简·雅各布斯著.美国大城市的死与生[M]. 金衡山译. 南京：凤凰出版传媒集团 译林出版社，2008. 2.

3. ［加］简·雅各布斯著.美国大城市的死与生[M]. 金衡山译. 南京：凤凰出版传媒集团 译林出版社，2008. 4.

蓄”“海纳百川”“传统与现代相结合”、“与世界相接轨”等词汇，传统文化生态环境的失落岌岌可危。据吴为山[1]统计，在不到30年内“托球”雕塑在全国建设了100多万尊[2]，文化成为城市扭曲建设的掩盖。据不完全统计，目前有上百座城市将文化大都市作为未来的目标，雕塑、文化、建筑大跃进正在发生，结果却是雕塑、建筑的物质表象虽然立了，文化却衰落了。另外，大量的传统文化城市被毁，据同济大学阮仪三教授统计，仅江南就有100多座历史文化名城被毁，我们的城市割裂了历史的文脉。

1. 吴为山，中国城市雕艺委员会主任，中国雕塑院院长。

2. 千城一面：几乎所有中国城市互相抄袭[EB/OL]. 新华社—瞭望东方周刊，Http：//www.sina.com.cn，2010.6.9.

2.4.2 “千城一面”的现象学、人类学批判

居住在房子里因而意味在世上定居。不过，这种定居并没有那么简单，必须在黑暗的路上摸索，摸索什么？摸索如何定居，摸索定居的方式。毋庸置疑的是，我们需要的定居方式不是“千城一面”。人的定居需要认同感与方向感，认同感是场所特性，方位感是空间的向度，如若实现环境的认同感与方位感就要重返于物（return to things），反对抽象化。“千城一面”是在城市建设领域的抽象化，它使空间中新聚落的“包被”和“密度”丧失，一个机械的花园中，建筑物被排列着，传统观念中的街道、广场消失，继而建筑单元的组合变得更为任意，显得更加文学性与故事性，唯独与生活失去了联系，于是原本古老的空间中所具有的图底关系不再存在，由于缺乏了统一“生活”的折射和内在隐动力联系，地景被一段一段切割，连续性分裂，建筑簇群、集群关系消散，从空中鸟瞰的原本充满人文气息的图案变得简单而缺乏生机……城市肌理被撕裂，立面上一面面连续的“墙”被破坏，整个空间的体系性与谐调性被毁灭。于是，充满记忆的节点、路径、区块没有了认同感，城市变成了一个充满虚妄、假象的存在，当这种情况向城市边缘扩展的时候，一切都是被简化的人工元素构建的复合网及其废渣。当场所的特性不再存在，意义不再存在，文化也就不复存在，最终表面的繁荣将掩盖事实上的被同化与消失。

“在自然环境中，人为场所具有‘集结’、‘焦点’的功能。人‘吸收’环境，并使建筑物或物在其中形成焦点，因此物‘诠释’了自然，并使其特性明显化，所以物本身变得非常有意义。”建筑物是对环境的“吸收”，应该是环境场所整体中的一个元件，它的存在归属于场所结构并使场所结构更为清晰与精确，而它也因此而成为具有意义的“物”，同时，在与地景映衬而形成的明确的背景与图案的关系中，它集结了环境，也使环境成为有意义的“物”。场所精神是任何文化的源泉，建筑应该在集结场所结构特质的时候，也“吸收”与“转化”外部意义空间的人文生态环境，这就是习俗、观念与行为。“罗马非一日才能建成”，罗马的不朽与伟大就在于以独一无二的自我更新能力永远保持着自我的认同感与方位感。达到这种场所精神的原因在于，罗马不像希腊那样是以“实体”性元件而著称，“罗马的建筑物被视为是一个整合的整体，一种包被的空间而非一个实体”[3]，进而这个“包被的空间”以双层轴线

3. ［挪］诺伯格·舒尔茨（Norberg- Schulz）.场所精神：迈向建筑现象学[M]. 施植明译.武汉：华中科技大学出版社，2010. 141.

的空间方位体系——自然象征意义体系与抽象宇宙式体系而成为城市场所结构的清晰脉络，因此，“从古迹中看来，罗马总是表现出由各种尺度和形状的建筑物和空间所形成的一个庞大的‘簇群’。罗马交错轴线的绝对系统受限于单一的元素，如深峡谷（fora）和公共浴室（thermae）”。[1]与不朽的罗马相比，今天的城市建设则显得过于流于表面，城市结构与地景毫无关系，像是漂浮于地球表面上的浮尘。

1.［挪］诺伯格·舒尔茨（Norberg- Schulz）.场所精神：迈向建筑现象学[M]. 施植明译.武汉：华中科技大学出版社，2010. 138.

2.4.3 “千城一面”与农村建设

今天的新农村建设应该注意吸收城市建设的优点，更应该摒弃“千城一面”的缺点。必须警觉的是，“千城一面”正在盲目地向农村克隆与扩展，那些忽视异质场所特质的“建筑”已经极不协调地镶嵌在了村落中，我们可以看到厚重苍凉、沟峁纵横的黄土高原上像刀刻的地景上“扎眼”的白、黄涂料饰面的“崭新”建筑，可以看到古典式地景上具有清晰轮廓的、以半坡厦子房为特质的关中民居簇群，一半已经被改造成为白瓷片饰面的城市别墅简化版，如若不重视与正视这样的现象，“千城一面”会以人所能够想象的最快速度席卷农村。与此同时，我们也面临传统村落消失，及由此所代表的传统文化的失落。虽然从面积比上看，单个农村远远小于单个城市，但它们场所精神的形成原理与场所结构的构成方式是一致的。农村建设不仅是物质空间结构与条件的建设和提升，也应该是对地景与场所结构的尊重与精确化，更应该是对场所精神与人文生态环境象征意义的集结与转化，是对中华农耕文明的保护与传承。

在全球政治、经济一体化的今天，一个国家与他国区别的关键因素在于其文化的独特性，我国文化的独特性即为农耕文明。正是农耕文明中独特的文化符号、文化标识和文化体系才使我国具有了区别于他国的独立文化身份，而这种独特的文化根基却也是华夏民族绵延不绝的根本存在力和发展动力。在今天的现代化征程中，重塑价值观，构建现代人格，追求个体、多元、自主及平等与宽容、进步与创新，是文化现代化的目标。具有人文价值的思想观念可通约、可移植，是因为它源于、生长于本民族大地。我们应当对祖先留下的文化遗产保持敬畏，因为只有这些遗产才是属于我们的永恒财富，才是华夏族存在于世的“阿基米德点”。在全球化语境下，一个民族走向世界不能脱离自己生活方式的根基，选择现代化的道路，要符合民族特定的文化模式。我们的生活方式既要世界化，更要民族化。在向现代性迈进的过程中，我们不能先见地设定某种模式（西方模式或者城市模式）为转换对象，而是要立足于农村的本土，通过实践不断建构出新质，这个新质就是真正适合于我国农村发展的现代化道路。

2.5　国际国内的农村建设经验

2.5.1　国际

当生产力进步带来更多剩余物品，从而形成新经济形态的时候，城市便从农村分化出来，走向了必然的现代化、工业化之路，而工业化与现代化亦必然是一场关乎于全社会的事情。城市与农村会在工业化与现代化的进程中，实现文明水平的持平，在生活方式与形态上为人们创造不同的生活情境。这是每一个发达或发展国家必然经历的过程，无论欧洲、美洲还是亚洲均是如此。

具体到每一个国家的现代化、工业化进程，它们有着特性化的发展历程与阶段化的发展现状，城市与农村的平衡、矛盾在不同时期显示着不同的情况。欧美国家所遇到的农村问题是在全社会现代化、城市化、工业化发展到相当高的程度，大批人口涌入城市之时出现的，各国采取了不同措施，美国经验体现在它完善的农业法规体系上，瑞士则很好地解决了城乡实践的差距并使农村在某些方面还超过了城市；法、德两国政府于物力、财力上予以大力支持，如20世纪70年代中法政府的农业贷款为900亿法郎，利率低于平均值50%左右，德国则于20世纪50年代始运用投资补贴、拨款、农产品价格优惠、低息贷款等方式对落后农业区予以支持。

与它们不同的是，韩国新村运动基本是在与中国相同的国情下产生的，都是在面临较为严重的城乡二元化现状，城市初步解决工业化、城市化，城乡差距拉大，矛盾加深，各种积蓄已久的不良心态与观念及外来文化的严重冲击，使农村的伦理道德文化崩溃，从而也严重威胁到城市进一步发展与全社会的进步与和谐，新村建设势在必行之时。韩国的“新村运动”使我们看到在新农村建设中，提高农民生活伦理水平的重要作用，只有充分调动农民的积极性，确定“勤勉、自主、协助”的目标，农业与农村从国外引进的先进科学技术及政府的辅助、服务、引导作用才能发挥巨大效能。而政府适时依据现实情况制定政策与措施，保障、支持了运动顺利进行与发展。

本节将以实地调研与文献资料考察相结合的方法，以韩国、英国为重点研究对象，对其在新农村建设中的成功经验作出分析，以为陕西新农村建设的经验参考。

1. 韩国

韩国新村运动的特点在于，作为与中国同属于东亚文化圈、同样以农耕文化为本源和儒家思想为传统的国家，在工业化、城市化的发展阶段，在面临发展经济力量提高科技水平与解决城乡贫富差距矛盾的时候，并不短视地仅仅发展经济与科技，而是注重提高农民的文化与素质，重塑国家伦理道德观念体系，让农民变得勤奋、自信、自强、协作，在“勤奋、自主、协助”精神的指引下，在短短三十年中，在物质与文化并行发展的前提下，完成了西方社会上百年走完的农村工业化、城市化、现代化进程，在很短的时间内，农村就实现了村庄环境卫生的整治、厕所与卫生间的改造、饮用水的安全与改造等，后期在政府、学者、市民们的帮助下，尤其是政府有益的引导与政策支持保护下，实现了跨区域经济协作等。在这一系列的经验之中，重视农民文化素质的提高，重视国家伦理道德体系的重建，重视以文化伦理唤起自省的内动力，以及政策支持、资金投入、科技力量协助、民间企业发挥龙头作用等经验值得我国新农村建设学习。

1）韩国新村运动产生的背景与过程

新村运动缘于20世纪60年代末，当时韩国向工业化、城市化发展过程中，形成了巨大的工农差距、城乡差距，国家伦理道德体系面临崩溃。从20世纪60年代末至20世纪90年代，新村运动针对具体国情而采取的措施不仅很好地解决了发展危机，亦登上了更高的台阶。总的来说，它的发展大致经历了60年代末至70年代末的萌芽期、80年代的产生发展期、90年代的提升期、90年代以后的完成期。

（1）萌芽期（20世纪60年代末～70年代末）：从1945年开始，韩国的科技水平得到了相对较快的发展，随后引起了20世纪60年代末到70年代韩国经济的快速发展。60年代末的工业出口政策带来了工业长足进步与兴起，与此形成鲜明对比的是农业的极端落后，农民的贫穷及农村的极度贫困。据资料统计，当时韩国250万农村人口当中，80%仍然住在茅草棚，80%的农民连温饱都不能解决。这些仅仅是物质上的穷困，另一个更为严峻的问题是，连年的战争与政治纷争，外国意识形态的输入与影响等，使韩国农民原本所具有的良好精神意志品质体系崩溃，道德伦理体系和信仰体系水平降低，严重阻碍了经济进一步的快速提升。浪费、自私、贪婪所引起的暴发户的种种不良行为，西方文化与意识形态的输入，大批人群涌入城市，引起了社会的动荡不安与农村传统文化体系（尤其是伦理道德体系）的消失，在很大程度上成了可以在根本上动摇发展成果的负面力量。

（2）产生发展期（20世纪80年代）：在国家发展的危机时刻，韩国学者与政府明确意识到科学技术可以引进，但是农民们勤勉、自助、团结、努力、自信、向上的精神动力是无法引进的，农村的问题只有农民最了解，也只有他们才能寻找到最为行之有效的解决办法，政府必须通过有效的措施调动农民的自主性与积极性，激发农民内心潜藏的优秀品质，重建国家伦理道德体系，重建整个农村的文化场所精神，具体的措施就是"新村运动"——以农民自主建设为核心的农村建设运动。

发展阶段的初期，政府利用在工业出口中所积蓄的经济力量，投入20亿韩元资金调动农民自发、自主建设家园的积极性，以整治、清洁农村，改善农村生活环境为第一阶段的建设目标。由于有资金投入、政府扶持、项目带动，农民们的积极性被激发，在6年时间（1971～1976年）内就完成了任务，实现了"厨房改建、屋顶改建、厕所改建、围墙修葺、公路硬化、公用洗衣场建造、农作物蔬果与畜禽品种改良"。

在完成农村初期环境整治的基础上，政府及时推出新的举措：加强各级与新村建设相关领导、人员、负责人、委员的教育培训；根据每村自发决定对政府免费发放水泥的不同处理结果，政府摸清了村庄的具体情况，并将之划定为三个等级（自立、自助、基础），针对不同的等级推出不同的支持手段和奖励措施，进一步促进农民自建的积极性；科技下乡，各高校科研技术单位的学者与精英到农村为农民传授新农技、新品种、新方法。这个阶段完成了农村居住生活环境改善基础上的提高（在很短时间内“修建了村民会馆、自来水设施、农业生产公共设施、住房建设和确立多种经营模式”）。

（3）提高期（20世纪80年代末~90年代）

在发展期积累的基础上，韩国农村在20世纪80年代末基本已经缩小了城乡差距，农民的自省意识建立，各方面都粗具规模，政府在此时适应农民更高层次的文化需求，积极建设各种类型的公共文化站，在提升农民认识水平的基础上，将农村经济建设的重点放在发展农村产业、畜牧业、农业保险业方面，为农民提供各种现代化的建设材料，支持农民建设现代化的农业工业区和文化站。

在政府将近20年内对国民生活伦理环境的再塑造之后，进入20世纪90年代，新村运动不仅成了农民的事情，也带动了城市建设与发展，整个社会形成了良好的风尚，更多阶层与人士关心农村发展，社会民间组织纷纷建立并承担了教育培训、宣传、信息传递等工作，政府在此时则更多的是制定政策措施，以服务和支持的姿态，将工作重点放在农业产业结构的调整，从宏观入手，发展农村多种经营模式，提高农民收入，重视物质与文化环境的改善，使农民切实感受到城乡已无多少差距。

20世纪90年代末，新村运动完成了农村工业化与现代化。直至今天，韩国政府在新村运动的基础上，重视倡导国民伦理道德体系与共同体意识的建设，重视教育，重视全民抵制不良社会现象的滋生，使新农村真正迈进了文明。长期的教化，也使最初的引导变成农民潜意识存在，具有了客观的生存与发展规律，并形成了一个自主、自力的发展平台，为农村经济、文化教育（包括科技推广、培训组织、教育机构、农协、流通、农村综合开发、农村经济研究等组织的建立）的发展奠定了扎实的生活伦理意识基础。

（4）完成期（20世纪90年代以后）

20世纪90年代以后，新村运动基本已经完成阶段性的使命，政府适时推出有效措施（包括农村人口教育优先、建设现代渔村、发展地下饮用水与污水处理、鼓励农业经营、健全食品加工制度、建立良性竞争机制、健全农业支持机构等），让新村建设成果可以与新时期的农村建设有效衔接，使韩国农村在20世纪末收入水平超过城市收入水平，并于21世纪实现农村整体现代化。

韩国新村运动的发展过程及内容体现了新村运动依据具体发展阶段、情况和问题所制定出来的阶段目标与措施是系统性完成新农村建设的重要前提，其中，政府在各个阶段的正确举措和政策是新村运动成功的重要支持与保障。同时，也应看到，无论是政府的保障、制度与发展计划的完善、学者与科研结构的教育培训支持还是新科技、新材料的引进都是外因，农民们对美好家园和生活条件的向往，及勤勉、自主、协助的生活伦理道德体系的重建，农民内心的力量才是重要的内因，内因决定外因，这是新村运动成功最根本的基础。

2）韩国新村建设主要内容

韩国新村建设内容与目标的设定也是根据从低到高的发展过程来制定与安排的（表2.4）。

韩国新村建设主要内容汇总表　表2.4

类型	时间	地区	内容
村民会馆	始于1971年	各个村庄纷纷建立	村民接受伦理道德教育的核心场所，村民在这里进行建设过程经验的沟通，相互学习，并接受各种技术培训；村级建设委员会在这里召开会议决定村庄建设的计划目标与实施步骤；政府在这里向村民传达政策并向其展示村庄发展蓝图。村民会馆是整个新村运动的最大特点与意识核心
公路	始于20世纪70年代后期	大部分村庄	改善或新建公路，新建桥梁，到了70年代后期，基本实现村村通公路。农民生活伦理道德的提高，使道路整修顺利，遇到要征用农民土地的情况，农民能够无偿让出土地
住房	1971年至1977年	全部村庄	居住条件的变化是从最初的改善屋顶向重新建设住宅而逐渐发展，到了1977年的时候，所有农民均住进了砖瓦房和混凝土住宅。顺利进行与完成源于两方面——政府的贷款支持与农民们勤劳、自建、自助、协助的精神激励
电力	从开始至20世纪90年代	全部村庄	电力问题的解决集中在村村通电方面，从新村运动开始到1978年时，98%村户使用上了电灯，到了20世纪90年代电气化就在整个韩国实现了
饮水	从开始至20世纪80年代末	大部分村庄	农村饮水工程的改造分为了三个阶段。第一个阶段农民将山泉水引入蓄水池后接入各家各户；第二阶段是在20世纪80年代，使用井管挖掘机抽取地下水，第三个阶段是80年代末，建设自来水工程
水稻	从开始至最后	大部分村庄	从新村运动开始，在共同体意识的激励下，政府推广“统一系”高产水稻，农民们土地生产条件相似的家户在具有先进科技能力组长带领下集体完成农耕全过程，实现“集团栽培”，一系列举措使韩国农业有很大提升
提高农民收入	从1970年代始	全国农村	从四方面实现农民收入增长：新水稻品种种植；政府财政保护新品种；调整、优化农业结构，引导鼓励部分农民种植经济作物；政府对农村经济持续的保护扶植。农民年人均收入1970年163美元，1978年649美元

韩国新村建设的内容基本与中国新农村建设所需要解决的农村环境、生活条件、居住环境等问题是相同的。在新村建设的整个过程与所有采取的措施当中，政府与学者合作研究，在新村运动进行之初建立以村民公共会馆为代表的教育场所，再造村级组织的生活伦理道德，激发勤劳向上的精神动力，起到了至关重要的作用。

3）韩国新村建设的经验

（1）重视教化

韩国政府与专家等各方面的精英力量在对当时面临发展的农村现状与困境进行调查、分析、论证后，认为发展新村要依靠韩国丰富的人力资源，因为环境资源的匮乏使任何通过纯粹掠夺资源的发展方式都只能是短视之举。高品质劳动力资源（人才），需要两方面的素质，一个是高科技水平，另一个是良好的生活伦理素质与水平，而后者恰恰是政治纷乱、经济衰败的20世纪60年代末，韩国农民身上所不具备的素质。为此，政府从新村运动初期起，就在农村纷纷建立“村民会馆”，使村民在此接受政策解读、规划理解、科技下乡、沟通学习等方面的教育，如1972年就在会馆组织“新村培训班”等，从而实现精神启蒙，并在发展的各个阶段都重视对农民的教育与培训。

此外，在对农民具体的培训制度上也使用以点带面的方法，挑选在家族或血亲中年富力壮、具有开拓精神与权威力量的农民作为委员会的农民代表，或某些村庄利益共同体的代表，对他们进行科技政策等方面的培训，因为，他们来自于农民，熟悉农村的实际情况，可以以点带面地带动共同体的自助建设。

在新村运动的进行过程中，对农民坚持使用奖勤惩懒的制度，从最初无偿奖励355袋水泥开始，重视扬优惩差，将村庄划分为自强村、自助村、基础村，对级别高村庄建设计划给予高投资，促使低级别的村庄努力追赶和上进。

政府完全退至服务、监督与辅助的功能定位，在监督发放给每村物资使用情况时，政府只向每个村子派一位公务员，且是否能有效而准确地传达上级的指示和信息，及是否能真实地将物资发放到每个地方村子，成为考核公务员政绩的标准。与自始至终都对农民进行教育一样，对各级机构的负责人、官员与公务员、新村指导员的培训与教育也是自始至终的。

（2）发挥农民积极性

农民的事情农民自己最清楚。在乡村社会，农民总是会用自己的办法去解决问题。基于此，韩国政府在新村运动中，自始至终重视发挥农民积极性。在村级指导机构的建设上，成立了村级开发委员会，这个委员会基本由有血缘、亲缘关系的宗亲族里的精英人士及由政府委派的新村指导员共10～12个人组成。由血缘关系为基础而形成的村级开发委员会，很自然地将村子变成一个或者几个利益共同体，在共同体意识培养的基础上就能极大地激励和发挥农民自主建设家园的积极性。在具体政策制定上，每年具体的建设计划不是政府从上至下的行政命令，而是从下至上，由村级开发委员会根据本村的具体发展阶段、应该解决的问题及需要政府哪些级别的政策与资金资助等，形成详细的发展计划，然后经促进委员会、协议会和中央协议会决定评估后批准，再由村级开发委员会根据具体的现实情况来实施。

（3）政府政策制定与保障措施

韩国政府在各个阶段所制定的发展策略与措施对新村运动起到了重要的保护作用。没有政府在萌芽期的觉醒与反思，在产生发展期的引导与扶持，在提高期的资金投入与运行机制保障，在完成期的服务、协调、保障，仅凭农民的力量是很难在短期内实现目标的。如在运行机制与机构方面，韩国政府在运动开始初期到后期都制定了一系列正确的职能定位与措施（表2.5）。

韩国政府在新村运动中的举措　　表2.5

阶段	政府职能定位	具体措施举例
萌芽期（20世纪60年代末至70年代末）	引导与支持	由中央民政部负责新村运动计划与制定，确定经济、文化、教育、卫生各相关部门分别为支持机构，并分别在这些部门内部设立专门的服务机构
产生发展期（20世纪80年代）	保障与支持	1972年由民政部长负责成立专门机构负责政策制定与各部门协调工作，并将这种模式在道、市、县、镇、村等各级机构复制建立。在村庄中成立村级发展委员会，委派新村指导员，注重发挥小家庭经济机构的血缘、亲缘关系所形成的利益共同体，为日后的自发组织与调动积极性奠定重要的基础
提高期（20世纪80年代末至90年代）	保障与支持	让位于民间组织进行具体的政策制定，政府负责规划、服务、协调和资金投入
完成期（20世纪90年代之后）	服务、协助、支持、保障	制定新村运动完成之后与新阶段的农村建设之间的国度政策，包括经济、社会、教育、文化各方面，保障已完成成果与过渡顺利

4）总结

以上对韩国新村运动的产生背景、过程、内容及经验总结，清晰表明韩国的新村运动重在物质与文化的双重建设与发展，文化作为社会发展的内动力，文化建设与国家伦理道德体系的重建，激发了农村发展建设的主体——韩国农民的主体意识与共同体意识，在这样的平台上，经济举措、科技力量等才有了向良好阶段驶进的潜在推动力。新村运动不仅影响了20世纪70年代末至90年代韩国城乡社会的民风，对于在那之后社会风尚的影响也是巨大的。迄今为止，行走在韩国乡村，村落环境的整齐与井然有序，房前屋后栽种的欣欣向荣的地域性植物、经济作物和向日葵，朴素而规整的红砖铺路，家家户户悠然自乐，老人们每日都在群众文化广场唱吉梗谣、跳扇子舞和长鼓舞等的场景，表明一种文化风尚与民族场所精神的存在，其实，这就是文化隐动力的力量。这些都是非常值得我国新农村建设学习的成功经验。

2. 英国

社会是一个各种元素共同作用的整体，每一部分的发展与变化都会影响到其他。欧洲作为人类工业文明最早产生的地方，也是人类历史上最早从农业社会向工业社会转型的地点，城市化发展成熟，城市化进程早早完成，由此问题也产生。“二战”之后工业化与城市化带来的郊区发展问题使政府开始重视城市、郊区及村镇间的发展平衡。总的来说，欧洲一些国家的乡村问题是在实现了城市化与工业化之后而产生的。

在研究欧洲的乡村建设发展过程时，最为值得借鉴与学习的是：作为远远早于中国而发展城市化与工业化的国家，如何在这样的过程中保护和传承文化传统及其赖以存在的场所精神。欧洲地景的场所精神被诺伯格·舒尔茨（Christian Norberg- Schuiz）总结为浪漫式地景（Romantic landscape）：“……我们可以说北欧的地景所表现出的特性是由各种不同的场所形成柳暗花明又一村的情景。在每座山丘、每块岩石背后便有一个新场所，只有在某些例外的情况下，地景被单一化形成一个简洁的‘单一意义空间’。因此在北欧地景中，人面对许多自然‘力量’，缺少了一般的统一秩序……北欧人必须用移情（empathy）的方式去接近自然，以亲密的感觉与自然生活在一起。因此直接的参与比抽象化的元素和秩序来得重要。然而这种参与并不是社会性的，而是意味着个体在自然中寻求其本身的‘隐蔽场所’。事实上，北欧人有句谚语：‘吾家即吾城’……在这两种情况下（丹麦和挪威地景）表现出自然的‘力量’，使定居变成是人与自然的互动关系。使这些力量展现出来的主要特质是‘微结构’。因此北欧的地景系大地所主宰，为大地的地景，不轻易地耸立迎向天空，其特性是由一大群不可理解的细节交织而成。”[1] 在欧洲的南方和北方中间是古典式地景（Classical landscape），主要是希腊和罗马，“明显界定的山丘和高山很少被北方树丛横生所覆盖，清楚地被划定出来，想象得到的自然空间如山谷和盆地，以单独的‘世界’出现；强烈而分布均匀的阳光，加上透明的空气，赋予造型最大的雕塑性表现。同时地表是连续而多样化的，天空高挂而和煦，没有沙漠中所体验的绝对的品质，真正的微结构阙如，所有的向度是‘人性的’，构成一个整体而和谐的平衡状态。”[2] 或许今天我们所看到的欧洲地景已经不再是最为原始的，但是几乎每一个欧洲重要国家的环境特质都依然清晰和可以辨认。下面将以具有代表性的英国农村建设为研究案例，分析其在建设过程中的地景保护方法与措施。

1）英国地景与场所精神

英国由英格兰、苏格兰、威尔士、北爱尔兰四个部分组成，其中，英格兰具有三种特质的地景：在塞汶河（Severn River）周围形成的米德兰（Midland）平原、伦敦盆地（London Basin）和威尔德丘陵（Wild Hills）。苏格兰和它周围的许多岛屿共同形成了以山为主，中间部分较为低平的地景。威尔士的地景是比较富于变化的，全境以山为主，地势崎岖，境内1/4的土地被列为国家公园和天然保护区。北爱尔兰与其他三处的地景都有所不同，由于隔海与大不列颠岛相望，受到海水的影响，北爱尔兰地区湖泊较多，湖的沿岸是平原。

英国乡间有“城堡、乡间别墅、农庄、茅屋；沿着篱笆和绿意盎然的小径，漫步园林；参加假日活动、集市和其他的乡村节目；……”[3]“英国多岛，土地平坦，若无文化的魅力，则近乎单调，幸有城堡宫殿如美玉般镶嵌其上，园林苑囿点缀其间。它缺少宏伟壮观之景，却多有坐落于宁静乡村中小巧家常的景色。每幢古老的田园与覆满青苔的农舍皆历历如画；小路蜿蜒曲折，树林与篱笆时时障目，小片迷人的美景延绵不断，足以悦目。”英国天气多变，“国外有气候，在英国只有天气”，在英国最沉默寡言的人也喜欢谈论天气。[4]

2）空间物质结构的发展

英国乡村建设的根本出发点是缩减城乡差距，实现城乡一体化，在具体实施过程中，则是因城市化与工业化高速发展的种种压力与问题而向边缘地带及乡村疏散人口，当城市化发展到一定程度的时候，英国政府又着手于乡村建设的发展。

1.［挪］诺伯格·舒尔茨（Norberg- Schulz）.场所精神：迈向建筑现象学[M]. 施植明译.华中科技大学出版社，2010，7. 40～41.

2.［挪］诺伯格·舒尔茨（Norberg- Schulz），场所精神：迈向建筑现象学[M]. 施植明译.华中科技大学出版社，2010. 44.

3. 华盛顿·欧文（Washi-ngton Irving）.见闻札记：英国乡间生活[M]. 费解等译.陕西：陕西人民出版社，2005. 78.

4. 华盛顿·欧文（Washi-ngton Irving）.见闻札记：英国乡间生活[M]. 费解等译.陕西：陕西人民出版社，2005. 80.

英国的村镇建设大致经历了几个阶段：19世纪末，作为城市化起步最早的国家，城市化的负面效应在国内急剧暴露并成为一个广泛的社会问题，比较严重的是城市人口过密和乡村衰退。霍华德田园城市规划理论就是针对日益严重的城市化问题而产生的。这一受空想社会主义者欧文和傅立叶影响而形成的城市规划理论，希望通过建立田园城市模式和具有经济独立运行体系的“卫星城”，推动英国的田园城市运动。到20世纪初，田园城市运动不仅得以实施，也对城市人口向郊区的疏散产生了作用。当时，政府为了积极推进田园卫星城市的建立，颁布了“新城市法”，并在村镇建设、配套设施建设、工业规模和生产与生活设施，以及人居环境条件的保障等方面都作了相当的努力，因此，建成后的新镇在交通、设施和环境质量等方面都大大优于大城市。从“1949～1970年，英国共建立了33座新镇”[1]。“新镇建设是英国战后最重要的城市政策，其发展经验现在被广泛地用于世界城市规划和建设领域，为战后世界范围内的城市规划理论和实践的发展奠定了重要基础。”[2]

1. 方明，刘军. 新农村人居环境与村庄规划丛书：国外村镇建设经验[M]. 中国社会出版社，2006. 3.

2. 方明，刘军. 新农村人居环境与村庄规划丛书：国外村镇建设经验. 中国社会出版社，同上.

在新镇建设计划推行的过程中，英国政府不是大面积地展开，而是在此期间又大规模地施行了以建立中心村（Key Settlement）为主的新镇“发展规划”（Development Plan），这一计划从20世纪50年代至70年代推行了20年。中心村措施是为了建立核心区域，故政府配套给予了系列性支持，包括向中心村聚集住房、就业、服务设施、基础设施等资源建设和资金投入等。中心村建立在带来正面作用的同时也产生了相当的负面效应，为此，70年代以后，英国的乡村政策从“发展规划”转向了“结构规划”（Structure Plan），给乡村发展带来了更为多元化的方向。

英国新镇的物质结构配备是比较成熟与完善的，选择的地点必须是地方服务中心，能够推进就业增长，具有优质的水源，拥有可以发展工业的用地面积和便捷的公路，最重要的是成为新镇的地点还必须是周围村庄公共交通的枢纽，并具有健全和辐射面较广的社会服务设施。英国的规划设计师就以这样的条件来进行新镇址的选择，同时还考虑英国乡村居民点少与城镇小，在一段时期之后选择扩展它们的区域需要，以保护高质量的农田。因此，英格兰大概有1030个以工业为主的这样的集镇。事实上，这些工业集镇的功能与陕西省2009年实施的107个重点镇的建设是属于同一性质的，英国新镇建设的这些经验在乡村物质空间结构发展上可以为陕西发展县域经济的重点镇建设提供经验。

3）保护与传承的借鉴经验

林语堂先生曾经说过：“世界大同的生活理想，就是住在英国的乡村……”“英国风景的最迷人之处……它与人们崇尚秩序、追求平静、遵从严整的古老相传的可敬法则的观念相连。随着岁月的流逝，万物似乎都成为井然有序、和平宁静的存在。具有古老建筑风格的老教堂，大门低矮厚重，有着哥特式尖顶，窗户上丰富的窗饰与着色玻璃都被仔细地保存。往昔的勇武之士与杰出人物及当今领主的祖先在教堂都有辉煌的纪念碑；自耕农家族被毫不含糊地记录于墓碑之上，他的后裔仍在耕种同一片土地，在同一个祭坛前祈祷。牧师住宅精巧但不对称，不同时代的居住者以自己的口味对其破败之处进行修缮。墓地的阶梯与小路穿过农田，沿着树荫下的灌木篱墙，通向自古以来的可行之路。邻近的小村庄，村舍古旧，绿树成荫，其下为公共绿地，现有居民的祖先曾在此嬉戏玩耍。古老的庄园远离片片田园美景，俨然一副俯瞰守卫的样子……”[1]作为资本主义工业革命最早开始的国家，今天英国乡村仍能保持与100多年前几乎一样的质朴与原真的面貌，是非常值得欣慰的事情。

1. 华盛顿·欧文（Washington Irving），《见闻札记》之《英国乡间生活》，陕西人民出版社，P83.

在工业经济发展的征程中，英国也曾经历过严重的环境与生态危机，仍能保持今天如诗意般状态的经验，是值得认真借鉴的。在这其中，英国颁布了一系列乡村法案和政策，确立了41个AONB（Areas of Outstanding Natural Beauty），并经历CPRE（The Campaign to Protect Rural England）80年的努力与保护。

（1）英国重要的乡村保护法案

英国乡村保护法案的发展见证了乡村发展的悠久历史，从1900年开始先后颁布的重要法案有13项（表2.6），从这些法案中，可以看到英国在保护乡村的各项措施上考虑的细致与实际，这些法案是在对乡村风貌与地景特质的深刻理解、了解与关爱的基础上产生的，相对比而言，我国乃至陕西省农村建设与保护的各项法规就显得较为抽象与笼统。事实上，如果要建立细腻的法规法案管理体系，建筑现象学与人类学的工作与思考方式是必不可少的。

英国重要乡村保护法案 表2.6

编号	时间	法案名称		作用
1	1907	National Trust Act	《国民信托法》	赋予其土地持有权，除非被国会追索，信托者可以永久的持有土地
2	1935	Restriction of Ribbon Development Act	《限制带状发展法》	规定修建高速公路所必须满足的条件，限制修筑公路来控制城市的无限向外延伸与发展
3	1940	Access to Mountain	《进山法》	
4	1947	Town and Country Planning Act	《城乡规划法》	①地方政府在开始动手重建前需先制定规划，需对辖区内土地的发展及使用作出具有针对性的方针以及详细的施行步骤；②土地的使用受到严格的管理和控制，并且必须在整体规划中有所体现。该法律将土地使用“国有化”了
5	1949	National Parks & Access to the Countryside Act	《国家公园和乡村土地使用法案》	将具有代表性风景或动植物群落地区划分为国家公园，由国家对其进行保护和管理。融合了更多的环境信托与环境管理的概念
6	1955	Green Belt Circular	《绿化带建设法》	将绿化带建设作为一项重要的城市规划控制手段，要求在城市建筑规划时进行绿化带的种植建设
7	1968	Countryside Act	《乡村法》	针对1949年的法案做出调整，以期进一步扩大相关管理机构的职能。包括为保护、增加自然美景及依靠乡村获益授予地方政府和组织更多的权力，及修改1949年法案中有关于树木、林地、小径、骑马道和其他公共交通的条款
8	1973	Nature Conservancy Council Act	《自然保护委员会法》	依法建立自然保护委员会
9	1981	Wildlife & Countryside Act	《野生动物与乡村法》	对1954年至1967年的《鸟类保护法》和1975年的《野生动植物保护法》修正案的部分条款作出废除和重订，包括禁止使用特殊方式猎杀、带走野生动物，对某些哺乳动物的相关法规进行修订，对某些动植物的引进作出严格规定，对1976年《濒危物种法》作出修订，对自然保护、乡村、国家公园的相关法案作出修订，对乡村委员会作出规定，对有关公众道路权力的法案作出修订

续表

编号	时间	法案名称		作用
10	1990	Environmental Protection Act	《环境保护法》	
11	1995	Environmental Act	《环境法》	
12	2000	Countryside & Rights of Way Act	《乡村与道路权力法》	此法规对公众进入乡村作出了新规定，对与公众道路权相关的法律条款做出了修改，以使交规法令的制定能以保护区域性自然美景为目的，对除公路之外其他地方的机械驱动车辆的行驶作出规定，对与自然风光保持和野生动物保护的相关法律条款做出修改，对具有杰出自然美景的区域保护作进一步规定等
13	2004	Countryside Code	《乡村编号》	

英国乡村保护法案的主要内容与目的在于：维护与传承乡村地景与生物资源，使社会民众能够获得进入乡村欣赏、享受自然之美的机会，制定进入乡村需建道路、交通设备的规定，成立、指派与管理各类保护区的政府组织。乡村保护策略主要为四种：休闲与Access，指要发展乡村休闲功能，为民众提供休憩之处，建构、完善设施与交通但不损及乡村保护；地景保存策略，指要保护现有地景的多元性、独特性，改善、修复已受破坏的地景；自然资源保存策略，保护野生生物与栖息地，使人民能怀抱对野生生物的热爱，亲近栖息地；解说（interpretation），通过具有亲身经验的解说者运用媒体进行宣传、教育活动。

（2）英国地景保护与培育机构

英国从上至下，从政府至民间形成了阶梯式的地景保护和培育管理机构体系。国家级机构主要有英国环境、食品与乡村事务管理部（Department of Environment, Food & Rural Affairs），乡村代理机构（Countryside Agency），环保组织"英国自然"（English Nature），英国乡村保护协会CPRE（The Campaign to Protect Rural England），威尔士乡村代理机构（The Countryside Agency for Wales），英国历史建筑遗迹委员会（Historical Building and Commission for England）。地方性保护机构主要由郡政府（county council）、区政府（regional council）、地方政府（local and district council）构成，其他还包括民间性自愿组织机构（voluntary organization）。

乡村代理机构（Countryside Agency）的功能主要是作为独立的专职机构由乡村授权后代理乡村进行与其相关事宜的管理，提供各类乡村事务的咨询与协助。管理大众的通行权、步道铺设、观光旅游与休憩，以保证各方面能够享受和欣赏乡村的美感；管理土地与经济，包括土地耕种、社区森林和乡村规划政策；划定与指派乡村保护区，包括世袭所有的财产与海岸、国家公园和AOBN；管理乡村社区，确定乡村优先发展地区、村落设计与市镇设计；管理交通运输，包括巷道宁静氛围的保持，乡村交通的管理和绿化道路设计；另外，Countryside Agency还要进行公司和相关服务研究及其各种专案的处理。

对于英国乡村保护来说，民间自愿性机构不仅历史悠久而且功能强大。这些机构的建立皆是热爱野生动植物的志愿者出于对自然的热爱而成立的私人组织。1895年的

National Trust是最早成立的，以收购土地来达到保护自然美景的目的。在民间组织的推动和努力下，促成了很多相关法案的成立与实施，如1907年通过的《国民信托法》，该法案赋予其土地持有权，除非被国会追索，信托者可以永久持有土地。英国民间资源性组织机构基本都是由社会层次较高的人所组成与建立，在保护乡村的过程中，真正起到了监督政府行为与对其施压，推动政府前进的作用，如最著名的是于1926年成立的CPRE（The Campaign to Protect Rural England），其他的还有Woodland Trust和 Royal Society for Nature Conservation等。

（3）英国乡村地景保护策略

英国乡村地景保护的主要策略是找出当地地景特色，以其为各方面政策制定与行动开展的基准与中心，达到保护地景的目的。英国各相关机构对各地地景特色的分析与总结是非常细致和明确的，不仅对整体的场所特质进行了正确的分析与把握，还对构成场所特质的各个相关元素（“intimacy” of the landscape）进行具体分类：农林业相关元素（包括树篱、矮树丛、特定植物等）；与历史文化相关联的场所（如古战场）；与文学相连接的场所（如莎翁故居等），以及当地地景中居住与使用的人，作为场所构成的一个重要元素。机构也会听取这些具体使用者的观点和意见。

①英国乡村地景保护的主要手段

英国乡村地景保护的主要手段是建立国家公园，41个杰出自然美景区（AONB）、保护区（Conservation Area），具有特殊科学意义的地区（SSSI：Sites of Special Scientific Interest），环境敏感区（Environmental Sensitive Area）。

②英国乡村保护案例：杰出自然美景区AONB和科次沃尔德（Cotswold）

AONB（Area of Outstanding Natural Beauty）是指具有与国家公园同等景观品质，但面积不够大、不够开阔而未能划设为国家公园的地区，由于其仍具有杰出的景观品质，仍具有全国性和地方性的保护需求而划定为保护范围。AONB是在National Parks & Access to the Countryside Act 1949法案颁布以后，Countryside Act 1968和Countryside & Right of Way Act 2000之中添加的新规定，目的在于保存地景和满足大众的休憩需求。AONB的审批过程是由Countryside Agency划设，然后由环境部长签署同意（威尔士的部分由威尔士总理签署）。目前，英国的AONB共有41个，占英格兰与威尔士13%的面积。

③科茨沃尔德（Cotswold AONB）

科茨沃尔德（Cotswold）位于塞汶河附近，以切尔滕纳姆为中心，区域的整个地景以起伏的丘陵为主，牧草碧绿，羊群洁白，麦田金黄，林木苍翠，溪流清澈，民居建筑和古堡用颜色像蜂蜜“蜜色”的当地石材砌成，俗语称：“科茨沃尔德是英国人内心深处最温馨的故乡”。

科茨沃尔德区域成立于1959年，跨越英格兰与威尔士，面积广达2038km^2，区内超过80%均为农地。这个区域最主要的产业是农业，近年来旅游观光业也成了获益颇多的产业，另外，牧羊区也有不小的影响。这里有英国最为知名的石灰岩区域，含有长达4000英里的干砌石墙（dry stone walls），有举世知名的低地山毛榉和紫杉林地。科茨沃尔德的地景独具特色，场所精神与环境特质明确，自低地上隆起的陡坡起，包含陡峻的山谷、风土聚落和山毛榉林地，起伏开阔的高原台地上亦有大片的农地、林地和风土聚落。这里还有与传统牧羊相关的地景风貌羊洗。传统建筑、民居所用材料大多数以当地原生的材料石灰岩为主，并与其在肌理与结构上保持一致，石砌村落设计与石砌干石墙的感觉一致，很好地保证了地景的同一性与场所精神的完整性。

任何保护都存在着与发展相协调的矛盾，科茨沃尔德也是如此，其地景保存的压力主要来自于三个方面。第一个方面是农业建设的影响，包括未改良的石灰岩农地遭犁犁平和除虫剂的破坏。树篱、石墙被移除，湿牧草地存在排水问题。第二个方面是游客带来的压力，包括拥挤的人潮与交通的堵塞，人行步道的毁损与违法的自步道踏入农地，以及车辆攀登陡壁。第三个方面是娱乐与休憩的压力，如赛车、高尔夫课程与比赛等。

科茨沃尔德有着明确的保存要旨。首先，具有明确的保护目的，即保存地景与资源，其中包含古老林地与草地、野生生物地点、历史遗迹和当地的建筑特色等；环境具有永续（可持续）的计划与管理，包括了促进永续（可持续）农业与管理重要的旅游和休憩地点；提升AONB的知名度，如提供资讯帮助，发展社区观念与资料编纂等等，以使AONB得到更多人的关注与重视。其次，与保护目的相配合制定了相应的保护政策，适当管理石灰岩地以保护陡坡地；对树篱（hedgreow）、林地、矮树丛、灌木丛、山毛榉的管理要完善；妥善维护当地传统村落的品质；发展自愿性的服务；适度地发展休息、观光、使用和进入权；提升地区知名度与对地方的了解。最后，保护监护人主要由本地居民自愿担任，他们要自愿地每月至少投入6个小时用于管理工作，他们的职责是维护地方传统特色（如羊洗），保护科茨沃尔德的自然地景，设立新的游览路径，为一般的大众安排游览的相关事务和导览，通过演讲、展览等方式提升科茨沃尔德的知名度，定期巡逻地方路径并与当地民意机构合作。

据上所述，英国正是通过整体、系统性的保护措施和方式才使地景特性实现相当高程度的保存和传承，其全社会的共同努力，尤其是从政府到社会再到民众协调一致的支持是保护实现的前提与重要条件，从侧面反映了作为拥有高度现代文明发展程度的国家，其社会共同体的集体素质的高层次发展。我国新农村建设不仅应该借鉴其具体的、整体的保护措施和方法，更应看到政策推行和民众自觉执行的意识力量，而这均源自于不可见的、非物质的文化隐动力的推动。

2.5.2 国内选点区域新农村建设经验、非物质文化遗存（产）、传统村落情况研究

三农问题一直是我国的基本问题，新农村建设则是承接一直以来农村建设发展传统基础上的一个重要发展阶段。近现代以后，我国各界对农村建设问题的关注按照时间的发展脉络可以分为三个阶段：第一阶段是清末民初，以晏阳初、梁漱溟等为代表的知识分子进行的乡村建设运动；第二阶段是民国时期，国民党政

府针对农村建设而采取的种种措施；第三阶段即为新中国成立以后，中国共产党领导下的农村建设。纵观历史，着眼当下，我国农村建设仍然是以农村现代化为发展和奋斗目标，仍然是以物质生存条件的建设与改善为主基调的，从总的发展过程与重点来看，对于广大农村当中的农耕文明文化的保护是相对滞后的。

为了对当下国家新农村建设的基本情况有更加全面的了解，使研究主题、目标的认识与完成得到更为深刻和全面的资料，本书以文化分区为前提，以选点省份的新农村建设基本情况和典型村落的非物质文化遗存（产）具体情况的两相结合为主要调研内容与方式，形成了多层次、多维度、更加全面的研究成果。

我国疆域广阔，地景特性多样，在西高东低、四周高中间低的场所氛围中，文化特性的形成也以中部地区的农耕文明为本源，向四周逐渐扩散，扩散的过程亦是农耕文明主体文化与各异质环境文化相融合并形成以农耕文明为主体的新文化的过程。在文化变迁的视阈中，我国地理文化区域大致分为内陆农耕区域、蒙古高原牧业区域、东北狩猎农耕区域、青藏高原牧业区域、沙海农耕区域、云贵高原农耕区域六种类型，新农村建设应该是在这些极具地域特色与地景场所精神特点的环境氛围中展开，并以保护、延续各自场所氛围特性为要务与方向的建设行为，故选择四川、福建、内蒙古、辽宁、西藏、新疆6省（自治区）的乡村进行案例调研，以四川、福建为例，具体情况如下：

1. 四川

四川盆地位于四川省东半部，面积是20万km^2，有温和的气候、便于农耕的土壤和丰富多样的天然资源。盆地的地景特点更像是"古典式"地景[1]，"明显界定的山丘和高山……清楚地被划定出来，想象得到的自然空间如山谷和盆地，以单独的'世界'出现"。从空间形态上来看，盆地是以周围的高山相围的具有独立式单元特点的围合空间，四川盆地的西面与南面是青藏高原与云贵高原并与其接壤，东面是大巴山与巫山，越过大巴山是较小的汉中盆地，而汉中盆地的北面又是高耸的秦岭与关中平原。总之，四川盆地以独特地形地貌特征，自古以来就形成了天然的屏障而为盆地的民众创造了安逸、丰衣足食的生存环境单元。

四川省有4544个乡镇、50182个村民委员会，主要农作物为小麦、水稻，经济作物特产为黄红麻、油菜籽、桑蚕、甘蔗、水果等。在国家大的政策驱动下，四川省新农村建设基本处于物质条件的改善与向现代化发展的阶段。2005年至2010年四川省新农村建设的物质生活条件增长的大致发展情况可以见表2.7的统计情况。在粮食生产与农民年人均纯收入方面，2005年至2010年整体呈现增长趋势，作为佐餐的肉类的总产量的增长成为单独考量的项目而有一定的年增长；农林牧渔业中，林业增长也作为单独考量的项目。在水利灌溉方面，每年的新增灌溉田地面积也随农耕新技术应用而逐年增加，至2010年增至240万亩。从综合情况来看，从近20个方面观察四川省新农村的建设情况，物质生活条件的改善与经济生产水平的增长是近6年的主要工作任务，但即使是这样的情况，未脱贫人口依然存在相当数量，涉及新农村村庄整体格局建设的举措也仅仅是从2009年开始，建设范围在农家店建设与少数民族区域的房屋加固与改建方面，这些仍属于

1. [挪]诺伯格·舒尔茨在《场所精神：迈向建筑现象学》中提出，自然场所结构的地景包括"浪漫式"、"宇宙式"、"古典式"和"混合式"。

物质基础条件的改善。此外，统计表格也清晰地显示出四川省在农村建设的文化保护方面是较为滞后与薄弱的，即使是均质化的文化公共设施的建设也是处于刚刚起步的阶段，如农村文化站的建立仅从2009年开始，内容也仅限于农村书屋与信息的共享范围。数据统计与现象表明，现阶段四川省的新农村建设还处于物质条件的基础建设阶段，处于较为低端的发展水平。

2005～2010年四川省新农村建设物质生活条件增长水平统计表　　表2.7

序号＼类型	项目／年份		2005	2006	2007	2008	2009	2010
1	粮食总产量		3400万吨	—	3448.4万吨	3500万吨	15亿斤	
2	农民人均纯收入		2802.8元	—	3546.7元	4121元		5140元
3	肉类总产量		949.2万吨	—	—	905.5万吨	增长4.2%	
4	农林牧渔业投资增长		—	—	47.5%	—	5.5%（林业）	
5	农业增加值		—	—	2092.1亿元	2366.2亿元		
6	新增有效灌溉面积		—	—	31.5万亩	35万亩	57万亩	240万亩
7	城镇化率		33%	—	35.6%	—		
8	新建改建	农村公路	26万km	—	8.4万km	—	3.1万km	12.7万km
		通乡通村公路		—	—	2.7万km	—	—
9	通信		乡乡通电话	—	电话村通率97.5%	—	—	行政村村通
10	网络		—	—	—	—	—	行政村村通
11	广播、电视村村通工程覆盖率		—	—	分别为95.9%与97.1	—	村村通	村村通
12	农业税		—	—	取消	—	—	—
13	补贴		粮食、良种、农机具补贴12.4亿元	—	粮食、良种、农机具补贴52.9亿元	—	农村补贴65.3亿元	—
14	扶贫工程		解决134个县农村居民最低生活保障	—	解决11万农村居民住房	①解决25万农村绝对贫困人口温饱 ②永久性住房建成56.3万户	①新建和改造“万村千乡”农家店1.2万家 ②藏区牧民定居行动计划和帐篷新生活行动，黎区“三房改造”	①农村危房改造11万余户 ②6.8万户牧民实现定居
15	新增耕地		—	—	17.3万亩	17.5万亩	—	—
16	解决饮水	问题	—	—	173.3万人	—	—	—
		安全	583.6万人	—	21.5万	281.8万人	298万人	1609万人
17	沼气池		—	—	55.2万口	52.2万口	64.8万口	263万口
18	合作医疗试点		—	—	154个县	—	2180万人	—
19	文化		—	—	—	—	①文化信息共享综合文化站 ②“西新工程”和农家书屋等	①乡镇综合文化站4268个 ②农家书屋22300个，西新工程

注：数据及资料来源从2005年至2010年四川省政府工作报告。

四川省作为地处巴蜀盆地的省份，拥有着丰富的以农耕文明为本源和基础的非物质文化遗存（产）。四川是个多民族聚居区，如彝族、羌族、藏族等，各个民族不仅有自己独特的文化形态与内涵，也在相交融与聚居的过程中形成了相互的影响，并与独特的巴蜀文化及其特殊的地域性文化相融合，有的相互影响的比值较大，有的相互影响较少，因此，就呈现出了今天四川境内丰富多彩的非物质文化遗存（产），如甘孜藏族自治州的藏族格萨尔彩绘石刻、凉州彝族自治州的银饰手工技艺、宜宾的江安竹簧工艺、乐山的夹江年画、德阳的安安送米传说、绵阳的重华烟火架制作工艺等共326项。四川省的新农村建设应该重视对中国农耕文明衍生的地域传统文化的保护与传承，应该以新农村建设、乡村非物质文化遗存与传统村落建筑空间环境共生性的建设模式来进行，以保护式、改造式和新建式三种具体的模式形式来进行具体的建设。如四川泸州市江阳县分水岭乡采用保护与改造结合的模式来展开新农村建设。

图2.2　分水岭乡区位图

1）泸州江阳风水岭乡新农村建设

分水岭乡位于泸州市东南（图2.2），距城区22km，乡域面积69km^2，截止到2009年共有人口3.6万，辖20个行政村与一个社区。作为以粮食生产为主的乡村，至2005年农民人均纯收入3500元。2006年实施新农村建设以来，基础设施得到较大改善，实现广播、电视、电话与公路村村通等，新修4条高等级街道且以4个中心村规划建设为首带动全乡新农村建设。

2）泸州江阳分水岭乡传统村落空间

泸州江阳分水岭乡的泸制桐油纸伞制作技艺距今已有一千年的历史，堪称中国伞艺的活化石。分水岭乡是沿省道而形成的川坝形村落（图2.3），传统村落空间目前仅存分水老街（图2.4），此街全长约778m，从西北至东南，空间形态

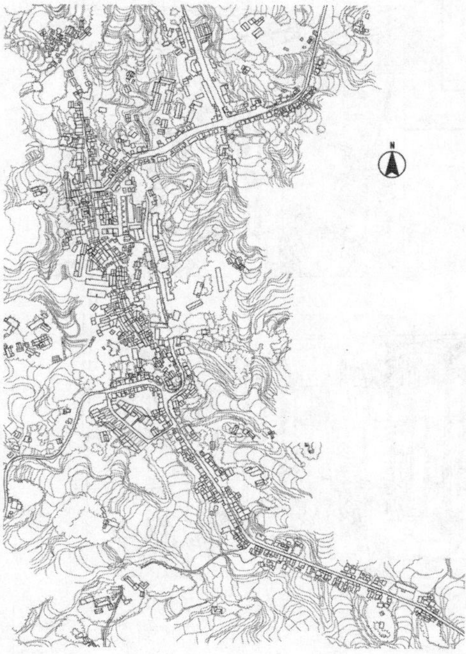

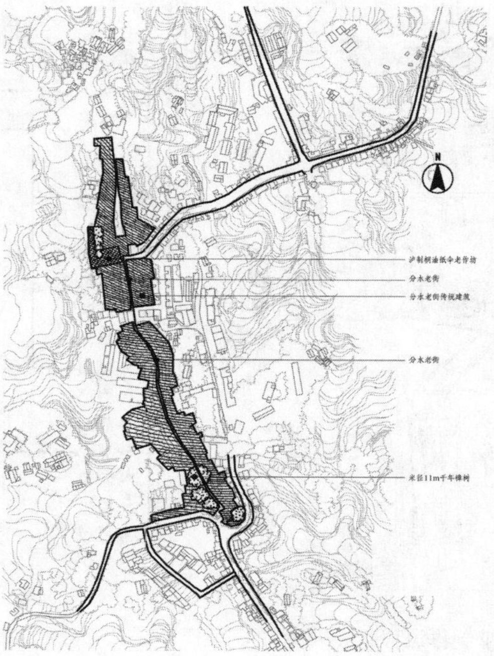

图2.3（左）　泸州江阳县分水岭乡总平面

图2.4（右）　分水老街空间形态与位置示意图

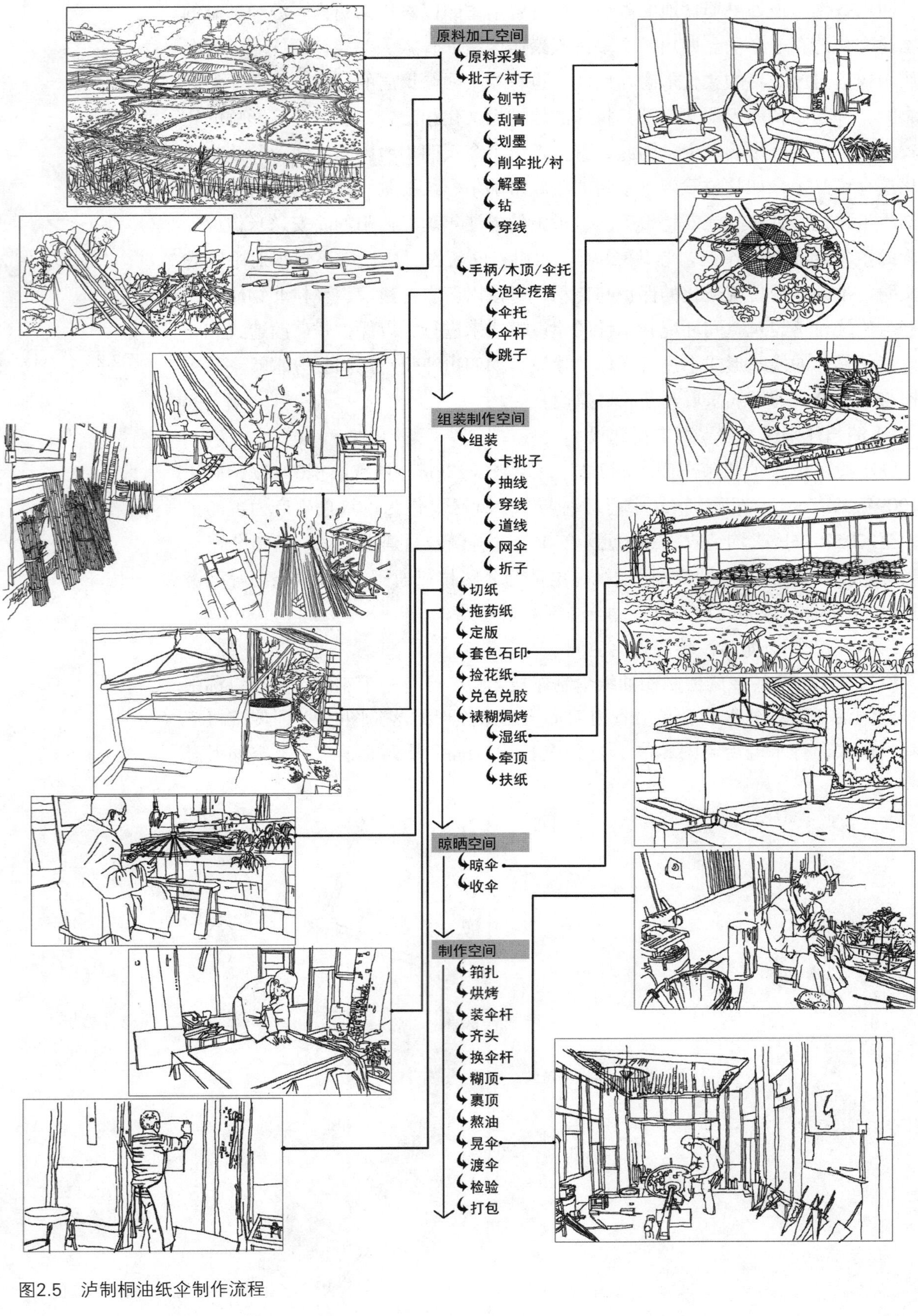

图2.5　泸制桐油纸伞制作流程

为沿街而建的条形街村，环绕包围分水老街的是四川盆地连绵起伏的山坝形丘陵与山林，村落则顺山势而建。

桐油纸伞传统技艺是由这里的独特地景形成的。这里雨水较多，给了这种技艺存在与生长所需要的气候与物理环境条件。村子周围是成片的竹林与桐树林，为这种技艺的产生储备了天然的基本材料。村子外围的自然山坝区域，是原料采集场所与油纸伞最重要的构件——批子与衬子的加工场所，村子则是这种技艺主要的工作场地——泸制桐油纸伞老作坊。现在人们还能从残存的分水老街回想起很久以前家家户户制作桐油纸伞的规模与场景。桐油纸伞技艺的产生与存在是与分水岭乡整体的地景空间结构共生的，是当地人与自然和谐共处的结果。分水岭乡的新农村建设应该对桐油纸伞制作技艺与存在的原生空间进行整体性的保护，并以技艺所存在的空间结构、功能、尺度作为新农村建设空间结构设计的重要依据之一。

3）泸制桐油纸伞传统技艺的制作流程与空间功能特征研究

泸制桐油纸伞制作流程见图2.5。

桐油纸伞的整体制作流程主要包括原料采集、原料加工、主体组装制作、晾晒、最后制作等几个阶段，根据这几道工序，在传统天井四合院内外形成的传统制作技艺空间结构主要包括原料采集空间、原料加工空间、组装制作空间、晾晒空间、库房。其中，原料采集、加工与晾晒属于室外空间，组装制作和库房属于室内空间。

A.原料采集空间：原料采集空间（见图2.6a、图2.6b、图2.6c）是室外空间，位于分水岭乡周围连续出现的平坝与中低高度的丘陵，由于雨水充沛，这里既为桐油纸伞的产生提供了充分的理由，也为它的存在提供了丰富的楠竹、桐树资源。泸州的竹子不仅丰富而且韧性好，另外，这里也是国内重要的桐树产地。

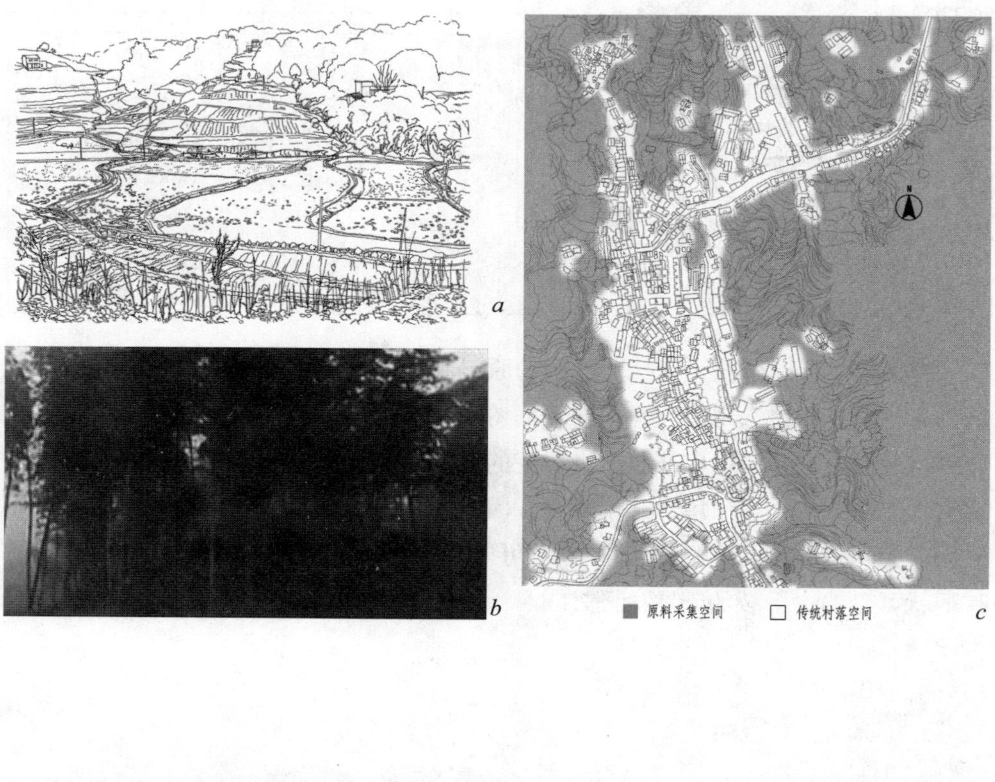

图2.6　分水老街环境

*a.*分水周围的自然环境是天然的原料采集空间；*b.*做批子与衬子的楠竹林；*c.*分水传统村落与周围环境的关系就像阴阳相生

B.原料加工空间：原料加工空间也属于室外空间，位于村落边缘与竹林之间的油纸伞作坊后院（见图2.7），主要工序内容是加工油纸伞的主体骨架——批子和衬子。楠竹是批子与衬子的原料，不仅因为它韧性好，也因为它生长快，能够很快满足油纸伞的需求，而制作油纸伞对竹林进行砍伐不仅是适合竹子生态系统的特性，更能促进它的生长。可以说，油纸伞技艺的产生传承是人们在利用自然资源生存的同时又帮助自然环境健康循环生长的行为与表现。当油纸伞老作坊加建了后面厂房的时候，这项工作也就可以在室内进行了。

加工批子与衬子是将一根长至400cm或500cm的竹子加工成长50cm的原料（加工工具见图2.8），需要开阔的室外空间，当裁切完毕之后，接着就在室内或室外对50cm长的批子与衬子原料竹筒进行细加工，包括刮青（图2.9）、划墨、削伞批（衬）、解墨、钻、穿线6道工序，直至将50cm长的竹筒加工成由线穿着的，合起来仍能严丝合缝的批子与衬子的原料（图2.10），这也就是桐油纸伞的大体骨架。在此阶段，划墨和解墨是非常能够反映这种传统技艺智慧的工序。划墨是在未削伞批或伞衬的竹筒上用工具划出一道横线和一道曲线，当将竹筒都劈成了8分（3cm左右）的批子或衬子骨架的时候，为了将它们原样重新排列，以便按照最初的圆筒形排列进行钻孔和穿线，那条曲线与直线就成了标记。批子与衬子的制作工序基本相同，只是衬子的长度约为批子的一半。

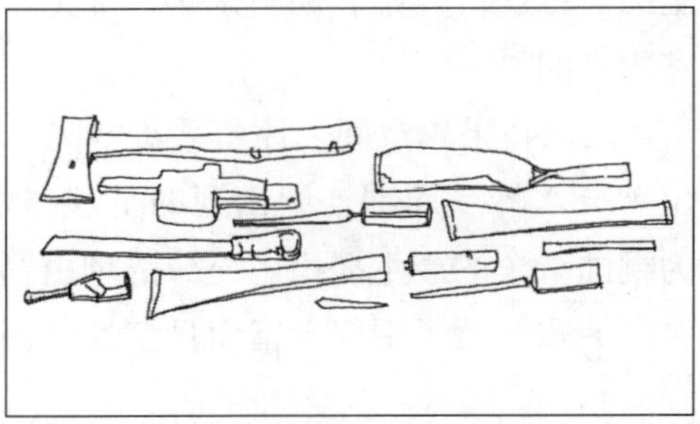

图2.7　作坊后院的加工空间（左图）

图2.8　加工工具（右图）

图2.9　刮青（左图）

图2.10　加工好的批子和衬子（右图）

手柄、木顶、伞托、伞杆、跳子的原料制作也是在加工地或后厂房完成。手柄、木顶与伞托得选用平坝林地的岩桐树和杉木树作原料，在加工成一截一截的原料之后便由铁丝穿成串儿，放进后院的铁桶内，在上面压上片岩石进行浸泡。这道看似简单的工序作用却必不可少，因为木头内存在着一定的胶质，如果十分干燥就有可能发生干裂，经过浸泡，可以将木头里面的胶质溶解于水，再经过晾晒就可以解决干裂的问题（图2.11）。伞杆是油纸伞的中轴，是非常重要的构

图2.11　泡伞疙瘩铁桶与烘烤伞箱（左图）

图2.12　做伞杆的宜宾水竹（右图）

件，桐油纸伞的伞杆选用的是竹身细长的宜宾水竹（图2.12）。由此可见，一把由传统技艺制成的桐油纸伞所涉及的空间领域和地点的距离非常长。这一阶段还有最后一个小工序，就是跳子加工，跳子是支撑了油纸伞整体伞骨和伞面重量的最小构件，物件虽小，作用却无可替代。

C.组装与制作空间（见图2.5）：桐油纸伞各元件的组装与制作通常是在分水岭村落里面的传统院落内进行的，空间的变换并不是很大，在传统民居的院落与室内基本就能完成。组装共有6个重要的工序，分别是卡批子、抽线、穿线、道线、网伞、折子，卡批子就是将伞的衬子与批子组装在一起，然后再卡在伞托的槽子里面。抽线是将卡好伞托的伞骨架再用线穿一遍，这样可以加强对伞骨的固定作用，紧接着就是用线再把批子与衬子卡好的组合构件串连在一起。在网伞之前，一般还有一道工序即道线。道线是需要专门的工具与空间的，就是用道线机（类似于纺线机）将大棍子上的线缠在小棍子上，道线完后再进行网伞。网伞（图2.13）是将撑开的伞架用线进行固定，所以网伞需要有一个固定撑开伞骨的架子，然后用折子（网伞的时候所用的两边稍微弯曲的工具，折子两端的距离刚好是需要等距地控制批子的距离）控制好批子的距离进行缠线。缠线一般缠5道，这样固定出来的伞架可以很好地为后面的糊伞作准备。缠好线以后，一把桐油纸伞的雏形基本就完成了。

在进行伞面的糊裱之前要在内院放有石印的空间进行伞面纸的印刷与加工。这个阶段就涉及切纸、拖药纸、定版、套色石印、捡花纸、兑色兑胶水6个工序。油纸伞用的纸是手工皮纸，这种纸与宣纸的制作工艺基本相同，不同的是宣

图2.13　网伞（左图）

图2.14　切纸（右图）

图2.15 拖药纸（左图）

图2.16 套色定版（右图）

纸选用的是竹子而手工皮纸的用料是楮树皮。楮树皮最大的优点在于它的吸油性非常强，所以成了桐油纸伞最佳的伞面材料。切纸（图 2.14）是在院落中的切纸台上完成的，有专门的切纸刀，刀刃较长且沾油，一次性可以切割500张纸。拖药纸（图2.15）需要先用添加了糖和盐的糨糊抹在纸上，以便在纸上形成一层薄膜，当纸被晾干后纸面还能保证一定的温度，接着要将做好的图案复制在大理石石印上，并在石板的左下角和右上角做好直线的标记，保证后面的套色不会出现位置上的错位。石印上图案的轮廓要用药墨来进行勾勒，药墨具有腐蚀性，被药墨涂过的地方不会吸进油墨，用木滚子把油墨滚两遍让图案清晰可见以后就可以进行方便快捷的套色印刷（图2.16）。分水岭这里的石印可以称为是中国最古老的石印。

捡花纸（图2.17）需要在固定的大案子上面展开，因为花纸在印刷的时候不是一个伞面的花纸一次性印成，而是将一张R=50cm的花纸分成7份，每一份单独印刷图案。如此，承载花纸的台面至少要110cm，因为要满足一个整张圆形花纸的面积与1/7面积花纸的放置处。花纸捡完后需要在伞骨上裱糊，胶水是在一个比较深的木桶里面掺兑的，桐油纸伞的裱糊不能直接用胶水，而是在里面兑豆浆，这样可以保证整个伞面的平整与光滑。

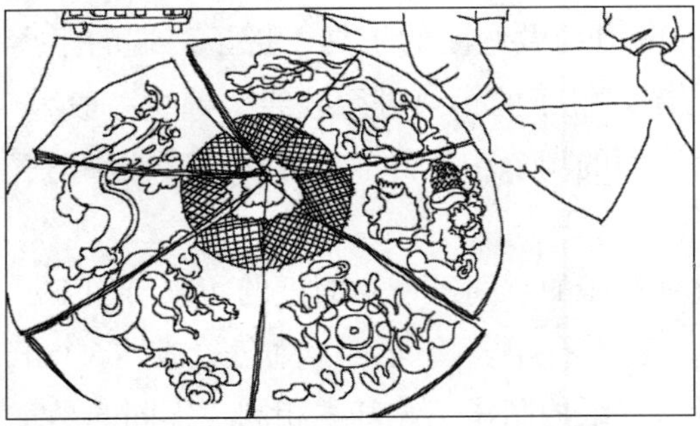

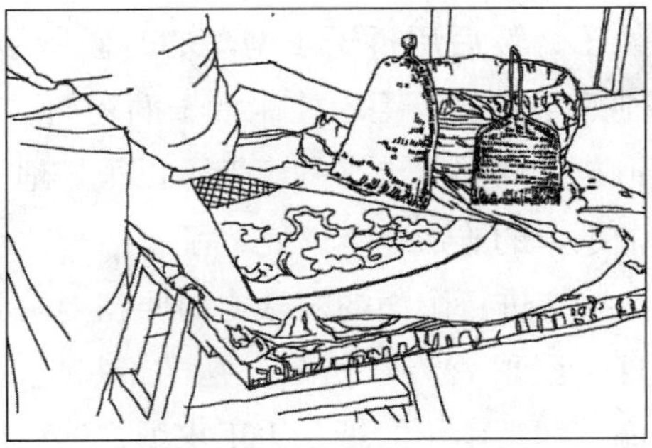

图2.17 捡花纸（左图）

图2.18 给花纸刷糨糊（右图）

裱糊纸伞仍然是在民居的院落中进行，需要一张桌子用来放置花纸和给花纸涂胶水的鬃刷等工具，另外还需要有一个支撑伞骨的三腿支架，用来支撑做好的伞骨。工人需要先湿纸，就是在桌子上面用鬃刷把胶水刷在花纸上，然后再在伞架上刷上浆糊（图2.18），将花纸粘在伞架上（图2.19）。这一阶段还需要进行牵顶和扶纸。扶纸就是用类似于钳子的工具，夹住糊了纸的衬子，上下滑动后，让花纸与衬子粘贴得更加牢固。其实这些工序与技艺看起来都是非常简单的，不简单的是工匠们倾注在这项工作中的认真与专注所带给油纸伞精神层面的意义，

图2.19　裱糊（左图）

图2.20　晾伞（在老作坊后面山坡上晾伞）（右图）

这也是机械伞所不具备的，也是非物质文化遗产的本质之所在。

D.晾伞空间：晾伞在室外进行，常常是在老作坊后面的山坡上（图2.20）或者是稻田间，需要较为开阔的场地。与此同时，这个场所还不能受到阳光的直晒，因为桐油纸伞需要阴干而不能让阳光直射，直射会致使伞面干裂与图案褪色，被阴干的胶水还可以很紧地粘贴在伞纸上。晾伞大致需要一天。

E.制作空间：最后的制作阶段都在室内空间进行，包括箝扎、烘烤、装伞杆、齐头、换伞杆、糊顶、裹顶、熬油、晃伞、渡伞、检验、打包12个工序。箝扎是在收伞以后，为了防止伞面的花纸粘结在一起，用扎刀（没有开刃，刀刃是钝的）插入伞面折叠的缝隙中，整体检查一遍。接着是进行烘烤，晾干的伞再进行烘烤是为了让伞可以尽快定型，达到收撑自然的效果。烘烤是将伞的伞杆朝上，码置在一个200cm×300cm的砖砌箱型烤箱里（图2.21），顶面是由拉绳可以上下拉起的箱盖（图2.22），下面是可以导热的地板，由地板以下的炉火将地板烤热，地板的热量传递到烤箱再把纸伞烘干。炉子的温度要控制在70～80° C，这个数值不是经过科学仪器测定出来的，而是由工人常年的经验积累出来的。然后是在民居的内院进行装伞头、齐头（将衬子的头用剪刀裁齐）、换伞杆、糊

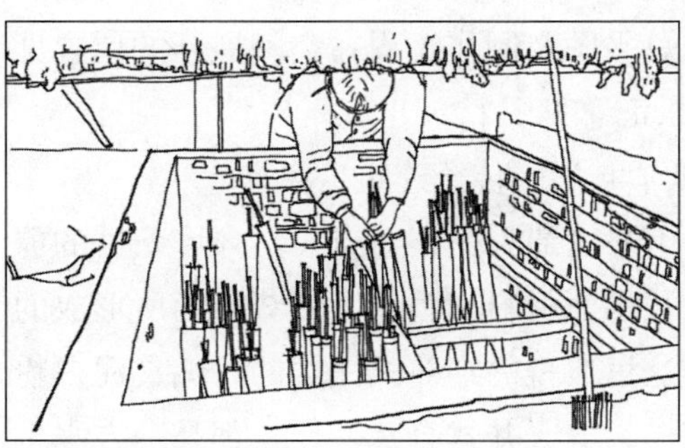

图2.21　烘烤伞（左图）

图2.22　烘烤箱（右图）

图2.23　糊顶（左图）

图2.24　晃伞（右图）

图2.25 老作坊平面图及制作流程空间位置

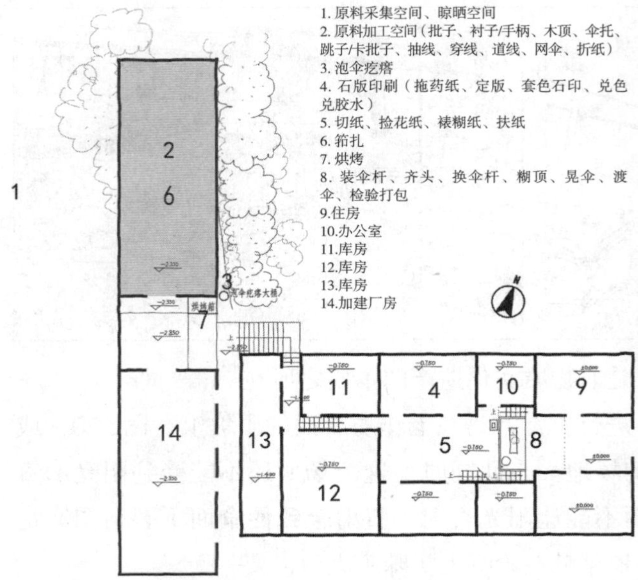

顶（图2.23）、裹顶。当这些工序都进行完以后，就仍在院子里面进行熬制桐油的工序。熬油要在院子的炉灶上架一敞口的大铁锅，用来熬制桐油，熟桐油不仅有祛湿的作用，还有防水、防腐、防蛀的功效。晃伞也是在内院进行的工序，是将熬制好的桐油抹在伞面上，一般制伞师傅将伞固定在一个一边高一边低的长条凳的一端，伞固定在高的一端，这样制伞师傅可以脚蹬在条凳上，一边转着伞一边晃油（图2.24）。渡伞也是可以在内院进行的工序。桐油纸伞的级别最高，也是400年前拥有的一种高超技艺，称为"满穿伞"，走在分水老街上，可以时不常的看到妇女们正在做"满穿伞"（图2.25），这种技术是将备好的五彩丝线穿渡在伞骨之间，每一层的颜色与针法都不相同，一把油纸伞要被穿成5个层面，共2000多针，这种技艺不仅可使批子更加美观，还可以对衬子与批子起到加固的作用。最后是对油纸伞进行检验与打包。一把桐油纸伞从最初的选料到最后的包装，大概要花费几个工人几个星期的时间，证明了这项手工技艺的价值。

图2.26 满穿伞

以上桐油纸伞制作流程的展开是与传统作坊紧密连接在一起的，老作坊总平图及制作流程在空间展开的位置见图2.26，老作坊场景汇总见图2.27

4）泸制桐油纸伞与川中传统建筑

桐油纸伞的产生是巴蜀人民在适应自然环境条件的前提下，运用天然生长的原材料"竹子"顺势而为所形成的传统制作技艺，与这里典型的穿斗式民居的竹编夹泥白粉墙、宽阔的出檐、横长的天井式合院一样，都是一方水土养一方名物的体现。天井所给予前院明亮的采光，周围宽大出檐遮挡的昏暗而越发显得明亮，在接地气而幽静的空间，阴凉的氛围让人们能够专注地进行制作，通过双手，透过静谧的光线，使机械无法代替的手工意味传入油纸伞中，使"伞"这一既是遮雨工具，又具有华盖、华胜吉祥寓意的名物具有了生命。

今天，分水岭乡的油纸伞技艺仅存老作坊一家，就像

图2.27　老作坊场景（左两栏图）

图2.28　分水老街现状及千年古樟树（右图）

整个分水老街也仅剩最后一段一样，老街与新建空间显得格格不入，新建区域与中国其他地方的城镇没有任何差异，简陋、庸俗的商业店面空间充斥了几乎所有的街道立面，来到这里也只有在仅存的分水老街还能依稀辨认与周围自然环境相契合的真正的分水。小城镇商业建设不应以连根拔起、大拆大建的方法来实现，而应在保留地域性文化标识的基础上对空间环境进行审慎、有益、有计划的保留、改造和新建，毕竟分水传统村落的存在，传统手工技艺的存在并非一朝一夕，就像老街口的千年古樟树（图2.28）那样，已经根深叶茂地生长了上千年。

2.福建

《山海经·海内南经》指出，“闽在海中”[1]，远古时期的福建由大海包围，随着时间的改变与地质变化，今天的福建虽没有完全“在海中”，但它的地景现状也与海有着极大的关系，整体的东南部均沿海，经台湾海峡与台湾相望，陆地呈现出了斜向长方形的形状。“由于大部分地区属于中亚热带和南亚热带”[2]，造成了福建地景特征的丰富，丘陵起伏绵绵不断，其间高低错落的山峰奇岭林立，又有河谷与盆地点缀在这些山峰奇岭之间，被誉为“八山一水一分田”[3]。地势总体西北高东南低，在宏观的地形变化上，在北部与西部地带，形成了由西向北斜向的山带，即“闽西大山带”与“闽中大山带”[4]，两大山带之间则有河谷和盆地将其连接起来。东部沿海是曲折而富于变化的丘陵、台地和滨海平原，这种海岸线的变化与英国西海岸线变化的多样性是不同的——没有英国西海岸线的变化斑驳，每个小海港延伸出来的陆地也没有英国的长。与浙江与厦门的东海岸线相对比，福建的港湾皆因两侧地景结构的环抱态势而成为“口小腹大”[5]的形态（表2.8）。

1. 百度网

2. 同上

3. 同上

4. 同上

5. 同上

福建农业与资源基本情况 表2. 8

序号	类型	内容
1	地景特点	山地多，平地少，八山一水一分田
2	山地丘陵面积比	山地、丘陵占陆地面积80%
3	农用地占地面积	86.5%
4	人均耕地面积	0.04hm^2（不到全国人均面积的一半，是全国最少省份之一）
5	农田情况	高产田少，中低产田多
6	农作物	该省在我国农耕文明体系中属南方以稻米为主的区域，小麦和甘薯也是主要的农产品
7	经济作物	甘蔗、油菜籽等
8	其他	青梅、龙眼、茶叶、荔枝、海鲜也是重要的产物

福建的新农村建设从2005年～2011年的情况基本为（表2.9）：粮食总产量接近2010年水平，相对有所下降，2005年至2007年基本维持在平均705.56万吨，2008年没有具体的统计数字，到了2009年与2010年基本下滑至平均664.5万吨。农民人均纯收入在6年中持续增高，到2010年更增长到7427元，比同年全国的平均水平5000元高出2427元。此外，在农业经济作物方面的产值整体也呈现出走高的趋势，在公共设施、电力电信、通信网络建设方面也与其他各省相同，投入了相当的人力、财力与物力，推动了社会主义新农村建设物质生活水平的增长。在新农村建设上，福建省推出了农村家园清洁活动，重点针对河岸、重点景观区域、城市边缘的乡镇与村落进行了垃圾处理与污水整治等。总的来说，福建省新农村建设也在国家大的发展水平内以推动物质生活条件增长为本阶段主要任务。物质文明是精神文明的基础，物质生活水平的提高、公共基础设施的完善，以及环境清洁与美化是新农村建设的必经过程。

应该关注的是，在提高物质生活水平建设的同时，不能造成破坏性的建设尤其是对于中国文化的本源农耕文明的破坏。现阶段福建省新农村建设当中文化建设也仍处于国家的普遍水平与框架内，实践项目为乡镇综合文化站、农家书屋以及部分体育健身设施，这些举措并未深刻涉及福建本土地域文化的传承，这样的结果使福建省社会主义新农村建设与别的省会地区相同，也出现了严重的“千乡一面”的情况。农民生活居住的村落与建筑是他们赖以生存的场所，是与他们的生活文化，即衣、食、住、行、想紧密相关和共生的，尽管受到城市某些思想观念与生活方式的影响，今天的农民与农村生活方式产生了一定的改变，但基本的以农耕文明为本质的耕作和文化生活方式是没有改变的。所以，农村建筑与村落环境的改变不应唯城市模式为参考，而将农村建成与城市相似的空间场所。如以“千乡一面”建设模式长期进行下去，后果必将是乡村外貌形态虽发生改变，但农耕文明的本源文化失去生长的土壤，最终使民族丢失自己的文化属性和文化形象。新农村建设忽视非物质文化遗产的传承，这种情况在福建也已经发展到了一定的程度，亟待得到重视和改善。

福建省属于以水稻种植为主的农耕文明体系，拥有着丰富的非物质文化遗存，目前，被认定的世界级非物质文化遗产、国家级与省级非物质文化遗产共237项。如福州的闽西客家春耕民俗、宁德的畲族奶娘催罡巫舞、福州的闽西客家春耕民俗、莆田的黄石惠洋石音、泉州的惠安石雕、厦门的延平塔前大腔金线傀儡、漳州的浦南石雕、龙岩的连成宣纸制作工艺、三明的客家擂茶制作工艺、南平的延平战胜鼓等。这些非物质文化遗存（产）几乎都是受到农耕文明作用的文化表现形式，并且依附于八闽地区独特的山川地景、传统村落空间环境和传统建筑室内外空间的，是与这些因素共生的。因此，在进行社会主义新农村建设时不应该仅仅将文化的传承作为一种标准化、流于表象的行为，应该从更为深刻和本质的层面对其予以认识，并在三者共生的保护模式体系中，以保护式、改造式、新建式为具体的设计方法进行社会主义新农村的建设。如龙岩市连城县姑田镇已存在400年的正月十五游大龙民俗，使整个姑田镇从大龙的制作技艺到巡游路线都成了与宗族祠堂空间、风水空间、景观空间、道路空间、宗教空间等息息相关的传统村落典型，其新农村建设应在深入研究传统村落建筑空间环境基础上，以尊重、保护和传承传统村落空间结构精华及非物质文化遗产为前提而展开。

005～2010年福建省新农村建设物质生活条件增长水平统计表　表2.9

序号（类型）	项目		2005～2010年各项具体内容					
	年份		2005	2006	2007	2008	2009	2010
1	粮食总产量		715.18万吨	701.5万吨	700万吨	652.21万吨	667万吨	662万吨
2	农民人均纯收入		4450.36元增长5.6%	4833元增长8.3%	5467元增长9.1%	6180元增长7.8%	6680元增长10.1%	7427元增长7.5%
3	水产品总产量		605万吨	602.0万吨		增长1.9%	542万吨	
4	农林牧渔业总产值增长		增长4.6%	增长3%	1750亿元增长4.5%	1965亿元增长5%	2001亿元增长5%	增长3.5%
5	农业产业化实现销售收入		326.65亿元	333.4亿元	1400亿元	—	—	—
6	农村“五新”工程		—	进一步推广	4328个建制村开展	—	①实施94个示范项目②建9个集成推广示范县	加快进村入户
7	土地	土地整理	19.49万亩	34万亩	45万亩	60万亩	70.5万亩	31.5万亩
		其他	新造耕地2.5万亩	改造中低产田28万亩	改造中低产田12.1万亩	—	高标准农田40.5万亩	—
8	植树造林	造林更新总面积	207.3万亩	211万亩	—	—	—	—
		产权明确村	11602个（99.5%）		完成年度计划107%	—	—	—
9	城镇化率			44.6%	48.7%	—	—	—
10		“年万里”农村	6500km	5300km	6500km	此工程完成	—	—

续表

序号	类型	项目	2005～2010年各项具体内容					
		年份	2005	2006	2007	2008	2009	2010
	农村公路	路网工程	—	—	—	—	—	—
	农村公路	农村路网工程	—	—	①累计改建3.1万km ②93%的建制村通硬化公路	—	4650公里	改造农村公路2850公里
11	农村家园清洁活动		—	—	—	持续开展	持续开展	—
12	水利	水利“六千”工程完成年度投资计划	103%	103%	—	此工程完成	—	—
	水利	修复加固病险水库	—	—	—	268座	120座	139座
	水利	海堤除险加固	—	—	—	—	152.5公里	150公里
13	电话		建制村村村通	户户通电	电话交换机容量增长1.5倍	—	全面实现≥20户自然村通电话	—
14	网络用户		—	—	全面实现乡镇通宽带	—	—	“数字福建”重点项目进展顺利，电子政务外网覆盖所有乡镇
15	广播、电视村村通		基本完成	≥50户自然村全面完成	此工程全面实现	—	—	—
16	惠农	农业税	全免	—	全部取消	—	—	—
	惠农	农业特产税	除烟叶外全免	—	—	—	—	—
17	扶贫工程	中小学D级危房改造完成年度目标122%	新建改造农家店4531个	新建改造农家店4682个，100所敬老院	新建改扩建百所敬老院，新建农村中小学寄宿生宿舍35万m^2	改扩建18个县级社会福利中心和100所敬老院	—	—
18	解决饮水安全问题		—	—	—	—	133.5万人	—
19	沼气池		—	4.12万口	5万口	6万口	完成年目标	—
20	医疗		基本实现每村至少1个卫生所	新型农村合作医疗试点覆盖36个县	新建改扩建127所乡镇卫生院	①改造百所乡镇卫生院 ②新型农村合作医疗参合率和补偿水平提高	“百千万”工程推进	—
21	文化		—	—	新建128个乡镇综合文化站	改造百个乡镇综合文化站，农家书屋工程完成年度任务	乡镇综合文化站、农家书屋、群众体育健身设施建设进行	—

注：数据及资料来源从2005年至2010年福建政府工作报告、《福建农村调查年鉴》。

1）姑田镇社会主义新农村建设概况

姑田镇（图2.29）位于连城县东北部，向北是永安市的罗坊乡，向南是连城县曲溪乡与濑源乡，向西是连城县的揭乐乡，向东是永安市的小陶镇。北距鹰潭市约282km，南距龙岩市68km，西距连成县约22km，距南康市约220km，东距福清市约240km，南临205国道（永武高速）与25国道（长深高速），连永公路从境内穿过。

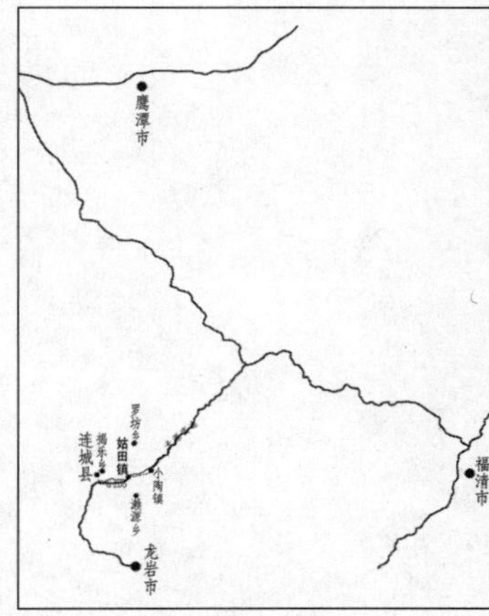

图2.29　姑田镇区位图

姑田镇最早建镇于宋，距今已有一千多年，其后，在明清、民国和新中国时期均仍以“姑田”为名，只是隶属于各时期的行政区划。以“姑田镇”为名建制始于1984年，姑田镇新农村建设基本情况见表2.10。此镇环境宜人，各姓氏宗祖在群山围合与溪流穿行的自然空间里，察龙砂、点龙穴，以一条龙脉为村落空间结构形态的基础，发展至今，线性生长式地从东北到西南以一条主道“新街”贯穿连接了长较、郭坑、城兜、东华、后洋、下堡、大阪、西洋、上堡、董扶洋、上陈、田头洋等村子（图2.30），地景形态宛若游龙。

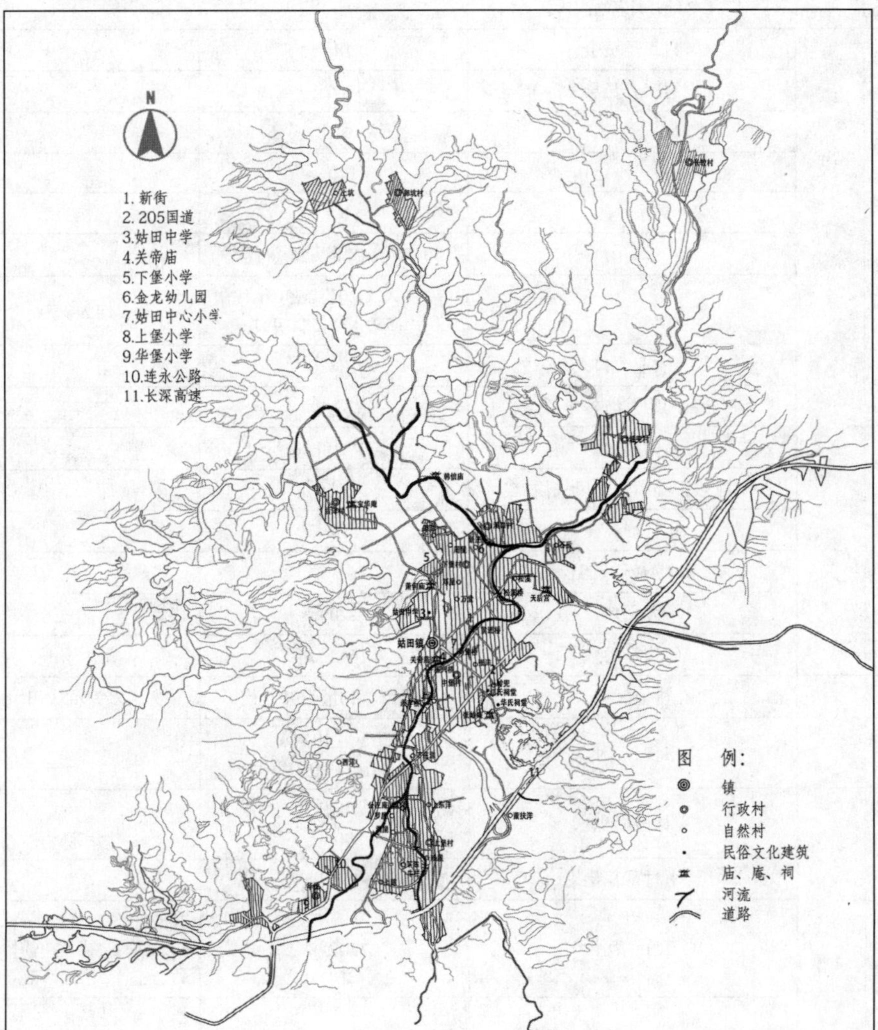

图2.30　姑田镇平面图

2）姑田大龙传统制作技艺及游大龙民俗非物质文化遗产

姑田镇属于福建闽西地区客家文化的核心区域，从晋代开始，就有一批又一批从中原地区迁徙至此的客家人。人的迁徙也带来了文化的迁徙，中原地区成熟而灿烂的文化被带来这里，并为适应当地的地理气候条件进行了适应性的改变，但客家人都将在中原的先祖视为自己这一族人在迁居南方以后的祖宗，强烈的祖灵佑护信仰更加深了他们对中原故土的思念，继而转变为用行为对中原文化的纪念和固守。在他们没有迁徙至闽西连成地区的时候，这个地方是以古畲族为当地的原住民，他们有自己的文化体系与信仰图腾，而这些迁徙至此的客家人

姑田镇新农村建设基本情况　　表2. 10

序号	项目		具体内容	其他
1	历史沿革	建制于宋（1133年）		
		民国时期设镇，称“姑田”		
		1958年建人民公社，称“姑田人民公社”		
		1984年1月称姑田镇		
2	行政管辖	村民委员会	14个	
		居民委员会	1个	
		自然村	91个	
		村民小组	170个	
		居民小组	9个	
		户	3599户（20世纪90年代）	
		人口	17010人（20世纪90年代）/21559人（2000年）	均为汉族
		农业人口	18620	
		港台同胞及海外华侨	87人	
		境内总面积	319.18km^2	
3	气候条件	亚热带湿润性委风气候		
		年平均温度	18.3℃	
		最高/最低气温	36/36℃	
		无霜期	220天	
		年均降雨量	1644mm	
4	农业	耕地面积	19000亩（20世纪90年代）	多为坑垅田
		粮食总产量	13726斤（1979年）/12441吨（2000年）	
5	自然资源	林地面积	40万亩（90年代）/>6万亩（2000年）	
		木材蓄积量	>105万m^3	
		毛竹、立竹	720万株	其他竹类有大竹、黄竹、班竹、蒲竹、赤竹、箭竹、苦竹、筀竹、方竹、观音竹等
		笋		盛产笋，包括冬笋、春笋、摇尾笋、苦笋、黄笋
		矿藏资源	>10种	

续表

序号	项目		具体内容	其他
6	水利	连城4大溪流之一		属闽江沙溪流域燕江上游
7	经济建设	是连城县重要的经贸集散地之一		
		镇社会总产值	33705万元	2000年
		农民人均纯收入	2783元	2000年
		造纸		土法造纸已有二百余年历史。姑田宣纸名誉天下
8	学校	中学	1所	20世纪90年代，中小学生共3099人，教师188人
		小学	14所（2000年）/43年（20世纪90年代）	
		幼儿园	4所	
		文娱场所	24个	包括影剧院1座，文化中心1个，老年活动中心16个
9	医疗	门诊大楼	1座	
		医疗点	18个	
10	基础设施建设	电话	2026部	2000年
		有线电视		2000年已安装
		水电站	＞20余个	
		供水	1.1万人	2000年全镇用上自来水人数
		商业街	500m	
		上堡村定为市级新农村建设示范村		2009年

则仍然以“龙”为自己的图腾信仰，以标示自我龙的子孙血脉与对中原文化的固守和思念，至此便产生了“游大龙”（图2.31）民俗活动延传上百年。有时，人

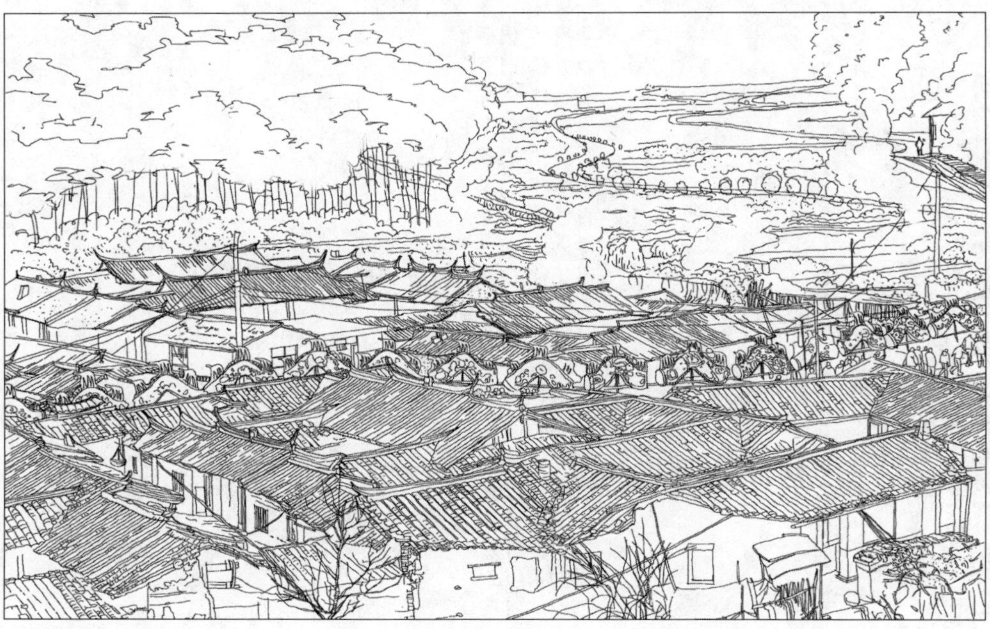

图2.31　姑田元宵游大龙民俗

往往是在别处才能感受到自我应有的标识与存在，越是在异乡越是需要精神信仰的庇护与固守，就像姑田的客家人要用世界最长的龙来标识自我的存在与图腾信仰一样强烈。因此，游龙这项民俗活动的产生与中原内陆地区的舞龙民俗相比之下显得价值更为重要和更为坚定。时至今日，这项民俗已经在村庄的路径穿越过程中与整个具有传统古风的镇子融为一体。新农村建设应该重视这一点，使整个镇子通过整治的保护性改造设计成为一个原生的民俗文化空间。因此，从宏观层面上来看，姑田镇作为非物质文化遗产的民俗文化空间，正是由于它的客家特性与所在地的本土文化形成的对比，以及某些方面的融合而成为特色。

另外，从中观的空间领域来看，游大龙的习俗是与姑田镇的各个村落紧密结合在一起的。该镇（图2.30）周围是丘陵，中间的村落由相连的公路串接在一起，每一个村落之间有一定的距离，原本镇子的整体面貌就呈现出卧龙之势。从明代起的游大龙民俗已经存在了六百余年，从中原迁徙至此的客家祖先，为了祈福，每逢农历元宵节都会举行这项对当地乡民来说的盛会，正是民俗文化与自然空间相交融的现实空间图示。

姑田镇的大龙最初源于下堡的邓屋，后发展至每年的12条，新中国成立减为10条，具体发展脉络见图2.32，这里以中堡村华、江两族的大龙为主要研究

时间	出大龙总数	游龙村落及条数	合出龙宗族
明万历年间	1条	下堡村（1条）	邓屋
		中堡村	
		后洋村	
清末至民国	12条	上堡村（1条）	陈氏、赖氏、桑氏
		中堡村（1条）	华氏、江氏
		下堡村（1条）	邓屋、万堂（蒋姓）/周屋、黄屋
		华拢村（1条）	
		城兜村（1条）	
		长较村（1条）	童氏、陈氏、林氏
		上余村（1条）	
		下余村（1条）	
		东华村（1条）	
		白莲村（1条）	
		洋池村（1条）	
		小洋村（1条）	邓氏、詹氏、钱氏
新中国成立后	10条	小洋村（1条）	
		华龙村（1条）	邓氏、蒋氏
		上堡村（1条）	
		中堡村（1条）	
		元甲村（1条）	
		湖头村（1条）	
		下余村（1条）	
		洋地村（1条）	
		城兜村（1条）	
		长较村（1条）	

图2.32　姑田村游大龙发展脉络

对象。中堡华、江两家是每十年一届的轮出大龙，如2009年华家→2011年江家→2012年华家，“我们姓江的到这里来大概已经八百年了。八百年前这里人很少，地方又小，就抬一条龙，大概六百多年左右，当时做的龙挺小，很多人来看，姓江和姓华的就合起来抬，后来人越来越多就轮流抬，姓华的抬一年，姓江的抬一年”（姑田村民口述）。每年轮到哪一家，就会在这家的同姓宗亲里面选出一朋（等同于户、房）来制作龙头，江家7房，华家20房，龙头、龙身、龙尾也是各家各房照轮制作，正月十五大龙巡游姑田，福降人间，正月十六烧龙后便将龙板放在该姓氏宗祠屋架上，将龙珠悬挂于堂屋中。

游龙的程序与空间场所的变化基本情况为（图2.33）：

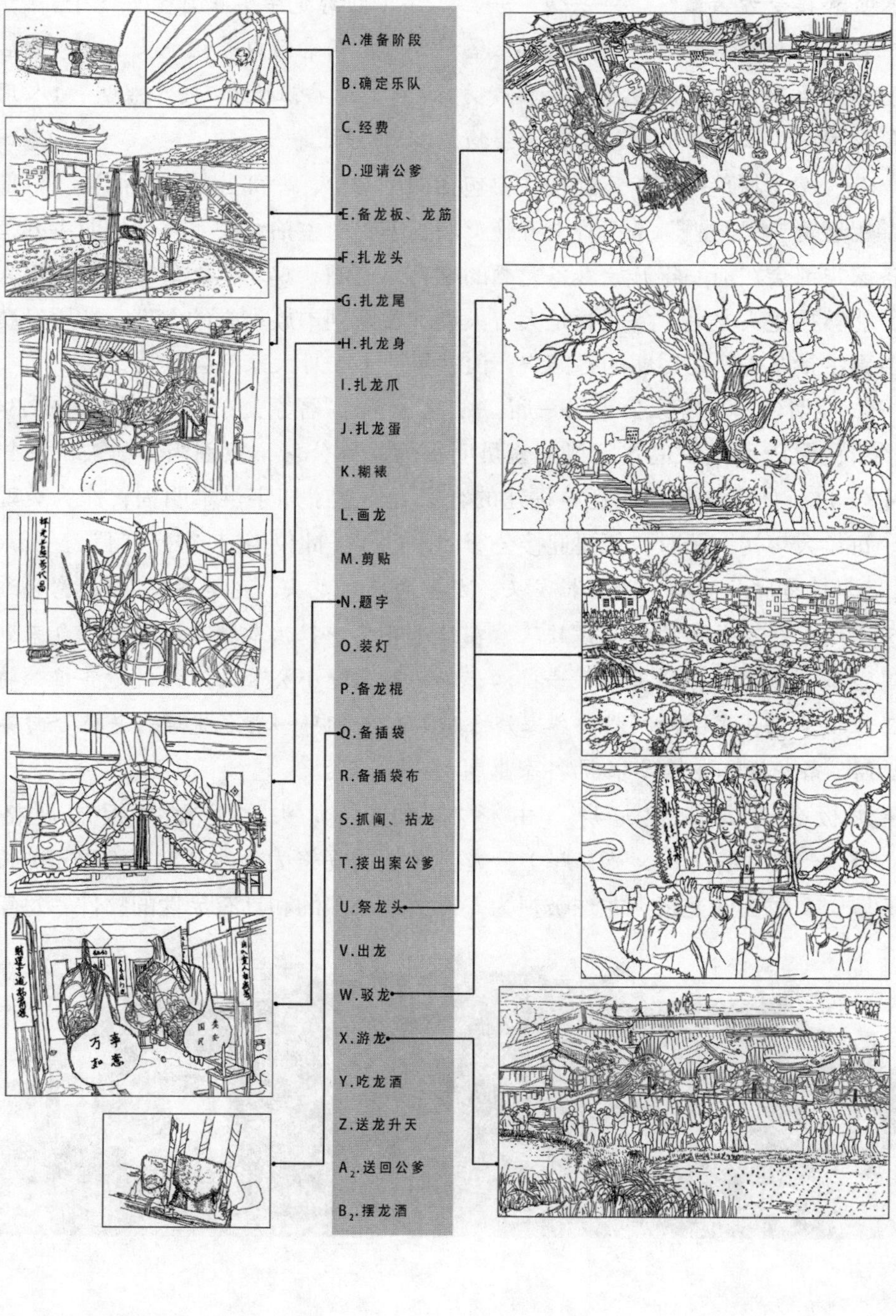

图2.33　姑田大龙制作技艺及游龙流程

A. 准备阶段（宗祠）：主抬“朋”要在一年前便召集各户开会，在各房户自带酒菜的宴席上，确立理事会，选出成员并决定各项事宜[1]。

B. 确定乐队（宗祠）：乐队的形成有两种形式。一种是集体组织，由理事会出面以集体名义提前约定唢呐班，当然费用亦由集体负责。另一种是私人组织，私人组织的又分为赠锣鼓和赠十番[2]，其中，赠十番程序最为繁复，关系到出赠人、接受方、十番伍队三方面利益，繁琐而复杂，对于出赠方而言在人力、物力、财力方面都需要很大的付出，但这种形式也是最体面、最能显示个人实力的一种。

具体程序为：出赠方在前一年自愿联通系十番班→付定金→召集十番班全体人员和接受方亲戚吃“定头饭”→第二年（即游龙年）正月十五下午3点，十番班到出赠人家吃“吃身饭”→到上堡村口赖屋祠堂门口等候龙头→龙头到后，十番班鼓乐齐鸣地走在龙头前，接受方派4人为十番班服务，2人照明，1人用米箩筐担用具、松明、乐器、吃食等杂物，1人背鼓。

C. 经费（村落空间）：经费主要包括两个部分，一部分是“龙酒”，一部分是杂用经费。“龙酒”是正月十五晚上的餐宴，由主抬龙头、龙尾的朋主办，朋中各家户都会在前一年开始准备龙酒的吃食，老酒、鸡、鸭、鱼等。对姑田人来说，能够抬龙头龙尾、备龙酒是大吉大利和关系到本族声誉的大事。杂用经费被分摊到主抬龙头、龙尾朋的各家户，前一年的十二月大家都会自觉交清。

D. 迎请公爹（客家公王第一庙[3]）：客家人“客家公王第一庙”（图2.34）里供奉的是随明武宗巡查闽粤的官员明福为，称公爹，只因当年他被武宗封为民主公王[4]，所以，从江西迁至福建的客家人便建了庙宇供奉明福，作为英魂俗信。每年大年初一子时，便要迎接公爹回家过年，此仪俗曰“开天门”。

具体程序为：初一子时抬龙头、龙尾的朋为龙头、龙尾各鸣3铳，意为迎接公父爹的号令→龙头的朋与锣鼓队，在鼓乐齐鸣中携供奉物品和香纸烛包来到上堡溪边庵“客家第一公王庙”→接江、华两姓合塑小公爹回家→铳炮齐鸣→将小公王像供奉在扎龙头的祠堂→各家烧香献茶酹酒朝拜→游龙完毕→送公爹回庵。

E. 备龙板和龙筋（宗祠/各家堂屋）：

龙板分为龙头和龙身，由杉木制成，龙头、龙尾龙板的规格是5m×0.2m×0.05m（长×宽×厚），龙身龙板的规格为4m×0.2m×0.05m（长×宽×厚）。龙头的龙板、龙珠被视为龙回大地必须的和具有灵性的物件，每年正

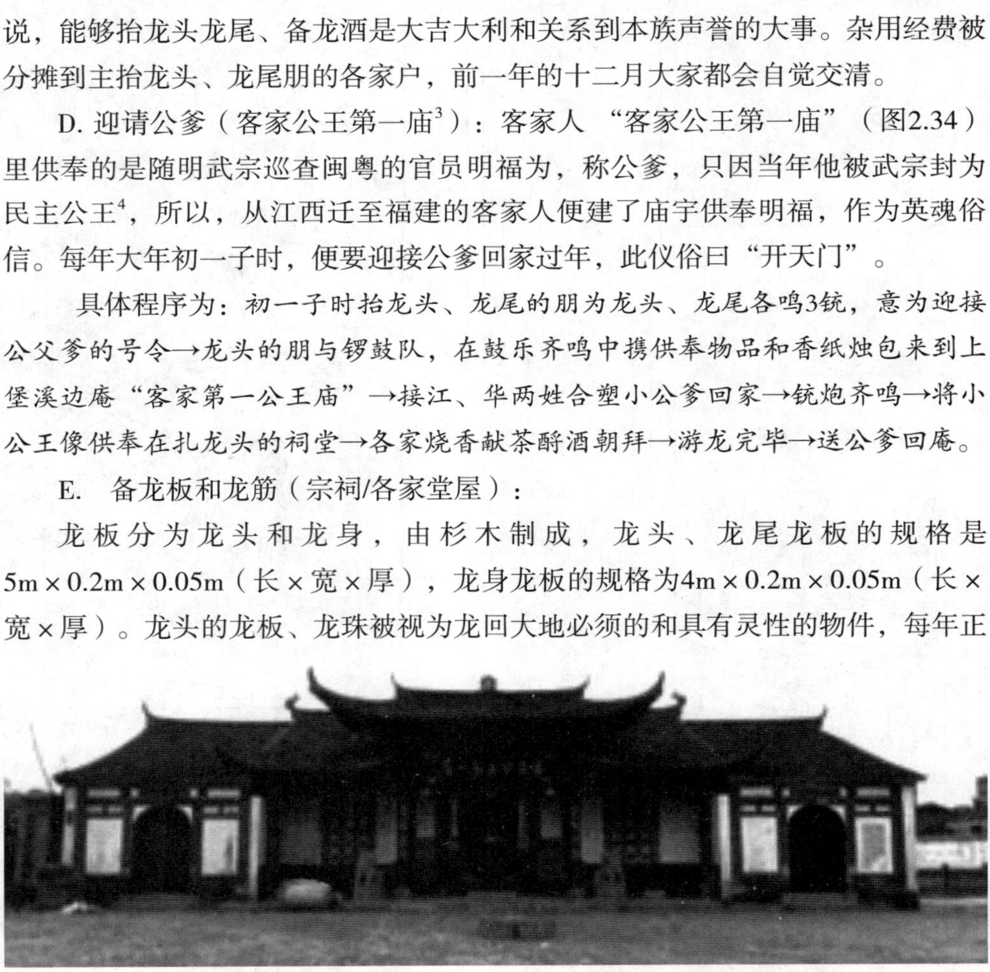

图2.34 姑田镇客家公王第一庙

客家公王第一庙也叫溪边庵，是供奉姑田保护神的民主公王的庙

1. 带餐会主要选出理事会的经理、副经理、出纳、采购、杂勤，订购硝、炮、蜡烛、宣纸等材料。

2. 赠十番也叫赠伍队。

3. 客家公王第一庙即公王庵。

4. 也叫明主公王，公王的全称为东山福主民主公王。

图2.35　供奉龙头龙板

图2.36　供奉龙珠

月十六在龙升天后都会被另一家供奉在宗祠内，龙板搁在屋架（图2.35），龙珠则如红色灯笼般悬挂在屋顶（图2.36）。龙筋又称龙筋骨，龙头筋骨的准备在宗祠进行，将当地盛产的毛竹劈成粗细不同的竹篾，在骨架中横向布置粗的整条竹篾为筋，细的弯成圆圈形状的竹篾在骨架中纵向布置为骨。每年只一个龙头就需要9根成年大毛竹。姑田镇林木资源丰富，林木面积43.5万亩，其中毛竹、立竹共720万株，林竹资源是制作龙板、龙筋的首选材料，再一次体现了我国非物质文化遗产的普遍特点，即传统技艺的材料均来源于与人相共生的自然环境。“龙”是从远方迁居至此的人们不变的信仰图腾，迁居至哪里便在哪里落叶生根，依附于一方水土，衣、食、住、行、想便都与这方水土接了地气。

大龙的尺寸经历了从小到大的变化，清以前龙身总直径为40cm，现在龙头（图2.37）固定高为2.4m，长为7.5m，龙口大张且衔的灵珠直径70cm，龙板较大，为5m。宗族各家所做的龙身直径为70cm，总高2.2m，龙板长4m，龙板两端要挖出直径5cm圆孔（图2.38），以便将两节龙身相连，龙头的龙板则只在后端留洞。一节龙身要由每家的两个青壮年男性来擎，同姓宗族的每户都要至少出一节龙身，游龙时，浩浩荡荡绵延上千米，显示宗族人丁的兴旺。

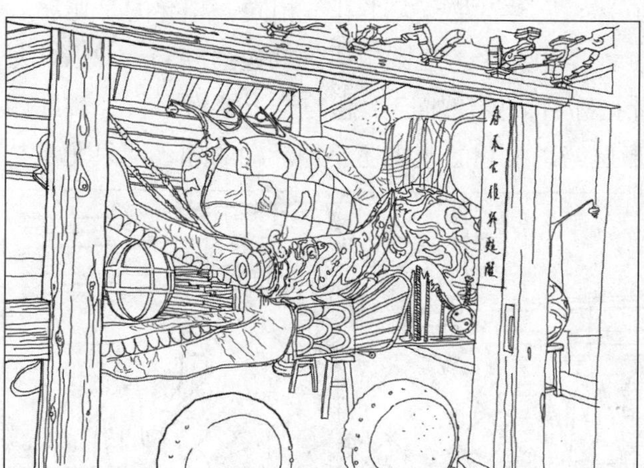

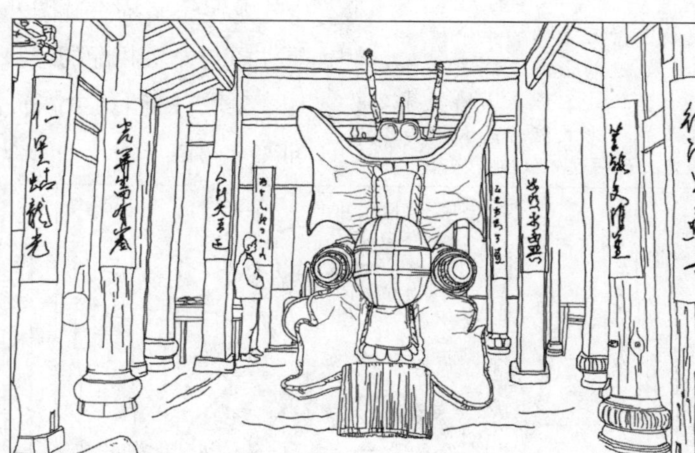

图2.37　改造前华氏祠堂堂屋中供奉的龙头

F. 扎龙头（宗祠）：扎龙头、龙尾都在宗祠内完成。龙板皆为5m，在龙板上以粗篾扎好筋后，用20个直径0.8m的圆篾圈扎成龙骨以制成龙头骨架（图2.39）。龙头由12部分组成：大嘴，龙珠，眼睛，牙齿，舌头，鼻子，胡须，脑

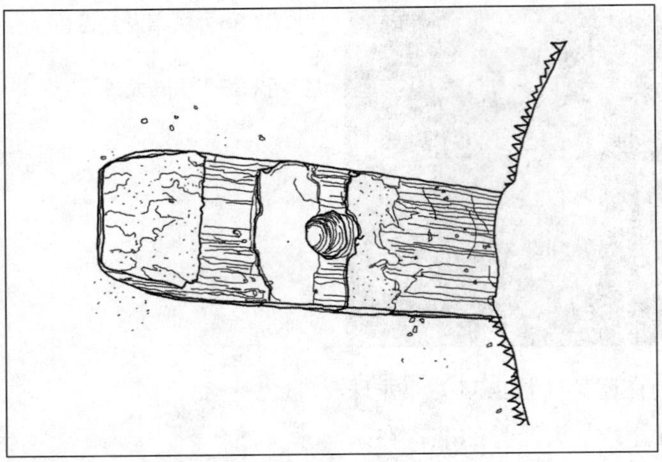

图2.38　龙神龙板（上左图）

图2.39　江氏祠堂（改造前）内院扎龙头场景（上右图）

壳，两个鳍，背上矮鳍，两个龙爪和两个腮。最常扎的是仰天大笑似腾起之势的望天龙，故嘴要大张，所含龙珠为70cm，龙爪的姿态应左抓前捞、右爪后伸，两腮是单独挂上的，游龙抖动时可翕可张。

在时间安排上，正月初一开始扎龙头且要将宣纸分发到各家，十二清点龙节数量，十三完成龙头，下午查修游龙道路，十五巡游，十六送龙升天。初一开始扎龙头时，为表扎龙头、龙尾“开工大吉”要让扎龙头龙尾的师傅们吃红蛋和酒，还要奉上一小红包，到正月十三龙爪扎好的时候，还要再奉上红包，以示有头有尾，顺利完工。这期间还要扎龙头灯与龙尾灯，它们都是扁长方体，长50cm，宽40cm，高25cm，用一根细竹棍擎，灯上题吉祥语，灯的数量根据抬龙头、龙尾朋中的家户数目来定，每户至少一个，这些灯中只有“掌扇灯”是红色，其余皆白色。龙灯全部由朋的孩童来擎，游龙时龙头灯在龙头前，龙尾灯尾随龙尾。

G.扎龙尾（宗祠）（图2.40）：龙尾与龙身大小基本相同，相异的是龙尾后翘，更注重与龙头相配的气势。龙尾由30个竹篾圈组成，共包括5部分：2爪，龙珠，翅，2鳍，矮鳍。主体筋骨扎好后，要使尾巴上翘与脊上矮鳍平行，矮鳍两边（即龙脊两边）各扎一个刀形尾鳍，上翘的龙尾还要加活动的翅，两只龙爪与

图2.40　华氏祠堂（改造前）里扎好的龙尾（下左图）

图2.41　Ω形龙身（下右图）

姑田大龙龙身是典型的“华胜”形式，就像河姆渡文化所遗留下来的本源基因在江浙、川蜀、湖广、闽粤等传统民居山墙一样的形式，反映了崇天崇阳的生命树观念。龙身的形式或许是一种巧合，但这里民居山墙的符号及龙身形式流传的久远与确定又说明这不仅仅是巧合。

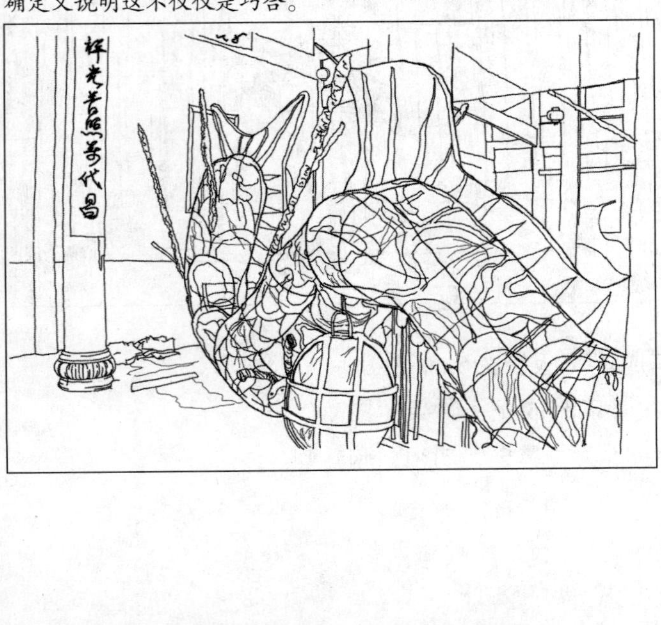

龙头相配，左爪后伸右爪前捞，右爪上还需挂70cm龙珠一颗。此外，扎龙尾规定要由宗族内非常有身份的人来完成。

龙头、龙尾在宗祠内完成，而扎龙头必须在宗祠厅堂正中进行，扎龙身、龙腰则在各家堂屋。宗祠是一族的祖灵所在地，堂屋是一家的祖灵所在地，龙头龙身在这里完成，是图腾神与祖灵的合二为一，是村民祈福神祖护佑仪式的象征，这些意义体现在村民们制作过程中的虔诚心境。

H.扎龙身（各家堂屋）：龙身在姑田又称为龙胯，同样是以长粗竹篾为筋，由18～20个直径70cm的竹篾圈组成骨，在龙板上做成传统华胜“Ω”样式（图2.41）。筋骨交叉的地方传统用苎丝绑扎，现在用铁丝。龙身上要扎3个刀形鳍，每两个之间再加一个矮鳍。

龙身是由宗族各房在自家堂屋内完成的，每房完成一板龙身，一板就称为一“桥”，每年至少保证100桥方能显示中堡村游龙“长得好”的特色。姑田各村村民都会扎龙，每年从大年初一开始准备扎龙身，在堂屋内以虔诚心情进行。

扎龙身的时间很快，从砍竹到画龙，4天就能完成，所以，初五准备，初八、九开始即可。

I.　扎龙爪（宗祠）：龙尾上的龙爪，与龙头、龙尾一起在祠堂内进行。龙爪只能扎4趾，原因有三：第一，5趾是天子金龙才能用的数，如果扎5趾就冒犯了天子；第二，5趾金龙是真龙，龙王乃雨神，扎5趾，便会引来雨患；第三，5趾金龙既是雨神同时也会招来雷轰，因这几种观念上的忌讳，所以龙趾只扎4个。龙爪在龙身的两侧，能够在巡游时随着龙身的晃动而摆动，另外，爪底要保证圆形截面，并用红、黑两色（或粉红、白色）绘制成八卦图，以示大龙脚踩阴阳乾坤。

各部分骨架扎好后，为避免变形不能在阳光下暴晒，要置于宗祠厅堂或各家堂屋晾干，龙头、龙尾、龙身筋骨扎好后的尺寸见表2.11。

大龙各部分完成尺寸　　表2.11

序号	分类	高/厚（m）	长（m）	大直径（cm）	眼圈	宽（m）
1	龙头	2.4	6.5	80	70	
2	龙头龙板	0.05	5			0.2
3	龙尾	2.4	6	80		
4	龙尾龙板	0.05	5			0.2
5	龙身	2.2	4.3	70		
6	龙身龙板	0.05	4			0.2
7	龙蛋	0.6	2（龙蛋板长度）	45～50		
8	龙头、龙尾灯	0.4	0.5			0.25

J. 扎龙蛋（宗祠）：龙蛋就是红灯笼，主要有两种类型，上堡、中堡的是八面椭圆形，下堡及其他村子的是八面圆形。但两种尺寸大体相同，高60cm，直径45～50cm。龙蛋的龙板较小，2m，所以，龙蛋多是为青少年后生所扎，让

他们从小就练习擎龙的技能。龙蛋与龙尾一起扎。中堡村江、华两家的游龙以“长得好”为特点，清乾隆时两家规定每年必出100板游龙，如果板数不够，可以用龙蛋抵数，每2板龙蛋可以抵一板龙身（但龙蛋也不易太长，最多十节），如1946年173节，2002年238节（2009年只有96节，显示了传统在现实情况下的调整）。送龙升天以后，龙蛋不必焚烧而是被扔进鱼塘，祈求望子成龙、多子多福。

K. 糊裱（宗祠/各家堂屋）：为避免竹篾变形，常边扎边糊裱，糨糊还是用传统的面粉、木薯粉等熬制，糊裱要用姑田特产的宣纸（这种传统制作技艺源起于明嘉靖年间，距今已有400年历史），糊之前必须先将宣纸揉成一团，展开后再糊裱，宣纸褶皱的纹理不仅能够增加龙身的真实感，显得肌肉强劲，且抬龙的时候不会因抖动、快速疾走或奔跑而使纸开裂。糊裱时，接缝处要缝骨合一，纸边不重叠。纸张所用数见表2.12。

姑田大龙糊裱用纸量　　表2. 12

类型	白纸（张）	红纸（张）
龙头	50	20
龙尾	50	10
龙腰	20	

L. 画龙（宗祠/各家堂屋）：画龙是按照传承几百年的图案样式给大龙施画龙鳞和云纹，基本步骤是先用墨线勾勒形状，然后着色。龙鳞纹样有两种，一种是扇形排列的鳞纹，称为“正鳞”，一种是小圆形或方形鳞纹，称为“乱鳞”。正鳞用直径30～35cm模板绘制。云纹则为流线型。着色主要以红、黄、绿、水红、淡蓝、青粉等颜色为主，云纹忌着黑色，不吉利。龙鳍按照鱼鳍形式绘制。此外，龙身、龙腰、龙尾必须以龙脊为中轴，左右两边必须绘制完全对称的图案。

M. 剪贴（宗祠/各家堂屋）：包括贴龙奶和龙鳍火焰边饰。龙奶用白纸剪后在每节龙腹两边对称各贴一排，表明姑田大龙是雌龙，是否大地龙脉的龙是雄龙呢？龙鳍边饰用红纸剪成火焰形状，贴满鳍边。

图2.42　堂屋中完成的龙身及题字

N. 题字（宗祠/各家堂屋）：龙头、龙身、龙尾制作完成后，在每一节两端的截面（姑田人称为裁口，龙头只有一边裁口）上用毛笔题写吉祥、祈福的话语，如“十载别龙降故乡，今岁元宵又重逢”，“姑田大龙甲天下”，“龙游大地，福满九州”等（图2.42），内心有关于祈福攘灾的主要指向与大龙成为一体，在一年一度的年节有了实现的期冀。

O. 装灯（宗祠/各家堂屋）：装灯是在龙头、龙身、龙尾、龙蛋、龙灯内的骨架上插进蜡烛，以便在夜晚巡游时呈现出蜿蜒火龙的气势。龙头与龙尾的蜡烛数量以抬龙头龙尾朋中“房”的数量来定，一般每户一根蜡，每次游龙后，每户可以拿回家一支未燃尽的蜡烛寓意添灯（丁），具体抬龙头龙尾的人的户还能得到一对龙烛，以示奖励。龙身每桥装5根蜡烛。

P.备龙棍（宗祠/各家堂屋）：在姑田龙棍又名灯龙脚，是支撑龙体和龙板的支撑构件，由50cm细毛竹（竹节要密）制成，长1.6m。在接龙时，龙棍上部要连接两节龙板，所以，在上段凿了两个长方形孔洞，上下相距20cm，孔内分别插入两块竹栅，下面的竹栅固定不动，上面的能够插拔。

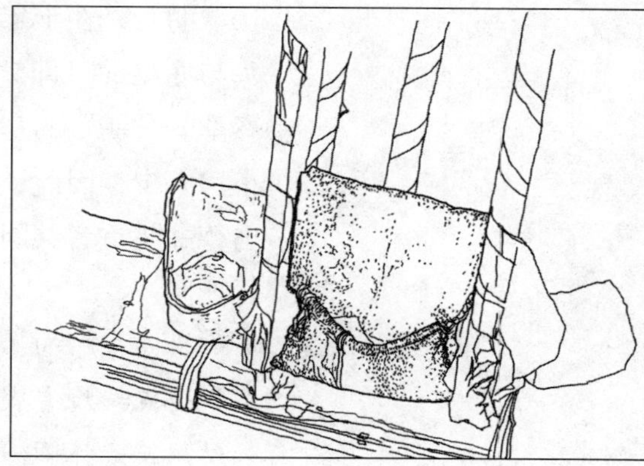

图2.43　插袋左边材料为牛皮，右边材料为厚麻布

Q.备插袋（宗祠/各家堂屋）：插袋（图2.43）常用牛皮制作，也有用厚麻布制作的，插袋布则以专供布料制成，穿在插袋后面的插环内，接龙时挎于双肩，其长度应使插袋正好垂至肚脐，以保证抬龙时能够运用丹田之气而灵活抖动。

抬龙头需要4个人4个插袋（1个为备用），龙身需要2个人2个插袋轮换着擎。事实上，抬龙不是一件容易的事情，龙头所需的人数更多，1人看路，3人擎龙，4人用绳拉住龙头以控制平衡（图2.44），在游龙时，或快或慢，或缓或急，有时还要奔跑于山丘与池塘边，到了晚上点了蜡烛，更是考验擎龙人的技术。但是，村民都将游龙看作是关乎运道和宗族颜面的大事，提前半年向有经验的前辈学习擎龙技术。龙板、龙棍和插袋一般都在各家的堂屋屋架上供奉，每年请下来用一次。

R.备插袋布（宗祠/各家堂屋）：插袋布是专用的布料，或红或白，游龙时间一般为5～6小时，为缓解双肩压力，插袋布宽33cm，长4m，接龙、游龙时布挂在身上，前呈“V”形，后呈“X”形。

S.抓阄、拈龙（祖祠）：抓阄分为大抓和小抓，大抓是决定某姓氏宗族内的

图2.44　8人擎龙头场景

大龙与坑垅田边的小道巡游，1人看路，3人擎龙，4人拉绳保持平衡。

10“朋”，在十年内的5次（江、华两姓轮流，故10年内各主持5次）游龙中抬龙头与龙尾的，即5个主抬“朋”的确定。抓阄的时间是在各姓氏每届的最后一个春季。“朋”的基础是“房”，一个宗族内的房有大房、小房之分，大房人多，小房人少，因此，朋是对大、小房人员进行调配的结果。大抓的时候，每个朋选出德高望重者共同商定抓阄的时间与哪户祖祠，届时举行烧香膜拜的仪式后，进行抓阄。

具体程序为：确定“朋”→“朋”选出德高望重的代表→商定时日与地点→齐聚地点→烧香膜拜→备好阄→放阄入米筒→摇米筒→铳炮齐鸣→代表按辈分或长幼用筷子抓阄→开阄→结果记于红纸→铳炮齐鸣。

小抓又名“拈龙”，是每年正月十三游龙之前为确定各节龙身的排列顺序，10个“朋”齐聚宗祠抓阄选择自己序号的仪式（主抬“朋”因已确定抬龙头、龙尾故只到不抓）。与大抓的“阄”写数字序号不同的是，小抓的“阄”按照《千字文》顺序来排号，“天”字和“地”字因代表龙头和龙尾便不再排入，因此，“元”字为1号，往下类推是“黄2、宇3、宙4、洪5、荒6、日7、月8、盈9、昃10、晨11、宿12、列13、张14……”不吉的号码，如“53”（是不上不下的意思），还有“44”等，就不安排在被抽的号内，总之，号码越小越吉祥。号码一旦确定便即刻红纸张榜公布，抬龙头者为其发放5支蜡烛。接龙时，各节龙身按照号码编入大龙。

T. 接出案公爹（客家公王第一庙）：正月十五上午十时，响3铳，接出案公爹。公王庙内共有5尊公爹塑像，最大的镇庙公爹，次大的出案公爹，上堡三姓合塑一小尊，江、华两姓合塑一小尊，蒋姓一小尊，此时迎接的是专为正月十五巡游的出案公爹。

具体程序为：十时响3铳→接出案公爹→十时半公爹驾到龙头处→铳向、各家户点松明、奉香燃烛、鸣炮→公爹驾到龙尾处→铳向→擎龙身者为龙身开火门→放入蜡烛油香。

U. 祭龙头（宗祠）：正月十五下午三时开始祭龙仪式，神铳鸣响，一般神铳鸣放三段，第一段3响，意为各家各户可以煮饭，第二段3响，意为龙可以抬出来了，第三段3响，是祭龙的信号，由抬龙头一房的长者肩挑祭品，房中最年轻的后生手捧大神龙牌位，将祭品和牌位放在江氏宗祠门口外院的香案[1]（图2.45）上，族人将龙头龙尾抬至香案处，神铳鸣响，祭祀仪式开始。

具体程序为：神铳鸣响→两位祭祀长主持→抬龙头者奉祭品→族人将龙须摆于香案→祭祀长点香烛→杀大猪血祭神龙与宗祠（需溅到龙头及祖祠内外，以“驱除邪魔”）→神铳齐响、鞭炮齐鸣→参祭人、两位礼生、三位主祭人向龙头、龙尾行拱手礼→主祭祀主参神鞠躬、跪、三叩首、升、跪、三叩首→大龙神尊神位前、跪、上香、三进酒→献帛、进素仪、进荤仪、进馔、读祭文、俯伏、升→鞠躬跪、三叩首、升、跪、三叩首、升→平身华钱焚祭文→返辑→撤馔→众人双手合十向龙鞠躬→礼毕→神铳齐响、鞭炮燃放→鼓乐队到龙头、龙尾前奏

1. 祭龙头香案上必须有猪头、大公鸡、草鱼、猪肉、海味、年糕、三碗荤、三碗素、水果茶酒、燃龙烛。

图2.45　祭龙头、龙尾

“八仙”说口彩→主抬人奉上红包。

V.出龙（村落空间）：正月十五下午四时，三响铳后，龙头、龙尾、龙身等都要抬至张洋村华氏祖祠旁边山坡的驳龙台，在这里再举行一次祭祀仪式（图2.47）。

具体程序是：正月十五下午四时，响3铳→龙身出→用龙棍擎龙头至华氏祖祠门口香案→摆香案、烧香、鸣炮、祭祀→龙身到齐→丈量龙身长短→别姓名士前来祝贺出龙。

W.驳龙（村落空间）：正月十五下午五时，在驳龙台驳龙（也称驳桥，即将龙身一节节接起来）。驳龙台（图2.46、图2.47）是村中龙脉上的一块坡地，江、华两家的祖先很久以前便约定此处为接驳龙腰——神龙成形的地方，在此，各板龙身早已按照拈的龙号耐心等待。

具体程序为：五时许响3铳→龙头灯开道→鼓乐班吹奏→龙头由三位长者擎，两边结四根棕绳，四人两前两后拽绳控制平衡，前面一人开道，龙头向上堡

图2.46　龙身被抬往坡道上的驳龙台

图2.47　驳龙台

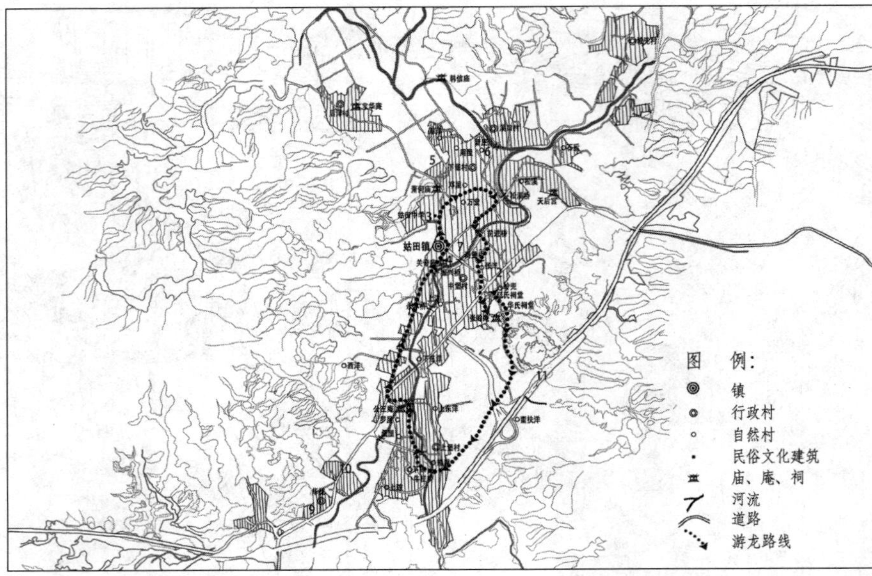

图2.48 姑田游大龙路线

蠕动→龙身边走边驳→龙头铳鸣响于上堡村口→神龙停至上堡赖屋祖祠→点火→封火门→开始游龙。

X. 游龙（村落空间）：至赖屋祖祠驳龙完成后，游龙始，路线见图2.48。

具体程序为：铳队开道→龙头灯→大鼓铜钟、锣鼓→十番→鼓首→龙头→神铳鸣响→龙尾→龙尾灯→龙蛋→大鼓铜钟、锣鼓→十番→鼓首→至溪边庵门口→龙头向庵门点三下头，绕一圈→游向中堡，龙头铳在经过每一处寺庙和街道时鸣响1次→龙尾铳在经过每一处寺庙和街道时再鸣响1次→过中保街→镇政府→大坂山（在半山坡绕半圈后下山）→经下堡街→天后宫→松溪坂→回至中堡→龙身折桥→龙头与4或5节龙身、龙尾直上张岭庵→在庵门口绕一圈→回中堡。

神龙在巡游的过程中，无论是出龙、驳龙、巡游，家家户户都要在门口点松明灯，燃放鞭炮，香烛祭品供奉。龙头、龙尾内没有燃尽的蜡烛，主抬朋各家户可以每家分一支，供奉于堂屋中，寓意添灯（丁）兴旺，但龙珠里面的蜡烛不能动。添灯后，家家户户吃龙酒。

Y. 吃龙酒（民居）：正月十五晚的龙酒，坐正席的是十番班或锣鼓师、琴师、鼓师，主家均坐偏席。

在游龙过程中，正月十五白天主要由各房最有经验的长辈抬龙和擎龙，所以龙姿就显得稳健有力，正月十六，大龙再次巡游时可由各房后生抬龙，游玩颤要比赛，虽使大神龙周身破损，姑田人却认为二次巡游大神龙越破越吉利，但当擎龙至溪边庵时，则必须由长辈擎着到庵门口，以示主家诚心。大龙巡游是姑田人家家户户的大事，尽管来也匆匆去也匆匆，但姑田人的心意是真诚的，他们的祖先因躲避战乱而从北方迁居至此，落叶生根，以一年一度的隆重仪式祈福国泰民安，风调雨顺。

各道龙酒点心的程序为：灯龙肉（点心）→雪薯（点心）→米冻（点心）→鸡、鸭、兔、鱼、山珍二十三道菜→主人敬酒→猜拳闹酒→酒罢→收拾桌面→上茶点→上春盘（冷盘、拼盘）→果蔬→鼓首、十番开始唱戏→先唱《开天宫》→主人燃鞭炮请“八仙”，奉红包→继续唱（在一房人在大厅堂就唱对台戏）→至天亮，十番吹奏着出大厅，直到村口→主人响铳燃鞭炮送行。

A2. 送回公爹（客家公王第一庙）：神龙升天后，将小公爹像送回庵中。

B2. 摆龙宴（各家堂屋）：最后，各家都还要在自家堂屋内摆龙宴，以庆祝游龙的成功所预兆的丰硕之年，并慰劳全家人。开宴之前，要先吃紫红色的龙蛋，寓意全家兴旺发达，子孙满堂。

游大龙是姑田人祖辈沿传的民俗，在姑田人的信仰世界占据着最重要的地位，代表了客家民俗文化与思想意识的核心内容，这项民俗将姑田的村落、宗祠、家户、庙宇等空间完整地融合在一起，在几百年仪式性的巡游与祭祀中，一次又一次地将姑田人的心想实现与升华，一次又一次的将他们的精神凝聚，从形式到内涵标示了大龙就是姑田人，姑田人就是大龙，再一次从文化上证明了龙是全中华民族的图腾，无论是中土的虎、牛、龟、蛇、鱼、娃，西羌的羊，北戎的鹿，东北的猪，东夷的玄鸟，三苗九黎的牛，最终都统一为龙的图腾。

3）姑田镇传统村落与建筑空间

姑田传统村落空间格局的形成融入了浓重的风水观念，是风水文化与自然环境紧密结合的四维空间图示。上、中、下三堡是姑田镇的中心区域，也是源起和龙脉、龙穴所在的吉祥地，因此，连城文史资料中记载“先有龙坑，后有丁源”[1]，几大姓氏，尤其是江姓、华姓的先祖定居于此的重要原因也是因为这里被视为具有龙脉的风水宝地，所以才有了绵延几百年的游大龙民俗。江家与华家之所以从宗祖时候就关系甚好，也与空间结构息息相关。江家祠堂建在姑田镇中心的“龙穴”，华氏祠堂则建在通向“龙穴”的“龙脉”上，这样便从空间上规定了江家与华家龙系一脉的关系，也从风水上将两大宗族的命运联系在了一起。

连接两村的山坡，也就是接龙的驳龙台，是位于华氏祠堂不远处水圳上的小桥，风水观念认为水圳截断了龙颈，在这里将龙头与一节龙身链接起来，就是将两家的运势与龙脉再次连接起来，从明朝至今，几百年，年年一次的习俗不仅是对风水观念与自然环境相融合的文化空间图解，也充分表明了宗族观、风水观对客家传统村落空间结构形成的决定性意义。

1. 龙坑即为今天的林坑，丁源则是后洋雷打石的背后。这句话从地理关系上解释了人们对空间认同的先后关系。

图2.49　下堡二层土楼

姑田的传统建筑亦有着具备防御功能的土楼（图2.49）。姑田镇中心三堡，即上堡、中堡、下堡。之所以名堡，只因上、中、下三地于明万历年间所修的三座方形土楼，与龙岩著名的圆形土楼一样，皆为抵御外患的防御工事。土楼占地1亩至3亩，平面呈方形，外有护楼池，内有水井粮仓，土木结构的墙体厚达1～2m，实木门板厚20～25cm，上堡、中堡、下堡就是以三座土楼为源点而不断扩大建设而形成的村落，从明万历到明末，姑田共建造了8座土楼（表2.13）。

姑田8座土楼分布情况　　表2.13

<table>
<tr><th>序号</th><th>所在村落</th><th>数量</th><th colspan="2">所属姓氏</th><th>面积/座</th><th>层数</th><th>损毁时间</th><th>现状</th></tr>
<tr><td>1</td><td>上堡</td><td>1座</td><td colspan="2">蒋姓</td><td>>2亩</td><td>3层</td><td>毁于清末</td><td></td></tr>
<tr><td>2</td><td>中堡</td><td>2座</td><td colspan="2">华姓</td><td></td><td></td><td>毁于清</td><td>村中保留“下土楼”区域名称</td></tr>
<tr><td rowspan="4">3</td><td rowspan="4">下堡</td><td rowspan="4">5座</td><td colspan="2">草洋蒋姓1座</td><td>占地>2亩</td><td>2层</td><td></td><td>已破损，至20世纪90年代仍住三十多人</td></tr>
<tr><td rowspan="3">新庄共4座</td><td>童、华、李、谢共1座</td><td rowspan="3">巫姓“光裕楼”占地面积>1亩</td><td rowspan="3">童、华、李、谢共有1楼及童姓1楼均为3层，后童姓1座减至2层。巫姓所有“光裕楼”为2层</td><td rowspan="3">清末民初已毁</td><td rowspan="3">童姓1座九十年代卖与张氏，现居十几人。巫姓的1座为育婴堂，1座为“光裕楼”，“光裕楼”建于明万历二十年（1593年），20世纪90年代居住十几人</td></tr>
<tr><td>童姓1座</td></tr>
<tr><td>巫姓2座</td></tr>
</table>

姑田镇的传统建筑除土楼外还有居家宅院，受气候条件影响，与内陆的四方院、长方窄院、天井院相异的是横向较宽的宽院，三合院、四合院多为祠堂或大姓氏富裕家户，一般民居以闽西传统民居建筑式样为主。最有特点的是，建筑屋脊中花为砖拼方形或五边形拼花，两正脊脊饰多为翘脚或尖脊（图2.50），这是源起于长江下游河姆渡文化的“双凤朝阳”变形。双凤朝阳，双燕朝阳，中花的火球就是太阳，两边的正脊与脊饰就是凤凰、玄鸟、太阳鸟、燕子、金鸡，太阳金鸟出于水，水就是东边的海，神话中神木扶桑树出于东海，树上长着背着太阳的鸟，所以神木扶桑、扶桑向天生长、东海、太阳、太阳鸟、双凤朝阳、双燕朝阳，都是一样的，都是东夷部落崇天、崇阳、崇鸟、崇生命树的本源，所以，闽西南姑田的民居建筑图腾是双凤朝阳，是区别于中土双龙朝阳、云南双雀朝阳等的建筑图腾区域。

图2.50　中堡老街传统民居

对姑田镇的传统村落空间还可以

叙述得更为详尽。姑田的传统村落建筑空间与传统习俗是阴阳两合的关系，就像自然与村落环境中的龙为牡，民俗中的龙则为牝，缺一不可，不论是在600年前江、华祖先刚迁居至此之时，还是新农村建设的今天，属于这个地方的本源文化不曾从根本上改变过。今天再看游大龙，望着远远地在山坡、坑田间蜿蜒游动的巨龙，才能从心底看清"文化积淀"，相比之下，渐渐减少的双凤朝阳传统民居则更显沉重，引人反思：新农村建设应该是在保护文化的根本前提下的历史演进。

综上所述，在国内农村建设经验的考察与研究中，对选点省份的新农村建设情况的调研显示，现阶段全国新农村建设普遍处于物质条件改善的初级发展阶段，此一阶段，选点省份区域均取得了一定的成效，但是，因为过度强调速度与量化标准，也因为呆板的建设经验束缚，建设成果呈现出了全国"千村一面"的现象，这种现象的负面影响不仅巨大而且深远，使得具有良好初衷的新农村建设变成了一场对农村一切具有珍贵价值和意义的物质与非物质因素的摧毁、破坏的浩劫，这是需要引起国家、政府及所有农村建设与设计工作人员高度警觉和重视的重大问题。

在进行国内农村建设经验选点调研的同时，与"千村一面"的破坏性建设现象形成鲜明对比的是选点乡村中遗留下来的，与地域性自然环境及传统村落建筑环境息息共存、共生的非物质文化遗存（产），这些遗存（产）是当地乡村所遗留的传统文化的重要组成部分和表现形式，是当地的自然环境、村落环境最鲜活和最具生命力的表现，是中国传统文化天、地、人三者共生的真实写照。然而，令人痛心疾首的是，在这些作坊、街道、村落、民居、古树名木的旁边即是被白色瓷片包裹的，极不协调、丑陋的"现代"建筑，一种吞噬乡村精粹的负面力量正在假借新农村建设的名义肆虐。这种现象和现状都显示了，当今单一性质的新农村建设问题的严重性，已不能适应国家全面发展及农村协调发展、建设的需求，必须有更为科学、更为全面、更为适应的建设模式对其予以修正。

2.6　当代背景下农村建设与文化传承的关系

2.6.1　农村建设

农村是我国农耕文明继承与发展的重要基础，农村在最初是以农耕聚落的发生形式而确定下来的。中国传统聚落的形成本身就是文化、社会结构、地理环境等的天时、地利、人和等多层面共同相叠而成的结果。农耕聚落在建立的初期，相当于今天的"自然村"。从农耕聚落开始发展至今，我国已经成为一个拥有9亿农村人口的农业大国，农民的居住问题，农村的建设情况，无疑是关系着国家发展前景的重要基础性问题。农村建设不仅具有重要的意义，更在国家的空间场所中占据着绝大多数的时空领域。

当代我国农村建设是在国家新农村建设的大背景下展开的。2005年10月，党中央、国务院在以往"三农"政策的基础上，在鲜明的时代特征与发展的阶段性条件下，在十六届五中全会上提出了建设社会主义新农村，其总体要求是生产发展、生活宽裕、乡风文明、村容整洁、管理民主，号召以这二十字方针作为全面推进农业农村工作的总纲领。从2005年到现在新农村建设取得了一定的成绩，农产品产量明显增长，生产发展落实，生活水平明显提高，农村基础设施建设和社会事业发展变化显著，我国的经济实力与综合国力大大加强。到2008年粮食总产量达10570亿斤，农民人均纯收入达到4761元[1]。

1. 邓学源，沈其新. 建国六十年中国共产党改善农村民主的递度演进及实践效应[EB/OL]. 北京：中共中央编译局网http：//www.cctb.net/llyj/xswtyj/zdjs/201002/t20100220_20410.htm

“三农”问题是伴随我国发展自始至终的重大问题，为了最终实现共同富裕的理想，在这个过程之中，每个阶段都会存在阶段性的矛盾。目前，在新农村建设着力于发展农村的经济、物质等体系的时候，文化传承相比之下显得较为滞后，尤其是对于农村存在的一大批非物质文化遗存（产）的保护与挖掘就是亟待全社会关注的重要内容。

2.6.2 农村文化建设所存问题

农村文化建设是新农村建设重要的组成部分。在建设社会主义新农村的过程中，农村文化建设对于促进经济发展和社会进步，实现物质、政治、精神三方面的协调发展具有重要意义。目前，我国新农村文化建设的主要内容包括建立图书馆、文化站、文化活动中心与活动广场等，与以往相比有一定的改善，但是，也存在着许多问题，最为显著的是由于不注重对非物质文化遗存（产）的保护而使新农村文化建设缺乏自我的造血功能。经调查，我国现在大多数乡村的文化活动主要是利用重大节日或者文化下乡来开展，这种“送”文化模式反映了将文化视为僵死、静态的物品来看待的思维方式，反映了只注重从外因寻找解决问题的方式，而不注重对文化本身和孕育文化的土壤的深刻认识和反思。

我国各地著名的历史文化名城、名镇、名村和历史文化街区，大多都是以具有地域性的非物质文化遗存（产）作为建设的形式依据和内在依据。但随着经济和社会的发展，城镇化进程的不断推进，这些地方的新农村建设存在的问题主要是保护与开发建设的矛盾突出，而当遇到此类矛盾的时候，又常以牺牲文化遗产为代价，于是建设性破坏屡屡发生。某些地方虽然颁布了一定的法律和制度，但其关注面仅限于特定的名村名镇，且没有具体的实施细则，造成破坏性建设屡屡发生。

在历史文化名城、名镇、名村和历史文化街区之外，“破坏性”建设在一般自然村中的情况更为严重。大面积的农村城市化运动，使农民在蒙昧状态下盲目放弃了原有文化生态体系，选择千篇一律的拟城市建设模式。新农村建设是一个完整的体系性推进，从目前世界环境逐渐趋于恶劣的情况下，我们应该吸取教训并明确认识到，任何单方面、不全面的发展措施都存在着相当的隐患，如果一味只注重物质世界的建设而忽略对农耕文化的传承，中国将失去传统文化生存的土壤。随着改革开放的纵深发展，我国农村在整体社会各种文化的激荡下，在主流文化与外来文化的冲击中，发生着剧烈的变迁，具有地域性的乡村民俗文化、歌舞艺术形式、年节节庆习俗、传统建筑民居形式等物质与非物质文化遗产正在悄悄衰落与消逝，此种情况的蔓延与发展不仅会使新农村文化建设失去地域性特色与鲜活的生命力，更会使长期存在的农耕文明失去生存土壤，在精神意识领域里逐渐消亡。一个没有文化标识、记忆、符号的民族，将会成为游荡在地球上的文化难民。

2.6.3 文化建设重要意义

文化是人类群体的生活方式和生活过程，也是这个物种最基本的适应机制。在上千年的时空变化中，文化积淀为不朽的文明。上古时期三千年左右，东西方文化仍有很多相似之处，也就是从那个时候开始，宗教作为东西方文化的分水岭使二者走向了不同方向。各民族都在长期发展、演绎的过程中形成了属于自己的独特文化系统，直至积淀为文明。中国文化是全体华夏子孙的生活方式和生活过程，发端于农耕文化，并在其后上千年的进化中，积淀为农耕文明，创造了一系列具有中国文化价值认同感的符号体系、价值评价体系和影响全体华夏子孙的心理、思维方式、价值取向与社会规范体系。中国文化以伦理为核心，在社会生活、精神思想、经济物质等各个方面都形成了文化分支系统。

中国文化独具特色，一脉相承，总的来说具有以下几个重要的特征。首先，她是在上千年的时间中独自发展和形成的，这个过程贯穿始终，在此过程中，虽受到各种外来文化的冲击和影响，但绵延几千年根基不变。其次，这种文化与文明自成体系，独具特色，与世界其他文明相比具有鲜明的个性特征，“惟中国能以其自创之文化绵永其独立之民族生命，至于今日岿然独存”。[1]此外，中国文化与文明具有极强的同化能力，纵观中国以往的历史，对比各种文化与文明类型，中国具有同化外来文化的伟大力量。正是因为中国文化具有最强的同化力，所以才和而不同、求同存异地吸纳了若干的邻邦外族，融合成为了中华大民族。最后，中国文化根深叶茂，稳定而包容，放射于四方，对周边的区域与国家形成的影响既远且大。

1. 梁漱溟．中国文化要义[M]．上海：上海世纪出版社集团，2008．7.

文化是一个国家、民族的灵魂，无论外在的形式如何改变，内在灵魂的根基都不能丧失。文化的发展越是久远就越根深叶茂，民族与国家的力量也越强大。一个民族可以被武力征服，但文化却不能被征服，纵观人类历史上文化落后的民族常常征服文化先进的民族，然后逐渐接受被征服民族先进的文化进而被同化。回顾历史，反观今天，在全球政治经济一体化的大背景环境下，应该认识到中国传统文化面临的生存与发展危机，重视传统文化的传承与发展。

2.7 新农村建设、乡村非物质文化遗存（产）、传统村落建筑空间环境三者相互支持共生性模式

2.7.1 当代农村建设应是新农村建设、乡村非物质文化遗存（产）、传统村落建筑空间环境三者的共生

传统村落建筑空间环境是我国农村整体构成元素中“实”与“物质”的重要

组成部分，是农耕文明重要的物质载体，更是今天新农村建设与发展最基本的空间模式与格局、重要的基础与平台。村落是源于我国既有的原始聚落发展而成的。作为最重要和最大数量的社会与空间组成元素，中国绝大多数村庄的形成是从新石器时期开始的，至今行政村仍然以自然村为基础。自然村是在地域性的地理气候环境与条件的共同作用下，在祖祖辈辈生活于其中的人们的建构下形成的，集文化、社会关系、环境条件、天时地利等于一身聚落体。在这种聚落体中，村庄的空间形态传承了先祖仰观天象、俯察山川水利的堪舆文化。传统民居建筑传承了我国极具地域性的民居建筑文化，是我国农耕文明非常重要的沿承载体。综合二者，可以说村庄的传统聚落空间形态与传统民居建筑都是具有文化记忆的空间，是承载了农民生活、民俗、社会关系等各方面的空间综合体，是物质与精神的共同体，决定了三者共生的基本模式与格局。

乡村非物质文化遗存（产）是我国农耕文明的凝缩与表现，是地域性特色最具生命力的集中体现，更是一个族群与聚落最典型的文化标识，是新农村建设与发展的“虚”与“精神”。无论是民间音乐、民间舞蹈、传统戏剧、传统手工技艺还是民间美术和民俗活动，都是农民在循环往复的农耕活动中，有感而发或在实践中积累与提炼出来的“衣、食、住、行、想”的生活智慧，是丰收或年节之时，集体性与愉悦情绪的抒发与表达。

传统村落建筑空间环境与乡村非物质文化遗产遗存之间是相辅相成，不可分割的辩证关系。传统村落建筑空间环境是国家农村发展与农耕文明传承中“物”与“实体”性的因素，是具有物质文化遗产性质的不可动的实体，是新农村建设最重要的基础平台与农耕文明的物质承载。乡村非物质文化遗产遗存是农耕文明的本体表现形式，是日后国家文化繁荣的源泉，是“虚”与“精神”性的因素。如果将农村看作一个生命体，非物质文化遗产遗存即为这个生命体最鲜活的生命力的体现与灵魂之所在。只有两者同时存在与发展，中国的农村才是真正有生命力的群体与聚落，缺少其中的任何一个，中国农村的发展必将因不平衡而导致衰亡。

任何事物都具有两面性，都具有两极，而每一极之中仍有两极，如此往复，生生不息，这是我们中国文化的精髓。事物总是要向前发展，世界上存在相对恒定的事物也存在变化的事物。相比于新农村建设而言，非物质文化遗存（产）与传统村落建筑空间环境是阴阳的两极，如果将它们看作一极，新农村建设则是与它们的恒定性相对的变易的另一极，是统一前两者的时空限定。新农村建设的本质是解决农村新时代与发展阶段的新需求，是一个循环往复、历久弥新的概念与实践过程。新农村建设是一个不停止的概念，新农村建设为传统村落建筑空间环境和非物质文化遗存（产）的保护、发展与传承提供了可能性。如在物质生活条件上消除“脏、乱、差”的现象，营造清洁、自然、原生态、优美的人居环境；从更深的层面提升农民的生活方式，改善农民的生活条件，因地制宜，依靠各方面的力量，逐步改善村庄交通情况；在不破坏传统建筑风格风貌的前提下，重视对人居卫生条件的改善和相关设施的增设，如厕所和浴室；在相关技术部门支持下，尽可能地使用环保节电措施；在人居空间结构的安排上，实施人畜分离，合理利用牲畜粪便；在村落景观绿化上，鼓励使用地域性植物树种；在村民行为约束上，共同制定村民公约，使已经取得的成效能得到制度上的保障。总之，新农村建设不仅为传统村庄建筑环境与乡村非物质文化遗产遗存建立了与时代沟通、平衡的桥梁，更使前两者统一于其中而得到真正的延续，三者共生将是具有我国农村现代化特色的发展模式。

2.7.2 当代农村建设应在大体系中重视乡村非物质文化遗存（产）的挖掘与传承

从今天，我国新农村建设在物质与精神共同发展的道路上，已经取得了一定的成效，但以非物质文化遗存（产）的挖掘与保护为主的文化建设却相对滞后，即使是某些被批准为国家或省级非物质文化遗产，或已被列入关注的，也存在着这样或那样的问题，更谈不上在极为广大的农村实现传统乡村建筑空间环境、非物质文化遗存（产）与新农村建设三者的共生发展。事物的发展是需要过程的，而过程当中所面临的阶段性问题更是不可避免。时至今日，我国的新农村建设共生性模式面临的重要问题是对非物质文化遗产遗存的关注、挖掘与保护力度不够。

我国农业具有上万年的历史。我国不仅是世界上最大的农业国家，亦拥有着世界上最多的农民社会群体和最广阔的农村村落空间体系，农耕文明早已成为流淌在中国人精神与血液中的基因，“千百年来相沿成俗的浸润，绝非一朝一夕所能根绝”。农耕文明传承的重要性相当于中医有关于人体经络体系的论述，即为“道”、“气”，一个人没有思想就没有灵魂和气场，一个民族没有自己的文化，就没有根基，更谈不上传承。文化是一种积淀与深沉，反映在方方面面。在我们祖祖辈辈的农耕生活中，以衣、食、住、行、想为文化源头的农耕文化体系在今天已经积淀与凝缩为非物质文化遗存（产）。非物质文化遗存（产）是一个民族无形的文化遗产，与有形的文化遗产不同的地方在于，她以人类口头相传和身体力行的方式传承与演进，非物质文化遗存（产）在陕西农村中主要反映为民间音乐、民间文学、民间舞蹈、传统戏剧、曲艺、竞技、民间美术、传统手工技艺和民俗。非物质文化遗存（产）与农耕文明息息相关，是日复一日年复一年的农耕活动孕育出的文化艺术形式和技艺，她产生于农耕活动，在农耕过程中存活，她包含了农事活动的内容、情感、故事，又通过口口相传和亲身演绎的方式从一个个体传承于另一个个体，当传承于另一个体的时候，又带入了下一个传承人的个人行为特点，受当世社会生活方式与氛围的影响，又具有了新的血液与营养。非物质文化遗存（产）产生的原因、过程以及流传下来的方式都是活态的，所以非物质文化遗产最大的特点就是“活态”。任何事物都是双刃剑，最强优势也是最脆弱的劣势，非物质文化遗产的“无形”、“活态”的特点也是在其传承的过程中最为脆弱的链条。针对我国农村建设与发展的现状，具有盲目性的“现代性”的“现代农业”在改变农民的农耕生产方式的同时，受政治、经济指标的吸引和国外各种文化与意识形态的渗透与冲击，我国的农耕文化在经济大发展的历史变革时期也面临着巨大的挑战。因此，抓紧保护非物质文化遗存（产），并将其与传统村庄建筑空间环境、新农村建设结合起来，使三者相辅相成、相互依存，在三者共生模式的基础之上形成真正具有我国特色的乡村文化体系与具有时代特征的新农村，是当务之急。

2.7.3 新农村建设、乡村非物质文化遗存（产）、传统村落建筑空间环境三者相互支持共生性模式的理论观点总结

1．新农村建设不是空壳，不是单纯的物质条件改善，应该是在乡村非物质文化遗存（产）与传统村落建筑空间环境二者支持下的新农村建设；

2．中国乡村场域应该是乡村非物质文化遗存（产）与传统村落建筑空间环境二者情境交融，使农民具有幸福感、实现社会组织凝聚力的场所；

3．中国乡村应该是在新物质技术条件支持下，具有乡村非物质文化遗存（产）与传统村落建筑空间环境情境交融特性的场所。

第三章　陕西省新农村建设、乡村非物质文化遗存（产）、传统村落建筑空间环境基础研究

3.1　陕西省新农村建设中物质空间建设研究

陕西土地面积20.58万km^2，共设10个省辖市和1个农业高新技术产业示范区，有3个县级市、80个县和24个市辖区，907个建制镇，672个乡，27461个村民委员会，10万多个自然村。全省人口3762万，其中农村人口2709万。

针对新农村建设，从2006年到2010年，中央连续出台5个1号文件，提出“生产发展、生活富裕、乡风文明、村容整洁、管理民主”的总体目标。陕西制定了“规划先行、分类指导、试点示范、基础突破”的工作思路，据此，陕西新农村建设中物质空间建设的主要工作从城乡规划、城镇建设、村庄建设三个层面展开。在具体开展之前，陕西于2005年颁布了《陕西省农村村庄规划建设条例》，编制了《陕西省农村村庄建设规划导则（试行）》、《村庄建设和人居环境治理专题规划》，下发《关于做好县域村庄布局规划编制工作的通知》。纵观新农村建设开局几年，陕西主要经历了2005年起步阶段、2006年准备阶段、2007年示范村推进阶段、2008年示范县推进阶段、2009年发展县域经济阶段、2010年107个重点县推进阶段、2011年30个重点县推进阶段。具体内容见表3.1。

2008年陕西集镇基本情况，村庄基本情况，建制镇、集镇和村庄建设投资完成情况见表3.2、表3.3、表3.4。

2005～2011年陕西省新农村建设阶段发展情况一览表　　表3.1

类别/年份	阶段	主要内容
2005年	起步阶段	实行工业反哺农业，城市支持农村，推进现代农业建设并积极调整农业结构，重视农村基础设施建设等
2006年	准备阶段	制定新农村建设规划纲要，实施村庄规划建设条例。全面加快农村饮水、通电、道路、卫生和沼气等工程，建成农村饮水工程1700处，解决43万人的饮水困难和42万人的饮水安全问题。解决边远地区9万人的用电问题，通电话行政村达98.1%，新建通乡油路2000km、通村油（水泥）路1.4万km，位居西部第一。新建户用沼气池15万口等
2007年	示范村推进阶段	一村一品“千村示范、万村推进”工程全面开始，出现了一批专业“示范村”。基础设施建设、饮水工程、道路建设、用电、信息入户等取得较大成绩，广播电视和固定电话“村村通”全面实现。建成通村公路2.8万km。新建用户沼气池20.5万口等
2008年	示范县推进阶段	大力发展“一村一品”和“一县一业”工程，切实加强基础设施建设，使农业产业化程度明显提高，农村生产生活条件进一步改善，5.7万农村安居工程项目开工建设，3.8万户入住新居等

续表

年份 \ 类别	阶段	主要内容
2009年	发展县域经济阶段	努力发展壮大县域经济，建设百个工业集中区，百个重点镇，加快了农业产业化，县域工业化，城镇化的发展
2010年	107个重点县推进阶段	确定107个重点县，推进阶段
2011年	30个重点县推进阶段	在107个重点镇的基础上，选择区位有优势、产业有特色、发展有潜力的建制镇，优先建设一批产业优势和地域特色突出的重点城镇30个，使其具备与县城相当的发展和建设水平，成为县域副中心

截止2008年陕西省集镇基本情况统计数据　表3.2

集镇总数（个）	镇区人口（人）	用地总量（公顷）	年末实有住宅面积（m²）	人均住宅建筑面积（m²）	年末实有公共建筑面积（m²）	人均生活用水量（升）	用水普及率	道路长度（公里）	道路面积（m²）	排水管道长度（公里）	绿化覆盖面积（公顷）	人均公共绿地（m²）
672	110.16万	23098	2639.78万	26.54	756.35	52.32	63.42	1884.02	1111	459.57	1609.6	5.3

截止2008年陕西省村庄基本情况统计数据　表3.3

村庄总数（个）/行政村（个）	人口（人）	用地总量（公顷）	年末实有住宅面积（m²）	人均住宅建筑面积（m²）	年末实有公共建筑面积（m²）	有集中供水设施行政村（个）/比率	用水普及率	道路长度（公里）	道路面积（m²）	村内道路硬化长度（公里）/硬化率	对生活污水进行处理行政村（个）/比率	有生活垃圾收集点行政村（个）/比率	对生活垃圾处理行政村（个）/占比率
72445/25747	2367.86	378447.53	65198.02	27.53	3175.91	11963/46.46%	55.96%	114921	40222	70843/61.6%	302/1.17%	6282/24.4%	931/3.62%

截止2008年陕西省建制镇、集镇和村庄建设完成投资分配　表3.4

总投资（亿元）	住宅投资（亿元）	公共建筑投资（亿元）	生产性建筑投资（亿元）	公用设施投资（亿元）
198.20	118.99	17.36	24.74	37.12

下面从规划结构、居住环境改善、公共服务及文化设施、景观环境及绿化四个方面对陕西新农村物质空间建设进行分析论述，具体研究布点详见图3.1、图3.2。

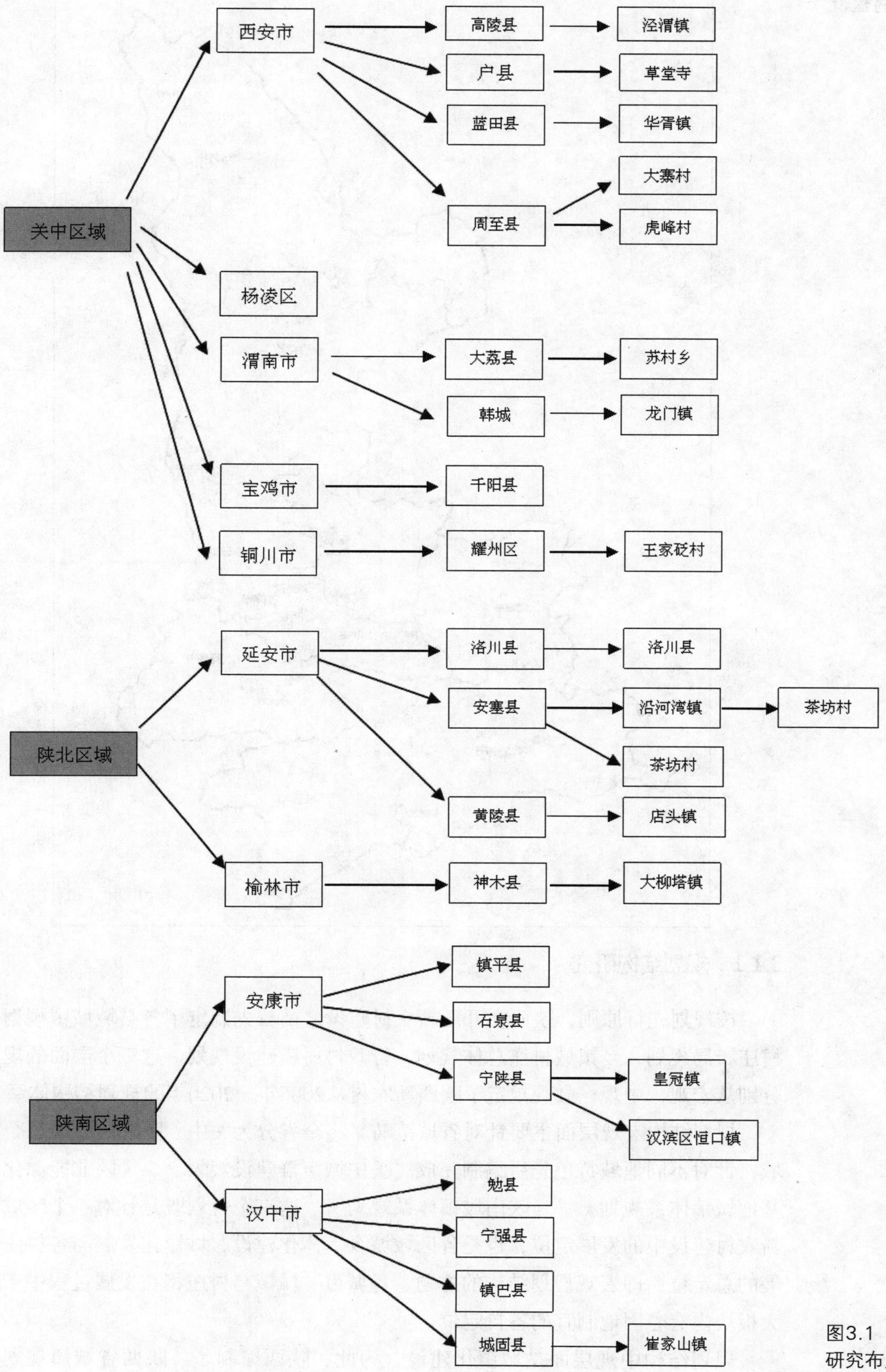

图3.1　陕西省新农村建设研究布点

图3.2　陕西省新农村建设研究布点图示

3.1.1　规划结构研究

按规划先行原则，陕西在开展新农村建设之前首先制定了各县域城镇规划、村庄布局规划，乡镇域村庄总体规划，行政村村庄建设规划。这三个层面的规划分别从宏观、中观、微观规定了陕西新农村从2006年至2020年的规划结构体系。

规划结构宏观层面主要针对省域范畴，将全省分为关中、陕北、陕南三个区域，针对不同地域特色先后编制完成《关中城市群建设规划》、《陕北能源化工基地城镇体系规划》、《陕南城镇体系规划》。这三个规划既是针对三个区域在新农村建设中的发展定位，也是各区域城乡一体化建设、城镇化发展与各村庄发展的总定位，即宏观规划结构的主题，各城市、城镇与村庄将在发展过程中于三大板块内有着因地制宜的各自定位。

规划结构中观层面是城镇化建设，为此，陕西编制了《陕西省城镇规划体系》，在全国率先通过地方立法，颁布实施《陕西省农村村庄规划建设条例》，构建三个层面的农村规划体系。2007年，完成67个县（市、区）县域村庄布局规划，占应编制县域村庄布局规划102个县的66%；580个乡镇完成村庄总体规划，完成率41%；8130个行政村完成村庄建设规划，完成率33%。截止2010年，已全部编制完成县域村庄布局规划（图3.3），88%乡镇完成乡镇域村庄整体规划，48%村庄完成村庄建设规划。同时，83个县（市）城乡一体化建设规划编制全面启动。

城镇化建设在新农村建设中起到经济引领与带动作用，为新农村发展注入动力，为此，陕西重点加强小城镇基础设施与生态环境建设，将城镇公共服务设施和基础设施建设延伸至村庄，与村庄建设相结合，主要措施有：引导企业向产业园区集中，用规划调控产业园区向城镇集中，引导居民向社区集中，不断增强

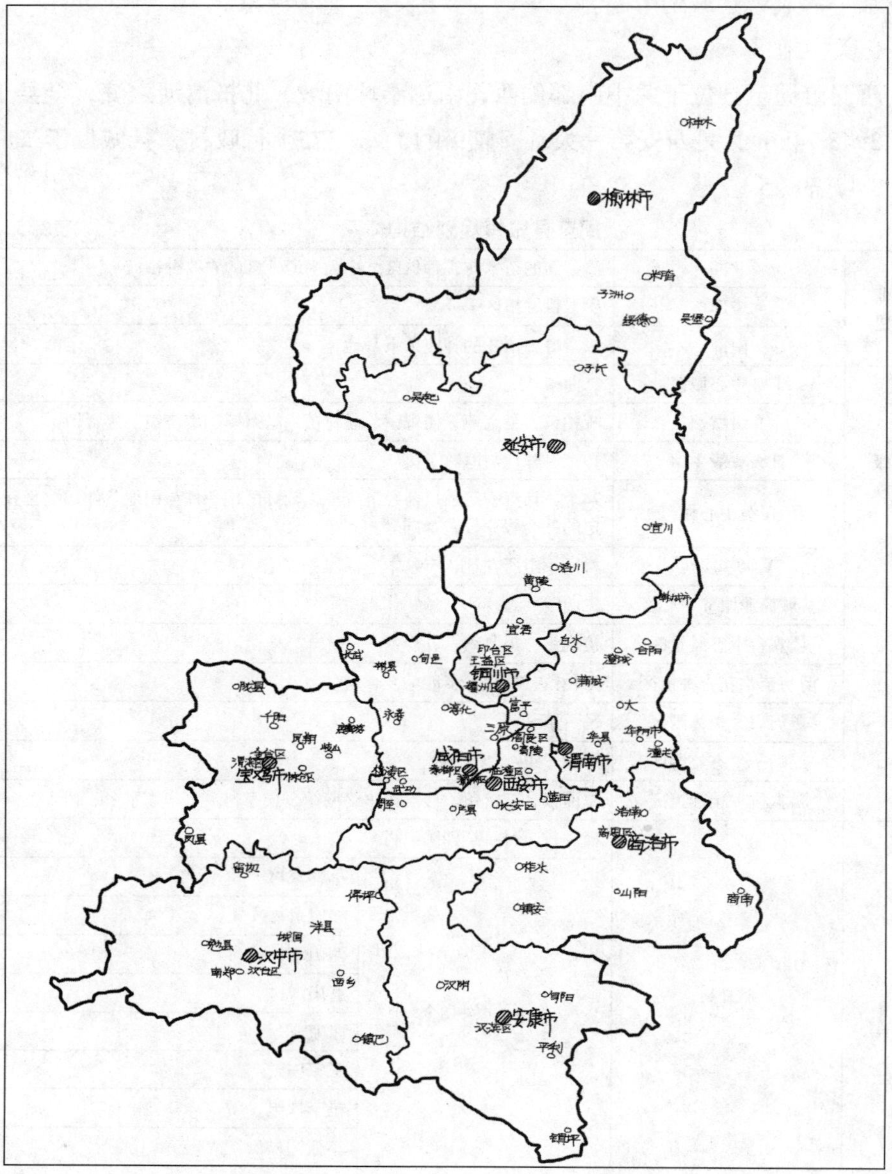

图3.3　陕西省新农村建设之县域村庄布局规划图

城镇辐射带动作用。在启动68个全国重点镇基础设施建设的前提下，从2008年起连续三年于关中地区每年支持100个企业、商贸、交通、重镇和旅游文化名镇建设，提升关中城镇群综合承载能力。省级财政每年安排1亿元，市县按照1∶1比例配套，建制镇部分自筹。2008年开工106个项目，竣工91个项目，完成投资4.2亿元。从2009年起，在进行关中百镇建设的同时，按照同样的政策支持陕南、陕北每年各50个建制镇建设，以加快汉江、丹江沿线，陕北能源化工基地的小城镇建设。2009年已开工建设项目22个，在建97个，完成投资4.3亿元。为了加快重点镇建设，确定107个重点镇，政府投资近10亿，支持重点镇基础设施建设，重点镇用三年时间建成有污水和生活垃圾处理设施的县域副中心，目前重点镇有47个镇的71个项目已开工建设，完成投资3.97亿元。2011年，又选择区位有优势、产业有特色、发展有潜力的30个建制镇重点发展，使其具备与县城相当的发展和建设水平，成为县域副中心。

1. 关中地区

西安市周至县位于关中南部偏西，南达秦岭南坡，北抵渭河之滨，全县土地面积2948.74km^2，是西安第一大县。辖9镇13乡，375个行政村，县城位于二曲镇（图3.4，表3.5）。

周至县城镇规划结构体系 表3.5

<table>
<tr><td rowspan="3">产业特色</td><td>北部</td><td colspan="2">沿渭河的苗木花卉种植区，广大平原地区的农业种植区</td></tr>
<tr><td>中部</td><td colspan="2">猕猴桃种植区</td></tr>
<tr><td>南部</td><td colspan="2">以秦岭为依托的林业杂果基地</td></tr>
<tr><td rowspan="5">等级规模</td><td>Ⅰ级中心城镇</td><td colspan="2">二曲镇</td></tr>
<tr><td>Ⅱ级城镇</td><td colspan="2">哑柏镇、终南镇、楼观镇、尚村镇、马召镇、广济镇、集贤镇</td></tr>
<tr><td>Ⅲ级一般乡镇</td><td colspan="2">13个乡驻地与厚畛子镇</td></tr>
<tr><td>Ⅳ级中心村</td><td colspan="2">74个，具有一定人口与经济规模，较好区位条件与用地条件，配套有一定的社会服务设施基础</td></tr>
<tr><td>Ⅴ级基层村</td><td colspan="2">村民小组所在地，有基本生活服务设施</td></tr>
<tr><td rowspan="6">职能结构</td><td>县城商业服务中心区</td><td colspan="2">二曲镇</td></tr>
<tr><td>楼观台生态风景区</td><td colspan="2">楼观镇、集贤镇、九峰乡</td></tr>
<tr><td>渭河苗木花卉种植区</td><td colspan="2">哑柏镇、青化乡、四屯乡、富仁乡</td></tr>
<tr><td>黑河农家乐休闲区</td><td colspan="2">马召镇</td></tr>
<tr><td>厚畛子生态旅游区</td><td colspan="2">厚畛子镇</td></tr>
<tr><td>猕猴桃种植加工区</td><td colspan="2">二曲镇、广济镇、楼观镇、终南镇、侯家村乡、辛家寨乡、司竹乡</td></tr>
<tr><td rowspan="9">村庄布局规划结构</td><td rowspan="9">撤并村</td><td colspan="2">撤并行政村一个即陈河村</td></tr>
<tr><td rowspan="8">撤并自然村8个</td><td>小韩家村</td></tr>
<tr><td>畅家房村</td></tr>
<tr><td>西山寨村</td></tr>
<tr><td>磨扇沟村</td></tr>
<tr><td>张家庄</td></tr>
<tr><td>王家庄</td></tr>
<tr><td>桃李坪组</td></tr>
<tr><td>车辙沟村</td></tr>
</table>

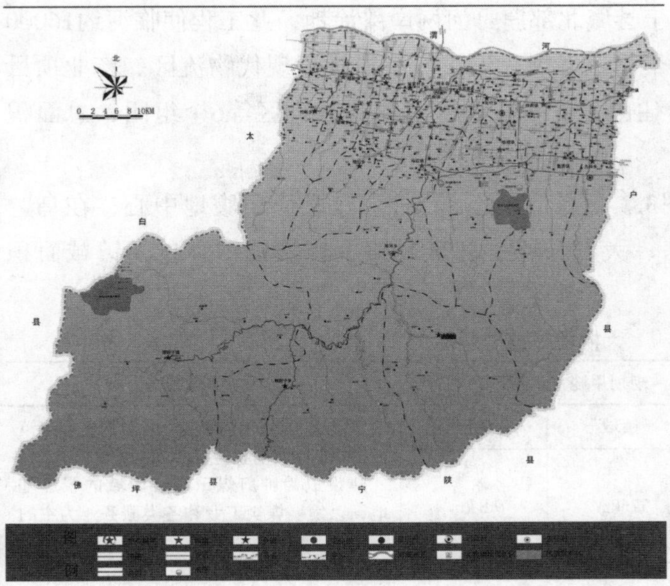

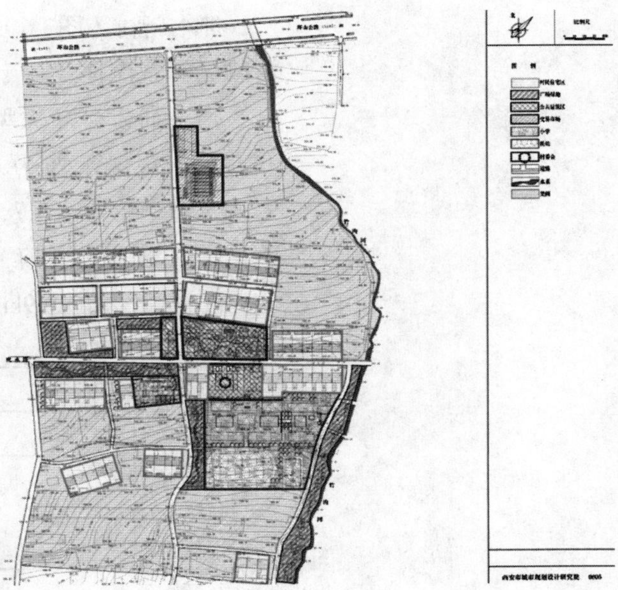

图3.4　周至县村庄布局规划（左图）

资料来源：陕西住房与城乡建设厅村镇处

图3.5　虎峰村功能结构图（右图）

资料来源：西安市城市规划设计研究院

周至县虎峰村（图3.5）为中心村，截至2006年，有3个自然村，15个村民小组，556户，人口2251人。人口年平均增长率为–6‰，预计2020年人口2054人，507户。规划整体搬迁位于山区的三个村民小组，安置到平原。保留质量较好的建筑，改造质量一般的建筑，拆除质量较差的临时建筑；将村内未利用空间及空余宅基地改造为休闲绿色场所。村庄道路采用方格网路格局，三级路标准，给水干管环状布置，支管枝状布置。排水采用雨、污合流。

2. 陕北地区

榆林市神木县（表3.6）以工业反哺农业，城乡一体带动新农村建设，总体思路为一体两翼—一河两川—重点村组。

神木县社会主义新农村规划结构　　表3.6

规划思路	一体两翼—河两川—重点村组		
规划结构	两翼	神榆公路	建≥100km工业走廊和城镇体系
		神大（柳塔）公路	
	四大工业园区	大柳塔	
		店塔	
		锦界	
		大保当	
	五大产业	煤炭	
		电力	
		化工	
		建材	
		载能	
规划目标	用产业建设的力量促进工业化与城镇化互动发展，大量吸纳农村的剩余劳动力向城镇带集中，近期，城镇人口达到30万，农村常住人口减少到10万以下，城镇化水平达75%		

神木新村（图3.6）位于县城北部窟野河两岸滩涂地，此工程使临河约16000亩滩涂和荒滩地及三十几个村庄发展为城镇。该村规划现代物流区、产业项目区、产业研发区、大型居住区、商贸核心区及科研教育区等6个组团，总面积36.5km^2，规划容纳6万人。

大柳塔镇（表3.7，图3.7）位于县北端，神府东胜煤田腹地中心，在乌兰木伦河畔建造的包府公路、大石公路、郭敏公路，皆从镇中穿过，镇域面积376km^2，镇区面积6.9km^2。

大柳塔镇镇规划结构 表3.7

规划人口（到2015年）		规划用地（到2015年）		发展前景
镇域	镇区	镇域	镇区	调整优化镇区空间布局结构，建立起镇区发展框架和有机空间秩序 建设成为神府煤田核心区域的服务基地，以发展煤炭工业和各类服务业为主的城镇
15万	13万	376km^2	9.8 km^2	

图3.6 神木新村鸟瞰

资料来源：陕西住房与城乡建设厅村镇处

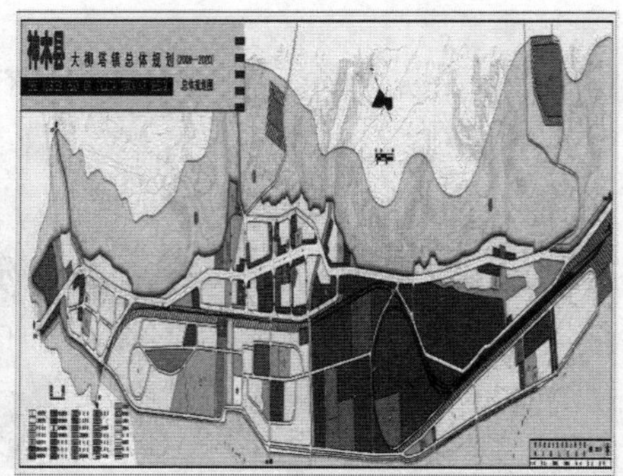

图3.7 大柳塔镇总体规划

3. 陕南地区

汉中勉县于2007年进行了新村庄布点规划。勉县位于陕西南部汉中盆地西端，北依秦岭，南靠巴山，西处秦、巴山汇合带，东经106° 21′ ~ 106° 57′，北纬32° 53′ ~ 33° 38′，东隔褒河与汉台区相望，西邻宁强和略阳县，南与南郑县相连，北与凤县、留坝及甘肃省两当县接壤。县境东西宽57.6km，南北长82.6km，总面积为2398.9 km^2。勉县辖17个建制镇8个乡（表3.8）建制镇占全县乡镇数量68%。规划至2015年城镇聚集人口16万，2015年城镇聚集人口21万。

2007～2025年勉县城镇规划结构体系 表3.8

空间结构	二带	一级发展轴带（东西向），包括武侯镇、定军山镇、老道寺镇、新街子镇、褒城镇、勉阳镇、黄沙镇、长林镇、周家山镇、新铺镇、金泉镇、青羊驿镇12个镇
	五区	北部生态保护区；以中心市区为中心的中部城镇区；以元墩为中心的南部城镇区；以新铺为中心的西部城镇区；以老道寺为中心的东部城镇区

续表

等级规模	中心市区	勉阳镇（除舒坪村外）的全部，武侯镇的三七、武侯村，定军山镇的左所、右所、沈家沟、高寨、毛堡、定军、诸葛、金寨村，共涉及3镇24村。建设用地总面积19.76km²，现状城市总人口为11.7万人，规划期末城市总人口为20万
	中心镇	新铺、黄沙、新街子、老道寺、长林、元墩、同沟寺（共7个） 人口规模：0.5～0.8万人
	一般镇	褒城镇、周家山镇、茶店镇、温泉镇、阜川镇、金泉镇、青羊驿镇（共7个） 人口规模：0.2～0.5万人
	集镇	张家河乡、小河庙乡、小砭河乡、漆树坝乡、长沟河乡、土关铺乡、镇川乡、二道河乡（共8个），人口规模：0.1～0.2万人
职能结构	综合性中心城区	武侯、定军山、勉阳镇
	交通型城镇	褒城、长林、新铺、黄沙、新街子、老道寺镇
	工贸型城镇	茶店
	商贸型城镇	武侯、定军山、勉阳、新街子、老道寺镇
	旅游型城镇	武侯、定军山、温泉
	农贸型城镇	阜川、金泉镇、青羊驿、周家山镇
发展时序	近期	武侯、定军山、勉阳、新铺、黄沙、新街子、老道寺、长林、元墩镇9个镇
	远期	褒城、周家山、茶店、温泉、阜川、金泉、青羊驿、同沟寺8个镇

2006年底，勉县村庄发展规模（表3.9）共25个乡镇，242个行政村，103919户337788人。村庄总建设用地2662.52hm²，行政村均建设用地11hm²，户均建设用地0.0256hm²，人均建设用地0.007hm²。总建设用地中，住宅用地1928.06hm²，占72.4%，户均宅基用地0.0186hm²；公共建筑用地259.59hm²，占9.75%；生产建筑用地211.55hm²，占7.9%；集贸设施用地32hm²，占1.2%；教育设施用地146.93hm²，占5.5 %。从勉县村庄地域空间方面看，全县242个行政村中，106个处于平坝地区，占43.8%；90个处于浅山丘陵地区，占37.19%；46个处于中高山地区，占19.01%。从村庄与城市（镇）及与道路格局的关系来看，沿国、省和县道的村庄达96个，占40%；从基本生产条件来看，处于以平地和梯地为主的耕地村达196个，占81%。

2007～2025年勉县村庄规划结构体系 表3.9

<table>
<tr><td rowspan="4">发展区域结构规划</td><td colspan="3">积极发展区域</td><td>沿江、沿路带状区域和汉江平川丘陵地区</td></tr>
<tr><td colspan="3">引导发展区域</td><td>不属于沿江、沿路带状区域，但处于山间小盆地，土地、水利条件较好的区域</td></tr>
<tr><td colspan="3">限制发展区域</td><td>不属于沿江、沿路带状区域，虽处于山间小盆地，但属于中高山区植被保护地区、风景旅游地区的区域</td></tr>
<tr><td colspan="3">禁止发展区域</td><td>天然林保护区、地质灾害危险地区及其他不适合人类生存条件的区域</td></tr>
<tr><td rowspan="8">村庄体系</td><td colspan="3" rowspan="3">等级体系</td><td>集镇</td></tr>
<tr><td>中心村</td></tr>
<tr><td>基层村</td></tr>
<tr><td colspan="3" rowspan="5">地域体系</td><td>城中村</td></tr>
<tr><td>远期村</td></tr>
<tr><td>远景村</td></tr>
<tr><td>特定地区村</td></tr>
<tr><td>其他</td></tr>
<tr><td colspan="4">人口容量</td><td>预计到2025年规划期末达到36.48万人</td></tr>
<tr><td rowspan="10">村庄布点规划</td><td colspan="3" rowspan="2">规划原则</td><td>集镇、中心村原则</td></tr>
<tr><td>基层村原则</td></tr>
<tr><td rowspan="7">空间模型</td><td colspan="2" rowspan="5">中心村、基层村、居民点关系模型</td><td>核心型</td></tr>
<tr><td>牵引型</td></tr>
<tr><td>合并型</td></tr>
<tr><td>托管型</td></tr>
<tr><td>历史型</td></tr>
<tr><td rowspan="2">农作半径</td><td>平坝</td><td>平坝地区户均经营耕地面积4亩，农作半径1km</td></tr>
<tr><td>山区</td><td>山区户均经营林地面积80亩，农作半径2.5km</td></tr>
<tr><td colspan="3">规划布点</td><td>到2025年总行政村190个，中心村84个，基层村106个，共“村改居”52个。乡村总人口364844人，总户数112233户，总建设用地3516.24hm^2</td></tr>
</table>

3.1.2 居住环境改善研究

陕西新农村物质空间建设的居住环境改善方面以因地制宜地进行村庄整治和新村建设为主。“村容整洁”是新农村建设二十字方针中能够直接被观的内容，是农村物质文明在人居环境中的集中体现。陕西因地制宜、分类指导，以村庄整治为主，新村建设为辅，开展了“千村百镇”活动，2009年终总结表彰示范镇9个，示范村31个，安排村庄村镇整治项目补助资金2209万元，带动村镇建设投资近200亿元。省内主要国省道、河流沿线及风景名胜区周边村庄整治取得成效，4023个村庄村貌显著提升。有生活垃圾收集点的行政村达6282个，占24.4%。千阳县“户分类、村收集、乡（镇）转运、县处理”的垃圾处理模式，在宝鸡、户县、阎良、临潼、高陵、汉阴等市、县全面推广。

从2008年起，实施“民生八大工程”建设，在农村村庄道路建设方面连续5年，每年省级财政拿出2000万元，用于补助关中农村村庄道路400km的建设，每年带动道路硬化五千多公里，其中关中村庄道路硬化率从两年前的55.4%提高到76.1%。

按照村建有规划，户建有设计，拥有“放心房”、“百年宅”的思路，帮助农民建房实现三个进步：从简单注重面积扩大至功能趋于完善方面的进步，从单一注重房屋建设向关注环境条件改善方面的进步，从盲目仿造向关注地域建造特色方面的进步。免费向全省建设系统和各乡镇发放《陕西省农村村庄基础设施建设导则（试行）》、《陕西省农村住宅建设通用图集》和《陕西省新农村住宅设计图集》等25000余套，贯穿了节能、节地、节材、节水、环保的新理念，满足抗震、通风、采光、保暖、消防、安全的要求。2009年国家安排陕西农村危房改造3.1万户，补助资金1.57亿元，其中建筑节能示范户1000户，补助资金200万元。截止目前，全省3.1万户农村危房改造建设项目全部落实，省级配套资金5890万元已经下达，3.15万户已开工建设，2.66万户竣工，完成投资101910万元。确定31个建筑节能示范点，1616个示范户开始施工，1219户竣工，是年度计划的121%。

到2008年底，全省村庄用地总量3.78万hm^2，较2005年增长18.8%；年末实有住宅面积65198万m^2，较2005年增长20.7%；人均住宅建设面积27.53m^2，较2005年增长17.0%；有集中供水设施的行政村11963个，占46.46%，受益人口902.38万人，较2005年增长180万人，用水普及率55.96%，较2005年增长43.6%；村庄内部主干道硬化长度70843km，是2005年4.87倍，主要道路硬化村庄个数达13654个，占村庄总数的53.03%；村庄建设投资143.1亿元，是2005年的3.4倍，其中：住宅投资99.3亿元，是2005年的2.89倍、公共建筑投资8.6亿元，是2005年的3.65倍、生产性建筑投资10.9亿元，是2005年的5.29倍、公用设施投资24.4亿元，是2005年的7.25倍。涌现旬邑、平利、洛川、千阳县等新农村建设示范县，汤峪镇等55个省级重点镇，临潼区秦俑新村等170个示范村，蓝田县汤峪镇、宁强县青木川镇、礼泉县袁家村被建设部国家旅游局命为首批全国特色景观旅游示范镇（村）。

从2009起，实施农村危房改造工作（表3.10），截至2010年底，累计完9.37万户，完成投资42.29亿元。

“十一五”期间农村危房改造基本情况表　　表3.10

项目 年份	农村危房改造完成户数	补助资金（万元）			农民自筹（万元）	总投资（万元）
		中央补助	省级补助	市县 补助		
2009年	31000	15700	5890	10703.4	85506.6	117800
2010年预计	60000	36600	16150	22500	152750	228000

将村庄道路（表3.11）建设作为重点，截至2009年底，村庄内部道路长121065.55km（以下简称农村村庄道路），其中已硬化76987.55km，硬化率63.6%，是2005年的5.3倍；2009年度村庄道路建设总投资19.104亿元，是2005年的6.86倍。关中村庄主要道路硬化率已达77.1%，而陕北、陕南分别为53.9%和42.3%。

2005～2009年农村村庄道路发展基本情况表　　表3.11

项目内容及区域 \ 年份（年）		2005	2006	2007	2008	2009
行政村数量（个）	合计	27888	27343	26146	25823	24879
	关中	11979	14000	10408	10304	10014
	陕南	7031	6750	7009	6858	6755
	陕北	8878	8999	8729	8661	8110
道路长度（km）	合计	99343.23	104218.59	104218.59	114921	121065.55
	关中	59882.75	57081.3	57081.3	62831	65594.68
	陕南	15696.18	19718.75	19718.54	22855	25451.6
	陕北	22769.3	27418.75	27418.75	29235	30019.27
硬化道路长度（km）	合计	14552.14	38847.42	51986.34	70843	76987.55
	关中	12006.01	24036.67	31628.1	47814	50577.68
	陕南	1956.13	5124.77	9177.58	11130	13726.6
	陕北	590	9685.98	11180.42	11899	12683.27
硬化率（%）	合计	14.8	37.3	49.9	61.6	63.6
	关中	20.1	42.1	55.4	76.1	77.1
	陕南	12.5	26	46.5	48.7	53.9
	陕北	2.6	35.3	40.7	40.7	42.3
村庄道路投资（万元）	合计	27856.92	106699	161961	180190	191043
	关中	19430.11	63378	120905	118463	127176
	陕南	3904.04	22829	37134	49169	48917
	陕北	4522.77	19752	3922	12558	14950

截至2010年，陕西建成污水处理厂70座，垃圾处理场72座，咸阳、宝鸡、渭南、铜川所辖县污水处理厂全部建成，城镇污水处理率提高60%，垃圾处理率提高到70%。县城建成区面积增加85.8km^2。2010年83个县完成市政基础设施投资76.22亿元，建成神木、凤翔、兴平、韩城、镇巴等20余个有规模、有特色、有示范引导作用的县城（图3.8～图3.10，表3.12、表3.13）。

2006～2020年关中地区千阳县基础设施规划建设目标　　表3.12

<table>
<tr><td rowspan="14">道路交通</td><td rowspan="13">近期</td><td rowspan="4">公路</td><td>开工建设宝鸡–平凉高速公路</td><td rowspan="4">使县域县乡公路全部达到三级，川原地区乡村公路全部达到四级，路面铺装率达到100%。修通村公路，使100%行政村通公路，80%行政村通油路或者水泥路</td></tr>
<tr><td>新建改建二级公路99.4km</td></tr>
<tr><td>新建改建三级公路97.8km</td></tr>
<tr><td>新建改建四级公路171.7km</td></tr>
<tr><td colspan="2">新建桥梁5座1316延米</td><td></td></tr>
<tr><td colspan="2">新铺油路90km</td><td></td></tr>
<tr><td colspan="2">新建千阳县汽车客运站一处</td><td></td></tr>
<tr><td colspan="2">农村5级客运站10个</td><td></td></tr>
<tr><td colspan="2">组建客运公交公司1个</td><td></td></tr>
<tr><td colspan="2">城区出租车公司1个</td><td></td></tr>
<tr><td colspan="2">货运联营公司4个</td><td></td></tr>
<tr><td colspan="2">新建大型物流配送中心1座</td><td></td></tr>
<tr><td colspan="2">新建大型汽车修理城1座</td><td></td></tr>
<tr><td>远期</td><td colspan="3">提高公路网络通达水平，村村通油路，实现县城与乡镇间的1小时交通圈</td></tr>
</table>

续表

电力设施	电源接入规划	新建110kV寇家河变电站：安装主变31500kVA/2台，出线为35kV6回，10kV12回，变电站110kV进线2回（Ⅰ回由110kV千阳县接入，长度4km，Ⅱ回由甘肃平凉什字镇110kV变接入，长度64 km）
		新建35kV普社变
		草碧陶瓷厂建设一条10kV专线
	县域电网规划	新建110寇家河变10出线连接6回，18 km
		新建35普社变10出线连接线2回，4 km
		新建县城开发区10线路4km，0.4线路6km
村庄供水	任务	到2010年，村庄自来水入户率达到45%
		到2020年，达到80%

图3.8　千阳县村村通路及道路硬化

图3.9　千阳县回收处理系统

陕北地区延安市洛川县县域村庄基础设施现状及规划目标　　表3.13

类型	具体内容				
道路交通	截止2006情况		北距延安市90km，南距西安市180km		
			境内有包茂高速、国道210线、省道304线（洛韩公路）		
			西延铁路从县城西边经过		
			全县形成：包茂高速公路、210国道、洛韩、洛白、洛宜路为骨架，以秦老、黄石、旧牛路为主支线，以乡村公路为补充的公路网络		
			十一五期间	新增公路	75.5km
				高速公路	28km
				三级公路	37.5km
				四级油路	10km
				四级砂石路	241.2km
			2005年底	全县公路总里程	996.1km
				国省二级公路	41.2km
				省道三级油路	55.7km
				县乡公路	224.2km
				农村公路	675km
				全县公路密度	52.87km
	目标	近期	到2010年，建设通村四级油路450km		
		远期	到2025年，村与村之间油路通车率达100%		
	规划	远期	将210国道城区至延炼段按照一级公路规划，使延炼通过包茂告诉更好的与榆林、内蒙古、西安等地联系		
		—	将省道304线城区至杨舒段按一级公路规划，加强杨舒化工园区域县城的联系		
		—	对县乡建公路进行重点升级，逐步对洛吉路、洛宜路、旧牛路、秦老路、槐牛路、槐武路、士武路、洛白路等县乡公路升级改造，使其在规划期内达到三级以上标准		
		—	规划期内实现村村通油路，按四级油路标准建设		
给水	现状		洛川	黄河二级支流北洛河流域	
				总流域面积1804.84km^2	
				水资源总量6633.8万m^3（地下水可采量1533.7万m^3），仅为全国人均占有量15%，全省人均占有量27%，全市人均占有量50%	
			“十一五”末县域累计兴修	各类水利供水设施328处	
				大型集中供水设施5处	
				乡镇集中供水工程11处	
				淤地坝8座	
				小型水利工程304处	
				涝池361个	
				总蓄水量3037万m^3	
				总装机8800kW	
				总供水量1426万m^3	
				解决14.73万人和1.8万头大家畜的饮水困难	

续表

<table>
<tr><th>类型</th><th colspan="4">具体内容</th></tr>
<tr><td rowspan="2">给水</td><td rowspan="2">规划</td><td colspan="3">规划实施朱牛、永乡、老庙、石头、土基、秦关、旧县、杨舒、菩提、交口、百益、槐柏、黄章十三个乡镇供水工程建设</td></tr>
<tr><td colspan="3">重点解决5.15万人饮水水质超标和缺水问题</td></tr>
<tr><td rowspan="16">供电</td><td rowspan="8">现状</td><td colspan="3">洛川县电力局是延安供电局所属三个县级电力局之一，洛川县电网以农网为主</td></tr>
<tr><td colspan="3">截止2005年，洛川县有110kV变电站1座，主变2台，容量2×10000kVA</td></tr>
<tr><td colspan="3">洛川县2005年最大负荷17342kV</td></tr>
<tr><td rowspan="5">县域电网以110kV洛川变电站为电源点，35kV共出现两个回合分别向5个35kV的变电站供电</td><td>洛川变—旧县变</td><td rowspan="5">这5个变电站形成树枝状分布的35kV网架。洛川变10kV出线共7回，10kV电网呈辐射型网络结构</td></tr>
<tr><td>洛川变—老庙变</td></tr>
<tr><td>老庙变—土基变</td></tr>
<tr><td>土基变—两水河变</td></tr>
<tr><td>两水河变–石头变</td></tr>
<tr><td rowspan="8">规划</td><td rowspan="4">变电站建设与改造</td><td colspan="2">改造110kV洛川变</td></tr>
<tr><td colspan="2">新建110kV土基变</td></tr>
<tr><td colspan="2">改造35kV老庙变、35kV旧县变、两水河变</td></tr>
<tr><td colspan="2">新建35kV新土基变、35kV菩提变、35kV槐柏变</td></tr>
<tr><td rowspan="4">线路建设与改造</td><td colspan="2">根据35槐柏变建设时间，新建35老槐线路11km</td></tr>
<tr><td colspan="2">根据35kV新土基变建设时间，新建35kV新土基变—35kV土基变线路1.5km</td></tr>
<tr><td colspan="2">根据35kV老庙变改造时间，改造35kV线路0.5km</td></tr>
<tr><td colspan="2">根据35kV旧县变改造时间，改造35kV线路0.2km</td></tr>
<tr><td rowspan="2">电信与广电</td><td>中心城区与乡镇</td><td colspan="3">光缆到户、到楼</td></tr>
<tr><td>乡镇与农村</td><td colspan="3">光缆到村，有线电视通村率100%，入户率≥85%，村庄入户率100%</td></tr>
<tr><td rowspan="3">邮政</td><td>居民区</td><td colspan="3">设邮政报刊亭和信箱</td></tr>
<tr><td>乡镇</td><td colspan="3">邮政营业网络</td></tr>
<tr><td>农村</td><td colspan="3">邮政代理网络</td></tr>
<tr><td rowspan="7">燃气</td><td rowspan="7">沼气池建设，目标是生态家园</td><td colspan="3">采用旋流布料自动循环高效沼气池池型建造技术</td></tr>
<tr><td colspan="3">以“一池三改”为基本项目单位</td></tr>
<tr><td rowspan="3">每户新建一座8～10m^3沼气池</td><td colspan="2">沼气池与改厕、改圈（暖圈）、改厨等配套建设</td></tr>
<tr><td colspan="2">配套改建一座20～25m^2畜禽暖圈（棚）</td></tr>
<tr><td colspan="2">一个1m^2卫生厕所及灶炉改造（灶具配套建设、墙面粉刷、灶台改建等）</td></tr>
<tr><td colspan="3">鼓励在“一池三改”上建设“四位一体”和“五配套”</td></tr>
<tr><td colspan="3">沼气池施工必须按照GB 4752–84，GB 7673–87，按GB 4751–84验收</td></tr>
</table>

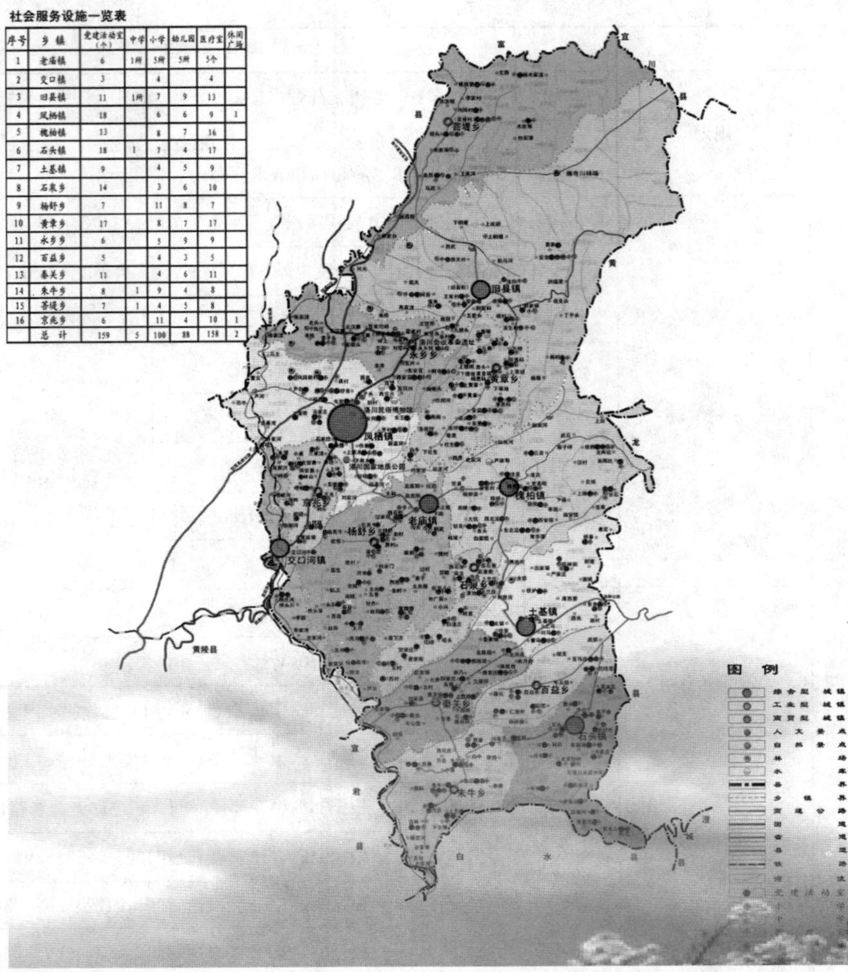

社会服务设施一览表

序号	乡镇	党建活动室（个）	中学	小学	幼儿园	医疗室	休闲广场
1	老庙镇	6	1所	5所	5所	5个	
2	交口镇	3		4		4	
3	旧县镇	11	1所	7	9	13	
4	凤栖镇	18		6	6	9	1
5	槐柏镇	13		8	7	16	
6	石头镇	18	1	7	4	17	
7	土基镇	9		4	5	9	
8	石泉乡	14		3	6	10	
9	杨舒乡	7		11	8	7	
10	黄章乡	17		8	7	17	
11	永乡乡	6		5	9	9	
12	百益乡	5		4	3	5	
13	秦关乡	11		4	6	11	
14	朱牛乡	8	1	9	4	8	
15	菩堤乡	7	1	4	5	8	
16	京兆乡	6		11	4	10	1
	总计	159	5	100	88	158	2

图3.10　洛川县基础服务设施规划

资料来源：陕西城乡住房与建设厅村镇处

陕南地区汉中市城固县（图3.10）居于汉中盆地中部，全县总面积2265万km^2，辖24个乡镇，310个行政村，总人口53万人。2010年以来，在村落洁净方面制定了“八大任务”、“六项要求”，主要包括硬化、亮化、美化、绿化、净化，着力改变乡村脏、乱、差。截至2010年6月底，全县投入资金1222.3万元，投入物资2117万元，硬化村庄主要道路315.35km，粉饰房屋6786户，新增“三改”户11208户，新修垃圾池456个，整治排污管（渠）92.76km，新增集中供水户6720户，新安装路灯225盏，城乡面貌进一步改善，促进了县域经济社会的发展。

对照农村清洁工程“八大任务”，采取“抓点示范、点线结合、以点带面、整体推进”的方法，在高速公路、国道沿线、汉江沿线和旅游景点道路沿线确定90个重点村，并要求各乡镇确定2～3个示范村，集中人力财力重点做出示范以带动其他村清洁工程实施。

在具体实施过程中，将清洁工程与沼气工程相结合，通过沼气项目将农村人畜粪便、菜叶瓜皮等垃圾转化为能源和有机肥，变废为利，减少农村垃圾集中处理量，改善农村环境卫生条件。优先实施村庄主干道路硬化、绿化、亮化，建筑物整饰，房前屋后平整绿化，垃圾及农肥集中堆放处理等工程，并确定以“两道四路”沿线村庄为主，以房屋立面整饬、清除杂草杂物、实施平整绿化、取缔占道经营等“十项任务”为重点。为此一方面多措施多渠道筹措资金，积极组织实施道路硬化、路灯安装、整修给水排水设施、修建垃圾池、沿街修建花墙花池、房屋粉饰、清除垃圾等工程，美化辖区环境，另一方面发动各层面人力，按统一标准要求，自觉粉饰屋面、平整绿化房前房后、院内院外，自觉清除杂物、杂草、路边废品、农作物、五堆三乱，自觉拆除搭棚接檐和破旧房屋，自觉整治圈、厕、厨，消除卫生死角和广场、市场、道路两侧等公共场所环境整治。另外，各村修建了垃圾池，落实清扫人员，建立卫生管理制度，巩固了实施成果。城固县在清洁工程的同时注重规划先行，以为清洁工作提供科学依据。

总体来说，通过农村清洁工程，城固县改善了人居环境，建成一批示范村。崔家山镇草坝岭村结合实际，投入76.8万元，硬化道路1000m，绿化道路4.3km，粉饰房屋197户，修建垃圾池5个，安装垃圾箱10个，清理排水沟570m，修建沼气池202口，安装太阳能12个，全村54%农户使用了清洁能源，自来水普及率达100%，极大改善村庄居住环境。崔家山镇段家山村投资20多万元，粉饰房屋125

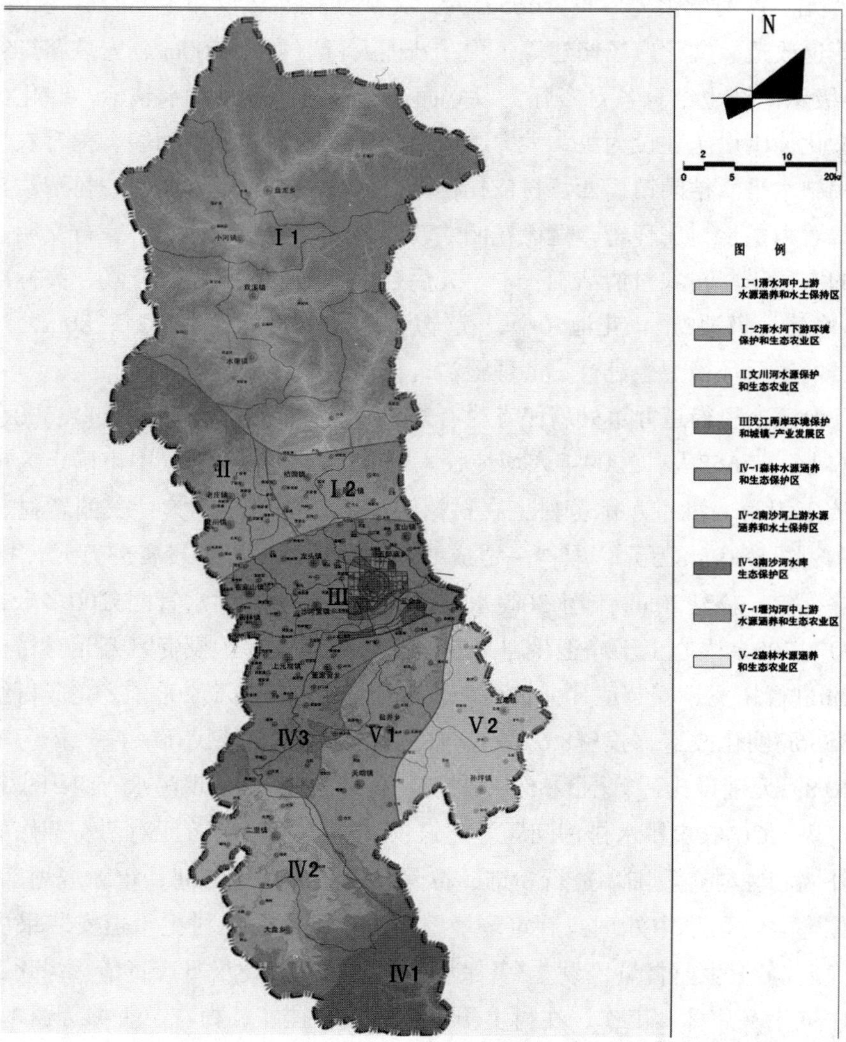

图3.11　城固县生态环境规划

资料来源：陕西城乡住房与建设厅村镇处

户，修建垃圾池6个，沿文柳路两边砌护花墙420m，较好改善了村庄面貌。柳林镇桃花店村地处108国道沿线，是远近闻名的废品收购村，原沿路两边废品堆积如山，严重影响了环境，在清洁过程中，该村集中对路两边87户废品收购点进行整体搬迁，对路边房屋进行集中粉饰，极大改善对外形象。与此同时，各乡镇村普遍建立村庄环境卫生长效机制，落实保洁员和监督员，确保实施。

城固县坚持农村清洁工程与城镇建设相结合，将“县城五大工程”、“集镇六个一建设”、“农村清洁工程八项任务”同时安排、落实，以城镇建设引领农村清洁，以农村清洁推动城镇建设。在县城，按清洁工程实施要求，投入7.93亿元，全面实施畅通、生态、点亮、安居、社会事业“五大工程”，着力改变县城面貌。

在重点镇与示范镇建设方面，严格按照“六个一”标准实施。崔家山作为省级重点镇以建设“宜工宜居、特色鲜明、环境优美的航空新城”为目标，结合清洁工程编制了集镇2009～2020年总体规划及6条街道详规编制，开工建设劲松路、风景路、南环一路配套、陕飞大道管线地埋、镇文化卫生服务站等工程，对陕飞大道、文柳路过境段进行改造。共完成投资1.15亿元，其中基础设施投资3200万元。沙河营镇先后投资465万元，完成文化站建设和主要街道亮化绿化、下水管道改造、文化广场修建等工程，新铺人行道彩砖9600m^2，安装路灯91盏。4个县级示范镇也结合各自实际，以立面改造整饬、垃圾污水整治、绿化美化亮化、文化休闲设施建设为主，大力组织实施，极大改善城镇面貌，提升农村清洁工程实施水平。桔园镇杨西营村依托桔园景区建设有利条件，以农村清洁工程为契机，着力整治村庄环境，建设花园式新农村，打造环境优美、言行文明、诚信和谐的农家乐。在农村清洁工程中，先后建成占地10亩大型停车场，高标准公厕2个，修建垃圾池2个，花池50个，粉饰房屋450m^2，硬化道路3条280m，对村庄农户房前屋后环境卫生进行了清理整治，村庄面貌得到改善。

汉台区七里街道办事处新民寺村有3个村民小组226户，常住人口1300余人，其中农业人口668人，2009年人均纯收入5995元。2010年被汉中市确定为市级农村清洁工程第一批重点示范村，在村落洁净方面确定目标为“美丽新村、美好生活”，投资198.8万元，取得一定成效。饮水清洁工程：投资53万元，打100m深水井一口，修建20m高储水30吨水塔一座，铺设三组供水管网5200多米，使全村226户1300余人吃上干净卫生自来水。道路硬化工程：投资91万元对村庄主干道270m进行拓宽，安装道牙，铺设沥青路面与人行道彩砖200m^2，完成村组、连户道3566m硬化改造，投资8.6万元修长13.9m，宽14m便民桥一座。排污工程：投资40.8万元铺设排污管网3235m，修污水处理池2个，实现污水有组织成系统排放，解决226户农户排水排污问题。建筑物修整：投资5.4万元对不需翻修的98户住宅外墙和驻村企业围墙进行粉饰，拆除影响交通房屋15间，重新规划翻修5户破旧住宅。垃圾集中处理：制定环境卫生管理制度，在村主干道安装果皮箱10个，确定1名卫生监督员，设立3名保洁员岗位，达到垃圾日产日清。绿化工程：开展“三化一片林”工作，在村主干道两边栽种桂花、梅花、香樟等树木10000

余株，动员群众种植花草，新增绿化面积达到5200m^2。节能工程：推行“一池三改”，新建沼气池25口，安装太阳能27个，实施三改186户。

3.1.3　公共服务及文化设施研究

总体来说，陕西新农村建设中，公共服务及文化设施建设与公共基础设施建设相比较为滞后，基本属标准化模式且按比例与数据配套，缺乏独特性，尤其在对以农耕文明为本源的传统文化保护方面，大部分地区仍处无意识阶段，只有极少数地方，在国家保护非物质文化遗产的号召下，具有针对性地采取了一定的保护措施。

1.　关中地区

西安市以高陵县、户县、周至县为例（表3.14～表3.16）。

2006～2020年高陵县社会公共服务设施规划　　表3. 14

教育机构	根据“高中向县城集中，初中向建制镇集中，小学向中心村集中”的原则，加快县城中小学的布局调整
医疗设施	每个中心村设有一个卫生保健站，每个基层村设有一个医疗站

2006～2020年户县社会公共服务设施规划　　表3. 15

商业服务设施		加强各乡镇农贸型专业市场的建立，积极发展工贸型综合市场和专业市场
公益型服务设施	教育	坚持“高中向县城集中，初中向建制镇集中，小学向中心村集中”
	医疗	每个中心村设一个卫生保健站
		每个基层村设一个医疗站

周至县公共服务设施规划　　表3. 16

中心城镇	配置职业学校、高中、九年一贯制学校、幼儿园、综合性医院、文化中心、体育中心、敬老院、福利院
城镇	配置九年一贯制学校、幼儿园、卫生院、文体中心、敬老院
乡镇	配置九年一贯制学校、幼儿园、青少年活动室、老年活动室、警务室、党建活动室（兼村民学校）、社会保障服务站、卫生所、社区服务站
中心村	配建小学、幼儿园、活动室、卫生所、社区服务站
基层村	幼儿园、活动室、医务室

2.　陕北地区

2005年，沿河湾镇在安塞县第三届腰鼓大赛上荣获二等奖，闫家湾村女歌手申香莉在陕北民歌大赛启动仪式暨安塞赛区比赛中荣获个人一等奖，青年民歌手刘春风也出自该镇。近年来，共挖掘普查各类民间艺人400多人，省级模范村民委员会1个，省级民主法制示范村2个，市级文明村5个，县级文明村及文明单位21个。沿河湾镇茶坊村积极组织开展各种文体活动和组建文艺团体，2009年成功举办第一届农民运动会，成立茶坊村腰鼓社团，剪纸和刺绣培训班，完成2200m^{2}休闲广场一处。

3. 陕南地区

汉中市宁强县（表3.17）截至2006年，辖12镇14乡，全县公共服务及文化设施状况为：共有小学354所，小学教师1373人，普通中学20所，教师938名，职业中学两所，中、小学在校学生分别为16097人和35777人。

截止2006年宁强县公共服务及文化设施状况 表3.17

教育	小学	354所
	小学教师	1373人
	在校小学生	16097人
	普通中学	20所
	普通中学教师	938人
	在校中学生	35777人
	职业中学	2所
医疗	医院	28所
	技术人员	644人
	医生	267人
	病床数	480床

宁强地处汉江源头，是汉文化与羌文化发源地，在发展县域经济方面，该县既建立了羌文化生态保护试验区，又开展了汉水源文化开发，编制发展地域文化的县城风貌特色规划，将县城南大街建成明清仿古建筑一条街，西大街建成羌文化一条街，完成西城门修复，加紧建设羌博园，积极发展汉水源旅游、汉源奇石、特色小吃、茶文化等地方文化。

3.1.4 景观环境及绿化

新农村建设在景观环境与绿化研究方面相对滞后，但经过近几年努力，取得了一定成绩，已有25个县城被命名为省级园林县城，覆盖面达到40%，关中区域的宝鸡首先实现园林县城全覆盖。截至2010年底，已建成国家园林县城4个（千阳县、麟游县、凤翔县、凤县），省级园林县城26个、园林城镇5个。县城绿地率10.55%，绿化覆盖率16.05%，人均公共绿地面积3.66m^2。

1. 关中地区杨凌区

2006～2020年村庄景观环境及绿化建设目标 表3.18

目标内容	2010年	2020年
人均公共绿地（m^2）	6	9
绿化覆盖率（%）	30	40

截至2006年，杨凌区颁布了地表水控制目标，湖泊水库要求保持和达到地表水的Ⅰ–Ⅱ类标准，渭河在城区范围内需要达到地表水Ⅲ类标准，农村和渭河支流水系被划为集中生活引用水源一、二级保护区的水域，分别控制地表水Ⅱ、Ⅲ类标准，其余河网控制为Ⅲ类标准（表3.19）。

截止2006年杨凌固体废弃物处理情况 表3.19

城区与五泉镇	生活垃圾与无害化处理	100%
农村	生活垃圾处理	80%
	工业固体废弃物处理	100%
	综合利用率	100%

从2006年起，杨凌区分别在水系综合治理、城市污水处理系统、工业污染治理、固体废弃物收集与处理、大气环保、农村污染源防治、能源利用等方面加大措施进行了改造与建设。

2006～2020年杨凌区环境保护建设规划 表3.20

水系综合治理	加强河流沿岸生态治理
	加强引用水源保护
	实施分质供水
	保护地下水资源
固体废弃物收集与处理	生活垃圾收集方式由混合型向分类式转变
	逐步关停不合规范的乡镇垃圾填埋场
	保留垃圾填埋场按卫生填埋工艺，实现垃圾无害化处理
	逐步发展垃圾焚烧处理，开展垃圾资源化利用
大气环保	改善能源结构，积极推进天然气工程和农村沼气池建设，加快乡镇燃气管道建设
	加强城镇绿化建设，加强对建筑施工的扬尘管理
	加强对农村秸秆的管理，推行秸秆还田，控制秸秆焚烧
农村污染源防治	推广平衡施肥和深施技术，充分利用有机肥，大力开展秸秆还田，积极发展经济绿肥
	发展沼气建设、选择使用高效、低毒、低残留农药
	贯彻病虫草害综合防治方针，提倡生物防治
	控制养殖污染
	减少农业垃圾产生量
能源利用	发展适合农村特点的清洁能源，解决能源问题
	大力发展沼气
	积极开发利用太阳能
	加快秸秆资源利用

2. 陕北地区延安市洛川县

洛川县县域村庄环境卫生规划建设目标 表3.21

垃圾收集	实现密闭化、袋装化、分类化
垃圾中转运输	集装化、密闭化、压缩式中转与运输
垃圾无害化处理	100%
村镇	各村设置垃圾收集点，乡镇设置垃圾中转站
公厕	县中心及乡镇按常住人口2500～3000人设一座公厕
	主街公厕设置间距300～500m
	一般街道800～1000m
	重点村均设独立式水冲式卫生公厕

3. 陕南地区汉中市镇巴县

2006～2025年镇巴县县域城镇环境卫生控制目标与建设规划　　表3.22

目标	水环境控制目标	工业废水排放量年递增率控制在10%以下，处理率达到50%以上
		地表水达国家二类质量标准，生活饮用水达国家一类标准
	大气环境质量控制目标	开展工业锅炉、炉窑消烟除尘工艺，推广液化气和型煤，控制燃废气和大气的污染
		使废气净化处理率达到90%，大气环境质量符合二级质量标准
	工业固体废弃物治理目标	工业废渣综合利用，推广生活垃圾农田消化处理技术
		工业废渣综合利用率达到90%
	噪音控制目标	2010年，城市固定噪声达标100%，建成区噪音达标小区面积达100%
规划	环境绿化建设	使县城与各建制镇所有街道都有绿化
		主要道路交叉口有绿化
		城镇附近山坡都造林绿化
	环境整治	在县城在鞍垭梁点建革命公园
		在黑虎梁建以度假、疗养、休憩、爬山、游览为主的生态公园。近期修建上山道路、桥涵、种树、栽花，远期逐步增加游览内容和配套服务设施，修建建筑小品
		城镇主要街道交叉口设置果皮箱，道路两侧，没过100m设置果皮箱
		生活居住区每过50～100m半径内设置垃圾箱一处
		人流密集的公共场所设置无害化公厕
		2010年在县城泾洋河下游建垃圾处理厂一座

2006～2025年镇巴县县域村庄环境卫生控制目标与建设规划　　表3.23

能源		保护农村生态环境
		推广节能新技术
		积极推广使用沼气、太阳能、水能等
		利用清洁型能源
		近期沼气推广率达20%，远期达50%
环境卫生	垃圾收集	合理确定垃圾收集点
		鼓励利用垃圾做有机肥，实现有机垃圾资源化
		有条件村庄指定专人定时清扫、定时收集，集中清运堆放和处理
	厕所	提高无害化卫生厕所覆盖率，推广水冲式卫生厕所

综上所述，陕西新农村建设在近6年的过程中从整体结构规划到具体景观绿化建设，基本仍处于农村社会物质生活水平基础改善的发展程度。在此过程中，片面重视物质与表面形式改造，对农村原本具有的农耕文明传统文化空间产生了“建设性破坏”现象，极度忽视以农耕文明为根本的传统文化的存在，使由其作用所形成的原生性文化空间遭到破坏，这是目前新农村建设中应高度重视的严重问题。这种现象在关中、陕北、陕南已是普遍存在的事实，且在各个方面均有显著表现，如在规划结构方面，不重视村落与原生地景结构之间的关系，过度依赖行政划分，在不同程度上割裂了村落自产生到现时代地景空间

恒常性风貌特征与变迁的痕迹。传统村落是人文与地景空间在长期交相融汇中形成的综合性自然人文空间体系，其衍生和变迁过程中自有其内在人文结构和自然空间结构隐动力，所以，进行村落结构规划应从地景结构、人文因素两个方面进行综合考察和脉络梳理，兼顾农民当下和未来的发展需要，为其作出合理、适度、完整的村落结构与规划。又如，在居住环境改善方面，目前新农村建设只片面重视物质条件的改善，且由于缺乏以传统文化观为指导的工作态度，物质条件改善常常呆板和局限于静止、固定的方式方法，新加事物往往不能与场所精神达致完整性和一致性。此外，忽视传统文化空间中的伦理空间关系设计、建造和体现，过度依赖现代机械生活设施，不注重对具有节能作用的传统生活设施、设备的继承性使用，不仅使居住空间无法保证传统风貌，也使传统生活形态的非物质因素受到了相当程度的破坏。某些村落改造忽视由传统天道观和哲学观确定的传统建筑的装饰主题和细节，使传统建筑仅仅满足体量的大体轮廓及空间形态，但忽视由文化结构所决定的差异丰富的细节，这种现象长期演化下去，将使我们的文明逐渐趋于单薄和粗略，精深之处在未来将无从可视，亦在人们的记忆当中逐渐消失。再如，在公共服务及文化设施方面，片面将其与城市设施相仿化的建设观念、方法，亦是不重视农耕文明的农村生活的实际体验的设计方式，农村的公共服务与文化设施与城市完全不同，农村公共服务设施应该围绕着农业生产程序的需求而设计建造，应以实现农业生产的便利为根本目的，而文化设施则更应尊重由农业生产所衍生的农耕文明传统文化形式所需求的空间形态、形式。陕西农村，无论是关中还是陕北、陕南，大小村落中都拥有丰富多样的非物质文化遗存（产），这些是真正源自千百年生活习俗的活态文化，必然会为相应的设施形式、形态的形成提供整体而丰富的观念依据与形式依据。最后，在景观绿化方面，当下农村建设仍然是以城市为模板，宏观如地景结构，微观如小组团或单株植被种植，均没有细致入微地研究原生地景的地质和结构特点，只是粗略地完成量化需求。古人云："一方水土一方人"，"一方水土"揭示的是地域性土壤、植被、阳光、风等自然元素在自然而然的状态下所应具备的正常而和谐的生态循环，村落是与自然相统一的，亦应该是相和谐的，和谐即体现为一个共生的生命体。因此，被包含或在其周围的植被亦应是与自然相和谐的，那就是应该在原生地景特性和结构的基质上选用"一方水土"的植被体系，以恢复地景的观念为指导和依据，进行景观绿化。总的来说，我们今天的新农村建设更像是一场缺少了传统文化"灵魂"内核隐动力驱动下的物质建造过程，因而流于表面。

以农耕文明为属性的传统文化是一个综合体，它不仅是非物质亦是物质，它以非物质为内核，以物质为承载，以全面整体的氛围蕴藏在农村生活的各个细节之中，这些细节包括生产细节、生活细节、精神细节、居住细节、服饰细节、食物细节等，而这些细节正是今天新农村建设所亦应予以深刻关注的。

建制镇市政公用设施水平综合表（含暂住人口）

附表3.1

2009年

表号：镇综1表

地区名称	人口密度（人/平方公里）	人均日生活用水量（升）	用水普及率（%）	燃气普及率（%）	人均道路面积（平方米）	排水管道暗渠密度（公里/平方公里）	污水处理率（%）	污水处理厂集中处理率	人均公园绿地面积（平方米）	绿化覆盖率（%）	绿地率（%）	生活垃圾处理率（%）	无害化处理率
甲	1	2	3	4	5	6	7	8	9	10	11	12	13
陕西省	4994	58.56	64.89	15.72	8.06	3.38	1.72	1.48	0.49	6.87	2.51	40.10	1.27
西安	5228	55.41	83.77	53.05	13.35	5.79	0.00	0.00	0.38	23.10	5.77	29.41	0.16
铜川	11227	60.45	53.71	2.46	5.56	3.66	2.50	2.17	0.02	7.53	3.76	5.23	0.00
宝鸡	5552	67.21	79.60	2.25	8.74	3.27	0.00	0.00	0.44	11.32	3.45	19.29	3.31
咸阳	7351	33.20	78.73	20.90	7.94	5.79	0.00	0.00	1.25	10.23	3.41	54.22	0.00
渭南	4746	59.78	59.46	24.72	7.22	2.69	1.10	0.86	0.62	4.85	3.72	37.23	2.31
延安	4286	58.64	63.83	19.96	8.02	5.36	20.17	20.17	0.02	0.87	0.38	40.25	0.00
汉中	5795	63.16	73.87	5.43	9.13	3.40	0.00	0.00	0.43	8.24	2.70	33.26	0.09
榆林	3470	54.17	23.89	1.02	4.83	0.62	0.31	0.28	0.42	2.18	1.40	15.20	0.05
安康	3426	84.42	69.31	6.45	9.07	3.79	2.15	0.24	0.00	1.75	0.03	92.99	4.32
商洛	6112	82.92	55.90	14.47	6.73	2.43	0.00	0.00	0.00	8.16	2.09	0.00	0.00

单位负责人：　　统计负责人：　　填报人：　　报出日期：

本表逻辑关系：

1.7栏≥8栏，12栏≥13栏；

2.1栏保留整数，其他栏保留2位小数

建制镇市政公用设施水平综合表（不含暂住人口）

附表3.2

2009年

表号：镇综1表

地区名称	人口密度（人/平方公里）	人均日生活用水量（升）	用水普及率（%）	燃气普及率（%）	人均道路面积（平方米）	排水管道暗渠密度（公里/平方公里）	污水处理率（%）	污水处理厂集中处理率	人均公园绿地面积（平方米）	绿化覆盖率（%）	绿地率（%）	生活垃圾处理率（%）	无害化处理率
甲	1	2	3	4	5	6	7	8	9	10	11	12	13
陕西省	4415	58.56	73.41	17.78	9.12	3.38	1.72	1.48	0.56	6.87	2.51	40.10	1.27
西安	4510	55.41	97.12	61.51	15.48	5.79	0.00	0.00	0.44	23.10	5.77	29.41	0.16
铜川	10907	60.45	55.28	2.53	5.73	3.66	2.50	2.17	0.02	7.53	3.76	5.23	0.00
宝鸡	4836	67.21	91.38	2.58	10.04	3.27	0.00	0.00	0.51	11.32	3.45	19.29	3.31
咸阳	6742	33.20	85.84	22.78	8.66	5.79	0.00	0.00	1.36	10.23	3.41	54.22	0.00
渭南	4201	59.78	67.17	27.92	8.16	2.69	1.10	0.86	0.70	4.85	3.72	37.23	2.31
延安	3179	58.64	86.07	26.91	10.81	5.36	20.17	20.17	0.02	0.87	0.38	40.25	0.00
汉中	5204	63.16	82.26	6.05	10.16	3.40	0.00	0.00	0.48	8.24	2.70	33.26	0.09
榆林	3079	54.17	26.93	1.15	5.44	0.62	0.31	0.28	0.47	2.18	1.40	15.20	0.05
安康	3106	84.42	76.47	7.12	10.01	3.79	2.15	0.24	0.00	1.75	0.03	92.99	4.32
商洛	5199	82.92	65.72	17.01	7.92	2.43	0.00	0.00	0.00	8.16	2.09	0.00	0.00

单位负责人：　　统计负责人：　　填报人：　　报出日期：

本表逻辑关系：

1.7栏≥8栏，12栏≥13栏；

2.1栏保留整数，其他栏保留2位小数

附表3.3

建制镇基本情况综合表

2009年

表号：镇综2表

地区名称	建制镇个数（个）	镇域面积（公顷）	镇域户籍户数（户）	镇域户籍人口（万人）	镇域暂住人口（万人）	建成区面积（公顷）	建成区户籍户数（户）	建成区户籍人口（万人）	建成区暂住人口（万人）
甲	1	2	3	4	5	6	7	8	9
陕西省	810	9597630.92	4852130	1827.3890	87.4200	81380.21	929336	359.2567	47.1870
西安	38	221433.96	351821	143.8512	6.1999	6243.61	71292	28.1566	4.4857
铜川	20	225779.03	96346	36.7297	0.8409	1169.30	30602	12.7536	0.3738
宝鸡	88	978936.87	519954	204.4403	7.8748	7225.73	79517	34.9462	5.1724
咸阳	94	552739.68	612770	243.4136	7.6312	9542.55	147184	64.3391	5.8042
渭南	99	729601.56	901318	342.6902	21.8107	14418.02	210959	60.5751	7.8488
延安	66	290268.11	210734	93.7788	11.4980	5223.53	45078	16.6050	5.7838
汉中	120	1506649.30	618917	219.2496	8.7425	7903.15	118414	41.1275	4.6702
榆林	97	2634469.67	698383	225.6546	12.3095	13974.55	92348	43.0288	5.4687
安康	101	1298768.70	447455	169.1326	5.2028	11178.66	77074	34.7155	3.5878
商洛	86	1156324.04	388522	146.1035	5.2773	4361.11	56083	22.6737	3.9808

地区名称	村镇规划建设管理：设有村镇建设管理机构的建制镇个数（个）	村镇建设管理人员（人）	专职人员	已编制总体规划的建制镇个数（个）	本年编制	本年村镇规划编制投入（万元）	市政公用设施建设财政性资金收入（万元）：合计	中央财政	省级财政	地级财政	县级财政	本级财政
甲	10	11	12	13	14	15	16	17	18	19	20	21
陕西省	579	1808	901	738	162	########	########	8318.44	########	########	########	25170.25
西安	38	146	49	38	4	70.91	########	0.00	2053.57	3319.19	1830.00	5770.53
铜川	20	51	29	20	3	85.90	3719.00	315.00	1646.80	552.20	899.00	306.00
宝鸡	79	246	106	87	14	538.94	########	3011.47	7398.84	3960.34	3990.96	2875.40
咸阳	88	323	140	94	23	343.75	########	177.00	########	########	2689.34	3807.23
渭南	95	357	199	91	38	4697.98	########	507.50	########	1276.00	1399.00	3691.30
延安	20	64	45	59	12	931.00	9093.22	130.00	739.00	2250.00	2949.00	3025.22
汉中	112	301	176	120	12	257.37	########	1258.47	3233.84	2279.08	1769.74	1683.92
榆林	42	66	24	50	18	4456.24	3215.90	325.00	1592.00	174.40	715.20	409.30
安康	56	147	83	93	21	2393.18	########	1111.00	2816.00	325.00	7469.50	1446.20
商洛	28	87	45	85	16	589.00	12578.71	1483.00	1476.50	5574.06	2410.00	1635.15

单位负责人：　　统计负责人：　　填表人：　　报出日期：

本表逻辑关系：

1.2栏>6栏，3栏>7栏，4栏>8栏，5栏>9栏；

2.1栏≥10栏，1栏≥13栏，11栏≥12栏，16栏=17栏+18栏+19栏+20栏+21栏；

3.1栏、3栏、7栏、10栏~14栏保留整数，其他栏保留2位小数

附表3.4

镇基本情况综合表

2009年

表号：镇综2表

地区名称	建制镇个数（个）	镇域面积（公顷）	镇域户籍户数（户）	镇域户籍人口（万人）	镇域暂住人口（万人）
甲	1	2	3	4	5
陕西省	918	10854606.85	6241606	2299.7514	141.4518
西安	44	244796.96	461446	179.0159	8.4978
铜川	23	255642.03	117015	43.1429	0.8826
宝鸡	103	1128477.11	722369	282.7986	13.6781
咸阳	107	614240.27	836788	330.8196	16.4018
渭南	110	796891.46	1031374	392.8477	24.9611
延安	82	357118.11	303556	126.1104	14.8406
汉中	135	1635174.30	907381	296.2662	15.3454
榆林	112	2920492.87	824987	266.4700	30.7488
安康	109	1422310.70	550570	205.4060	7.6243
商洛	92	1476803.04	480210	174.5292	8.4389

附表3.5

建制镇供水综合表

2009年

表号：镇综3表

地区名称	集中供水的建制镇		公共供水			自备水源单位		年供水总量（万立方米）			供水管道长度（公里）	本年新增	用水人口（万人）
	个数（个）	占全部建制镇的比例（%）	设施个数（个）	其中：水厂个数	综合生产能力（万立方米/日）	个数（个）	综合生产能力（万立方米/日）		年生活用水量	年生产用水量			
甲	1	2	3	4	5	6	7	8	9	10	11	12	13
陕西省	680	83.95	957	249	351.984	1828	71.771	11555.01	5637.38	3895.59	6706.60	668.83	263.7381
西安	37	97.37	51	12	303.295	128	35.571	1385.93	553.04	802.64	432.55	14.40	27.3452
铜川	17	85.00	30	11	1.495	24	1.364	274.14	155.58	109.30	295.49	29.91	7.0508
宝鸡	83	94.32	115	53	3.282	281	3.241	1089.26	783.38	270.69	882.81	98.22	31.9343
咸阳	92	97.87	172	31	5.703	179	2.273	1373.78	669.21	621.97	601.41	79.21	55.2264
渭南	80	80.81	111	38	10.692	449	3.759	1964.30	887.77	708.64	1043.48	84.36	40.6867
延安	47	71.21	37	15	2.114	58	0.983	589.61	305.91	282.89	368.20	41.50	14.2917
汉中	102	85.00	171	38	4.146	292	2.690	1486.33	779.86	681.39	1138.77	98.78	33.8300
榆林	55	56.70	58	9	2.384	167	16.616	424.55	229.13	81.70	1046.60	50.51	11.5880
安康	96	95.05	136	29	17.427	94	4.606	2256.00	818.09	131.18	617.02	117.59	26.5484
商洛	70	81.40	75	13	1.430	156	0.668	705.51	451.01	203.99	277.27	53.85	14.9010

单位负责人：　　统计负责人：　　填表人：　　报出日期：

本表逻辑关系：

1.1栏<=镇综2表1栏，2栏=1栏/镇综2表1栏*100，3栏>=4栏，8栏>=9栏+10栏，11栏>=12栏

2.1栏、3栏、4栏、6栏为整数，5栏、7栏保留三位小数，其他栏保留两位小数

附表3.6

建制镇燃气、供热、道路桥梁及防洪综合表

2009年

表号：镇综4表

地区名称	用气人口（万人）	集中供热（万平方米）	道路长度（公里）	本年新增	道路面积（万平方米）	本年新增	道路照明灯盏数（盏）	本年新增	桥梁座数（座）	本年新增	防洪堤长度（公里）	本年新增
甲	1	2	3	4	5	6	7	8	9	10	11	12
陕西省	63.8918	157.19	5161.50	467.66	3276.24	291.40	31551	5156	1331	68	1204.71	106.99
西安	17.3182	0.00	687.34	27.01	435.84	20.89	6347	983	60	2	38.88	0.10
铜川	0.3232	1.62	139.21	28.27	73.04	12.39	745	104	25	0	25.16	1.80
宝鸡	0.9017	0.00	562.34	93.72	350.77	44.44	3088	608	130	12	101.31	2.81
咸阳	14.6583	14.00	719.44	58.27	557.06	55.69	4415	1045	81	2	25.53	2.00
渭南	16.9132	72.80	728.41	65.55	494.07	49.11	5025	875	51	1	281.00	8.10
延安	4.4680	66.74	245.58	18.26	179.45	11.66	1426	147	122	6	44.65	4.00
汉中	2.4886	1.10	744.22	34.45	418.00	19.24	4107	442	351	16	287.12	8.07
榆林	0.4929	0.93	431.47	24.31	234.16	21.83	775	71	177	4	24.11	0.21
安康	2.4713	0.00	611.49	71.63	347.46	38.63	4094	580	215	15	206.68	66.32
商洛	3.8564	0.00	283.77	45.59	179.49	17.22	1489	301	119	10	170.27	13.58

单位负责人：　　统计负责人：　　填表人：　　报出日期：

本表逻辑关系：

1.3栏≥4栏，5栏≥6栏，7栏≥8栏，9栏≥10栏，11栏≥12栏；

2.7栏～10栏保留整数，其他栏保留2位小数

建制镇排水综合表

附表3.7

2009年

表号：镇综5表

地区名称	对生活污水进行处理的建制镇		污水处理厂		污水处理装置		年污水处理总量（万立方米）		排水管道长度（公里）		排水暗渠长度（公里）	
	个数（个）	占全部建制镇的比例（%）	个数（个）	处理能力（万立方米/日）	个数（个）	处理能力（万立方米/日）		污水处理厂集中处理量		本年新增		本年新增
甲	1	2	3	4	5	6	7	8	9	10	11	12
陕西省	35	4.32	8	4.578	177	0.860	131.36	113.10	1558.23	245.42	1193.76	271.32
西安	2	5.26	0	0.000	0	0.000	0.00	0.00	259.05	33.51	102.46	12.77
铜川	2	10.00	1	0.023	1	0.030	5.30	4.60	7.28	4.26	35.54	12.72
宝鸡	4	4.55	0	0.000	1	0.024	0.00	0.00	143.08	18.07	93.21	22.17
咸阳	2	2.13	0	0.000	0	0.000	0.00	0.00	205.25	49.60	346.80	79.01
渭南	6	6.06	2	0.750	3	0.760	14.00	11.00	210.39	35.98	177.26	49.55
延安	2	3.03	3	0.800	0	0.000	95.00	95.00	152.80	17.40	127.40	22.36
汉中	7	5.83	0	0.000	0	0.000	0.00	0.00	192.65	10.53	76.28	5.10
榆林	4	4.12	1	3.000	2	0.001	0.76	0.70	83.02	8.87	3.96	1.20
安康	6	5.94	1	0.005	170	0.045	16.30	1.80	262.49	57.07	161.08	54.94
商洛	0	0.00	0	0.000	0	0.000	0.00	0.00	36.02	9.06	69.77	11.50

单位负责人：　　统计负责人：　　负责人：　　填报日期：

本表逻辑关系：

1.1栏<=2表1栏．2栏=1栏/镇2表1栏*100．7栏>=8栏．9栏>=10栏．11栏>=12栏；

2.1栏、3栏、5栏取整数．4栏、6栏保留三位小数．其他栏保留两位小数．

建制镇园林绿化及环境卫生综合表

附表3.8

2009年

表号：镇综6表

地区名称	园林绿化（公顷）				环境卫生					
	绿化覆盖面积	绿地面积	本年新增	公园绿地面积	生活垃圾年清运量（万吨）	生活垃圾年处理量（万吨）	无害化处理量	生活垃圾中转站（座）	环卫专用车辆设备（辆）	公共厕所（座）
甲	1	2	3	4	5	6	7	8	9	10
陕西省	5588.87	2040.57	176.133	200.292	73.310	29.397	0.933	1299	655	1838
西安	1442.00	360.00	10.100	12.270	9.151	2.691	0.015	30	29	162
铜川	88.00	44.00	12.900	0.300	2.965	0.155	0.000	62	28	103
宝鸡	818.00	249.00	29.600	17.740	7.802	1.505	0.258	209	74	189
咸阳	976.00	325.76	75.358	87.520	13.891	7.532	0.000	173	155	252
渭南	698.62	535.65	8.200	42.150	10.103	3.761	0.233	472	86	281
延安	45.20	19.60	5.600	0.400	2.067	0.832	0.000	35	43	149
汉中	651.00	213.02	5.675	19.612	11.018	3.665	0.010	78	105	199
榆林	304.95	195.24	26.700	20.300	2.006	0.305	0.001	4	19	213
安康	196.00	3.00	0.000	0.000	9.626	8.951	0.416	234	100	195
商洛	356.00	91.00	2.000	0.000	4.681	0.000	0.000	2	16	95

单位负责人：　　统计负责人：　　填表人：　　报出日期：

本表逻辑关系：

1.2栏≥3栏，2栏≥4栏，5栏≥6栏≥7栏；

2.1栏、2栏保留两位小数，3栏~7栏保留3位小数，8栏~10栏取整数

建制镇房屋建筑综合表

附表3.9

2009年

表号：镇综7表

地区名称	住宅							公共建筑				生产性建筑			
	本年建房户数（户）	在新址上新建	年末实有建筑面积（万平方米）	混合结构以上	本年竣工建筑面积（万平方米）	混合结构以上	人均住宅建筑面积（平方米）	年末实有建筑面积（万平方米）	混合结构以上	本年竣工建筑面积（万平方米）	混合结构以上	年末实有建筑面积（万平方米）	混合结构以上	本年竣工建筑面积（万平方米）	混合结构以上
甲	1	2	3	4	5	6	7	8	9	10	11	12	13	14	15
陕西省	14934	7456	8513.22	6030.29	171.41	161.80	23.70	2240.12	1820.15	90.93	81.18	1549.96	1246.90	153.40	79.63
西安	700	287	860.92	681.33	9.10	8.22	30.58	207.68	177.66	6.51	6.21	159.51	124.43	3.39	3.06
铜川	359	307	242.50	222.68	3.86	3.65	19.01	65.16	62.33	2.79	2.26	60.71	45.64	1.54	1.32
宝鸡	1900	1204	805.22	633.49	18.71	18.27	23.04	313.40	272.45	10.44	10.38	248.92	209.45	12.57	11.19
咸阳	2438	1138	1353.18	897.10	32.54	32.04	21.03	365.53	312.23	23.30	22.26	240.76	183.51	29.84	29.37
渭南	2094	550	1483.76	1005.62	21.39	19.42	24.49	422.13	341.63	14.32	9.64	557.83	456.47	91.98	23.04
延安	726	402	411.53	303.59	8.18	8.08	24.78	92.51	78.31	3.09	3.03	37.36	35.31	0.69	0.69
汉中	1975	732	1108.84	816.92	26.04	25.03	26.96	358.02	306.61	13.05	12.70	158.81	125.54	5.04	4.69
榆林	577	357	542.72	240.63	7.08	4.18	12.61	80.52	51.85	2.45	1.93	14.43	11.20	1.04	0.89
安康	2769	1772	858.87	712.90	29.05	27.96	24.74	250.36	152.63	8.79	6.87	48.16	36.07	6.13	4.20
商洛	1334	682	833.05	503.40	15.01	14.50	36.74	84.34	63.98	6.13	5.84	19.07	14.88	1.08	1.08

单位负责人：　　统计负责人：　　填表人：　　报出日期：

本表逻辑关系：

1. 1栏>=2栏，3栏>=4栏，5栏>=6栏，3栏>=5栏，4栏>=6栏；

2. 8栏>=9栏，10栏>=11栏，8栏>=10栏，9栏>=11栏；

3. 12栏>=13栏，14栏>=15栏，12栏>=14栏，13栏>=15栏；

4. 1栏、2栏取整数，其他保留两位小数。

建制镇建设投资综合表

附表3.10

2009年

表号：镇综8表

地区名称	本年建设投资（万元）																
	合计	房屋				市政公用设施											其他
		小计	住宅	公共建筑	生产性建筑	小计	供水	燃气	集中供热	道路桥梁	排水	污水处理	防洪	园林绿化	环境卫生	垃圾处理	
甲	1	2	3	4	5	6	7	8	9	10	11	12	13	14	15	16	17
陕西省	506061	376719	131949	96568	148202	129342	12243	839	809	61563	13296	749	11037	8195	5113	1106	16247
西安	28279	13050	6116	4623	2311	15229	806	51	0	8391	2329	87	166	258	393	48	2835
铜川	13210	7494	3258	2849	1387	5716	1502	0	21	2134	511	0	23	1002	224	19	299
宝鸡	61537	49251	18351	13945	16955	12286	1215	0	0	3999	1523	316	168	2386	801	169	2194
咸阳	97705	66252	20274	22491	23487	31453	2784	94	80	17704	4363	72	21	2060	894	42	3453
渭南	135559	121775	15747	12472	93556	13784	1205	605	52	8896	1209	22	30	758	614	163	415
延安	20864	12517	8215	3558	744	8347	356	74	124	2433	1168	105	902	481	831	187	1978
汉中	53059	42962	20905	18717	3340	10097	1237	0	500	6017	458	10	589	215	337	143	744
榆林	15176	7580	4883	1994	703	7596	66	0	32	4029	48	0	137	299	83	7	2902
安康	55864	38130	23374	9689	5067	17734	2142	15	0	4424	761	32	8634	411	822	281	525
商洛	23523	17178	10476	6150	552	6345	915	0	0	2886	906	105	367	265	104	42	902

单位负责人：　　统计负责人：　　报出日期：

本表逻辑关系：

1. 1栏=2栏+6栏，2栏=3栏+4栏+5栏；

2. 6栏=7栏+8栏+9栏+10栏+11栏+13栏+14栏+15栏+17栏；

3. 11栏≥12栏，15栏≥16栏；

4. 各栏均保留整数

附表3.11

乡市政公用设施水平综合表（含暂住人口）

2009年

表号：乡综1表

地区名称	人口密度（人/平方公里）	人均日生活用水量（升）	用水普及率（%）	燃气普及率（%）	人均道路面积（平方米）	排水管道暗渠密度（公里/平方公里）	污水处理率（%）	污水处理厂集中处理率	人均公园绿地面积（平方米）	绿化覆盖率（%）	绿地率（%）	生活垃圾处理率（%）	无害化处理率
甲	1	2	3	4	5	6	7	8	9	10	11	12	13
陕西省	4566	58.03	64.96	19.28	10.23	3.73	0.00	0.00	0.39	7.96	3.12	34.54	1.20
西安	4959	47.47	90.33	56.28	13.93	6.20	0.00	0.00	0.00	23.61	8.76	29.22	0.00
铜川	4210	43.25	30.14	0.00	10.10	1.50	0.00	0.00	0.00	4.25	1.31	0.00	0.00
宝鸡	4268	64.00	82.65	0.37	9.94	1.64	0.00	0.00	0.46	7.12	2.48	17.58	8.21
咸阳	6238	37.64	88.53	19.53	11.08	7.58	0.00	0.00	2.09	11.63	4.64	47.09	0.00
渭南	5071	63.35	58.79	23.67	9.70	2.71	0.00	0.00	0.35	6.76	4.46	31.93	6.30
延安	4233	54.10	51.63	13.07	11.53	5.08	0.00	0.00	0.03	0.89	0.52	2.66	0.00
汉中	6317	70.58	63.04	1.13	9.64	3.83	0.00	0.00	0.05	5.05	1.31	21.06	0.00
榆林	3342	58.71	29.64	1.81	6.03	0.40	0.00	0.00	0.24	1.58	0.67	17.40	0.00
安康	3673	92.55	78.07	4.42	10.29	5.68	0.00	0.00	0.00	2.97	0.08	88.33	1.98
商洛	6355	103.50	47.65	13.03	9.28	3.17	0.00	0.00	0.00	7.48	1.75	0.00	0.00
单位负责人：				统计负责人：				填报人：			报出日期：		

本表逻辑关系：

1. 7栏≥8栏，12栏≥13栏；

2. 1栏保留整数，其他栏保留2位小数

附表3.12

乡市政公用设施水平综合表（不含暂住人口）

2009年

表号：乡综1表

地区名称	人口密度（人/平方公里）	人均日生活用水量（升）	用水普及率（%）	燃气普及率（%）	人均道路面积（平方米）	排水管道暗渠密度（公里/平方公里）	污水处理率（%）	污水处理厂集中处理率	人均公园绿地面积（平方米）	绿化覆盖率（%）	绿地率（%）	生活垃圾处理率（%）	无害化处理率
甲	1	2	3	4	5	6	7	8	9	10	11	12	13
陕西省	4153	58.03	71.42	21.20	11.25	3.73	0.00	0.00	0.43	7.96	3.12	34.54	1.20
西安	4447	47.47	100.73	62.76	15.53	6.20	0.00	0.00	0.00	23.61	8.76	29.22	0.00
铜川	4010	43.25	31.65	0.00	10.60	1.50	0.00	0.00	0.00	4.25	1.31	0.00	0.00
宝鸡	3997	64.00	88.27	0.40	10.61	1.64	0.00	0.00	0.50	7.12	2.48	17.58	8.21
咸阳	5931	37.64	93.11	20.54	11.66	7.58	0.00	0.00	2.20	11.63	4.64	47.09	0.00
渭南	4775	63.35	62.44	25.14	10.31	2.71	0.00	0.00	0.37	6.76	4.46	31.93	6.30
延安	3407	54.10	64.15	16.23	14.32	5.08	0.00	0.00	0.04	0.89	0.52	2.66	0.00
汉中	5829	70.58	68.32	1.22	10.44	3.83	0.00	0.00	0.06	5.05	1.31	21.06	0.00
榆林	2914	58.71	34.00	2.07	6.91	0.40	0.00	0.00	0.27	1.58	0.67	17.40	0.00
安康	3515	92.55	81.58	4.62	10.75	5.68	0.00	0.00	0.00	2.97	0.08	88.33	1.98
商洛	5970	103.50	50.73	13.88	9.88	3.17	0.00	0.00	0.00	7.48	1.75	0.00	0.00
单位负责人：				统计负责人：				填报人：			报出日期：		

本表逻辑关系：

1. 7栏≥8栏，12栏≥13栏；

2. 1栏保留整数，其他栏保留2位小数

附表3.13

乡基本情况综合表

2009年

表号：乡综2表

地区名称	乡个数（个）	乡域面积（公顷）	乡城户籍户数（户）	乡城户籍人口（万人）	乡城暂住人口（万人）	建成区面积（公顷）	建成区户籍户数（户）	建成区户籍人口（万人）	建成区暂住人口（万人）	村镇规划建设管理：设有村镇建设管理机构的乡个数（个）	村镇规划建设管理：村镇建设管理人员（人）	村镇规划建设管理：专职人员	村镇规划建设管理：已编制总体规划的乡个数（个）	村镇规划建设管理：本年编制	村镇规划建设管理：本年村镇规划编制投入（万元）	市政公用设施建设财政性资金收入（万元）：合计	中央财政	省级财政	地级财政	县级财政	本级财政
甲	1	2	3	4	5	6	7	8	9	10	11	12	13	14	15	16	17	18	19	20	21
陕西省	657	########	2035105	########	23.1869	########	261833	########	10.8056	338	697	299	408	81	2626.45	########	2226.60	4976.81	6768.65	########	8642.57
西安	51	########	293775	########	4.3017	4622.20	50505	20.5544	2.3666	47	116	45	33	7	186.20	3385.06	424.70	287.13	924.32	225.00	1523.91
铜川	8	########	19688	7.9069	0.2190	306.00	2268	1.2270	0.0614	8	24	9	8	0	15.00	224.30	0.00	15.90	117.50	70.00	20.90
宝鸡	34	########	99781	40.2292	0.5706	1250.66	10650	4.9983	0.3401	20	23	14	23	5	230.90	4197.82	617.63	1375.50	793.89	824.70	586.10
咸阳	58	########	236289	95.2603	1.0038	2462.14	34181	14.6025	0.7565	43	120	48	43	7	103.90	4774.32	754.00	1230.78	774.64	1106.10	908.80
渭南	72	########	354873	########	2.7293	3555.91	40368	16.9795	1.0533	64	136	73	54	8	329.10	4534.70	116.00	663.00	492.20	1660.00	1603.50
延安	80	########	160262	63.1977	4.7081	2290.48	20738	7.8047	1.8920	14	56	23	61	7	1027.00	3653.15	0.00	4.00	145.00	2019.00	1485.15
汉中	91	########	178069	66.8463	1.3044	1604.70	24806	9.3530	0.7840	64	98	37	85	11	83.60	2365.86	16.00	235.00	1175.00	174.00	765.86
榆林	109	########	334332	########	7.2001	6577.75	41534	19.1693	2.8154	35	40	20	44	23	352.75	1300.00	0.00	355.00	368.00	189.00	388.00
安康	85	########	194383	73.1790	0.4999	2526.58	22658	8.8802	0.3991	40	67	28	31	7	221.70	6477.22	175.27	750.00	470.00	4576.30	505.65
商洛	67	601040.77	150290	72.0772	0.6160	801.81	13306	4.7868	0.3090	3	17	2	26	6	72.30	2889.30	123.00	53.00	1400.60	840.00	472.70

单位负责人：　统计负责人：　填表人：　报出日期：

本表逻辑关系：

1. 2栏>6栏，3栏>7栏，4栏>8栏，5栏>9栏；

2. 1栏≥10栏，1栏≥13栏，11栏≥12栏，16栏=17栏+18栏+19栏+20栏+21栏；

3. 1栏、4栏、8栏、10栏~14栏保留整数，其他栏保留2位小数

乡基本情况综合表（包含纳入城市统计的乡）

附表3.14

2009年

表号：乡综2表

地区名称	乡个数（个）	乡城面积（公顷）	乡城户籍户数（户）	乡城户籍人口（万人）	乡城暂住人口（万人）
甲	1	2	3	4	5
陕西省	666	7001523.65	2077821	834.0363	23.3157
西安	52	196432.20	299414	118.6385	4.3118
铜川	11	86933.00	36417	13.4508	0.2366
宝鸡	34	281741.02	99781	40.2292	0.5706
咸阳	60	306950.32	241036	97.8759	1.0159
渭南	72	403516.41	354873	146.3070	2.7293
延安	81	361712.10	164012	64.6977	4.7211
汉中	91	1111377.79	178069	66.8463	1.3044
榆林	109	2900229.34	334332	130.3072	7.2001
安康	85	744345.70	194383	73.1790	0.4999
商洛	67	601040.77	150290	72.0772	0.6160

乡供水综合表

附表3.15

2009年

表号：乡综3表

地区名称	集中供水的乡		公共供水			自备水源单位		年供水总量（万立方米）			供水管道长度（公里）		用水人口（万人）
	个数（个）	占全部乡的比例（%）	设施个数（个）	其中：水厂个数	综合生产能力（万立方米/日）	个数（个）	综合生产能力（万立方米/日）		年生活用水量	年生产用水量		本年新增	
甲	1	2	3	4	5	6	7	8	9	10	11	12	13
陕西省	496	75.49	521	83	14.535	682	5.175	3103.87	1643.99	1206.56	2836.70	260.55	77.6112
西安	46	90.20	47	8	3.800	188	1.425	971.61	358.77	590.13	352.96	6.90	20.7048
铜川	6	75.00	7	3	0.157	1	0.010	8.26	6.13	2.01	29.51	6.60	0.3883
宝鸡	28	82.35	40	13	0.498	106	0.367	135.40	103.07	21.94	227.23	16.52	4.4120
咸阳	55	94.83	60	23	2.899	41	0.735	348.45	186.81	141.95	231.09	46.90	13.5969
渭南	53	73.61	56	8	2.214	160	1.080	441.10	245.12	151.77	361.10	24.05	10.6015
延安	54	67.50	31	4	0.399	45	0.912	153.61	98.85	45.32	658.58	35.46	5.0064
汉中	75	82.42	83	5	0.630	77	0.276	208.58	164.63	39.30	230.68	24.21	6.3903
榆林	59	54.13	69	3	0.980	15	0.034	269.57	139.65	48.66	329.18	4.95	6.5173
安康	77	90.59	95	16	2.549	16	0.156	342.16	244.72	57.71	296.76	65.30	7.2443
商洛	41	61.19	31	0	0.379	33	0.180	216.33	91.74	104.97	111.61	27.66	2.4284

单位负责人：　　统计负责人：　　填表人：　　报出日期：

本表逻辑关系：

1.1栏≤乡综2表1栏，2栏=1栏/乡综2表1栏×100，3栏≥4栏，8栏≥9栏+10栏，11栏≥12栏；

2.1栏、3栏、4栏、6栏为整数，5栏、7栏保留三位小数，其他栏保留两位小数

乡燃气、供热、道路桥梁及防洪综合表

附表3.16

2009年

表号：乡综4表

地区名称	用气人口（万人）	集中供热（万平方米）	道路长度（公里）	本年新增	道路面积（万平方米）	本年新增	道路照明灯盏数（盏）	本年新增	桥梁座数（座）	本年新增	防洪堤长度（公里）	本年新增
甲	1	2	3	4	5	6	7	8	9	10	11	12
陕西省	23.0399	10.95	2123.17	202.29	1222.08	120.36	6940	1045	620	56	1035.01	31.67
西安	12.8997	6.54	552.03	77.31	319.29	49.82	1743	170	45	1	73.30	6.00
铜川	0.0000	0.00	26.50	5.59	13.01	3.23	73	14	2	0	1.50	0.00
宝鸡	0.0200	0.00	102.25	12.70	53.04	5.44	343	113	14	3	3.00	0.20
咸阳	2.9992	0.00	225.73	20.80	170.24	18.29	1097	294	7	1	28.27	0.50
渭南	4.2678	4.36	315.94	16.35	174.99	9.40	1102	99	20	0	51.70	0.70
延安	1.2669	0.05	168.68	8.62	111.78	5.40	604	39	63	2	27.56	0.83
汉中	0.1142	0.00	194.90	7.30	97.69	3.26	550	20	175	7	112.76	0.69
榆林	0.3976	0.00	254.88	9.20	132.50	3.85	252	69	55	6	47.07	2.50
安康	0.4103	0.00	179.06	22.76	95.46	12.44	1037	152	164	19	593.33	12.68
商洛	0.6642	0.00	93.57	20.03	47.28	7.23	99	65	75	17	90.52	7.57

单位负责人：　　统计负责人：　　填表人：　　报出日期：

本表逻辑关系：

1.3栏≥4栏，5栏≥6栏，7栏≥8栏，9栏≥10栏，11栏≥12栏；

2.7栏～10栏保留整数，其他栏保留2位小数

乡排水综合表

附表3.17

2009年　　表号：乡综5表

地区名称	对生活污水进行处理的乡		污水处理厂		污水处理装置		年污水处理总量（万立方米）	污水处理厂集中处理量	排水管道长度（公里）	本年新增	排水暗渠长度（公里）	本年新增
	个数（个）	占全部乡的比例（%）	个数（个）	处理能力（万立方米/日）	个数（个）	处理能力（万立方米/日）						
甲	1	2	3	4	5	6	7	8	9	10	11	12
陕西省	3	0.46	0	0.000	0	0.000	0.00	0.00	382.71	65.20	592.49	98.44
西安	1	1.96	0	0.000	0	0.000	0.00	0.00	141.06	9.81	145.73	11.12
铜川	0	0.00	0	0.000	0	0.000	0.00	0.00	2.80	1.10	1.80	0.00
宝鸡	0	0.00	0	0.000	0	0.000	0.00	0.00	10.00	2.10	10.50	5.70
咸阳	0	0.00	0	0.000	0	0.000	0.00	0.00	29.25	15.26	157.37	28.05
渭南	1	1.39	0	0.000	0	0.000	0.00	0.00	30.80	2.61	65.44	18.02
延安	0	0.00	0	0.000	0	0.000	0.00	0.00	34.71	5.04	81.60	14.96
汉中	1	1.10	0	0.000	0	0.000	0.00	0.00	39.12	4.04	22.28	1.20
榆林	0	0.00	0	0.000	0	0.000	0.00	0.00	21.34	2.43	5.28	0.01
安康	0	0.00	0	0.000	0	0.000	0.00	0.00	64.43	20.62	79.17	16.40
商洛	0	0.00	0	0.000	0	0.000	0.00	0.00	2.07	0.56	23.32	2.98

单位负责人：　　统计负责人：　　负责人：　　填报日期：

本表逻辑关系：

1. 1栏≤乡综2表1栏，2栏=1栏/乡综2表1栏×100，7栏≥8栏，9栏≥10栏，11栏≥12栏；

2. 1栏、3栏、5栏取整数，4栏、6栏保留三位小数，其他栏保留两位小数。

乡园林绿化及环境卫生综合表

附表3.18

2009年　　表号：乡综6表

地区名称	园林绿化（公顷）				环境卫生					
	绿化覆盖面积	绿地面积	本年新增	公园绿地面积	生活垃圾年清运量（万吨）	生活垃圾年处理量（万吨）	无害化处理量	生活垃圾中转站（座）	环卫专用车辆设备（辆）	公共厕所（座）
甲	1	2	3	4	5	6	7	8	9	10
陕西省	2082.33	815.40	46.773	46.883	20.967	7.243	0.251	456	198	878
西安	1091.10	405.00	6.160	0.000	5.314	1.553	0.000	12	20	169
铜川	13.00	4.00	0.800	0.000	0.110	0.000	0.000	14	1	31
宝鸡	89.00	31.00	2.550	2.480	0.853	0.150	0.070	10	15	56
咸阳	286.32	114.30	28.443	32.090	4.457	2.099	0.000	65	42	99
渭南	240.50	158.60	1.330	6.280	2.205	0.704	0.139	204	30	107
延安	20.38	12.01	0.980	0.300	0.939	0.025	0.000	57	23	109
汉中	81.00	21.05	0.000	0.533	1.933	0.407	0.000	15	22	75
榆林	103.93	44.14	6.510	5.200	2.506	0.436	0.000	0	4	91
安康	75.00	2.00	0.000	0.000	2.116	1.869	0.042	78	40	106
商洛	60.00	14.00	0.000	0.000	0.534	0.000	0.000	1	1	35

单位负责人：　　统计负责人：　　填表人：　　报出日期：

本表逻辑关系：

1. 2栏≥3栏，2栏≥4栏，5栏≥6栏≥7栏；

2. 1栏、2栏保留两位小数，3栏~7栏保留3位小数，8栏~10栏取整数

乡房屋建筑综合表

附表3.19

2009年

表号：乡综7表

地区名称	住宅							公共建筑				生产性建筑			
	本年建房户数（户）	在新址上新建	年末实有建筑面积（万平方米）	混合结构以上	本年竣工建筑面积（万平方米）	混合结构以上	人均住宅建筑面积（平方米）	年末实有建筑面积（万平方米）	混合结构以上	本年竣工建筑面积（万平方米）	混合结构以上	年末实有建筑面积（万平方米）	混合结构以上	本年竣工建筑面积（万平方米）	混合结构以上
甲	1	2	3	4	5	6	7	8	9	10	11	12	13	14	15
陕西省	5620	2763	2843.63	1714.58	54.81	50.17	26.17	645.63	502.37	26.55	24.87	287.90	206.25	16.47	11.63
西安	848	265	555.75	371.32	8.56	7.52	27.04	117.30	106.22	4.17	4.15	98.91	86.91	3.67	3.66
铜川	58	52	53.17	13.05	0.76	0.76	43.33	7.19	7.04	0.33	0.33	0.56	0.55	0.01	0.01
宝鸡	434	214	102.97	62.60	3.37	3.37	20.60	35.86	24.72	1.51	1.46	14.37	10.76	0.46	0.46
咸阳	742	509	408.03	224.03	8.97	8.59	27.94	95.73	78.73	7.35	7.35	55.89	35.75	1.42	1.36
渭南	793	238	513.52	316.52	6.68	5.91	30.24	163.74	127.06	3.39	2.86	51.03	24.41	5.99	2.44
延安	299	200	156.60	99.07	2.86	2.83	20.06	55.95	41.58	1.52	1.52	8.79	5.88	0.79	0.62
汉中	590	270	264.12	187.48	7.49	6.60	28.24	76.04	53.77	3.78	3.77	21.54	15.45	2.01	1.86
榆林	419	278	336.73	129.72	4.29	3.57	17.57	47.32	29.89	1.17	0.77	13.57	9.76	0.48	0.01
安康	877	478	275.62	194.61	7.39	6.69	31.04	25.00	19.87	2.43	1.77	11.90	8.97	1.44	1.01
商洛	455	229	164.89	103.95	4.09	3.98	34.45	21.09	13.08	0.84	0.83	6.94	3.41	0.00	0.00

单位负责人：　　统计负责人：　　填表人：　　报出日期：

本表逻辑关系：

1. 1栏>=2栏，3栏>=4栏，5栏>=6栏，3栏>=5栏，4栏>=6栏；

2. 8栏>=9栏，10栏>=11栏，8栏>=10栏，9栏>=11栏；

3. 12栏>=13栏，14栏>=15栏，12栏>=14栏，13栏>=15栏；

4. 1栏、2栏取整数，其他保留两位小数。

乡建设投资综合表

附表3.20

2009年

表号：乡综8表

地区名称	本年建设投资（万元）																
	合计	房屋				市政公用设施											
		小计	住宅	公共建筑	生产性建筑	小计	供水	燃气	集中供热	道路桥梁	排水	污水处理	防洪	园林绿化	环境卫生	垃圾处理	其他
甲	1	2	3	4	5	6	7	8	9	10	11	12	13	14	15	16	17
陕西省	114156	80760	43972	26228	10560	33396	2280	592	321	14394	3007	176	1223	2629	1751	194	7199
西安	16980	10298	5541	2934	1823	6682	311	48	0	1905	159	6	173	399	375	28	3312
铜川	1153	658	461	191	6	495	30	0	0	312	44	0	0	13	67	0	29
宝鸡	7079	5741	3529	1737	475	1338	273	0	0	632	117	0	0	166	129	13	21
咸阳	20685	14062	5688	7070	1304	6623	422	90	6	2464	1617	132	47	812	512	39	653
渭南	14332	11419	5175	2877	3367	2913	111	446	190	1452	144	1	169	94	169	23	138
延安	9620	5920	3155	1778	987	3700	273	7	70	1211	511	35	123	624	269	17	612
汉中	15735	13595	6212	6105	1278	2140	166	0	0	1181	52	0	137	323	73	21	208
榆林	9470	4381	3132	856	393	5089	47	1	44	2678	33	0	169	35	44	5	2038
安康	12120	9978	7314	1877	787	2142	395	0	0	1285	225	2	74	32	89	47	42
商洛	5657	4158	3415	743	0	1499	222	0	11	819	77	0	131	70	23	0	146

单位负责人：　　统计负责人：　　报出日期：

本表逻辑关系：

1. 1栏=2栏+6栏，2栏=3栏+4栏+5栏；

2. 6栏=7栏+8栏+9栏+10栏+11栏+13栏+14栏+15栏+17栏；

3. 11栏≥12栏，15栏≥16栏；

4. 各栏均保留整数

镇乡级特殊区域市政公用设施水平综合表（含暂住人口）

附表3.21

2009年

表号：特综1表

地区名称	人口密度（人/平方公里）	人均日生活用水量（升）	用水普及率（%）	燃气普及率（%）	人均道路面积（平方米）	排水管道暗渠密度（公里/平方公里）	污水处理率（%）	污水处理厂集中处理率	人均公园绿地面积（平方米）	绿化覆盖率（%）	绿地率（%）	生活垃圾处理率（%）	无害化处理率
甲	1	2	3	4	5	6	7	8	9	10	11	12	13
陕西省	5333	41.66	91.88	40.44	7.57	3.92	0.00	0.00	0.00	9.80	1.96	100.00	0.00
榆林	5914	38.38	96.57	28.99	7.54	5.71	0.00	0.00	0.00	14.29	2.86	0.00	0.00
安康	4063	54.79	76.92	76.92	7.69	0.00	0.00	0.00	0.00	0.00	0.00	100.00	0.00

单位负责人： 统计负责人： 填报人： 报出日期：

本表逻辑关系：

1. 2栏=镇综3表9栏/镇综3表13栏/报告期日历天数*1000;

2. 7栏>=8栏，12栏>=13栏

3. 1栏取整数，其他栏保留两位小数

镇乡级特殊区域市政公用设施水平综合表（不含暂住人口）

附表3.22

2009年

表号：特综1表

地区名称	人口密度（人/平方公里）	人均日生活用水量（升）	用水普及率（%）	燃气普及率（%）	人均道路面积（平方米）	排水管道暗渠密度（公里/平方公里）	污水处理率		人均公园绿地面积（平方米）	绿化覆盖率（%）	绿地率（%）	生活垃圾处理率	
								污水处理厂集中处理率					无害化处理率
甲	1	2	3	4	5	6	7	8	9	10	11	12	13
陕西省	4706	41.66	104.13	45.83	8.58	3.92	0.00	0.00	0.00	9.80	1.96	100.00	0.00
榆林	5000	38.38	114.23	34.29	8.91	5.71	0.00	0.00	0.00	14.29	2.86	0.00	0.00
安康	4063	54.79	76.92	76.92	7.69	0.00	0.00	0.00	0.00	0.00	0.00	100.00	0.00

单位负责人： 统计负责人： 填报人： 报出日期：

本表逻辑关系：

1. 2栏=镇综3表9栏/镇综3表13栏/报告期日历天数*1000;

2. 7栏>=8栏，12栏>=13栏

3. 1栏取整数，其他栏保留两位小数

镇乡级特殊区域基本情况综合表

2009年

附表3.23

表号：特综2表

地区名称	镇乡级特殊区域个数（个）	全域面积（公顷）	全域户籍户数（户）	全域户籍人口（万人）	全域暂住人口（万人）	建成区面积（公顷）	建成区户籍户数（户）	建成区户籍人口（万人）	建成区暂住人口（万人）	村镇规划建设管理						市政公用设施建设财政性资金收入（万元）					
										设有村镇建设管理机构的镇乡级特殊区域个数	村镇建设管理人员（人）	专职人员	已编制总体规划的镇乡级特殊区域个数（个）	本年编制	本年村镇规划编制投入（万元）	合计	中央财政	省级财政	地级财政	县级财政	本级财政
甲	1	2	3	4	5	6	7	8	9	10	11	12	13	14	15	16	17	18	19	20	21
陕西省	3	########	3357	1.4031	0.1969	51.00	449	0.2400	0.0320	0	0	0	1	0	0.00	15.00	0.00	0.00	0.00	15.00	0.00
榆林	2	########	1907	0.9152	0.1969	35.00	299	0.1750	0.0320	0	0	0	0	0	0.00	0.00	0.00	0.00	0.00	0.00	0.00
安康	1	13144.00	1450	0.4879	0.0000	16.00	150	0.0650	0.0000	0	0	0	1	0	0.00	15.00	0.00	0.00	0.00	15.00	0.00
单位负责人：				统计负责人：									填表人：				报出日期：				

本表逻辑关系：

1. 2栏>6栏，3栏>7栏，4栏>8栏，5栏>9栏；

2. 1栏≥10栏，1栏≥13栏，11栏≥12栏，16栏=17栏+18栏+19栏+20栏+21栏；

3. 1栏、4栏、8栏、10栏～14栏保留整数，其他栏保留2位小数

镇乡级特殊区域基本情况综合表（包括纳入村镇统计的农场）

附表3.24

2009年

表号：特综2表

地区名称	镇乡级特殊区域个数（个）	全域面积（公顷）	全域户籍户数（户）	全域户籍人口（万人）	全域暂住人口（万人）
甲	1	2	3	4	5
陕西省	3	42177.33	3357	1.4031	0.1969
榆林	2	29033.33	1907	0.9152	0.1969
安康	1	13144.00	1450	0.4879	0.0000

镇乡级特殊区域供水综合表

附表3.25

2009年

表号：特综3表

地区名称	集中供水的镇乡级特殊区域		公共供水			自备水源单位		年供水总量（万立方米）			供水管道长度（公里）		用水人口（万人）
	个数（个）	占全部镇乡级特殊区域的比例（%）	设施个数（个）	其中：水厂个数	综合生产能力（万立方米/日）	个数（个）	综合生产能力（万立方米/日）		年生活用水量	年生产用水量		本年新增	
甲	1	2	3	4	5	6	7	8	9	10	11	12	13
陕西省	3	100.00	3	0	0.072	0	0.000	4.30	3.80	0.50	7.50	2.00	0.2499
榆林	2	100.00	2	0	0.066	0	0.000	2.80	2.80	0.00	5.50	2.00	0.1999
安康	1	100.00	1	0	0.006	0	0.000	1.50	1.00	0.50	2.00	0.00	0.0500

单位负责人： 统计负责人： 填表人： 报出日期：

本表逻辑关系：

1.1栏<=特综2表1栏，2栏=1栏/特综2表1栏*100，3栏>=4栏，8栏>=9栏+10栏，11栏>=12栏

2.1栏、3栏、4栏、6栏为整数，5栏、7栏保留三位小数，其他栏保留两位小数

镇乡级特殊区域燃气、供热、道路桥梁及防洪综合表

附表3.26

2009年

表号：特综4表

地区名称	用气人口（万人）	集中供热（万平方米）	道路长度（公里）	本年新增	道路面积（万平方米）	本年新增	道路照明灯盏数（盏）	本年新增	桥梁座数（座）	本年新增	防洪堤长度（公里）	本年新增
甲	1	2	3	4	5	6	7	8	9	10	11	12
陕西省	0.1100	0.00	3.60	0.00	2.06	0.00	20	0	0	0	0.00	0.00
榆林	0.0600	0.00	2.60	0.00	1.56	0.00	18	0	0	0	0.00	0.00
安康	0.0500	0.00	1.00	0.00	0.50	0.00	2	0	0	0	0.00	0.00

单位负责人： 统计负责人： 填表人： 报出日期：

本表逻辑关系：

1.3栏≥4栏，5栏≥6栏，7栏≥8栏，9栏≥10栏，11栏≥12栏；

2.7栏～10栏保留整数，其他栏保留2位小数

附表3.27

表号：特综5表

镇乡级特殊区域特殊排水综合表

2009年

地区名称	对生活污水进行处理的镇乡级特殊区域		污水处理厂		污水处理装置		年污水处理总量（万立方米）		排水管道长度（公里）		排水暗渠长度（公里）	
	个数（个）	占全部镇乡级特殊区域的比例（%）	个数（个）	处理能力（万立方米/日）	个数（个）	处理能力（万立方米/日）		污水处理厂集中处理量		本年新增		本年新增
甲	1	2	3	4	5	6	7	8	9	10	11	12
陕西省	0	0.00	0	0.000	0	0.000	0.00	0.00	1.00	0.00	1.00	0.00
榆林	0	0.00	0	0.000	0	0.000	0.00	0.00	1.00	0.00	1.00	0.00
安康	0	0.00	0	0.000	0	0.000	0.00	0.00	0.00	0.00	0.00	0.00

单位负责人：　　统计负责人：　　负责人：　　填报日期：

本表逻辑关系：

1.1栏<=2表1栏，2栏=1栏/特2表1栏*100，7栏>=8栏，9栏>=10栏，11栏>=12栏；

2.1栏、3栏、5栏取整数，4栏、6栏保留三位小数，其他栏保留两位小数。

附表3.28

表号：特综6表

镇乡级特殊区域园林绿化及环境卫生综合表

2009年

地区名称	园林绿化（公顷）				环境卫生					
	绿化覆盖面积	绿地面积	本年新增	公园绿地面积	生活垃圾年清运量（万吨）	生活垃圾年处理量（万吨）	无害化处理量	生活垃圾中转站（座）	环卫专用车辆设备（辆）	公共厕所（座）
甲	1	2	3	4	5	6	7	8	9	10
陕西省	5.00	1.00	0.000	0.000	0.040	0.040	0.000	0	0	3
榆林	5.00	1.00	0.000	0.000	0.000	0.000	0.000	0	0	2
安康	0.00	0.00	0.000	0.000	0.040	0.040	0.000	0	0	1

单位负责人：　　统计负责人：　　填表人：　　报出日期：

本表逻辑关系：

1.2栏≥3栏，2栏≥4栏，5栏≥6栏≥7栏；

2.1栏、2栏保留两位小数，3栏~7栏保留3位小数，8栏~10栏取整数

镇乡级特殊区域房屋建设综合表

附表3.29

2009年　　表号：特综7表

地区名称	住宅							公共建筑				生产性建筑			
	本年建房户数（户）	在新址上新建	年末实有建筑面积（万平方米）	混合结构以上	本年竣工建筑面积（万平方米）	混合结构以上	人均住宅建筑面积（平方米）	年末实有建筑面积（万平方米）	混合结构以上	本年竣工建筑面积（万平方米）	混合结构以上	年末实有建筑面积（万平方米）	混合结构以上	本年竣工建筑面积（万平方米）	混合结构以上
甲	1	2	3	4	5	6	7	8	9	10	11	12	13	14	15
陕西省	25	13	3.71	2.51	0.16	0.16	15.46	2.50	2.50	0.05	0.05	3.00	3.00	0.08	0.08
榆林	15	3	1.62	1.01	0.11	0.11	9.26	2.00	2.00	0.00	0.00	2.50	2.50	0.00	0.00
安康	10	10	2.09	1.50	0.05	0.05	32.15	0.50	0.50	0.05	0.05	0.50	0.50	0.08	0.08

单位负责人：　　统计负责人：　　填表人：　　报出日期：

本表逻辑关系：

1. 1栏>=2栏，3栏>=4栏，5栏>=6栏，3栏>=5栏，4栏>=6栏；

2. 8栏>=9栏，10栏>=11栏，8栏>=10栏，9栏>=11栏；

3. 12栏>=13栏，14栏>=15栏，12栏>=14栏，13栏>=15栏；

4. 1栏、2栏取整数，其他保留两位小数。

镇乡级特殊区域建设投资综合表

附表3.30

2009年　　表号：特综8表

地区名称	本年建设投资（万元）																
	合计	房屋				市政公用设施											其他
		小计	住宅	公共建筑	生产性建筑	小计	供水	燃气	集中供热	道路桥梁	排水	污水处理	防洪	园林绿化	环境卫生	垃圾处理	
甲	1	2	3	4	5	6	7	8	9	10	11	12	13	14	15	16	17
陕西省	187	187	124	25	38	0	0	0	0	0	0	0	0	0	0	0	0
榆林	70	70	70	0	0	0	0	0	0	0	0	0	0	0	0	0	0
安康	117	117	54	25	38	0	0	0	0	0	0	0	0	0	0	0	0

单位负责人：　　统计负责人：　　报出日期：

本表逻辑关系：

1. 1栏=2栏+6栏，2栏=3栏+4栏+5栏；

2. 6栏=7栏+8栏+9栏+10栏+11栏+13栏+14栏+15栏+17栏；

3. 11栏≥12栏，15栏≥16栏；

4. 各栏均保留整数

村庄基本情况综合表

附表3.31

2009年

表号：村综1表

地区名称	村庄现状用地面积（公顷）	村庄户籍户数（户）	村庄户籍人口（万人）	村庄暂住人口（万人）	行政村个数（个）	自然村个数（个）					本年被合并自然村个数（个）		村庄规划						村庄整治		
						合计	200人以下	201～600人	601-1000人	1000人以上		被合并到城镇建成区	已编制村庄规划的行政村个数（个）	本年编制	占全部行政村比例（%）	已编制村庄规划的自然村个数（个）	本年编制	占全部自然村比例（%）	已开展村庄整治的行政村个数（个）	本年新增	占全部行政村比例（%）
甲	1	2	3	4	5	6	7	8	9	10	11	12	13	14	15	16	17	18	19	20	21
陕西省	########	5673293	2326.72	50.88	24879	72127	32479	24946	9311	5391	408	220	20968	2366	84.28	25750	3837	35.70	5058	1453	20.33
西安	########	760732	306.65	6.52	2433	7100	2206	2651	1481	762	11	0	1890	145	77.68	4386	307	61.77	727	160	29.88
铜川	8158.81	88368	34.61	0.41	486	1921	942	774	158	47	1	1	385	56	79.22	509	14	26.50	144	52	29.63
宝鸡	########	618319	237.11	3.85	1658	7833	3347	2849	1131	506	54	20	1204	347	72.62	3301	1102	42.14	703	330	42.40
咸阳	########	689633	272.98	0.74	2278	4825	930	1581	1228	1086	222	178	1934	277	84.90	3467	505	71.85	983	237	43.15
渭南	########	882215	398.33	8.88	3092	8466	2125	3494	1743	1104	9	7	10355	182	334.90	5963	331	70.43	1009	219	32.63
延安	########	317735	136.46	9.42	3174	8247	4951	2913	350	33	0	0	1167	431	36.77	1761	534	21.35	626	118	19.72
汉中	########	688059	260.90	4.99	2690	11752	6717	3305	1085	645	11	9	2066	352	76.80	5430	702	46.20	263	91	9.78
榆林	########	645231	279.69	12.69	4936	9702	4965	3549	923	265	72	0	932	299	18.88	244	71	2.51	105	47	2.13
安康	########	558274	214.10	2.25	2351	3769	1515	871	636	747	28	5	813	194	34.58	489	150	12.97	396	158	16.84
商洛	30161.72	403144	176.87	1.11	1714	8437	4780	2951	548	158	0	0	201	78	11.73	189	116	2.24	80	35	4.67

单位负责人：　统计负责人：　填表人：　报出日期：

本表逻辑关系：

1. 镇2表2栏≥1栏，镇2表3栏≥2栏，镇2表4栏≥3栏；

2. 5栏≤6栏，6栏=7栏+8栏+9栏+10栏，6栏≥11栏≥12栏；

3. 5栏≥13栏≥14栏，15栏=13栏/5栏×100，6栏≥16栏≥17栏，18栏=16栏/6栏×100；

4. 5栏≥19栏≥20栏，21栏=19栏/5栏×100；

5. 1栏、2栏、4栏，18栏，21栏保留2位小数，其他栏保留整数

村庄市政公用设施综合表（一）

附表3.32

2009年

表号：村综2表

地区名称	集中供水的行政村		年生活用水量（万立方米）	供水管道长度（公里）		用水人口（万人）	用水普及率（%）	人均日生活用水量（升）	用气人口（万人）	燃气普及率（%）	集中供热面积（万平方米）
	个数（个）	比例（%）			本年新增						
甲	1	2	3	4	5	6	7	8	9	10	11
陕西省	12331	49.56	29796.46	755755.64	6835.65	1381.83	58.12	59.08	204.29	8.59	8.47
西安	1461	60.05	4337.88	4702.35	736.80	215.64	68.86	55.11	136.06	43.45	0.00
铜川	207	42.59	344.94	434.54	112.40	19.37	55.31	48.79	0.94	2.68	0.00
宝鸡	1301	78.47	4452.37	24596.36	502.58	185.16	76.84	65.88	2.62	1.09	0.00
咸阳	1831	80.38	3073.95	6144.92	839.71	220.98	80.73	38.11	19.84	7.25	0.00
渭南	1904	61.58	7194.22	22510.01	771.97	302.70	74.34	65.11	31.00	7.61	0.01
延安	1659	52.27	1433.29	19265.36	184.98	72.52	49.71	54.15	1.91	1.31	0.00
汉中	1157	43.01	2810.60	2270.28	527.83	124.63	46.87	61.79	4.03	1.52	0.01
榆林	1381	27.98	2063.79	39733.00	1128.00	92.83	31.75	60.91	0.78	0.27	0.00
安康	921	39.17	2524.92	422154.75	1686.62	84.55	39.08	81.82	5.77	2.67	0.00
商洛	442	25.79	1450.76	213901.97	337.16	54.42	30.58	73.04	1.08	0.61	0.00

单位负责人：　统计负责人：　填表人：　报出日期：

本表逻辑审核关系：

1. 1栏≤村综1表5栏，2栏指的是"占全部行政村的比例"，2栏=1栏/村综1表5栏×100；

2. 4栏≥5栏，6栏、9栏≤村综4表（3栏+4栏），11栏≤村综4表（3栏+11栏+15栏）；

3. 1栏保留整数，其他栏保留2位小数

村庄市政公用设施综合表（二）

附表3.33

2009年

表号：村综3表

地区名称	村庄内道路长度（公里）			村庄内道路面积（万平方米）			排水管道沟渠长度（公里）		对生活污水进行处理的行政村		年生活垃圾清运量（吨）	有生活垃圾收集点的行政村		对生活垃圾进行处理的行政村		无害化处理	
		本年新增	硬化道路		本年新增	硬化道路		本年新增	个数	比例		个数	比例	个数	比例	个数	比例
甲	1	2	3	4	5	6	7	8	9	10	11	12	13	14	15	16	17
陕西省	68010.89	6144.55	23175.36	71257.54	3241.91	12955.06	14118.07	2607.61	632	2.54	1529277.56	6992	28.10	2337	9.39	160	0.64
西安	7536.20	515.47	3808.01	3312.41	220.72	1650.68	2105.01	340.76	115	4.73	449771.85	1306	53.68	362	14.88	5	0.21
铜川	572.37	131.66	173.06	521.27	46.48	132.13	176.50	64.57	11	2.26	17724.94	121	24.90	19	3.91	0	0.00
宝鸡	8091.83	651.58	2639.09	3671.29	288.14	1078.01	2376.75	262.72	92	5.55	154623.63	755	45.54	384	23.16	104	6.27
咸阳	8234.46	826.95	4445.08	4821.85	577.15	2348.19	3809.35	844.50	119	5.22	488824.68	1346	59.09	525	23.05	7	0.31
渭南	10978.10	631.72	2088.57	32732.23	198.88	1547.26	1718.38	283.12	95	3.07	205204.04	1662	53.75	642	20.76	11	0.36
延安	4578.86	235.38	422.71	2081.85	91.01	187.69	240.20	124.80	94	2.96	8441.50	945	29.77	89	2.80	2	0.06
汉中	9436.22	778.30	3376.13	11859.97	382.14	3032.92	841.60	105.12	25	0.93	55384.58	342	12.71	73	2.71	3	0.11
榆林	3027.79	548.89	697.24	1053.43	253.48	262.84	29.00	4.50	5	0.10	418.00	37	0.75	10	0.20	0	0.00
安康	9381.78	829.98	3862.09	8921.00	825.30	2105.39	2563.28	523.04	57	2.42	116335.94	409	17.40	201	8.55	28	1.19
商洛	6111.28	988.32	1657.08	2246.34	354.81	606.15	204.15	51.78	3	0.18	32544.00	18	1.05	0	0.00	0	0.00

单位负责人：　　统计负责人：　　填表人：　　报出日期：

本表逻辑审核关系：

1. 1栏≥2栏，1栏≥3栏，4栏≥5栏，4栏≥6栏，7栏≥8栏；

2. 9栏、12栏、14栏、16栏≤村综1表5栏；

3. 10栏、13栏、15栏、17栏均指的是"占全部行政村个数的比例"；

4. 10栏=9栏/村综1表5栏×100，13栏=12栏/村综1表5栏×100；

5. 15栏=14栏/村综1表5栏×100，17栏=16栏/村综1表5栏×100；

6. 9栏、12栏、14栏、16栏保留整数，其他栏保留2位小数

村庄房屋建设综合表

附表3.34

2009年

表号：村综4表

地区名称	住宅							危房改造		公共建筑				生产性建筑			
	本年建房户数（户）	在新址上新建	年末实有建筑面积	混合结构以上	本年竣工建筑面积	混合结构以上	人均住宅建筑面积（平方米）	2009年以来已改造C级和D级危房户数（户）	本年完成	年末实有建筑面积	混合结构以上	本年竣工建筑面积	混合结构以上	年末实有建筑面积	混合结构以上	本年竣工建筑面积	混合结构以上
甲	1	2	3	4	5	6	7	8	9	10	11	12	13	14	15	16	17
陕西省	114078	55722	64617.33	40137.95	1001.92	929.81	27.77	36814	24752	3201.89	2151.57	107.31	95.72	3927.26	3182.32	228.33	157.19
西安	14104	5781	10262.75	7734.00	138.92	133.99	33.47	2443	1925	634.94	500.44	16.05	15.32	1019.75	840.62	65.44	63.67
铜川	1843	1276	905.14	604.85	15.19	14.27	26.15	1498	1247	52.66	47.41	3.39	3.13	86.68	59.18	9.94	7.70
宝鸡	16396	8042	5968.93	4252.68	114.87	112.76	25.17	1676	1470	523.83	394.45	14.99	14.56	1587.57	1515.07	14.04	13.76
咸阳	19868	10776	8422.45	5565.52	204.82	191.84	30.85	4486	3984	432.52	287.67	18.48	17.11	336.67	240.35	29.82	27.05
渭南	15951	4495	11292.51	7400.88	124.82	104.75	28.35	4284	2540	580.31	448.96	18.31	15.02	294.98	153.93	27.28	15.40
延安	7520	4994	2924.73	1822.85	35.53	32.40	21.43	2466	2049	63.53	45.27	5.56	4.97	71.73	53.47	3.75	3.01
汉中	11091	4466	7292.85	4297.34	136.88	129.86	27.95	2674	1531	528.05	197.33	13.64	12.19	204.98	119.20	6.58	6.14
榆林	5686	3689	5193.40	1977.86	35.03	30.41	18.57	3409	2757	116.46	32.59	1.01	0.98	85.26	51.59	1.61	1.46
安康	13205	8219	5479.89	3465.34	109.33	104.19	25.60	10011	5152	84.62	70.43	10.95	8.04	81.33	65.75	15.34	13.21
商洛	7807	3866	6561.85	2786.47	80.15	68.96	37.10	3843	2081	183.63	125.68	4.73	4.20	137.96	62.81	53.73	4.99

本表负责人：　　统计负责人：　　填表人：　　填报日期：

本表逻辑审核关系：

1. 1栏≥2栏，3栏≥4栏，5栏≥6栏，8栏≥9栏；

2. 10栏≥11栏，12栏≥13栏，10栏≥12栏，11栏≥13栏；

3. 14栏≥15栏，16栏≥17栏，14栏≥16栏，15栏≥17栏；

4. 1栏、2栏、8栏、9栏保留整数，其他保留2位小数

村庄建设投资综合表

附表3.35

2009年

表号：村综5表

地区名称	本年建设投资（万元）																
	合计	房屋				市政公用设施											其他
		小计	住宅	公共建筑	生产性建筑	小计	供水	燃气	集中供热	道路桥梁	排水	污水处理	防洪	园林绿化	环境卫生	垃圾处理	
甲	1	2	3	4	5	6	7	8	9	10	11	12	13	14	15	16	17
陕西省	1315902	1034278	772766	105070	156442	281624	37332	2112	279	191043	21094	469	4513	7883	8128	1398	9240
西安	201238	153809	104049	13795	35965	47429	6713	312	73	31451	2911	288	1483	858	1612	411	2016
铜川	23878	18206	10984	2349	4873	5672	514	0	0	3579	1089	0	0	49	360	5	81
宝鸡	170005	139806	109862	17376	12568	30199	6390	30	0	16546	1960	69	405	2344	2237	639	287
咸阳	253504	178135	135875	16435	25825	75369	8269	139	19	53240	6645	51	302	2657	1697	92	2401
渭南	173067	141312	84426	15695	41191	31755	2641	1597	144	21006	2167	38	511	829	828	44	2032
延安	59050	44651	33116	6437	5098	14399	4470	10	35	4296	2584	0	417	634	713	26	1240
汉中	166300	148711	125809	18043	4859	17589	2385	20	8	13428	831	0	204	241	218	32	254
榆林	35045	22174	20065	752	1357	12871	1880	0	0	10654	55	0	97	88	42	9	55
安康	141522	124575	94115	9255	21205	16947	1382	4	0	12602	1289	23	801	158	292	140	419
商洛	83448	56001	48607	4703	2691	27447	2466	0	0	22887	1326	0	293	13	67	0	395

单位负责人： 统计负责人： 填表人： 填报日期：

本表逻辑审核关系：

1. 1栏=2栏+6栏，2栏=3栏+4栏+5栏；

2. 6栏=7栏+8栏+9栏+10栏+11栏+13栏+14栏+15栏+17栏；

3. 11栏≥12栏，15栏≥16栏；

4. 各栏均保留整数

3.2 陕西省乡村非物质文化遗存（产）研究

陕西非物质文化遗存、遗产是陕西农民对中国传统文化的民俗化表达，是于农耕文明本源各方面所共同形成的传统文化范式中，在既成文化框架内，经由集体无意识作用而带入生活的细微之处与宏观风貌，即“衣、食、住、行、想”的具体细节与整体风貌。在经过长久积淀之后，这“衣、食、住、行、想”的具体细节与整体风貌化成具有继承性、恒常性的古风，而继承性、恒常性乃是文明的精华，所以，陕西非物质文化遗存、遗产是构成陕西农民生活“衣、食、住、行、想”的主体与精华，是被陕西农民群体或个人长期不断重复和表达的“衣、食、住、行、想”的行为、习惯、习俗、观念，是根植于农耕文化的陕西农民从内到外表达的意愿，亦是陕西农村景观中各种物质文化遗产背后的文化隐动力。

陕西非物质文化遗存以三个区域为主形成了大的区域特色，关中、陕北、陕南三个区域自然环境的差异使中国传统文化被陕西农民在“衣、食、住、行、想”5个方面的民俗化表达呈现出了统一中的差异性特征。关中历来就有“尚农遗风”。《史记·货殖列传》中说：“关中自千雍以东至河华，膏壤沃野千里，自虞夏之《贡》以为上田。而公刘适邻。太王、王季在岐，文王作丰，武王都镐，故其人犹有先王遗风：好稼穑，殖五谷。”[1]陕北自秦始受外族影响民风趋于游牧特性，《册府元龟》道：“秦始皇遣蒙恬攘却匈奴得其河南造阳以北千里地甚好，于是筑城郭，徙民居之，名曰‘新秦’”，《汉书·地理志》：“安定、北地、上郡、西河，皆迫著翟，修习备战，高尚气力，以射猎为先。”[2]陕南则由于地理环境与关中、四川、湖北相邻，故民俗受其影响较为明显，《汉中府志》说：“汉中府，其俗强劲质朴，力农习射。武都氐叟多羌戎之民，其人半秦，多勇戆；土地险隘，其人半楚，风俗略与荆州、沔州郡同。”《太平寰宇记》又言：“汉高祖发巴蜀、伐三秦，迁蜀七姓于商洛，其俗猎山伐木深有楚风。”《宁羌州志》道：“宁羌州风气兼南北，语言杂秦蜀。”[3]以上典籍记载了自古至今三个区域的鲜明特性，八百里秦川的关中平原，梁峁沟壑纵生的黄土高原，秦岭以南与巴蜀接壤的汉中盆地，丰富的地景结构在与中国传统文化相适应的过程中孕育了丰富的非物质文化遗存，如皮影、剪纸、神话传说、鼓舞、小吃、社火、道情、中医中药、老腔……但亦正是这三个区域及其内的局部地景和场所氛围的差异性造就了中国传统文化在陕西民俗化表现的千差万别，如仅关中皮影就以西安为中心，由场所氛围差异性使其在创作与表现风格（刀法、造型、色彩、大小、尺度等）方面分为西路皮影（西到宝鸡）与东路皮影（东到华县）。

陕西非物质文化遗产是经过国际、国家认定的非物质文化遗存。2003年，联合国教科文组织颁布的《公约》对非物质文化遗产的概念进行了权威表述[4]，我国在2005年国务院颁布的《通知》中作出了规范表述[5]。2011年6月，国家又颁布

1. 陕西省志·民俗志

2. 同上

3. 同上

4.《保护非物质文化遗产公约》指出：“被各群体、团体、有时为个人视为其文化遗产的各种实践、表演、表现形式、知识和技能及其有关工具、实物、工艺品和文化场所。各个群体和团体随着其所处的环境、与自然界的相互关系和历史条件的变化不断使这种代代相传的非物质文化遗产得到创新，同时使他们自己具有一种认同感和历史感，从而促进了文化多样性和人类的创造力……按上述定义，非物质文化遗产包括以下方面：（1）口头传说和表述，包括作为非物质文化遗产媒介的语言；（2）表演艺术；（3）社会风俗、礼仪、节庆；（4）有关自然界和宇宙的知识和实践；（5）传统手工技能。”

5.《关于加强非物质文化遗产保护的通知》指出：“文化遗产由物质文化遗产和非物质文化遗产两部分组成，并对非物质文化遗产进行了概念界定：非物质文化遗产是指各种以非物质形态存在的与群众生活密切相关、世代相承的传统文化表现形式，包括口头传统、传统表演艺术、民俗活动和礼仪与节庆、有关自然界和宇宙的民间传统知识和实践、传统手工艺技能等以及与上述传统文化表现形式相关的文化空间。”

了非物质文化遗产法，这些都使陕西非物质文化遗产的认定与陕西非物质文化遗存的保护和传承具有了公约与法律的认可和保障。

迄今为止，陕西省形成了从联合国教科文组织到县级的5级非物质文化遗产名录，其中，世界级2项，国家级61项，省级435项，市级590项，县级2292项，与此同时，也形成了从国家级到县级的传承人名录，其中国家级47人，省级435人，市级419人，县级1298人，在国家统一规定的10类分项[1]里予以了相应分类。

陕西丰富的非物质文化遗存（产）从本质上说明了陕西本身就是一个在特殊地景环境中所形成的宏大的非物质文化遗存"场"，此"场"中，农民以自己的"衣、食、住、行、想"活生生地体现、表达着传统文化，并在祖先所留下来的传统村落环境空间的"容器"中，日复一日年复一年地过着自己的"生活"，这"容器"与他们"生活"中的"衣、食、住、行、想"息息相关，就像"榫卯结构"一样阴阳相合，只有"容器"与"生活"两者结合在一起，阴阳两合，农民才具有了定居、完整的诗意生活。

1. 10类分别为民间文学、民间美术、民间舞蹈、民间音乐、传统戏剧、曲艺、传统体育（游艺、杂技）、传统手工技艺、传统医药、民俗文化空间。

3.2.1　陕西非物质文化遗存（产）基础性调研

1. 关中

关中地区主要包括西安、咸阳、渭南、铜川、宝鸡、杨凌区。

关中地区非物质文化遗产（存）基础性调研表　表3. 24

类型 / 地区	种类	分类序号	名称	最早时间	主要村落或区域	最早一代	著名接班人或最近传人	总序号
西安	想 民间音乐	1	阎良新兴特技唢呐	–	阎良区新兴街道井家村	–	袁学民	1
		2	埙乐艺术▲	–	陕西	–	–	2
	想 民间文学	1	斗门石婆庙会七夕传说	西周以前	长安区斗门街办南沣村	–	–	3
		2	仓颉造字传说▲	–	白水县史官镇史官村	–	–	4
		3	寒窑传说▲	–	西安	–	–	5
	行 民间舞蹈	1	临潼零口十面锣十面鼓	楚汉时期	临潼区零口镇	–	周金成	6
		2	牛斗虎	清末	周至县楼观镇八家庄村及周边区域	杜困（创）	赵文利等	7
		3	渭旗锣鼓	秦代	周至县二曲镇渭旗村	霍七	朱邵良等	8
		4	关山牛拉鳖鼓	清道光年	阎良区关山镇关山村	冉庭奇	冉光阜	9
		5	户县北乡锣鼓▲	–	户县	–	–	10
		6	周至镇殿八卦锣鼓▲	–	周至	–	–	11
		7	唐代乐舞▲	–	陕西	–	–	12
		8	周至龙灯▲	–	周至	–	–	13
	想 传统戏剧	1	户县眉户曲子	周代	郿、鄠二县	吴老三等	吴起冲等	14
		2	周至皮影戏●		周至县广济镇西欢乐村	刘麻子	朱彦斌	15
		3	周至大玉木偶●	清代	周至县大玉村	唐老八	杜占刚等人	16
		4	陕西杖头木偶戏▲	–	陕西	–	–	17
		5	眉户▲	–	陕西	–	–	18

续表

类型/地区	种类	分类序号	名称	最早时间	主要村落或区域	最早一代	著名接班人或最近传人	总序号
西安	想 曲艺	1	周至道情	清代	周至楼观镇军寨村	司奎国	张占芳等	19
		2	临潼零口孙家皮影戏	清代	临潼区零口镇	孙老五	孙向等	20
		3	临潼道情皮影戏	民国	临潼区行者街办海家村	李世忠	–	21
		4	长安道情●	–	杨庄乡魏家岭	–	–	22
		5	高陵曲子●	清咸丰	高陵县姬家管委会枸杞村等	–	–	23
		6	陕西快板▲	–	陕西	–	–	24
	衣食住想 民间美术	1	高陵扎花	西汉	榆楚乡商家村	马彩云	许芳贤	25
		2	周至哑柏刺绣	西周	槐花村等	张氏	田葡萄等	26
		3	周至剪纸▲	–	司竹公社(乡)、富仁公社(乡)、楼观公社(乡)	–	–	27
	行 传统体育	1	红拳	唐末宋初	陕西	陈传	邵智勇	28
		2	甘水坊高空耍狮子▲	–	户县	–	–	29
	衣食住 传统手工 技艺	1	北张村传统造纸工艺	西汉	西安市长安区北张村	蔡伦	张逢学、马松胜	30
		2	狄寨徐文岳泥叫叫	解放初期	（源自西安西郊鱼化寨）白鹿原狄寨镇	张震中	徐文岳	31
		3	狄寨竹篾子灯笼编织	清康熙	白鹿原狄寨镇塘村	王俊发	王益龙	32
		4	阎良核雕技艺	清同治	阎良	孙光明	赵秉科	33
		5	户县秦镇大米面皮子	秦	户县	李十二		34
		6	豆村大腊	唐	周至县终南镇豆村	王秀成（四十代）	赵立功（四十二代）	35
		7	蓝田玉雕艺术	春秋战国	蓝田普化镇、冯林寨、蚂蚱滩村	寻秀林	杨博	36
		8	户县龙窝酒技艺●	清	户县涝店镇龙窝村	费永泰	费建朝等人	37
		9	西安老孙家羊肉泡馍●	清代	西安市端履门	–	–	38
		10	春发生葫芦头泡馍●	–	西安市	何乐义	管志强	39
		11	西安张氏风筝●	清代	西安市碑林区	张洪声	张天伟	40
		12	高陵易有功纸扎花灯●	清代	高陵县通远镇	董西武	易有功	41
		13	沣峪口老油坊榨油技艺●	清代	西安市长安区滦镇	齐一礼	高飞等	42
		14	寺坡村“添碟子”技艺●	清末	长安区杜曲镇寺坡村	赵夕恩	董兴安	43
		15	西安陈氏世家金银器制作技艺▲	清光绪	西安	陈之斌	张芪	44
		16	传统乐器手工制作技艺▲	–	陕西	–	–	45
		17	户县民间缯鼓制作技艺▲	–	户县	–	–	46
		18	秦镇杨氏木杆秤制作技艺▲	清光绪	户县秦渡镇	杨逢吉	杨卫斌	47
		19	起良村造纸制作技艺▲	西汉	周至县九峰乡起良村	蔡伦	周诚忠（最年轻）	48
		20	中华老字号西安贾三灌汤包子及清真小吃制作技艺▲	改革开放后	西安	贾三		49

续表

类型 地区	种类	分类序号	名称	最早时间	主要村落或区域	最早一代	著名接班人或最近传人	总序号
西安	衣食住传统手工技艺	21	陕西官府菜制作技艺▲	明代	西安	–	–	50
		22	户县手工织布技艺★	–	户县大王镇文艺村	–	–	51
		23	饸饹制作技艺★	–	关中	–	–	52
	综合民俗	1	长安王曲城隍庙祭祀和庙会	汉	长安县王曲镇	–	–	53
		2	长安侯官寨牛老爷	清	西安市长安区杨庄乡侯官寨上堡子村	姚凤文	李秉魁	54
		3	临潼骊山女娲风俗	–	临潼骊山北麓	–	–	55
		4	栎阳马踏青器山社火	明朝晚期	临潼栎阳镇县西堡村	赵氏家族	赵靖	56
		5	户县社火	隋唐	户县	阎进堂等	阎继军等	57
		6	蒋村正月民俗活动	约唐代	户县蒋村东门、西门南门、北门	张启凤等	巩书道等	58
		7	二曲礼仪	清初	周至二曲	李二曲	刘希贤、刘知民	59
		8	西安都城隍庙民俗●	明代	西安市西大街中段	贾教仁	刘世天	60
		9	西安大白杨社会芯子	东周	西安市西北郊		王栓印、侯宗海等	61
		10	“跑骡车”社火●	明末清初	临渭区	石光前	王存玲	62
		11	楼观台祭祀老子礼仪●	约周代	周至县楼观台	–	黄文秀等	63
		12	华夏财神民俗礼仪●	约周代	周至县集贤镇赵太村	李可嘉	李巨才等	64
		13	户县北乡迎祭城隍仪式●	明清前	户县北部乡村	–	–	65
		14	渭河南忙罢古会●	–	渭河南辖秦都区南部乡镇及接壤长安、户县（78村）	–	–	66
		15	上巳节风俗▲	–	西安	–	–	67
		16	终南山钟馗信仰民俗▲	约北宋	户县	–	王宽喜	68
	食传统医药	1	高陵韩氏骨外伤正骨和制药技术	清同治	高陵县院张村	韩明辉	韩志瑛	69
		2	腰椎间盘整复手法	周代	华山	张黄氏	穆长宁	70
咸阳	行民间舞蹈	1	牛拉鼓	秦代	咸阳、户县	–	郑志文	71
		2	西关老龙●	汉代	三原县城西关（西关东村、西村、大巷村、南道村）	–	–	72
		3	枣坪竹马●	不详	泾阳县太平镇枣坪村	–	–	73
		4	东寨十八罗汉●	清末	三原县西阳镇东寨南村	周金城	周福乐	74
		5	乾州蛟龙转鼓	明代	乾县王村镇	梁忠	–	75
	想传统戏剧	1	泾阳木偶▲	宋末元初	泾阳县泾河艺术团	–	彭明等	76
	想民间音乐	1	长武道场音乐	清中期	长武县彭公乡方庄村	–	–	77
		2	泾河号子●	–	泾河	–	–	78
		3	秦汉战鼓●	秦	咸阳渭城区正阳镇掌旗村	–	黄建民	79
		4	监军战鼓●	隋唐	咸阳永寿县监军镇城关村	–	南俊彦	80
		5	旬邑唢呐●	明朝	旬邑县	周派、吕派、北塬派	万忠院	81
		6	高陵胡道满洞箫●	清（同治）	高陵县耿镇西村	胡学忠	胡天民	82

续表

类型/地区	种类	分类序号	名称	最早时间	主要村落或区域	最早一代	著名接班人或最近传人	总序号
咸阳	想 民间文学	1	农业始祖后稷传说●	三皇五帝时期	武功县	–	–	83
		2	柳毅传书传说●	–	长武县芋元乡柳泉村	–	赵守进等	84
		3	秦琼敬德门神传说●	–	礼泉	–	–	85
		4	古豳国传说▲	西周	彬县			86
	衣食住想 民间美术	1	永寿剪纸	宋	永寿县甘井镇	–	张彦娥	87
		2	乾州布艺●	东周	乾县	–	–	88
		3	礼泉皮影●	明清之前	礼泉县	–	郑明和等	89
		4	旬邑彩贴剪纸●	汉代以前	旬邑县赤道乡王村等	王氏	库淑兰等	90
	衣食住 传统手工技艺	1	武功手织布●	公元前20世纪	武功县贞元南可村	–	杨咏梅	91
		2	普集烧鸡●	抗战时期	武功县普集镇	郭志平	胡希泉	92
		3	三原县金线油塔●	清代	三原县	赵伯安	赵伟等	93
		4	咸阳琥珀糖制作技艺●	–	咸阳	–	–	94
		5	乾州四宝●	–	乾县	–	–	95
		6	渭北地坑窑建筑技艺▲	–	泾阳县兴隆镇侯庄村川西组	–	–	96
		7	三原蓼花糖手工制作技艺▲	明正德	三原县	景元德作坊	–	97
		8	砖茶制作技艺▲	明洪武元年	泾阳县	–	–	98
		9	咸阳河水biangbiang面制作技艺▲	–	咸阳市秦都区	–	–	99
		10	泾阳水盆羊肉制作技艺▲	商周	泾阳	–	–	100
	综合民俗	1	长武庙宇泥塑礼仪●	清代后期	长武县	白玉山	张俊英等	101
		2	西王禹村纸台▲	–	礼泉县	–	–	102
		3	渭城区二月二古庙会▲	–	咸阳市渭城区	–	–	103
		4	彬县灯山庙会▲	南北朝	彬县城关镇水帘村灯山会	–	–	104
		5	彬县大佛寺三月八号庙会▲	–	彬县大佛寺	–	–	105
		6	苏蕙织锦回文与武功民间送手绢风俗▲	东晋前秦	咸阳市苏绘民间手工工艺精品专业合作社	苏蕙	–	106
		7	重阳追节送花糕▲	约先秦	咸阳市秦都区	–	–	107
	想 曲艺	1	旬邑咪子戏▲	–	旬邑			108
	行 传统体育	1	李氏太极拳▲	–	渭城区	–	–	109
宝鸡	行 民间舞蹈	1	眉县高跷赶犟驴	明朝	眉县青化乡嘴头村、西寨村、石马寺村	张栓锁	张涛英	110
		2	岐山转鼓	西周	岐山故郡乡冯家村、凤鸣镇陵头村	王枝等	王佳等	111
		3	宝鸡千阳八打棍	–	千阳县寇家河乡龙槐塬村	秋志贤	赵崇刚等	112
		4	宝鸡陈仓区西山刁鼓	汉代	陈仓区香泉镇水柏村	（清代水柏村人）	袁智平、许强等	113
		5	宝鸡陈仓秧歌	清	陈仓区凤阁岭镇毛家庄	朱家清	赵玉民等	114

续表

类型/地区	种类	分类序号	名称	最早时间	主要村落或区域	最早一代	著名接班人或最近传人	总序号
宝鸡	想 民间音乐	1	陈仓姜马察回	隋唐以后	陈仓区阳平镇姜马村	李德胜	马宗成	115
		2	陈仓区西山酒歌	约先秦	陈仓区西部山区凤阁岭	–	–	116
		3	凤县民歌●	西周	凤县	–	–	117
		4	眉县威风战鼓●	周秦	宝鸡眉县	荔根发	张宝生	118
		5	扶风碗碗腔皮影戏●	约春秋	扶风县	李有才	齐俊乾	119
		6	陇州小调▲	–	陇县			120
	想 传统戏剧	1	千阳灯盏头碗碗腔皮影戏	清乾隆五十年左右	千阳县南寨镇南寨村	齐保魁祖父	齐乃军等	121
	想 曲艺	1	西府道情	唐代	宝鸡	曹九成、李德胜	曹志礼、马自成	122
		2	西府曲子	先秦两汉	宝鸡凤翔、扶风	王升等	白成祥等	123
		3	眉县曲子▲	宋	眉县			124
	衣食住 民间美术	1	西秦刺绣	明清以前	宝鸡千阳、凤翔、陇县	千阳李爱姐等	凤翔 冯雨师等	125
		2	宝鸡陈仓区社火脸谱	商周	宝鸡天王镇天王村、曹家沟等	孙杰	王省娃	126
		3	凤翔罩金漆器制作技艺▲	明代	凤翔县	–	–	127
	综合民俗	1	宝鸡炎帝祭祀	秦灵公	渭滨区神农镇浴泉村	–	–	128
		2	陇县陇州社火	东汉	陇县	刘仲山等	权道生等	129
		3	灵山庙会▲	约唐德宗时期	凤翔灵鹫山	–	–	130
		4	龙门洞庙会▲	–	陇县新集川乡新集川村镇	–	–	131
	衣食住 传统 手工艺	1	岐山臊子面	约周文王时期	关中	“岐山照壁背后面馆”	–	132
		2	岐山空心挂面	–	岐山	“顺天成”号	–	133
		3	凤翔草编技艺	约北宋	糜杆桥镇、田家庄镇、董家河乡、范家寨乡及周边地区	–	第三代张玉珍、李建林等	134
		4	麟游县血面条	唐初	招贤镇梨家沟村	赵冬梅	李红娥	135
		5	太白酒酿造技艺●	仰韶文化时期	眉县金渠镇	–	陈怀仁等	136
		6	扶风鹿羔馍制作技艺●	唐代	扶风县城东关东四堡	–	王浩义	137
		7	陈仓银器制作技艺●	明末清初	陈仓区慕仪镇东城村	齐清海	齐省熊	138
		8	岐山王氏皮影制作技艺▲	清康熙元年	岐山县雍川镇何家村	王庆	王明君	139
		9	岐山农家醋制作技艺▲	约西周	岐山县	–	–	140
		10	岐山擀面皮制作技艺▲	清康熙	岐山县	王同江	–	141
		11	古太酒酿造技艺▲	–	眉县	–	–	142
		12	凤翔县豆花泡馍制作技艺▲	–	凤翔县	–	–	143
		13	凤翔扎笤帚手工制作技艺★	–	凤翔陈村乡李家堡村、料地村	–	王金刚等	144

续表

类型 / 地区	种类	分类序号	名称	最早时间	主要村落或区域	最早一代	著名接班人或最近传人	总序号
宝鸡	衣食住传统手工艺	14	陇县扎笤帚手工制作技艺★	–	陇县牙科村	–	–	145
		15	草帽编织技艺★	–	凤翔糜杆桥乡糜杆桥村11组	–	–	146
		16	麦秸秆工艺品手工编织技艺★		董家河、范家寨、田家庄	–	–	147
		17	背篓编织技艺★	–	凤翔南指挥镇连村	–	–	148
		18	西府豆腐制作技艺★	–	凤翔、陇县	–	–	149
	想 民间文学	1	吹箫引凤传说	秦代	宝鸡市陈仓区磻溪镇	张老七	魏玉杰	150
		2	炎帝传说▲	西周	宝鸡市渭滨区差门乡（神农乡）常羊山	–	–	151
渭南	行 民间舞蹈	1	韩城行鼓	元代初期	龙门镇西塬村	张孟德	李克强	152
		2	洪拳鼓	秦汉之后	澄城县刘家洼乡	杨天保	杨五堂	153
		3	老庙老鼓	秦	老庙镇孟家村、尹家村、上河村、南昌村、新店村	田金玉	田德江等	154
		4	华州背花鼓	汉	华县北下庙镇东甘、西甘、康甘	郭双合	郭振中等	155
		5	东雷上锣鼓	–	合阳县坊镇东雷村	马有弟	马志宏等	156
		6	潼关县踩高跷	明	城关镇五虎张村	石志荣	王宽喜等	157
		7	韩城黄河阵鼓●	西周	韩城南塬城北村	徐乾元	徐喜军等	158
		8	华阴素鼓●	–	华阴三河口附近泉店村	张怀西	张卫东等	159
		9	合阳撂锣●	明	马家庄乡西中雷村、南吴仁村	王贞祥	王均海等	160
		10	潼关南街背芯子●	唐贞观	潼关南街	–	周玉峰、程三喜等	161
		11	潼关五虎张高跷●	明代	潼关五虎张村	–	王新军等	162
		12	潼关古战船●	西汉	潼关县高桥乡、秦东镇、税村	师万山	李振鹏、董随兴	163
		13	田市八仙鼓▲	清嘉庆	渭南市临渭区田市镇	权氏二兄弟	乔树成	164
		14	南留锣鼓▲	明	大荔县朝邑镇南留村	–	王贞锁、井结石等	165
	想 传统戏剧	1	东路碗碗腔皮影	宋	渭南官底乡、华县、临渭区	杜生林等	肖振华等	166
		2	华阴迷胡	先秦	华阴	–	张志思等	167
		3	阿宫腔	秦	礼泉、三原、富平、临潼、耀县	金娃子、王仓	段天焕等	168
		4	合阳跳戏	约秦代前已有	新池镇行家庄	党桂一	党三民等	169
		5	华州秧歌	新石器	渭南、华县	–	梁化龙等	170
		6	同州梆子	明以前	关中东府	吕志谦	赵步瀛等	171
		7	大荔县同朝皮影戏●	清乾隆	大荔县沙底乡等	杜升初	段快车	172
		8	朱王秧歌剧▲	清顺治	临渭区双王办朱王村	王文恺	–	173
	想 曲艺	1	韩城秧歌	宋	韩城	–	冀修正等	174
		2	蒲城石羊道情●	唐	蒲城县石羊	–	王东鲁等	175

续表

类型／地区	种类	分类序号	名称	最早时间	主要村落或区域	最早一代	著名接班人或最近传人	总序号
渭南	衣食住想民间美术	1	澄城刺绣	商周	澄城	–	李氏、杨白秀等	176
		2	华县面花●	约汉	华县莲花寺等	–	王润青、李月珍等	177
		3	澄城面花●	汉初	澄城县沟北和沟南	–	党爱、王党琴等	178
		4	澄城手绘门帘●	–	澄城县寺前镇赵家寺村	–	李成启、李五常等	179
		5	朝邑剪纸▲	–	大荔县	–	–	180
		6	大荔刺绣▲	汉唐	大荔县高明、朝邑、石槽、八鱼	–	–	181
		7	合阳面花▲	–	合阳县	–	–	182
	衣食住传统手工技艺	1	澄城尧头陶瓷	汉	尧头镇尧头村	–	白金国等	183
		2	蒲城杆火艺术	南宋	蒲城县荆姚镇雷坊村	李氏	李海彦等	184
		3	华县皮影制作技艺	秦汉	柳枝镇、莲花寺镇、杏林镇、瓜坡镇，塬区的高塘镇、东阳乡、大明镇、金惠乡等八个乡镇30多个村庄	–	李占文、薛宏权等	185
		4	合阳提线木偶戏偶头制作工艺	汉	合阳	–	狄运昌、鲁兆星等	186
		5	杜康酒酿造工艺	约夏或汉	白水县杜康镇	杜康	时树森、李俊英等	187
		6	唐代宫廷御用九龙工艺研创	唐	白水县雷牙乡雷牙村	–	马金财	188
		7	蒲城土织布技艺●	春秋	蒲城县东永丰镇至县西南贾曲、苏坊乡	–	–	189
		8	蒲城椽头馍制作技艺●	明代	蒲城	宋福应	宋法军	190
		9	渭南太后饼制作技艺●	汉代	渭南富平	王荆州孟振汉	孟怀海等	191
		10	潼关万盛园酱菜制作技艺●	清代	潼关县	姚三才	宋岗山等	192
		11	渭北花袱子●	–	韩城一带	雷平	史灵丹	193
		12	澄城砂器制作技艺●	唐	澄城县尧头镇	白百海	权连英	194
		13	富平宫里石刻●	春秋战国	富平宫里	刘生亨等	刘英贤等	195
		14	大荔带把肘子制作技艺▲	明弘治	大荔县	李玉山	–	196
		15	潼关肉夹馍制作技艺▲	唐	潼关县	–	梁喜娃等	197
		16	石灰窑水晶饼制作技艺▲	宋	临渭区下吉镇	–	–	198
		17	渭南时辰包子制作技艺▲	清乾隆	临渭区	张儒坤	–	199
		18	韩城传统制称工艺★	抗战期间	韩城市	师立道	师长安	200
		19	簸箕制作工艺★	–	合阳县和阳村	–	秦明忠	201
	综合民俗	1	司马迁民间祭祀	东汉	韩城市嵬东乡徐村	–	同希贤、冯掌印等	202
		2	东庄神楼	宋	韩城市西庄镇	–	阎鸿章等	203
		3	东峪孝歌	唐	华县高塘镇东峪村	–	汪祖鳌等	204

续表

类型 地区	种类	分类序号	名称	最早时间	主要村落或区域	最早一代	著名接班人或最近传人	总序号
渭南	综合民俗	4	铁里芯子	明清	华县高塘镇铁里村	–	李大成等	205
		5	尧山圣母庙会	明代	蒲城县尧山南北一百多个村庄和十一个神社，荆阳镇、苏坊镇、龙阳镇等	–	陈志明等	206
		6	蒲城血故事艺术	北宋	蒲城苏坊镇	–	雷长庚	207
		7	谷雨祭祀文祖仓颉典礼	–	白水县史官乡、北塬乡、纵目乡	–	–	208
		8	华县蕴空禅院庙会●	东汉	华县大明乡西南蕴空北麓	–	蒋录娃等	209
		9	医陶始祖雷公庙会●	元以前	白水大雷公村东雷翔墓前	–	王三宝、刘继邦、郝会文等	210
		10	蒲城神龙花秋千●	明代	蒲城县罕井镇西南村	–	王德厚等	211
		11	渭北细狗撵兔●	唐代	蒲城	–	王世华等	212
		12	华阴司家村秋千会●	清咸丰	华阴司家村	–	–	213
		13	仓颉造字传说▲	上古黄帝时期	白水县北塬乡杨武村	–	–	214
		14	二月二庙会▲	约清	大荔县八鱼乡阿寿村	–	王玉侠等	215
		15	大荔乞巧节▲	–	大荔县户家乡大壕营村	–	–	216
		16	大荔血故事▲	清康熙	大荔县	–	–	217
		17	华山红社火▲	元末明初	华阴市玉泉办西王堡村	王氏先人	–	218
	传统体育	1	华山太极拳（剑）	战国后期	华阴市岳西村	据传为孟子	孟川州等	219
		2	澄城堡城“刀山”●	1933年	澄城县堡城村	焦刘宝	–	220
		3	吴东无底鸳鸯秋千▲	清嘉庆	富平县美原镇吴东村	刘老艺人	–	221
		4	南社秋千▲	宋	合阳县黑池镇南社村	雷简夫	–	222
		5	华县填字谜接龙游戏▲	汉以前	华县赤水镇郭村三组	–	白向亮	223
		6	柳池芯子▲	明永乐	澄城县庄头乡	传为王宠	–	224
	民间文学	1	韩城古门楣题字●	明	韩城城乡	–	党丕经等	225
		2	华山神话故事●	–	华阴市	–	–	226
	民间音乐	1	澄城民间鼓吹乐●	清之前	澄城县沟南、沟北、城及周边	–	何天祥、赵水楼等	227
		2	合阳五圆鼓●	战国魏文侯	合阳县路井镇北党村	–	王瑞亭、王忠信等	228
		3	古乐曲谱“谏公”	清康熙	韩城市西庄镇杨村	王姓家族	王德等	229
		4	合阳民间唢呐▲	–	合阳县坊镇伏六村	–	陈根成	230
		5	韩城围鼓▲	北宋	韩城市西川沿线、薛峰境内王村	–	–	231
	传统医药	1	针挑治疗扁桃体炎▲	–	临渭区	–	党继光	232

续表

类型 地区	种类	分类序号	名称	最早时间	主要村落或区域	最早一代	著名接班人或最近传人	总序号
铜川	行 民间舞蹈	1	宜君打连钱	民国初年	宜君县山荏乡	–	胡运群等	233
		2	石堡走马	汉	宜君县西村乡石堡村	–	杨万生	234
		3	西村长鼓	宋仁宗	宜君县西村	–	焦俊海等	235
		4	排灯舞▲	–	铜川市济阳寨、前齐、前原、神武	–	寇思聪等	236
	综合民俗	1	药王山庙会	北宋前	富平、三原、渭南、西安、咸阳、旬邑、淳化、黄陵、延安	–	–	237
		2	陈炉窑神庙春秋祭祀礼仪	唐	铜川市印台区陈炉镇	–	–	238
		3	耀州社火火亭子	清末民初	耀州	胡建青	胡升杰	239
		4	耀州区香山庙会●	苻秦	耀州区西北香山古刹	–	正竖上师	240
	想 民间文学	1	药王孙思邈传说●	唐	耀州区	–	–	241
		2	孟姜女故里传说●	唐	铜川市王益区黄堡镇孟家塬村	–	杨勤宇、史恒杰	242
	食 传统医药	1	孙思邈养生文化	唐	耀州区	孙思邈	胡克禹等	243
杨凌	衣食住 传统手工技艺	1	上川口村锣鼓制作技艺▲	晚清	杨村乡杨凌新声乐器有限公司	–	–	244
	食 传统医药	1	杨氏一指诊脉技艺▲	–	杨凌一宁中药研究所	–	杨宁	245
	想 民俗	1	姜庙会▲	–	杨凌区揉谷乡姜嫄村姜庙管委会	–	–	246

注：“●”为陕西省第二批非物质文化遗产；“▲”为陕西省第三批非物质文化遗产；“★”为本书关注的非物质文化遗产

经统计（表3.25），以陕西省非物质文化遗产的等级评定为标准，目前统计在内的关中地区非物质文化遗产（存）共246项。

关中地区非物质文化遗产（存）数量统计　　表3. 25

各地市数量（项）						“陕西省非物质文化遗产”认定（项）	本书独立研究或关注（项）	本书统计关中数量总计（项）
西安	咸阳	宝鸡	渭南	铜川	杨凌	234	10	246
70	39	42	81	11	3			

关中各地市不同类型非物质文化遗产（存）分类数量统计　　表3. 26

关中地市 分类	西安	咸阳	宝鸡	渭南	铜川	杨凌	总计	占比率
民间音乐	2	6	6	5	–	–	19	7.7%
民间文学	3	4	2	2	2	–	13	5.2%
民间舞蹈	8	5	5	14	4	–	36	14.6%
传统戏剧	5	1	1	8	–	–	15	6%
曲艺	6	1	3	2	–	–	12	4.9%
民间美术	3	4	3	7	–	–	17	6.9%
传统体育、游艺、杂技	2	1	–	6	–	–	9	3.7%

续表

分类 \ 关中地市	西安	咸阳	宝鸡	渭南	铜川	杨凌	总计	占比率
传统手工技艺	23	10	18	19	–	1	71	29%
民俗	16	7	4	17	4	1	49	20%
传统医药	2	–	–	1	1	1	5	2%
总计	70	39	42	81	11	3	246	100%

2. 陕北

陕北地区主要包括对延安、榆林。

陕北地区非物质文化遗产（存）基础性调研表表　　表3. 27

地区 \ 类型	种类	分类序号	名称	最早时间	主要村落或区域	最早一代	著名接班人或最近传人	总序号
延安	想 民间音乐	1	延川道情	明代	贺家湾乡刘家河村、土岗小程村、延水关镇桑洼村等、关庄镇楼河村等	康雷、惠应泰、王延忠	康世德、刘志军、王静、惠智勇	1
		2	黄陵民歌	原始社会中期	黄陵县的太贤村、隆坊村、唐呼村、北村、南村、奎张村、百子桥、东村、丁村、梨园、马家塬、田庄街、县城等	赵启才	王春丽等	2
		3	子长唢呐·	约明代	延安市子长县	常文思、申竹林、常本有	焦养亮、李树林、赵智海	3
		4	吴起弹口琴·	清初	吴起县	–	杭占芳、张凤霞等	4
		5	延长曲颈琵琶·	传为周代	延长县	刘旭旺	王殿亮	5
		6	陕北混源道歌▲					6
	想 民间文学	1	黄陵县黄帝的传说故事	原始社会末期	黄陵县	–	李秀才、齐峰南等	7
		2	延安市美水泉传说	隋炀帝时期	甘泉县	–	姜朝勋	8
		3	延安市烂柯山传说	南朝	槐柏镇烂柯山	–	–	9
		4	洛川市烂柯山传说·	南朝	洛川县	–	–	10
		5	花木兰民间传说·	北魏	宝塔区	–	张怀仁、方志平等	11
		6	宝塔山传说▲	传为唐	延安市宝塔区	一说为《续玄怪灵》《太平广记》，另一说不详	第二说的传人苏世胜、曹淑珍	12
	行 民间舞蹈	1	延安壶口斗鼓	–	壶口乡、高柏乡	–	杨栋英、高进学	13
		2	宜川胸鼓	清以前	宜川县	–	刘世华、肖志红等	14
		3	洛川老秧歌	北宋	洛川县京兆乡和城关3队	韩皎齐	吴孝全等	15
		4	延川大秧歌	宋以前	延川县（重点在贺家湾乡刘家河村、延水关镇桑洼村、刘泉村、贾家坪乡邀家河村、关庄镇楼河、永坪镇张家沟、冯家坪乡彪家沟、杨家圪台镇刘坪店）	康雷、贺胜台、田怀张	康山川、康凤云、刘艳艳、田海红、刘建江	16
		5	黄陵老秧歌	明中期	黄陵	刘景	赵启才、仇雪琴等	17

续表

类型/地区	种类	分类序号	名称	最早时间	主要村落或区域	最早一代	著名接班人或最近传人	总序号
延安	行 民间舞蹈	6	吴起铁鞭舞	战国	吴起县	–	齐乃富、宋强、宗世宽等	18
		7	甘泉莲花灯	隋唐	甘泉县	–	周延新、陈改红	19
		8	志丹县羊皮扇鼓·	宋或宋之前	志丹县	孟建勋、王继德、郭全全、周来问	孟承源、郭明杰、吕世富	20
		9	黄龙猎鼓·	后魏	黄龙县东蛟龙镇	李月生	陈建京	21
		10	洛川对面锣鼓·	春秋战国	洛川县南塬村	–	–	22
		11	鄜州飞锣▲	传为汉	富县	–	–	23
		12	黄陵抬鼓▲	–	黄陵县	–	–	24
	想 曲艺	1	安塞说书	–	安塞县	–	韩起祥、赵华英等	25
		2	陕北道情	唐	陕北（以清涧为代表）	王儒伦的爷爷、惠万年、强猛	惠新艳、强姣姣	26
		3	张俊功说书	隋唐	甘泉县	张俊功	解明生、张伟斌、方卓凯等	27
	衣食住想 民间美术	1	安塞民间绘画	1979年起	安塞县	高金爱、李秀芳、薛玉琴、王西安	王福丽、陈芳、孙艳艳、杜慧慧等	28
		2	黄陵面花	从黄帝祭典始	黄陵县	–	王兰芳、张万玲等	29
		3	延安洛川毛麻绣	–	洛川县凤栖镇好音村、谷咀村	–	（谷咀村系与好音村系）	30
		4	黄陵民间工匠画	原始社会	黄陵县	–	张玉春、李革玲等	31
		5	延川布堆画	明洪武时期	延川县（重点在文安驿镇白家塬村、土岗乡小程村、碾畔村，亦延水关镇至土岗乡沿黄河的村庄）	程氏家族、高三宝的奶奶、冯云山母亲	高凤莲、刘洁琼、刘小娟、马飞等	32
		6	黄陵麦秸画	春秋战国	黄陵县	–	许老先生、曹海妮等	33
		7	洛川剪纸·	商	洛川县	王玉畔、赵银线	韩菊香、栗芳英、李秀芹	34
		8	黄陵剪纸·	汉代	黄陵县桐树咀村等	–	赵秀能、寇淑媛等	35
		9	延川剪纸·	–	延川县	“巧老婆”	高凤莲、郭如林、刘洁琼、刘娟等	36
		10	洛川刺绣·	汉	洛川县（城关镇京兆）	–	危巧莲、马秀英、李会艳、孙圆圆等	37
		11	富县熏画·	约为汉代	富县	–	段金梅、李忠琴；张林召、张村驿；猴竹梅、李金梅；袁喜娥、冯秀云	38

续表

地区 \ 类型	种类	分类序号	名称	最早时间	主要村落或区域	最早一代	著名接班人或最近传人	总序号
延安	衣食住想民间美术	12	吴起漆画·	秦	吴起	张氏油漆画、牛氏油漆画等	各派系后续传人	39
		13	延长剪纸▲	–	延长县	–	赵汉杰、刘兰英、孙雪琴、乔桂莲等	40
		14	洛川面花▲	传战国	洛川县	–	王筱莹、韩菊香、韩菊香、韩改浪、杨梅英	41
		15	黄陵木雕▲		黄陵县			42
	衣食住传统手工技艺	1	吴起泥塑工艺	新石器时期	吴起县周湾和长城两乡镇	–	牛来柱、牛占英、牛占金等	43
		2	吴起糜贴画技艺	传为隋末唐初	吴起县	–	李氏、齐道华、齐左军、孙彩琴、裴延琴等	44
		3	延安市甘泉豆腐与豆腐干	豆腐最早产生年限不详/豆腐干为1937年	甘泉县	张明焕、程中兴、李文育	冯秀莲、张怀明等；“宏利”“八千里”等企业	45
		4	吴起米酒工艺	春秋战国之前	吴起县	白月旺（白氏家族）	白生富、白秀高、白秀山、白耀荣等	46
		5	黄陵轩辕酒·	黄帝时代	黄陵县店头镇	–	–	47
		6	子长煎饼·	元末明初	子长县齐家湾	师文平	张志雄	48
		7	吴起擀毡·	南宋	吴起县	–	白立存等	49
		8	陕北窑洞建造技艺·	原始社会	陕北	姜耀祖	姜亚雄	50
		9	延安木器装饰雕刻技艺▲	–	延安市宝塔区	–	–	51
		10	陕北编席技艺▲	–	延安市宝塔区	–	王步云等	52
		11	志丹糜子黄酒制作技艺▲	–	志丹县	–	–	53
		12	志丹羊肉剁荞面制作技艺▲	–	志丹县	–	–	54
		13	陕北油馍馍手工制作技艺▲	–	陕北	–	–	55
		14	陕北羊杂碎制作技艺▲	传为元初	延安市宝塔区	–	–	56
	综合民俗	1	延安黄帝陵祭典	公元前442年，唐大历5年起（770）建庙祭祀	黄陵县城北桥山	上古三代至今	–	57
		2	吴起茶饭	西周	吴起县（传统的分布在庙沟乡、长官庙乡、铁边城、新寨乡、吴旗镇、吴仓堡）	齐氏家族、李氏家族、宗氏家族、刘氏家族、蔺氏家族	各家族后人	58
		3	安塞转九曲·	–	安塞县	–	高兆元、高志有	59
		4	无量山莲云寺庙会▲	–	黄龙县无量山莲云寺	–	–	60
		5	太和山庙会▲	20世纪40年代	延安城北延河岸清凉山顶莲花峰	–	–	61
		6	志丹过大年▲	–	志丹县	–	–	62
		7	沿门子▲	传西汉末年	安塞县	西河口派、真武洞派	张启印、张生玉、谢红有等	63

续表

类型／地区	种类	分类序号	名称	最早时间	主要村落或区域	最早一代	著名接班人或最近传人	总序号
延安	综合民俗	8	洛川婚俗▲	–	洛川县	–	–	64
		9	陕北丧葬习俗▲	–	陕北	–	–	65
		10	洛川灯会▲	–	洛川县	–	–	66
	想 传统戏剧	1	宜川蒲剧▲	民国三十四年	宜川县	庞福子	高青龙、朱文龙、周红恩等	67
榆林	想 民间音乐	1	绥米唢呐	明代	绥德、米脂	窦世友、常家中、汪维发、胡彦华、田启华、常文刚、魏高升	窦虎生、李冬冬、张晓红、李树和、刘江波、赵世和、刘小飞	68
		2	佳县白云山道教音乐	明万历	佳县白云观	王真寿	张真义、苗太稔、马至发、马思忠、高宗如等	69
		3	陕北民歌	自古至今	陕北榆林	–	李有原、高麻子、常永昌、张天恩等	70
		4	靖边信天游·	自古至今	靖边县	–	杜芝栋、刘兴业、王志强、秦靖红、乔建林等	71
		5	神木酒曲·	自古至今	神木县	–	朱光亮、张祥则、张女莘等	72
		6	定边民间道教音乐·	传北魏	定边县	吕泰恒、赵光壁	朱守业、高凤鸣、赵光义、王世荣等	73
		7	神木二人台▲	清同治以前	神木县	甄观灯、丁荷包银、蔺铁等	–	74
	行 民间舞蹈	1	绥德秧歌	宋中期	绥德	王世祥	吴继业、李增恒（六六旦）、魏维雁等	75
		2	靖边跑驴	明	靖边	邢老五等	孟占雄、侯占权、张有万、李志生等	76
		3	横山老腰鼓	明中期	横山张存有地村	李存科	李应海、李成元等	77
		4	绥德踢场子·	明末清初	绥德	王世祥	吴继业、李增恒（六六旦）等	78
		5	吴堡水船·	明代	吴堡县	–	王世渊、李探春等	79
		6	霸王鞭▲	–	定边、靖边	–	–	80
		7	保宁堡老秧歌▲	–	榆阳区保宁堡	–	–	81
	想 传统戏剧	1	府谷二人台	清同治	府谷县	–	丁喜才、韩娥女等	82
		2	定边皮影道情·	清以前/传为汉代	定边县姬塬、冯地坑等	罗占魁	李春耕等	83
	想 曲艺	1	榆林小曲	明之前	榆林	李殿魁祖孙三辈、王才德、贺建材等	张云庭、白葆金、王青等	84

续表

类型 地区	种类	分类序号	名称	最早时间	主要村落或区域	最早一代	著名接班人或最近传人	总序号
榆林	想曲艺	2	清涧道情	初唐	清涧	–	黄金鳌、王宗梅、惠万年、陈世则等	85
		3	横山说书	宋以前	横山县	–	韩起祥、孙锦福等	86
	衣食住想民间美术	1	定边剪纸艺术	从古至今	定边	魏秀英等	刘研秀、白茜茜等	87
		2	神木面花·	神农时期	神木县	李珍珍等	薛引娥、王兆生等	88
		3	绥德炕头石狮子·	–	绥德	–	–	89
		4	佳县庙宇木雕·	20世纪50年代	佳县	应鼎师、探明	任鹏飞等	90
		5	佳县剪纸▲	–	佳县	–	郭佩珍等	91
		6	靖边剪纸▲	–	靖边	–	–	92
		7	绥德剪纸▲	–	绥德	–	王桂英、武雁等	93
	衣食住传统手工技艺	1	绥德石雕	原始时期	绥德（马家园则、钱家何、朱麻硷、单家屯、周家桥、薛家坪、谢家峁）	马鸣俊	马岚芳、钱国俊、鲍武文、汪建勃、马天祥等	94
		2	榆林豆腐·	明代	榆林	张喜柱	李凤存等	95
		3	横山牛王会·	约宋代	横山县东部	–	刘丙成等	96
		4	绥德寨山柳编技艺▲	清代	绥德寨山村	–	–	97
		5	铁水打花技艺▲	北宋	米脂	–	艾小师傅、何和旺等	98
		6	手工地毯制作技艺▲	明	神木	–	刘忠勤、陈生植等	99
		7	佳县手工挂面制作技艺▲	清末	佳县通镇陈家焉村	–	陈家墕百年老陈家挂面生产合作社和宏富挂面生产合作社	100
		8	张家山手工挂面制作技艺▲	汉	吴堡县张家山乡	–	霍来俊、张家山“老张家”手工挂面专业合作社	101
		9	榆林拼三鲜手工制作技艺▲	清	榆阳区	–	–	102
	综合民俗	1	白云山庙会	明代	佳县白云山	王真义	张真义、高如宗等	103
		2	鱼河堡府城隍庙会▲	明代	榆阳区	–	–	104
		3	定边赛驴会▲	–	榆林定边县安边镇	–	–	105
		4	绥德定仙墕娘娘庙花会▲	明代	绥德县	–	–	106

注：“·”为陕西省第二批非物质文化遗产；“▲”为陕西省第三批非物质文化遗产；“★”为本书关注的非物质文化遗产

陕北地区非物质文化遗产（存）数量统计　表3. 28

各地市数量（项）		“陕西省非物质文化遗产”认定（项）	本书独立研究或关注（项）	本书统计关中数量总计（项）
延安	榆林	106	0	106
67	39			

陕北各地市不同类型非物质文化遗产（存）分类数量统计　表3. 29

分类＼陕北地市	延安	榆林	总计
民间音乐	6	7	13
民间文学	6	–	6
民间舞蹈	12	7	19
传统戏剧	1	2	3
曲艺	3	3	6
民间美术	15	7	22
传统体育、游艺、杂技	–	–	–
传统手工技艺	14	9	23
民俗	10	4	14
传统医药	–	–	–
总计	67	39	106

3. 陕南

陕南地区主要包括对汉中、安康、商洛、铜川。

陕南地区非物质文化遗产（存）基础性调研表　表3. 30

地区＼类型	种类	分类序号	名称	最早时间	主要村落或区域	最早一代	著名接班人或最近传人	总序号
汉中	想 民间音乐	1	镇巴民歌	–	镇巴县	–	周宗海、唐运至等	1
		2	洋县佛教音乐	北魏	洋县	德顺、杨均山、文仪、释常德	张彦军、张善娃、宋小军、释心智等	2
		3	镇巴唢呐▲	明末清初	镇巴县	–	–	3
		4	汉中孝歌▲	春秋战国/现在的为明天启年间	汉中市	–	–	4
	想 传统戏剧	1	陕南端公戏	清咸丰之前	陕南	蒲清贤、唐门曾氏老和尚、妙法珍等	李森林、郭金魁、曹兴安、张映军、周名肃、谢朝坤等	5
		2	洋县皮影戏·	清代	洋县	刘培荣等	何宝安等	6
		3	洋县杖头木偶·	元末明初	洋县各乡	吕福州	叶文卫等	7
	想 曲艺	1	汉中曲子	殷	汉中	姜尚志、吴金宝、赵坤元、王文宣	张素珍、李彦林、张新成、王文献、强克良、熊良知等	8
		2	南郑县春倌说春	隋	南郑县	杨能、毛龙云、杨左春、唐兆才	杨金亭、杨明春、杨国正、毛盖安、刘培喜、唐玉宝等	9

续表

类型 地区	种类	分类序号	名称	最早时间	主要村落或区域	最早一代	著名接班人或最近传人	总序号
汉中	衣食住传统手工技艺	1	洋县杆架花焰火工艺	清	洋县	封氏先祖、张克勤	封太刚、梁忠民、王思伟、徐文彦等	10
		2	洋县龙亭蔡伦造纸术	东汉	洋县龙亭故县	蔡伦	马永琪、黄生东、贾顺成等	11
		3	洋县谢村黄酒酿造工艺	商周	洋县谢村	李氏	赵建中、朱永明等	12
		4	宁强福兴老字号王家核桃馍	明末清初	宁强县城	王氏传人	“福字老号”的王文选、王培录、斯秀英	13
		5	洋县黄家营土布纺织技艺·	明代	洋县黄家营	何水香	赵拓等	14
		6	西乡牛肉干制作技艺·	明初	汉中西乡县	马德富	穆欣	15
		7	上元观镇红豆腐制作技艺·	明代中期	城固县上元观镇董家营乡	檀木根	杜杰	16
		8	汉台区杆秤制作技艺·	抗日战争时期	汉台区老城/东关正街	–	刘贵平等	17
		9	汉中龙江龙舞道具制作技艺·	明初	汉中龙江镇	陈道士	李德荣等	18
		10	汉台区张氏石门摩崖石刻拓印技艺·	清同治	汉台区褒斜栈道及石门摩崖石刻与脚下石院	陶修人	张晓光	19
		11	洋县蓑衣编织技艺▲		洋县			20
		12	洋县龙亭蔡家灯影制作技艺▲		洋县			21
		13	棕箱及棕制品制作技艺▲		南郑县			22
		14	汉中面皮制作技艺▲		城固县			23
		15	佛坪神仙豆腐制作技艺▲		佛坪县			24
	综合民俗	1	洋县悬台社火艺术	清	洋县	李茂元、孟尚连	李定明等	25
		2	勉县武侯墓清明祭祀活动	蜀汉	勉县定军山	从蜀汉景耀六年至今	–	26
		3	南郑县协税高跷社火·	唐代	南郑县协税镇	冯自立	李军等	27
		4	扫五穷▲		汉中			28
	想 民间文学	1	龙亭蔡伦造纸故事传说·	东汉	洋县龙亭故县	蔡兴、杨生发、孙有言、黄生东、冯振全	李鸽、李鹏勇、时月善、王敬林、董力明等	29
		2	汉中巴山乡村婚礼知客司礼仪词·	–	汉中巴山乡村	–	何大吉、严明阳、周永礼等	30
		3	张骞传说▲		城固县			31
	行 民间舞蹈	1	西乡贯溪村打锣镲·	清之前	汉中西乡县白龙塘镇贯溪村	张天甲	刘代儒、刘银华等	32
		2	贯溪村地围子·	清以前	西乡县白龙塘镇贯溪村	张天甲	刘代儒、刘银华等	33
		3	勉县五龙节·	清代	勉县新铺镇新铺湾村	陈氏	陈维贞、尉正金等	34
		4	略阳羌族羊皮鼓舞▲		略阳县			35

续表

类型 地区	种类	分类序号	名称	最早时间	主要村落或区域	最早一代	著名接班人或最近传人	总序号
汉中	衣食住想 民间美术	1	城固架花·	约西周	城固县	–	张存誉、舒换美等	36
		2	城固泥塑·	元末明初	宝山镇陈村区域	张氏家族	张元娃、李树发、李昌吉、李金鹏等	37
		3	汉中民间木板年画▲		南郑县			38
	食 传统医药	1	史氏腰椎间盘整复手法▲		汉中			39
安康	想 民间音乐	1	旬阳民歌	明中叶以后	旬阳	–	陈远林、郭继勇、陈桂折、沈兴义、刘传学等	40
		2	汉阴短管	清末民初	汉阴县乐川河道	余氏	邹玉民、杜元清等	41
		3	汉江号子·	清中期	安康汉江流域	–	毛洪志、权春国	42
	行 民间舞蹈	1	安康小场子	清乾隆中期	汉滨区衡口镇周边	杨承福等	李志连、李家长、闫昌信、陈厚全等	43
		2	石泉火狮子·	约为清康熙	石泉县	郭开先	郭学奎、郭学典等	44
		3	安康彩莲船·	–	安康市汉滨区城乡	–	马自新、王原平等	45
		4	蜀河双彩车·	清中期之前	安康旬阳县蜀河镇	–	李天福、郭启福、王桂花等	46
	想 传统戏剧	1	八岔戏	清顺治以后	汉滨区农村乡镇	刘德茂、李天喜、王志胜	赵开恩、刘聪成、冯尚丽等	47
		2	道情戏	清嘉庆	安康市汉滨区	赖世奎	徐远钊、汪成奎、李荣堂等	48
		3	弦子腔	清嘉庆	平利县	李敬德、李矮子、邹合礼	李建德、吴世凯、胡承统等	49
		4	李兴儒皮影戏·	约清乾隆	安康市汉阴	姜子瀛	李兴儒	50
		5	旬阳道情皮影戏·	明崇祯	旬阳城关棕溪等地	赵家班	庞世堂父亲、张喜娃子、庞世堂等	51
		6	旬阳八步景▲	清末民初	旬阳县		黄成选	52
	综合民俗	1	汉滨区龙舟风俗	北宋	安康	镇江老红龙船队刘世伟、西泗王庙老金龙队刘子仁等	邓志宗、王敬堂等	53
		2	宁陕城隍庙会▲	清乾隆年间	宁陕县	–	–	54
	想 民间文学	1	陕南红军歌谣·	二十世纪三十年代	汉阴	–	–	55
	想 曲艺	1	安康曲子▲	清康熙	安康市汉滨区	–	唐祖贤、束彦平等	56

续表

类型 地区	种类	分类序号	名称	最早时间	主要村落或区域	最早一代	著名接班人或最近传人	总序号
安康	衣食住传统手工技艺	1	紫阳蒸盆子·	约为汉代	紫阳县	管开泰	曾林等	57
		2	神仙豆腐制作技艺▲	–	岚皋县	–	–	58
		3	蜀河"八大件"饮食文化及制作技艺▲	约清代	旬阳县	吴派	吴芳明等	59
		4	紫阳毛尖传统手工制作技艺▲	传东汉末年	紫阳县茶叶协会	–	–	60
		5	紫阳石板房建造技艺★	明朝	紫阳县			61
商洛	想 民间音乐	1	商洛民歌	–	商洛	–	李黑娃、刘全兴等	62
	想 传统戏剧	1	镇安花鼓	清咸丰初年	镇安	–	谭云峰、毛浓利、镇安剧团	63
		2	商洛道情·	–	商洛	张天泰	刘浩制等	64
		3	商州皮影戏▲	明末清初	商州区磨沟庙村	传为"白米虫"	杨启金、王建良等	65
	想 曲艺	1	洛南静板书	清道光年之前	洛南	–	李志清、李俊生等	66
		2	柞水渔鼓	约为唐	柞水	邓怀青	姚方池、王小文等	67
		3	镇安渔鼓	清初	镇安	（两湖地区）	汤启忠、陶文慧等	68
		4	漫川大调▲	明清	山阳县漫川	–	–	69
	想 民间文学	1	仓颉造字传说·	炎黄	洛南县	–	–	70
		2	沉香传说▲	–	洛南县云蒙山一带	–	–	71
	综合民俗	1	丹凤县高台芯子·	约宋元	丹凤县住棣花镇	–	刘荣、郭银龙等	72
		2	谷雨公祭仓颉仪式·	清光绪之前	洛南县保安镇许庙村	–	–	73
		3	商南花灯▲	–	商南县	–	–	74
	行 传统体育	1	洛南担芯子▲	80年代以前	洛南县	–	–	75
	衣食住想 民间美术	1	东龙山狗娃咪泥哨▲	清末民初	商州城东丹江北岸的东龙山村	–	冀彩凤、陈五斤、张淑惠等	76
	衣食住传统手工技艺	1	商南草鞋编织技艺▲	约北宋	商南县湘河镇许多村商南县	–	–	77
		2	丹凤葡萄酒酿造技艺▲	1911年	丹凤县城龙驹寨丹	安西曼、华国文	–	78
		3	洛南手工挂面制作技艺▲	约北宋	洛南县（重点为景村镇、三要镇、保安镇）	–	–	79

注："·"为陕西省第二批非物质文化遗产；"▲"为陕西省第三批非物质文化遗产；"★"为本书关注的非物质文化遗产

陕南地区非物质文化遗产（存）数量统计 表3.31

各地市数量（项）			“陕西省非物质文化遗产”认定（项）	本书独立研究或关注（项）	本书统计关中数量总计（项）
汉中	安康	商洛	78	1	79
39	21	18			

陕南各地市不同类型非物质文化遗产（存）分类数量统计 表3.32

分类 \ 陕北地市	汉中	安康	商洛	总计
民间音乐	4	3	1	8
民间文学	3	1	2	6
民间舞蹈	4	4	–	8
传统戏剧	3	6	3	12
曲艺	2	1	4	7
民间美术	3	–	1	4
传统体育、游艺、杂技	–	–	1	1
传统手工技艺	15	5	3	23
民俗	4	2	3	9
传统医药	1	–	–	1
总计	39	22	18	79

关中、陕北、陕南非物质文化遗产（存）数量统计 表3.33

各地市数量（项）			“陕西省非物质文化遗产”认定（项）	本书独立研究或关注（项）	本书统计关中数量总计（项）
关中	陕北	陕南	420	11	431
246	106	79			

关中、陕北、陕南各地市不同类型非物质文化遗产（存）分类数量统计 表3.34

分类 \ 陕西地市	关中	陕北	陕南	总计
民间音乐	19	13	8	40
民间文学	13	6	6	25
民间舞蹈	36	19	8	63
传统戏剧	15	3	12	30
曲艺	12	6	7	25
民间美术	17	22	4	43
传统体育、游艺、杂技	9	–	1	10
传统手工技艺	71	23	23	117
民俗	49	14	9	72
传统医药	5	–	1	6
总计	246	106	79	431

4. 关中、陕北、陕南非物质文化遗产（存）农耕文明本源分析

关中、陕北、陕南非物质文化遗产（存）是关中农民在传统文化范式与框架中，集体无意识于生活中的“衣、食、住、行、想”的民俗化表现，这些非物质文化遗产（存）涉及关中农民传统生活习俗的各个方面，它们都是对关中农民内心愿望、需求功能性的表达，是从物质层面到精神层面，活生生反映了关中农民的生活状态，证明了从传统时期到今天为止，传统生活习俗仍然存在并延续着。

如果考究行为与思想的关系，在最初源头，思想来源于行为，亦即费孝通所说行动加上工具才创造了文化。事实上，衣、食、住、行、想发展到今天，人们已经达到高智力水平阶段，行为本身亦具备了思考的意义。本书“衣、食、住、行、想”的分类，是就人在从事这五方面时的主体内容而言，是为了在内容庞大的非物质文化遗存中，能较明确地运用人类学，亦即与农民生活息息相关的生活内容进行分类，虽然每个人都清楚各方面内容的展开都是行为与智慧双重作用的结晶，尽管“想”的方面侧重于对农民生活中宗教信仰等综合类文化空间的阐释，但并不代表这类生活内容没有行动支持与参与，只是在这里，文章研究更多关注了此方面的主体内容。

1）在农耕文明中，以“衣”为本源的非物质文化遗存不仅涉及“衣”的原材料及种植技艺，涉及“衣”的制作技艺，涉及“衣”的使用技艺，更涉及“衣”成为“衣”的整个过程或过程中的细节所引发的“想”的升华，这种升华主要包括经纬观念、秩序观念、伦理观念。

以“衣”为文化原型而衍生出传统手工技艺的民间剪纸，纺织过程中的裁剪步骤，正是在以“衣”为目的的“织”过程中，古人发明创造了剪纸的必备工具——剪刀。青铜时代，我国已掌握金属兵器制造技术，战国剪刀是两股相连，“1972年在北京昌平县一座唐墓中发现一把随葬剪刀，是‘8’字交股形”[1]，剪刀发明后便在得到“衣”的进程中，从剪丝帛做“衣”，到剪金箔、银箔装饰“衣”与发髻，至蔡伦发明纸后，纸以其廉价易得的特点为农民所采用，在剪刀修剪下，变成了农民继承原始信仰图腾、祈福纳祥、驱疫禳灾及表现生活内容的剪纸。

如民间剪纸在陕西覆盖了从关中到陕南所有农村，各地都有著名代表风格和民间艺人。关中，从东到西的大荔朝邑、富平、周至、彬县、旬邑、永寿、淳化、礼泉、武功、岐山、凤翔，陕北，从南至北的洛川、黄陵、延安、绥德、定边、靖边等都有享誉世界的剪纸程式和样稿流传。通观这些剪纸作品，其题材均以反映农民传统生活为主（表3.35）。

1. 程征等. 中国民间美术全集·剪纸.江苏美术出版社，2002.24.

陕西剪纸题材种类汇总　表3.35

区域	类型	题材	产地	页码
关中	生活劳作	女十忙●	淳华	3
		养鸡●	永寿	9
		纺线●	富平	9
		回娘家●	彬县	9
		蚌舞●	周至	11
		社火芯子●	周至	11
		姜公背姜婆●	彬县	11
		张公背张婆●	永寿	191
		担水●	永寿	16
		鸟笼（烟格）●	乾县	19
		剪花娘子（库淑兰）●	旬邑	23
		佛塔●	永寿	35
		马车●	永寿	51
		轿车（民国）●	永寿	52
		轿车（民国）●	礼泉	54
		回娘家（清）●	乾县	57
		船（民国）●	永寿	58
		船（清）●	礼泉	58
		四季花（清）●	乾县	179
		抚儿●	陕西	179
		各种小窗花●	凤翔	182
		剃头担●	陕西	186
		渔翁●	武功	187
		伐木●	永寿	187
		仕女●	彬县	189
		仕女●	陕西	189
		踏雪寻梅●	凤翔	192
		铁弹弓●	乾县	194
		仕女●	乾县	207
		道士（民国）●	乾县	207
		老翁（清）●	周至	210
		窑婆●	周至	211
		童子●	富平	213
		秉烛少女（清）●	周至	214
		道姑●	富平	217
		马猪狗●	陕西	281、283、285
		猴●	陕西	287
		鼠●	陕西	288
		鸡●	陕西	293

续表

区域	类型	题材	产地	页码
关中	生活劳作	鱼娃●	陕西	301
		羊●	陕西	302
		鹰抓兔●	陕西	303
	祈福	“寿”与“太极”图（烟格）●	凤翔	19
		寿星●	陕西	186
		道万福●	乾县	206
		蛇盘兔●	陕西	303
		凤凰●	陕西	304
		老鼠嫁女	千阳	21
	图腾信仰	抱鸡娃娃●	淳华	7
		三十六格窗花组合●	关中	29
		抓髻娃娃●	永寿	35
	戏曲故事	童子爱书●	岐山	8
		劈山救母●	朝邑	17
		朱买臣采樵勤读●	乾县	17
		拉郎配●	乾县	45
		八仙（民国）●	朝邑	62
		猪八戒（张彦娥）●	永寿	81
		状元游街●	陕西	186
		樵采勤读●	陕西	186
		戏曲人物●	陕西	188
		游园●	凤翔	193
		骑战●	乾县	206
		武松打虎●	乾县	206
		武士（民国）●	武功	207
		武旦（民国）●	礼泉	207
		赵云（清）●	乾县	207
		王勉牛角挂书●	乾县	209
		朱买臣樵采勤读●	乾县	209
		龙女●	富平	213
		辕门斩子（清）●	周至	214
		青衣（清）●	富平	215
		劈山救母（清）●	朝邑	222
		王宝钏（清）●	朝邑	223
		相公、青衣旦●	朝邑	223
		蛙、无毒、花鸟（库淑兰）▲	旬邑	318

续表

区域	类型	题材	产地	页码
陕北	生活	窗花（二连、四连）●	靖边	30
		轿车（民国）●	洛川	53
		姐妹游春●	洛川	187
		喂鸡●	延安	190
		喂鸡●	洛川	191
		纺线●	靖边	191
		猫●	安塞	285
		猫抓老鼠（高凤莲）●	延川	304
		拉胡琴●	延安	305
		牛耕图（白凤兰）▲	安塞	33
		吸烟老汉（曹甸祥）▲	安塞	218
		春耕图（曹甸祥）▲	安塞	218
		古庙■	黄陵	94
		苹果园■	洛川	95
	祈福	牡丹与回头鹿▲	安塞	32
		莲生贵子（曹甸祥）▲	安塞	218
		吉上加吉（对鸡踏对鸡踏双鱼）（刘兰英）▲	延长	220
		吉庆有余（鸡肚子里有鸡鱼）（刘兰英）▲	延长	220
		展翅对鸡配连生贵子（刘兰英）▲	延长	221
		抓髻娃娃坐生娃喜花▲	延长	222
		抓鸡坐生（笙）娃喜花▲	陕北	224
		老鼠吃葡萄■	宜川	21
		兔儿吃白菜■	安塞	21
		喜娃娃■	安塞	37
		八卦葫芦■	安塞	79
		老鼠吃葡萄■	洛川	86
		老鼠偷油■	宜川	88
		喜鹊窝■	安塞	89
		抓髻娃娃■	安塞	94
		鸟衔鱼■	安塞	116
	攘灾	五道娃娃■	延传	32
	图腾信仰	虎●	延安	274
		虎●	靖边	274
		虎●	安塞	275
		人身、蛇、鱼尾▲	安塞	33
		五虎娃娃（曹甸祥）▲	安塞	217
		对鸡配虎头（刘兰英）▲	延长	219
		生命树■	安塞	13

续表

区域	类型	题材	产地	页码
陕北	图腾信仰	蛇盘兔■	安塞	15
		鸡头鱼纹窗花■	安塞	19
		扣完出鱼■	黄陵	85
		下山虎■	安塞	92
		艾虎■	安塞	92
	戏曲故事	劈山救母●	黄陵	17
		穆桂英●	黄陵	306
		姜太公钓鱼●	黄陵	306
		张公背张婆●	黄陵	306
		状元祭塔●	黄陵	306
		乳姑不息●	黄陵	306
		三哥哥骑马跨洋枪●	延安	312
		八角楼站在城里头●	靖边	312
		姜太公钓鱼■	宜君	92

注：表中内容来源于《中国民间美术全集·剪纸》（程征）、《黄河十四走（上下）》(杨先让等)、《中国民间美术》（靳之林），其中●代表来源于《中国民间美术全集·剪纸》，▲代表来源于《黄河十四走（上下）》，■代表来源于《中国民间美术》，各剪纸作品产地后所标数字为在各书中的页码。

关中、陕北两地民间剪纸作品题材的汇总，明确显示以“衣”文化为原型的传统剪纸文化完全是源于农民传统生活，在生活细节与点滴的提炼中，以“平凡物”祈福“吉祥”的民间艺术升华，即从“衣”的剪纸向“想”的信仰与祈福升华。

以“衣”文化本源的非物质文化遗存（产）除了剪纸还有很多，如皮影、传统纺织、刺绣等。陕西皮影以咸阳为界，咸阳以东为东路皮影，主要以华阴、华县、大荔、蒲城、渭南为中心，咸阳以西为西路皮影，主要以礼泉、乾县、兴平为中心。在唱腔上，东路皮影主要由老腔、碗碗腔、阿宫腔、秦腔四种类型；在雕刻形式上，东路皮影镂刻图案精细繁琐；在大小上，东路较西路小，有30cm高；在选材上，东路皮影选皮质较薄的小牛皮，一般以1～3岁的小黑牛皮为最佳，所以东路皮影薄西路则厚，一个雕出来1～2mm，一个雕出来3～5mm；在着色方面，东路皮影具有独特的着色工艺，再使用矿物颜料，使最终色彩效果均匀、饱和而内敛；在雕刻技法上，东路有独特的“推皮刀法”，即皮动刀不动，西路则是“拉刀刀法”，即刀动皮不动，此外，东路皮影人物形象还有程式化特点。

“衣”本源还衍生出造纸技术。造纸与纺织最初原料都是麻，在各地人们逐渐掌握了造纸技术之后，都在当地选择最为适宜的植物纤维。关中长安区北张村便用当地的构树皮，陕北峪口镇魏家造纸作坊则仍用麻造纸，陕南洋县龙亭蔡伦造纸也是运用构树皮造纸。

2）与“衣”本源相同，农耕文明中由“食”本源所引发并遗留的非物质文化，不仅涉及“食”原材料来源，涉及“食”制作加工技术，涉及“食”的丰富性分类，更涉及由“食”而成为“食”的过程中所引发“想”的升华。

农耕文明中“食”本源是指在乡村主要以“食”的内容、原料、制作技艺、观念、习俗、禁忌等所产生的非物质文化遗存、遗产。所谓一方水土养一方人，无论富庶还是贫瘠，一旦定居，农民都能用自己的方法去解决“食”的需要。

地势平坦、土地肥沃、物产丰硕的关中平原，农民传统“食”的生活十分丰富，仅面条就有近20种[1]制作手法，不仅面的传统制作技艺积淀为文化，有些地方“面”的形态也是文化的体现。

1. 关中面包括炸酱面、棋花面、油泼面、卤面、炒面、蒜蘸面、菠菜面、麻什面、清汤面、浆水面、烩面、粘面、漓水面、糁子面、凉拌面等。

以“食”的需要与行为衍生出的面花制作技艺、习俗亦具有重要代表性。如渭河流域的华县各家各户有正月初一清晨吃馄饨的习俗，馄饨也称为馃，小元宝。华县春节走亲戚要送“枣糕”，还要蒸“枣山”，与陕北洛川“枣山”意义相同，只是形式变得更加丰富；华县清明节祭祖扫墓也要蒸老馍，与洛川相同，都代表混沌和宇宙母体，意在祈愿祖先仙逝之后仍能回归宇宙混沌母体；华县在端午节前十天，娘家都要给去年嫁出去的闺女送“娃娃圈”，上面挂满面捏小人，将娃娃圈挂在自己的闺房，寓意早生贵子、多子多福；华县结婚的合卺礼，娃娃过满月，哪家有人去世，都要送代表混沌的“包子”；华县结婚时候要送代表阴阳相合的阴阳卷曲合体的面馍“云儿”；华县生娃娃的礼馍要送虎头龙身鱼尾的“谷卷”“包子”；华县给老人祝寿要送“寿桃”面馍；与华县相邻的华阴县在端午时，则要送绣了虎、蛙的图腾“大荷包”。

渭南大荔地区的阿寿每年药王祭祀庙会时，各社村民都会虔诚向药王发愿，捏出大型面花组合，包括药王洞（1座）、药葫芦（4个）、万人伞（1个）花轿（4个）、蜗牛山（1座）、药王正殿（1座）、上殿（1座）、戏楼（1座）、牌楼（1座）、钟楼（1座）、狮子（1对）、守门虎（1对）、九莲灯（1对）、龙柱（1对）、花供石榴馍（若干）、百鸟朝凤（1对）、旗杆（1对）、麒麟羊（4只），规模庞大，总占地面积2.5m^2，而这一祭祀习俗从清代起延续至今几百年不断。可以说，每一个到阿寿看过药王祭祀仪式的人都会被至今仍完整传延下来的祭祀习俗和农民的虔诚心愿所感染。

面花习俗于陕北也是传统，洛川塬上结婚合卺礼送混沌面花，葬俗则要送“花大供”面花；洛川大年初一、十五祭神或供神用的也是“花大供”；陕北洛川春节要做“燕盘” 馄饨，寓意春天到了燕子飞回来做巢。“燕盘”从上至下共有三层面盘，每两面盘中间皆有一圈枣，最下面一层是一圈鸡蛋一圈枣，寓意天地人三才，谷物丰收、子孙繁衍兴盛，天地混沌如鸡子，化生万物；陕北祭祖用的面花叫“老馍”，寓意祖先由混沌而生，仙逝后回复混沌之内。

神木面花中的长颈小人和大肚子罗汉面人，是源生于黄河中游沿岸的轩辕黄帝天族“天鼋”族徽符号的传承，还有定边剪纸当中的“娃娃鱼”与先秦时期的“人面鱼”类型非常相似，在定边剪纸中蛇与蛙的类型非常多，也是古代黄帝族信奉图腾的符号潜意识传承。也有学者推测解释，长脖子面人有可能就是人祖伏羲氏与女娲氏的符号象征，是生殖崇拜和护生的象征。总之，陕北民间美术与关中区域相比，其符号性更趋于神话、传说时期的文化传承，具有更加明显的本源性。

陕南也有面花，如山阳面花，也用于年节与红白喜事。与关中、陕北不同，陕南面花油炸而成，“果子”做成松、竹、梅、兰、竹、菊植物花卉形式，作为招待亲友的茶点和孩子的零食，给老人过寿要做“寿桃”、“麻姑献寿”“福寿”等，娃娃过满月要送“鲤鱼”、“兔子”“麻雀”等面花，祭神供献时要做“金童玉女、盘龙卧虎”等。老人去世或三周年祭供要做下面插有竹扦的“仙桃、石榴、玫瑰、海棠”等面花，山阳人认为将这种面花插在屋内有吉祥之意。

陕南洋县谢村黄酒也体现了“食”的本源，距今已有3000年历史，这种运用当地盛产的粮食——优质糯米、水和中草药的佐餐制作技艺成了当地具有深度记忆的非物质文化遗产。

3）同样，农耕文明“住”本源所遗留的非物质文化，不仅涉及“住”的原因、“住”的方位与位置选择、“住”的材料来源与取舍、“住”的制作工艺与技术，更涉及由“住”的需要到实现“住”的过程所引发“想”的升华。

农耕文明本源中“住”的类型主要是指与乡村居住活动息息相关的行为、观念、技艺、习俗，如关中、陕北、陕南传统村落与建筑中包含的风水观念、建造技艺、建造过程中各阶段的习俗和禁忌，及三个区域在整体自然结构中所形成的风貌性场所精神，最主要特点为关中窄院（包括渭北地下四合院），陕北窑洞，陕南吊脚楼、石板房与合院。

4）农耕文明本源中“行”类型主要是指乡村中以耕种行为为主，在耕种行为上衍生的舞蹈等以动作为主的思想、情绪表达方式。非物质文化遗存遗产的民间舞蹈、民间竞技与游艺的项目均属“行”本源的类型，都与耕种行为息息相关。

如周至二曲镇渭旗村的击鼓刺秦锣鼓，其形成因该村原名墙寨村，在渭河北岸，属于武功县管辖。历史上由于渭河水患，河道北移，南岸淤出大片荒滩，村民只好南迁，夏收庄稼成熟之时，为保庄稼不受危害，村民日夜击锣鼓喊号子，驱逐野兽。到清雍正年间，渭河滩设置了养马场，庄稼遭到蹂躏，村民与骑兵发生冲突，致数十人受伤，时任知县周儒为民前往省城申冤，并组织村民在村边界修建几十里围墙，保护村子与庄稼。至此，墙寨村就改名边墙号，村民为感谢知县，遂年年元宵节都到县衙门口击鼓鸣锣以表感恩。

再如陕北横山县老腰鼓，与安塞新腰鼓打法不同。传承人李成元解释说：老腰骨动作均由耕作锄地时，向下用力动作演化而成，所以老腰鼓十分稳健，强调下盘稳重。安塞新腰鼓在改良之后，舞蹈动作的内涵已与老腰鼓不同，其目的是为了表现向上的情绪，所以，举手投足都以向上飞扬的姿态为主。

5）在农耕文明中，由“想”的本源而遗留的非物质文化，主要是指农耕文明而产生的“衣、食、住、行”过程中，所形成的人与人之间的关系，人与共同体（即社会）之间的关系，人与自然环境之间的关系，人对自身的认识与反思，人对宇宙、世界、共同体的认知。综合来说，就是因为农耕文明而产生的中国人自己的世界观。

“想”类型的主要是在“衣、食、住、行”基础上形成的、表达了农民纯粹精神领域的观念、神话、传说、信仰等非物质文化遗存遗产，主要包括民间文学和综合民俗空间。综合民俗空间以庙会为主，是以一个特定吉日或节日在特定的区域内（一般是以寺庙为核心），以祭祀与祈福禳灾为主要目的的综合性活动，很多单一性质的非物质文化遗存、遗产往往都包含在综合民俗空间项目之内，单一性质的遗产往往受到了综合类的影响，如各种锣鼓，既是单一性质项目，可以进行单独的广场型表演，但它们又都是综合性社火民俗必备项目之一。民间文学基本都以神话传说为主，神话传说又以历史英雄人物最后在民俗信仰中升华为被崇祀的人格神为结果，而这些神话传说所引起的祈福禳灾心理也往往会成为庙会祭祀的起因，最后也成为大型综合民俗祭祀空间。所以说，民间文学都是时代流传下来的神话、传说，综合民俗空间则是由神话、传说而形成的宗教信仰和祭祀空间，从纯精神性思考到具体空间场所的表现，均表达了农民对生活的祈福禳灾、祈求多子多福等内心的想法。

民间文学中传说炎帝神农氏教民稼穑、遍尝百草等技能，出于对炎帝的感恩，炎帝祭祀活动也就成为群体性大型信仰仪式遗留了下来。因在民间遵从道家将五岳视为人格神来进行崇祀，故华山西岳庙会的祭祀活动也从古延传至今。长安斗门七夕传说，是为了纪念牛郎与织女的故事。牛郎织女的传说源自于农耕文明，是人们对男耕女织的传统农耕生活的无意识记忆与对经历苦厄获得美好生活的愿望。人们对一个节庆或神化的祭祀包含着对自己幸福人生理想的希冀。西安市长安区的斗门石婆庙会与七夕节是一个包含了综合空间，属于文化空间类型的非物质文化遗存，已被认定为省非物质文化遗产，此文化空间的主要祭祀活动为正月十七庙会和七月初七庙会，除了祭祀与祈福活动之外，还包括社火、秧歌锣鼓、地方戏表演等。

关中综合民俗空间中，西路的宝鸡地区深具周代遗风，“报本反始”的群体心理表现在以社火、庙会祭祀为主的综合类非物质文化遗产（存），单一性民间舞蹈的眉县高跷赶犟驴、岐山转鼓、宝鸡千阳八打棍、陈仓西山刁鼓、陈仓秧歌，民间音乐的威风战鼓、扶风碗碗腔皮影戏，传统戏剧的千阳灯盏头碗碗腔皮影戏，民间曲艺的西府道情、西府曲子、眉户曲子，民间美术的西秦刺绣、陈仓社火脸谱，传统手工技艺的岐山空心挂面、麟游血面条、岐山王氏皮影制作技艺等都是与宝鸡地区的传统庙会社火祭祀性群体活动密切相关的娱人、娱神的表现形式，都体现了共同体“报本反始”“祈福禳灾”的精神意识与观念。

再如，东路渭南地区，大荔八鱼乡二月二庙会就包括阿寿面花、花苦鼓、彩伞仪帐、各种特色小吃等形式，韩城地区延传至今的社火则包括韩城行鼓、东庄神楼、井溢百面鼓、高跷、背芯子、古战船、上锣鼓等。

陕北民间文学包括烂柯山传说、美水泉传说、花木兰传说等。民国《横山县志·风俗志》记载了横山传统庙会：“以祈祷农岁丰稔为目的，每岁届期恒斋戒清洁集僧拜忏社，必联合多村，轮流铺坛，歌舞喧天，备极繁盛。”[1]靖边县梁镇每年的几次庙会，要请县剧团唱几次戏，说几场书，晚上放烟火、闹秧歌、转

1.横山县志·民俗志

九曲等。社火类的如靖边正月十五上元节主要是高跷和包头画面社火，四月初八的娘娘庙高跷社火，定边（安边）二月十日牲畜会社火，延长八月城隍庙社火，洛川正月的黄龙山会各村都要举办大秧歌和仿古的傩礼，而九月的黄龙山社火就会举行迎神报赛和乐歌社火，神木三月二十的赛会也会唱三天大戏演社火。

陕南民间文学龙亭蔡伦造纸传说表明了对蔡伦功绩的纪念，汉中巴山乡村知客司礼仪词则反映了以文待友、以文会友的意识与观念，这些亦为反映农民群体意识、思想观念、精神状态的非物质文化遗产。

陕西的关中、陕北、陕南遗存着大量、丰富的非物质文化遗产遗存，它们都是被承载在传统村落建筑“容器”中的农民真实的“生活”，而这个综合性概念的“生活”被具体化时，便是农民无孔不入的“衣、食、住、行、想”，其中“衣、食、住、行”强调了具体的行为，“想”则是综合性共同体精神意识观念领域的现实投射，当这五个方面的行为、习惯经过上千年积累之后，便成为具有恒常性的古风、文化。

3.2.2 确立与陕西村落建筑空间环境相关的非物质文化遗存（产）类型

与陕西村落建筑空间环境相关的非物质文化遗存的研究将以非物质文化遗存的10个大类为分类与梳理的框架，关中、陕北、陕南为地域划分标准，以建筑室内外、室内空间、室外空间、自然环境、村落空间和综合空间类型为具体划分标准。

1. 关中地区

关中地区与村落建筑空间环境相关非物质文化遗产（存）分类表　　表3. 36

类型 / 地区	文化本源	文化现象		最早时间	所在村落（区域）	空间类型	序号
西安	想 民间音乐	1	阎良新兴特技唢呐	–	阎良区新兴街道井家村	建筑室内外	1
	想 民间文学	1	斗门石婆庙会七夕传说	西周以前	长安区斗门街办南沣村	综合空间	2
		2	寒窑传说▲	初唐	西安曲江池	综合空间	3
	行 民间舞蹈	1	临潼零口十面锣十面鼓	楚汉时期	临潼区零口镇	村落空间	4
		2	牛斗虎	清末	周至县楼观镇八家庄村及周边区域	村落空间	5
		3	渭旗锣鼓	秦代	周至县二曲镇渭旗村	村落空间	6
		4	关山牛拉鳖鼓	清道光年	阎良区关山镇关山村	村落空间	7
		5	户县北乡锣鼓▲	–	户县	村落空间	8
		6	周至镇殿八卦锣鼓▲	–	周至	村落空间	9
		7	唐代乐舞▲	–	陕西	建筑室内外空间	10
		8	周至龙灯▲	–	周至	村落空间	11
	想 传统戏剧	1	户县眉户曲子	周代	郿、鄠二县	建筑室内外	12
		2	周至皮影戏●	–	周至县广济镇西欢乐村	建筑室内外	13
		3	周至大玉木偶●	清代	周至县大玉村	建筑室内外	14
		4	陕西杖头木偶戏▲	–	陕西	建筑室内外	15
		5	眉户▲	–	陕西	建筑室内外、村落空间	16

续表

类型 地区	文化本源		文化现象	最早时间	所在村落（区域）	空间类型	序号
西安	想 曲艺	1	周至道情	清代	周至楼观镇军寨村	村落空间	17
		2	临潼零口孙家皮影戏	清代	临潼区零口镇	建筑室内外	18
		3	临潼道情皮影戏	民国	临潼区行者街办海家村	建筑室内外、村落空间	19
		4	长安道情●		杨庄乡魏家岭	建筑室内外、村落空间	20
		5	高陵曲子●	清咸丰	高陵县姬家管委会枸杞村等	建筑室内外、村落空间	21
	衣食住想 民间美术	1	高陵扎花	西汉	榆楚乡商家村	建筑室内外	22
		2	周至哑柏刺绣	西周	槐花村等	建筑室内外	23
		3	周至剪纸▲	–	司竹公社（乡）、富仁公社（乡）、楼观公社（乡）	建筑室内外	24
	行 传统体育	1	红拳	唐末宋初		建筑室外、村落空间	25
		2	甘水坊高空耍狮子▲	–	户县祖庵镇甘水坊	村落空间	26
	衣食住 传统手工技艺	1	北张村传统造纸工艺	西汉	西安市长安区北张村	建筑室内外	27
		2	狄寨徐文岳泥叫叫	解放初期	（源自西安西郊鱼化寨）白鹿原狄寨镇	建筑室内外	28
		3	狄寨竹篾子灯笼编织	清康熙	白鹿原狄寨镇塘村	建筑室外	29
		4	阎良核雕技艺	清同治	阎良	建筑室内外	30
		5	户县秦镇大米面皮子	秦	户县	建筑室内外	31
		6	豆村大腊	唐	周至县终南镇豆村	建筑室内外、村落空间	32
		7	蓝田玉雕艺术	春秋战国	蓝田普化镇、冯林寨、蚂蚱滩村	建筑室内外	33
		8	户县龙窝酒技艺●	清	户县涝店镇龙窝村	建筑室内外	34
		9	西安张氏风筝●	清代	西安市碑林区	建筑室内外	35
		10	高陵易有功纸扎花灯●	清代	高陵县通远镇	建筑室内外	36
		11	沣峪口老油坊榨油技艺●	清代	西安市长安区滦镇	室内	37
		12	寺坡村“添碟子”技艺●	清末	长安区杜曲镇寺坡村	建筑室内外	38
		13	户县民间缯鼓制作技艺▲	–	户县	建筑室内	39
		14	秦镇杨氏木杆秤制作技艺▲	清光绪	户县秦渡镇	建筑室内	40
		15	起良村造纸制作技艺▲	约东汉	西安	建筑室内外	41
		16	户县手工织布技艺★	–	户县	建筑室内	42
		17	饸饹制作技艺★	–	关中	建筑室内	43
	综合民俗	1	长安王曲城隍庙祭祀和庙会	汉	长安县王曲镇	综合空间	44
		2	长安侯官寨牛老爷	清	西安市长安区杨庄乡侯官寨上堡子村	综合空间	45
		3	临潼骊山女娲风俗	–	临潼骊山北麓	综合空间	46
		4	栎阳马踏青器山社火	明朝晚期	临潼栎阳镇县西堡村	综合空间	47
		5	户县社火	隋唐	户县	综合空间	48
		6	蒋村正月民俗活动	约唐代	户县蒋村东门、西门、南门、北门	综合空间	49
		7	二曲礼仪	清初	周至	建筑室内外	50
		8	西安都城隍庙民俗●	明代	西安市西大街中段	综合空间	51
		9	西安大白杨社会芯子	东周	西安市西北郊	综合空间	52
		10	“跑骡车”社火●	明末清初	临渭区	综合空间	53

续表

类型 / 地区	文化本源		文化现象	最早时间	所在村落（区域）	空间类型	序号
西安	综合民俗	11	楼观台祭祀老子礼仪●	约周代	周至县楼观台	综合空间	54
		12	华夏财神民俗礼仪●	约周代	周至县集贤镇赵太村	综合空间	55
		13	户县北乡迎祭城隍仪式●	约周代	户县北部乡村	综合空间	56
		14	渭河南忙罢古会●	–	渭河南辖秦都区南部乡镇及接壤长安、户县（78村）	综合空间	57
		15	上巳节风俗▲	–	西安	综合空间	58
		16	终南山钟馗信仰民俗▲	约北宋	户县	综合空间	59
	食 传统医药	1	高陵韩氏骨外伤正骨和制药技术	清同治	高陵县院张村	建筑室内外	60
咸阳	行 民间舞蹈	1	牛拉鼓	秦代	咸阳、户县	建筑室内、村落空间	61
		2	西关老龙●	汉代	三原县城西关（西关东村、西村、大巷村、南道村）	建筑室内、村落空间	62
		3	枣坪竹马●	不详	泾阳县太平镇枣坪村	村落空间	63
		4	东寨十八罗汉●	清末	三原县西阳镇东寨村	村落空间	64
		5	乾州蛟龙转鼓	明代	乾县王村镇	建筑室内外、村落空间	65
	想 传统戏剧	1	泾阳木偶▲	宋末元初	泾阳县泾河艺术团	建筑室内	66
	想 民间音乐	1	长武道场音乐	清中期	长武县彭公乡方庄村	建筑室内外	67
		2	秦汉战鼓●	秦	咸阳渭城区正阳镇掌旗村	建筑室内、村落空间	68
		3	监军战鼓●	隋唐	咸阳永寿县监军镇城关村	建筑室内、村落空间	69
		4	旬邑唢呐●	明朝	旬邑县	建筑室内外	70
	想 民间文学	1	农业始祖后稷传说●	三皇五帝时期	武功县	村落空间	71
		2	柳毅传书传说●	–	长武县芋元乡柳泉村	村落空间	72
		3	秦琼敬德门神传说●	–	礼泉	建筑	73
		4	古豳国传说▲	西周	彬县	综合空间	74
	衣食住想 民间美术	1	永寿剪纸	宋代	永寿县甘井镇	建筑室内	75
		2	乾州布艺●	东周	乾县	建筑室内	76
		3	礼泉皮影●	明清之前	礼泉县	建筑室内、村落空间	77
		4	旬邑彩贴剪纸●	汉代以前	旬邑县赤道乡王村等	建筑室内外	78
	衣食住 传统手工技艺	1	武功手织布●	公元前20世纪	武功县贞元南可村	室内	79
		2	普集烧鸡●	抗战时期	武功县普集镇	室内	80
		3	三原县金线油塔●	清代	三原县	室内	81
		4	咸阳琥珀糖制作技艺●	–	咸阳	室内	82
		5	乾州四宝●	–	乾县	室内	83
		6	渭北地坑窑建筑技艺▲	–	泾阳县兴隆镇侯庄村川西组	建筑室内外	84
		7	三原县柏社村地坑窑建造技艺★	魏晋南北朝	三原县新兴镇柏社村	建筑室内外	85
		8	三原蓼花糖手工制作技艺▲	明正德	三原县	建筑室内	86

续表

类型 地区	文化本源		文化现象	最早时间	所在村落（区域）	空间类型	序号
咸阳	衣食住传统手工技艺	9	砖茶制作技艺▲	明洪武元年	泾阳县	建筑室内外	87
		10	咸阳河水biangbiang面制作技艺▲	–	咸阳市秦都区	建筑室内	88
		11	泾阳水盆羊肉制作技艺▲	商周	泾阳	建筑室内	89
	综合民俗	1	长武庙宇泥塑礼仪·	清代后期	长武县	建筑室内	90
		2	西王禹村纸台▲	–	礼泉县	建筑室内、村落空间	91
		3	渭城区二月二古庙会▲	–	咸阳市渭城区	综合空间	92
		4	彬县灯山庙会▲	南北朝	彬县城关镇水帘村灯山会	村落空间	93
		5	彬县大佛寺三月八号庙会▲	–	彬县大佛寺	村落空间	94
		6	重阳追节送花糕▲	约先秦	咸阳秦都区	建筑室内、村落空间	95
	想 曲艺	1	旬邑咪子戏▲	–	旬邑	建筑室内、村落空间	96
宝鸡	行 民间舞蹈	1	眉县高跷赶罩驴	明朝	眉县青化乡嘴头村、西寨村、石马寺村	村落空间	97
		2	岐山转鼓	西周	岐山故郡乡冯家村、凤鸣镇陵头村	建筑室内、村落空间	98
		3	宝鸡千阳八打棍	–	千阳县寇家河乡龙槐塬村	村落空间	99
		4	宝鸡陈仓区西山刁鼓	汉代	陈仓区香泉镇水柏村	村落空间	100
		5	陈仓秧歌	清	陈仓区凤阁岭镇毛家庄	村落空间	101
	想 民间音乐	1	陈仓姜马察回	隋唐以后	陈仓区阳平镇姜马村	建筑室内、村落空间	102
		2	陈仓区西山酒歌	约先秦	陈仓区西部山区凤阁岭	建筑室内外、村落空间	103
		3	眉县威风战鼓●	周秦	宝鸡眉县	建筑室内、村落空间	104
		4	扶风碗碗腔皮影戏●	约春秋	扶风县	建筑室内、村落空间	105
		5	陇州小调▲	--	陇县		106
	想 传统戏剧	1	千阳灯盏头碗碗腔皮影戏	清乾隆五十年左右	千阳县南寨镇南寨村	建筑室内外、村落空间	107
	想 曲艺	1	西府道情	唐代	宝鸡	村落空间	108
		2	西府曲子	先秦两汉	宝鸡凤翔、扶风	村落空间	109
		3	眉县曲子▲	宋	眉县	建筑室内、村落空间	110
	衣食住 民间美术	1	西秦刺绣	明清以前	宝鸡千阳、凤翔、陇县	建筑室内	111
		2	宝鸡陈仓区宝鸡社火脸谱	商周	宝鸡天王镇天王村、曹家沟等	村落空间、建筑室内	112
		3	凤翔罩金漆器制作技艺▲	明代	凤翔县	建筑室内外	113
	综合民俗	1	宝鸡炎帝祭祀	秦灵公	渭滨区神农镇浴泉村	村落空间、建筑室内	114
		2	陇县陇州社火	东汉	陇县	村落空间、建筑室内	115
		3	灵山庙会▲	约唐德宗时期	凤翔灵鹫山	村落空间、建筑室内外	116
		4	龙门洞庙会▲	–	陇县新集川乡新集川村镇	村落空间、建筑室内外	117

续表

类型 地区	文化本源		文化现象	最早时间	所在村落（区域）	空间类型	序号
宝鸡	衣食住传统手工艺	1	岐山臊子面	约周文王时期	关中	建筑室内	118
		2	岐山空心挂面	约周代/清以前	岐山	建筑室内	119
		3	凤翔草编技艺	约北宋	糜杆桥镇、田家庄镇、董家河乡、范家寨乡及周边地区	建筑室内	120
		4	麟游县血面条	唐初	招贤镇梨家沟村	建筑室内	121
		5	太白酒酿造技艺●	仰韶文化时期	眉县金渠镇	建筑室内外	122
		6	扶风鹿羔馍制作技艺●	唐代	扶风县城东关东四堡	室内	123
		7	陈仓银器制作技艺●	明末清初	陈仓区慕仪镇东城村	建筑室内外	124
		8	岐山王氏皮影制作技艺▲	清康熙元年	岐山县雍川镇何家村	建筑室内、村落空间	125
		9	岐山农家醋制作技艺▲	约西周	岐山县	建筑室内	126
		10	岐山擀面皮制作技艺▲	清康熙	岐山县	建筑室内、村落空间	127
		11	古太酒酿造技艺▲	–	眉县	建筑室内	128
		12	凤翔县豆花泡馍制作技艺▲	–	凤翔	建筑室内外	129
		13	凤翔扎笤帚手工制作技艺★	–	陈村乡李家堡村、料地村	建筑室内外	130
		14	陇县扎笤帚手工制作技艺★	–	陇县牙科村	建筑室内外	131
		15	草帽编织技艺★	–	凤翔糜杆桥乡糜杆桥村11组	建筑室内外	132
		16	麦秸秆工艺品手工编织技艺★	–	董家河、范家寨、田家庄	建筑室内外	133
		17	背篓编织技艺★	–	凤翔南指挥镇连村	建筑室内外	134
		18	西府豆腐制作技艺★	–	凤翔陇县	建筑室内	135
	想 民间文学	1	吹箫引凤传说·	秦代	宝鸡市陈仓区磻溪镇	综合空间	136
		2	炎帝传说▲	西周	宝鸡市渭滨区	综合空间	137
渭南	行 民间舞蹈	1	韩城行鼓	元代初期	龙门镇西塬村	村落空间、建筑室内	138
		2	洪拳鼓	秦汉之后	澄城县刘家洼乡	村落空间	139
		3	老庙老鼓	秦	老庙镇孟家村、尹家村、上河村、南昌村、新店村	村落空间、建筑室内	140
		4	华州背花鼓	汉	华县北下庙镇东甘、西甘、康甘	村落空间、建筑室内	141
		5	东雷上锣鼓	–	合阳县坊镇东雷村	村落空间、建筑室内	142
		6	潼关县踩高跷	明	城关镇五虎张村	村落空间	143
		7	韩城黄河阵鼓●	西周	韩城南塬城北村	村落空间、建筑室内	144
		8	华阴素鼓●	–	华阴三河口附近泉店村	村落空间、建筑室内	145
		9	合阳撂锣●	明	马家庄乡西中雷村、南吴仁村	村落空间、建筑室内	146
		10	潼关南街背芯子●	唐贞观	潼关南街	村落空间	147
		11	潼关五虎张高跷●	明代	潼关五虎张村	村落空间	148
		12	潼关古战船●	西汉	潼关县高桥乡秦东镇	村落空间、建筑室内	149
		13	田市八仙鼓▲	清嘉庆	渭南市临渭区田市镇	村落空间、建筑室内	150
		14	南留锣鼓▲	明	大荔县朝邑镇南留村	村落空间、建筑室内	151

续表

类型 地区	文化本源		文化现象	最早时间	所在村落（区域）	空间类型	序号
渭南	想 传统戏剧	1	东路碗碗腔皮影	宋	渭南	村落空间、建筑室内外	152
		2	华阴迷胡	先秦	华阴	村落空间	153
		3	阿宫腔	秦	礼泉、三原、富平、临潼、耀县	村落空间、建筑室内外	154
		4	合阳跳戏	约秦代前已有	新池镇行家庄	村落空间、建筑室内	155
		5	华州秧歌	新石器	渭南、华县	村落空间	156
		6	同州梆子	明以前	关中东府	村落空间、建筑室内	157
		7	大荔县同朝皮影戏●	汉代	大荔县沙底乡等	村落空间、建筑室内外	158
		8	朱王秧歌剧▲	清顺治	临渭区双王办朱王村	村落空间、建筑室内外	159
	想 传统戏剧	1	韩城秧歌	宋	韩城	村落空间	160
		2	蒲城石羊道情●	唐	蒲城县石羊	建筑室内、村落空间	161
	衣食住想 民间美术	1	澄城刺绣	商周	澄城	建筑室内	162
		2	华县面花●	约汉	华县莲花寺等	建筑室内	163
		3	澄城面花●	汉代	澄城县沟北和沟南	建筑室内	164
		4	澄城手绘门帘●	–	澄城县寺前镇赵家寺村	建筑、建筑室内	165
		5	朝邑剪纸▲	–	大荔县	建筑室内	166
		6	大荔刺绣▲	汉唐	大荔县高明、朝邑、石槽、八鱼	建筑室内	167
		7	合阳面花▲	–	合阳县	建筑室内	168
	衣食住 传统手工技艺	1	澄城尧头陶瓷	汉	尧头镇尧头村	建筑室内外、村落空间	169
		2	蒲城杆火艺术	南宋	蒲城县荆姚镇雷坊村	村落空间	170
		3	华县皮影制作技艺	秦汉	柳枝镇、莲花寺镇、杏林镇、瓜坡镇，塬区的高塘镇、东阳乡、大明镇、金惠乡等八个乡镇30多个村庄	建筑室内外	171
		4	合阳提线木偶戏偶头制作工艺	汉	合阳	建筑室内、村落空间	172
		5	杜康酒酿造工艺	约夏或汉	白水县杜康镇	建筑室内外	173
		6	唐代宫廷御用九龙工艺研创	唐	白水县雷牙乡雷牙村	建筑室内	174
		7	蒲城土织布技艺●	春秋	蒲城县东永丰镇至县西南贾曲、苏坊乡	建筑室内	175
		8	蒲城椽头馍制作技艺●	明代	蒲城	建筑室内	176
		9	渭南太后饼制作技艺●	汉代	渭南富平	建筑室内	177
		10	潼关万盛园酱菜制作技艺●	清代	潼关县	建筑室内	178
		11	渭北花袱子●	–	韩城一带	建筑室内	179
		12	澄城砂器制作技艺●	唐	澄城县尧头镇	建筑室内外	180
		13	富平宫里石刻●	春秋战国	富平宫里	建筑室外	181
		14	大荔带把肘子制作技艺▲	明弘治	大荔县	建筑室内	182
		15	潼关肉夹馍制作技艺▲	唐	潼关县	建筑室内	183
		16	石灰窑水晶饼制作技艺▲	宋	临渭区	建筑室内	184
		17	渭南时辰包子制作技艺▲	清乾隆	临渭区	建筑室内	185
		18	韩城传统制称工艺★	抗战期间	韩城市	建筑室内	186

续表

类型 地区	文化本源		文化现象	最早时间	所在村落（区域）	空间类型	序号
渭南	衣食住传统手工技艺	19	簸箕制作工艺★	–	合阳县和阳村	建筑室内外	187
	综合民俗	1	司马迁民间祭祀	东汉	韩城市嵬东乡徐村	村落空间	188
		2	东庄神楼	宋	韩城市西庄镇八社（东庄、西庄、郭庄、井溢、上干谷、下干谷、柳枝、杨村）	村落空间	189
		3	东峪孝歌	唐	华县高塘镇东峪村	建筑室内外、村落空间	190
		4	铁里芯子	明清	华县高塘镇铁里村	村落空间、建筑室外	191
		5	尧山圣母庙会	明代	蒲城县尧山南北一百多个村庄和十一个神社，荆阳镇、苏坊镇、龙阳镇等	综合空间、村落空间	192
		6	蒲城血故事艺术	北宋	蒲城苏坊镇	村落空间、建筑室内	193
		7	谷雨祭祀文祖仓颉典礼	–	白水县史官乡、北塬乡、纵目乡	综合空间	194
		8	华县蕴空禅院庙会●	东汉	华县大明乡西南蕴空北麓	综合空间	195
		9	医陶始祖雷公庙会●	元以前	白水大雷公村东雷翔墓前	综合空间	196
		10	蒲城神龙花秋千●	明代	蒲城县罕井镇西南村	村落空间	197
		11	渭北细狗撵兔●	唐代	蒲城	村落空间	198
		12	华阴司家村秋千会●	清咸丰	华阴司家村	村落空间	199
		13	仓颉造字传说▲	上古黄帝时期	白水县北塬乡杨武村	综合空间	200
		14	二月二庙会▲	约唐	大荔县八鱼乡阿寿村	村落空间、建筑室内	201
		15	大荔乞巧节▲	–	大荔县户家乡大壕营村	村落空间	202
		16	大荔血故事▲	清康熙	大荔县	村落空间、建筑室内	203
		17	华山红社火▲	元末明初	华阴市玉泉办西王堡村	村落空间、建筑室内	204
	行 传统体育	1	华山太极拳（剑）	战国后期	华阴市岳西村	村落空间	205
		2	澄城堡城“刀山”●	1933年	澄城县堡城村	村落空间	206
		3	吴东无底鸳鸯秋千▲	清嘉庆	富平县美原镇吴东村	村落空间	207
		4	南社秋千▲	宋	合阳县黑池镇南社村	村落空间	208
		5	柳池芯子▲	明永乐	澄城县庄头乡	村落空间、建筑室内	209
	想 民间文学	1	韩城古门楣题字●	明	韩城城乡	村落空间、建筑	210
	想 民间音乐	1	澄城民间鼓吹乐●	清之前	澄城县沟南、沟北、城及周边	村落空间	211
		2	合阳五圆鼓●	战国魏文侯	合阳县路井镇北党村	村落空间、建筑室内	212
		3	古乐曲谱“谏公”	清康熙	韩城市西庄镇杨村	村落空间、建筑空间	213
		4	韩城围鼓▲	北宋	韩城市西川沿线、薛峰境内王村	村落空间、建筑空间	214
铜川	行 民间舞蹈	1	宜君打连钱	民国初年	宜君县山茬乡	村落空间	215
		2	石堡走马	汉	宜君县西村乡石堡村	村落空间	216
		3	西村长鼓	宋仁宗	宜君县西村	村落空间、建筑室内	217
		4	排灯舞▲	–	铜川市济阳寨、前齐、前原、神武	村落空间	218

续表

类型／地区	文化本源		文化现象	最早时间	所在村落（区域）	空间类型	序号
铜川	综合民俗	1	药王山庙会	北宋前	富平、三原、渭南、西安、咸阳、旬邑、淳化、黄陵、延安	综合空间	219
		2	陈炉窑神庙春秋祭祀礼仪	唐	铜川市印台区陈炉镇	综合空间	220
		3	耀州社火火亭子	清末民初	耀州	综合空间	221
		4	耀州区香山庙会●	苻秦	耀州区西北香山古刹	综合空间	222
	想 民间文学	1	药王孙思邈传说●	唐	耀州区	综合空间	223
		2	孟姜女故里传说●	唐	铜川市王益区黄堡镇孟家塬村	综合空间	224
	食 传统医药	1	孙思邈养生文化	唐	耀州区	综合空间	225
杨凌	衣食住 传统手工技艺	1	上川口村锣鼓制作技艺▲	晚清	杨村乡杨凌新声乐器有限公司	村落空间、建筑空间	226
	想 民俗	1	姜庙会▲	–	杨凌区揉谷乡姜嫄村姜庙管委会	综合空间	227

注：“●”为陕西省第二批非物质文化遗产；“▲”为陕西省第三批非物质文化遗产；“★”为本书关注的非物质文化遗产

关中地区与传统村落空间相关非物质文化遗产（存）数量统计　表3.37

各地市数量（项）						“陕西省非物质文化遗产”认定（项）	本书独立研究或关注（项）	本书统计关中数量总计（项）
西安	咸阳	宝鸡	渭南	铜川	杨凌	217	10	227
60	36	41	77	11	2			

2. 陕北地区

陕北地区与村落建筑空间环境相关非物质文化遗产（存）分类表　表3.38

类型／地区	种类	分类序号	名称	最早时间	主要村落或区域	空间类型	总序号
延安	想民间音乐	1	延川道情	明代	贺家湾乡刘家河村、土岗小程村、延水关镇桑洼村等、关庄镇楼河村等	村落空间、建筑室内外	1
		2	黄陵民歌	原始社会中期	黄陵县的太贤村、隆坊村、唐呼村、北村、南村、奎张村、百子桥、东村、丁村、梨园、马家塬、田庄街、县城等	村落空间、建筑室内	2
		3	子长唢呐●	约明代	延安市子长县	村落空间	3
		4	陕北混源道歌▲				4
	想民间文学	1	黄陵县黄帝的传说故事	原始社会末期	黄陵县	综合空间	5
		2	延安市美水泉传说	隋炀帝时期	甘泉县	村落空间	6
		3	延安市烂柯山传说	南朝	槐柏镇烂柯山	村落空间	7
		4	洛川市烂柯山传说●	南朝	洛川县烂柯山	村落空间	8
		5	花木兰民间传说●	北魏	宝塔区	综合空间	9
		6	宝塔山传说▲	传为唐	延安市宝塔区	综合空间	10
	行民间舞蹈	1	延安壶口斗鼓	–	壶口乡、高柏乡	村落空间、建筑室内	11
		2	宜川胸鼓	清以前	宜川县	村落空间、建筑室内	12
		3	洛川老秧歌	北宋	洛川县京兆乡和城关3队	村落空间、建筑室内	13

续表

类型 地区	种类	分类序号	名称	最早时间	主要村落或区域	空间类型	总序号
延安	行民间舞蹈	4	延川大秧歌	宋以前	延川县（重点在贺家湾乡刘家河村、延水关镇桑洼村、刘泉村、贾家坪乡邀家河村、关庄镇楼河、永坪镇张家沟、冯家坪乡彪家沟、杨家圪台镇刘坪店）	村落空间	14
		5	黄陵老秧歌	明中期	黄陵	村落空间、建筑室内	15
		6	吴起铁鞭舞	战国	吴起县	村落空间	16
		7	甘泉莲花灯	隋唐	甘泉县	村落空间、建筑室内	17
		8	志丹县羊皮扇鼓●	宋或宋之前	志丹县	村落空间、建筑室内	18
		9	黄龙猎鼓●	后魏	黄龙县东蛟龙镇	村落空间、建筑室内	19
		10	洛川对面锣鼓●	春秋战国	洛川县南塬村	村落空间、建筑室内	20
		11	鄜州飞锣▲	传为汉	富县	村落空间、建筑室内	21
		12	黄陵抬鼓▲	–	黄陵县	村落空间、建筑室内	22
	想曲艺	1	陕北道情	唐	陕北（以清涧为代表）	村落空间、建筑室内外	23
	衣食住想民间美术	1	安塞民间绘画	1979年起	安塞县	建筑室内	24
		2	黄陵面花	从黄帝祭典始	黄陵县	建筑室内外	25
		3	延安洛川毛麻绣	–	洛川县凤栖镇好音村、谷咀村	建筑室内	26
		4	黄陵民间工匠画	原始社会	黄陵县	建筑室内、建筑	27
		5	延川布堆画	明洪武时期	延川县（重点在文安驿镇白家塬村、土岗乡小程村、碾畔村，亦延水关镇至土岗乡沿黄河的村庄）	建筑室内	28
		6	黄陵麦秸画	春秋战国	黄陵县	建筑室内	29
		7	洛川剪纸●	商	洛川县	建筑及室内	30
		8	黄陵剪纸●	汉代	黄陵县桐树咀村等	建筑及室内	31
		9	延川剪纸●	–	延川县	建筑及室内	32
		10	洛川刺绣●	汉	洛川县（城关镇京兆）	建筑及室内	33
		11	富县熏画●	约为汉代	富县	建筑室内	34
		12	吴起漆画●	秦	吴起	建筑及建筑室内	35
		13	延长剪纸▲	–	延长县	建筑及建筑室内	36
		14	洛川面花▲	传为战国	洛川县	建筑及建筑室内	37
		15	黄陵木雕▲	–	黄陵县	建筑室内	38

续表

类型/地区	种类	分类序号	名称	最早时间	主要村落或区域	空间类型	总序号
延安	衣食住传统手工技艺	1	吴起泥塑工艺	新石器时期	吴起县周湾和长城两乡镇	建筑室内外	39
		2	吴起糜贴画技艺	传为隋末唐初	吴起县	建筑及建筑室内	40
		3	延安市甘泉豆腐与豆腐干	豆腐最早产生年限不详/豆腐干为1937年	甘泉县	建筑室内	41
		4	吴起米酒工艺	春秋战国之前	吴起县	建筑室内	42
		5	黄陵轩辕酒●	黄帝时代	黄陵县店头镇	建筑室内外	43
		6	子长煎饼●	元末明初	子长县齐家湾	建筑室内	44
		7	吴起擀毡●	南宋	吴起县	建筑室内外	45
		8	陕北窑洞建造技艺●	原始社会	陕北	建筑室内外	46
		9	延安木器装饰雕刻技艺▲	–	延安市宝塔区	建筑室内外	47
		10	陕北编席技艺▲	–	延安市宝塔区	建筑室外	48
		11	志丹糜子黄酒制作技艺▲	–	志丹县	建筑室内外	49
		12	志丹羊肉剁荞面制作技艺▲	–	志丹县	建筑室内	50
		13	陕北油馍馍手工制作技艺▲	–	延安市宝塔区	建筑室内	51
		14	陕北羊杂碎制作技艺▲	传为元初	延安市宝塔区	建筑室内	52
	综合民俗	1	延安黄帝陵祭典	公元前442年，唐大历五年起（770年）建庙祭祀	黄陵县城北桥山	综合空间	53
		2	吴起茶饭	西周	吴起县（传统的分布在庙沟乡、长官庙乡、铁边城、新寨乡、吴旗镇、吴仓堡）	建筑室内	54
		3	安塞转九曲●	–	安塞县	村落空间	55
		4	无量山莲云寺庙会▲	–	黄龙县无量山莲云寺	综合空间	56
		5	太和山庙会▲	20世纪40年代	延安城北延河岸清凉山顶莲花峰	综合空间	57
		6	志丹过大年▲	–	志丹县	村落空间	58
		7	沿门子▲	传西汉末年	安塞县	村落空间	59
		8	洛川婚俗▲	–	洛川县	建筑室内外	60
		9	陕北丧葬习俗▲	–	陕北	建筑室内外、村落空间	61
		10	洛川灯会▲	–	洛川县	综合空间	62
	想 传统戏剧	1	宜川蒲剧▲	民国34年	宜川县	村落空间、建筑室内	63

续表

类型 地区	种类	分类序号	名称	最早时间	主要村落或区域	空间类型	总序号
榆林	想民间音乐	1	绥米唢呐	明代	绥德、米脂	村落空间	64
		2	佳县白云山道教音乐	明万历	佳县白云观	综合空间	65
		3	陕北民歌	自古至今	陕北榆林	村落空间	66
		4	靖边信天游●	自古至今	靖边县	村落空间	67
		5	神木酒曲●	自古至今	神木县	建筑室内外、村落空间	68
		6	定边民间道教音乐●	传为北魏	定边县	建筑室内外、村落空间	69
		7	神木二人台▲	清同治以前	神木县	建筑室内外、村落空间	70
	行民间舞蹈	1	绥德秧歌	宋中期	绥德	村落空间	71
		2	靖边跑驴	明	靖边	村落空间、建筑室内	72
		3	横山老腰鼓	明中期	横山张存有地村	村落空间、建筑室内	73
		4	绥德踢场子●	明末清初	绥德	村落空间	74
		5	吴堡水船●	明代	吴堡县	村落空间、建筑室内	75
		6	霸王鞭▲	–	定边、靖边	村落空间	76
		7	保宁堡老秧歌▲	–	榆阳区保宁堡	村落空间、建筑室内	77
	想传统戏剧	1	府谷二人台	清同治	府谷县	村落空间、建筑室内	78
		2	定边皮影道情●	清以前/传为汉代	定边县姬塬、冯地坑等	建筑室内外、村落空间	79
	想曲艺	1	榆林小曲	明之前	榆林	建筑室内外、村落空间	80
		2	清涧道情	初唐	清涧	建筑室内外、村落空间	81
	衣食住想民间美术	1	定边剪纸艺术	从古至今	定边	建筑及建筑室内外	82
		2	神木面花●	神农时期	神木县	建筑室内	83
		3	绥德炕头石狮子●	–	绥德	建筑室内	84
		4	佳县庙宇木雕●	20世纪50年代	佳县	建筑室内	85
		5	佳县剪纸▲	–	佳县	建筑及室内	86
		6	靖边剪纸▲	–	靖边	建筑及室内	87
		7	绥德剪纸▲	–	绥德	建筑及室内	88
	衣食住传统手工技艺	1	绥德石雕	原始时期	绥德（马家园则、钱家河、朱麻硷、单家屯、周家桥、薛家坪、谢家峁）	建筑、室内、村落空间	89
		2	榆林豆腐●	明代	榆林	建筑室内	90
		3	横山牛王会●	约宋代	横山县东部	村落空间	91
		4	绥德寨山柳编技艺▲	清代	绥德寨山村	建筑室内	92
		5	铁水打花技艺▲	北宋	米脂	村落空间	93
		6	手工地毯制作技艺▲	明	神木	建筑室内	94
		7	佳县手工挂面制作技艺▲	清末	佳县通镇陈家焉村	建筑室内	95

续表

类型 地区	种类	分类序号	名称	最早时间	主要村落或区域	空间类型	总序号
榆林	衣食住传统手工技艺	8	张家山手工挂面制作技艺▲	汉	吴堡县张家山乡	建筑室内	96
		9	榆林拼三鲜手工制作技艺▲	清	榆阳区	建筑室内	97
	综合民俗	1	白云山庙会	明代	佳县白云山	综合空间	98
		2	鱼河堡府城隍庙会▲	明代	榆阳区	综合空间	99
		3	定边赛驴会▲	–	榆林定边县安边镇	村落空间	100
		4	绥德定仙墕娘娘庙花会▲	明代	绥德县	综合空间	101

注：“·”为陕西省第二批非物质文化遗产；“▲”为陕西省第三批非物质文化遗产；“★”为本书关注的非物质文化遗产

陕北地区与传统村落空间相关非物质文化遗产（存）数量统计　表3. 39

各地市数量（项）		“陕西省非物质文化遗产”认定（项）	本书独立研究或关注（项）	本书统计关中数量总计（项）
延安	榆林	101	0	101
63	38			

3. 陕南地区

陕南地区与村落建筑空间环境相关非物质文化遗产（存）分类表　表3. 40

类型 地区	种类	分类序号	名称	最早时间	主要村落或区域	空间类型	总序号
汉中	想民间音乐	1	镇巴民歌	–	镇巴县	村落空间	1
		2	洋县佛教音乐	北魏	洋县	建筑室内、村落空间	2
		3	镇巴唢呐▲	明末清初	镇巴县	建筑室内外、村落空间	3
		4	汉中孝歌▲	春秋战国	汉中市	建筑室内外、村落空间	4
	想传统戏剧	1	陕南端公戏	清咸丰之前	陕南	村落空间、建筑室内	5
		2	洋县皮影戏●	清代	洋县	建筑室内外、村落空间	6
		3	洋县杖头木偶●	元末明初	洋县各乡	建筑室内外、村落空间	7
	想曲艺	1	汉中曲子	殷	汉中	村落空间、建筑室内外	8
		2	南郑县春倌说春	隋	南郑县	村落空间	9
	衣食住传统手工技艺	1	洋县杆架花焰火工艺	清	洋县	建筑室内、村落空间	10
		2	洋县龙亭蔡伦造纸术	东汉	洋县龙亭故县	村落空间、建筑室内外	11
		3	洋县谢村黄酒酿造工艺	商周	洋县谢村	村落空间、建筑室内外	12
		4	宁强福兴老字号王家核桃馍	明末清初	宁强县城	建筑室内	13
		5	洋县黄家营土布纺织技艺●	明代	洋县黄家营	建筑室内	14
		6	西乡牛肉干制作技艺●	明初	汉中西乡县	建筑室内外	15
		7	上元观镇红豆腐制作技艺●	明代中期	城固县上元观镇董家营乡	建筑室内	16

续表

类型/地区	种类	分类序号	名称	最早时间	主要村落或区域	空间类型	总序号
汉中	衣食住传统手工技艺	8	汉台区杆秤制作技艺●	抗日战争时期	汉台区老城东关正街	建筑室内外	17
		9	汉中龙江龙舞道具制作技艺●	明初	汉中龙江镇	建筑室内外	18
		10	汉台区张氏石门摩崖石刻拓印技艺●	清同治	汉台区褒斜栈道及石门摩崖石刻与脚下石院	综合空间	19
	综合民俗	1	洋县悬台社火艺术	清	洋县	村落空间、建筑室内	20
		2	勉县武侯墓清明祭祀活动	蜀汉	勉县定军山	综合空间	21
		3	南郑县协税高跷社火●	唐代	南郑县协税镇	综合空间	22
	想民间文学	1	龙亭蔡伦造纸故事传说●	东汉	洋县龙亭故县	综合空间	23
		2	汉中巴山乡村婚礼知客司礼仪词●	–	汉中巴山乡村	村落空间、建筑室内外	24
	行民间舞蹈	1	西乡贯溪村打锣鲸●	清之前	汉中西乡县白龙塘镇贯溪村	村落空间	25
		2	贯溪村地围子●	清以前	西乡县白龙塘镇贯溪村	村落空间	26
		3	勉县五龙节●	清代	勉县新铺镇新铺湾村	村落空间、建筑建筑室内	27
		4	略阳羌族羊皮鼓舞▲		略阳县		28
	衣食住想民间美术	1	城固架花●	约西周	城固县	建筑室内	29
		2	城固泥塑●	元末明初	宝山镇陈村区域	建筑室内外	30
安康	想民间音乐	1	旬阳民歌	明中叶以后	旬阳	村落空间	31
		2	汉江号子●	清中期	安康汉江流域	自然环境空间	32
	行民间舞蹈	1	安康小场子	清乾隆中期	汉滨区衡口镇周边	建筑室内外、村落空间	33
		2	石泉火狮子●	约为清康熙	石泉县	村落空间、建筑室内	34
		3	安康彩莲船●	–	安康市汉滨区城乡	村落空间、建筑室内	35
		4	蜀河双彩车●	清中期之前	安康旬阳县蜀河镇	村落空间、建筑室内	36
	想传统戏剧	1	八岔戏	清顺治以后	汉滨区农村乡镇	村落空间、建筑室内	37
		2	道情戏	清嘉庆	安康市汉滨区	村落空间、建筑室内外	38
		3	弦子腔	清嘉庆	平利县	村落空间、建筑室内外	39
		4	李兴儒皮影戏●	约清乾隆	安康市汉阴	村落空间、建筑室内外	40
		5	旬阳道情皮影戏●	明崇祯	旬阳城关棕溪等地	村落空间、建筑室内外	41
		6	旬阳八步景▲	清末民初	旬阳县	村落空间、建筑室内外	42
	综合民俗	1	汉滨区龙舟风俗	北宋	安康	自然环境空间、建筑室内	43
		2	宁陕城隍庙会▲	清乾隆年间	宁陕县	综合空间	44
	想民间文学	1	陕南红军歌谣●	20世纪30年代	汉阴	村落空间	45

续表

类型 地区	种类	分类序号	名称	最早时间	主要村落或区域	空间类型	总序号
安康	想曲艺	1	安康曲子▲	清康熙	安康市汉滨区	村落空间、建筑室内外	46
	衣食住传统手工技艺	1	紫阳蒸盆子●	约为汉代	紫阳县	建筑室内	47
		2	神仙豆腐制作技艺▲	–	岚皋县	建筑室内外、村落空间	48
		3	蜀河“八大件”饮食文化及制作技艺▲	约清代	旬阳县蜀河古镇	建筑室内外	49
		4	紫阳毛尖传统手工制作技艺▲	传为东汉末年	紫阳县茶叶协会	建筑室内外、村落空间	50
		5	紫阳石板房建造技艺★	明朝	紫阳县	村落空间、建筑室内外	51
商洛	想 民间音乐	1	商洛民歌	–	商洛	村落空间	52
	想 传统戏剧	1	镇安花鼓	清咸丰初年	镇安	建筑室内外、村落空间	53
		2	商洛道情●	–	商洛	建筑室内外、村落空间	54
		3	商州皮影戏▲	明末清初	商州区磨沟庙村	建筑室内外、村落空间	55
	想曲艺	1	洛南静板书	清道光年之前	洛南	建筑室内外、村落空间	56
		2	柞水渔鼓	约为唐	柞水	建筑室内外、村落空间	57
		3	镇安渔鼓	清初	镇安	建筑室内外、村落空间	58
		4	漫川大调▲	明清	山阳县漫川	建筑室内外、村落空间	59
	想 民间文学	1	仓颉造字传说●	炎黄	洛南县	综合空间	60
		2	沉香传说▲	–	洛南县云蒙山一带	综合空间	61
	综合民俗	1	丹凤县高台芯子●	约宋元	丹凤县住棣花镇	村落空间、建筑室内外	62
		2	谷雨公祭仓颉仪式●	清光绪之前	洛南县保安镇许庙村	综合空间	63
		3	商南花灯▲	–	商南县	村落空间、建筑室内	64
	行 传统体育	1	洛南担芯子▲	20世纪80年代以前	洛南县	村落空间、建筑室内外	65
	衣食住想 民间美术	1	东龙山狗娃咪泥哨▲	清末民初	商州城东丹江北岸的东龙山村	建筑室内外	66
	衣食住 传统手工技艺	1	商南草鞋编织技艺▲	约北宋	商南县湘河镇许多村商南县	建筑室内外、村落空间	67
		2	丹凤葡萄酒酿造技艺▲	1911年	丹凤县城龙驹寨丹	建筑室内外	68
		3	洛南手工挂面制作技艺▲	约北宋	洛南县景村镇、三要镇、保安镇	村落空间、建筑室内外	69

注：“●”为陕西省第二批非物质文化遗产；“▲”为陕西省第三批非物质文化遗产；“★”为本书关注的非物质文化遗产

陕南地区非物质文化遗产（存）数量统计　　表3.41

各地市数量（项）			“陕西省非物质文化遗产”认定（项）	本书独立研究或关注（项）	本书统计关中数量总计（项）
汉中	安康	商洛	68	1	69
30	21	18			

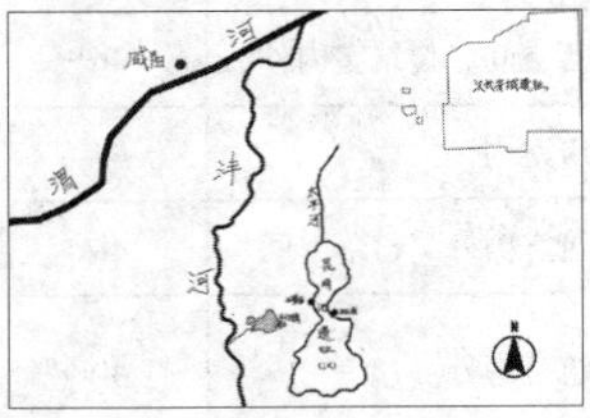

图3.12 牛郎星、织女星、银河的星空图示在地面空间的地景投射

石公像、石婆像、昆明池分别象征了银河、牛郎星、织女星的空间位置。

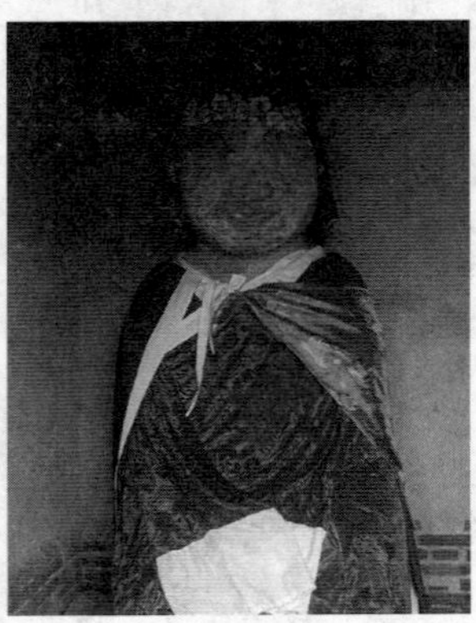

图3.13 石婆像（上图）

图3.14 石公像（下图）

资料来源：苏义鼎摄

3.2.3 与传统村落建筑空间环境相关的非物质文化遗存（产）研究举例

1. 关中

1）民间文学（想）

关中斗门石婆庙会七夕乞巧节综合文化空间

该民俗文化空间属于农耕文明体系中“想”的本源，是老百姓在日常生活中经过苦厄之后迎来美好的期冀，与传统戏剧形成过程相似，是农耕过程中经过一个播种季节的劳作而最终收获过程的文化折射于群体心理的反映，亦是中华民族本源哲学中阴阳相合、生生不息的群体潜意识表象，其具体位置在西安市长安区斗门街道办的南沣村。它是中国人耳熟能详的牛郎织女的神话传说在地面空间的文化表象，是古人观物取象、在天成象、在地为形的宇宙观在地面投射的空间图示，古书的记载也对此作了印证。《汉书·武帝纪》、《三辅黄图》、《史记·天官书》中皆记载，武帝为练兵，在长安西南即现斗门街道沣河东凿昆明池，并仿牛郎星、织女星、银河的星空图示（图3.12）投在地上的图像，于昆明池两岸置石婆（图3.13）、石公像（图3.14）。北宋《长安志》中载“石婆庙在……昆明池右”。据此，还原古老传说的文化空间图示可解读为：昆明池乃银河化身，石婆、石公分在昆明池西、东，按照昭穆之序，石公在东，为阳为上，石婆在西，为阴为下。这个文化空间地理位置具体包括长安区斗门镇、石婆庙、南沣村、普渡村、北常村、常白庄、周代沣镐遗址（镐京观、北丰镐村、南丰镐村、镐京村）、秦阿房宫遗址、汉代昆明湖遗址等，是经历了周、秦、汉等朝代，由物质与非物质共同积淀的结果。因此，对该文化空间的还原应尊重原初文化定位，这也是原真、整体保护民间文化空间的前提。

2）民间艺术（衣、食、住、行、想）

关中高陵榆楚乡商家村扎花民间艺术分为宫廷式与民间式，宫廷式能够流传下来是一大成就。宫廷式要求在窗明几静的空间进行（图3.15，图3.16b），民间式则户内户外皆可（图3.15，图3.16a，图3.17）。高陵每个绣女都配一个直径30mm、面罩粉红棉布的小圆凳做为绣台。

3）民间舞蹈（行）

（1）关中临潼零口十面锣十面鼓，属于农耕文明体系中“行”的本源。通过考据，民间舞蹈动作原型均来源于生活。关中地区主要源自对古代行兵作战、排兵布阵动作与阵形的模仿，来源于原始祭祀活动中的图腾、神物或神圣观念的宫廷乐舞遗存（如华县雩鼓），但其根本的动作原型则是对“锄地”向下使劲动作的模拟。十面锣十面鼓相传是“楚汉相争”的军中战鼓，散落于历史史实发生之地“临潼新丰鸿门”现址零口地区。

在空间表达形态上，与所有的鼓舞形式相同，十面锣十面鼓亦属于游演型与

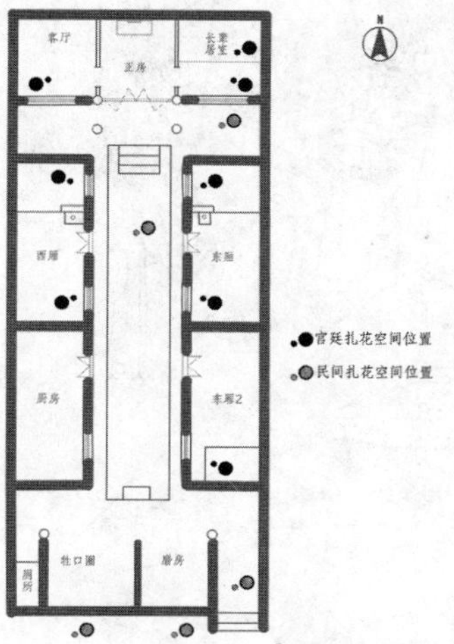

图3.15　高陵扎花与传统建筑空间关系（左图）

图3.16　榆楚乡老奶奶在院子与室内窗下扎花（右图）

广场型，虽然现在已经发展为百面锣百面鼓，但其最初人数却为24人。像中国从黄河流域到长江流域的祭祀节庆游演队伍均以神铳开道一样，十面锣十面鼓也由3名神铳手鸣响开道，后跟左右各10人的锣鼓队，在神铳与锣鼓队之间是一马锣领队。20名锣鼓手的排列队形亦按照“鼓法天，钟法地”观念布局（图3.18）。在游演过程中，队形10名鼓手与10名锣手分列左右两队，各自纵向一字形排列，鼓队、锣队间隔7～8m（图3.19）。在进行固定场所的广场鼓表演中，与陕北秧歌一样都有着固定的传统表演空间图示，共有10个，如“剪子交”、“五角星”、“白马分鬃”、“珍珠倒卷帘”等。十面锣十面鼓是临潼地区生长而成的鼓舞，鼓手背后与肩上担鼓的担条是用临潼地域性植物槐枝制成。槐枝上呈锯齿相交状缠绕着红色布条（图3.20），与半坡仰韶文化遗址出土的鱼面网文盆寰天口边（即盆边，在本源哲学中，鱼面网文盆的盆边被视为寰天表象）绘制的生生不息旋转纹同源；枝头插有白色、黄色、紫色纸花，锣鼓手背后都有用笔直的槐枝做成的背靠（图3.20），高约1.2m。槐枝中段，呈“十”形固定了一根等粗的槐枝，横枝以上分别装饰数朵红色、黄色、水红色绽放的花朵，兼以绿色陪衬。

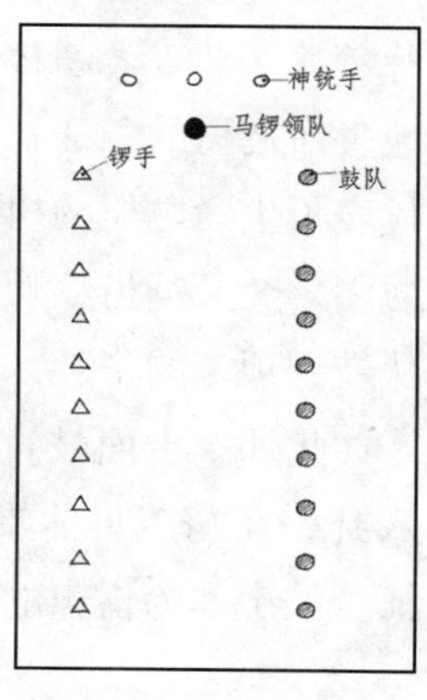

图3.17　榆楚乡商村7组妇女聚集在大门前院扎花、聊天（左图）

图3.18　十面锣十面鼓鼓队基本阵形（右图）

图3.19　村落道路上十面锣十面鼓左右并行队列

图3.20　十面锣十面鼓服饰示意

中国自古就有以各地最具代表性的植物、树种封为“社”主祭祀的习俗。社乃地之主也。《春秋传》云：“共工之子句龙为社神”，《周礼·大司徒》中云：“……设其社稷之壝而树之田主，各以其野之所宜木，遂以名其社与其野……”郑《注》：“社神名后土，稷神名田正……”惠士奇曰：“盖木之茂者神所凭，故古之社稷恒依树木。”绑鼓以及背后用槐枝做成的十字背靠，均为当地生命之树的象征，“十”符号，亦为通天通阳，“十”字上端插满鲜花，不仅代表了生命之树的树冠，也是本源文化中华盖、华冠的象征，寓意通天。鼓通天通阳，交叉锯齿纹顺着槐枝通天，十字符号通天通阳，槐树生命树通天，十面鼓从鼓到顶端的华胜，就是通天通阳生命之树生生不息的哲学表象。

此外，十面鼓直径40cm，高20cm，被鼓手环抱于胯上，鼓心乃红黑阴阳鱼八卦，在葫芦母体崇拜为胜的民间，鼓自古即被看做葫芦形的宇宙混沌母体象征。鼓声本为雷声的模拟。“道生一”，一为混沌，“一生二”，混沌生阴阳，鼓声雷动，阴阳两合，“二生三，三生万物”，正是《礼记·乐记》中所说：“地气上齐，天气下降。阴阳相摩，天地相荡”，“天地合而万物生焉”（《礼记·郊特牲》）的阴阳相合万物乃生的阴阳观。鼓与锣原本就是阴阳相合的哲学表象，鼓手双脚着地，寓意通地，于是，十面锣十面鼓总体外形即为临潼地区在鼓舞形式上生生不息的阴阳观、通天、通地、通阳的本源哲学观念的表象。

十面锣十面鼓的本源哲学意在通过鼓声雷动，祈望天地相通，阴阳相合，万物滋生，这即是《礼记·月令》中描述的孟春之月：“天气下降，地气上腾，天地和同，草木萌动”，带着这样的祈愿，当如槐树一样生长于临潼的十面锣十面鼓，游演于零口街巷（图3.19）和田间地头，在广场空间画出“剪子交”（阴阳相合）、“三杆旗”[戟（吉）磬（庆）有余]、“游四门”（四灵）、“五角星”（五行相生）、“白马分鬃”（道生一，一生二）、“百鸟朝凤”（通天通阳）、“太极图”（阴阳相合）、“龙摆尾”（通阳通天通地）等时，完全就是一部流动于村落、田野间完整的祈愿通天、通地、通阳、阴阳相合生生不息仪式的动态空间图示。因此，十面锣十面鼓就是与临潼零口传统村落紧密结合的春祈仪式。

（2）关中周至楼观镇八家庄村的牛斗虎，属于农耕文明体系中“行与想”的本源。作为一种广场型春祈仪式，牛斗虎的内容表现了牧童与牛在耕地劳作完成后，于回家路上偶遇猛虎，牛为保护牧童，与猛虎撕斗并战胜猛虎的传说。

周至境内地理特征为七山二水一分田，历来就有“金周至、银户县”的俗语。周至哑柏村流传的“金周至”民谚中说，“十山九出头，有水不浮舟。小富压天下，社火赛扬州”，说明周至农耕文明与其地景结构的紧密关系，及因此而形成的久远历史和特色。《周至县志》载清乾隆年间曾在周至北部平原常平粮仓积粮十万担。农耕文明中，役畜牛的作用不可替代，它们不仅是重要生活物资的来源，也是农村生活不可缺少的良伴。在周至，畜力牛养殖排在首位，《周至县志》记载明朝知县王节为保农耕丰收，曾将百余头官牛借乡民使用，1989年周至共养牛3.61万头。楼观镇八家庄一带主要以从湖北引进的水牛为主，牛斗虎正是反映了牛的忠诚及牧童、水牛的深厚感情（图3.21），体现传统社会人与自然的和谐关系。从本源文化上来看，牛是关中地区的神祇，被视为崇天崇阳，虎是渭河流域崇天崇阳的图腾动物，体现了这一区域崇牛崇虎崇天崇阳的本源观念。

图3.21　牧童与牛

牧童由非物质文化遗产传承人赵明孙子扮演，图中所示是在赵家前院内进行表演前的训练。

牛斗虎主要是广场型

表演，最为传统的形式是在祠堂前直径约20m、占地300m²的空地表演，也可在村中社火场地或戏台表演。牛斗虎是八家庄村正月社火程序中最后压轴的表演项目，一般演至农历二月二龙抬头之日，表演前有着祭祀仪式，整体流程为：

鞭炮鸣响→社火会长燃烛焚香祭祀→醇酒献食以飨神灵→牛虎跪于门外→牛虎齐向祠堂三叩拜→集体绕场一周（依次顺序是彩旗、锣鼓、竹马、二鬼打架、牛斗虎）→彩旗表演→锣鼓表演→竹马表演→二鬼打架表演→牛斗虎表演。

牛斗虎表演原真的村落场所是在祠堂前大片空地的树下（图3.22），《周礼·大司徒》云："……设其社稷之壝而树之田主，各以其野之所宜木，遂以名其社与其野……"《说文解字》解释《周礼》道："二十五家为社，各树其土之所宜之木"，说明每一地方所宜生长之树即被看作是社神依附之神物。再如长安区南豆角村南门之外100m处的两棵柏树和高1.2m的"社公爷"（头部圆雕），就是当地著名的"二柏一石头"。柏树呈南北排列，社公爷在两棵柏树中间，面朝南稍偏东，这样的村落公共景观即表明"社公爷"是社主，以柏树而封，即为柏社。牛斗虎表演时，牧童、牛、虎为主角，占据人群自然围合的圆形空间场地（图3.23），一般场地总是方形，人们在观看时是自然围合为一个类似的圆形，方形给人以稳定感，圆形则具有动态感，这也是"天圆地方"在空间图示中的意义。在表演场地的左边，伴奏鼓乐队从北向南依次排列，分别为司钹、司钹、堂鼓、大鼓，有时也会以大鼓为中心形成中心围合式的配器位置形式，但整体鼓乐队位于左，依然是昭穆之序左为上的体现。

4）民间音乐（想）

关中阎良新兴特技唢呐，属于农耕文明体系中"想"的本源，是阎良区新兴街道井家村有才华的农民在茶余饭后，出于对传统乐器唢呐演奏的喜好，经过师徒传授方式，由现在的传承人袁学民改良后形成的表演形式。无论是唢呐的传统表演形式还是目前创新的形式，都是与传统建筑空间紧密结合在一起的。

表演场地常为上房的堂屋、厦房内院（图3.24），或是外院枣树下。表演时为四人，在八仙桌（或方桌，有的只有长桌，没有长桌后的条案）前形成半圆形围合空间，空间位置（图3.25）以唢呐手在中心，司鼓在左边，司钹在右边，司钹的右边是司锣。司锣在表演过程中充当丑角、协场（为唢呐手递道具，协助其完成道具更换而不让表演出现不连贯的情况）三种职能。八仙桌或者条桌上按表

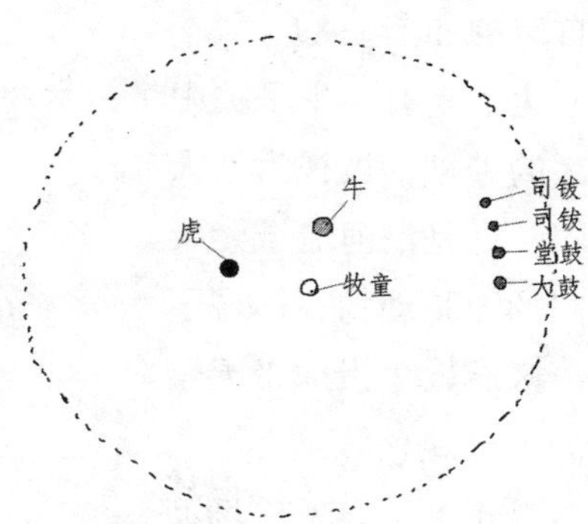

图3.22 牛斗虎村落表演空间（左图）

图3.23 牛斗虎场地空间图示（右图）

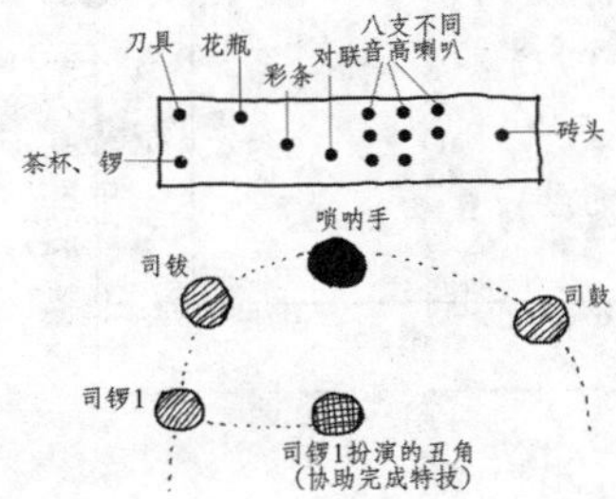

图3.24　传承人袁学民在前院为村民吹唢呐（基本吹法）（左图）

图3.25　完整的新兴唢呐全组角色空间位置（右图）

演顺序，摆放了所用道具（图3.26），从左至右分别为砖头、八支不同音高的喇叭、对联、彩条、花瓶、菜刀、大锣、茶杯。适应上房堂屋的面积而形成的半圆形空间使唢呐者在表演行为中和表演者均处于中心位置，在空间中，表演者共同体化成了一个整体的“人”的形象：唢呐手是“头”，是中心、灵魂所在处，司鼓、司钹则是左膀与右臂。传统文化历来强调“鼓法天，钟法地”，天为阳，地为阴，天在上，地在下，通天的竖向图示转化成横向空间图示便成为司鼓在左，司钹、司锣在右的空间位置。此外，司锣又成为臂端的“手”，灵活地为共同体携取桌子上的物件。

5）传统戏剧（想）

关中户县眉户曲子，无论在地台还是村落空间表演，基本表演空间模式为两种：半围合空间（图3.27）模式、演中奏左的空间模式。半围合空间模式是指在村落空间中的大树下，由乐队在演员身后形成弧线形半围合空间，演员站在弧线前的圆心位置进行表演，此时，伴奏乐队从左至右的位置顺序是低音二胡→琵琶→笛子→二胡→三弦→堂鼓（四瓦板）→碰铃。演中奏左的空间模式，是演员站在戏台中央，伴奏乐队整体位于表演者的左边，尽管半围合模式以演员为正中，但空间安排往往也会整体向左侧稍稍偏移，这样都是为了突出表演者的中心地位，而半围合形的空间却为人声和配器声音形成良好的混响效果。伴奏乐队位于左而不在右，依然是昭穆之序。

6）曲艺（想）：

关中临潼零口孙家皮影戏属于关中中路碗碗腔皮影戏班，他们的皮影较之西路、北路尺寸略小，一般为37cm，造型以平面化构图为主，强调外形轮廓，人物形象秀美细腻。该皮影戏班为家族式，只在村中雇1～2

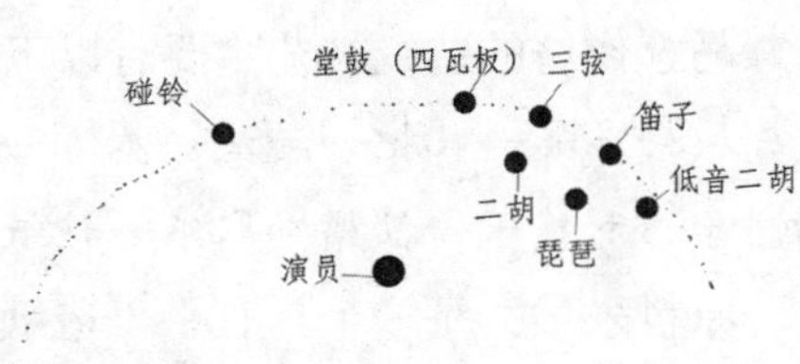

图3.26　传承人袁学民在前院为村民吹唢呐2（复杂吹法）（上图）

图3.27　关中眉户空间位置（下图）

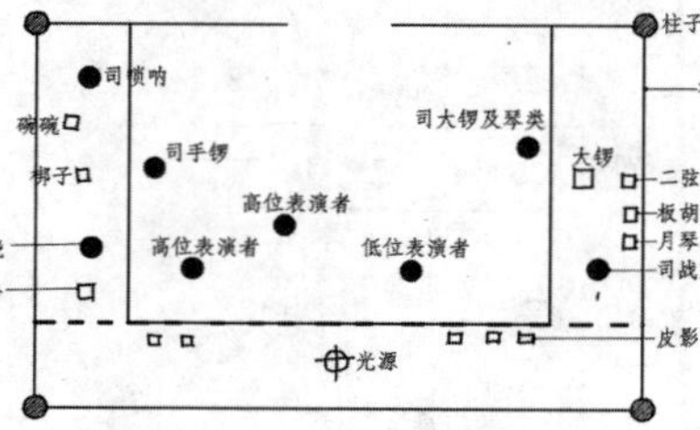

图3.28 皮影后台内部空间位置结构（上图）

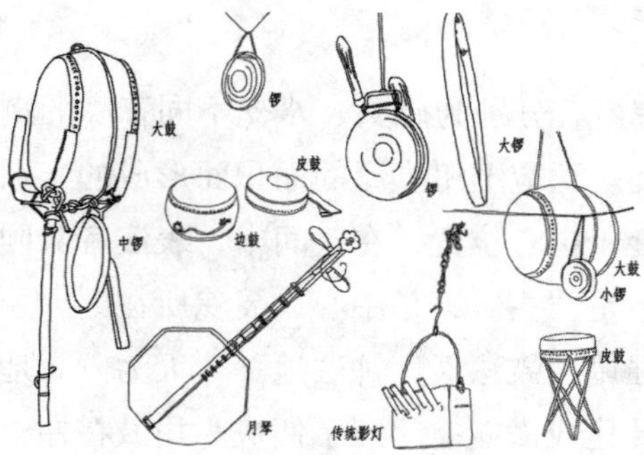

图3.29 皮影表演道具（下图）

名乡党，故一般人数是7～10人。演出时，如果是在村落中便自搭影棚，以铁架搭一约6m×4m方形围合空间（图3.28、图3.31）进行表演；如果在室内，则根据具体的空间形态布置影棚，有时利用两个围合墙面（背后与侧面墙壁），活动门帘则需留在另一侧面，但影棚框架仍由皮影班自己搭建（图3.30）。

影棚最主要的作用就是遮人并作为皮影影幕。为了投影，影幕后上部位置必须留一光源，常为暖光源——只有暖光源下的皮影才能具有活态的真实感。光源下是宽50cm的表演台，而台面以上的空间亦即光源后上方还拉了一根绳，用来挂暂时不用的皮影。这些皮影必须在光源的后上方，才能保证不会有影子投在银幕上。一般台子后面有三位影人表演者，左边是坐着的低位表演者，右边是高位表演者。他们身后居中的是另一高位表演者。是否采用一边低一边高的安排形式，主要根据表演的戏本，有时也需要两边都为高位表演者，表演者有时单个人或每人均兼任演唱者。伴奏乐队主要在两边台上或台下安排（图3.30），左边从里往外分别为：司战鼓/手鼓/小锣（坐于台上）→月琴/板胡/二弦（坐于台上，一人操作）→大锣（悬挂式）→司大鼓及琴类，右边从里往外分别为：马号（常由高位表演者吹奏）→司铙（坐于台上）→梆子/碗碗（一人控制，坐于台上）→司锣→司唢呐（坐于台上）。

7）传统手工技艺（衣、食、住、行）

关中长安区北张村（图3.32）位于秦岭脚下，沣河东岸，东临沣惠渠，其东北距西安29km，东距长安县16.3km，南距滦镇12.8km，西距户县15.9km，在传统时期是以造纸为主业的村落，《长安县志》曾载历史上著名的长安宣纸就产于此地。据称唐代就有人家负责造皇宫御纸，清代则每年给皇上进贡。在北张村现还剩6户人家造纸，在张、马为主的两大姓氏中，82岁的马久成（图3.33）是目前最年长的造纸人。

马家作坊的造纸技艺主要有以下重要的步骤：

原料采集→扎把→浸泡→蒸煮→生石灰水浸泡→发酵→漂洗→泡穰→踏碓→切幡子→和搗子→杖槽→取纸→抄纸→压杠→上墙→揭纸→打包

原料采集：每一个具有手工造纸技艺的村落选址必定是在依山傍水的自然环境格局（图3.34）中，山里的树种能够为造纸提供穰源，河水又是浸泡树皮成穰

图 3.30　孙家皮影戏班室内表演空间（左图）

图3.31　村落中常见的皮影表演空间（右图）

料、洗穰、捞纸的必备条件。北张村在秦岭脚下，西临沣河，沣河干涸以后，还剩东边的沣惠渠为水源。造纸用的穰源就是秦岭中的构树皮，沣河岸边产的麻也是穰源。以前村里家家户户造纸的时候，村里还有专门的穰行，山里人会将加工好的构树皮直接送到穰行，出售给造纸作坊，现在村里造纸作坊仅剩几户，穰源都是自己采集自己加工。

扎把：将构树皮扎成把（图3.35），以便加工。

浸泡：用水浸泡成把的树皮，使其变软。

蒸煮：在直径1.2m蒸锅中蒸煮泡好的树皮，使黑色硬皮脱落，并将里面的纤维进一步软化并与黑皮脱离。

生石灰水浸泡：将蒸好的构树皮在生石灰水中浸泡，使里面纤维断裂。

发酵：在生石灰水中继续发酵，使里面的纤维进一步断裂，并使黑色硬皮进一步与纤维脱离。

漂洗（图3.36）：通过在河水中漂洗，可以将大部分黑色构树硬皮冲洗掉。

泡穰与揉穰：揉穰时需要用淘单将泡过的穰裹上，在河水里揉搓，进一步使非纤维物质脱离。

踏碓（图3.38，图3.39）：将揉搓好的穰在踏碓下面先捶打成浆，再捶打成片，以正反叠在一起制成穰幡子。木碓（图3.37）是用枣木制成的大木槌，长5m，槌子直径为30cm，敲打时，一个人在柄端用脚踩加力，通过槌杆中段的支

图3.32　北张村区位图（左图）

图3.33　马久成（中图）

图3.34　原料采集空间（右图）

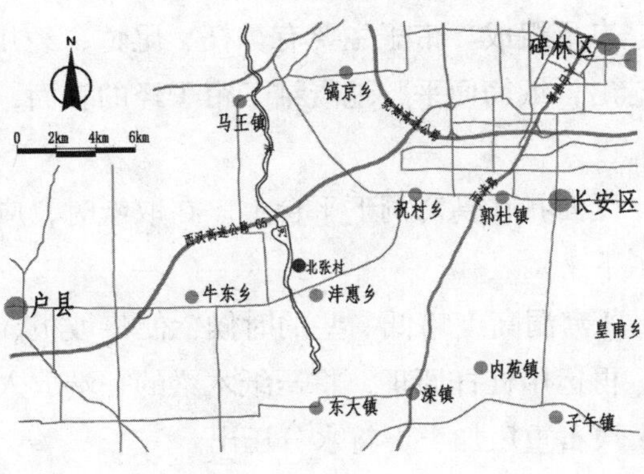

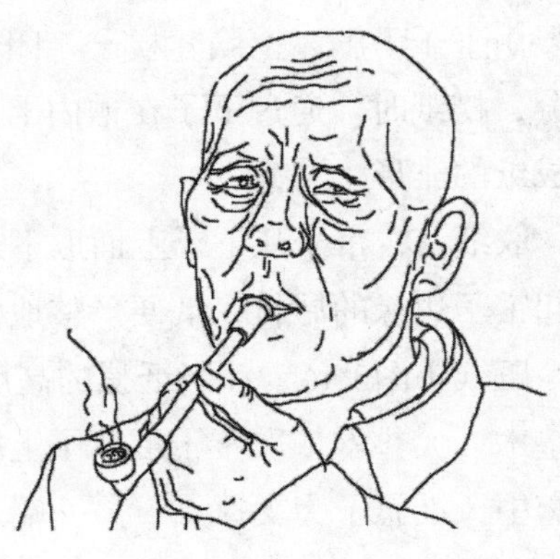

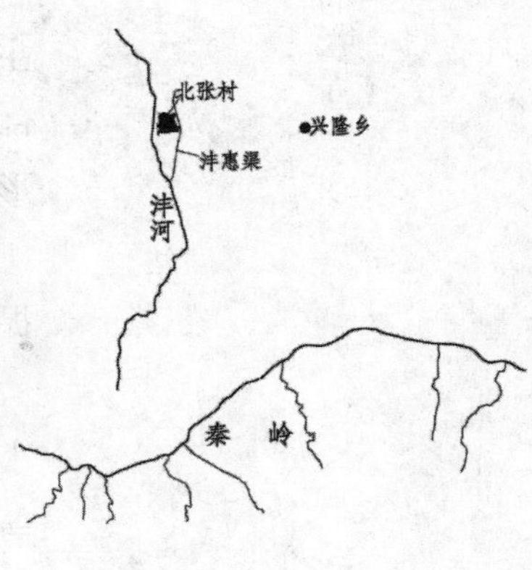

图3.35 扎把

图3.36 漂洗

汴河已经干涸，现在只能在汴惠渠里漂洗。

图3.37 木碓

木碓是传统造纸技艺中重要的工具。

图3.38 踏碓

撑形成杠杆力，使木槌上下起落，敲击地面的穰，直至成浆，并成浆片。敲击时，关键在于往浆里加水：加水要适度，水太多浆稀，水太少浆稠，加水适度才能槌出好浆。

叠幡子：槌好的浆是一片一片的，将浆片一正一反折叠成幡子。一正一反便于“蔆”（方言，乃切的意思，但又非直接用蛮劲来切，带有呲的力度），幡子的受力才平衡。

切幡子（图3.41）：将叠好的幡子放在枕子上，枕子是用圆木做成的切幡架子，类似木马，幡子上用麻绳套着，麻绳下端用左脚踩实，保证幡子固定在枕子上表面不动，用脚踩也便于切的时候加力。切幡子时，刀要磨得很锋利（图3.40），才能切的很细，因为这关系到捞出纸的质量。但切的时候不能使用蛮劲儿，要用“蔆”的方式（图3.42），有时候还要用“呲”的劲儿，才能将幡子一点点切成细碎的幡浆。

捣穰（图3.43）：幡子切好后，在被倒入捞纸池之前，要再在石质大捣臼里捣搅一遍，通过这道工序，细碎的幡子就成了捞纸用的完全断裂的纤维纸筋。

杖槽（图3.44）：将纸筋倒入捞纸槽的水里，用把子骨头和飞杆在槽中将纸筋搅匀，做成一池纸浆，便可以捞纸了。

捞纸（图3.45）：捞纸用的工具是“下子”。“下子”是一帘多纸的捞纸工具，主要由下子下脑、上脑、枨子、闭板、曳尺组成。帘子主要有鼻杆、尾竹、经几部分，捞纸时，通过下子在槽内上下捞出，纸筋便平整地凝结于帘子经的表面，形成纸的雏形。

取纸：将帘子从下子上面取下来，反面扣在鸟窝洞下平台上，在取纸时，应提起帘子边缘的尾竹，纸便平整地留了下来。

压纸（图3.46）：当纸摞的高度比鸟窝洞高度略低一些的时候，便将坡板、小垫木、大垫木依次压于纸摞子上面，再运用杠杆原理，将压纸木梁的一端放入鸟窝中，纸骡子为支撑点，另一端用大块石重压加力，将水分压出。

上墙（图3.47）：将压好的纸用鬃刷刷贴在向阳墙壁上晾晒。

揭纸（图3.48）：把晒好的纸全部分开，一般一刀100张。

打包：每刀100张的纸进行打包。

北张村传统造纸技艺是与村落整体环境紧密结合在一起的，每个流程都在村落和传统建筑内具有确定的空间位置与形态。以82岁张久成家的传统作坊空间为例进行图示，参见图3.49。马久成已是耄耋之年，其工具与老作坊也深深烙上了他的印迹。

8）民俗（综合）

宝鸡地区深受周文化濡染，耕种条件优越，农耕文化发达，自古便形成迎神报赛的传统与以天王村为核心的极富西府特色的综合性社火或庙会民俗形式。综合性体现在对多类型单一性质非物质文化遗产的囊括，具体内容有：民间舞蹈的眉县高跷赶犟驴、岐山转鼓、宝鸡千阳八打棍、陈仓西山刁鼓、陈仓秧歌；民间音乐的威风战鼓、扶风碗碗腔皮影戏，传统戏剧的千阳灯盏头碗碗腔皮影戏；民间曲艺的西府道情、西府曲子、眉户曲子，民间美术的西秦刺绣、陈仓社火脸谱，传统手工技艺的岐山空心挂面、麟游血面条、岐山王氏皮影制作技艺等。这些都是与宝鸡传统社火庙会密切相关的酬神报赛具体形式。

图3.39　踏碓

图3.40　磨刀石

图3.41　切幡子

图3.42　用“嫠”的方式切幡子

宝鸡社火空间主要分为三个层次：宏观镇域空间层次、中观村落空间层次、微观社火队空间序列层次和单个项目空间位置特点。

宏观镇域空间层次：宝鸡社火空间范围以天王村为核心，包括胥家村、曹家沟村，形成中心区域（图3.50），并以此向外辐射，辐射的区域截止于宝鸡西部、西北部、西南部的陇山与秦岭山区等，亦即在宝鸡整个西北至西南形成的半包围界限（图3.51），界限以外的农业文化不发达区域社火就不发达，充分证明社火、庙会等民俗的农耕文明属性。

渭河南岸的天王镇天王村（图3.52）是宝鸡最大的村落，行政辖属陈仓区，西距宝鸡市约26km，北距凤翔约28.8km，东北距岐山约32km，西南距太白县约48.5km，北临310国道及西宝高速。其村名来自于宋时于空中俯瞰全村，村中道

图3.43 捣穰（左图）

图3.44 杖槽（右图）

图3.45 捞纸（左图）

图3.46 压纸（右图）

图3.47 上纸（左图）

图3.48 揭纸（右图）

1.采集原料
2.扎把
3.浸泡
4.蒸煮
5.上生石灰（在村内进行）
6.发酵（在村内进行）
7.漂洗（以前在沣河，现在沣惠渠进行）
8.泡瓤、洗瓤（大石臼）

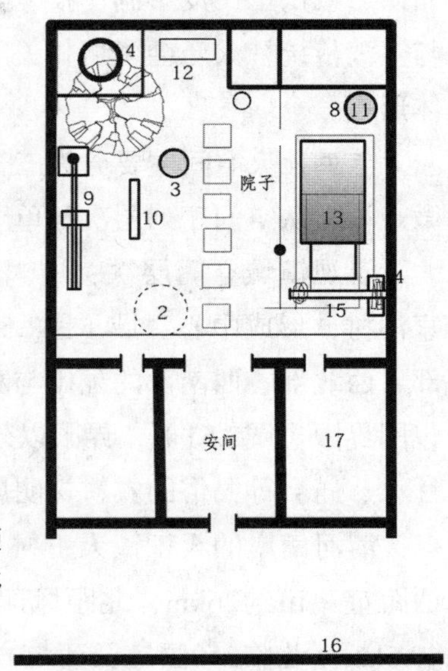

9.踏碓（类似一个大锤子，一人脚踩一人弄瓤，把瓤纤维砸烂） 10.切幡子 11.和捣子 12.杖槽 13.抄纸（核心，此村为一帘多张） 14.取纸 15.压杠 16.上墙 17.揭纸 18.打包

图3.49 北张村传统造纸技艺流程与村落建筑空间环境的关系

路貌似“天、王”，故命名为天王村[1]，现有“村民小组15个，1270户，共5247人，村中共有6大姓氏，分别是张、王、李、谢、唐、康。胥家村（图3.53）在天王村西南，距天王村约1km，村人口较天王村少很多，只有6个村民小组，341户1607人，曹家村（图3.54）则位于天王村以南稍偏西，距天王村约2km，与胥家村情况相同，也较天王村小很多，只有5个村民小组，290户1378人。胥家村村名成因缘于该村明代以胥姓为主，故称为胥家村，曹家沟村村名成因既有姓氏因素亦有地理位置因素，元末曹姓人迁居于天王镇西尧村与五盘梁之间的沟谷中，故命名曹家沟村”。[2]这三个村落不仅历史悠久，也是农耕文化的核心区域。在天王村北眺，周原的天际线清晰可见，渭河南岸的富饶孕育了这里的种植优势与丰富的社火民俗文化。

中观村落空间层次：宝鸡社火的村落游演空间是有特定规则的，总原则是所到村落必须经过每家每户，亦即必须让各家户都有迎神报赛、祈福纳祥的机会。因此，社火游演空间基本包括两部分，一部分是沿村中道路而进行的动态型游演（图3.58、图3.59），另一部分是沿村中道路至村中空场进行固定场地表演（图3.56），这部分表演以3圈为限，3圈演完即为社火整体表演过程结束。如2005年胥家村社火至南阳堡村游演的过程为（图3.54、图3.55）：南阳村30人锣鼓队在村口迎接→10分钟后胥家村社火队到→在鞭炮齐鸣声中被南阳村锣鼓队迎进村→南阳村锣鼓队散→开始游演/炮车每5分钟鸣响一次/各家户在门口摆祭品/给社火队中关公搭红/给神送礼→在村中游演3圈→在戏台前空场表演1圈→胥家村锣鼓队表演20分钟→结束（共1小时）。

微观社火队空间序列层次：社火空间不仅包含了游演的空间路线，还包含了社火队

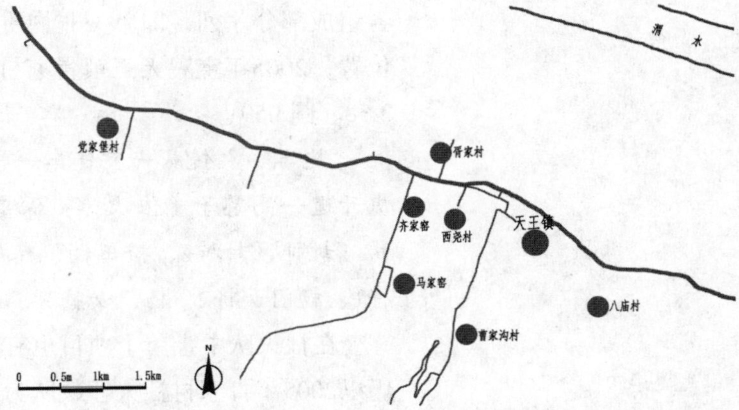

图3.50　宝鸡社火中心区域

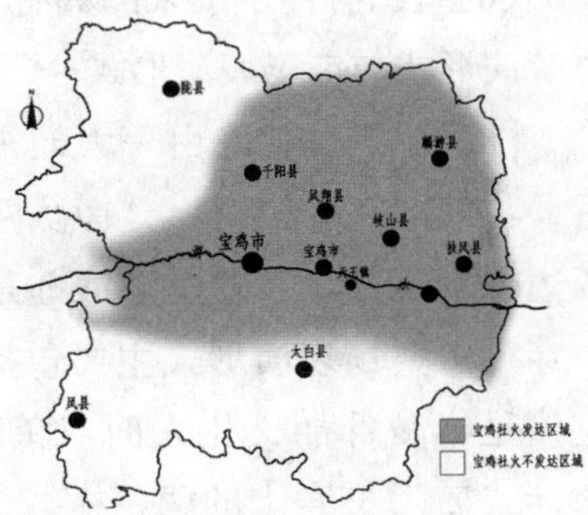

图3.51　宝鸡社火辐射区域

图3.52　天王村村口空间

图3.53　胥家村村口空间

图3.54　曹家沟村入口

1.来源于《陕西省宝鸡县地名志》。

2.资料来源于天王镇镇政府。

各组成部分序列，即单一非物质文化遗产、遗存在综合性社火空间中的空间序列位置，2005年宝鸡天王镇胥家村社火各组成部分的空间序列位置是（图3.57、图3.58、图3.59）：

炮车→火铳队→宣传车→收礼车→少女彩旗队→大头娃娃、旱船→青龙白虎开道→高芯子（依次为：保皇嫂、打金枝、长坂坡、虎口缘、花园买水、赶驾、封神、封神2、拾玉镯、慈航善渡、断桥）→车社火（依次顺序为：杨门女将1、杨门女将2、杨门女将3、杨门女将4）→锣鼓队。

在社火队中，单个项目也有空间序列的规定，最具代表性的仍然是锣鼓队。仍以2005年胥家村社火锣鼓队为例，该村所选为百面锣鼓。百面锣鼓队结构特点是4人一组，每组分配一鼓、一锣、两对钹，百面锣鼓就需要100组，即400人。400人的组织有传承下来的具有文化内涵的空间序列形式，这些空间形式包括村道游演形式与空场表演形式。

村道游演形式是由一大鼓领队，后跟钹队、鼓队、锣队。锣队位于大鼓之后，与其同在中轴线上，锣队两边为两队中鼓，每队与锣队间隔1.5m，中鼓队两边分别是钹队。村道游演即是按照如此的队形鱼贯而入村落并随社火在村道中穿行。空场表演形式主要包括“△”、“$\overline{\overline{\triangle}}$”、“◎”、“□”等。“△”应该是半坡仰韶文化人面双鱼网纹盆中人面上的三角符号，体现着通天的观念，“$\overline{\overline{\triangle}}$”三角上的两条横线，应该仍代表了人面双鱼网纹盆的边缘，而那个圆形的边缘则是对天圆地方概念中圜天的表示。“◎”“○”符号均为生生不息旋转的太阳圈符号，“□”“田”“＋”“𝌆”中，“□”代表四方，“＋”“田”是两仪，“☩”是四象，“𝌆”九星，这些都是源自具有农耕文明属性的中国本源哲学。如果将这几组符号连续表演，从“△”→“○”→“□”，就是通过鼓舞的声音和队形符号，迎接新一轮耕种循环的起点到来，体现了通天、通地→通阳、生生不息→扩散至四方的本源观念。

图3.55 南阳堡村口迎接胥家村社火（左图）

图3.56 胥家村在南阳堡的广场社火（右图）

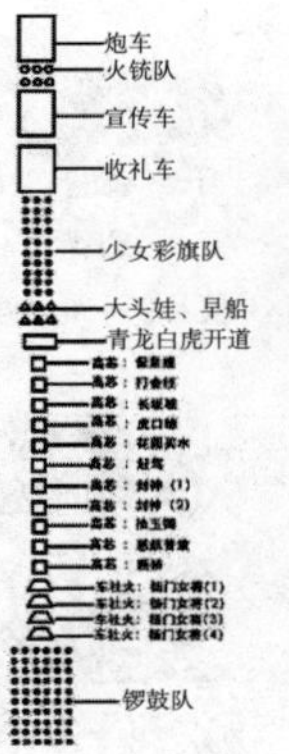

图3.57 微观社火队空间序列层次（左图）

资料来源：田荣军绘

图3.58 社火队之大头娃娃（中图）

资料来源：田荣军绘

图3.59 社火队之芯子（右图）

2.陕北

1）民间文学（想）

陕北黄土高原最重要的民间文学是轩辕黄帝传说。黄河中上游流域是黄帝氏族部落源生地。《国语·晋四语》中说：“昔少典氏娶于有蟜氏，生黄帝、炎帝。黄帝以姬水成；炎帝以姜水成。成而异德，故黄帝为姬，炎帝为姜。”靳之林先生《抓髻娃娃》一书中对“抓髻娃娃原型”的阐释引用了郭沫若先生的研究成果，对陕北黄土高原与黄帝的关系进行了非常有价值、合理的解释，在对黄帝氏族起源地研究中，靳之林先生认为按照地望，姬水即为今天的延河（图3.60），由郭沫若先生的研究可作证：“玄水当即今之延水，《水经》之奢延水也。《经》云：‘河水又南，离石县西奢延水注之’……奢延即玄之缓音也，此言至洛东至于河，氒逆至于玄水，正由玄、洛、河、渭天然形成一区域。”[1]

1.郭沫若·两周金文辞大系图录考释（下）.上海书店出版社，1999年7月

在对黄帝冢的研究中，《史记·封神书》中说黄帝墓相传在桥山，《汉书·地理志》中亦说“桥山在南，有黄帝冢”。靳之林认为秦汉时期上郡阳周桥山在今绥德之南（延水之北）的子长县，据他考察，阳周桥山乃今子长县的高柏山，黄帝冢应该就在高柏山（图3.60）。今天在延河以南的黄陵县桥山的黄帝衣冠冢，应是宋代以后将黄帝冢由子长县高柏山附会于此。在对陕北黄土高原黄帝后代姓氏研究中，邹衡在《夏商周考古学论文集》《论先周文化》一文中认为，“黄帝族早期活动的地域也许就在洛河之东北一带，往后才发展到泾渭地区……西周至东周的金文（包括货币文）证明，（黄帝之子为12

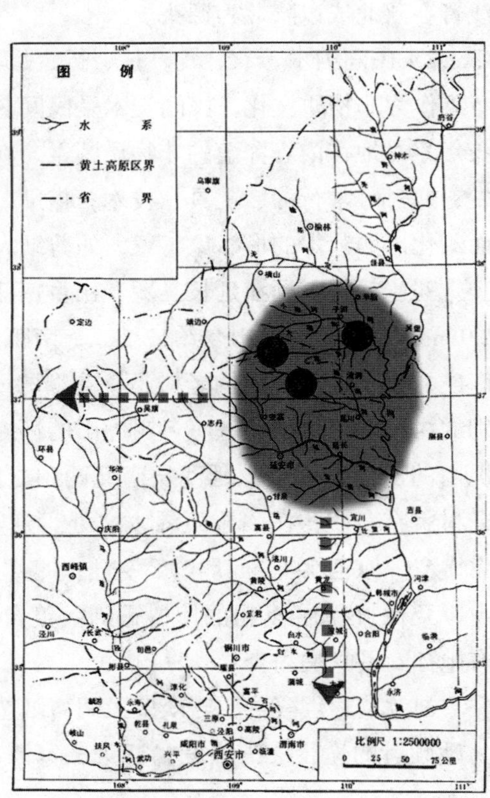

图3.60 黄帝氏族起源地、黄帝冢、居住地及迁徙路线空间示意图

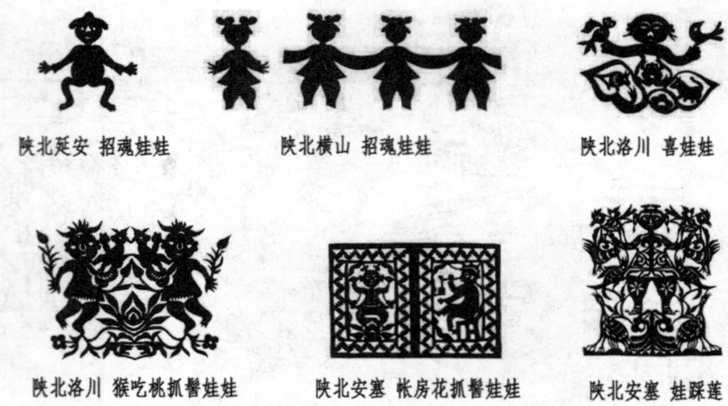

图3.61 西周献候鼎上铭文中的周氏天族族徽（左图）

图3.62 陕北各地抓髻娃娃形象（右图）

资料来源：郭沫若著《两周金文辞大系图录考释》靳之林《抓髻娃娃》

姓）这12姓中的姬、祁、荀、姞等姓就在今天的陕西、山西”。延水流域的姬姓分布不仅久远且广泛，是黄帝嫡姓和陕北黄土高原的大姓。

在研究黄帝氏族迁西路线的过程中，邹衡先生对陕西扶风齐家村出土的周族青铜器纹饰，尤其是9件有出土地点和时间的器物进行考证后认为：“天族早期曾居住在与山西石楼隔河遥对的陕西绥德，再迁至泾渭地区的岐山、扶风、长武一带，克商后，有的支族迁至河南。”[1] 黄帝及其后裔周氏天族的族徽“ ”（图3.61）衍化成的“抓髻娃娃”（图3.62）民俗符号散布的路线仍以陕北为其祖籍核心。

1.邹衡夏商周考古论文集

总的来说，在靳之林先生及各专家学者的证明，中华民族的祖先与中华文化的源流之一轩辕黄帝与黄帝氏族部落的产生、发展及其墓冢、姓氏分布、迁徙路线皆在陕北或以陕北为源头。

2）民间美术（衣、食、住、行、想）

作为非物质文化，民间美术是民间艺人在一定场所空间中，因自己生活命运长年累月地在内心深蕴的非物质因素，在日常生活里受所处空间场所精神影响激发，通过日常行为、工具、技术，借助一定的媒材，如剪纸的纸、面花的面等，而幻化出的艺术的形、象、意，如剪纸大师刘兰英和她的窑洞（图3.63）。

图3.63 刘兰英

刘兰英的窑洞在延长县罗子山乡南庄村（图3.64）。南庄村位于黄河西岸约2.9km处，北距罗子山乡约12.1km，南距南沟乡约6.8km，西距延长县约36.8km。南庄村没有迁村之前的老村是个典型的风水村（图3.65），坐北朝南，刘兰英和别的村民的窑院都在一座名叫虎山的怀抱中。虎山东边是下山，西边是胶泥坡，虎山的面山是猫山，延河从南北两山之间由西向东穿流而过，汇入黄河，南庄老村就在负阴抱阳、乘风界水之处。刘兰英的家（图3.66）正窑是坐北朝南5间靠崖窑，东西各有2间厢窑，夯土院墙，大门开在西南角，门口左碾青龙右磨白虎，几株直径1m多粗的槐树是刘兰英自己亲手栽种的，院畔以外几颗杏树，结有她孙女爱吃的甜杏。

刘兰英一生凄苦，与众多民间剪纸艺术大师一样，不幸悲凉的人生使剪纸成为她倾诉的途径，失去爱情、失去家园、失去儿子这些都积淀在了她的内心，

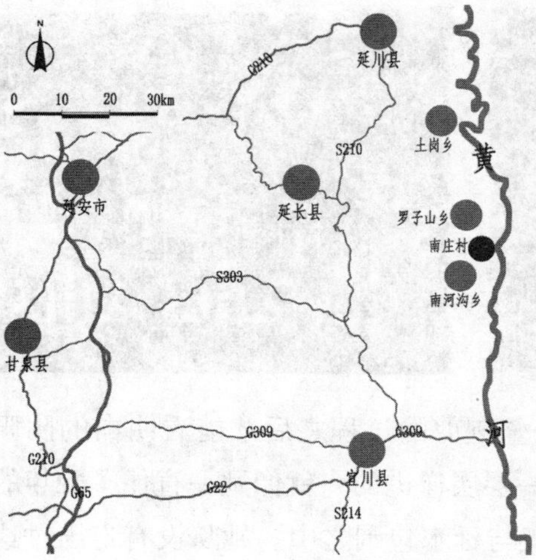

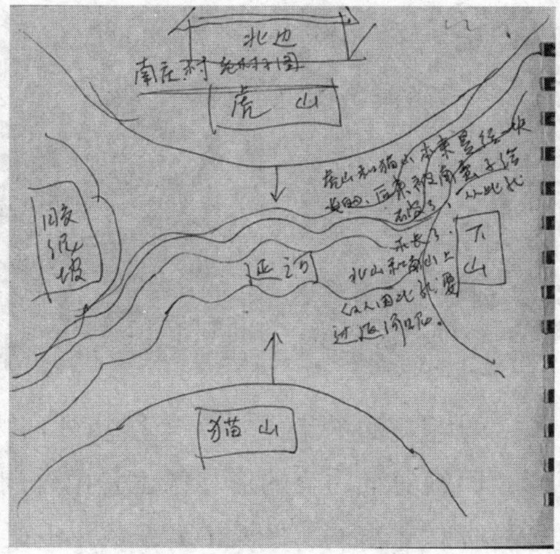

图3.64　南庄村区位图

图3.65　南庄村风水格局

资料来源：郭庆丰绘制

图3.66　刘兰英的家

在这风水环抱凹穴的窑院是刘兰英曾经的家，也是她亲手打造和心中唯一的家。

催生了她剪纸作品中独特的艺术个性：她从来不用小剪刀，都是一把大剪刀从头剪到尾，从内剪到外，从明剪到暗。她没有进行过专门的剪纸学习，没有从替样和临摹开始剪，而是从一开始就剪了自己内心对周围环境的意象，而这意象所蕴含的艺术作品的个性也随着她生存状态与境遇的改变而发生着变化，充分证明了场所精神对人、艺术的影响。年轻时她受到姨妈的刺绣与当地流行的箱体画（图3.67）的影响，主要以鱼、莲、鸡、家具、人物为主题，作品呈现团花、对称形式，外形轮廓圆润、柔和，但内在纹饰的几何形表达又不时表现出她性格中的刚直（图3.68）。到了晚年，作品主题就仅以三方连续、四方连续、团花等佛教造像般的“巨人”（图3.67）形式来进行画面构图，内外纹饰均越来越单纯、刚硬，几何形线条既是外形轮廓又是内部装饰。不变的仍然是大剪刀，仍然是将纸一再折叠后，在扑朔迷离的剜剪过程后，才能看清最后的面貌。

图3.67　老窑内家传彩木箱及其上的箱体画（左图）

图3.68　刘兰英早期剪纸作品（中图）

资料来源：郭庆丰摄

图3.69　刘兰英近期作品（右图）

资料来源：郭庆丰摄

刘兰英的剪纸是在一层层从外向内折叠剜剪的过程之后才能看明白的阴阳形，而她剪纸内容的形与像也是由外向内一层层递进的，就像她一直住了62年的老村子和老窑洞（图3.66），藏在山梁沟壑与延水包围之中。她从没有走出过这里与她娘家方圆十几里的范围。她的作品就像她家老窑的窗棂吉祥纹样，从外向内一层套着一层的吉祥，就像她家祖传的箱体画，对称地生长着吉祥生命之树。刘兰英的剪纸作品只是孕育她生活环境场所与坎坷命运的凝缩与形、象、意的物化形式，离开了她的窑洞、她的真实生活，她的剪纸是无法被真正读懂的。

3）民间舞蹈（行、想）

陕北横山老腰鼓。

4）曲艺（想）

说书，对于陕北人来说是类似于转九曲一样神圣的仪式行为，内容以祈愿五谷丰登、风调雨顺为主。陕北人通过说书与上苍沟通，是祈愿吉祥的精神信仰通道与途径，因此，说书内容从最初就源自对农耕事宜的祈愿。

据史料记载，到宋代说书已经是非常成熟的仪式，古代主要为盲人从事的行业，明眼人不能涉及。之所以称说书，是因为它可以代替很多大型祭祀活动，像正月十五的转九曲。如2007年元宵节，榆林子洲佛陀塌村（图3.70，图3.71）由于人口少，没有举行转九曲，村子里的人只能到距村子15km，东北方的黄家坬村去转九曲，以达到风调雨顺、五谷丰登、祛病防灾、儿孙满堂的祈愿，后来只邀请了两位说书人，以说吉祥话的仪式来代替没有举行的转九曲，希冀对吉祥祈愿更多一层诚心。

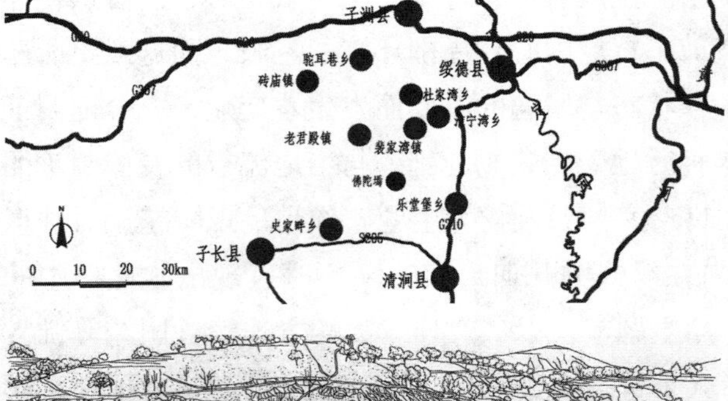

图3.70　佛陀塌区位图

图3.71　佛陀塌

说书与陕北村落建筑空间是紧密结合在一起的。佛陀塌老村长拓巨富家的说书仪式，明确阐释了说书与窑洞空间的关系。说书总流程分为两阶段，第一阶段是在窑洞门口进行的请神仪式

图3.72 请神仪式（左图）

图3.73 室内现场说书（右图）

（图3.72），第二阶段是在窑洞内进行的现场说书（图3.73）。

说书的根本目的是通过说书人代表祈福人以说吉祥话的行为、形式向信仰的72神祇进行祈祷，所以，说书人常随身携带用书法所写的72神祇名称的红布，在正式开场前必须先在窑洞前设供桌，焚香祭祀、奉请72神祇。72神祇可解决日常生活中的各种难题，如“报愿灵童”是上报愿望的，“真年太岁”是负责打窑平安的，这些神祇是儒释道融合，是老百姓根据自己生活的困难与需求选择的。供桌南边放一个香炉，里面插三炷香，香后是用四根高粱杆撑起的72神祇红布，好似神主牌，两边两根高粱杆上分别扎着黄纸剪的纸幡，北边是另一香炉，供奉土地神，炉里插有两支白纸糊的“⋂”通天通阳令箭，里面由一支通上通下的高粱杆支撑，两支令箭旁插着白纸剪的高粱杆扎纸幡，在两个香炉前面点燃两支蜡烛，并有碟装的供飨。两位说书人在窑洞门口供桌后面以弹唱方式请神祇前来。请神仪式结束后，众人便将供桌抬进窑内开始第二阶段。

拓巨福家的窑是窗下炕，供桌被抬至炕尾，坐东朝西摆放。说书人坐在窑底摆放的柜子前，两人一人手持三弦，另一盲者手持二胡，面前摆了张桌子，桌面铺对鸡、对羊“◇◇◇◇”图案拼花布，桌面放浮尘、词稿、麦克风、共响器、茶杯（图3.73）。听书的众人亦都抱着虔诚的心情，郑重坐于窑内两边，窑外也有人边晒太阳边听书。在说书过程中，拓巨福每隔十几分钟，就要上香、跪拜磕头，这也是一直以来仪式的规定。说书是需持续一段时间的仪式，家中长辈不断燃香祭拜，是为了告知各神祇，说书人所讲的就是代替他说出心愿。

说书在陕北称为说吉祥话，对于陕北农民来说是神圣的祈福仪式，并非简单的艺术娱乐行为。通过说书人乐器伴奏的弹唱，期盼神秘力量对来年生活佑护，以让厄运得以驱除，祈愿风调雨顺、五谷丰登、家人健康平安。

附：佛陀塌说书仪式唱词

这是古老的事情就不说个空/历史的记载咱们都讲明/周围的神水势就这么个清/有着古佛老在上面多显灵/铃声悬挂就保佑这一方人/叫这佛陀塌的男女群众就保太平/说罢书敬罢神/老的换了流年小的换了轮/那娃娃的关煞都折尽/大人小孩把福禄增/瘟灾瘟难都灭尽/财神爷老人家就受黄香/把人家本村的财源就

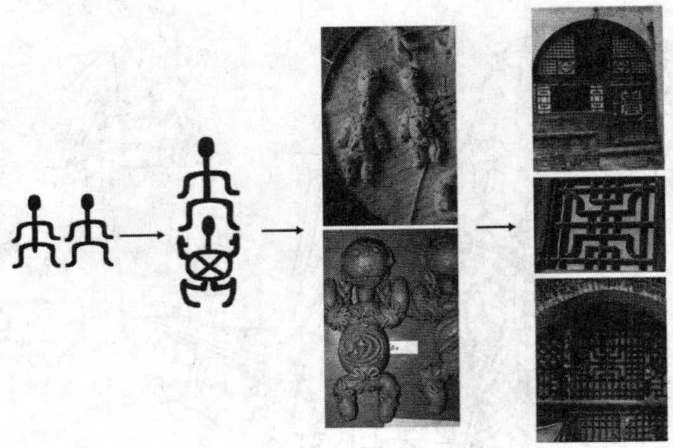

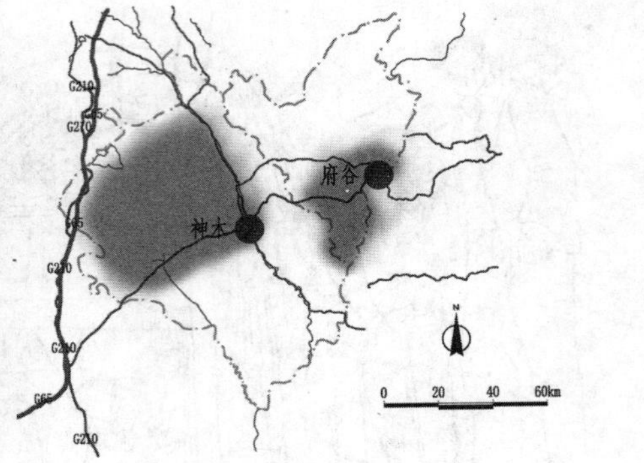

图3.74 黄帝天族族徽符号与面人人形式、窑洞建筑形式符号的文化同构关系（左图）

图3.75 “天鼋”族徽符号面人人空间分布位置（右图）

保佑上/保佑人家出门见喜行而顺/回家好像才进门/不管做生意搞买卖就带两广/财神爷常在后面跟/一出门就能遇贵人/……/这娘娘老人家受黄昏/把人家庄里的儿女都保佑上/保佑人家儿儿长寿/保佑人家女女常在/对对儿女配成双/一代更比一代强/娃娃们念书就脑壳灵/次次考试你们得上头名/阶工子弟你们有水平/将来都培养成留洋生/马王圣君顶个神/把人家全村六畜都保佑定/保佑人家六畜都兴旺/牛羊满圈猪肥壮/……/叫那五方的龙王都显灵/把那全村种的庄稼保佑好/保佑这谷穗子长糜穗子黄/种下一颗玉米就能结它四个棒棒/种的一亩黑豆就能打五石/种下的高粱叫雀儿随便吃/四颗洋芋能刨一箩筐/种下向日葵的饼饼赛过那号锅盖老筐筐/打的粮食大仓冒尖小仓满/猪羊二五那么家常饭/……/石榴花开把眼影旺/请来说书匠就为了说两句吉庆话/……/一保佑事主主太平/再保佑远处来的众亲朋/手谈三弦就腿打板/香炉里只把土神安/安住了个满堂众神灵/书匠我收了个三弦来撩音。

5）传统手工技艺（衣、食、住、行）

过去面于陕北来说是非常珍贵的食物，延安、绥米便没有祭祀做面人的习俗，但各个地域在不同地理气候条件与历史人文事件的作用下，都有区域共同体对事物认知的方法、观点和态度，这种共同体意识常常表现为不同地域的细微差异。陕北北部的神木、府谷尽管亦非适宜粮食作物的种植地，却仍将7月15日麻谷节捏“长脖子、大肚罗汉”的面人人看做是非常重要的祭祀习俗与仪式，因为在他们眼里，只有珍贵的新收麦子磨的白面做成的麻谷神才能表达祈福的诚心。神木和府谷面人人就是在这样的群体心理意识中产生的祭祀物，很多人将他（她）看做艺术品，但这些长脖子或是像蛙的大肚子面人人又岂止是艺术品？于当地农民来说，他（她）就是护佑一方生灵的抓髻娃娃，是阴阳相合通天通地的宇宙之神，是伏羲、女娲的合体，是开天辟地盘古的民间变体，是道生一、一生二、二生三、三生万物的哲学本源。

长脖子面人人（图3.74、图3.75）主要流行于府谷东南地区，大肚罗汉（图3.74、图3.75）主要流行于神木西北地区。长脖子面人人的整体形态就像轩辕黄帝族的族徽“”，该族徽亦是金文中的“天”字，如陕西乾县出土的西周献候鼎上即有“”二字，其形象是圆头、长脖、两肩平张、双臂下垂、两腿外分、四肢皆向外撇，且有男（阳）“ ”、女（阴）“ ”之分。郭沫若在《两周金文辞大系图录》[1]中说：“天鼋二字原作 ，器铭多见，旧释为子孙，余谓当是天鼋，即轩辕也”，在《殷周青铜器铭文研究》中说“其 字余则以为当读‘天鼋’，盖古之轩辕氏也……其次为卯之单阏当于轩辕（西方之狮子座），单阏一称天鼋，是则轩辕、单阏均天鼋之音变也”[2]，又说：“余谓此等图形文字乃古代国族之名号，盖所谓‘图腾’之孑遗或转变也”[3]。在宏观空间位置上，府谷东南部的位置在左，神木西北部的位置在右，是 图腾符号文化图示的空间折射（图3.75）；在具体的窑洞建筑形式上，天族符号与窑洞天圆地方的“天、人、地”三才相通，与门窗装饰“寿字通天”符号等（图3.74），都具有完整转化的文化同构关系，可以说，这种产生在神木、府谷地区的长脖子与大肚罗汉面人人，不仅是黄帝氏族部落图腾符号代际性传衍的民俗遗存形式，是佑护黄帝子孙的保护神祇，亦是与窑洞传统空间体系相共生的。

长脖子面人人的制作流程是与其衍生的传统窑洞村落建筑空间紧密结合在一起的（图3.76a，图3.76b），他（她）体现了文化与空间结构的同构关系，体现了虚态、阴性文化的意，在实体、阳性的空间中的形、象的折射。总的来说，麻谷面人人的制作流程为：发面→醒面→揉面→捏塑→蒸制→祭祀→婚媒。

发面与醒面：发面和醒面，是将每年新收的面磨成的面粉唤醒成为可以具备形态面团的过程。就像剪纸的纸是从无形的树皮穰浆中捞出一样，面人人的第一步亦是从无形中转化出有形，为此，面粉要适量，每一个长脖子娃娃大概需要2～3斤面粉，添加的水分要适量，还应注意水温，再均匀地加进一些碱，然后加盖醒面。醒面很重要，醒过了面人人捏出来脸上有孔洞，醒得不到位，面人人的脸色就不好看，不够亮。醒面最重要的是温度与时间，冬天一般隔夜醒面，放在热锅头一晚上，夏天放在头灶圪劳需2～3个小时，充分利用灶头，就像《三五历记》中所记载的：“天地混沌如鸡子，盘古生于其中，万八千岁，天地开辟，阳清为天，阴浊为地，盘古在其中……”

揉面：醒完面，捏塑之前要再揉面。在灶台旁长方形案板上，边揉边适量加面粉，将分离

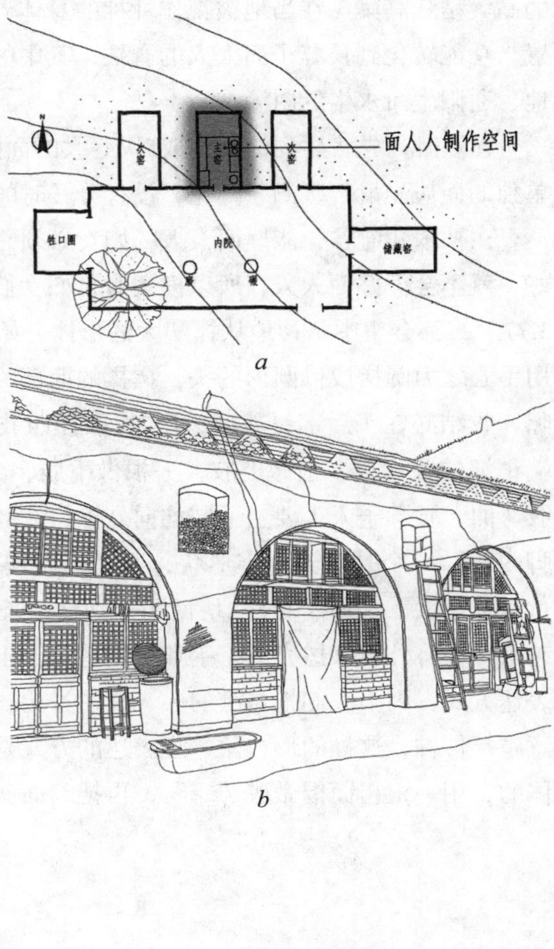

图3.76　某农家窑院神木沙峁村

a.面人人制作空间平面，*b*.窑院透视

1.郭沫若著.两周金文辞大系图录（上）[M]. 上海书店出版社，1999.15.两周金文辞大系图录（下）[M]. 上海书店出版社，1999.32.

2.殷周青铜器铭文研究[M]. 北京：科技出版社，2002.19。

3.殷周青铜器铭文研究[M]. 北京科技出版社，2002.16.

图3.77　捏塑

的面疙瘩揉和到一起，将初具形态的醒面揉成表面光洁的面团，揉面的人手通心心通气，手到、力到，气到、面到，揉面的过程就是在给面团不断注入活灵活现的气息。

捏塑：捏塑一般在炕上进行，家中的女人们围坐在炕桌周围，炕桌就是捏塑的操作台，桌边放着用高粱穗下的高粱秸做成的直径约60～70cm的圆形篦子，它是用来盛放捏好的面人人（或寒燕燕，在陕北、晋西北称面花都叫面燕燕，神木或府谷的妇女捏长脖子或大肚罗汉面人人的时候，也会捏别的寒燕燕）的。高粱秸在这里又称为“箭箭”，长而笔直，表面光滑，内有孔隙，是高粱穗吸取营养的吸管。用高粱秸制成的篦子透气性好，圆柱状的排列使得与面人人的接触面很小，不易产生面的粘连，以保证面人人的整体形态。

捏制面人人的工具很简单，都是刀、剪、梳子、竹筷、火柴棒、红花椒籽、锥子、高粱秸等日常用品，最重要的是20～30cm的高粱秸，在制作面人人时它是用来连接头、颈、四肢、身的主干，好似人体脊柱，直通上下，称为“箭箭”的高粱秸从高粱（在当地被视作社神的身体）上取下，从高粱穗下“脖颈”的位置与功能转化到长脖子面人人的脊柱，其中的文化意义即是赋予面人人通天、通地、通阳生命永生的内涵。

捏塑时，先将揉到的面分成5块等大的面团，再分别对这5块面进行揉搓，使单独的面块光滑、圆润、闪亮，没有分开时的裂痕。

在神木和府谷，能捏面人人的妇女必须是平常做人德行很好的，如果德行不好，就不会捏好面人人，所以捏塑时，妇女们都会视为一次神圣修持的过程（图3.77），都会集中精神地从捏塑大的形体开始：头是最先捏塑的部位，将一块面用手心之力圆搓成椭圆形的头，搓揉的面部一定要圆润，不能有结子，不能有孔隙，收结必在头后部；然后，用2块面捏四肢，要将原本块状的面团搓成两根两端稍细的圆柱，一根做上肢，一根做下肢，分别按照“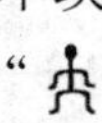”“”的形状将四肢弯曲，长脖子人人要上下肢均向外撇，大肚子罗汉则上肢上举，下肢弯曲，两脚内收，一个是“天”字形状，一个是“蛙”的形状；紧接着将高粱秸从中穿过，连起头、四肢，再将2块面团分别做出长脖子和身体，把外露的高粱秸包裹起来，并将外表揉搓光滑；手和脚用剪刀剪出来。在民间艺术中，有非常写意的表达方式，因为人们把自己的心、气通过搓揉与制作灌入了面人，所以，越是写意越是传神，这样的形、象、意表达的方式是贯穿整个过程的。鼻子与眉毛是一体的，用一根粗面棍做成“”，再把表面剪成毛芽芽就完成了。眉毛下两个眼睛是用火柴在细面棍上压出两道“U”槽，将面棍围成圆圈，并在圆心放一粒花椒；大体模样都做好后，便要给面人人进行装饰，先是冠顶，男戴帽，女戴花，身上以吉祥花草、猴、蛇盘兔、雀等装饰，左手拿果右手拿桃，也有右手抓鱼、左手抓鸡的；此外，神木府谷的面人人有阴阳、牡牝之分。

捏塑好的面人人会放进垫着蒸馍布、直径1m的蒸锅中，上火蒸前先上色。这里的面人讲究保持面的本色，以面的本色象征人的肤色，蒸得好的面人发光发亮，颜色与人的面色红润感是相同的，所以装饰色也只以“红、绿”两种以“点”的手法表达“红男绿女”的民间吉祥色、阴阳色。

蒸制：上火蒸制时，面人摆放的位置必须保持男左女右。要用高粱秸做的篦子盖锅，因为这种篦子透气性好，可以使水蒸气得到很好的散发，而避免水蒸气凝结后落在面人人上，影响整体效果。蒸制过程中，篦子冒大气算是水开一次，而烧开三次，才算是蒸成。

吹气：面人人蒸熟后出锅时，要对着他（她）们吹3口气，这是老人们传下的规矩，传说“女娲抟黄土作人”[1]。据历代学者考据，女娲与黄帝有着紧密的联系，高禖女娲主阴，黄帝主土，两者皆为阴、为月、为水、为土、为地、为龙蛇，“”为黄帝氏族部落的族徽，面人人的成形过程即是女娲抟土造人传说的文化表现。

1. [宋]李昉，李穆，徐铉著.太平御览[M].

祭祀：长脖子和大肚罗汉面人都是为了祭祀麻谷神而捏塑的，面人人蒸熟以后，会比先前略微胖些，面色发亮，红男绿女，吉祥喜庆，等晾干之后（不能晾在通风处，面人会干裂），便将其与田幡一起挂至长势最好的生命树上（或是庄稼或是当地长势最旺的树），进行祭祀（图3.78）。

婚媒（图3.79）：在府谷，长脖子娃娃还是男女定亲后，南方送给女方催促行合卺之礼的吉祥物。7月15日，男方用一圆形竹编粪筐，在垫了纸的筐里放进一对约50cm高的男女面人人，脖子上用红线相系，送往女方家，表明男方期望合卺之时早日到来的焦急心情。粪筐圆形，象征新婚窑洞，两个面人人代表男女双方，红线相牵代表永不分离。

图3.78　面人人生命树祭祀（左图）

图3.79　府谷婚媒之礼（右图）

食用：祭祀完后，面人人会被孩子吃掉，此地传统认为孩子们吃了面人，也就把麻谷神的佑护力量带到了身上。

府谷长脖子面人和神木大肚罗汉从文化内涵到制作过程都是与当地村落建筑空间场域共生的。首先，从源起方面，面人源自传统村落组成部分的耕地只适合种植麻谷，麻谷乃当地社神，为祀社，求麻谷神佑护而产生了麻谷面人人的形象和制作；从更深层次本源文化分析，长脖子和大肚罗汉面人人起源于黄河中上游区域高禖女娲传说和黄帝氏族部落的天族族徽，面人人就是天帝留给世代子民得以佑护的符号和表象，而这些又都以黄土高原的具体地域为空间场域土壤。其次，在制作空间中，面人人从无形到有形，在天圆地方的窑洞中完成，意即成形于天圆地方的广阔天地中，在窑洞内，圆形穹顶→面人人→方形地面，正是天、地、人三才相通的表象。此外，在制作过程中，分成5块面团，又合为一个面人人，正是道生五行、五行相生的表象，一根箭箭做脊柱，正是通天、通地、通阳的表象。用圆形锅来蒸，摆放位置必须男左女右，正是传统伦理文化的表象。面人完成之后，要挂于耕地中长势最好的庄稼上，行祭祀仪式，最后再被孩子吃掉，不仅代表了这个过程的完整，亦代表了面人人在村落与窑洞空间中从无到有再到子孙后代内心的循环。

3.陕南

汉中巴山传统村落的支客使礼仪词民俗空间，是遗留在汉中巴山区域的习俗与传统村落建筑空间形成的民俗文化空间，主要集中于镇巴县、南郑县、宁强县、城固县、西乡县，具体分布村落见表3.42与图3.80。

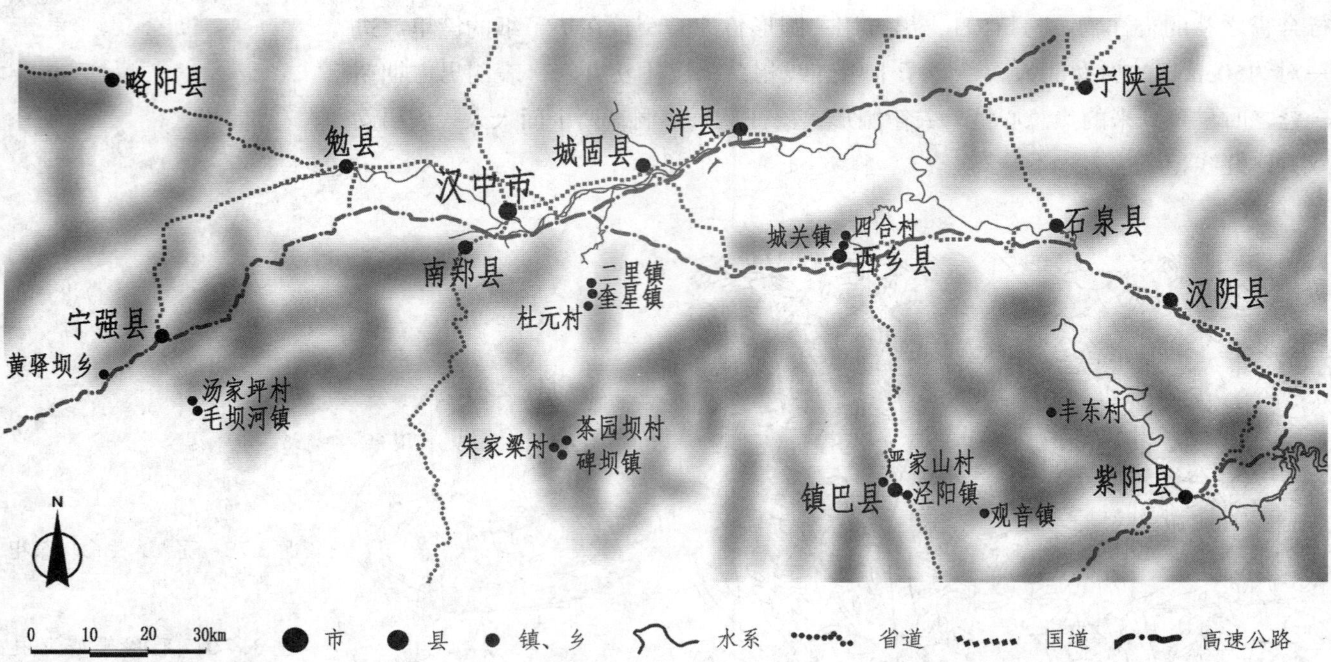

图3.80 汉中巴山支客使礼仪词民俗空间

支客使礼仪词民俗空间现遗存区域　　表3.42

<table>
<tr><td rowspan="10">镇巴县</td><td colspan="2">城关镇</td><td rowspan="5">南郑县</td><td colspan="2">碑坝镇朱家梁村</td></tr>
<tr><td rowspan="2">泾洋镇</td><td>严家山村</td><td colspan="2" rowspan="2">福成乡明湾村</td></tr>
<tr><td>桥头村</td></tr>
<tr><td rowspan="2">巴山乡</td><td>淇水村</td><td colspan="2" rowspan="2">碑坝镇茶园坝村</td></tr>
<tr><td>活水村</td></tr>
<tr><td colspan="2">盐场坝镇王家砭村</td><td rowspan="2">宁强县</td><td colspan="2">黄坝驿乡黄坝驿村</td></tr>
<tr><td colspan="2">观音镇米家坝村</td><td colspan="2">毛坝河镇汤家坪村</td></tr>
<tr><td colspan="2" rowspan="3">碾子镇庙头村</td><td rowspan="2">城固县</td><td rowspan="2">二里镇</td><td>杜元村</td></tr>
<tr><td>奎星村</td></tr>
<tr><td>西乡县</td><td colspan="2">城关镇四合村</td></tr>
</table>

支客使源起于传统社会的“言官”，礼仪词是以儒家文化为根本，依据伦理之序，以实现仪式过程中“礼”的完整为目标的习俗，它的表达形式即物质承载，是汉中巴山的自然场所，传统村落，川西方言，婚（图3.81）丧、满月、造房民俗行为等与汉中巴山民众息息相关的生活大事等，其中汉中巴山自然场所与传统村落是承载这种民俗文化的活态容器。

在仪式过程中，支客使的功能乃是替主家对整个仪式进行统筹控制的领导者，在仪式过程中的不同阶段与不同功能空间中的独特说辞，在现象学视阈中完成了各种仪式空间完整意义的展现。如汉中巴山婚俗中支客使礼仪词主要在以下

图3.81　支客使在婚仪上言“安席礼仪词”

几个空间中进行：

订婚空间：订婚空间主要在女方家，所说礼仪词通称为“插香”礼仪词。

整体程序为：

男方及父母，押礼人，媒人到女家门口→男家支客使言“迎客词”→男家摆礼→女家支客使言“表礼词”→男家押礼人言“对答词”→女家摆宴席→女家支客使言“劝酒词”。

婚礼仪式空间：包括筹备空间、女方正酒空间、男方正酒空间、拜客空间，这些空间的展开共需3天（也有4天，就是将女方与男方家过程分别占一天）。

第一天筹备空间（图3.82）在男女双方各家，主要是迎接前来帮忙的邻里和亲朋好友，筹备迎亲和婚嫁、宴席等婚礼过程中的相关事宜，主要流程为：

图3.82　支客使所言之婚仪筹备空间举例

*a.*言挑水抱柴词；
*b.*言厨倌司词；
*c.*言挑水抱柴词；
*d.*言厨倌师词；
*e.*言厨倌师词

支客使分工→确定并张贴分工表→支客使以“开场礼仪词”方式解释分工表内容→言“支客词”→言“总管词”→言“管账/管库词”→言“厨倌师词”→言“奉烟敬茶词”→言“传盘安席词”→言“斟酒奉酒词”→言“挑水抱柴词”→言“管灯管亮词”→言“撮火上炭词”→言“内外走杂词”→言“接客陪客词”→晚上开席招待帮忙人→支客使言“安席礼仪词”。

第二天正酒空间（图3.83）在男方和女方家分别进行，男方家是迎娶正酒，女方家是嫁女正酒，主要包括11个程序，具体情况为：

迎亲前宴空间（男方家）

第二日清晨，宴请帮忙人，男方支客使言“迎亲队伍办交接词”→言“致鼓乐班词”→言“交接红爷词”→言“押礼先生词”→言“请车马神祈礼仪词”

↓

接路空间（离女方家一段距离的位置）

至女方家门外时→女方支客使持请柬等候并言“迎宾礼仪词”与“进门礼仪词”→男方押礼人回敬“迎宾礼仪词”、“进门礼仪词”→双方支客使和押礼人互敬“一请、一迎词”→双方支客使和押礼人互敬“二请、二迎词”→双方支客使和押礼人互敬“三请、三迎词”

↓

迎客空间（女方门口）

在女方门口，其支客使行“三迎三请礼”→女方支客使言“迎客进门词”→男方押礼先生回敬“答谢词”→男方入屋

↓

参拜祖灵（女方家堂屋）

押礼人到堂屋参拜祖灵→行投谏礼→言“拜神词”→押礼人向女方投报谏→致词→女方主人对礼仪词→男方押礼人致女方支客使“报谏词”→女方支客使回敬词

↓

讨杯盘空间（大门、厨房）

女方支客使引领男方押礼人到大门、厨房讨杯盘礼→向厨师言“讨杯盘词”→厨师回敬两盘菜→男方押礼人致谢

↓

空间	流程
摆礼空间（女方家堂屋）	将盘放置女家堂屋神龛台前→参神→男方在女方堂屋展示财礼→男方押礼人言“摆礼词”→男方押礼人将礼物清单交予女方支客使→男方支客使言“赞礼词”→女方主人答“谢礼词”
↓	
接风致酒空间（女方家）	入席→女方支客使言“接风致酒词”→女方支客使、主人与男方押礼人互敬互答6轮
↓	
禀亲交礼空间（女方家）	女方展示陪嫁品→女方支客使与男方押礼人互言敬辞→交接→新娘上轿→迎亲队伍出发
↓	
取衣饭碗空间（女方家堂屋）	迎亲队伍出发→男方押礼人、媒人返回女方家取女方父母给新媳妇的“衣饭碗”→男方押礼人在堂屋向女家祖灵行三上三下揖礼→男方支客使言“祝神祠”、“取衣饭碗词”、“辞行词”→返回
↓	
拜堂空间（男方家堂屋）	花轿至男方家→鞭炮齐响、鼓乐齐鸣→男方支客使言“谢车马神礼仪词”→支客使言“下轿词”→开始拜堂→支客使诵“拜堂周礼词”→新人四拜→入洞房→嫁妆进屋→巴铺铺床→巴铺言“巴铺谣”→小孩儿滚铺言“滚铺词”→巴铺撒花生并言“撒帐词”
↓	
正酒空间（男方家）	支客使言“祝酒词”→支客使向女方亲属言“接风敬酒词”→新婚夫妇敬酒→支客使致辞→女方代表言“表酒礼词”→循环若干轮，每轮支客使先致礼仪词
↓	

第三天为拜客空间，主要是拜谢帮忙的邻里和亲戚朋友。

拜客空间（男方家）：拜客仪式→泡茶仪式→入席→男方支客使言“拜客酒礼词”→支客使言“谢媒词”→拜谢亲朋并饯行。

支客使礼仪词是儒家注重伦理秩序，以言辞体现人与人之间仪礼关系的民俗变体，支客使礼仪词在仪式过程中言表内容的不同，充分为民俗仪式空间进行了注解，两者的交融体现了现象学的“此在”空间意义。

a　*b*　*c*　*d*

图3.83　支客使所言之正酒空间举例

a.迎亲前宴空间之言迎亲队伍办交接词等；
b.接路空间之言三请三迎词；
c.迎客空间之言三请三迎词；
d.男方家正酒空间之言接风敬酒词等

4.小结

各类非物质文化遗存（产）与村落建筑空间环境的关系特点为：

民间文学（想）是一方民众共同体的共同记忆与符号传承，体现着一个共同体的脉与源，也是与自然环境和传统村落建筑空间形成的文化同构，既是依附于一方水土而升华为共同记忆、符号、传说的文化，亦是文化在地理位置上的空间折射。从根本上说，文化是两者的载体，是同构关系。

民间美术（衣食住行想）是每个民间艺术大师个体的心思、智慧与精神的凝结和幻化，这种凝结是与养育艺术大师们的传统村落建筑空间环境所密不可分的，事实上，只有环境的场所精神与人的个体相通，相互交汇、交融才产生了民间艺术家个体的升华，并最终以从场所结构中所选择的特定载体、媒介予以特定的表达，所以民间艺术是由民间艺术大师→民间艺术大师的家→民间艺术大师的作品三者共同组成的，缺少一个都不能看到民间艺术的全貌。

民间舞蹈（行）起源于农耕行为或与农耕生活相关的活动和祭祀仪式，它与传统村落空间共生，目的非常明确，祈福禳灾与祈求风调雨顺、五谷丰登是永恒的主题，因此，村落空间与耕地空间亦是特定的、此在的物质承载场域，两者结合就是阴阳两合。

民间音乐（想）与自然环境、传统村落空间共生，其器具材料取自自然，训练和生成亦源于自然，是人与自然环境心神相通之后，由人的身体所发出的自然之声。个体不是单独存在的，个体是共同体的个体，当个体回归共同体后，亦吸收和具备了共同体的情感与意志。因此，个体所发出的声音既是自然的天籁之声，又是民间共同体的心思之声，是原生态与民间人文交融的结果。

传统戏剧（想）起源于为生存而向天要食的耕种动机，而寒来暑往、春耕秋收的耕种过程成了戏剧的形式与内容，显示了农耕文化同构力量的强大和人作为天地之心、五行之端倪的真谛。在传统村落建筑空间表演的此在场景才是传统戏剧农耕文明属性最本真表现。

曲艺（想）的起源有待进一步研究，但仅就陕西地域流行和活跃的形式来看，农耕文明的本源属性毋庸置疑。在陕西，农村中的某些曲艺形式并非娱乐而是与农耕活动息息相关的祈福禳灾的祭祀仪式。仪式中的空间场所需求和变化，决定了这种非物质文化遗存遗产原真性保护的空间场域不可缺少。

农村传统体育（行）起源于祈福禳灾，亦是神话传说在空间中所形成的文化同构与文化折射，作为以竞技运动为主的表达形式，占有绝对空间位置是其根本特点，所以特定目的与起源的活动与村落空间的共生关系是天然的。

传统手工技艺（衣、食、住、行、想）是最直接地与传统生活的衣、食、住、行紧密相关的类型，特点是通过人的心思与智慧，使自然之物幻化成人文之物，是物与物之间形式的转化与升华，而实现升华的通道和阶梯便是人的心思、心灵、智慧。因此，传统手工技艺形成的首要特点是第一个“物”的来源，即从自然环境中采撷天然之物，于是可见的所有传统手工技艺必定有其生成的土壤和特殊场域，所以说它是与环境共生的。传统手工技艺形成的另一特点是第二个“物”的来源。第二个“物”是人在特定环境中运用特定工具，通过人的心思与智慧对第一个自然之“物”作用的结果，在这个链条中，特定环境即为传统村落中的作坊，特定工具即为人常年使用的“趁手”之物，是人手的延伸。人的心思与智慧是个体的精神、灵性与技术，自然之“物”必是上等原材料，对于传统手工技艺来说，缺少这其中的任何一环都是不完整的。

传统医药（食）与食物一样来自于自然的恩赐，所谓一方水土养一方人，一方水土养一方药，中医原本就是天、地、人三才的相通相合。作为与天地人三才相合相通的传统村落，与传统医药之间亦具有根本、相同的共同属性。

民俗（综合）是个体和共同体出于精神领域的信仰、观念而在现实空间中表现出的类似于宗教性质的活动，投射在空间场域中，必然表现为一个村落或区域村落间的共同行为，或者是村落与宗教空间的相互作用。从根本上来看，共同体之间的互通往来体现为村落空间的流通性，这便是社会关系融洽和谐的民间途径。

3.3 陕西省传统村落建筑空间环境研究

传统村落是中国传统文化的凝缩，是中国传统社会体制、文化系统、宗教信仰系统、礼制系统、环境建筑系统、意识形态系统、艺术审美系统、经济系统等各层面的基本构成单位，是衍生上层文化大传统的民间文化体系的广阔土壤，是与农耕文明本源共生的中国传统文化的母体世界。作为来源于自然世界的人文成果，传统村落是古人顺应自然环境大宇宙而建设的天人合一小宇宙，在这个小宇宙里，在天地人三才统一和谐的状态中，人们完成了自身的生活与生产过程。

存在于中国传统村落大的特征背景中，陕西传统村落也是顺应自然的人文化产物，是在大生态自然环境格局中顺天承地的结果。与此同时，陕西作为中国农耕文明的核心区域与中国原始文化的发祥地，农耕文明在肇始之初便与人文文化同时发生且并行发展至今，相互交织又相互作用，共同成为传统社会中各种既成物质现象的根本驱动原因（当然也包括传统村落在内）。

关中地区以中部关中平原为主，以北是与黄土高原接壤的渭北台塬过渡区域，南部以秦岭北坡为屏障，西起宝鸡东至潼关，八百里秦川沃土千里，形成一个完整而富庶的以农耕为基础的栖息地。俯瞰关中就像一个向北向东开口的喇叭，中部平坦，北边和南边分别是隆起的山脊和山脉的断裂与褶皱。可以说，从中国整体场所结构来观察，关中就是风水最佳、贯穿龙脉且积聚了山水灵气的风水宝地，因此关中自古帝王都，在这积聚天地山川灵气的地方也滋生了万物之长的“人”，以占19%的土地面积养活了58.53%的人口，所以关中人口密度最大，400户以上的大型村、镇比比皆是[1]。这样的自然环境条件、人口密度与悠久历史，使自然村落的形成受到各种限制，为了满足“可居、可耕、可食”的生存目标，平原地带就成为农民选村定居的最佳地理条件，且在传统风水营造学的习俗指导下，背山面水、坐北朝南、负阴抱阳、连户而居（在周围靠近台塬与秦岭褶皱区域的村落则是散居）等成为长期以来的习惯风俗。

1.《陕西省志・民俗志》：杨陵地区人口在500以上的自然村占20%，100人以下的仅有8%。

从关中渭北台塬向北，一直到达北端府谷县的哈镇就是属于鄂尔多斯地台地质构造单元的陕北地区，在地台基底岩石层之上覆盖了更新统与全新统时堆积的黄土和沙漠。黄土高原地区干旱、缺水、风沙大，与关中相比，人居环境条件相对较差，所以在占陕西45%的土地上却只有占全省13.75%的人口。环境条件亦决定了粮食产量，耕地有限使得自然村庄的分布不仅分散且大型村庄的数量更是较关中地区少很多。据调查，“延安枣园由于地处山区，其中1～10户村子竟然占到97%，100户以上则只有0.6%”，与关中情况形成鲜明对比。但是，黄土高原因处在黄河中上游地区，是华夏族祖先黄帝氏族的发源地、中国最古老文化的脉源，人口稀少、大型村落密度不大，也无法掩饰此一地域原始文化的深厚。在人民衣食住行生活的点点滴滴中，原始文化、以农耕文明为本源的民间文化无孔不入，各地遍布的古老窑洞民居，体现黄帝天鼋族徽的神木府谷长脖子面人人，黄帝传说故事及黄帝陵，佳县白云山儒释道三教合一的大型庙会等，都是这片色彩单一却古老深厚的土地无可替代的底蕴光芒。

陕南与陕北具体自然环境条件不同，但在平均值情况上与关中相比，也是相对贫瘠的区域。这里在地质构造上属于扬子准地台部分，北边隆起区域在北、东、西三方面与秦岭南坡横向褶皱相邻。除了汉江南岸的安康与汉中两个盆地之外，大部分地区都是由秦岭褶皱、宁强褶皱、汉南台隆、镇巴褶皱等地质条件形成的“两山夹一川”或“三山夹两川”的川地。为了适应耕作需求，村庄选址分散，基本都在山头或坡地，因此人口较关中稀少，36%的土地面积养活了27.9%的人口。正如在地景结构上的扬子准地台属于川、渝、鄂，陕南地域性文化也是依秦望蜀傍楚，受秦川文化熏染、荆楚文化浸润、巴蜀文化涵养，多元交融与并存。民居建筑的特点极为典型。

这里将对关中、陕北、陕南三个区域传统村落的特点进行分析与总结，重点分析在农耕文明本源文化作用下，在自然环境条件与人文意识共同催生而形成的物质承载形式的种种外化表现，包括传统村落的空间结构、居住空间、公共空间、祭祀空间、信仰空间、礼制空间等，探索在物质形态中所蕴含的种种非物质文化因素，以及物质与非物质之间不可分割的共生关系，从而为当今时代新农村建设提供有益支持。这些支持是祖先留给我们的宝贵遗产，是千百年流传下来的珍贵财富，是今天新农村建设中依然需要遵循的科学真理。传统村落是物质的，更是承载、记录、涵养了千万农民日复一日非物质生活习俗的家园和小宇宙，对传统村落文化的保护与对其各方面技术的传承就是对农民们平凡而深刻的生活习俗的尊重与关怀。

3.3.1 关中、陕北、陕南传统村落空间结构研究

关中、陕北、陕南三地发展较为成熟的传统村落空间（宗族型）主要构成元素包括：耕地、民居、祠堂、墓地、磨盘、碾子、水井、涝池、马坊（作坊）、场院、道路、牌坊、文峰塔、书院、寺庙、戏台等。这些必不可少构成要素的完备与否也是传统村落发育成熟与否的标志。作为表现形态的建筑在传统村落中具有特定的空间位置，既对应时空中的特定点，又体现着许多约定俗成观念支配的非物质因素。与此同时，众多空间位置点与点之间的构成关系，亦受约定俗成的体系性非物质观念支配。建造技术使这些构成元素成其为“它自己”，而“它”之所以存在却是由这些约定俗成观念或体系性观念所决定的，非物质文化和观念是背后的隐动力。

1.传统村落空间结构形成的非物质文化隐动力

1）关乎风水、顺天应时（大阴阳原则）：风水是陕西传统村落遵循的基本法则。经专家考证，中国风水观念基本标准均源自原始先民择窑洞佳址的经验总结，因此风水不仅是平原地区的环境建造观念，更适用于陕北的塬、梁、川、峁与陕南的坝、坡、谷、岭。陕西传统村落选址既要“取其山势之藏纳，土色之坚厚，不冲冒四面之风和无所谓地风者也”；亦要“取地势之高燥，无使水近夫亲

1.［明］ 乔项. 风水辩[M]. 转引自：王深法.风水与人居环境[M]. 北京:中国环境科学出版社，2003.39.

肤而已；若水势屈而环向之，义其第二义也”[1]，还要靠山倚崖、幽居峁壑、深潜梁塬。当选址背山依水与负阴抱阳大体系形成之后，其中的房屋位置与朝向、门的开启、厕所位置，村路设定、路门关系，水井位置，涝池位置，文峰塔与风水塔位置，牌坊位置，家墓位置等，从大到小、从上到下、从内到外、从表及里也皆得以成定制。

2）崇宗尚礼、等级确定（中心原则）：礼制是中国传统社会构成的内在隐动力，是源自“经”的轴向核心，是以农耕文明为本源且贯穿传统社会各层面、各角落、始终如一的核心法则与意识形态。无论是传统社会的上层，还是社会基本元素的单个家庭和家族，伦理等级限定了庞大群体的一切行为与规范。陕西作为中国历史进程中的“首善之地”，深受礼制文化濡染，在传统村落空间构成上，以宗祠为中心形成了内部向心式的空间结构规制，如半坡遗址早期聚落中将祭祀和集会的长屋建造在中央，其余窑穴与蘑菇型建筑分别散落在周围。陕西传统村落各分支族系或家庭必定围绕着本族祠堂建造，并在村落中以势力大小影响着空间占有的范围。

3）耕地就近、衣食无忧：民以食为天，陕西地区均为农耕型村落，在传统社会，耕地位置、大小、远近是关乎村落选址的重要因素。一般来说，村庄位置应离耕地较近，控制在20～30分钟的徒步距离，或10华里以内约1小时路程的距离为耕种半径，耕地面积与村落人口数量应成比例增长。

4）耕读传家、进退两宜：耕读传家的意识在陕西亦为重要传统观念。家有良田百倾退可固守根本，外有仕宦禄爵加封进能开拓天下，是传统社会理想的家庭发展模式。《周礼·地官司徒第一》中道：“以本俗六安万民：一曰美宫室，二曰族坟墓，三曰联兄弟，四曰联师儒，五曰联朋友，六曰同衣服”[1]，第四俗便指出若要使民安居，就要让乡里子弟一起从师接受教育。因此，陕西传统村落以“耕”作为“固守根本、报本反始”的举措，同时重视村民文风乃至晚辈学习教育，所以文峰塔建立在村庄风水最佳之处。祠堂在平常则是族中子弟接受私塾教育之所，寓意让晚辈在祖灵看护下崇善受教。成熟村落中的文峰塔、魁星楼、祠堂书院、大门牌匾书题、廊心墙书题、东西厢山墙家训书题等空间构成元素保证了民风崇善、文风中正、教化乐然，保证了村庄人文秩序的和谐，是村庄无治之治的终极体现。

1.杨天宇.周礼译注[M].上海：上海古籍出版社，2004.154.

5）人神共处、心有所依：陕西村落寺庙林立，各路神祇庙址俱全，逢年过节家家拜神，户户报赛。庙宇常据佑护功能建在村庄相应位置和区域，如关帝庙常建于村庄主道和要冲，但大多数村落庙宇建在居住区边缘或村外，人神既共处又有一定距离，寓意寺庙在外的护佑力量可以涵盖整个村落。为了酬神娱神，戏台（楼）常与寺庙一起建造，两者之间的空场，既是节庆时节看戏的观赏空地与农耕收获的院场，也是平日老人、村民娱乐闲聊的纳凉之处。陕西农民俗信繁复，人生各阶段大小事宜皆有祭拜、信仰的神祇，祭祀空间既有公神与佛居住的寺庙道观，亦有自家供奉的神（佛）龛，如关中、陕南的堂屋，陕北的正窑，村落井户的龙王壁龛、厨房灶墙的灶王壁龛等。总之，村落寺庙与各家户祭祀场所、人居空间并置于村落大环境体系中，使陕西各村千百年来人神共处，农民心有所依。

6）观物取象、以景生境：古人“仰观天象、俯法于地，近取诸身、远取诸物”，这种观念是民族文化的基因。关中作为内陆文化核心区域，传统村落无论在整体外形轮廓还是在三维空间安排与布置过程中，都受到“观物取象”文化隐动力的影响。如宝鸡天王村就是因村落俯瞰似“王”字，所以取名天王村；合阳灵泉村因村庄背山面水，历史上曾有灵泉从村中流过，故取名“灵泉村”。具体村落三维空间景观面建构，也运用取像法则来造景生境。

7）村即宇宙、生死与其：在中国人的传统观念中，有天宫、人间、冥界三界之分，与之相配衍生了完整的神话传说体系，这些都是中国人对生命从生到死整体认识的观念本源。对于存身立命的居住村落来说，一个村落就是一个完整的宇宙，寺庙是向往天界与祈祷佑护之处，民居空间、耕地空间是人间的真实存在，祠堂与家墓则是对冥界祖灵（鬼魂）的祭祀，寨堡是保护村庄安全的防御工程。一村即为小宇宙，从生到死，阳宅阴宅俱在，生命终有皈依。

以上七个方面就是陕西村落环境空间形成的文化隐动力，概括了陕西传统村落各空间元素构成的基本原则与内在秩序，概括了以农耕文明为本源的农村建设所应具备的内涵和神韵，概括了在以农耕文明为本源的传统文化支持下的陕西村落空间意象和农民所向往的诗意栖居模式。

2.隐动力与村落空间元素构成

文化隐动力决定了陕西村落的耕地、民居、祠堂、墓地、磨盘、碾子、水井、涝池、马坊（作坊）、场院、道路、牌坊、文峰塔、书院、寺庙、戏台等构成元素的空间位置。

1）整体空间结构：

关中在由以平原、台塬、丘陵、河谷、山川所组成的自然环境条件和自古帝王都的人文环境条件，及不同时空条件下的特定人文、心理、生活、习俗等历时性与共时性影响力作用下，积淀了长久以来传统村落形成的隐动力，这些隐动力又在以平原为主、南北山川高耸的地域上展现了千万个传统村落的图形与模样。

在宏观层面上，这些村落或是密集如棋盘状的团块，或是由道路连接分散的“斑点”，或是由河水、川道限定的曲线形态，它们都是在关中大的自然环境条件基础上，依据风水关系而形成的村落形态。在主次秩序上也由于关中平原所占面积较大，整体面貌以密集的团块村为主，其他村落形态为辅。在中观层面上，平原的密集型团块村在“十”字形的道路框架系统上生成，并以“井”字形分割，形成户户相连、房房相接、居住建筑与公共空间以“十”字形格局展开的形态（表3.43）。在中国，人文文化总是与自然环境条件交织影响。关中村落“十”字形轴线格局深受周代井田制的影响，延续至今，许多村落仍未超越这样的模式。然而，“十”或“井”符号在周代的出现并非偶然，亦是受中国传统文化本源的作用所致。本源文化学者靳之林先生认为，“十”是太阳的表象符号，所以为方形，“井”是在它的基础上形成的多方形符号，是四方四隅、五行九星传统文化的表象，代表了无限与众多。在原始宗教时代，以伏羲、炎帝为祖，崇天崇阳的关中地区，“十”形太阳表象符号既是河图、洛书图形中心的5个白点组成的“十”字，也是中土氏族世代传衍的图腾，代表着祖先对“中土”中心地位的信仰与认可，对四方九州无限拓展的理想与宣布，是在观物取象、近取诸身、远取诸物观念支配下集天地精髓的文化总结。

关中村落空间整体结构举例研究表　表3.43

非物质文化遗产名村		村落空间格局	整体空间结构图
1	周至县二曲镇渭旗村（渭旗锣鼓非物质文化遗产村）	渭旗村在周至县北2km，截止2009年共455户。原名为边墙号之时，分为南北两端，现南部边墙号独立为小村，北部为独立的渭旗村，与边墙号之间为牛角号村。渭旗村、牛角号、边墙号西临107国道，三村道路为“四横两纵”，民居建筑沿道路两侧，横向纵向规则式发展	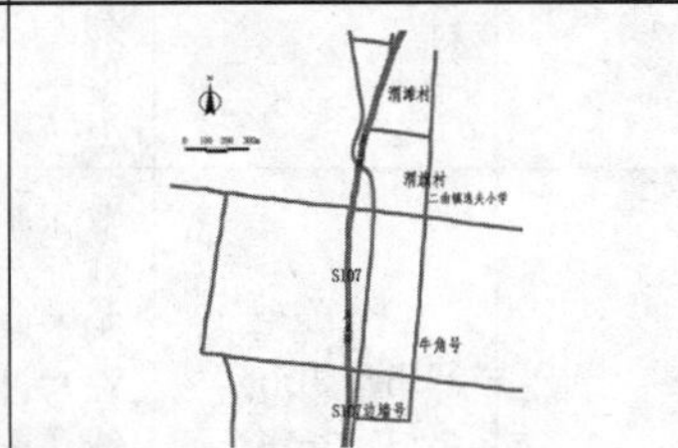 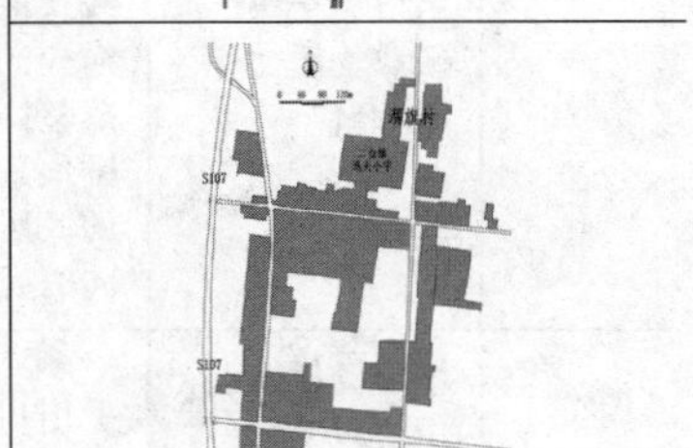
2	户县涝店镇龙窝村（龙窝酒传统制作技艺非物质文化遗产）	龙窝村在县城西北方，距县城约10.7km，南距108国道约2.6km。村庄分为两部分，进村路北侧的是主村，主村东边且在进村路南侧的是以龙窝酒新酒厂为主而形成的辅助区域。主村道路呈“三横三纵”框架，民居建筑基本呈现与横向道路平行的东西向规则式延伸与发展	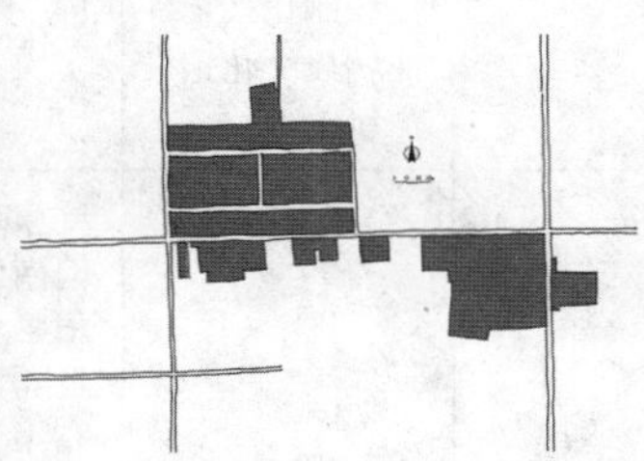
3	长安区杜曲镇寺坡村（寺坡添碟子非物质文化遗产村）	寺坡村位于长安区东南，距市区14.6km，东面是包茂高速，西面塬顶是104公交。村子北依少陵塬，村前为冯家河，是风水村。原名寺坡底，源于塬上有庙，村在塬下。村子从塬下川道至塬顶分为三个民居建筑历史时期层，最顶部为老土坯房、老宅院等，塬坡是窑洞与旧房屋混合式，塬底川道是较富庶的平房与楼房。村庄道路体系为“三纵三横”。民居建筑依塬顶、塬坡、塬底川道逐层分布，整体仍是横向成排的规则式布局	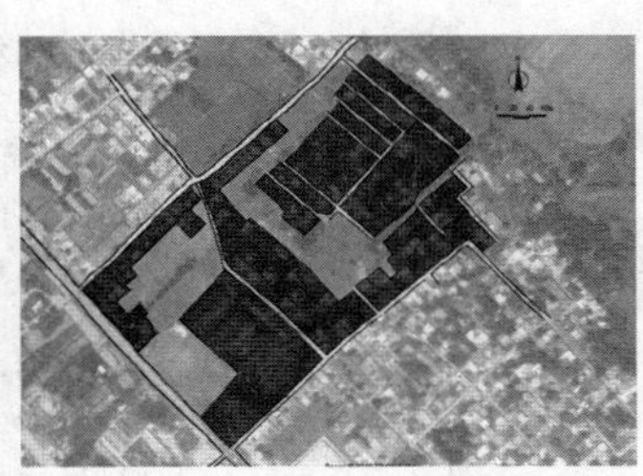
4	宝鸡市天王镇天王村（天王村社火非物质文化遗存村）	天王村位于宝鸡市东部，距其约23.4km，北临310国道和西宝高速，现有15个村民小组，1270户5274人，是宝鸡县最大村。据传，宋代在空中俯瞰该村，村主要道路为“天”“王”二字，故谓天王。目前，村内道路框架为“三横一纵”，民居建筑以横向为主规则式排列布局	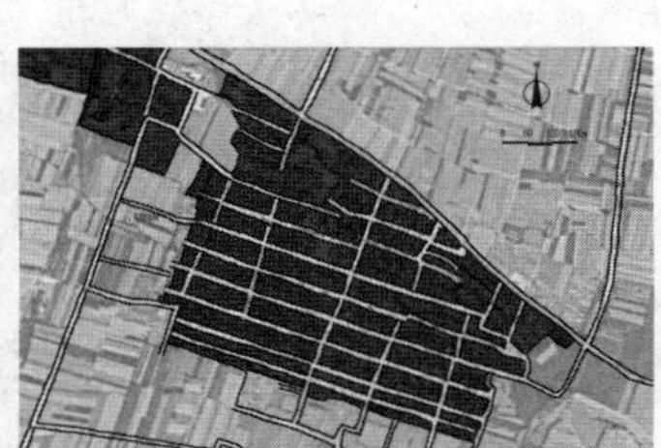

续表

非物质文化遗产名村		村落空间格局	整体空间结构图
5	蒲城罕井镇西南村（西南村神龙花秋千非物质文化遗产村）	西南村位于蒲城县东，距县城约19.7km，西距210国道6.1km。村庄主干道“二横一纵”构成框架，村庄大部分面积位于纵向主干道以东，并由村级次干道以类似“里坊式”划分成小块方形或长方形规则区域，民居建筑则在其中呈横向排列。纵向主干道以西，沿横向进村区域的主干道北侧有部分民居建筑沿路排列	
6	渭南华阴市双泉村（华阴皮影非物质文化遗存村）	双泉村位于华阴市东北方，距其8km，北面紧邻西临高速。受华山脚下地形特征的影响，村落基本是在与自由曲线式的台塬相适合的曲线式道路框架中，民居建筑纵向或横向的规则式排列发展。所以，村落整体貌似是随机与曲线式地与周围地景相统一，但是每个曲线围城的民居组团中，却具有纵向或是横向的规则排列	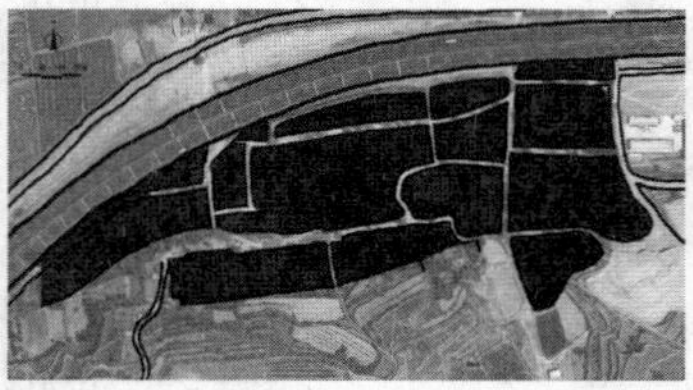
7	杨凌杨村乡上川口村（锣鼓传统制作技艺非物质文化遗产村）	上川口村距杨凌区约3.2km，西面距新桥路2.2km，南距西宝高速2.7km。村子占地面积较小，道路系统“一横两纵”	
8	合阳县灵泉村（灵泉村分为老村与新村，这里只涉及老村）	灵泉村位于合阳县东部坊镇东部偏南区域，距坊镇中心6km，距合阳县中心16km，在黄河西塬畔，且隔黄河与山西相望。截至20世纪90年代，全村共1530人，4671亩耕地，到了2002年，共1903人，占地面积3.9m^2，总耕地面积4282亩。村落与地景环境共生，北、东、南三面环沟，沟中有福禄寿三山，清末修筑的防御村墙沿沟砌筑，东、西、南三边皆有城门，目前西侧乃为村门所在处。村用地东西狭长，村内地形沟壑较多，东北部的斜坡台田占总耕地面积的一半。村落空间结构规整明晰，较为完整地保留了传统防御性质的巷道系统。巷道格局主要有“井、T、十”三种形式，连接东西的为踅巷或横巷，南北的为顺巷，相对两行院落为双面巷，单面院落为单面巷。村内公共生活空间的结构骨架由3个祠堂（总祠与分祠）、2座庙宇（仅剩观音庙、关帝庙）、戏台（仅剩1座）、小学、商店、池塘（村东的涝池）和巷道系统共同完成。村交通体系中，合洽公路过境村中，南端连接的东西向村级道路将新、旧村联系起来，小学一所位于新村与老村的连接处	

续表

非物质文化遗产名村		村落空间格局	整体空间结构图
9	韩城党家村（老村与上寨）	党家村是建于明清时期的韩城村落，距今有600多年，位于韩城市东北方约7km处，截至20世纪90年代共300多户1400多人，共有耕地2216亩。该村共由三部分构成：位于谷底的老村、位于东北方较高地势的上寨和位于塬顶的新村，这里只涉及老村与上寨。 老村和上寨是一个典型的渭北台塬谷底型村落，村落选址在冲沟边坡的2级台地，其背依沿等高线层级而上的边坡直至塬顶，这样依塬面水的风水格局就使该村成了风水村。此外，南北台塬所围合形成的葫芦形空间即为村落空间，两端窄中间宽的空间形态，也使北台塬坡壁阻挡了西北风的侵袭，南北台塬北高南低有利于排水和东南风的吹入。村落选在谷底，便于水井的挖凿，村前有泌水经过更利于水源的获取。党家村是个典型的同族村落，因此血缘关系也成了空间构成的重要决定因素。该村有党、贾两大姓，且分为党姓三支与贾姓一支，贾姓族亲集中在西北部，党姓二支位于中部，党姓掌门一支位于东南部，上寨主要是党姓三支居住。明清时期，党家村老村的道路系统形态较为自由，但亦有规律，在出于防御功能考虑时主要以“井”“丁”“十”字形巷道为主，且在东西南北四方皆有通向塬上的通口。村中以一条东西向的主要道路（大巷）贯穿村落，起到联系南北两侧巷道的中心枢纽的作用，村落外围形成环线。上寨的道路系统为“三纵一环”，除了环线（马道）与老村形成沟通外，其余皆为规则排列。村落里的民居建筑为关中四合院式的宅院，保存完好，成为关中聚落型宅院的典范，交通体系与村落当中的宗祠（党姓、贾姓各有祠堂）、神庙（观音庙、白庙即关帝庙）、广场、水井、潦池、作坊、马房等共同构成公共生活空间	

续表

非物质文化遗产名村		村落空间格局	整体空间结构图
10	咸阳新兴镇柏社村（渭北地下四合院古村）（整体平面见图）	“南距三原县城50里（25000m），北有4里（2000m）与旭县独中、乙社接壤，东距浊浴河3里（1500m），西距清浴河4里（2000m），北面高原横东西，衚衕古道贯南北。”柏社村的发展经历了不同的历史阶段，今天的格局共分为两部分，东边的老堡子沟与西边的主村之间相距约1.2km。西边主村由田窑、柏社、柏中、柏南构成。村子道路体系为“一横一纵一古”：横向道路将田窑村分至北部；一纵道路即三新公路，北边道路随村落形态由南向北至田窑村的“衚衕”古道时变为西北向的曲线，“一古”为“衚衕”古道，是由田窑村向东北向的上狼沟延伸的古道深沟。村落民居建筑均以随机布置的地坑窑为主，现存225口，北部“衚衕”古道两侧有部分明窑（崖窑），南部面积连片并多，西端有较少合院式或新式的关中地上民居。中部东段主体为具有百年历史的明清古街，村小学与其相邻，商业建筑主要分布于中心横向道路两侧	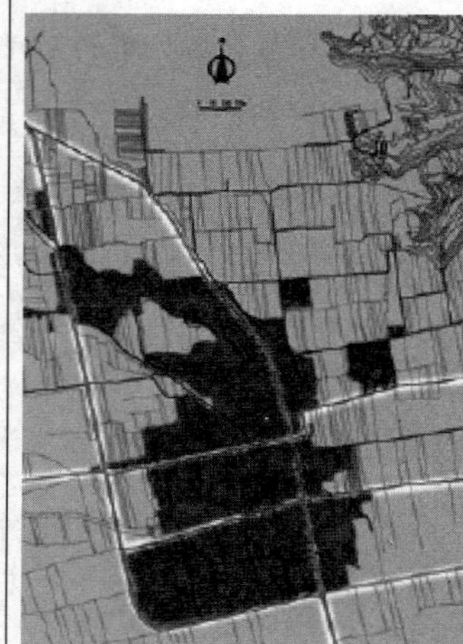
11	淳化县十里原乡梁家庄村（渭北地下四合院古村）	梁家庄村位于淳化县西北方14km处，距西边的211国道2.8km，截止到20世纪90年代，该村共有人口1446人300户，宅基地276个。其地景环境处在渭北台塬一名叫“小花沟”的冲击沟东侧，村庄聚落形态到目前为止仍然保持以地坑窑的随机与散点状分布的自然形态，这种形态与冲击沟的形态形成符号契合，其中北部与南部分别呈片状，中间沿东西向的进村路呈现带状分布。交通布局体系为“三横三纵”的框架，在散点状的民居建筑布局基础上具有了一定的规则秩序，重要的南北轴村级公路与东西轴村级公路在村中心的商店处形成十字交汇。在民居建筑方面以地坑窑（173座，占62.7%）为主，亦有靠崖窑（52座，占18.9%）和合院式民居（51座，占18.4%）。在公共生活空间中，有学校一所，商店一座，谷场与涝池	

从表面形式上看，陕北、陕南的村落外貌与关中不同，陕北的村落分为单一沟道型（图3.84，图3.85）、多沟道交汇型（图3.86）、沟坡型（图3.87）。由于人口数量有限，大多村落民居和公共建筑选址分散，如榆林北部六县的民居不但选址分散且建造也较为简易，而南部六县情况就相反，民居选址位置紧密且建造装饰工艺精致而细腻。

陕南村落类型较多，有平川型，丘陵型（图3.88）、平坝型（图3.89）、河道二三级台地型（图3.90）、谷口平川接界型、河道型等。平川、小平坝、丘陵等选址地平坦的村落规模较大，而坡地形的村落就小且分散，解放前常常一户即是一村（称为吊庄户）。民居的散落性分布使很多村落失去了较强的内向聚集力量而被自然环境所分解。

图3.84　陕北单一沟道型传统村落之米脂马家原则（米脂石雕传统手工制作技艺非物质文化遗产村）平面图

资料来源：汪洋绘制

图3.85　陕北单一沟道型传统村落之米脂马家原则（中上图）

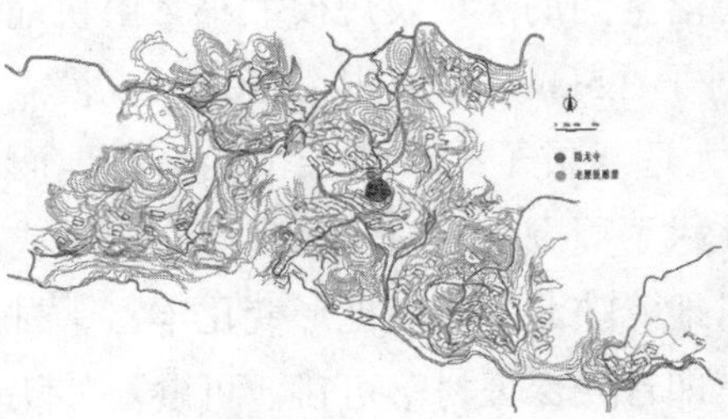

图3.86　陕北多沟道交汇型传统村落之横山张村有地村（横山老腰鼓非物质文化遗产村）平面图（中下左图）

图3.87　陕北沟坡型传统村落之榆林子洲佛陀塌村（陕北说书、陕北剪纸、陕北唢呐等非物质文化遗产整体保护村）（中下右图）

佛陀塌村现又叫佛堂塌，本书尊重非物质文化遗存，仍称其原名。

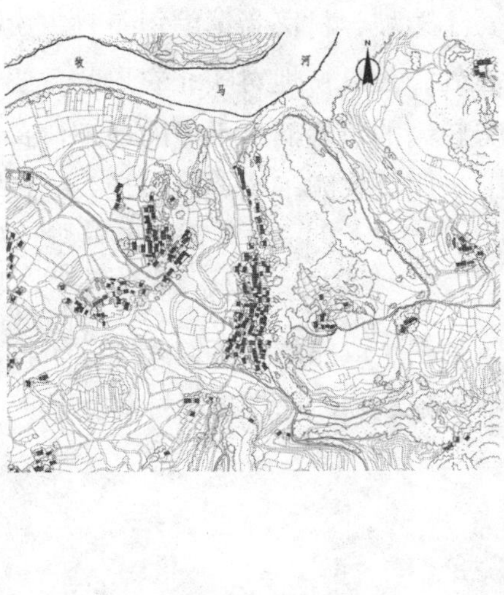

图3.88　陕南丘陵平坝型传统村落之西乡县贯溪村（地围子非物质文化遗产村）（左图）

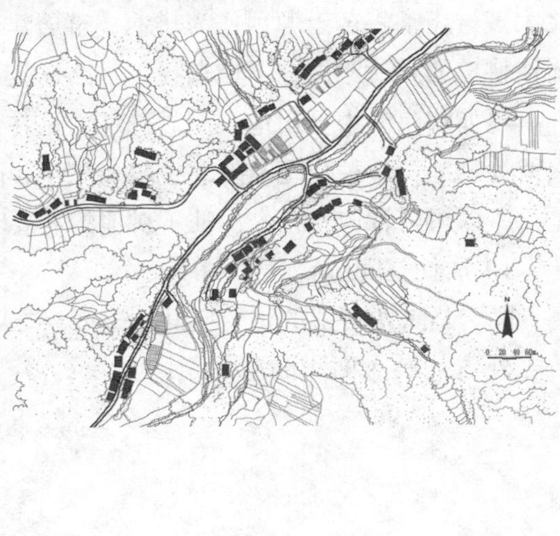

图3.89　陕南平坝型传统村落之洋县黄家营镇四郎庙村（传统织布技艺非物质文化遗产村）（右图）

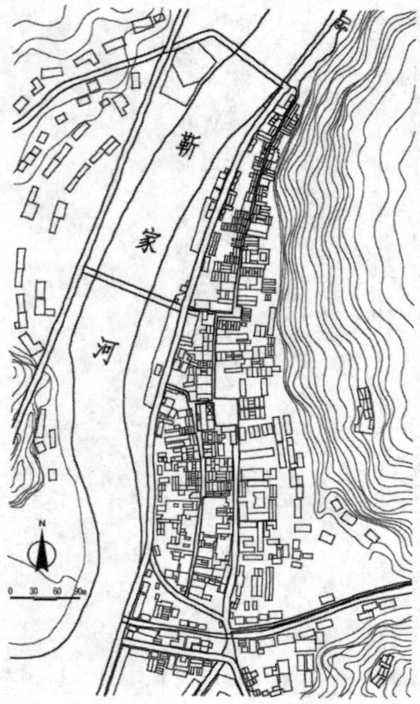

图3.90　陕南河道型传统村落之山阳县漫川古聚落（漫川大鼓非物质文化遗存村）

关中、陕北、陕南三个区域的村落外部整体形态受自然环境条件限制而呈现出了较明显的差异。关中大型村落多且多为“井”形团块，空间布局通过道路建立了主框架，其他形态的变化都是以此为基础；陕北地区以黄土高原梁、峁、塬、丘陵、沟壑等环境条件为主，村落大多选址于沟壑，临水较近、负阴抱阳的台地或是塬顶坡地，在形态上或为散点形，或为线形，或为面型，或为多线聚点形；陕南与陕北情况相似，只是比陕北的地形更为丰富，也是依地形而生的村落，但总体形态较为分散。

环境条件虽然限制了农民选址建村的自由度，但是陕南、陕北传统成熟型村落建造的内在文化隐动力却与关中是相同的，那些经济条件充足且具有较强宗族、家族力量的中型和大型村落总是趋向于以关中村落的规则去安排各种空间构成元素，如陕北的姜氏庄园、常氏庄园、杨家沟扶风马家庄园，陕南的蜀河镇古聚落、漫川古镇、青木川古镇等。

2）耕地空间位置

耕地与村落功能关系是村落存在的基础，这正是农耕文明作用最直接的表现，耕地决定村落选址、规模、布局、形态是自古以来的隐动力。

村落存在的首要功能是满足农耕需求，村落空间的定位及规模大小常由耕地面积和与村落之间的距离决定，一般耕地距村子在5km路程以内，且村子规模需符合所属耕地的耕种半径，如果村子离耕地太远或村子人口增长不能与耕地面积保持协调，就要另辟新村。关中耕地总是在村子周围，对村子呈现出半包围或包围形态，村子必须有设计合理的路径到达耕地。陕北、陕南地形变化丰富，村民建窑或房经常以满足耕地面积和位置为先，即首先保证村落可耕、可食。如陕北大多村庄常将黄土塬顶作为耕地，窑居建于黄土边坡，村民为了缩短每日三次前往耕地的路途距离，不惜选择汲水路途较远之处，足见耕地对陕北农户的重要性。再如陕南汉中平川地区民居选址常是在地势较高的位置而将平坦的地理位置保留为耕地，这种情况在陕北也较多例子，陕北米脂马家园子的梁峁耕种条件较差，所以川道谷地就首先保证了耕地的需要。

3）居住空间位置

民居是陕西村落的重要空间构成元素之一，是一个成熟的村落空间中除了耕地之外占据最大面积的空间组团。新石器时期仰韶文化的半坡遗址村落就是由

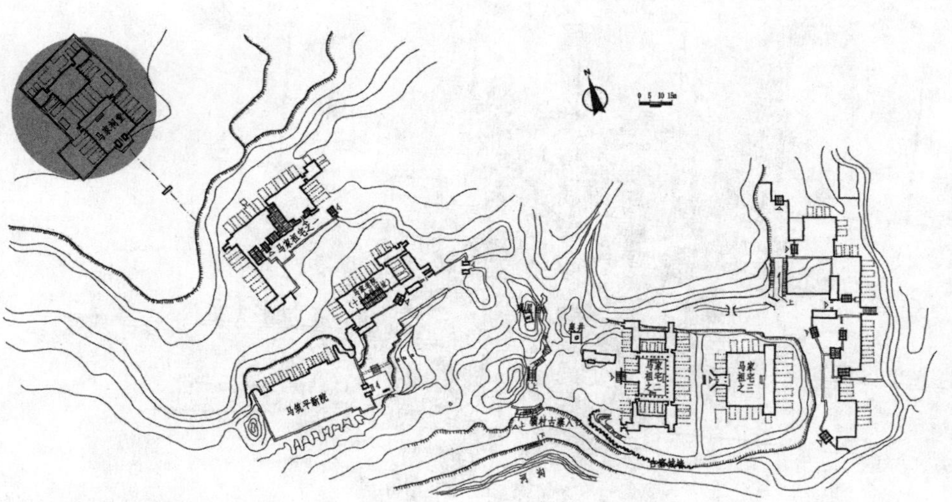

图3.91　陕北扶风寨马氏庄园。

此庄园以马氏祠堂为核心而形成单姓聚居空间。

资料来源：作者自绘并参考《中国窑洞》配图

防御性壕沟围绕的民居区、墓葬区和周围耕地形成的原始村落空间原型，陕西村落基本延续这样的传统村落空间原型模式。

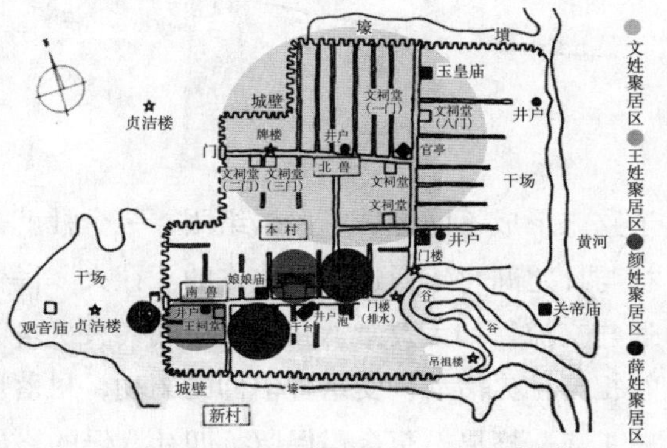

图3.92　关中韩城苏东乡谢村

由文、颜、薛、王等姓氏围绕各姓氏祠堂形成聚居空间。

资料来源：《韩城村寨与党家村民居》

在成熟型宗族村落中，居住空间会以宗族祠堂为中心形成向心型布局。单姓村（图3.91）、两姓村或多姓村（图3.92，图3.93）各姓氏的民居建筑布局分别以各姓氏的总祠为中心，如果除了总祠还有支祠，村落形态会在大的向心形态下呈现分支的小向心聚团，就像阴阳八卦图大阴阳中有小阴阳，小阴阳中还可以分级，每一层次是一个文化宇宙体，每一个层次既是独立的又包含在另一个更大层级体系中，这正是传统伦理等级文化体系在村落形态中的空间构成图示。这种形式是关中、陕北、陕南发育成熟的宗族型村落的普遍特征，也是传统社会村落所应具有的理想型空间形态。

民居的空间构成形态除了围绕祠堂的内向型宗族村落之外，村与村之间还会受到比宗族体系更高一层次的社会管理体系文化的限制和规定，以增进和调整村与村之间的关系，这种方式就是结“社”。在关中，除了东部黄河西岸的宗族型村落较为发达之外，关中多数地区的大型宗族较少，而几百户的大型村落又非常多，因此对村落社会内在秩序的控制也以“社”为主。村民们以社为单位，通过

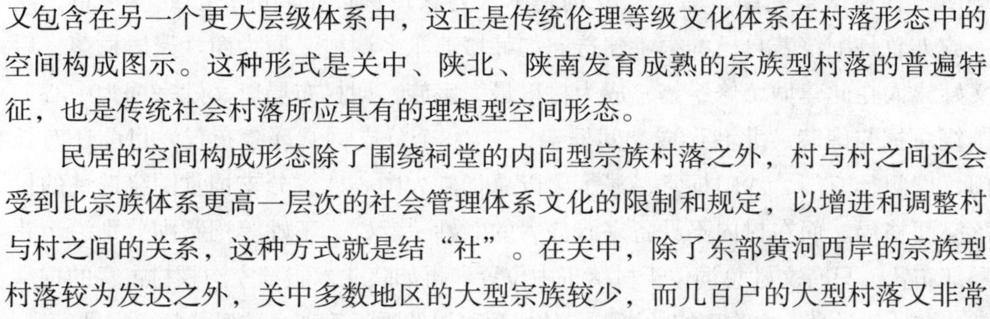

图3.93　陕南宁强县青木川（回龙场老街形成魏氏聚居空间）

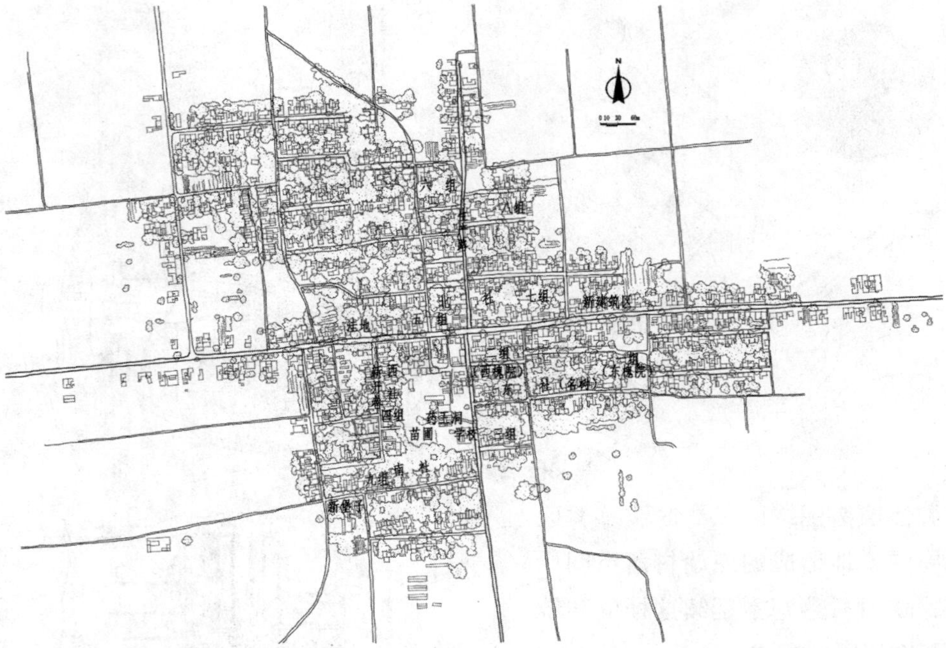

图3.94 大荔县八鱼乡阿寿村

阿寿村至今仍然保留着四社八堡十六庙，中间加个药王庙的村落空间和居住空间格局。

道路来形成不同区域的民居组团，一个社就是一个互助团体，具有共同体意识，社与社之间每年通过共同协作的“社火”民俗形式和祭祀仪式来完成共同体的沟通与交流。如大荔县八鱼乡阿寿村（图3.94）自古就以祭祀药王孙思邈为重要的祭祀与社火活动，受这种信仰的驱动，村落形成了“四社八堡十六庙，中间加个药王庙”格局，至今仍保留了四社八堡的格局。

4）祠堂空间位置

“庙，貌也”，祠堂即为祖灵之“貌”，是先祖化身所在与后人祭祀宗祖的场所。在村落空间中，总祠与支祠是本族各家户选址布局的核心或参考系，同一族人总是围绕着自己的祠堂建造。如韩城苏东乡谢村，原为谢姓聚居村落，后文姓族人在此建城墙修堡寨，成为村里最大宗族。谢村布局以文姓宗祠为中心，围绕总祠与南巷、北巷形成空间框架，文姓8个分支祠堂环绕布置，目前还有长门、二门、三门、八门祠堂，显示出以总祠堂为中心、各分支祠堂围绕选址的村落空间格局。而在村内不具备宗族势力的颜姓、薛姓、王姓等祠堂则分别沿南巷局部布置，只有文姓总祠位于村落正中位置。再如陕北米脂杨家沟骥村古寨的祠堂就建在地势最高、主沟环抱的峁上，从峁顶可以俯瞰沿等高线排列的各个堂号。

5）墓地空间位置

墓地选址需要按照风水标准进行，因为民居是阳宅，墓地则是阴宅。在关中东部台塬地区，大宗族建有专门的墓地，以满足聚族而葬的需要。大多数墓地选在岗阜和崖坡地前的田地边缘或一角，也有普通族人将墓地选在自家田地（图3.59）。陕北人会将墓地选在高高的黄土峁顶风水俱佳之地，如马家园则村老石匠的坟就在最高的黄土峁顶（图3.95），地势开阔，目极四周。中国人家族观念是聚族而居、聚族而葬、叶落归根，墓地位置的选择关系一个完整生命的归宿。

图3.95 马家园则村落峁顶老石匠（马氏）家族的坟墓与蛟龙碑

6）水井与涝池

依山傍水是传统村落选址的风水原则，风次之，得水为上。没有水系水域的村落需要弥补风水上的不足，水与涝池就是这种元素。水井位置不定，但因水井是村落重要的公共设施，一般建在道路较易达到的位置，在以水井为坐标的道路框架内，民居和公共建筑得以展开布局。韩城昝村寨子称为“四井四碾”就是因为该村原有四口井分别在村落四角，以满足各区域居民饮水需求，且四角还有四个碾子，水井与碾子配置在一起反映了村落公共设施满足“可食”需求的重要性以及传统“食”的顺序的民俗习惯。为了保护水源，在水井处总会建造水房（有的称井户），里面的壁龛供奉井神或是龙王。韩城堡安村（图3.96）中，水井位于村中南北、东西主村道相交形成的“十”字路中心，足见其在村落空间中的重要性。在陕北的情况亦是如此，如米脂杨家沟马氏庄园的泉井（图3.97）便以专门的井户予以保护。

涝池（图3.98）是渭北台塬村落普遍建造的集聚雨水的水池，也称潦池、天池。涝池是在地下淡水资源不丰富或水源较深区域村庄最常见的水域景观，也是全村老少洗衣、饮畜、浇地（有的不允许饮畜和浇地）等的生活用水采集处，是旱塬地区村落儿童嬉戏玩耍的水塘。涝池一般建在村口与村子地势较低的地方，利于排水，有的村子会根据面积大小在不同方位建造尺寸不同涝池（一般为2～3个），有时涝池也会建在庙旁边。韩城昝村关帝庙在高台上，而庙南就是涝池。

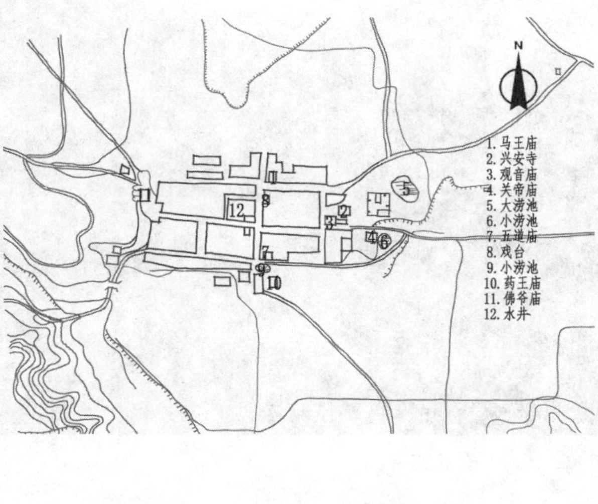

图3.96 韩城堡安村平面及水井中心位置

7）社学、书院、私塾、义学空间位置

传统村落宗族大户重视对后代子孙的教育，希望上有官宦爵位，下有田地耕种，进可攻退可守，家底丰厚又蒸蒸日上，即使一般农

图 3.97 陕北杨家沟马氏庄园泉井（左图）

图3.98 灵泉村在涝池浣洗的妇女（右图）

耕家庭也希望家中子弟可以接受教育，改变门风，因此，耕读传家是传统民俗思想重要的人生观和世界观。中国传统教育体系分为官学和私学，私学又分为社会办学的书院与私人办学的私塾、义学。传统城市以下各行政区划的教育机构主要包括官学的学宫（宋代县学）、社学（元代乡学）和社会力量兴办的私学，包括书院、私塾和义学。

县学的学宫是宋代主要地方官学形式，在县一级的空间结构中，以文庙为中心，形成文庙、儒学署、儒学、考院（考棚）的县级官学机构。社学则是元代以后的官学对村落子弟进行教育的主要形式，规定将村中50家划为一社，办一所社学，使社民能够“勤农桑、司礼仪、读诗文”。社学以村落中的庙宇、祠堂为讲学地点。陕西作为中国历史上的“首善之地”，自古注重教育。与时起时落的官学发展相并行的是传统私学的兴盛。西周敬王元年（前519年）燕伋师从孔圣人学成之后返渔阳[1]设教肇始陕西私学，秦汉[东汉茂陵人马融在扶风县绛帐（今绛帐镇火车站以南）设帐授徒4万余人]、三国、两晋时期私学发展，隋唐以退仕或科举落第在家办私学的蒙学为主；到元明清时陕西乡村教育主体是私塾（包括门馆、家馆、联馆）、义学，常以村落的宗祠为地点，直至民国时期，乡村大多贫家子弟仍以私塾为主。总体来说，陕西的乡村教育有文庙学宫、庙祠社学、家中私学、设帐私学、宗祠私塾、择馆设塾六种主要教育空间形式。

1.渔阳乃今千阳裴家台。

8）文峰塔或风水塔空间位置

文峰塔又称魁星楼（图3.99），通常建造在村落中地势风水较好的位

图3.99 党家村文峰塔（魁星楼）

置，以佑护村中子弟状元高中，寄托与实现耕读传家的理想。有时，文峰塔也起到风水塔的作用，可弥补和平衡村落风水的缺陷与不足，往往是经风水师堪舆定位之后建造，它在村落景观上不仅是显眼的标志物，也丰富了村落三维景观空间的立面。

9）寺庙与戏楼空间位置

寺庙是人神共处村落中精神信仰空间的重要场所，是村民天、人、地三界共存信仰观念的完整体现，是村民的精神寄托之处。新石器时期半坡遗址原始聚落中心位置的长方形大屋里对女神的祭祀，便是村落的信仰空间、现实空间并存的空间原型。陕西农民所信神祇较多，体系丰富，除了正统的儒释道圣人、神灵、佛祖之外，还包括自然神祇、原始宗教信仰、民间俗信、祖灵、历史名人与英雄人物鬼灵，这种精神信仰的复杂性决定了传统时期村落中寺庙林立的现象。寺庙大多依据五行八卦的方位、神灵职责功能以及风水吉位几方面来选址。如阿寿村药王庙建在村落中心，其余十六庙建在周围，显示药王信仰在村中的重要性；韩城西庄镇元代修建的法王庙建在镇西南角（图3.100），法王俗信亦是西庄镇重要的保护性神祇，西庄八村（古称八社）每年的要神楼（又称东庄神楼）、韩城行鼓等非物质文化遗产的空间形式均以法王庙为核心；陕北张村有地村的隐龙寺（亦即龙王庙）建在村中心最高的峁上，反映了祈雨功能在陕北村落的重要性；陕南漫川镇的主要庙宇均建在居住空间四周，显示了村民们信仰世界中天、人、地三界既共存又有距离的观念。

戏楼一般与寺庙建在一起，是娱神娱人祈福禳灾的重要场所。

10）院场空间位置

关中地区常将麦场设置在村中或村边，也有的将戏台前的空地夯实作为麦场，还有的直接将麦地中的一块早熟的田地在麦子收获后碾压夯实作为麦场。陕北与陕南的一字型民居，各家各户门口院场就是小型晒麦场，陕南的四水归堂和一颗印四合院内的空地由三合土铺垫后也是场。总之，院场对于农耕村落来说是重要的公共空间，是农耕文明的村落空间体系不可缺少的构成元素。

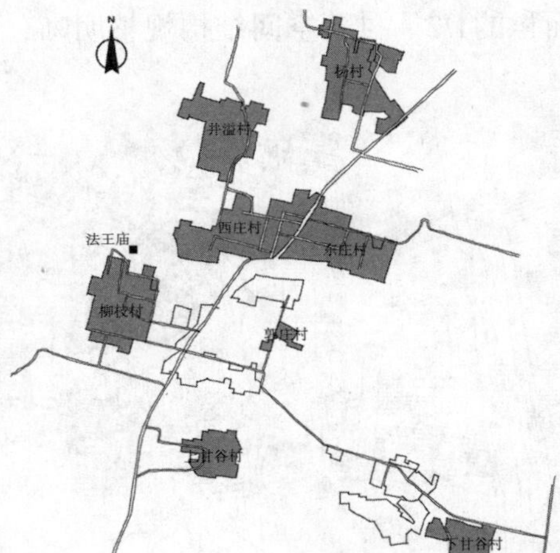

图3.100　西庄八社及法王庙空间位置

3.关中、陕北、陕南传统村落空间结构研究举例

1）关中：合阳灵泉村

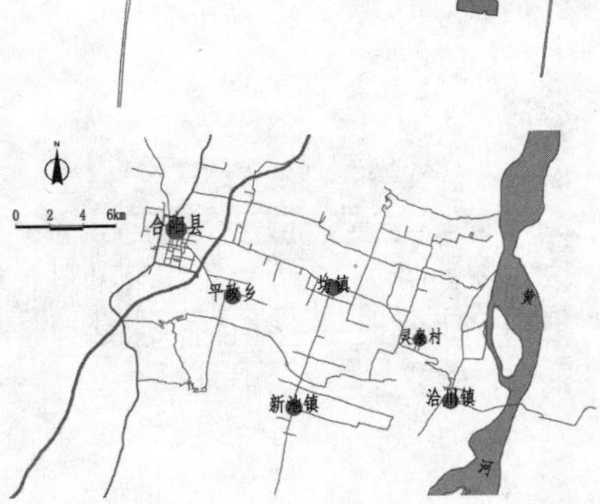

图3.101　灵泉村区位图

灵泉村位于合阳县东，坊镇东

图3.102　灵泉村总平面图

图3.103　灵泉村南城门与戏台

部偏南，距坊镇中心6km，距合阳县中心16km，在黄河西塬畔隔黄河与山西相望（图3.101、图3.102）。截至20世纪90年代，全村共1530人，4671亩耕地，到2002年，共1903人，占地面积3.9km^2，总耕地面积4282亩。

灵泉村选址风水体系是北、东、南三面环沟，沟中有福、禄、寿三山，该村以南部呈“蝎子尾”状的福山最为著名，连起另两座山对村子形成环抱之势。

灵泉村始建于明代，村落空间基本保持传统格局，清末修筑的防御村墙沿沟砌筑，东、西、南三边皆有城门，南门（图3.103）乃现在进村之入口。村落空间东西狭长，居住空间呈方形，村内地形沟壑较多，东北部斜坡台田占总耕地面积的1/2。村落空间结构规整明晰，较为完整地保留了传统防御性质的巷道系统（图3.104）。巷道格局主要有“井、T、十”三种，连接东西的为“趆巷”或“横巷”，南北的为顺巷，相对的两行院落为双面巷，单面院落为单面巷。

图3.104　灵泉村巷道

图3.105　南门戏台及其前的院场

灵泉村原有支、党、李、王四家，唯有党姓在村中发展为大宗族，占90%人口数量。党姓祠堂不仅有总祠还有分祠3座。村志载，灵泉村南部为先建区域，往北则为后建区域，所以党姓总祠建于南部西城门入口不远处，分祠则在其西由北向南渐远分布。灵泉村原名财东村，源于清咸丰至民国时期，村中以商贸为主形成四大家（义聚合、义聚正、长庆丰、恒聚昌）、八小家、24个匀户家。据东井东壁重修碑文载，光绪年间党姓就有庆福堂、合庆堂、崇德堂、赐多堂，因此，村中空间格局以堂号围绕祠堂或分祠聚族而居为主要构成框架。

图3.106　灵泉村东井井户

资料来源：作者绘制

灵泉村原有戏台、戏楼三座，东、西、南三门均有。南门里为戏台，其前观看空地平时为院场，南门外戏楼乃娘娘庙的配建设施，与娘娘庙之间的观看空间较大；东门外戏楼乃马王庙的配建设施，与马王庙之间的观看空间适中。可推测：南门戏楼较大，东门戏楼次之，西门戏台规模较小（也是最初经济实力不盛时所造），现东门、南门戏楼均已被破坏，只剩原址。

寺庙是与戏楼紧密结合的公共建筑，是灵泉村的宗教信仰空间。从村落宏观层面来看，寺庙都建在居住组团边缘，南门外是娘娘庙，东门外南边是三义庙，北部为马王庙，显示了求子、重义、商贸在村中的重要性。将寺庙建在居住组团外边缘，可以保证以寺庙为中心形成的庙会及贸易活动不影响村内居住空间的生活。另外，将庙宇建在福山下，可以接福山之灵气。

井在灵泉村是重要的公共设施，村中共有老井三口——西井、东井（图3.106）与村北后巷井。今天只有东井仍在，却已因吊水辘轳的牛皮绳损坏而无法使用，其余两井皆已被废。东井有井房，建于村东小土丘上，土木结构，门前有拴马桩辟邪，门洞被开启在高3m、宽1.4m、厚0.41m隐约可见的朱红色土坯墙上，门楣为拱形，半径0.44m，门高2.3m，房顶为双坡硬山木瓦结构，两坡共48根椽，檩子一根。每年刚出生不久的婴儿会被抱着撒豌豆于井房、磨房、碾子房周围以避免长天花。近些年，随着东井的废弃，这种风俗也正在消失。灵泉村的涝池在村东，是周长约204m的环形池子，听村中长者说涝池原为圆形，1950年的水灾将东南角冲毁，所以圆形被破坏。

今天灵泉村的传统空间结构由仅剩的3座祠堂（总祠与分祠）、2座庙宇（观音庙与关帝庙，关帝庙即西门戏台）、戏台（仅剩一座）、涝池、民居（图3.107，图3.108）、巷道系统支撑，新村建设与景区开发正在规划和进行之中。

2）关中：三原柏社村

柏社村展示了关中渭北台塬地下四合窑院村落空间的构成形式与特点。

（1）整体结构

柏社村位于渭北台塬区（图3.109，图3.110），南距三原县城50里（25000m），北有4里（2000m）与旭县独中（冢）、乙社接壤，东距浊浴河3里（1500m），西距清浴河4里（2000m），北面高原横东西，衢衢古道贯南北 。

柏社村1600年来，虽迁址扩建，但均以古堡（原址老堡子）为主在5km^{2}之内

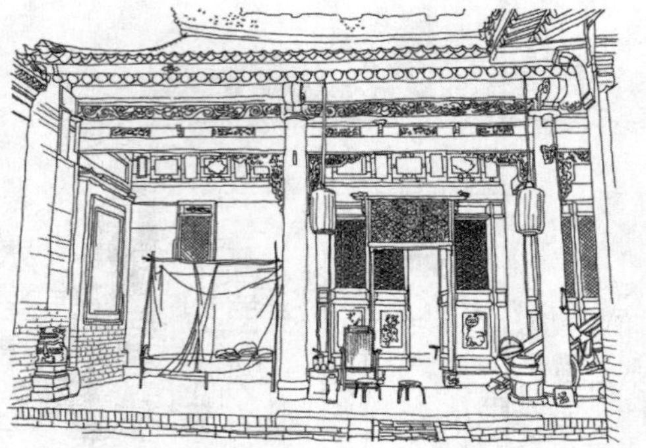

图3.107 76岁党中弧家上房（左图）

此民居是村中现存保护最完整的传统民居。

图3.108 灵泉村传统民居八字景墙大门（右图）

移动。最早建村于秦，当时属北地郡池阳县辖地，到晋代建成老堡子沟，前秦皇始二年（352年）属于三原护军城，随后据考证可认定，“自公元352年至公元528年之间，柏社是当时三原政治、军事的活动中心，528年后西移小社”，“在近代革命战争中，柏社是通往革命根据地的‘照金’、‘马栏’、延安的咽喉要地，红军和八路军都在柏社设立过秘密交通站”。时至今日，柏社村隶属陕西三原县新兴镇，下辖15个村民小组，全村土地面积3.5km^2，808户3756人，耕地面积7545.9亩，保存有225口生土地坑窑。

（2）空间结构

柏社是一个具有千年历史的古村落，从晋代至今，从“老堡子沟”到今天的柏社村，其空间结构的构成与变化是与历史的演变紧密结合在一起的。柏社村不是一个最初就具有完整统一规划的村落，村中居民也非同姓同宗。据考证，柏社村的空间发展与变化是随着历史变迁与地景环境条件的变化而随机形成，是典型的自然村。

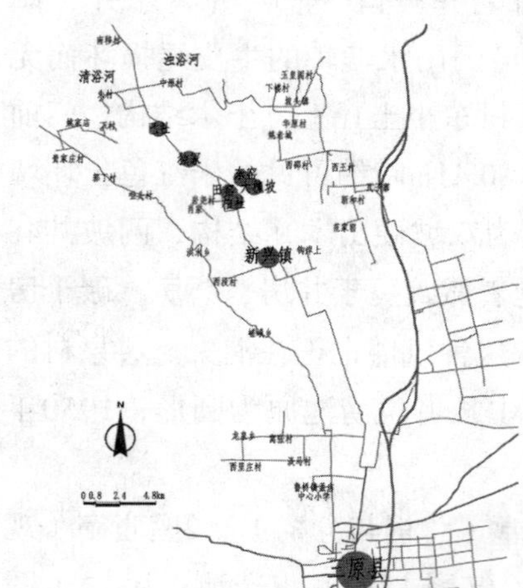

图3.109 柏社村区位图

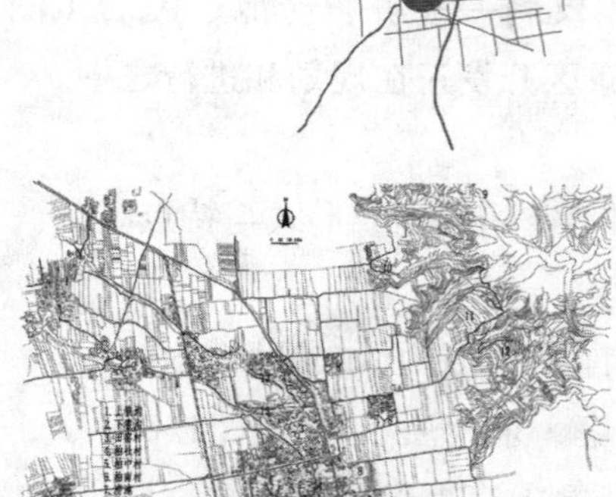

图3.110 柏社总平面图

本图是据《柏社史话》中对柏社历史发展的记述与作者所绘草图绘制而成，东部东沟乃是柏社先祖起源地“老堡子”沟，田窑村的衚衕古道亦是柏社重要的历史遗存，这样的例子还有很多，这些均说明柏社作为一个具有1600年历史的古聚落，在漫长的时间中积淀了丰富而厚重的文化，它是依附着地景结构而衍生的历史人文聚落景观，因此，对于柏社文化和地景结构的认识应该是全面和完整的。

①风水选址

据柏社老人们说，柏社在古时候是松柏参天、槐楸茂密的林地，尤以古柏最多。今天，柏社虽已没有当年那种绿荫灿灿的生态景象，但在一座座地坑窑之间的村落空间中，遗存下来的一簇簇笔直楸树依稀可以想见当年的盛景（图3.111）。

柏社源起于“老堡子沟”（图3.110，图3.112）。晋时（311～350年）关中战乱频繁，民不聊生，人们为了栖身立命就找到了“老堡子沟”。当时由浊浴河（今楼底）溯河谷而上，距浊浴河口四十里的“老堡子沟”乃一沟壑纵横、林木蔽日、水草丰茂、台塬坡地均可垦植的栖身良地，今天，“老堡子沟”里仍留有柏社先人挖掘的绘有壁画

图3.111　柏社村中现存古树聚落环境

的土神洞和佛洞。老堡子沟的南部是“槐沟”，高及百丈的槐树遮天蔽日，沟尾在古代是被称为猪市沟的交易场所，交易场所虽已易地，“猪市沟”的名字却留了下来。老堡子沟向西是塬顶，只因从沟底去塬耕种极不方便，在以后的时月中，柏社村民便逐渐迁居到了西面塬顶，因此，西面3里处的塬顶就成了新村定居场所。柏社先祖最初以黄土塬边坡的近水台地为址作为柏社村源发点，风水观念的作用毋庸置疑。此外，称为“堡”也可反映最初选址的军事防御意图，楸树遮蔽，藏于沟内，依塬建村，背山近水，即可生存又可避免战乱，实属遁世桃源。

②空间结构历史演变

晋代老堡子沟：柏社村最初村落选址“老堡子沟”（图3.112），在晋代战乱、民不聊生之时，从风水体系与军事防御上，可称为上佳。在战乱逐渐平息、经济条件有所扭转的情况下，为便于耕种，柏社村民逐渐迁至沟西塬顶居住，新的定居场所就是今日的柏社现址。

前秦衚衕古道：老堡子沟向西3里是衚衕古道。衚衕古道是长约9里的两条涧谷，从新村的一端发出，分别经过上狼沟和下狼沟，延伸至旭县的独中和乙社。人们在涧谷两壁开凿了很多土洞（即靠崖窑的前身），而涧谷自然而然成了当时称为“衚衕”的交通要道。

前秦护军幕府军城驻地遗址（图3.112）：在老堡子沟通向衚衕古道的区域，种种考古发现表明这个区域至田尧东北有可能

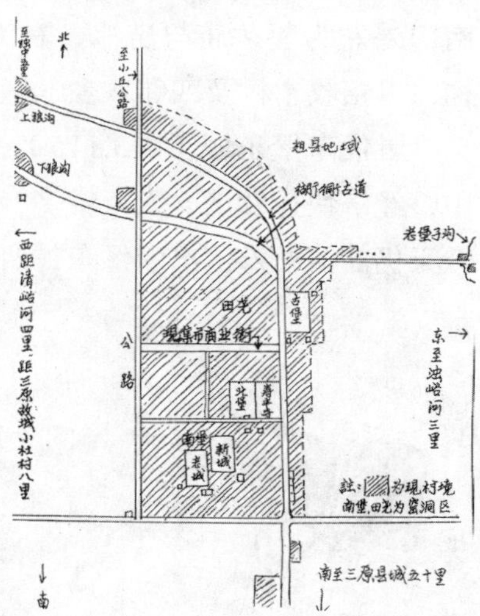

图3.112　柏社古今地域迁徙和村落结构变化

资料来源：赵德锁著《柏社史话》

图3.113　晋代至南北朝柏社村落结构

是前秦时期幕府军城的驻地。历史上，前秦始皇二年（352年），苻坚曾在嵯峨山北部设立三原护军[1]。据《旧志》记载："三原护军城在今天的新兴乡以北至旭县乙社附近。"柏社的位置正好在新兴乡与乙社之间，据此可以推定，柏社就是三原护军幕府的驻地。实物考证是，在老堡子沟至衚衕古道之间偏北的地区发现有大面积的文化层灰坑，深约2m，灰坑间距基本相等。附近果园在浇地的时候显现出一口古井，极有可能是军营驻地的伙房遗址。在7组的果园还发现有6丈宽的古道，道旁曾出土石雕人头一个，且于地下挖掘出大型石件，此道应是军城兵马战车道。此外，田尧东北长方形的城沟是否是原军城遗址还需考证，朱德成果园地出土的大型彩陶龙头及其他构建可以确定是古代高级别建筑装饰构建，这些遗存的点滴均可以证明此地在公元352年至公元528年曾是前秦护军幕府军城驻地。

1.因当时在嵯峨山的北面有三条黄土塬，因此称为三原护军。

南北朝古堡（图3.113）：为了躲避肖宝寅兵变战乱的侵扰，柏社村民在原前秦护军幕府城址的基础上立栅建寨，进而筑城建堡自卫。城堡解除了柏社的危险，开创了柏社村筑城建堡的先例。古堡址在柏社村中田尧（窑）东北，今天城沟城形依稀可辨。古城堡东城墙偏北是涝池，南门外左边为学园，右边是三霄庙。学园是南北朝时期柏社村办教育机构即村塾，显示该村重教的村风是有久远历史的。

隋代南堡西城（图3.114）：随着岁月的变迁，人口的增多使古堡很难满足村民新的居住要求。到了隋代，就在古堡西南800m处另建了城，后来被称为南堡西城（即老城，南堡东城为新城）。西城南北城门两边分别对称植古槐两株，南门外左为菩萨庙与涝池，右为书房，乃是继南北朝的学园之后新建的教育机构，以招收本村及四邻八乡学童。因此，柏社重教的名声遍及三旭塬区。

唐代南堡东城（图3.115）：到了唐代，经过贞观之治，在稳定的社会状况中，经济快速发展，人口增多，柏社随即又在南堡西城的东面增加了南堡东城，今天仍能清晰辨认出南堡东、西城的城址。

图3.114 隋唐、宋、明柏社村落结构

唐代寿丰寺遗址：唐代佛教盛行，礼佛的人很多，柏社村便在古堡与南堡之间建立了占地9亩8分、规模宏大的寿丰寺。寿丰寺包括主殿、配殿、配房、钟楼、山门等。"大雄宝殿"面阔五间，内塑金身如来与神像多尊，"四时八节，香火鼎盛，名噪西北"。

宋代寿丰寺庙会：柏社地理位置特殊，距三原和旭县均为50里，村民购物多有不便。宋时，随着这里逐渐成为塬区的商贸集镇，推测当时应为寿丰寺庙会或古会，“先有柏社镇，后有鲁桥街”的俗语流传至今。

明代北堡遗址：明代城内布局杂乱，已不能适应商贸要求，因此，南堡以北，紧邻寿丰寺西的北堡应运而生。“城门高耸、城墙环立，城内店铺林立，是塬区名副其实的商贸城，掘出的土石碑记载：其时镇内盐行、炭行、药铺、当铺、颜料店、杂货铺、烧鸡店、客栈、车马店等行当俱全”。清乾隆三十七年浙江知县常金兰为邑人同建勋及夫人所撰墓志铭载：“同建勋，字丕公，世为邑柏社镇人……”证明柏社在清以前即为商镇。今柏社北城墙遗址明显，部分城墙尚有保留，药铺、当铺、烧鸡店位置明确，留存有当年商业街1条，民居街3条，高等级明清古建民宅四院。

民国堡外建房：民国时期，在堡外建了当数量的地上房居，村镇规模迅速扩大至1000多亩。

现状：此村空间结构是在不同的历史阶段中逐渐形成，今天共分为两部分，东边的老堡子沟与西边的主村之间相距约1.2km。西边主村由田窑、柏社、柏中、柏南构成。西边居住区，在“一横一纵一古”的道路框架内，地下四合窑院散点式分布，形成秩序与无序并置的特点。“一横一纵一古”分别为：横向道路将田窑村分至北部；一纵道路即三新公路，北边道路随村落形态由南向北至田窑村的“衚衕”古道变为西北向的曲线；“一古”为“衚衕”古道，是由田窑村向东北方上狼沟延伸的古道深沟。村落民居建筑均以随机布置的地坑窑为主，现存225口，北部“衚衕”古道两侧有部分明窑（崖窑），南部面积连片，西端有较少合院式或新式的关中合院民居。中部东段主体为具有百年历史的明清古街，村小学与其相邻，商业建筑主要分布于中心横向道路两侧。

从柏社空间结构的历史变化来看，柏社是在历史时序、传统文化交融作用下的结果，非一朝一夕而成，尽管没有大型宗族内部社会构成因素，但不同历史时期作用的特性使柏社具有自我独特的历史价值与特性。

③柏社地下四合窑院

在1600年的历史过程中，柏社民居经历了自然洞穴→人工土洞→城堡→房屋→地下四合窑院（图3.115）→平房（图3.116）楼房的发展过程，目前，以散落在村中的主体建筑类型225座地下四合窑院最具特色。

④柏社传统文化习俗

“社”在古代，是用来代指与祭祀相关的事物，如将土地神、祭祀土地神的地方、吉日，以及整个祭礼通称为“社”。在我国本源文化中，“社”“祖”“且”相通，皆表示“堆土插桑”祭祀土神、农神。《周礼·地官司徒第一》：“以天下土地之图，周知九州之地域广轮之数……制其畿疆而沟封之，设其社稷之壝而树之田主，各以其野之所宜木，遂以名其社与其野……”[1]此处柏树、槐树旺盛，恰是“堆土插桑”、“田主之树”中当地生命树的象征，

1.杨天宇.周礼译注. 146.

图3.115 柏社地下四合院

图3.116 柏社地上平房

因此，这里的祭祀叫“柏社”（“老堡子沟”遗存下来的土神洞即是佐证）。作者认为，在古代，柏社的土神祭祀应是远近闻名，所以这个地方亦被一代一代地称为“柏社”。此名称的来历，反映了文化与特殊地景之间的共生与相融，文化是人的表象，地景是自然的表象，“堆土插桑”→桑=农神=生命树=神话传说中的扶桑=地域性植物，文化与地景不仅共融而且共生，在“靠天吃饭”的农耕文明本质属性上，“天人合一”是历史的选择也是必然和唯一的选择。但是，千百余年的天灾人祸、战乱焚烧，使这些参天古柏到了明清时期已所剩无几。1957年，寿丰寺山门外两人合围的古柏也被摧毁，至此，象征柏社的最后一棵巨型古柏消失。解放初期，与古柏同龄的古槐还遗存有13株，今天也只剩娘娘庙前与南堡北门的3棵。

柏社大户人家甚多，以同姓、何姓为最，席、田、王、郝、韩次之，同姓崇文，何王尚武，田姓兼而有之，席姓则善经营。这几大姓氏家族在村中的分布及祠堂建造情况还有待于进一步考察。

3）陕北：米脂杨家沟镇后马家园则村

后马家园则村（图3.117）位于米脂县杨家沟镇西北2.4km的黄土塬冲击沟，是典型的沿黄土塬冲沟边坡等高线而建的沟道型村落，其东4.7km处是杨家沟革命纪念馆。从西南方村口开始的一条蜿蜒川道直向东北方延伸，川道东边是连绵起伏的黄土峁，西边则是川道峁梁的边坡，后马家园则村就建在向阳蜿蜒的边坡上。

村口两川道交汇处的平地（图3.118）西北角，倚山坡建造的台阶式土石混合窑居（图3.119，图3.120a）是该村马家姓氏的长门，二三层均为一明两暗格局。一层原为牲畜圈，在西厢的位置加建了独立式平顶房居，整体来说占据沟道村落最佳位置与地势，显示其在村中的地位。另外，在入口的公共空间是坐北朝南的关帝庙（图3.120b、图3.120c）与戏台，以及戏台（图3.120d）西边的4孔明窑（图3.120e）形成的村落空间起始点，这里也是村中最佳的地理位置。这种将村中最佳的地势用以供奉英雄灵魂并辅以戏台，以娱神娱人的做法，显示了民俗信仰的传统文化对后马家园则村村民的重要性。

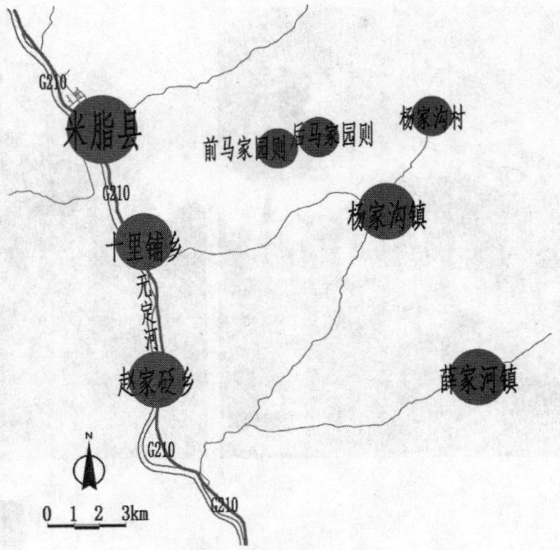

图3.117　后马家园则村区位图

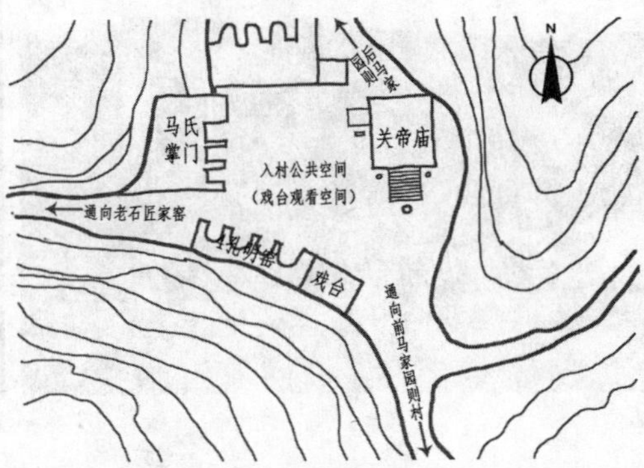

图3.118　后马家园则村村口公共空间

耕地位于沟底，沿着川道呈线形蜿蜒延伸，东边峁上零星地散布着坟墓，最高的峁处是米脂著名老石匠的蛟龙碑坟冢，四周以狮首拴马桩镇护（图3.121），界定了坟冢的祖灵区域。

4）陕南：漫川古聚落

漫川（图3.122）位于商洛市山阳县以南37.7km，是在两山相夹且近水川谷中选址建造的古聚落，距今至少1700年。古漫川聚落选址坐东朝西，风水格局（图3.123）在宏观层面为背靠由秦岭发端的卧龙山至此的青龙山，南面正对落凤山，西为玉带山，鹳岭在西北方呈环抱之势，靳家河由北向南流过青龙山下选址处的川谷平地，

图3.119　后马家园则村入口公共空间之马氏掌门三层窑居

图3.120　马家园则村

*a.*马氏掌门窑居侧面；
*b.*关帝庙；
*c.*关帝庙前石香炉；
*d.*戏台；
*e.*戏台旁

a

b

c

d

e

图3.121　老石匠蛟龙碑坟冢四周狮首拴马庄镇护

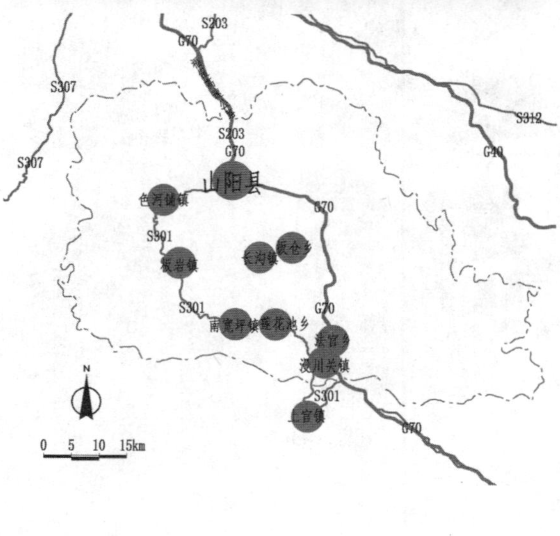

图3.122　漫川区位图

使选址处依山得水，在开合之处与南部金钱河、东边万福河交汇，靳家河在选址地西绕玉带山环曲而流，好似太极八卦。山水格局不仅使漫川古聚落成为陕南两山夹一川或三山夹两川特性地景中最适宜人居住选址的典型代表、成为明清时期享誉南北的水旱码头与关塞，更成为南北文化空间的交汇地（图3.124）。

漫川古聚落历史悠久，因地处险要，素有南通吴楚、北接秦晋、水旱码头的地位，在经济、军事、文化等方面都显示出了它从北向南、由南至北过渡区重要节点的作用，因此，地理位置的特殊造就了漫川古聚落在水稻类农耕文明基础上的政治、经济、军事等交叉的共融特点。

图3.123　漫川风水图

古聚落的整体空间形态受山水相夹台地形势的限制，顺势而为建成北部狭窄南部开阔的“蝎形”。沿南北方向的河流东岸为居住区，西岸为耕种区，居住区与河流形态相同形成南北向老街一条，名为“蝎子街”（图3.124，图3.125），贯穿整个古聚落，传统天井四合院民居沿街对称布局。在明清时期，老街以鸳鸯双戏楼为中心形成北部上街和南部下街（图3.126）。上街为居住区，主要接待北方骡帮，又称旱码头[1]，下街为商业区，主要接待来自南方的船帮，又称水码头。南船帮、北骡帮两大商队分占水旱码头的历史背景不仅使老街在空间格局上分为南北两部分，也使聚落空间在鸳鸯双戏楼的位置，形成中心区域，在这里北方会馆、骡帮会馆与鸳鸯双戏楼，湖广会馆（已毁）、武昌会馆与南戏楼（已毁）形成明确的公共生活空间中心区（图3.127）。每年三月三骡帮会日，鸳鸯双戏楼要唱大戏，五月端午船帮会馆会日，要唱大戏赛龙船，彰显漫川南北文化交融的地域文化特征。

漫川古聚落寺庙众多，形成人神共处的生活空间（图3.128）。上街北口是

1.明清时期漫川旱码头至北方共有两条骡帮古道，西向路线：箭河→穿七里峡→越长沟→薛家沟→山阳→商州→西安→关中→山西→兰州→新疆，北向路线：法官→鹘岭→高坝→山阳→商州（汇合西古道北上）。

图3.124　漫川古聚落鸟瞰复原图

资料来源：赵海林绘制

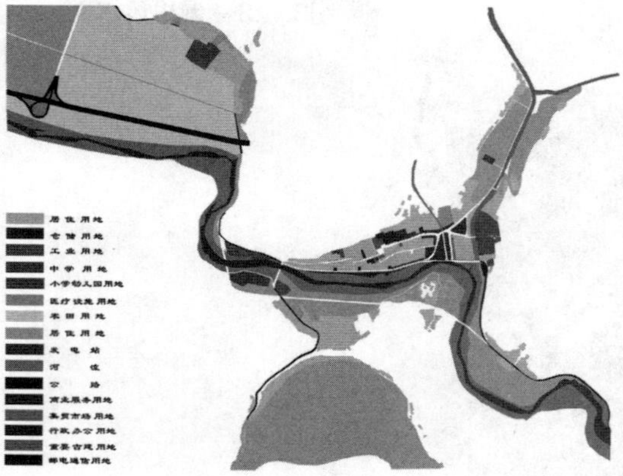

图3.125　漫川传统聚落空间结构

资料来源：赵海林等绘制

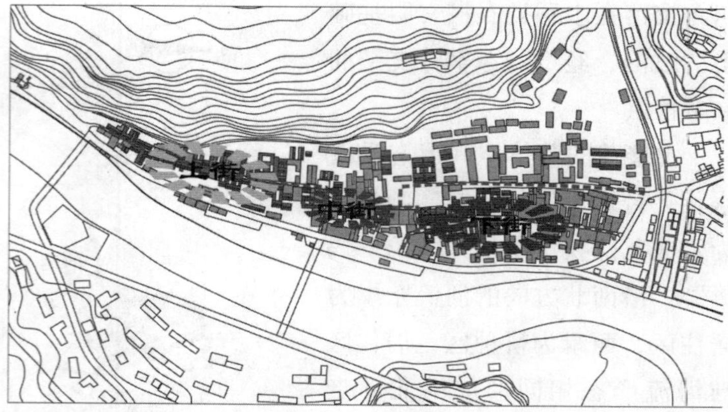

图3.126　漫川古街结构图

资料来源：赵海林等绘制

倚一株古柏建造的吕祖庙和鲁班庙，二庙建于明成化时期，现均已被毁，只留清末本地秀才阮文山题联[1]。临近北口二庙的河水南岸是佛笑崖，北街中段路东是天主教堂，上下街相交聚落中心区域广场北侧为关帝庙和马王庙（骡帮会馆），东面落凤山上是娘娘庙，东南如意山上为三官庙。这两座寺庙建于山坡上表明了漫川人的人神共处的空间观，神仙的住所要建在地势较高的地方，既与象征着人间的谷地居住区保持距离，又在熟人空间距离范围之内与聚落融为一体。

南北文化相交融的地域特点，使漫川古聚落的公共空间非常丰富，有骡帮会馆、北会馆、武昌会馆、湖广会馆（已毁）。骡帮会馆（图3.127）是由黄河中

1.题联内容为：“左灵台右凤鸾古柏盖地，前玉带后回龙石柱擎天。”

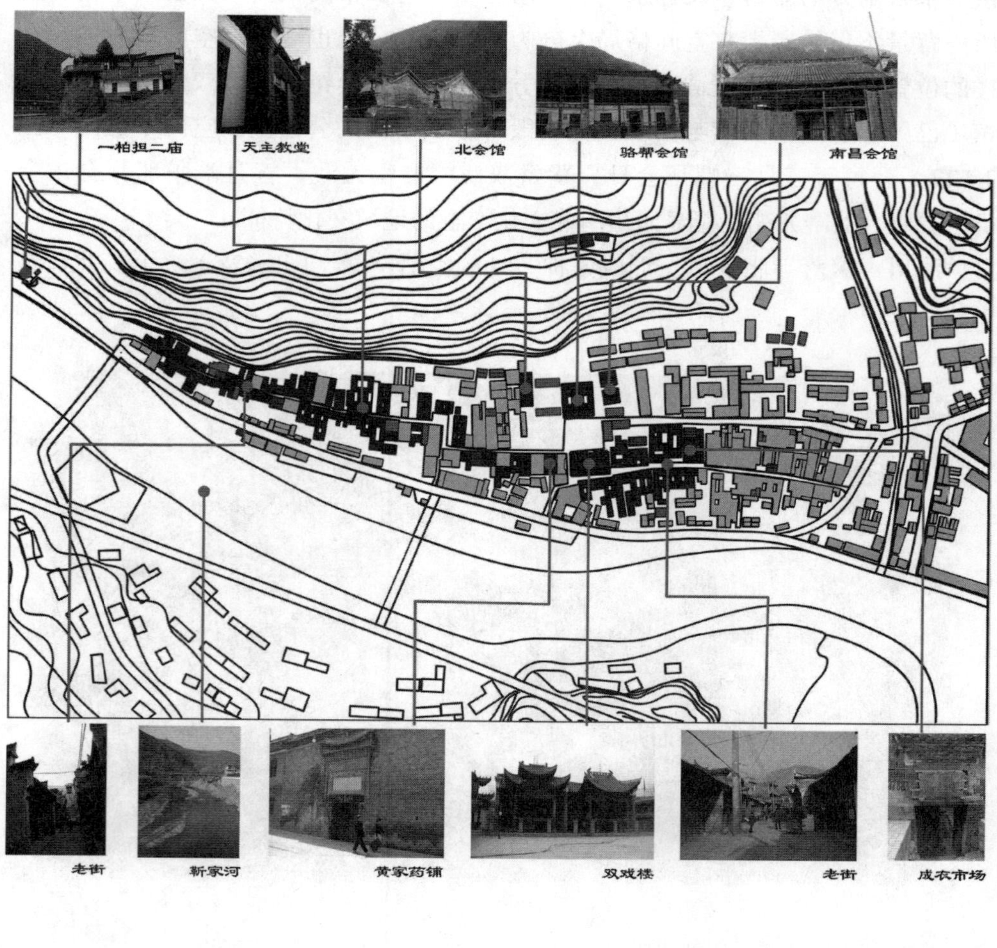

图3.127　漫川居住空间著名古建分布及现状

资料来源：作者拍摄　赵海林等制作

下游三省（陕西、山西、河南）到此经商的骡帮共同出资建造，亦是陕西境内目前最具代表性的会馆，始建于清光绪九年（1883年），建造精致，做工考究，历时5年建成，布局坐东朝西，与鸳鸯双戏楼相对，有南北并置的两个天井四合院组成（图3.127），马王庙居南，关帝庙位北，目前仅剩大殿、献殿、厢房、广场、双戏楼。骡帮会馆相配的是鸳鸯双戏楼，武昌会馆相配的是南戏楼，鸳鸯双戏楼始建于清光绪十二年，属于南方典型的伸出式与双幢竖连式，牡牝并置，阴阳相成，装饰木雕做工精巧繁琐，屋顶重檐翘脚、山花正面的做法使其显得格外华丽。南戏楼已毁，但据当地老人们讲，南戏楼是漫川最富浪漫主义气息的明清建筑，体现了南方戏楼的细腻、富丽与柔美。中心区域以南的下街商肆林立，据资料载，明清时期旱码头商铺已达300多家[1]，现存黄家药铺（图3.127）、一得当。

1.《十六国春秋》记载，公元前352年前秦时期，苻菁于漫川置荆州："通关市、招远商、引进南金奇货，购买弓竿漆蜡，国用充足，异贿盈积。"

漫川古聚落的村落结构是陕南民俗文化、建筑文化、地域文化特点的典型代表，不仅在地景特征上体现了陕南两山夹一川、三山夹两川、于近水台地或平坦地势选址的聚落文化取向，也是典型的农耕文化与商业文化、北方旱地文化与南方水域文化空间交融的典型范例，其空间结构与布局充分体现了文化因素在聚落生成过程中的决定性作用。

3.3.2　关中、陕北、陕南居住空间研究

如果村落是供由血缘、地缘、业缘等关系而形成的共同体居住的单元，是一个具有完整性、封闭性的"容器"和小宇宙体系，居住空间则是共同体单元中更基本的组成元素，是家庭的物质载体，是情境交融的生活中"境"的物质来源。

无论是关中、陕北、陕南，以院落组织起来的围合式院落空间体系都是其村落居住空间的原型。关中传统的成熟型"窄院落"（图3.128）空间是典型的人口密集、具有伏旱气候特征区域的四合院，渭北台塬地坑式窑院（图3.129）亦是农民在没有足够经济实力情况下，却仍执着地将四合院居住空间以地下四合院的形式

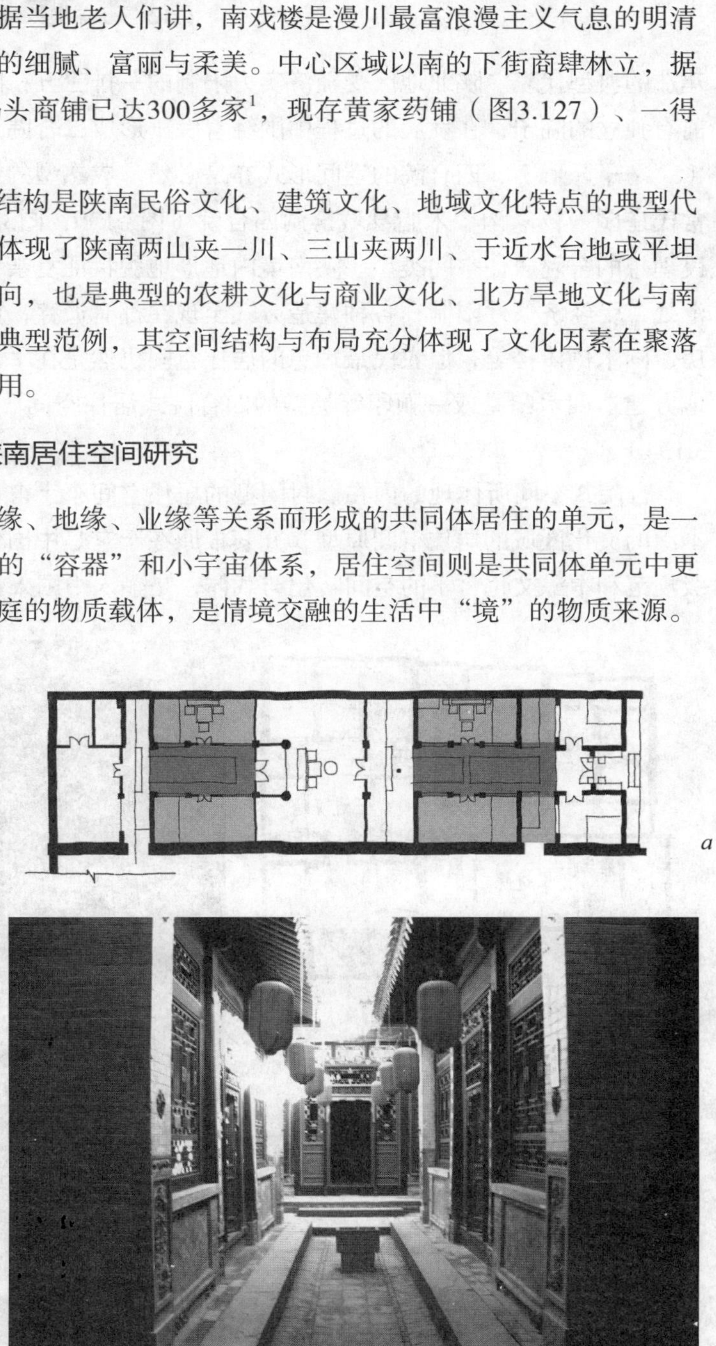

图3.128　关中传统四合"窄院落"之旬邑唐家大院

*a.*东边二进平面图；
*b.*窄院落

图3.129　渭北地下四合窑院之柏社村六合头地窑

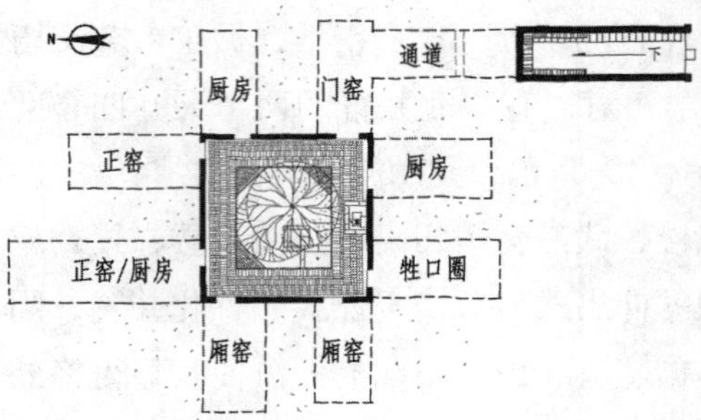

建造的典型代表。陕北地区受经济实力限制的一排三五：间窑洞的居家，都在门前有独立的院子，在发展的过程中围绕着院子形成二合院（“┐”形）、三合院（“┌┐”形）、四合院的空间形式亦是必然。成熟型的窑洞四合院姜氏庄园、常氏庄园、杨家沟、米脂县城窑洞四合院（图3.130，图3.131）等，都是一般农民理想的窑院居住空间类型。陕南境内地形地貌特征复杂，处于多种地域文化交汇处，受经济条件限制，各种建造方式至现在都有遗存，如草棚、吊脚楼、石板房、圆木棒棒楼等，但农民最理想的居住空间仍然是在平川、平坝、丘陵平坦的地方建造四水归堂或一颗印等类型的四合院式居住空间（图3.132，图3.133，图3.134）。

合院式空间所体现的内在、封闭型的居住空间小宇宙自古就是以农耕文明为本源的文化区域的居住空间原型，究其根原在于它是中国传统居住观念、伦理等级规范和本源文化哲学的空间转化与载体，是融入中国人骨子里的传统。

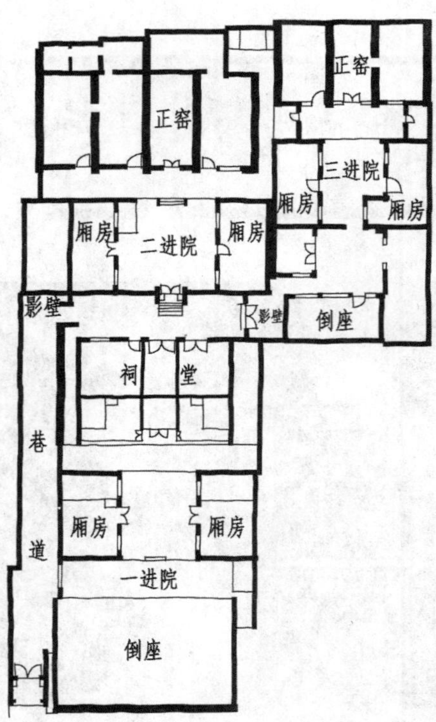

图3.130　米脂北大街49号三进四合窑院平面（左图）

图3.131　米脂四合窑院正窑（右图，上下）

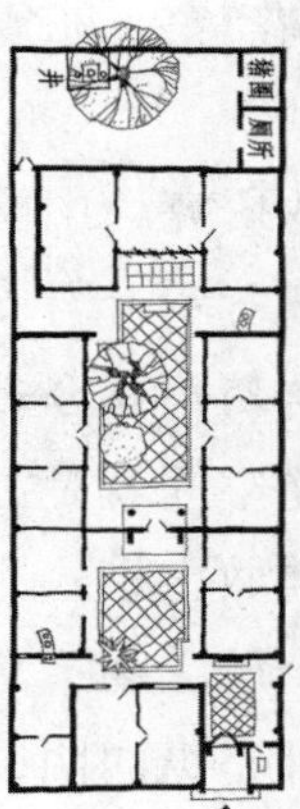

图3.132　城固芦宅平面（左图）

资料来源：参考《陕西民居》插图绘制

图3.133　19世纪70年代白河县合院式居住空间（右图）

资料来源：沈弘著《西方人眼中的近代中国》（图中是1874年俄国皮亚塞特斯基博士所绘制的陕南景象，从城墙上可以看到白河县的合院式民居）

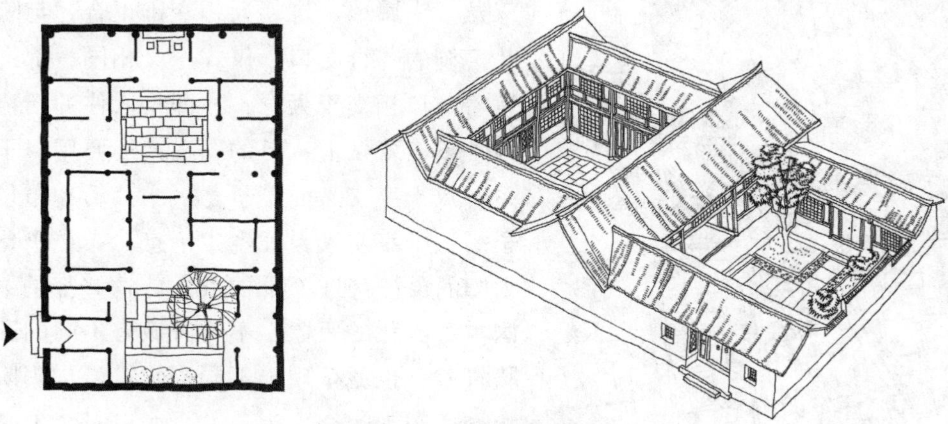

图3.134　略阳张氏四合院平面及透视

资料来源：作者及吴文超绘制

1.关中、陕北、陕南居住空间非物质文化隐动力

合院式居住空间形制不仅仅是一种建造表象和空间形态，也代表着中国人对“居”的体系性理解与实现。从原始洞穴演化为规制完备的四合院，并非一蹴而就，其背后隐藏了积淀千年的非物质文化遗存。这些遗存是观念的、哲学的、生活的、习俗的，是经过历史选择的最适合农耕文明需求的物质外化形式的内在隐动力，它包括了陕西居住空间形成的风水观念、伦理道德规范和生生不息的生命观与旋转观。

1）风水观念：在以农耕文明为本源的建造区域，风水观念是贯穿始终的基本隐动力，当然也包含居住空间在内。关中、陕北、陕南的所有传统合院式民居的建造、选址无不遵守着风水观念，即将“觅龙、察砂、观水、点穴”的形法理念运用于居住空间的选址，将周围道路、墙垣、水塘、屋宇、树木等都看作是风水好坏的构成元素，如陕西居住空间都认为宅后有大型山梁和大面积泉水为“靠山厚”，临深沟大壑“靠山空”，道路四面环绕“没出路”，至少一面要无路，宅后近河流“冲运水”等。由汉代引入风水的五行八卦阴阳理念，强调天人感应的理法观念为居住空间内部诸多精微问题提供了解决参照的依据，“坐北朝南，坐坎朝离的巽门坎宅”始终是最理想的吉宅模式（图3.135）。渭北台塬的地下四合院在相地与定方位的时候，也是根据五行八卦的方位以正窑位置定为窑院

图3.135　党家村民居大门朝向风水规定

资料来源：《韩城村寨与党家村民居》

该村民居大多保持坐北朝南的主趋向，亦规定了大门不能朝向巷口，因巷口被视作水口，大门是合院的气口，水口冲气口，故要避之，如若宅基实在难以回避，则用影壁、“泰山石敢当”等相对辟邪。

图3.136　陕北米脂绥德地区新窑合龙口仪式

主方位，据此形成北坎窑、南离窑、东震窑、西兑窑四种类型。

此外，根据靳之林先生的研究，中国所有的传统建筑都是“横向五行八卦与五行八卦旋转观，纵向通天观与阴阳相合通天观”的模式，四合院的原型空间就是源自河图洛书五行八卦的图示与数字模式，屋顶两坡龙尾相交于通天正脊的鸱吻，两垂脊又分别垂向两边等符号即是纵向阴阳相交通天观与龙图腾的合二为一，即阴阳双龙，头属地、尾朝天相交于正脊，与陕北窑洞的“合龙口”仪式意义相同，都寓意着龙口相交于天脊，在即将入住的新窑内，不仅要贴上八卦的图案，还要用绳子系一双十字交叉的筷子、一本黄历和布袋子等，十字交叉象征生生不息，布袋子是太阳的象征符号（图3.136），这些都是中国本源文化的表象，不同区域有不同的图腾符号，也就呈现出不同图腾符号与阴阳相交通天观的合二为一。合龙口时，工匠嘴里所唱歌谣“今合龙口永不开，内添人丁外聚财；家窑内外生喜气，天神地仙降福来……”寓意着窑洞里居住空间的小宇宙已经成型，至此，建筑使宇宙内外有了区分，因为建筑里面有了个“家”。

2）伦理道德规范：陕西地区合院式居住空间从本质上受到传统伦理道德规范的影响，居住空间位置安排、房屋高低及相互关系等都是伦理规范思想的体现。正房或正窑是祭祖的礼制空间和长辈的居住空间，体现了一个家庭中伦理关系等级差序，如关中窄院四合院、陕北四合窑院（图3.137）的正房、正窑无论在地基面积上还是在体积上、高度上都比厢房和倒座大，显示在合院空间中的地位之高。在左右厢房、厢窑的高度上，东厢又比西厢高，这又体现了左为上、右为下、昭穆之序的观念，如关中民居上梁仪式中，农民们将左右两厢的梁架看做是左青龙、右白虎，左边要高于右边，东边要高于西边。在陕北米脂县城窑院中，较为成熟形制的正窑五明四暗六厢窑就以正窑规模体现了其地位。陕南的四水归堂或一颗印及合院民居（图3.138，图3.139）与关中窄院合院也是相同的等级规范。无论是关中、陕北还是陕南，没有经济力量去建造一座完整四合院或四合窑院的家户，即使只是建造了一排三五间（窑），中间的暗间（窑）也是祭祖堂屋的礼制空间，堂前有阶，堂上东西有楹柱，堂屋内部靠墙案上常设神龛与祖

图3.137　陕北米脂姜氏庄园全景姜耀祖所盖豪华窑院，正窑最高，面积最大，东厢窑又比西厢窑高，这均为伦理文化隐动力作用的结果。（左图）

图3.138　魏家老宅一进院场景（右图）

先牌位，墙壁上正中位置挂中堂，中堂两边是对联，整个堂屋象征了祖灵与长辈在家庭中的至高地位（图3.140）。陕南地区传统民居对堂屋位置的确定是非常重视的，即使是在汉江坡地与丘陵平坝坡地，暂时无法形成四合院格局的“一”字型三五间房，“┐”型两合院，“┌┐”型三合院，堂屋的位置与象征意义始终不变。

此外，发展成熟型的四合院，正房廊心墙和厢房山墙会以砖雕、石雕、木雕题刻祖训，以作为警示和规诫晚辈道德行为的规范，这一点以关中党家村最为显著，几乎所有的四合院正房廊心墙与厢房山墙形成的“┌┐”空间，都是砖、石雕题刻祖训、家训的伦理文化空间（图3.141，图3.142），陕北杨家沟某些合院门楼廊心墙上亦有书题家训（图3.143）。

3）生生不息生命树观、旋转观：生生不息是中国传统文化永恒的哲学观念，以此为主题的各种非物质文化观念与形式无孔不入地体现在民俗生活的衣食住行以及居住空间。纵观所有成熟型的四合院，在能够装饰的各个部位，如屋顶的正脊、鸱吻、垂脊、中花、勾头、滴水等，屋身的额枋、斗栱、雀替、门窗等，墙体的墀头、槛墙、山墙、博缝板等，都要用体现生生不息主题的生命树、花卉、瓜果等木砖石雕刻纹样予以修饰（图3.144），如关中旬邑唐家大院（图3.145）、陕北扶风古寨（图3.146）、米脂老县城（图3.147）陕南魏家老院（图3.148）。精美的砖雕让合院具有浓郁而欣欣向荣的生命主题，充分体现了主人的理想和愿望。根据靳之林先生的研究，“+”是崇天崇阳的太阳符号与生命符号，“×”是生命旋转、生生不息的符号，以这两个符号为原型，传统合院空间中有很多体现。关中地区多数民宅入口影壁砖雕的干摆素做壁心的斜向拼花和纹样（如勾连纹）都是旋转的生命符号，“陕北窑脸的横木之上的方形窗户为天窗，其两边是斜向纹格偏窗是代表生生不息符号，下面的三十六格窗户，在春节之时，在天窗贴上转花剪纸，在三十六方格内

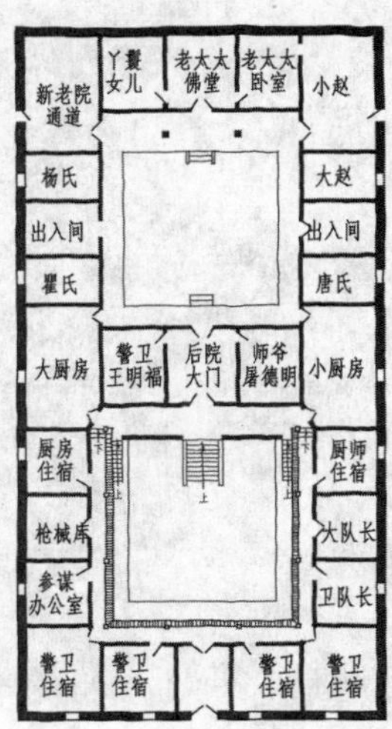

图3.139　魏家老宅平面空间构成

魏家老宅是陕南典型的按照伦理文化隐动力而形成的合院式民居。

图3.140 关中、陕北、陕南正房、堂屋、正窑供奉神主位（牌、楼）

a、*b*.关中党家村合院正房所供奉的祖灵神主牌和神主楼；
c.关中户县蒋村“一”字形房堂屋所供宗亲族谱；
d.陕北神木白氏庄园合院正房堂屋供奉的神主牌和神主楼；
e.陕南某农家“┏”房堂屋供奉道家神主位

图3.141　关中党家村合院正房歇檐下家训墙

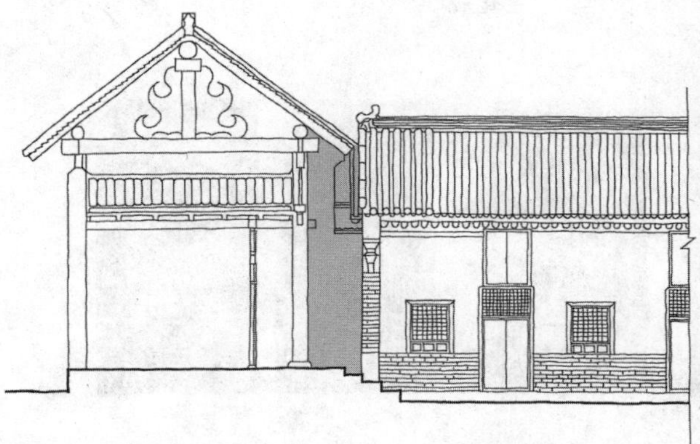

图3.142　关中党家村合院正房歇檐空间剖立面（左图）

图3.143　陕北杨家沟扶风古寨马家祖宅大门廊心墙书题家训（右图）

贴上动物图腾符号，四角贴上角花，就是三十六隔窗云子（图3.149）”[1]都是生生不息的生命符号。

以上所总结的风水观念、伦理道德规范、生生不息生命观与旋转观念即是陕西农村居住空间形成背后根本的非物质文化隐动力，它们从自然因素到人文因素，从现世生存到未来理想，从微观个体存在到宏观家族延续，处处符合中国人的传统文化本源，规定和影响了居住空间的建造形式与传统居住方式。

2.关中、陕北、陕南居住空间研究举例

1）关中窄院式合院

（1）窄院落形成原因

关中四合院的典型特点是“窄院落”。这种区别于典型斗方型四合院的院落空间形式由几方面原因决定，包括传统社会因素、经济因素、自然气候条件因素、文化因素等。相反，一旦“窄院落”空间形制确定又联系起了居住空间的各

1.靳之林. 中国民间美术[M]. 北京：五洲传播出版社，2004. 62.

图 3.144 关中灵泉村传统居住空间生生不息文化隐动力表现

图3.145 关中旬邑唐家大院传统居住空间生生不息文化隐动力表现

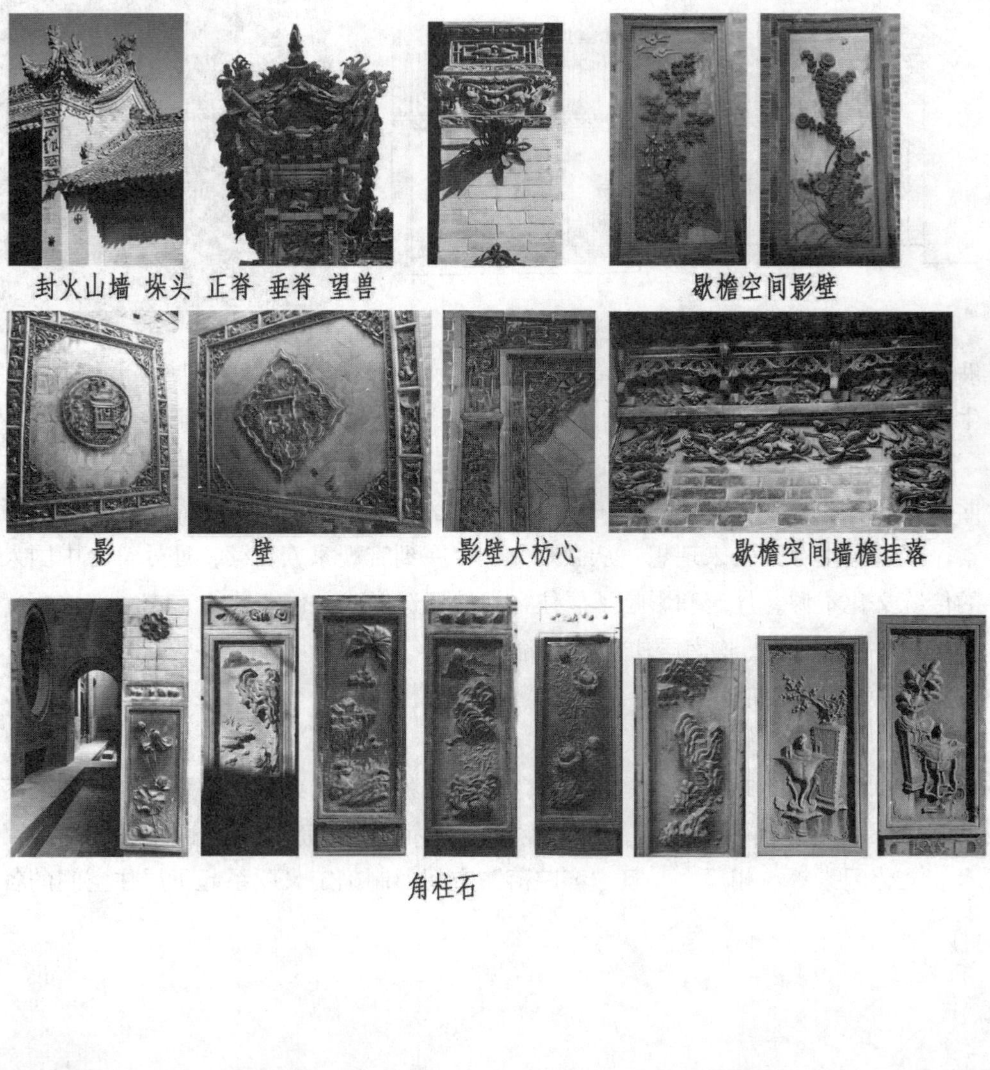

图3.146　陕北杨家沟扶风古寨传统居住空间生生不息文化隐动力表现

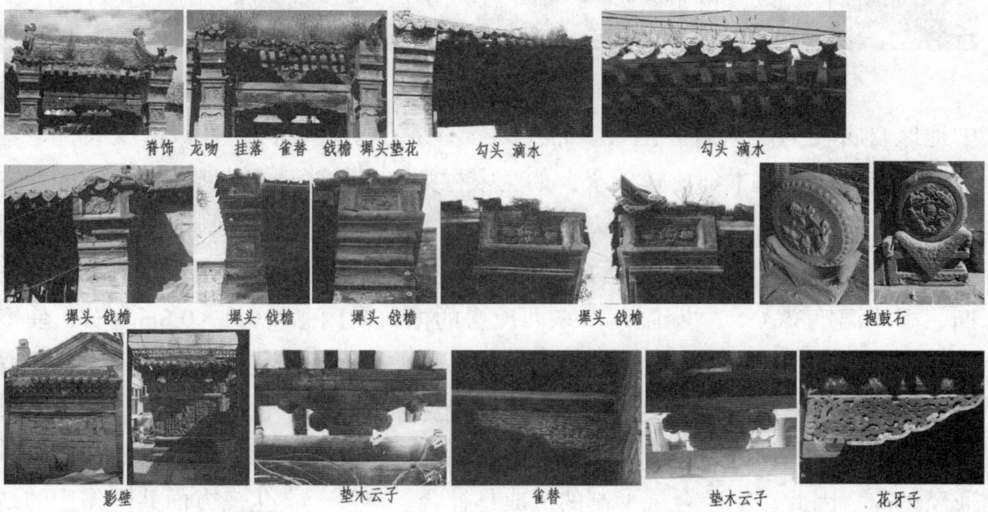

图3.147　陕北米脂县传统居住空间生生不息文化隐动力表现

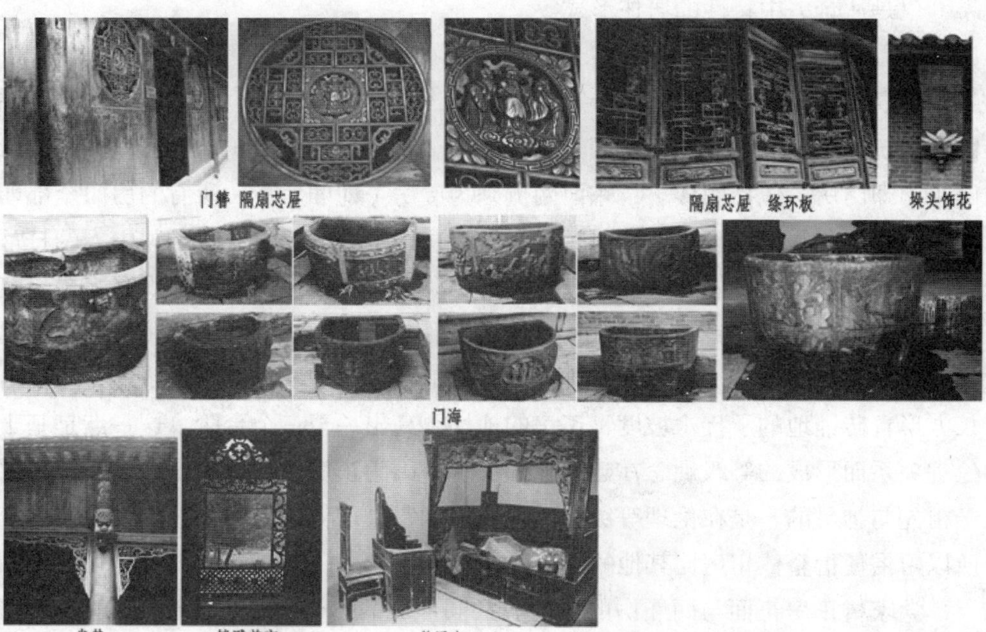

图3.148　陕南青木川魏家宅院传统居住空间生生不息文化隐动力表现

图3.149 陕北窑脸生生不息文化隐动力表现

资料来源：程征等著《中国民间美术全集·剪纸卷》

个组成部分与依附在各部分的装饰元素，亦联系起了与地域人文特点相结合的礼仪、习俗文化，在家园里为人提供了尊祖敬上、舒适静谧、接天地之气的一隅之地。

形成窄院落的原因，一是关中地区自古便为“天府之国”、帝王之都，农耕条件优良，人口密度大，宅基地面积有限而且基本都比较狭窄。如党家村党复贤与党建奇宅基宽均约10m左右（也有的7～8m），而其长却为20m与30m，除厦房宽外，所剩下的院落空间即为一个宽3～6m，长10～20m的窄长型筒状空间。二是关中夏季有4个月的伏旱期，平均温度38℃，“窄院落”东西厦房的檐口向内悬挑0.6～0.8m左右，使檐口间距非常狭窄，如党家村的檐口间距最小仅1.3m，如此狭长的天井，不仅可以较多地遮挡伏旱期烈日的炙烤，使院落获得更多的阴凉，也从视觉上因光影效果加强了院落的狭长感。《阳宅十书》中总结，宅中北房高大、院子南北窄长利于通风纳凉。因此，窄院合院形制的形成是社会、经济、文化三方面共同作用的结果，也是适合关中特性的居住形式。

（2）窄院落构成元素

“窄院落”为南北、东西十字中轴对称，该中轴线体系也是整体的关中合院民居系统的中轴线，联系起了四方的内空间。其北方为正房（即上房），南方为倒座（即门房，包括门楼），东西两侧则为厦房（即厢房），所有的房门全部朝向窄院，形成一个意识向内的封闭空间，而这个窄院落里也包含了关中人的日常生活、习俗及其伦理制度。如党家村，为了利于排水，也出于等级观念需要，整座院子的地基会高于巷道路基60～100cm，倒座（门房）与厦房（厢房）即在此地基高度上保持一致。为了便于排水，窄院地坪会比地基低一个台阶，并呈现出长方形青砖铺地的承接水坡度，正房的地坪要高出一至三个台阶，这一点是基于伦理关系而形成的等级观念在建筑上的反映，因为正房（上房、正厅）是用来供奉祖先与神灵的，是在伦理等级中的最高级和宗教信仰中精神寄托的物化载体，所以习俗使得整体正房比其他的建筑高。

党家村正房正面与两厢房的北山墙共同形成的“U”形半围合空间的东序墙壁与山墙上，用砖雕雕刻的家训，也象征了祖先与神灵的意志，及其对后辈的告诚，包括那些雕刻着各种道德故事、民俗故事、神话传说的砖雕纹饰，这些都是习俗的力量对建筑空间的影响与作用。

在居住功能方面，关中合院的居住习俗反映了中国传统的伦理关系。正房中间堂屋是供奉祖先的祭祀场所，左室由长辈居住，右室为接待客人的厅房，关中大多数地区都是这样的规制。韩城党家村略有不同，只是用来祭祀祖先和神灵的祭祀空间，家中长辈则居住在倒座门房，通过朝向巷道的开窗可监察儿女出行是否符合礼仪，东西厦房仍然是由儿女居住。党家村的正房，一般皆为面阔三间，室内一般高5.6～6m，顶部梁架结构暴露，属彻上露明造。正房的级别为上，所以有“五脊六兽、筒瓦包沟”的规矩；党家村的房顶皆为青瓦铺沟，正房会在靠近垂脊的3～5陇瓦缝上以筒瓦包沟，并在靠近上檐檩的末端以瓦当相扣，当地人称此为“猫儿头”，也有的会用青瓦在内侧翻转密扣1～2陇，并在末端收以“钩檐”，这又被称为“麦索子”。朝向窄院的一面不是用实体墙封闭而是采用槅扇门的形式，形制为在柱间的上槛与中槛间有横披，在中槛以下常做四扇槅扇门，两边的固定，中间两扇可以开启闭合，且这四扇槅扇门的花心常以镂空的图案装饰并透气，图案包括方胜、万字、菊花、艾叶等。与唐家大院等别的关中民居相比，党家村的槅扇门更为质朴一些（有的包括二层楼的长窗，也是以一楼的槅扇门风格为标准而将尺度缩短）。中间两扇可以开启的门外装有门帘架，两边固定的门外装有门罩。

门房一般都是两层楼的样式，二层一般不住人只存放货物，因此，一层与二层层高不一样，一层约2700cm，二层为2300cm。一层面阔五间，门也采用槅扇门式，花心一般以格子纹居多；二层则为楹窗，一般的镂空花纹与一层保持一致，地坪较正屋低却比厢房略高，其豪华程度不及正房但比厢房要好。

厢房则较为朴素，朝院子的墙面一般是一砖到顶的做法（有的会在槛墙之上一直到檐底采用白灰抹光），并在墙上开门洞装双扇木板门，在门南北两边的半墙上开窗洞装双扇木板窗并在外面装饰方棂木格窗罩（也有的会采用上下双扇的支摘窗）。一般厢房皆为二层（有的是西边为一层，东边为二层），尺度与门房相同，也为一层2700cm，二层2300cm，一层住人，二层用于储藏，二层的窗户有的采用与一层相同的做法，有的直接采用双开的木窗板。

窄院落在空间构成上的另一特点是由四面建筑的房檐向外延伸而形成的“歇檐”空间。歇檐空间在有的民居中会连成一体，为窄院落夏季伏旱制造阴凉，增加宅院的气势与排场，如党家村窄院就有一些是四面皆有歇檐的，而大多数因经济条件的限制，仅正房与门房有歇檐空间。门楼在关中四合院中有在东南角（八卦中巽位）开启的，也有在中轴线上开启的，也有的为了满足坐北朝南的形制而调整后设定开启位置的。如党家村的走马门楼，是将门房东边的梢间作为门楼而打通的，而旬邑的唐家大院则是中轴开启门楼的方式。

关中区域天旱缺水，为了更好地保存水源，大多在窄院的中间有水窖以收集厦房单坡流下的雨水，也有处于地势较低的合院在院中打一眼水井。此外窄院式

关中合院式居住空间调研选点汇总表　　表3.44

西安北院门144号高家大院

西安北院门西羊市121号马家大院

西安柏树林兴隆巷高培之故居

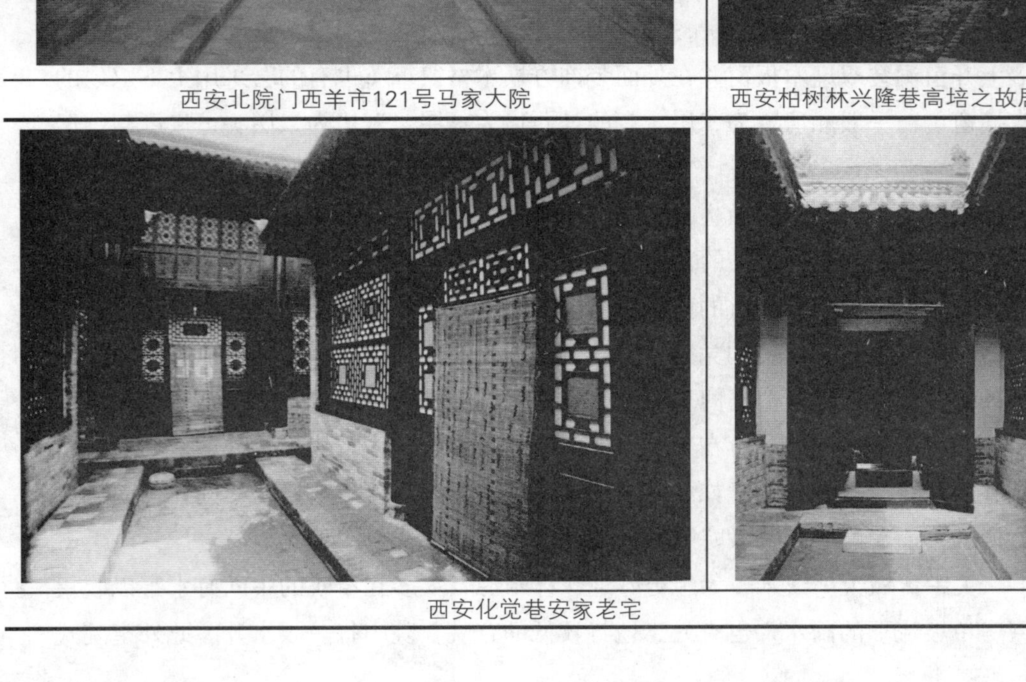

西安化觉巷安家老宅

续表

西安湘子庙街赵宅	西安市长安区王曲镇马厂村郭家庄园

西安市灞桥区田王镇车丈沟	咸阳市三原县鲁桥镇孟店村周家大院

蒲城杨虎城故居	

续表

蒲城林则徐故居

合院还配套有天心石、石敢当、门墩、抱鼓石、拴马桩、上马石、下马石、门枕石、柱础石、石狮子等，这些配套设施基本都是有传统文化内涵的。如天心石是由五行八卦确定的房屋中心，在具体建造方面也是确定院落中心的基点；石敢当是应风水需求避免直冲大门道路的邪气，拴马桩也是镇宅辟邪之物等。尽管功能性不容忽视，但在没有了原本功能需求的今天，这些物件所具有的文化意义仍受现代人看重。

以下是现存保护完好的关中窄院居住空间，见表3.44。

2）关中地下四合院

在关中传统民居中，形制完整窄院式四合院常由极具经济实力的富裕家户建造，较为贫困的家户则建造不完整合院或者窑洞。地下窑洞即地下四合院，反映了农民在没有经济实力的条件下，依然对横向五行八卦的合院式建筑形制心存向往，而将地上建筑的文化规制运用于地下民居。因此，渭北旱塬将地下四合院称为地倾窑庄。

（1）地下四合院文化隐动力

地下四合院的建造技艺包括选窑址→定方位→挖界沟→挖院坑（图3.150a–k）→刮崖面（图3.151）→整窑脸→画窑卷→挖窑［打窑（图3.152a–h）→剔窑（图3.153）→泥窑（图3.154）］→修窑（图3.155）→上窑间子→室内装饰→扎山墙（图3.156）等12个步骤，每道程序与步骤都蕴含了几千年的通律与因不同地域形成的特殊做法，长久以来便成为地下四合院建造形制的文化隐动力。

风水观念是传统民居约定为俗的通律，地下四合院也以负阴抱阳、坐北朝南、坐坎朝离的坎窑院为选址理想模式，其方位按照横向五行八卦将院落分为北坎院、南离院、西兑院、东震院，以正窑方位来决定窑院的风水类型，如9m×9m坐北朝南的8合头窑院即是八卦地倾窑庄。正窑坐北朝南，为人居，正窑对面的下窑常为阴面，用作牲口圈、饲料圈、储藏窑，灶房分别在左右厢窑。入口通道应围绕院子，不能出现“翘尾巴”和“甩尾”[1]。院内要种两棵树，一棵树形似“困”为禁忌，树多则影响采光，亦限制使用面积。

伦理秩序也是地下四合院遵循的隐动力，反映了传统社会即使是贫寒家庭

1.童丽萍等. 生土窑居民间营造技术探讨. 第十五届中国民居研讨会论文集. 2007.

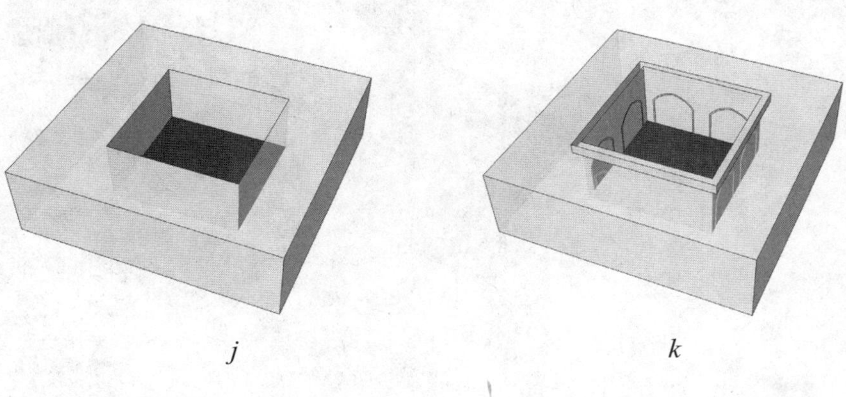

图3.150
柏社地下四合院传统建造技艺之挖院坑a–k

图3.151 柏社地下四合院传统建造技艺之刮崖面

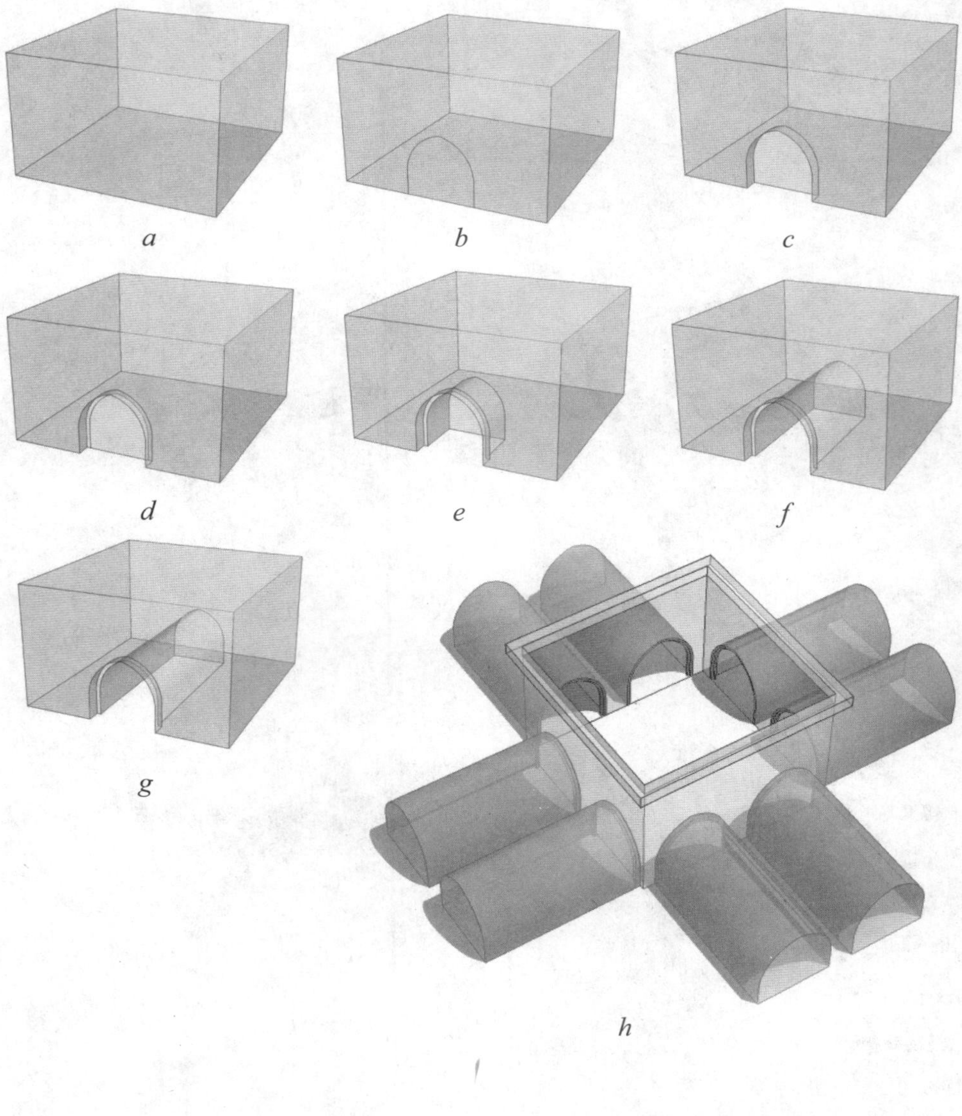

图3.152 柏社地下四合院传统建造技艺之打窑*a–h*

图3.153　柏社地下四合院传统建造技艺之剔窑（左图）

图3.154　柏社地下四合院传统建造技艺之泥窑（右图）

图3.155　柏社地下四合院传统建造技艺之修窑

图3.156　柏社地下四合院传统建造技艺之扎山墙

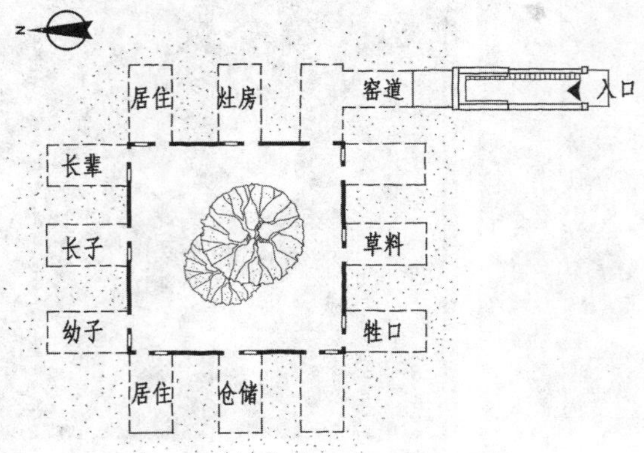

图3.157　伦理文化对地下四合窑院的作用

亦将传统文化观念视为人本。如三原县柏社村12合头的地下四合院，正窑（坐北朝南）三间依照昭左穆右的等级，从左至右依次为长辈窑、长子窑、幼子窑（图3.157）。此外，在窑立面上沿扎的山墙，主要山墙会高于厢窑与下窑山墙，且有中花与蝎子尾的中脊装饰，与地上四合院一样体现了阴阳相交的通天观。

（2）柏社村地下四合院居住空间（图3.158）

柏社村展现了典型的地下四合院村落窑院与窑院间距随机、散落状的布局形制，且由于柏社地势平坦独特，在1600年的建村历史中，这方水土一直是巨大的柏树、高直的槐树楸树生长旺盛的地方，今天虽已不见巨柏，槐树也只剩3棵，但5000多棵笔直的楸树却疏密有致地种植在窑院间的公共生活空间，为这里的地下四合院居住空间形成了独特的绿荫遮蔽。事实上，地下四合院村落的居住空间基本都经历了原始土穴→简易人工土穴→土木结构民居→砖木结构民居，很多村落发展至今，地下四合院或是被废弃或是被填埋，像柏社村这样仍然保存有225口地下四合院居住空间的村落仍属罕见，该村也仅在北部衚衕古道的深沟侧壁有少数靠崖窑。

柏社地下四合院有四合头、八合头（9.3m×9.3m）、十合头（15.3m×9.3m）、十二合头（15.3m×15.3m）。马墙均以砖砌并用青瓦或平瓦建成墙檐，以保证窑顶行人安全和雨水滴入，砌砖常为0.37m宽，内侧高0.85m，外侧离地面0.04m，最上面的0.12m竖放的砖会用水泥做成倒角的梯形，就像是关中合院民居房顶的横向正脊，四个角稍微用水泥砌得凸出一些，成为脊兽的意象。这里的村民内心是向往合院式民居的等级感、正统感与富贵感的，虽然没有足够经济条件，也仍然会在地下四合院建造的细微之处去反映定居空间真实的心理需求，但与别处的地下四合院不同（如三门峡庙上村），这里没有正窑与厢窑

图3.158　柏社地下四合窑院居住空间

的山墙高低差异，山墙均为一样的高度。

柏社地坑院的窑脸较为质朴。窑脸常为偏开门式，开窗不像陕北窑洞的面积很大，可以占据1/2墙立面面积，柏社的窗户尺寸仅为0.5m × 0.73m，位于门的左侧或者右侧。在离其0.3m上方的亮窗，也属于较小的样式，亮窗上面有一砖砌边的小换气口。门常为对开木板门，窗为对开带下亮子玻璃窗，上亮窗为竖直棂窗，窗皆以一丁砖砌窗台，没有窑间子，窑脸除门窗外的墙以砖砌并用“白土粉饰”，侧窗窗台下开有火炕出烟的方孔，亦用砖砌收边。窑券为半圆形或方圆结合型，券边常以砖砌装饰，一般为0.24m宽，造型多样。窑脸与边坡侧壁均有砖砌踢脚，常见为5皮砖厚，也有经济条件较好的家户一砖到檐下，但大多均为土坯边坡侧壁墙。窑脸常见宽3～4m，窑腿2.5～3.5m，窑洞口一般高3.5m，窑底高3m，窑背3～3.5m，窑深10～20m不等。窑内火炕一般盘在窗下，内窑壁采用当地的矿土“白土”抹光粉饰，（“白土”可以驱赶蚊虫）。柏社窑洞也有伦理等级之分：坐北朝南，北边正窑三间，从东至西依次为长辈窑、长子窑、幼子窑；东西厢窑各三间，两厢最北端的一间为卧室窑，西厢依次为仓储窑，东厢依次为灶房窑；南边的三口窑，从西向东依次为牲畜圈窑、草料窑与窑院入口坡道，窑或是两窑相通，或是有套间和暗室的深窑。

3）陕北窑居四合院

陕北窑居发展过程是天然洞穴→地下穴居→半地下穴居→地上穴居→冲沟一二级台地靠崖窑居→冲沟边坡靠崖窑居→黄土塬边缘半敞式窑居→黄土塬地下四合窑院。在这样的发展序列中，从冲沟一二级台地靠崖窑居开始，经济条件较好的家户已经出现了窑洞与房居混合的窑院，两合院、三合院、四合院的形式在第五阶段之后的每一阶段都存在，直到发展成阶梯状、窑房混合、土木砖混合、形制完备、装饰精良的复合式窑洞四合院，如姜氏庄园、常氏庄园与杨家沟等。这样的现象反映了在不受经济条件限制的情况下，形制完备、轴线对称、体现横向五行八卦阴阳与旋转观的合院型居住空间亦是传统社会陕北人民的理想模式，反映了在中国传统社会人们对于居住空间的理想总是受到自然环境条件与文化观念的矛盾性限制。在任何环境条件下，人们总是执着地将内心信仰的文化与观念依能力大小或多或少带入居住空间的营造。张村有地村李成元家是典型的黄土峁缘畔建造的一合式窑院，米脂县东的姜氏庄园则是典型的在经济实力足够好的条件下建造的三层台阶式混合式四合窑院。

张村有地村位于横山县南塔乡东侧，是著名的老腰鼓发源地（图3.159）。在这个深藏于黄土高原腹地的村庄里，沿着冲沟侧面起伏的梁峁边坡上，古老

图3.159　李成元家全景照

图3.160　从入口看李成元家

的窑洞民居一层层依着峁坡等高线分布。李成元家在村落腹地，距村口30分钟路程，作为国家级非物质文化遗产横山老腰鼓的象征，村子将一个高约15m、直径约10m的老腰鼓模型建在了可以俯瞰全村、地势最好、最高的峁顶，祭祀儒释道各路神仙的隐龙寺也在这里，老腰鼓就在寺东。从这里环绕峁梁走过起伏蜿蜒的土路，拐上峁缘畔就到了李成元家。李成元是老腰鼓国家非物质文化遗产传承人，也是张村地村老腰鼓队的艺术指导和顾问。在院子里，他首先兴致勃勃地向我们展示了国家授予的荣誉，在村里，他被看作是现在最有知识的文人，两个儿子，一个在西安上研究生，一个任横山县文化部门领导。这些都反映了李成元家在村里的文化人地位，虽然没有豪华的四合窑院，但并不影响诗文气息在窑院的场所氛围体现。

整体来看，李成元家（图3.160）在陕北算是非常朴素的，在峁缘畔挖出约10m×22m长方形台地，用青砖和土坯倚着壁崖建造一排四间窑洞的半敞式窑居。从外窑立面外表皮所用材料效果来看，这排窑洞翻新时间大概为20世纪90年代，既不是传统装饰华丽的老窑，也不是新建的现代窑洞，是在传统与现代的过渡期间盖建的具有文化气质的普通窑院。四间窑洞两两相连为一明一暗式，都是左为明右为暗。陕北窑洞与关中民居在体现传统礼制空间的根本观念上是一致的，都受到传统礼制文化的影响。关中民居以中间堂屋为祭祖礼制空间，两边的暗间用来居住。对于陕北窑洞而言，为了表达礼制序列及长幼关系，无论是三间窑、四间窑还是五间窑，都以昭左穆右为基本，左为长辈居住上房，右为长子、次子等居住，李成元家就是如此。他与老伴住在左边两间，右边的原为儿子留的，但因两个儿子都不在家乡，所以现在的右边两间实际是空置的。还有一点需要注意，在李成元现住的两间窑洞的左边，有被废弃的黄土壁，是否以前这里也是两间窑洞？由于经济条件限制，这两间窑洞立面为土坯，往右的这四间分别是为两个儿子建造的，至少在这四间窑洞建成后，崭新的窑洞完成了大儿子的婚事，随后大儿子因工作迁居城内，二儿子也去城里上学，院落就仅剩李成元夫妇与其母亲居住了。现在右边两间窑更多起到了储藏室的功能，居住只是辅助的。

四间窑洞立面整体选择了与黄土色彩接近的暖灰色，与屋顶边缘的五层青砖檐口相配，再加上白色窑脸边缘内侧的涂白与白纸糊成的花格窗底为衬，外立面整体清新，放置在由黄土边坡和夯土平台形成的“L”形外部微环境里，在因坐北朝南的秋季正午阳光的照射下，浑然一体的清新感更觉强烈。窑脸仍然保持了传统样式，上半部为半圆形，下半部为直线窑腿，双扇实心门两边窑间子及门以上的天窗、夹窗、耳窗都是木质镂空花格窗，门横楣以上是天窗，与门保持了一致的中轴线。天窗上面是天眼，窗格都是十字交叉的生生不息生命符号，与十字同心圆形是太阳符号，两边的耳窗、夹窗也是方格、如意、吉祥、十字交叉纹样等。或许仍然是受到了合院民居堂屋意象的影响，四间窑洞的中间两间被看做了礼制观念上的堂屋，所以在两间窑的窑腿上设了神位（经济条件的原因不是神龛），左祀天，右祀土神。

院子的西厢是三孔牲口窑，其中两口已搁置未用，只有南边的一孔圈养着一只羊。窑洞口的空间被木栅栏围合着，让圈养的羊有室外吃草的空间。连着这口窑，拐过来的位置，即四间窑洞正对的南面偏西位置是用石头砌的马圈，也暂时闲置，马圈紧接着是石头砌1m多高的院墙，院墙外是石磨。石磨在院子整体格局中的位置仍然保持了左碾右磨的定制，即使是只有石磨也按照这样的规制摆放。

在四间窑洞室内，李成元夫妇住的窑洞（图3.161），即最左边一间是掌炕，灶与炕相连，墙上的白灰皮已经剥落1/2。炕没有过多的装饰，只是用青砖砌筑，床沿用石材收边，室内陈设简朴。门口窗下是李成元的书桌，桌背后墙上贴着一张隶书书写的“警世恒言”印刷品和一张已经破损发黄的中国地图。李成元从书桌里拿出了他画给孙子看的老腰鼓图谱（图3.162），透明的白色复印纸上，画着一个个老腰鼓的解析动作，令前去调研的同志都很受触动。在一个偏僻的、一般人都不会到此的黄土高原小山村里，竟有人时刻提醒着自己对文化的责任！与这间窑相通的里窑（图3.163）由李成元母亲居住，属窗下炕，屋里共盘了两个灶，一个在西墙与窗下炕相连，另一个在东墙靠近北墙的位置，与它相对的西墙前放着四口缸，自来水已经通到了这里。窑室内装饰非常简单，最为耀眼的是花格窗，午后阳光透过窗格照射进来的感觉让人不禁感叹建筑与光的神秘关系。除了自然带来的装饰效果外，入口北边墙上的“长寿秘诀”及炕四周墙上贴的书法作品显示了屋主人的文人气。

图3.161　李成元夫妇住的窑洞（左图）

图3.162　李成元为孙子绘制的老腰鼓图谱（右图）

图3.163　李成元母亲住的里窑

李成元家在陕北是非常普通的一户，没有很多民间工艺美术大师们居住的窑洞那样华丽，但他的家让我们看到了较为真实的陕北窑居。毕竟工艺美术大师们在每个村子中人数都是有限的。尽管如此，这个窑院依然反映了陕北窑洞最基本的居住文化，也是普通老百姓最常态的居住文化。李成元既是普通农民——每天要走1个小时路程到较远的田地干农活，但他又是国家非物质文化遗产传承人——他真实的生活环境和生活状态让我们看到对文化的坚持是内心的关注与重视，在某种意义上，是不受物质条件的优劣限制的。对于文化的关注与正确的认知态度是可以，也是需要培养的，李成元用非常廉价的纸画老腰鼓的动作，作为孙子的玩具和识图卡片，这种举动是自发的，但由此反映了文化传承的重要性与传统文化教育、培养的必要性。

4）陕南四合院

尽管陕南在两山夹一川的地理环境条件下，呈现出了多种复杂的地貌特征，为人们的建造活动形成了丰富的外部环境，并促使马头墙、穿斗式、石板房等建筑形态在各地结合自然环境条件而生长，尽管受到地理位置限制，陕南的表层文化受到三秦、川蜀、荆楚、吴越、岭南等多种局部区域文化形态的影响，但以农耕文明为根基的传统文化的隐动力推动建筑与建造行为，呈现出以传统文化隐动力为宏大的基础平台，与自然环境条件、局部区域文化特征交织的特性。陕南的案例研究从另一角度证明了陕西区域文化的农耕本质属性，与固守本源的关中、陕北的固定模式形成对比，反映了人们无意识状态的内心最终取向。

陕南农民的居住空间若以地域划分主要分为两大部分：受川蜀文化影响的汉中与受荆楚文化影响的安康。无论是汉中还是安康，无论是"一"字型、"┐"型、还是宅店结合型居住空间，无论是穿斗式还是马头墙的结构，合院都是陕南的基本居住模式。总的来说，合院仍然是陕南基本的居住模式，亦仍然是理想的居住模式。

（1）汉中地区

汉中以四合院为主，发展较为成熟的四合院如略阳张宅、西乡县李宅，普通民宅也以"┌┐"形、"一"字形、"┐"形为多数，青木川天井的合院式民居比较典型，是综合了介于成熟型与不完整型合院民居特色的具有均质意义的类型。

①汉中盆地成熟型四合院

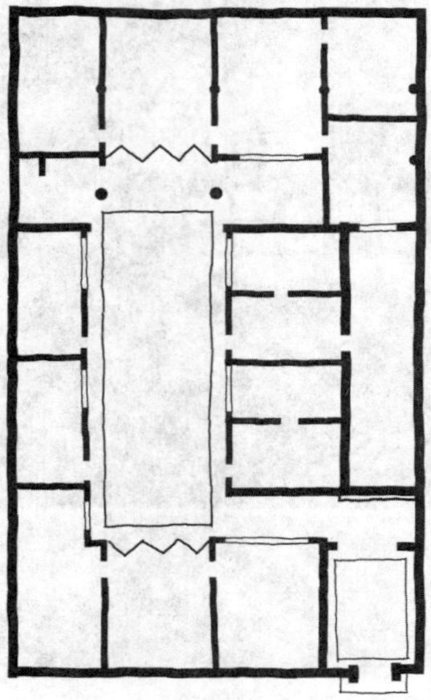

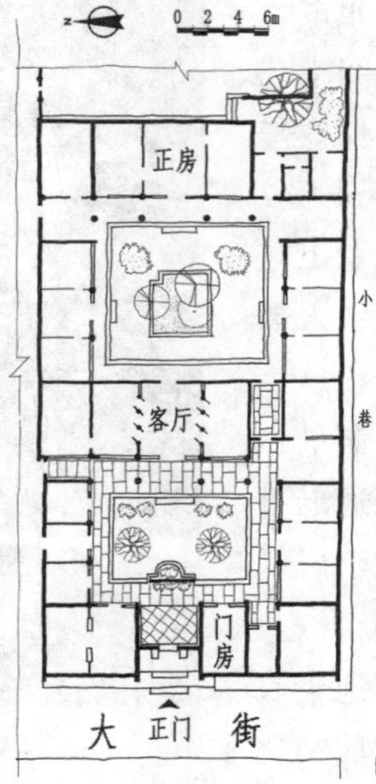

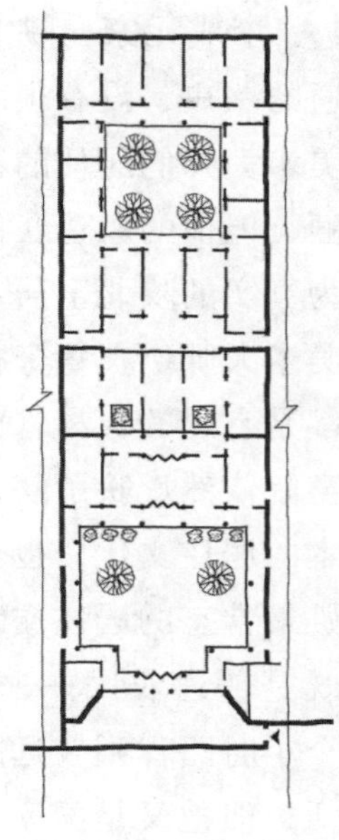

图3.164 城固东关牛家四合院平面（左图）

资料来源：作者绘制（参考《陕西民居》）

图3.165 西乡县李察院府邸平面（部分）（中图）

资料来源：作者绘制（参考《陕西民居》）

图3.166 汉中城关康家花园平面（部分）（右图）

资料来源：作者绘制（参考《陕西民居》）

汉中盆地主要包括略阳、勉县、南郑、汉中（图3.166）、城固（图3.164）、西乡（图3.165），民居主要为四合院和三合院。汉中盆地合院基本属于关中窄院式与蜀荆穿斗式木构居住空间结合的四水归堂，但从整体民居主流特点及居住空间格局来看，窄院式为本，穿斗式木构为末，具体表现仍为四面围合的封闭式空间体系。如略阳张宅图，体现了横向五行八卦的根本观念和中轴对称格局，伦理等级秩序尽显其中。如果是窄院，上房为三开间，一明两暗，中间为堂，两边为长辈居住；如果是稍宽院，上房为五间或三间两耳式，仍为一明两暗，中间仍为堂，五间的两边则为通间，长辈居住。在穿斗式结构使用上，仅某些民宅使用这种结构，大多数成熟型的四合院仍然使用抬梁式；在正房前檐处理上，汲取川蜀可拆卸的木板墙和格栅门窗，增加二层阁楼，土坯、空斗砖墙与石墙等做的护墙仅至一层，则属于文化交融与地理气候条件限制的语汇。此外，还有西乡县的李宅（图3.165），南郑地区的“一颗印”天井四合院等，汉中盆地成熟型四合院均反映了传统文化控制下的建造之本与地域适应性在结构与材料上的调整。

②汉中盆地普通农民居住空间

汉中盆地的普通农民居住空间，无论是“┌┐”形、“一”字形、“┐”形，均为在适应山地或坡地前提下，因用地紧张和经济条件限制而发育不成熟的潜在合院型。*a*.汉中，农民为了保证耕地面积，居住空间多选择在平川地势较高或山区近水靠山之处，以“一”字形布局较多，民居一般仅有三间正房，坐北朝南，中间的仍保持为堂屋，边间为灶房，前为自家院场，以三合土夯实铺垫。如果一个家庭有兄弟二人，在分家的时候，按照“哥北或东，弟南或西”的昭穆之序。此外在建造尺度上，除了高为6m外，开间以单不以双，多为3、5、7。*b*.南郑普通农民的居住空间多是在丘陵地区的一户一院，称为“吊庄户”。“一”

字形多一明两暗的3间，中间为堂屋，农具亦储藏在堂屋，左为灶房，右为卧室，墙上开小窗，屋外空地为院场，且在屋外搭建牲口圈与厕所；“┐”形横向3间，中为堂屋，两边为房，竖向2或3间为牲畜圈和厨房，横向与竖向房间围合的室外院场亦有种植蔬菜；“┌┐”形除了保持3、5的开间数量，上房中为堂屋外，在上房相对的一面开中门，门内建廊，廊下有石磨、木砻和马槽等。*c*.城固地区普通民居常建在平坝与丘陵的坡地，居住空间多为“一”字形3间，中间仍为堂屋，两边是卧室，院边另建灶房与猪圈，且猪圈在灶房后；“一”字形5间，中间为堂屋，两边两间分别为厢房，最边的一间为灶房，屋内一般有用作储物的二层阁楼。*d*.勉县普通民居基本与其他地方相同，四水归堂四合院较多，一般民居常将厨房、厕所或牲畜圈建在正房旁边或者后面。*e*.略阳普通农家民宅，多为“一”字形一明两暗，中为堂屋，与两边的暗间均有取暖设施，即堂屋地火炉与两暗间的炕，左右两边的耳房，左为灶，右为牲畜圈。

通过以上对汉中盆地主要6县普通农宅居住空间的概述式对比分析，可以得出，居住空间以“┌┐”形、“一”形、“┐”形三种为基本模式，上房都保持了前堂后室的传统格局与伦理等级秩序，其余的做饭、饲养牲畜、磨面、砻米、厕所等功能均被安排在周围，说明礼制仍然是普通农民居住空间安排的原则的。很多学者在研究时只看到了居住空间表面的地域材料与用地限制的空间丰富变化，不分析这一区域共同体内在深层无意识诉求。这里认为人们对居住空间的要求分为深层诉求、浅层诉求与适应性诉求三个层面，三个层面共同作用，影响居住空间的形态与生成，在不同地域表现的强弱受到三方面因素影响而消长。但农耕文明本源的传统文化在居住空间的深层诉求是一脉相承的，不以贫富和地理条件差异而变化，传统价值观与世界观决定着空间形态。

③宁强县青木川魏家老院

千百年历史的发展过程充满了不可预知的变化因素，青木川的兴盛与发展应该具有某种偶然性。在一个地处三省界的小镇，在各种政治势力制衡的状态下，独占这里的势力就成了发展的动力与原因，魏辅唐就是使青木川发展成为陕甘川三省交界著名的边陲商镇的历史偶然因素。在长865m、宽4m的回龙街上，沿街对称布局着260多间天井院居住空间，其中以金溪河对面的背山近水的魏家宅院为代表。

魏家宅院分为老院和新院，在功能上，老院是用来居住的，新院是魏辅唐对外的办公接待空间。在选址上，新旧院相连的横向两座二进式院落背靠连绵起伏的山梁，坐东北朝西南，金溪河在其南边相距约223m的位置流淌（除了山水格局，现在实地微观外环境应该已有很大变化，所以建造者最初的风水格局无法考察），老院较小，二进院落的空间构成是典型的传统礼制文化、伦理文化规制的结果。在中轴线上的房间全部建在平台之上，显示中轴的核心地位；第二进院落的上房为一明两暗式，正中一间为魏母诵经礼佛的经堂，两边暗间与耳房为长辈居住，两厢分别为一明两暗式，为家眷与内人房，按照从东北到西南、从左至右的等级秩序具体安排（图3.139）。前院与后院之间是过厅，一明两暗，中间为月门式样的木雕仪门，前院两厢亦均为一明两暗，但由下人居住。这些都显示了居住空间布局对礼制规范的遵从，除此之外，很多构造方式就属地域性的建造语汇，包括天井院前檐挑出较远，其下围绕着天井院形成室内外过渡的檐廊空间，外院房间皆有二层，且二层以上还有阁楼，木雕精美，其中长窗、景窗、槅扇门、吴王靠等再配以精细木雕呈现出浓郁的江南民居韵味。前后两个天井院对比，前面的院子装饰精美，更多南方华丽气息，内院则更显庄重。在木构装饰立面的基础上，青砖砌筑与石材配搭突出了以长辈内眷居住空间的威严。

魏家老院是回龙街200多间天井院落的代表，是3：1高宽天井院的扩大类型，说明一般天井院的形制是源于常规四合院，同时也反映不受经济条件限制的魏家老宅是普通天井院的成熟形制，是当地普通人宅居空间的理想模式。

从对汉中盆地四合院的分析到普通未成熟类型合院式居住空间的分析，再到介于两者之间的青木川天井式居住空间及魏家老宅的分析，充分说明在汉中地区，尽管用地条件的限制与地域性材料的选择，乃至川蜀文化对建造方式与空间形态的濡染等都非常重要，但是以农耕文明为本源的传统文化隐动力控制的成熟型四合院式居住空间仍然是这个多种文化并存的南北过渡区域的根本，仍然是农民内心的深层诉求和理想模式。

（2）安康地区

安康地处山地，与汉中平原的情况不同，汉水在安康境内由西自东穿境而过，因此安康地区民居居住空间主要分为三种类型：合院式、商住混合式、地形变化式（包括除了合院式之外的所有其他类型，如岩洞、窝棚、吊脚楼、垛子房等）。尽管因地理条件丰富而产生了多样的居住空间形态，但在与环境限制相适应的同时，传统文化的隐动力始终为主导，区域性成熟型四合院仍然是普通民众深层诉求的理想居住模式。

无论是汉水沿岸的安康、紫阳、旬阳，还是汉水之北的宁陕、石泉、汉阴，以及汉水之南的岚皋、平利、白河、镇平，都以“一”字形、“┑”字形（在当地称为“钥匙头”或“撮箕口”）、后连房（当地称为“后八尺”）、天井院、偏厦等为主要的民居形式，而这些居住空间都注重传承中国传统文化，且都以其作为居住空间形成的核心隐动力。①首先，注重伦理秩序，正房中均为堂屋，设神龛供奉祖灵或“天地君亲神位”。在安康县，船屋是渔民或水路运输户最主要的生活、生产空间，船内空间的局促并没有使人们放弃对文化的传承，按照从前至后的舱位顺序，安排家中长幼居住顺序。对于安康的“一”字形、“┑”字形、“┍┑”字形房、天井院等，除了正房中间为堂屋外，两边的厢房在开间、进深尺度规模上均小于正房。在旬阳，堂屋也称为“香火堂”，在北墙前（或进深最深的墙）设约1.6m高[1]的神柜，里为神龛，并摆放物品供奉，堂屋被看做祖灵居住的房子，即使分家，堂屋不分，意味着祖宗仍为一个，堂屋与神柜

1.安康人以板来计算尺度，1板是1市尺，5板约1.6m。

不能随意挪动，堂屋暗间或梢间由长辈居住，晚辈则居于厢房。在岚皋，堂屋一旦建好，就要设置祖灵神龛供奉。在紫阳、岚皋、平利、白河、汉阴，“一”字形三间中为堂屋的房间称为“一把锁”，堂屋的开间很大，处于绝对的中轴与核心的地位。②其次，居住空间选址时注重风水，如果房间的朝向不好，与地形环境不相协调，便在房前置顶端刻神兽的石碑，碑身刻泰山石敢当，与关中、陕北风俗一致，在镇附近较大的村庄选址及山坡上单家独院选址时，注重水源地的选择，倚山近水。③另外，在山顶或山坡的单院独户的居住空间四周，农民都好种树。从空间文化本源来看，此地区山岭坡地众多，平地非常少，在具有落差的民居周围建围墙很难简易地满足空间竖向的变化，因此以竹林等形成居住空间外围墙，形成围合空间，是智慧与生态的方式。从传统文化本源来看，中国从新石器时期起就有生命之树植物崇拜的信仰习俗，安康地区的民居周围注重植物种植是传统哲学意识的传承，具体的栽种习俗是非常讲究的：“20岁以前栽果树，象征多子多福；20岁栽棕树和桑树，桑树在中国文化中是神树，即出东方大海的扶桑树与太阳的化身，是保佑幸福吉祥；30岁以后栽杉树，是为自己在阴间的生活做象征着居住空间的棺。”

3.3.3　关中、陕北、陕南传统村落公共生活空间研究

1. 关中、陕北、陕南：场

场是传统农耕型村落必不可少的公共空间，是承载了多种功能和集体性事务的村落空地。农闲时，场是村民在一起嬉戏聊天、聚集议事、晒太阳做活的休闲场地；农耕时，场是作物丰收之后堆放、晾晒、脱粒、加工必不可少的工作场地；年节时；场是农民酬神、闹社火、办鼓会、跳秧歌的娱乐场地。场分为院场与村场，院场指民居内或前的庭院，村场指在村落中专门划定的空地，村落公共空间而言主要是指村场。

关中的村场有村中与野地两类。村中常以戏台前的空地（图3.167）或在村口开辟空地为场，在收获农作物之前，应先将场以碌碡压实。野地的场则是农民在早熟庄稼收获后，碾压平实做场，但是临时、阶段性地使用完毕后，仍要复耕播种。关中以合院为主要居住空间形制，因此庭院即为单家户的小型院场，是生活、生产资料从合院外部到室内储藏的过渡空间。关中地下四合院的场以窑院上部的地面为主，在地坑与地坑之间的平地夯实之后，常用来扬麦与晾晒作物（图3.168）。陕北的场主要是窑洞前的院场（图3.170），梁峁沟壑平地较少，因此黄土丘陵地区的村民利用负阴抱阳的台地形成的场是适宜工作的位置（图3.169）。此外，将收割完的峁顶耕地

图3.167　关中老戏台前的院场

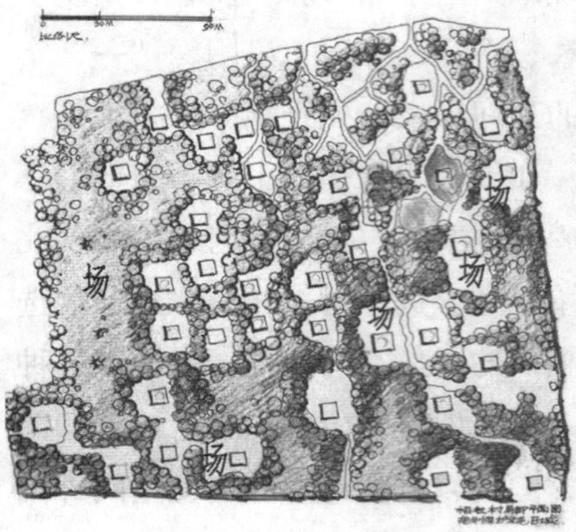

图3.168 关中地下四合院柏社村的场位置（左图）

图3.169 陕北冲沟耕地临时院场（右图）

资料来源：部队艺术家窦鸿画

图3.170 陕北窑院院场（左图）
图3.171 陕北峁顶耕地临时院场（右图）

资料来源：部队艺术家窦鸿画

碾实作为临时场也是常见方式（图3.171）。陕南的地理环境包括平川、平川坡地、平坝、丘陵、丘陵坡地、谷口、江边二级台地、平丘、平原与山丘接界处，平坦的地势均以农耕田地为主，所以场基本以民居前的院场为主（图3.172）。对于平地较多的村落则与关中地区情况相同，在村中或村边有场。

总的来说，场是传统农民日常生活、生产必不可少的公共空间，合理的场位置的选择也是村落中疏密有致田园生活气息与景观效果的反映。

2.关中、陕北的涝池与陕南陂塘

关中、陕北的涝池和陕南的陂塘都是传统村落重要的蓄水保土公共设施。陕西蓄水塘的记载最早始于西周至春秋时期，今天凤翔东湖实际就是一个涝池，其修建时间被记载在苏东坡《嘉雨亭记》[1]中。

关中渭北台塬地区干旱少雨，每年雨季集中在6、7、8三个月。但地势平坦的台塬地区，人口密集，用水量极大，为了搜集天然雨水，渭北台塬的大部分地

1.《嘉雨亭记》：予至扶风之明年，始治官舍，为亭于堂之北，而凿池其南，引流种树，以为休息之所。

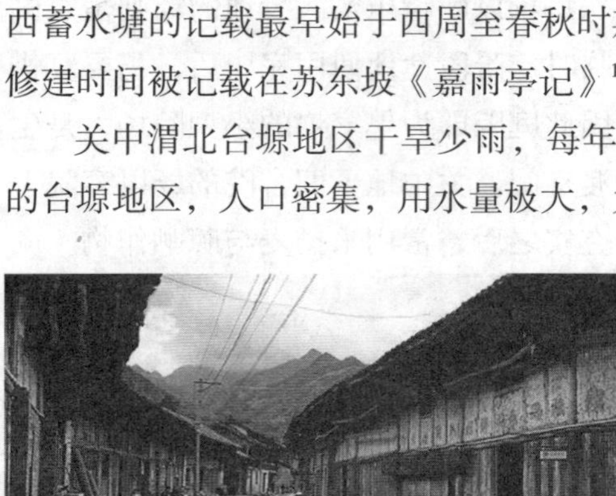

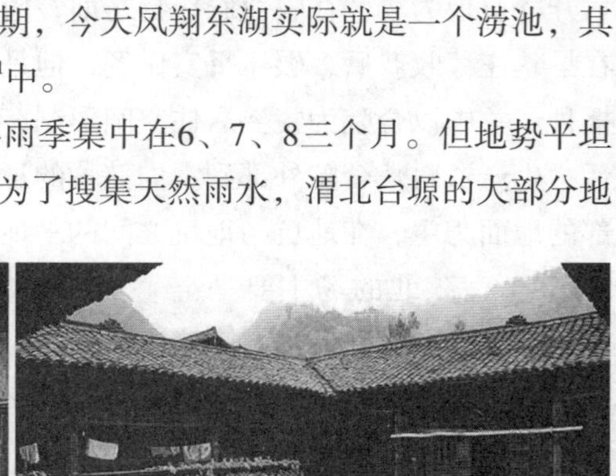

图3.172 陕南青木川回龙场老街与魏家老院的临时晒场

区如兴平、富县、大荔、岐山、合阳等地村落均在村口、路旁、地头等附近修建占地1亩或几亩的涝池，“至1980年渭北旱塬有涝池8620座，到1988年又增加8940座”[1]，近几年涝池数量大幅减少，“陕南陂塘仅南郑县到1988年初就有4820个”[2]。

图3.173　艺术家绘制的关中村落涝池景观

资料来源：网络

涝池是村落重要的公共给、排水设施，主要用于排涝、收集雨水，在干旱少雨的季节里，与水井相配合，水井水用来饮用，涝池水满足洗涤、饮畜等功能。涝池不仅是农民日常生活必不可少的水源地，是绿色生态的节水措施，也是关中村落极富田园趣味的景观元素（图3.173），更是关中民众抵抗不利的生存环境条件的经验总结，反映了顺自然而为之的生存策略。总的来说涝池价值在于功能上“一池多用”，文化上“补于风水”。

一池多用：首先，夏、秋两季是关中村落重要的排水设施。涝池必须建于地势低处，暴雨来时，各家各户的雨水集中流至街道，再汇集到低处的涝池，能够避免洪水威胁。其次，渭北旱塬地区年降水量少，在天旱少雨时，涝池对雨水的汇集和沉淀为村民洗衣浆裳提供了便利。再次，渭北旱塬的很多地方地下水位深，无法寻找水源打井，村民一般以窖水解决饮水，但窖水有限，在旱季时候被沉淀和澄清的涝池水也是解决生活困难的一种方式。再其次，涝池也是村中少年儿童嬉戏玩耍的场所，夏季伴着阵阵蛙声可以在涝池中游泳，冬季则于其上滑冰。最后，涝池还是村中预防火灾的消防池，担水给牲畜饮用（不允许牲畜直接饮用涝池水）的水源处，涝池底的淤泥是农田上好的肥料等。

补于风水：涝池在村落当中的风水作用是非常重要的。风水讲究藏风得水，得水为上，《后汉书》中古人理想的家宅外部小环境模式为“使居有良田广宅，背山临流，河池环匝，竹林周布，场圃筑前，果园树后”[3]，可见居住空间中水域对空间布局和人心理影响的重要性。在渭北台塬地区的村落，用涝池以“得水”，是诗意化的居住观念的体现，如韩城巍东乡徐村涝池的修建即是以补风水。清同治元年（1862年）建造碑文记载：“余村文星阁下有池焉，堪舆家取象墨池以培养文脉，渊深巩固，经大旱不竭。”[4]合阳县墨池镇团结村的涝池被村民称为“圣池”，由于南北两边是通往西南、西北的两条大路，故被寓意为“二龙戏珠”。此外，涝池可以减少土地流失，涵养地下水资源，调整改善局部小气候，在与民居、神庙、老井、文峰塔等建筑共同构成的村落景观中，使村民获得诗意化的田园居住空间情趣。

1.陕西省志・水土保持志

2.陕西省志・水土保持志

3.［南朝宋］范晔．后汉书[M].北京:团结出版社，1996．467.

4.《徐村重修水池碑记》，韩城市

涝池的建造技艺是重要的非物质文化遗存。涝池并不是简单地挖一个池子，它必须保证池底透气但不能隔地气，又不能让水太快渗掉，这样积聚的水才不会在很短时间内腐败。涝池建造技艺包括：首先，要择水源丰富的土质坚硬之地，一般红黏土质为最好；其次，涝池宜大宜深，至少蓄水能达到百立方米以上；最后，涝池建造流程为清基→分层开挖→将池修成四边浅中间深的锅底形→夯实→挖泄洪口→装灌溉阀门→做防渗层，防渗技术包括环状钉泥法（用黏土或红胶土在池底环状钉泥）、开沟填泥法、铁铧防渗法等，只有做好涝池的防渗才能更好保持雨水沉淀。

3.关中、陕北、陕南：老井

在陕西乃至黄河中上游地区，“井”的地位非常重要，是人们日常生活中必不可少的物质资料与耕种灌溉的重要设施。从关中到陕北，地质条件也经历了从平原到山区的变化，地势较高，年降水量又少，使这些地区的水井极深，台塬地区的井一般都达130m左右，因此，在各地方志中常以“井深汲艰”来形容。资源的匮乏使人们懂得珍惜，能够汲水育民的水井在村民的心中便具有了神圣的地位，相应也形成了许多习俗文化。

据传，陕西的“井”最早出现于上古三皇五帝之时，先秦文献有“黄帝凿井”、“尧时凿井而饮”、商朝伊尹教民凿井而浇地的记载，秦汉以后井在陕西得到了更为广泛的普及。井也是村落风水体系中“得水”的象征，有些村落井的选址，需请风水师堪舆，除了辨土观地寻找有水源的地方外，还要在五行八卦中判断对居住环境、村落道路设施的影响。另外，在传统乡土社会，凿一口深井往往需举全村之力，筹钱、筹人，也就以出资出力的多少形成了日后汲水的井规，并以碑刻立于井旁以告后世，如下绳、上绳的规定在有些村落形成一定仪式，日落下绳、日出上绳、秩序井然是村民对以井而形成的制度认同，也是传统村落独特的非物质文化之一。党家村井规被废，随之而来的是像“碎娃子”在老井里乱掷石子这样的事情，反映了现代乡村社会人与人之间的淡漠和对集体事宜关注意识的瓦解，要知道，在传统乡村熟人社会，老井养育了几辈人的感情，这是今天使用自来水的人们所无法体会的。

在陕西，水井基本均有井房，称为“井户”。井台高于地面，青石砌口，上盖井盖儿，深井设施辘轳架于之上，有的还需“双下桶”。坐北朝南的北墙或是坐东朝西的东墙上设有精致的石雕或砖雕壁龛，供奉井神或是龙王。井分为私家用井和公共用井，私用井一般在前院，公用井在村落四方有水源处分布，以一定的汲水服务范围为标准，私用井在较为成熟的四合院中，常以水源处和宅院乾位（青龙）为大概的选址原则。关于风水中水井的位置还应予以进一步研究。

4.关中、陕北、陕南：作坊

陕西农民的传统生活需求是多样的。除了居住空间之外，公共空间中的作坊空间亦是传统村落必不可少的空间形态，且作坊空间形态的形成源自农耕生活习俗需求积淀而成的文化，是以空间的形式表达生产形态。作坊空间包括榨油坊、

图3.174 袁家村卢家豆腐坊

棉花坊、马坊、制称坊、豆腐坊（图3.174）、酒坊、茶肆、布坊、药坊、醪糟坊、辣子坊、面坊、醋坊、造纸坊等。传统村落作坊的面貌可以通过柏社村南堡原址与恢复重建的礼泉县袁家村[1]得到一定的反映。这里以关中、陕北、陕南的老作坊空间为例进行研究。

1）关中：沣峪口村老油坊

沣峪口老油坊位于西安市南长安县沣峪口村（图3.175），是拥有120年历史的传统榨油作坊。作坊始建于清光绪十三年（1887年），第一代创始人是齐益礼[2]先生，第六代传承人是今滦镇西留堡村人高飞。

老油坊背依秦岭沣峪口，前有流水环绕，选址风水极佳且利于生产（图3.176，图3.178）。经过百年变迁，今天的老油坊已经演变成围合式的院子（图3.177），因不以居住为主要功能，所以五间大瓦房的百年老油坊就成了院子中坐北朝南的上房，屋顶为双坡拱脊式。院子入口仍位于东南，老油坊正对的是仓库与办公空间，西厢是杂物用房与现代榨油工艺车间，东厢为仓库与售油处。院场比一般居住空间的院子大许多，约10m×20m，以满足传统榨油的室外工作程序。院场北侧老油坊的墙上靠着各种传统工具，都是从农耕工具改造而来，反映了传统榨油技艺的农耕属性。东南角入口正对的是通往后院的通道，为了风水与辟邪，百年老油坊的东侧平台上还放置了一尊汉代石猴（图3.177），以护佑老油坊的生产顺利与兴隆。

百年老油坊的空间结构（图3.179，图3.180）与建造程序完全是按照榨油功能与尺度需求而形成的。据传承人高飞讲述，当时是先有榨油梁，接着砌起石山，然后才定老油坊的开间尺寸。从外貌特征上，其为一五间大瓦房，土木结构（土板墙是老油坊三宝之一），5架梁5根檩子，东边第二根承受吊梁辘轳（充当

1.袁家村位于九嵕山昭陵博物馆以西，隶属于礼泉县烟霞镇，截止2008年，全村共有约60户，人口约270人，可耕地450亩，人均1.5亩。恢复重建后的村落作坊包括同顺堂药坊、稻香村醪糟坊、卢氏豆腐坊、天一阁辣子坊、五福堂面坊、童济功茶坊、五味斋醋坊、永泰和布坊、德瑞恒油坊。

2.有的资料为齐一礼。

图3.175 沣峪口村老油坊区位图（下左图）

图3.176 老油坊背依秦岭的山水环境（下中图）

资料来源：网络

图3.177 老油坊平面图（下右图）

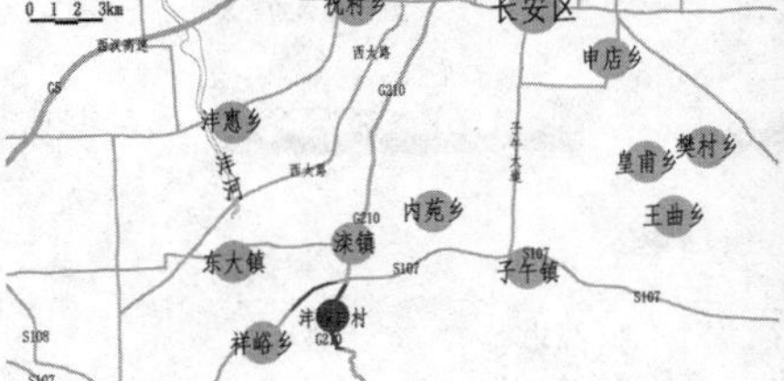

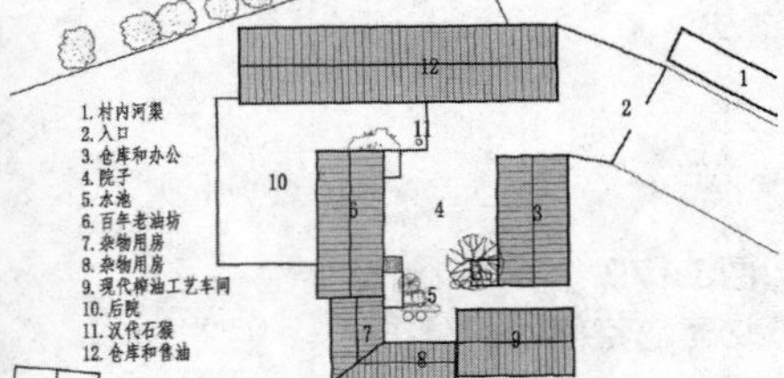

图3.178　老油坊院落空间

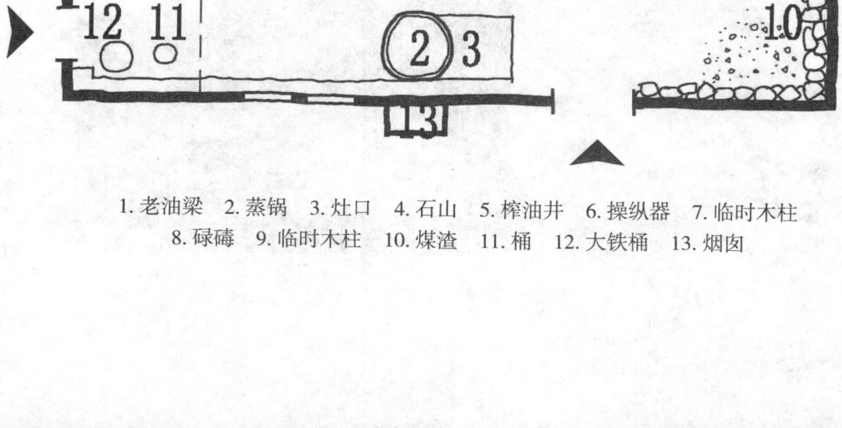

图3.179　沣峪口百年老油坊室内空间功能分布

1. 老油梁　2. 蒸锅　3. 灶口　4. 石山　5. 榨油井　6. 操纵器　7. 临时木柱
8. 碌碡　9. 临时木柱　10. 煤渣　11. 桶　12. 大铁桶　13. 烟囱

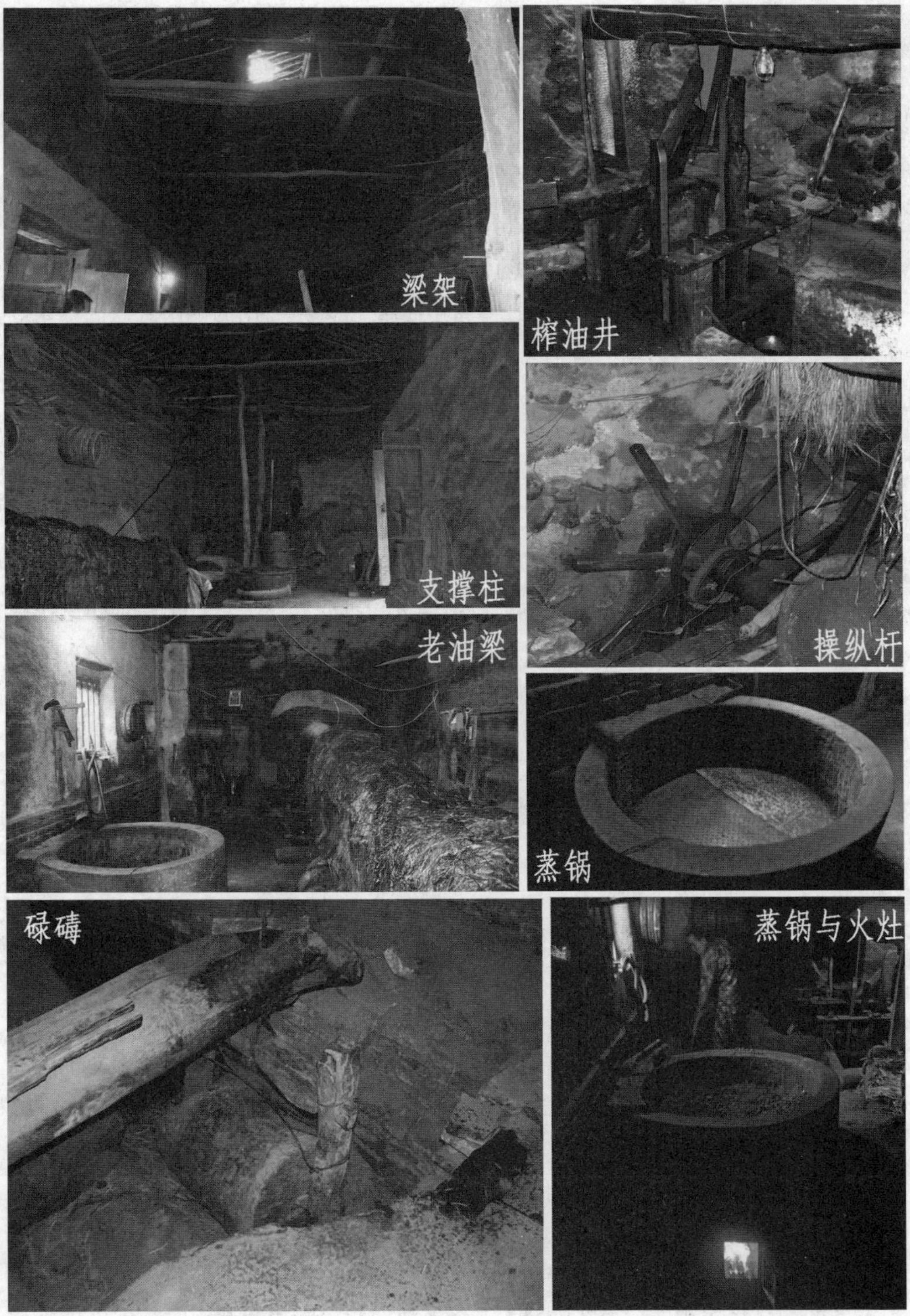

图3.180 沣峪口百年老油坊室内空间场景

滑轮）的重量，为了加固，在梁下部增加两根支撑木柱。最西边的一间顶部隔出二层杂物间，用来储存油圈等必用器具。老油坊室内占据空间最大面积的是百年老油梁，长15m，直径40cm，其西端被石山压顶，东边由一石碌碡缀着，在榨料时才放开，西端石山与油梁下面是用来承载油坨饼的榨油井，是用质地坚硬的粗木加工成框子、固定在地面与油梁保持平行的凹槽，以备出油和收油。油梁的北面是一貌似纺车的轮子，是用来给吊绳加力、放力的操纵器，为便于操作而放在地面下挖的方形凹槽内，人操作时可以坐在凹槽边缘。油梁南边靠近窗户的位置是大型蒸锅与火灶，蒸锅直径1.5m，蒸锅南边的墙外是专用的烟囱。老油坊内灯光昏暗，只有蒸锅西边墙上有两扇小窗户，最西边的几乎被堵，也许将空间设计得如此密闭是为了保证油料加工不受干扰。

传统榨油技艺分为卧槽式与立槽式，此油坊乃为立槽式，通过临近河水动力带动杠杆榨油。榨油的传统技艺包括7个过程：择料（选料→晾晒→去尘）→磨料（磨料→测干湿度）→蒸料（入锅→覆草→旺火蒸）→包料（备模具→铺油草→装油料→夯实→包油料→踩实）→榨料（升油梁→置油坨→放油梁→加压）→出油（取坨→碾碎→包油坨→加压→再出油）→沉淀。以下是各生产程序概述及与作坊空间的结合：

（1）择料：据传承人介绍，老油坊选料以当地原产的油菜籽为上，保证原料新鲜。选料毕后，将其晾于作坊前的院场，至油菜籽疏松、水分适度、不干不湿为最佳，太湿水分会影响油的纯度，太干则会提前使油份外渗，所以干湿适度是晾晒的要点。用作物去粒工具扇车除去外壳，再用筛子、簸箕进行更细致的筛选和去尘。择料三个步骤均在室外院场中进行，因此，院场对于老作坊是必不可少的，好似麦场对于农耕收麦一样，农耕属性尽显其中。

（2）磨料：不同的原料以不同的磨子加工。菜籽油用拐齿石磨（用水力带动磨子旋转的加工工具，所以这里的石磨被称为是“磨盘下面转”，且石磨进料的斗牛中有竹签，可以控制进料的速度），以将其磨至粉泥状为标准。磨出的料亦要干湿适度，主要以作坊师傅手握测试是否有膨胀感为主。磨料在老油坊内进行，老油坊室内的西端间即为水磨，由室外的水流作动力推动磨子下面旋转磨碎原料。

（3）蒸料：磨完即要蒸。作坊里有一口直径1.5m的铁锅，蒸时水必须加至三分之一处，待水沸腾后，以铁锨将磨好如泥的原料沿锅沿摊至蒸笼表面，要能覆盖蒸笼上的热气。每次360～420斤料均匀摊完后，除将油草绳子放于锅沿，提前准备的油草将按顺序覆盖在油料上，绳子放在锅沿能避免起锅时烫到手。草盖好后用旺火蒸40～60分钟。蒸料亦在老油坊室内进行，即在油梁南边靠墙的蒸锅区域。

（4）包料：包料是以模具制作油坨饼。模具是高10cm、直径50cm、中心外凸的竹皮席纹编圈。将油圈平放在地面，把蒸好的油草捋顺铺于油圈内（图3.181），将蒸好的菜籽泥一层一层装入其中，每装一层要以木拐夯实，然后用

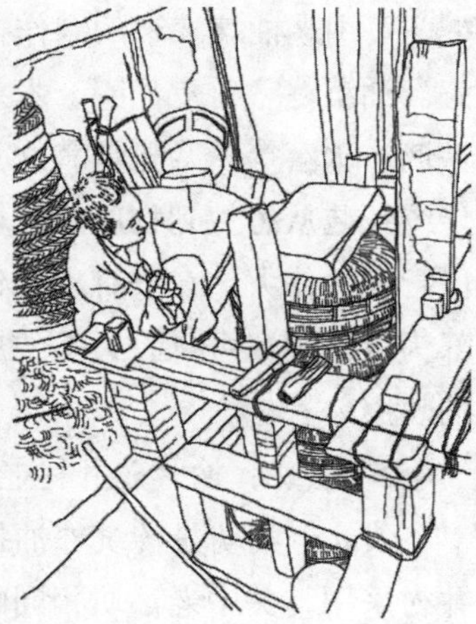

图3.181 整蒸好的油草（左图）

资料来源：作者绘制

图3.182 放油坨于榨油井中（右图）

圈外草穗将其包裹，再踩实。包料与蒸料同在室内一个工作区域。

（5）榨料：榨料要先放包好的油坨，再用油梁压榨。油坨被放入出油井（图3.181）。出油井即典型的立槽式榨油器具（传统时期一般都用卧槽式，立槽式也是泮峪口老油坊的最大特点）。先用纺织机式控制器将油梁吊起，在油井内一次置入4个油坨，上下两个油坨的油圈应被拿去，剩下两个油圈升至总高度的上部以在压榨时固定，然后在第一块油坨的上面平放盖板，再放平起到油梁支点作用的支架，依紧包坨、慢放梁口诀，缓慢让油梁加压于油坨，这是第一次榨油（图3.182），可以出油80%。将油坨取出，碾碎，再做油饼坨，5小时候再榨，出油就是100%了。榨料是榨油技艺的重要步骤，主要由作坊的主体工具进行，因此在石山、油梁的工作区域内完成。

（6）沉淀：榨出的油被储存在油缸中，需经半个月至一个月的沉淀期（冬、夏不同），待杂质沉淀后才可食用。沉淀期属于辅助程序，可以在仓库空间内进行。

（7）辅助工序：老油坊榨油总共30道程序，除榨油主要过程外，还有辅助的工序。如油草加工，从光绪时期秦岭龙须草，到蒲草再到今天的稻草，三经改变，但必须保证高100～120cm的优质草料，然后用“猪蹄扣”编法把一小捆根部扎成30cm，并将其修剪成椭圆形，接着将捆扎的根部放入沸水，整体浸入水中1分钟，捞出晾至半干，用约1吨的压力拉抻捆扎部分，再冲水再晾干便可使用。

从传统榨油技艺与作坊空间的结合来观察，老油坊的功能设计合理，工作流线清晰，基本完成了从室外院场→西端磨子→蒸锅→油井→纺车控制器→油梁的工作流线。

图3.183 在老油梁下进行一次榨油

关中老油坊榨油的制作技艺全过程与其所使用的工具油梁、石山、油草、水煮、油菜籽、竹皮油圈、木拐、铁锅、纺织车加力装置、木制辘轳滑轮、扇车、铁锨、水磨等，乃至承载这一传统技艺的背山近水的作坊空间，无一不反映这一传统技艺从思想到物质的农耕文明属性，无一不反映了传统生产文化的丰富与农民智慧的伟大，在没有现代化学物质的污染、干扰下，各个工序所接触的材料全部为日常生活可觅、天然的加工材料，是对传统农耕文明、生产文明、饮食文明的映照。

2）陕北：榆林砖井村老油坊和神木栏杆堡老油坊

陕北老油坊是传统榨油技艺与窑洞空间的结合，有立式也有卧槽式。榆林砖井村采用与关中老油坊相同的立式榨油技艺，神木老油坊则采用卧槽式。砖井村老油坊建于20世纪八九十年代，位于黄土塬顶的地坑窑院中，窑洞长约30m，木制油梁长20m，按照收油籽→炒油籽→磨油籽→蒸油籽→搅油梁→打油楔→反复绞油梁等9道工序来榨油，基本所有的工序都在窑洞作坊室内进行。由于都是立式榨油，基本原理与关中老油坊一致，均为通过杠杆给油饼施压榨油，在榨油前还要将油料翻炒、碾压、锅蒸，具体工具包括泰山、大梁、流油槽、蒸炉、石磨等。

神木老油坊（图3.184）在栏杆堡，为卧槽式传统榨油技艺，即不是通过泰山（石山）来给油坨加压榨油，而是将油坨放进将作为杠杆的大梁改成的油槽里面，通过两边加压来榨油。在立式榨油法中，油梁是辅助泰山（石山）加压的工具，在卧槽式榨油法中，油梁是经过改造的长5m、直径1.2～1.5m的木槽，槽即指在木柱中间掏挖的长40cm的空心凹槽，两侧亦掏空，且可从一端看到另一端。在木槽的底部要开一个出油孔，以便将榨出的油导流入盛油器中。此外，木

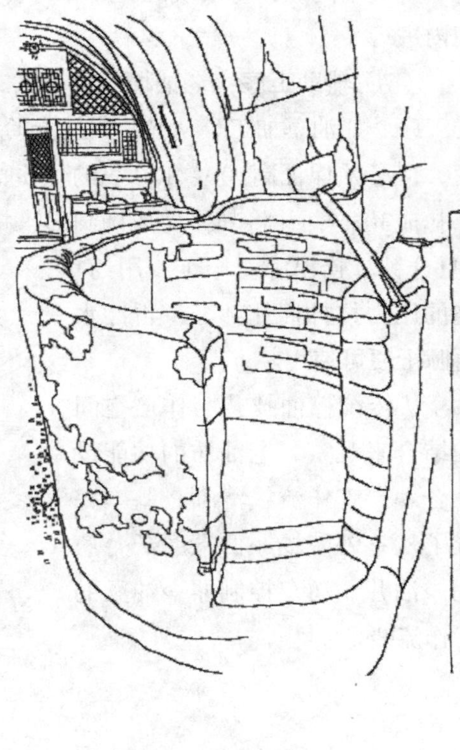

图3.184 神木栏杆堡窑洞老油坊（左图）

图3.185 灶（右图）

槽舱分为油坨舱和加压舱。榨油的时候，每次放入3～4块油坨，两边分别夹半圆形垫板，在加压舱里不断地放入上下（或左右）两排木楔子，再于加压舱外面加一块圆形垫板，以便使用锤子给垫板外加铁皮撞击点的三角形木楔子加力时，可以将压力均匀地传导至直接接触油坨舱的两排木楔子上。通过这样的程序两次压榨以后，油坨就全部榨干净了。榨出的油被装入窑洞窗下由灶改造的储油器中，与此相对，在其北边盘的圆形围壁高的灶是用来蒸油籽的（图3.185）。

窑洞式榨油作坊与双坡房屋榨油作坊在内部空间安排上基本一致，尽管两种榨油方式不同，但进深均要根据油梁或木槽的长度来定，也就是先定工具再定房。两种类型均要在油梁或木槽下面的地面上以青砖砌出比油梁或木槽宽的凹槽，立式的地面凹槽是用来架木油井的，因此深度是木槽式的3～4倍，约1m。作坊室内西侧靠墙均用来盘灶或放置储油器，且也是油坨在入槽（或入井）之前的加工空间。

老油坊在传统村落中是必不可少的公共商业空间，它反映了食用油在中国百姓饮食文化中的重要性，是中华民族传承几千年饮食文明的重要组成部分。老油坊选址常于近水、河、溪边，借用流水为动力榨油，无论是房还是窑洞，都因地而生，文化通过空间的物质承载方式，使人们可以看到榨油过程中所需付出的耐心和用心及艰辛的劳作过程。这个过程是传承人“要榨出好油”最朴素心智的表达，是融入自然之水、之料、之环境、之情的结果，是当代社会工业生产条件下用机械榨油所无法相比的。

3）陕南：紫阳县石板房蒸盆子传统技艺作坊（详见第5章）

5.关中、陕北、陕南传统村落教育空间

陕西传统村落教育空间的历史发展与变化脉络内含于中国传统社会大的教育体系之中。自春秋时期分为官学与私学起，至宋代书院产生，直到清末民国时期，传统村落的教育空间主要包含官学、私学的蒙学与私学的书院三种大的类型，也就是说，传统时期陕西乡村具有官学的地方教育机构与私学教育场所。

我国自古就有传承先人文化理念的传统。在远古岁月中，原始先民关于生产与生活的经验积累是通过口述进行传承，并在传承的过程中对晚辈的言行施以教化，因此说我国的教育行为不仅发端极早且从未间断过。教育和专门的教育场所则是随社会发展而逐渐衍生出的专业化，承载教育行为、体系、观念、宗旨的固定空间场所。教育空间最初产生于民间，当出现了国家机器之后，教育就分为官方教育场所与民间教育场所，分别代表官学与私学，交织、互补又互为消长绵延几千年，为中国乃至陕西的传统社会培养了大批知识分子与受教化的人才，对社会的发展与中国文化的传承起到了决定性作用。

1）乡学与私学教育空间在陕西传统村落并行发展的历史过程

这里从陕西官学、陕西私学与陕西书院三方面的实施场所及建筑空间变化来简要阐述陕西传统村落教育空间的发展情况。历史发展过程是客观而庞杂的，陕西传统村落的教育空间更多地体现与包含在中国地方教育体系与地方私学教育中，而官学的地方教育体系在几千年的历史过程中随朝代更迭几经改变，同时又在一定程度上促使、产生与影响了私学和书院的形成与发展，这是一个繁复交融的历史过程，同时又包含在相对固定的传统空间模式中。为了梳理清晰，这里将以历史的时序作为研究展开的脉络。

陕西在中国历史上曾经具有的特殊地位对陕西传统教育及教育空间的变化具有很大的影响。宋朝之前，从原始时期直到夏朝，陕西关中都是中国政治与经济的核心区域，地方教育不仅受到相对较多的重视，中央官学的教育空间礼仪规制亦使地方乡学和私学受到极大影响。宋之后，中国政治中心逐渐东移，陕西失去了中心的地位，直到民国时期，一直以地方而称，教育体系以府、州、县学、私学、书院为主，但作为首善之地的陕西仍然是中国重要的文化区域，以私塾义学的蒙学及官学、书院共同形成了陕西广大传统村落区域中的教育空间。

（1）夏朝（学在官府）：夏朝已经有了国学和乡学的区分，当时的学校并非是完全的教育机构，而是以养老、射武为主，教育为辅的官办场所[1]。国学与乡学均属于官学体系，夏朝乡学称为“校”，掌管的学官是“瞽宗”与“啬夫”，其中，瞽是夏朝乐师，其职责是“以乐教民”。平民子弟与奴隶可以进入“下庠”学习，“下庠”由庶老来教授。

1.孔子说：“庠者，养也；校者，教也；序者，射也。”

（2）商朝（学在官府）：商承夏制，地方乡学称为“序”，学官仍以“瞽”掌管。商人尚鬼，社会政治、经济、文化与教育活动受到宗教影响很大。

（3）西周（学在官府）：陕西关中是西周的政治与经济中心。西周定都丰镐，西周的分封制、井田制、宗法制与礼制都在陕西关中诞生。官学作为西周礼制重要的构成部分，也以陕西为最典型的实施场所。地方乡学在西周被称为“庠”，但实际仍按“乡有庠，州有序，党有校，闾有塾”的行政级别划分建设标准，明确显示西周地方教育比夏商完备许多，当时司徒比宗伯掌管了更多的教育事务，并具有向中央举荐地方优秀人才的责任。由于“学由官守、官师一体”为教育的基础，西周并没有私学。

（4）西周末（学在四野）：礼崩乐坏，周王室东迁洛邑，“天子失官，学在四野”，各种典籍散落于民间，私学具备了产生的基础。

（5）春秋（学在四野）：春秋乃国之乱世，官学瓦解，孔子开创“竹帛下庶人”和春秋百家争鸣的局面，使私学在四野产生并兴起。关中作为中国的首善之地，农耕文明中由对植物种子栽培的生产习俗而衍生出的“传承”文化观念使教育在此早早兴盛，春秋时期私学场所广布关中各地，东部“百家争鸣”，西部“辟雍钟鼓，绵绝是营”。“周敬王元年（前519年），孔子的弟子、千阳人燕伋在周敬王十九年返回渔阳，在渔阳设立私学近18载，被看作是陕西私学的滥觞。”[2]

2.陕西省志·教育志

（6）秦朝（无学）：“不设官学，严禁私学”，施行吏师制。在陕西，尽管秦始皇文化政策专政独裁，但仍有私学在民间。如公元前3世纪，荀况曾至秦都（即今凤翔县）游说，后韩非子又因入秦而被李斯等所害，这些事情都说明秦时有学者曾到陕西游历讲学，尽管秦王嬴政焚书坑儒，文化专制并未完全扼杀私学行为。据记载，叔孙通降汉时曾带走门下学生百余人前往，足以证明当时陕西的私学一直都存在。

（7）汉朝（学在官府与四野）：作为中国首善与京畿之地的咸阳与长安，教育得到格外的重视。在地方官学方面，公元前141年在成都，由汉景帝末年的文翁主蜀郡所建的官学则是其滥觞，武帝对此大加赞赏，遂令全国各郡依此建立学宫。到平帝时，真正地方官学制度形成，郡设学（经师1人），县、道、邑、侯设校（经师1人），乡设庠（孝经师1人），聚设序（孝经师1人）。

秦汉以后，文风大兴，私学有了长足的发展，如西汉平陵[1]著名学者吴章，因整理《尚书》而为汉朝博士，其门徒上千人可谓"当世名儒"。东汉陕西有许多著名的学者大儒，如班超之妹班昭、马融、蔡邕等。著名经学家马融[2]于东汉延光三年至和平元年（124～150年）在扶风县绛帐[3]设帐授徒，当时即有弟子4万余，关陆和鲁植皆出自其门下。

（8）魏晋（学在官府与四野）：魏晋时期，中国经历了360年的战乱与民族大迁徙并在关中实现了民族大融合，陕西的教育制度、教育思想、教育内容与教育方法产生了一系列的融合性质的变化。

三国时期从整个国家来看，官学时兴时废，但在陕西由于中央政权废弛，实权在地方，故地方官学倡设学宫，如荆州刺史壬基在处理日常军务时兼建学宫，鼓励吏民接受教育，还有很多官员在为官同时教化于民，如京兆新丰人贾洪"好学有才，特精于春秋左传。建安初，仕郡，举计椽，应州辟……洪历守三县令，所在辄开除既舍，亲授诸生"[4]。在汉中，诸葛亮认为教化人民是比酷刑更重要的事情，曾言："夫学须静也，才须学也。非学无以广才，非志无以成才"[5]。两晋与曹魏相同，在官学时兴时废的社会背景下，陕西地方官员兴办学宫，重视地方教化于民之用，如京兆杜陵人杜预为荆州刺史时，边为官边建泮宫，"江汉怀德，化被万里"[6]。

三国时期的私学也在官学时兴时废的社会背景下得到了兴办。与地方官员支持建设的学宫不同，私学大多由来自于外地的名仕和本地有识之士兴办，如长安宿儒栾文博当时在长安建私学，弟子几千余。两晋时，陕西众多名儒学士如束哲、李密、范平、刘兆及著名私学家傅云[7]等在乱世之时仍潜心治学，兴办私学教化众生，学生时有多达千人，此时私学既有蒙学亦有高层次教育。

（9）南北朝（学在官府与四野）：北魏、西魏、北周时期，陕西处于国之政治经济中心地位，鲜卑族进入中原之后被汉族文化的渊深所征服，采取了系列尊儒崇教的举措，促进了教育发展与人才培养。如太武帝取消了魏晋时期的九品中正制，"崇教化""名选举"，使人才选拔不再有严格的门第限制，献帝（466年）时制定了地方学宫建立制度（表3.45）。北齐天宝元年（550年）令郡学立孔颜庙，乃地方官学设庙之滥觞。[8]

1.平陵即今咸阳秦都区西北。

2.马融为茂陵人，今兴平东北。

3.今绛帐镇火车站以南。

4.陈寿，裴松之. 三国志[M]. 北京：中华书局，1958. 422.

5.诸葛亮. 诫子书.

6.房玄龄等撰，吴士鉴等注. 晋书斠注[M]. 北京：中华书局，2008.

7.傅云，耀县人。

8.高明士. 东亚教育圈形成史论[M]. 上海:上海古籍出版社，2003. 78.

南北朝地方官学设置标准　表3.45

行政级别	教师配置及人数		学生名额
太郡学官	博士（2人）	助教（4人）	学生（100人）
次郡学官	博士（2人）	助教（4人）	学生（80人）
中郡学官	博士（1人）	助教（2人）	学生（60人）
下郡学官	博士（1人）	助教（1人）	学生（40人）

南北朝时，崇儒兴教不仅益于官学亦有益于私学发展。从三国至南北朝，陕西地区著名的私学家众多，如梁祚[1]、薛慎、寇俊等，其中以徐遵明[2]与乐逊最为知名，对此时陕西私学发展作出了重要的贡献。

1.梁祚为北地泥阳人，薛慎为河东汾阳人，寇俊为上谷昌平人。

2.徐遵明为弘农华阴人，乐逊为河东猗。

此外需要注意的是三国两晋南北朝时期，佛教传入中国，作为中国政治核心的陕西关中，不仅是民族文化大融合的核心地区，也是佛教传入中国的主要枢纽，尤其到了前秦与后秦，关中地区人人信佛，因此官学与私学都受到了佛教的影响。

（10）隋朝（学在官府与四野）：隋文帝与炀帝对于地方官学都设有庠和序为郡县之学，但据文献记载，此时的官学徒有其名无有其实。私学主要是建立了一批承担蒙学教育的私学场所，成为官学教育的有益补充。

（11）唐朝（学在官府与四野）：唐朝建都于长安，当时陕西的教育水平可代表国家的最高层次。总体来说，唐朝应划分为两个阶段，天宝年之前与之后。天宝年前地方官学发展兴盛而完备，所建的府、州、县学均为中小学水平，按《唐六典》的规定，10道行政机构的学宫建制分别见表3.46。此外在府、州学官为长史以管辖入学，府州医学开设于贞观三年（629年），分别有医学博士和学生若干名，府州的崇玄学在礼部下的词部直辖，始设立于开元二十九年（741年）。

唐朝地方官学设置标准（以10道行政区划为标准）　表3.46

行政级别	教师配置及人数		学生名额
大都督府学	博士（1人）	助教（2人）	60人
中都督府学	博士（1人）	助教（2人）	60人
上州学	博士（1人）	助教（2人）	50
下都督府学	博士（1人）	助教（1人）	50
中州学	博士（1人）	助教（1人）	50
下州学	博士（1人）	助教（1人）	40
京县学	博士（1人）	助教（1人）	50
上县学			40
中县学			30
下县（中小县学）			20
市镇学			
里学			

唐朝官学教育最重要是尊孔，建周公庙“以孔子为先圣，颜回为先师”，为后世之榜样。贞观四年（630年）令各州县普遍建孔庙，从此县学与孔庙的统一空间格局肇始并一直延续至清，成为自唐贞观之后的州县学建设通例，即“凡学莫不有先圣之庙矣”[1]。玄宗时又追封孔子文宣王及门下学生十余人为公、侯、伯。总之，州县官学与孔庙的空间结合体现了唐代崇儒的现象，自此形成官学教育空间的定制，代表了中国崇儒文化的高峰。

1.文献通考(43)・学校四[M].

唐朝私学在官学体系规范发展的同时也对陕西乃至中国的平民教育形成了重要的促进作用。唐官学只解决了中小学以上的教育，但蒙学体系缺乏，此时退职官吏及科举落地的文人就成了个人设馆教授蒙学的重要力量，如退职在家的进士杨番（宝鸡凤翔人）曾为玄宗时期的召拜谏议大夫，亦为唐宰相杨炎的父亲，后即在家设馆教学，泽被一方民众。

唐中叶天宝年间安史之乱后，官学体系崩溃，开元二十一年（733年）官方允许百姓兴办私学，此时，私学的最高级别书院产生。书院在唐代起源于修书院，虽与后世和学术紧密结合，以明体适用、经世治国的教育为目的的书院相距甚远，但代表着正人心的学术组织毕竟产生了，从此之后，私学的书院与官学的并行发展，在中国教育历史进程中呈相互消长之势，直到民国时期。纵观历史的发展，书院补于官学之不足，对中国的教育尤其是地方教育和学术的发展具有不可替代的推动作用。陕西作为关学的源起与汇集地，在张载、李颙、冯从吾、刘古愚等关学大师主持的关中书院、味经书院、崇实书院、新峰书院、天池书院、对峰书院等的带领下，不仅促进了陕西书院的发展，更对陕西关学的发展、民风的教化、明体适用之才的培养作出了巨大的贡献。

书院起源于唐朝一次规模较大的修书活动，从开元五年（717年）开始经历了几个重要的时间节点（表3.47）。从书院的性质与功能来考察，唐时的丽正书院与集贤书院还没有成为真正意义上的书院，而是由官方主办的以修书活动为主的官方机构，虽与后世由私家承建，以学术、教学、祭祀、藏书为主要功能的书院相距甚远，但起源于官方修书机构的特性似乎从最初就预示了书院与中央官学、地方学宫之间的紧密联系，两者互为消长、互为补充，像太极图一样自唐始为中国教育重要的两极。

唐朝书院起源发展节点　　表3.47

<table>
<tr><th>序号</th><th>时间</th><th>事件</th><th>地点</th></tr>
<tr><td>1</td><td>开元五年（717年）</td><td rowspan="4">唐玄宗令整比四库全书</td><td>洛阳乾元殿</td></tr>
<tr><td>2</td><td>开元六年（718年）</td><td>京师（长安）东宫丽正书院（由丽正殿更名）</td></tr>
<tr><td rowspan="2">3</td><td rowspan="2"></td><td>洛阳1所</td></tr>
<tr><td>京师（长安）大明宫光顺门外1所</td></tr>
</table>

续表

序号	时间	事件	地点
4	开元十三年（725年）	唐玄宗令整比四库全书	洛阳1所
			京师（长安）集贤书院（由丽正书院更名为其）5所

（12）五代（学在四野）：五代为乱世，官学废弛，书院得到了长足的发展。陕西在经历了后梁、后唐、后晋、后汉、后周以后，作为五代乱世的主战场区域，文化教育事业遭受了巨大的摧毁，尽管当时中国民间书院有13所（北方3所、南方10所），陕西却没有一所，官学与私学体系的崩溃造成了陕西教育在相当长时间内落后于全国的局面。

（13）宋朝（学在官府与四野）：宋时地方官学建设始于仁宗庆历四年（1044年），这一年诏州（府、军、监）立学。学生达200人即可在县立学。宋神宗熙宁四年（1071年）命诸州置学宫；哲宗元符二年（1099年），又令诸州行三舍法，考选升补以太学的方法为标准；徽宗崇宁元年（1102年），继诏全国所有州县一律置学，崇宁三年（1104年）又下令增加各级县学名额与规定教授名额。经过这些措施，宋朝地方官学得到了一定程度的恢复与重建。

宋朝中国政治经济中心逐渐东移，陕西失去中央的地位，府州县学成为陕西地方官学的主要机构，承担了地方教育行政、儒学施教与祀孔的职能，以文庙为中心形成了庙学的建筑空间体系，且由行政、学校、祀孔、藏书四种功能构成，建筑空间环境依据这四种功能划分为儒学署、儒学、文庙、考院、考棚，在具体的建筑构成上以传统的中轴线布局安排重要的礼制建筑，有大成殿、泮池、明伦堂、敬一亭、尊经阁，两厢功能性建筑有斋舍、膳堂、教谕训导宅、射圃等，礼制建筑在中轴线上以多进制院的空间形式充分体现了学宫（庙学）明教化的礼制属性与功能。宋元以后陕西地域内设有府学学宫的为西安府、凤翔府，设有州学学宫的有邠州、乾州、陇州、绥德，设有县学学宫的有醴泉、武功、淳化、岐山、扶风。宋安抚使范仲淹曾写《邠州建学记》记录在邠州任知州时建立学宫的事件，文中不仅记录了他参与两次国政会议、遵圣旨诏各郡县建庙学的情况，还记录了邠州原来庙学空间不大、无法容纳生员和改建的情况[1]。

北宋私学也有一定的发展，这与陕西一些著名理学家的促进是不可分的，如因与朝廷不合而辞官回家的教育家张载，归里后即著书教学，教化了一批有为的名儒与名将，其中包括吕大临、吕大防等。

私学当中的书院在宋朝得到了极大的发展，所谓一衰一盛。宋朝虽于初期大力发展官学，但仍难敌南宋乱世的摧毁与影响，官学可谓是兴衰参半，因此为书院的发展提供了极大的空间。大中祥符八年（1015年），宋真宗召见岳麓书院山长周式，颁书赐额以体现官方对书院的认可与鼓励，此现象大大促进了书院的建

1.文中述："增其庙度，重师礼也；广其学宫，优生员也。谈经于堂，藏经于库，长廊四回，室从而周，总一百四十楹广厦高轩，处之显明。士人洋洋，其来如归……"

设与开办，产生了“四大书院”的盛誉。北宋些数书院被改制为官学，但南宋之后，国家进入乱世，南宋政府偏安一方，政治腐败导致官学与科举教育体系的腐败，朱熹曾哀叹道：士子只知有科举不知有学问，这种情况使官方教育体系再度崩溃，但为私学书院的发展提供了广阔的空间。书院针砭时弊，以教育为根本，不以此时腐朽的科举为目标，致力于学术发展与人才培养，促使各学派形成，自由的学术氛围与丰富的藏书都是官学所无法相比的。此外书院供祀学派宗师也是一大特色。宋朝全国书院共有515所，在北宋的19所中，陕西共4所（白新良考证的有1所），分别是西安正学书院、武功县绿野亭、蓝田芸阁书院、延安嘉陵书院。南宋时全国共有书院317所，陕西没有一所，可见宋朝时期陕西地区文化教育受五代影响较重，在全国处于落后的地位。北宋稍好于南宋，但与全国平均水平比较仍然很低，仅与江西比，北宋江西有23所，陕西是江西的17%。

（14）元朝（学在官府与四野）：此时，虽然蒙古人以铁蹄与马刀征服了中原，但汉族的文化却征服了蒙古人。元袭汉制，尊儒学，地方官学亦承前制，按照行政区划分别建造了官学，重要的是在至元二十三年（1286年）令各路立社，规定在乡村以50家为一社，设一社学，选择通晓经书者入社学执教，在农闲之时使15岁以下儿童入学接受教育，成绩优秀者可申请官学教授查验以便继续向上学习，最初建造了20166所，随后增加至24400所。元朝书院的山长仍被任命为学官。元朝起为了祈愿科举高中而开始供祀文昌神，此后在官学与书院建筑格局中开始均设文昌阁、魁星楼作为供祀掌管天下文运禄籍神明的地方。

元朝地方官学设置标准　表3.48

行政级别	教师配置及人数				
路	教授（1人）	学正（1人）		学录（1人）	
府学	教授（1人）				
上州学	教授（1人）				
中州学	教授（1人）				
下州学		学正（1人）			
县学			教谕（1人）		
社学					通晓经书者

元朝在重视官学建设的同时，亦注重书院建设，促进了书院文化由南方向北方的推广[1]。为了发展北方文化教育事业元政府推行的措施如对北方给予较多科举录取名额→促进北方书院发展→推动理学北传→进一步促进北方理学发展→至元末，直隶、河南、陕西、山东、山西新建书院占全国30%，共计80所→帝赐御匾，北方得匾数占全国50%，共16处→天历二年6月（1329年），凤翔岐山书院得御赐匾额→转北方书院颓势。

元朝陕西书院主要集中建设于关中地区[2]。由于陕西是宋、辽、夏、金、元

1.元至元二十八年（1291年），世祖忽必烈诏：“先儒过化之地，名贤经行之所，与好事之家出钱粟赡学者，并立为书院。”后世学者评元代书院为：“书院之设，莫盛于元，设山长以主之，给廪饩以养之，几遍天下。”

2.包括西安的鲁斋书院、正学书院、居善书院、渭上书院，咸阳的学古书院，宝鸡的横渠书院、岐阳书院、紫阳书院。

五极相争的主战场，陕北与陕南又是宋蒙与宋辽战争的前沿战场与辐射地，战争的因素仍然成为宋代陕西书院发展的桎梏，除了关中几所之外，陕北、陕南均无。

（15）明朝（学在官府与四野）：明朝大力发展官学，地方官学依级别划分建府学→州学→县学→都司儒→行都司儒→都转运司儒学→宣慰司儒学→按府司儒学→渚氏司儒学→卫武学→律学→医学→阴阳学，承元制在府、州、县均设置社学，在明朝最兴盛时全国曾有学宫1700所，各级官学教师配置与名额情况以洪武二年与宣德年间为例，表3.49。

明朝地方官学设置标准 表3.49

行政级别	教师配置及人数		学生人数	
			洪武二年	宣德年间
府	教授（1人）	训导（4人）	学生（40人）	学生（40人）
州	学正（1人）	训导（3人）（陕西1人）	学生（30人）	学生（30人）
县	教谕（1人）	训导（2人）（陕西1人）	学生（20人）	学生（30人）
小县		学官（1人）		

明清时期地方官学的考试程序与制度包括童生与秀才两个级别，成为秀才后才能进入高等学府，基本程序为：童生→（县学、州学）岁试→（府学）府试→院试→秀才→入学为生员→廪生（额内名额）/增生（增广名额）/附生，入学生员的名额是变化的，所以廪生与增生的名额也在变化。增生可以替补廪生的名额，如陕西陇州州学廪生从明初的30名宣德年增加30名，“裁了廪生增生各2名给孝义厅”。此外，地方学宫每年还要直接向中央输送贡生，贡生分为“岁、恩、拔、副、优”5级，“岁”为正贡，如顺治二年“定府学每年贡1人等……正贡不够由陪贡替”。

明朝是书院承上启下的发展阶段，经历了从明初百年沉寂→正德、嘉靖年间大发展→明末被毁三个大的发展时期。陕西书院总的发展趋势与全国的态势相同，在全国范围内形成了以王守仁、湛若水为代表的王学和湛学，在陕西则以冯从吾及其所掌教之关中书院最为著名。全国书院发展与陕西书院发展态势对比详见表3.50。从明中期开始，书院建制受影响而使学术特色大大降低，并衍生出了考课式书院与祭祀式书院等失去原本书院建立初衷的类型。

全国书院与陕西书院发展态势对比 表3.50

时间	全国	陕西
明初（洪武—成化）↓	政府将官学与科举制相结合，推行程朱理学，官学强势，书院弱势↓	百年沉寂↓
明中（弘治—隆庆）↓	科举弊端严重，官学腐败↓士大夫重倡自由讲学，官学复兴↓王守仁、湛若水为代表，所到处必建书院，其讲学“流风所披，倾动朝野，于是缙绅之士，遗佚之老，联讲会，立书院，相望于远近”。正德、嘉靖时期，全国共有书院746所，以东林书院最为著名	陕西书院最兴盛时期，共50所，新建47所，重修3所。明时陕南、陕北均有书院，其中关中34所，陕北11所，陕南2所↓
明末↓	四毁书院：嘉靖十六年（1573年）↓嘉靖十七年（1538年）↓万历七年（1579年）↓天启五年（1625年）魏忠贤矫旨命令拆毁天下书院，以东林书院为主，关中书院亦在列	万历三十七年（1609年），陕西布政使汪可受等人为罢官归里的关学名儒冯从吾建关中书院↓天启六年（1626年），关中书院被乔应甲毁
崇祯再建	阉党垮台，书院重建，全国新建86所	崇祯元年（1628年）关中书院重开

关中书院是当时闻名天下的陕西书院，由著名关学大师冯从吾掌教。冯从吾（1557～1627年），字仲好，号少墟，长安人，是承接张载与吕楠的关学主旨而集大成的明儒，主张“重行崇实、恪守礼教”，坚持“本体”与“功夫”的内外双修，曾掌教于首善书院、关中书院、东林书院，在关中书院（宝庆寺书院）讲学时呈现“会当洙泗风，郁郁满秦川”的盛况，编著的《关学篇》与制定的《学约会》、《关中士大夫会约》及撰写的《关中书院记》为传承至今的名篇佳作，是后世考察关学与关中书院建设的重要史实资料。关中书院是陕西布政使汪可受、按察使李天麟等慕名前来宝庆寺听少墟先生讲学时，见上千人挤于狭小的宝庆寺而特为少墟先生讲学建造的书院，是基本按照书院建筑规制的大门→讲堂→山长居室→祠堂→藏书楼→文昌阁而建造的礼制空间。

（16）清朝（学在官府与四野）：清随明制，建朝之初即重视官学，地方官学建设亦承前制，按照行政级别分建省府学→州学→县学→社学。

元明清时期私学以私塾、家塾、义学、经学为乡村教育的主体。私塾包括村校、族塾、蒙馆、冬学，家塾包括家馆、门馆、专馆，除了经学是相当于中学或中学以上水平外，其余均以幼儿小学水平教授，各种私学形式的具体特征与规制见表3.51。陕西私塾一直延续到了民国，虽然清末至民国时期政府要求私学并入学堂，但大多贫苦家庭子弟没有条件上学堂，这也是私塾盛行时间长久的一个原因。明清时期，私塾老师在民众心目中的地位很高，可与“天地君亲”并列。

元明清乡村私学形式特征与陕西情况　　表3.51

<table>
<tr><th>私学形式</th><th>特征</th><th>陕西具体情况</th></tr>
<tr><td>村校</td><td>由一村或多村共同集资，以庙宇、祠堂，或专门择馆为场地</td><td rowspan="4">①关中、陕北、陕南均有众多的私塾，如榆林靖边县镇罗镇的油坊坡子、姬滩、小口子灯，镇靖堡的新伙场、张家畔等，新城堡的新城，龙州堡阎家寨等都有私塾。②从私塾考出的廪生、贡生等生员有张训、李生辉、田呈珍、张国甫等</td></tr>
<tr><td>族塾</td><td>由一家族利用祠堂及公共财产设立私塾，专教本族子弟，抑或兼收外姓子弟</td></tr>
<tr><td>家馆、专馆、东馆</td><td>富绅大贾为了教育自家弟子，专门在家中划院为私塾，延请名师教授，所有开支费用均由东家承担，故又称为东馆</td></tr>
<tr><td>门馆</td><td>由儒学名师在家设馆授徒</td></tr>
<tr><td>义学</td><td>由某人以私人名义出资或利用祠堂建塾，以教授地方贫穷家庭子弟的公益行为</td><td>①清代凤翔府县有义学7处，以庙宇、祠堂、官署为选址，其中有址可考的4处，如凤县（1789年）《废丘关创立义学记》，即崇隆院。
②到晚晴，陕南安康有城乡义学16处</td></tr>
<tr><td>经学、精舍、精庐、经馆</td><td>由经师大儒设馆授徒，以经师讲学为基本形式，不以功利为目的，传授较为高深的学问，注重气节与人才的培养</td><td></td></tr>
</table>

清代书院发展是与清政府对书院的政策紧密相连的，随着清政府从抑制→提倡→变通→改制的政策基调的转变，清书院的发展亦经历了沉寂→谨慎起步、大力发展→变通→消亡的过程。清代书院发展的历程详见表3.52。

清代书院发展历程　　表3.52

<table>
<tr><th>阶段</th><th>时间</th><th>阶段政策</th><th>史时</th><th colspan="2">书院情况</th></tr>
<tr><td rowspan="2">清初</td><td rowspan="2">顺治—嘉庆</td><td>抑制</td><td>顺治九年（1652年）诏：“各提学官督率教官生儒，务将平时所习经书义理着实讲求，躬行实践，不许别创书院，群聚党徒，及号召他方游食无行之徒，空谈废业。”</td><td>沉寂</td><td>书院对孔圣及程朱理学大师的祭祀礼仪功能在一定程度上与清初文教政策暗合，因此清政府对书院发展的态度是以“抑”为主，间有守和变化</td></tr>
<tr><td>提倡</td><td>顺治十四年（1657年），帝同意江西都督抚袁廓宇重修衡阳石鼓书院</td><td>谨慎起步大力发展</td><td>以“倡”为主，但“倡”有一定限度。顺治、康熙、雍正三朝，中国共有书院1104所</td></tr>
</table>

续表

阶段	时间	阶段政策	史时	书院情况	
清初	顺治—嘉庆	提倡	康熙二十五年（1686年）颁“学达性天”御书匾予周敦颐、张载、朱熹及白鹿书院，并颁《二十一史》、《十三经》等书。后又先后向山东济南省城书院、杭州万松书院、南昌豫章书院御赐匾额	谨慎起步大力发展	以“倡”为主，但“倡”有一定限度。顺治、康熙、雍正三朝，中国共有书院1104所
			雍正元年（1723年）“命各省改生祠、书院为义学”		
			雍正四年（1723年）江西巡抚请朝廷为白鹿书院任命掌教，“部议”未准		
		定制/变通	雍正十三年（1733年），清政府对书院政策稳定，令各省会建书院，并对书院经费给予支持，“督抚驻扎之所，为省会之地，着该督抚商酌奉行，各赐帑金一千两，将来士子群聚读书，须预为筹划，资其膏火，以垂永久。其不足者，在于存公银内支用……”	变通	对书院发展成熟的指导政策已经形成，即“扶植”，且有经费方面的支持，此谕规定了以后历代帝王对书院的政策
		变通	乾隆元年（1736年）帝下诏规定了省会书院的地位、教学要求、管理规程、奖惩原则，并予以解释，推动了书院的发展		书院在发展壮大的同时，由于受到朝廷财务支持，亦在办学方向上受到影响和控制，出现严重的异化危机，科举化、官学化性质严重：①成为科举附庸“其日所呻唔者，无过时文帖括”；②山长人才的选拔成为官僚之间的拉拢关系的筹码；
			乾隆时期乃书院建设高峰，全国1298所		
清中	道光—同治	改制	道光曰：“近来各省书院，日久废弛，均系有名无实，联所生知”	消亡	书院士风日下，受到清政府改制
			西学东渐对书院教学的冲击亦是实质性的		
清末	光绪—宣统		光绪二十二年（1896年）批“参酌采取，以广旧规而收实效”		新书院产生，如陕西泾阳崇实书院
			戊戌变法，光绪采纳康的意见，诏：“即将各省府厅州县现有之大小书院，一律改为兼习中学、西学之学校。至于学校等级，自应以省会之大书院为高等学，郡城之书院为中等学，州县之书院为小学。皆颁给《京师大学堂章程》，令其仿照办理。”		书院改制
			变法失败，慈禧令：“书院之设，原以讲求实学，并非专尚训诂词章，凡天文、舆地、兵法、算学等经世之务，皆儒生分内之事，学堂所学亦不外乎此，是书院之与学堂，名异实同，本不必定需更改”令“各省书院照旧办理，停罢学堂”		书院改制，书院亡

1.李元春《潼关书院志》中有载。

书院在清朝尤其是乾隆时期达到了发展史上的高峰，其数量乃是前朝三倍，充分证明了当时地方教育的兴盛与文化的繁荣，虽然在中观历史层面清代书院由于接受政府费用支持而逐渐被改变为以科举为目的的官学，渐渐失去了更为自由与学术的氛围，但从宏观的层面来看，清代书院仍在本质上对中国文化与教育的发展起到了不可替代的推动作用。

上述夏朝至清朝的中国地方传统教育体系的历史发展过程的分析，清晰表明，中国地方教育体系是由官方学宫、私学，及唐以后的书院共同构成的，陕西地方教育系统是包含在国家大的发展过程中的，虽然有一定的特点，但仍能从大的方面体现中国地方教育体系的特点与属性，正是这些特点与属性作为文化隐动力才促使地方教育空间的形制与规式，决定了学宫为体现官学权威的中轴对称与尊崇儒学的文庙相结合的空间规制，决定了蒙学性质的私学从在家设馆到以祠堂或共同筹资建馆择请塾师的形式，决定了书院以讲堂为中心的结合斋舍、藏书阁、圣人祠、刊印处、售书处等为主要空间结构的形式。但是无论是官学空间还是私学空间又或是书院，中轴对称、上有所敬的礼制空间与功能空间的结合都是其最本质的共性与特点，充分说明中国传统文化的教育观的最高准则与本质观念即“君子终日乾乾，夕惕若，厉无咎”。在这种教育观的指导下，无论是儒生们所重视的经世致用之学还是程朱理学发展而成的八股时文，都是以儒学经典为教育的源头，都是在学习技能之前首先学习自然宇宙存于世的高深奥义，及由此阐发出来的在世为人的根本道理，儒生们树立了以乾坤法则与伦理纲常为根本基准的观念意识，树立了“天行健，君子以自强不息”“地势坤，君子以厚德载物”的人生理论。接受教育的人越来越多，当教育可以“化民为俗”时，整个社会就像自然宇宙那样具有了等级、礼仪、规则的运行基础，惟有如此，教育的目的才达到了真正的天人合一。

2）泾阳陕甘味经书院

（1）味经书院建筑空间结构的文化隐动力：关学大儒刘古愚思想

味经书院在清末是与其他书院的教育理念宗旨有较大差异的陕西著名的地方书院，坐落于陕西泾阳县姚家巷（现在的姚家巷中学内），书院以“实学”为主，这与清末掌教于味经书院的关学大儒刘古愚[1]有巨大的联系。

1.刘古愚（1843～1903年），名光蕡，字焕唐，号古愚，他是清末关学最重要的承接人，亦为关学最后一位大儒。于右任对其评价道：“清末关中学术有两大系统，一为三原贺复斋先生，为理学家领袖，一为咸阳刘光蕡先生，为经学家之领袖。刘先生治今文之学，兼长历算，以经世之学教士，一时有南康北刘之称。”康有为评价其为“海内耆儒，为时领袖”，梁启超称其为“关学后镇”，柏景伟的弟子宋伯鲁谈到他时说：“延咸阳名士刘古愚孝廉主讲席。孝廉崇尚实学，经济之外，兼及帖括，规模宏大。”刘光蕡是清末面对外夷侵扰、西学渐入的社会背景中，陕西关学今文经学的重要倡导者及关学由旧学向新学转变的领袖，是将关学的务实传统与经世致用完美结合并承接与发扬光大的关学大师。刘光蕡的学术观点主要为：启识育才、化民成俗、学以致用、实用即学，以及政教（学）合一、以师为吏，提倡中西结合的教育思想。①在启识育才方面，他主张：“书院教学贵提醒人心，其有益于今日士习为甚巨也”，提出12字修身要诀为：“历耻、习勤、求实、观时、广识、乐群”；②在对于中西文化文化教育差异上，他指出：“外人立学在事，中国之学在文。文遁于虚，

与刘古愚相关的书院及其教学历程　表3.53

相关书院	泾阳书院	味经书院	崇实书院	礼泉烟霞书院	兰州甘肃大学堂
教学经历	1876～1887年主讲于泾阳书院	①1887～1898年掌教于味经书院 ②1884年在味经书院期间与柏景伟创办“求友斋” ③1895年改“求友斋”为“时务斋”	①1896年与赵维熙、张汝梅在泾阳建立“格致实学”的崇实书院 ②1897年将味经书院“时务斋”并入崇实书院		1903年以后在兰州甘肃大学堂掌教

（2）味经书院建筑空间结构

味经书院是按照书院的基本规制而建造的，基本空间规制为文昌阁（尊圣）→藏书楼（尊书）→祠堂（尊学祖）→山长居室（尊师）→讲堂（中心）→ 大门（进入）。从大门至最深处的文昌阁，一步步进入书院是一步步进入中国礼制

事征于实，课虚不如求实，故造就逊于人也”，“外国之富强有实事，中国之仁义拖空谈，故中国不敌外非仁义不敌富强。空谈不敌实事，其弊亦自士子读书始，束发受学，但知读书为作八股之资，不惟与世事无涉，并与自家身心无涉”，“故今日之弊，非矫虚以实不可，矫之亦必自士子读书始。凡经史中所言之事，皆以为实而默验之身心，必求其可行，而不管其能言，则心入于事理之中，言未有不真切者，而文亦精进矣，求一得两，何惮不为。”③在实用即学方面，指出：“救世之外无学问，致用之外无经术”；④在化民成俗方面，他认为：“救国之贫弱，孰有捷且大于兴学者？特兴学以化民成俗为主，而非仅造士成才也。风俗于人才，犹江河之蛟龙也，江河水积而蛟龙生，风俗醇美而人才出焉；无江河之水，即有蛟龙亦与鱼鳖同枯于肆，而安能显星云致雨以润大千之灵哉？故世界者，人才之江河，而学其水也。化民成俗，则胥纳士、吏、兵、农、工、商于学，厚积其水，以待蛟龙生也。兵练于伍，吏勤于衙，农勤于野，工巧于肆，商智于市，各精其业，即各为富强之事，而又有殊异之才，挺然出于群练、群谨、群勤、群巧、群智之中，以率此练、谨、勤、巧、智之群，自立于今日之世界，不惟不患贫弱，而富贵且莫中国矣！”⑤对于以师为吏、政教（学）合一，他认为：“天降下民，作君作师，并言其权位为民君者，其道德学问皆为民师者也。天子一日万机，而道统始于尧、舜，传于禹、汤、文、武、周公，终以孔孟，是君相不兼师，吏不教民，自春秋始也。教之权不统于上，故纷于下，自战国时，人自为说，家自为教，派流为九，子名有百，出入主权，嚣然不靖。秦人患之，虐以刀锯，威以焚坑，能抑其气，不能服其心也。曰‘以吏为师’……故自秦汉以后，为吏者知持法而不知敷教，自弃其教之权，而以吏制天下，桀黠者，益收其所弃之权，则倡为教，以惑众而为乱。……盖民之生也有教则人，无则禽兽，人未有甘居禽兽之名者，则国之有教，民心固有之理，官职应尽之责也”，“三代而后，教不统于上。尼山首出，宏倡儒风，擅施儒得民之势，君上不过问教，遂于政分而不可合。顾教不可与政分也，权不能定于一尊，势不能资以远行。源远流分，人自为书，家自为学，譬如大河，群流趋附，无堤防以束于左右，则成汹涌之势。溃败横绝而不可收拾。故自春秋以降，诸子争鸣，异端蜂起，人人得以号召徒众，自树一帜。门户既分，党与斯盛，是非汩于草野，毁誉乱于朝廷，至匹夫可与君相争刑赏之权，而清流之祸极矣，汉、唐、宋、明之党祸是也。又其甚者，外夷无君无父，奸人惑世诬民，借端聚众，而海内便被其毒……是以愿治之主必急起而收之……其后，主德不明，教士之权又复移于师儒。书院林立，痒序徒设，教与政分，清议虽足维持国是，而党祸之惨，遂极千古之所未有。然则，教出于上，时未久而遂不振者，师以例来，士以例应，虚文故事相袭成风，无精意以贯其中也。教出于下，利虽多而害即随者，师以道立，士以名归，树致聚徒，异说相角，无权位以持其上也……师儒之教，而以官法行之，故精意贯注，而不闻处士横议之风。二百余年，书院得士为多，而无前代党朋之祸，则政教合之效也。然积久弊生，猎词华而略实行，重制艺而弃诗书。轻脱无行，而道学思救其后；空疏寡用，而西学遂乘其虚。”

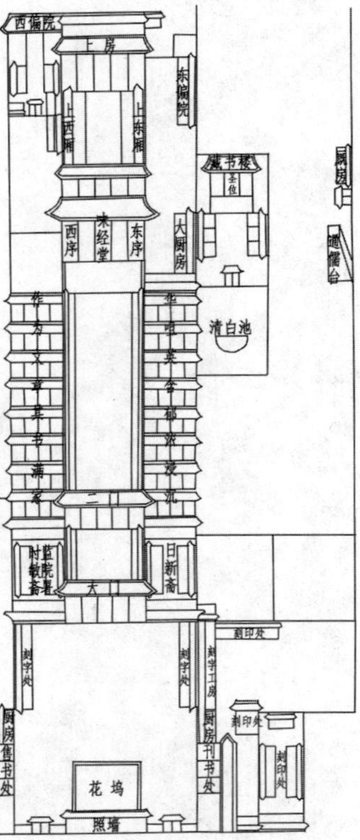

图3.186　味经书院平面空间结构

资料来源：作者转绘

文化的仪式，味经书院就是以这样的空间序列而展开的，虽然由于经费和地址狭窄而几经扩建，但其空间观念与营建理念的本质属性是完全遵循古制的。由于目前味经书院已仅剩残存的些许建筑，故这里将据清代刘古愚先生所书《陕甘味经书院志》及配图来作为研究味经书院建筑空间结构的主要资料。

据《陕甘味经书院志》载，味经书院位于“泾阳县北城微东面姚家巷，纵五十三丈，横一十二丈（……捐计地十亩九分，西南隅微缺，光绪十六年价，买入院）”，即今天的泾阳县姚家巷中学的位置，当时占地是40m×176.6m。书院整体仍以中轴式空间布局为主（图3.186），以中心位置的讲堂为核心，基本情况为：中为讲堂五楹五架，左右有序堂，之前左为大雅扶轮门，右为小山承盖门（门内有厕）。又前东列“沈（内有焚字炉）、浸、浓、郁、含、英、咀、华”号舍，入西列“作、为、文、章、其、书、满、家”号舍，入舍各四室，其外有廊，又前为二门，三楹三架。门三出左右外塾，塾前西为时敏斋房，十六架，门东出，东为日新斋房，十六架。门北出，又前为大门，三楹五架。门中出，左右内塾，门外为屏。堂之后为客厅，五架三楹，左右有室，又为左右厢，各五架。又后为寝，五架四楹，寝后，小房五架，寝西，为小寝三架三楹，都房，七十五架屏，一炉一厕一门窗，器具悉备……同治十二年九月……是为陕西有味经之始，然事属草创，诸凡缺略，监院无署，寄居时敏斋，及西寝诸生庖厨，暂置日新斋，藏书藉无所，置于客厅西室，至圣位设于正寝……光绪二年……西寝前添建左右厢，厢二架，屏风门一架，正寝东添厩房四架。十一年二月，吴建勋续捐院东地址，纵四十五丈，横十丈，又南隅，横三丈一尺，纵八尺（计地七亩九分一厘三毫零）。十三年，监院张元熙移建庖厨于大雅扶轮门东，房六架，移厩于东院之东。越二年……建藏书楼于讲堂东，三架三楹，中设至圣位，前列庑舍，左右各三架……其南为清白池……东为通儒台……又创立刊书处于大门东，构房三架三楹，门西三架一楹，先后共縻金钱不足千而规制大备矣。顺德黎璧侯先生继之谓：“刊书不可不售”，拓售书处于大门西，其地逼狭。越二年，吴建硕族弟廪生吴建寅捐其西地址（长二十三丈四尺，宽四丈五尺，地一亩七分五厘五毫），前为售书处，后以备修监院署之用，基址大展，继而为之，则在后之司院事者。

味经书院的中心是5架5楹的味经堂，堂两边是东序与西序，堂前有两扇门，左边是大雅扶轮门，右边是小山承盖门，小山承盖门内是厕所。其前为东西两列学舍，东列从南往北分别为沉、浸、浓、郁、含、英、咀、华8舍，沉舍内有焚字炉，西列从北往南分别为作、为、文、章、其、书、满、家8舍，共16舍，每舍4间，舍外有廊。学舍南边是二门，二门等级低于味经堂，乃3架3楹。与二门形成的围合空间东西两边为门，出此左右二门，左右两边分别是外塾，东边外塾前是日新斋，西边外塾前是时敏斋，各为16架。二门南面是3楹5架的大门，门中出，外面左右为内塾，门外是屏。

味经堂的北面是5楹3架的客厅，其左右为室，与味经堂一起延续了前堂后室的规制，在其北面是左右各5架的厢房，厢房北且与客厅相对的是5架4楹的上房，为寝，寝北是一5架的小房，寝西是西偏院，最初只建了3架3楹的小寝，75架屏的花房。味经书院初建于同治二十九年9月，此时并没有监院署，所以暂将监院署置于学舍前的时敏斋和西寝，厨房则暂时置于日新斋，客厅的西室则是藏书的空间，将圣位供奉于正寝（上房）。光绪二年，正寝西边的小寝前添建了左右厢房，厢2架，屏风门1架，形成了西偏院。正寝东边则添建了4架的厩房。光绪十一年2月，吴建勋又捐了院东的150m×33m的面积，约为7亩9分。光绪十三年，监院张元熙将厨房移至大雅扶轮门东边的6架房，又将厩房移于东院的东边，即通儒台的北边。过了两年，在味经堂的东边建3架3楹的藏书楼，便将圣位供奉于中堂，藏书楼南建左右庑舍，各3架，再南边是清白池。东边是通儒台。

在入口处，大门的东边是3架3楹的刊书处，西边是3架1楹，原亦为刊书处，后将西边改为拓售书处，当时空间十分狭窄，两年以后，吴建硕的族弟廪生吴建寅又捐出了西面78m×15m，约为1亩7分的面积，南面为售书处，后面为修监院署的备用地。

总体来说，味经书院以味经堂为中心，中轴对称，从入口至味经堂，经过大门、二门与号舍通道，形成了层层至上的礼制空间，显示了书院以学术为上的空间结构文化与理念，这条正中的礼仪轴是中国传统文化观念与规制在空间范畴的表现与浓缩，也是中国文化、教育乃至关学文化、教育重“经”的反映。“经”乃纺织的“经”线，是主导事物发展的根本。中国文化例来重视对“经”的学习与修为，“经”虽为虚，但她是教育、学习、文化、人伦、道德的根本，“经”在“技”前，应先修好“经”才能学好“技”，这也是“明体适用”“经世致用”的奥义。所以，在味经书院的建筑空间构成上，在中轴线上味经堂的北面保持了前堂后室、前堂后寝的礼仪规制，而代表着“技”的各种功能性空间均被建在中轴线的两侧，包括偏院、花房、号舍、斋舍、马厩、刊印处、售书处、通儒台，味经书院几经捐地与费用支持，终于光绪十七年形成完整规模。

此外，在藏书楼与圣位供奉方面，最初书院虽面积狭窄，亦将藏书与圣位置于厅院，圣位在上房供奉，后经济与面积宽裕后，遂专门修建了藏书楼于讲堂以东的位置，亦是对昭穆之序的照应，反映了书院尊圣的诚念。

（3）味经书院建筑环境的文化内涵

味经书院各个主要建筑的楹联和匾额充分体现了书院的文化气质及书院的学术教育思想宗旨，如：（讲堂）中栋悬“奉谕旨”，后楣题“味经”，堂后有楹贴[1]。前楣题“学为忠孝”，中、旁皆有楹贴[2]。（二门）楣题“尊闻行知”，左右有楹贴[3]。

味经书院的清白池与通儒台皆有铭，清白池的铭为：“……龙山矗矗，泾流其麓，秦汉而明，凿石洞腹，槛泉觱沸，琮浆筛珠，色澄以碧，味淡以腴，渠始白公，长我禾黍，借入陵阿，菁莪处处，清宜肺腑，凉心齿牙，性禾沃乃，毋渴萌芽，在山能清，出山不浊，浇俗尘污，毋望濯濯，源头水活，汩汩其流，心亨行险，无闲学修，饮水知源，伊谁之赐，柯公不居，嫠也有志，惟嫠何志，冰雪

1.堂后楹贴题“以生灵休戚为心练识广才名公卿由此其选也，就吾学切磋所得通经致用大文章可扩而充之”。

2.中楹贴题“讲肆邻周京木或朴作人看今日多士群居可否不愧誉髦泾之水峨之山直与全秦振风气，横渠启关学洙泗相传愿诸生奋心独往断当力崇礼教愚求砭顽求订好为吾道溯渊源。”旁楹贴题“讲学不在多言先挞破名利一关仰毋愧俯毋怍惕厉战兢敬义夹持是乃圣贤真学问，通经必期实用果认得忠孝二字体于身修于家肫诚悱恻穷达无间斯为豪杰大经纶”。

3.二门楹贴题“华岳黄河俱有灵其间气必钟英哲，圣贤豪杰都无钟在儒生自识指归”。

不春，和风化煦，泽流士人，矧我士人，渊深海阔，静不澄泓，动胡活泼，绠修汲古，道悟观澜，勒名池上，用励儒冠（光绪十七年九月咸阳刘光蕡撰）。”

通儒台的铭为：“峨峨高台在泾之阳，上规下矩用圜体方，粤惟古圣推策迎日，自是以来代有作述，察景辩气分躔限天，积微成著后密于前，中夏失官学流荒裔，圣清龙兴重泽献艺，炫其技巧惑我畍蚩，抶比之奥实古之遗，算术惊深步天为极，会于一原造端实测，穷理合数考古验今，或久而差密率可寻，惟我中土世多智士，湛若词章先民所鄙，矧兹丰镐英俊繁兴，通微造极符契相承，以济时艰用宏先觉，勒铭斯台敢告来学（光绪十六年岁在庚寅夏五月 陕西督学使者武昌柯逢时撰书）。”

陕甘味经书院是注重实学的陕西书院的代表，体现了中国地方教育空间——书院空间结构的典型特征，即以讲堂为中心，中轴对称，前堂后室，左学右庙的规制，并在建筑装饰文化上运用匾额、楹联等严肃、简朴而又清丽、庄重地体现书院集学术、教育、藏书、祭祀于一体的功能集合物象。由于味经书院位于县城以内，无法体现书院与自然山水环境相结合的意蕴，但陕西其他书院却在这一方面有较高的建造理念与标准，充分反映在“天人合一”文化观念支持下的建筑形成结果，如周至新峰书院[1]、洛南燕山学舍[2]、白河天池书院[3]。

总的来说，书院建筑体现了中国传统文化“天人合一”的观念，陕西书院更在天人合一观念的指导下，进一步将关学的“经世致用、明体适用、政教合一”等文化观念渗入其中，使书院在重“经”的同时注重“实用”，在地方教育体系，尤其是对传统时期陕西广大农村的文化与教育事业的发展、人民的教化、传统文化的继承等各方面作出了补于官学、高于蒙学、独立学术的重要贡献。

6.关中、陕北、陕南传统村落戏剧表演空间

戏曲包括了戏剧，戏剧是戏曲的一个分项内容。从戏曲的范畴来阐述戏剧的概念，是因为中国自古至今，在农村的场所视阈中戏剧最初并非戏剧，而是从祭祀礼仪到各种类型的戏剧前体再到戏剧，而在这一发展过程中的每一个阶段的内容，又对中国农民的生活（包含精神层面的宗教信仰再到娱乐），都产生了绵延不断的影响与作用。

纵观各位学者研究的成果，可以得出结论的是，无论是戏剧祭祀礼仪阶段、戏剧的前体阶段还是戏剧形式的成型阶段，至今，这种形式对中国农民的影响是整体的，这其中的本质原因在于农耕文明对中国农民的潜意识作用是根深蒂固与本质相同的，因此，这里将把关中、陕北、陕南三个地区的戏剧表演场所的演化，放置在中国农民整体生活的宏观场域中来考察和看待，整理清楚在与城市官宦权贵阶层的戏剧表演场所相区别的农村戏剧表演场所的演变过程和结果。这样做的意义在于，目前在建筑学的研究领域中，将老戏台建筑单独列出来，对其进行类型与空间分类的研究成果比较多，但很多研究成果将城市与农村的戏剧表演场所的演变混合在一起来研究。这里认为，由于农村与城市是两个具有不同发展方向与总体职能效用的空间场所和社会群体，虽然同样是戏剧，但在这两个不同

1.（清）周至新峰书院：“登堂四顾，见终南诸峰高出青，俨若补天巨笔，观渭流如带，每风发波涌，似翻开千层文澜。当门三峰台，耸秀飞青，俨然天台而拱，实为多士佳兆，因颜之曰‘对峰书院’……”

2.（清）洛南燕山学舍：“背坐燕子山，面对壮头山，文星文峰，天然遥列。且武里水绕于前，洛水经其后，信足以萃一邑之秀而成远大之规也。”

3.（清）白河天池书院：“前南台，后北岗，直临汉水，右拥绣屏，洵此邦胜境也。”

的空间场域与社会群体形态中，从历史性角度来看，它们的演出场所演变是有着很大差异性的，换言之，城市经典、精致的戏剧是在农村看似粗糙、狂放、野性的乡土戏剧中汲取了营养而经过专业人士的改良和更为艺术化、精致化的结果。事实上，这也证实了风雅文化与风土文化、经典文化与民俗文化之间的关系。

1）中国戏剧产生的农耕文明本源

对于中国乡土戏剧产生与发展，这里更赞同日本学者田仲一成的学术观点：乡土戏剧是祭祀戏剧的发展与演变，乡土戏剧源自中国农耕文明的祭祀礼仪，最主要的是春祈与秋报。

春祈以社祭为主，祈祷神灵（主要是土地神）保佑新的一年五谷丰登、风调雨顺，春祈的各种祭祀礼仪为阴冷了一个冬季的气氛注入阳气，让新一季的耕作五谷丰登，而祭祀仪式中最主要的就是春社，即在春节与元宵节时举行的大型社祭。春祈的文化意义形成了戏剧，万事万物的成熟与点化都要经历一个苦厄的过程，就像严寒的冬季那样，农作物是这样，人生的经历过程也是这样，经历苦难走向成熟、成功与丰盈，成了中国戏剧的基本形式。

如果说春祈是以祈福于土地神为主的纳祥祭祀仪式的话，秋祈则是以祈求傩神驱疫禳灾的祭祀仪式。春祈之后，经历一个阶段的耕种，丰收在望之际，为了避免各种病疫和灾祸的产生，避免各种冤死不能往生孤魂的破坏与侵扰，就拜请傩神来祛除各种疫灾和孤魂，以保佑好的收成。秋祈的文化意义与傩神驱疫禳灾时的祭祀仪式成了戏剧内容的原型，这样就很明确地证明了戏剧从其形式到内容都源自农耕文明的文化本源，形式是经历苦难到达成功的境地，内容是各种孤魂与英雄孤魂等的故事。形式与内容的表演均依赖于戏剧具体的表演形式，其中的对白、唱腔、身段、动作（即唱、念、做、打）则来源于春祈、秋祈祭祀礼仪中具体形式的转变，被附体巫师之间的对话与舞蹈则是原型。

中国戏剧源自原始社会的祭祀仪式，这是众多学者共同的观点。在原始社会，掌握祭祀密匙的巫师拥有至高的地位，在社会生产力普遍低下的时候，各种各样的神秘力量威慑着人们的精神世界，而巫师通过祭祀仪式与神灵沟通，巫师与神灵的对话成了戏剧的道白，巫师被附体后近乎狂野的动作成了戏剧程式化舞蹈动作的原型。语言的叙述似乎很简单，但事实是在历史时空中，从祭祀仪式向戏剧的转化却是一个漫长的过程，尤其在中国，这是因为祭祀礼仪是中国农民的宗教，祭祀礼仪从村祭到宗族祭祀的发展阻碍其转化为戏剧形式，所以中国戏剧到了13世纪才产生，远远晚于古希腊和印度戏剧。

2）农村戏剧表演场所历史演变

先秦时期，作为戏剧前身的社祭（春社和秋社）场所主要在多个部族居住区共有的交叉地带，在以集市为背景的场景中举办大型祭祀歌舞，社的圣地则是没有大片树林遮挡的空地，空地中间放着大鼓或者篝火，人们围绕成一个圆圈跳着祭祀舞蹈，在举行社祭的同时这里还是集市，正如《诗经·陈风》《东门之枌》描述的：“东门之枌，宛丘之栩，子仲之子，婆娑其下，谷旦于差，南方之原，不绩其麻，市也婆娑。”这说明青年男女跳舞的集市在东门与集市之间。先秦时候，社祭也是年轻男女寻找结婚对象的机会[1]，基于这样的民俗文化背景才有在不同部族领地之间的空旷场地上跳圆形祭祀舞蹈的习俗，或者在“宛丘”这种四周高中间低、类似于天然剧场的地方进行。

汉魏时期，社祭逐渐被具有较强宗族势力的大家族家祭所取代，虽然家祭中神尸[2]和工祝[3]的对话形式（戏剧的原型）被宗族势力推向了重要的地位，取代了大型团体性祭祀舞蹈，但社祭本身所残留下来的形式也在各地发展。《淮南子·精神训》中说：“今夫穷鄙社也，叩盆拊瓴，拍和而歌，自以为其乐也。”“穷鄙社”说明当时农民的社祭比较简陋，一般性的空地即能举行，而宗族家祭则很具场面，不仅有“设”，还有“宴”[4]。

中晚唐时期也许是在中国村落祭祀礼仪基础上形成祭祀戏剧的最早时间，也就是说，在传统春秋社祭礼仪的神秘成分趋向世俗化、艺术化的过程中，中晚唐是刚刚开始的阶段。这时候，佛教盛行，寺庙增多，社更多的是在寺庙中举行，被称为“邑社、社邑”，伴随着以儒佛宣讲内容为主的春秋二季的俗讲、印制印沙佛、斋会等佛事进行，还有的则在宗族团聚宴会上举行。此时的社邑以增进宗族之间和睦关系为目的，娱乐性增强，宗教祭祀畏惧感降低。

北宋时，祭祀程度降低且向大众文艺演化的趋势更为明显，很多佃户和贫农都成了社举办的出资人，神秘性质大大减少。当一种仪式内含的宗教信仰成分消失的时候，尊崇与敬畏的心理不存在，仪式就转化成了表演。社祭的组织者从之前的地主阶层转变成了普通的贫农与迁徙而至的佃户，社会组成结构趋于复杂，从前以社祭维持地主管理一方的政治秩序被打破，社祭威慑性被削弱，催生了新的维持社会秩序和凝聚社会力量的形式——“社火”与“迎神赛会”。这种新的形式变得更加平民化与娱乐化。

宋代社祭趋于艺术化和娱乐化的另一个原因是，到了这一阶段，农民祈福禳灾的内容变得更为具体单一，有的只是祈求田地的丰收，有的则是祈求蚕桑的顺利等，还有的是祈求渔业的安全顺遂和商业的兴旺。每个人有自己内心祈福愿望的时候，从前集体性的群舞祭祀活动就瓦解了，每个人祈祷着自己的福气，他者就成了旁观者，所以祭祀仪式的被观看成分增大，大大促进了祭祀仪式的娱乐化、艺术化。这时候佛教盛行，农民对人格神的崇祀代替了传统社祭中的自然神，又一批新兴寺庙建立，寺庙与其周围的区域成了社火和迎神赛会的重要场所，有文献记载法门寺举行的社火是在春秋二季之外的夏季，昼夜持续[5]，而南宋时候的社火在寺庙中举行也是蔚然成风。戏场也在一个接着一个的庙会上搭建，社火在不同寺庙之间的路径空间进行游演[6]。

除了在寺庙中搭台，社火盛行也让农村经常搭台演戏[7]。在秋祭的时候，演员们会到各个乡村参演社火及其中的戏剧，以进行“乞冬”。以棚为主而搭建的临时戏台常常会在农民居住较为密集的地方，或者是在交通要道的十字路口，而看台有时候连市中心和四个城门之外都会有。戏剧场所的主要建筑与空间功能俱

1.中国古代主张族外婚，所以在几个族群举行共同的社祭活动的时候，也是年轻男女选择佳偶的好机会。

2.戴着猫和虎面具的角色。

3.代表神意的巫师。

4.《三国志·魏志·曹爽传》：“范尝撮汉书中杂事，自以意对酌之，名曰世要论。蒋济为大尉，尝与范会社下。群卿列坐有数人。”可以看出来汉魏时期宗族家祭的情况。

5.北宋时期，大中祥符三年（1010年）的诏书敕语中说：“大中祥符三年四月二十九日，诏，访闻关右民每岁夏首，于凤翔府岐山县法门寺，为社会……宜令有司量定聚会日数，禁其夜集，官司严加警察。”

6.南宋末年陈淳在嘉定四年给赵寺丞的《上赵寺丞论淫祀书》中说：“……南人好尚淫祀，而此邦尤甚……而所以为庙宇者，何啻数百所。逐庙各有迎神之礼，随月迭为迎神之会……今月甲庙未尝，后月乙庙又至。后月丙庙丁庙。一庙之迎，动以数十像，群与於街中，且黄其伞，龙其辇，黼其坐，又装御直班，以导于前……四境闻风，鼓动复为，俳优戏队，相胜以应之……”

7.陈淳在嘉定十二年（1219年）给傅丞寺的《上傅丞寺论淫戏书》中谈到秋祭演戏的地点说：“某窃以，此邦陋俗，常秋收之后，优人互凑诸乡保，做淫戏……筑棚于居民丛萃之地，四通八达之郊，以广会观者。至市廛近地四门之外，亦争为之……”

全，戏台、看台、场所在空间范畴中标志戏剧的完整性[1]。

总的来说，宋代是农村戏剧真正产生的时期，起初具有神秘性质与威慑人心作用的祭祀仪式，在从祭祀自然神、农神转变为祭祀人格神，全体群舞进行的祭祀仪式转变成主体祭祀群与观看群时，戏剧前体形式即祭祀戏剧的表演场所也从先秦时的“宛丘”“空地”发展成了北宋时期在居住密集地或十字路口的棚台等（戏剧前体时期表演场所演变见表3.54），祭祀仪式的神秘性与威慑人心之力量一步步消失，取而代之的是一种新的更为娱乐化、艺术化、大众化，有祭祀者与观看者出现的“社火”形式。社火的产生亦标志着神圣的祭祀仪式完全转变为戏剧，以艺术性为特征的戏剧产生。

戏剧前体时期（先秦—宋）具体表演场所汇总　表3.54

时间	祭祀称谓	表演场所	仪式主要形式
先秦 ↓ 汉魏 ↓ 中晚唐 ↓	社祭	①多部族居住区交叉地带 ②空地 ③宛丘 ④以集市为背景	圆圈形的大型祭祀歌舞
	社祭	①场地简陋 ②一般的空地	祭祀戏剧（如神尸与祝工的对话）
	家祭	①厅堂的设（有舞蹈表演的宴） ②厅堂的宴（没有舞蹈表演的宴）	
	社邑（邑社）	①寺庙 ②宗族团聚宴会	祭祀戏剧
宋	社火/迎神赛会	①在一个又一个庙会搭建戏棚 ②商业市场是背景环境 ③在不同寺庙之间产生了游演的路径在居住密集地交通十字路口搭棚台，看台在市中心或者四城门外 ④社火与戏台不在一处，如村北办社火，村东搭戏台	娱乐性的戏剧表演产生

与社祭的神秘宗教形式相比，社火的影响范围更大，常常是临近的几个村子以一个集镇的庙会为背景进行社火游演和祭祀、娱乐，再或者是一个集镇庙会形成的片区与另一个集镇庙会片区结合，形成扩大了的区域，社火就是连接这些区域、被共同体认可的综合祭祀仪式，当然，戏剧也包含在其中。戏剧从产生之初在中国就具有相当广泛的共同体认可，而戏场建筑产生并满布全国各地，及戏场建筑在宋之后于建筑空间功能形制、建筑结构、建筑装饰等方面的发展壮大就顺理成章了。

戏剧表演建筑与场所空间正如戏剧本身的发展，因其功能的衍生来源于精神层面的需求，所以一开始就紧紧地被文化性需求和内涵给予了本质限定。这个时期，寺庙是主要的表演空间，以寺庙为中心形成庙会，在社火的热闹场景中，商业市场成为整个活动包括戏场在内的空间环境背景，频繁的上演社火，又让一个个寺庙成了整个游演过程的节点，社火的游演过程被确定了下来，点、线结合的

1.陆游在绍熙四年（1193年）的诗《春社》中写道：“太平处处是优场，社日儿童喜欲狂。且看参军唤苍鹘，京都新禁舞斋郎。”“优场”即为许多人聚集的演戏场所。在嘉定元年（1208年）的《幽居岁暮》中也写道：“……巷北观神社，村东看戏场。谁知屏居意，不独为耕桑。”在村子北边举办祭祀的社火，在村东边则搭起了戏台。

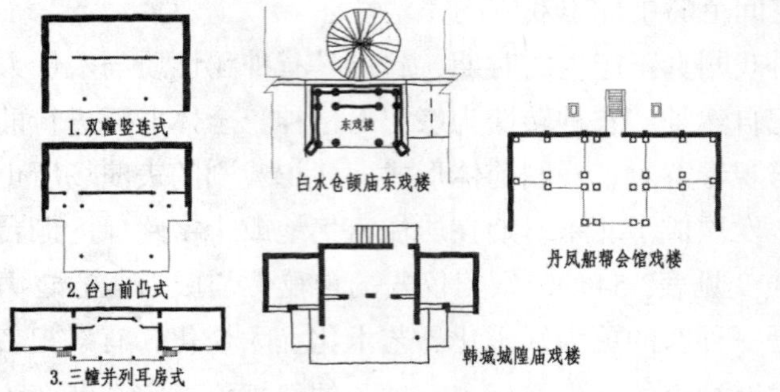

图3.187　由前后台空间结构形成的三种戏台类型及举例

资料来源：作者绘制或转绘《陕西古建筑》

空间序列亦被确定了下来。除了寺庙空间的庙会，社火举办的频繁也让农村居民众多的聚居地和交通要道的交叉处成了戏剧表演空间，而看台则安置在城门外和商业中心附近，表明戏台与看台之间的空地是一个弹性的空间尺度。这些戏剧表演场所的特点成为农村至今戏剧表演场所的特点，它反映了戏剧表演场所与村落空间的关系。

3）农村戏场建筑与城市戏场建筑的风貌差异性

通过文献与实地调研，可以发现陕西地区的戏场建筑在建筑形制与空间功能构成上基本包括在国家戏场建筑的整体范畴之中，建筑整体风貌以传统建筑结构体系为主，并呈现出传统建筑的审美韵味，在传统建筑等级的区分标准内具有象征不同建造级别的划分。从城市到农村，都在这样的整体情况中显现着物质化建筑整体的特征。

从民间与经典文化、风雅与风土建筑之间的互相影响、互为依托的关系上可以确定农村与城市戏场建筑之间在产生与发展过程中是怎样互为影响的。从祭祀仪式到戏剧成型阶段发生在民间，民间的习俗与文化是形成戏剧的土壤，经典文化吸收了民间文化因子，随后为了具有等级差异、以示区别而将其变得更加精致、华美、繁琐。可以说，在传统建筑领域中，基本结构、形式、空间、功能、布局是大致不变的统一体系，区别的是能体现建筑等级差异的各种相关的装饰。戏场建筑形成之后，必然经过经典文化阶层的精细加工与华丽装饰，以区别农村中简陋和朴素的戏场建筑，从而形成以装饰华美程度为最主要区别的戏场建筑等级差异。农村的戏场建筑虽然受到礼制等级差异的制约，但在经济条件允许的情况下，也会向城市戏场建筑学习和靠近。因此，戏剧成型于民间的社火形式，而戏场建筑体系的形成与升华则在城市或者大中型集镇中实现，随后农村中具有经济实力的建造者也学习了城市的戏场建筑将农村戏场建筑进行适当的装饰。农村最初在祭祀仪式转化为戏剧的时候，形成了戏场建筑的基本形式“棚”和“露台”，但是戏场建筑空间功能上的完善、建造方式上的升华、建筑装饰上的进一步美化和装饰却是在城市，随后，又被农村所模仿。

4）陕西农村戏场建筑

中国戏场建筑形制的共同特点主要在于建筑结构、建筑构造、建筑功能空间三个方面。建筑结构与建筑构造仍然以中国传统建筑技术与理论体系为主体内容，这方面的研究前人已做了很多：①戏台（楼）的结构主要是台框式（底层架空或为高台）和伸出式，一般由于气候条件的限制，北方为台框式，南方为伸出式；②在建筑功能空间构成方面，到了清代已经形成非常确定的基本形制，即戏场建筑在整体功能体系上包括“戏台（楼）、广场、看台（楼）”；③戏台的前后台构成形式共三种，“双幢竖连式（前后连接两幢建筑，前一幢为台口，后一幢为戏房，共同构成完整的戏台）”、“台口前凸式（将前幢建筑面宽缩小，再与后幢连接）”、“三幢并列耳房式（由竖连式两幢改为横连式三幢，即使后部戏台移到台口两边）”（图3.187）。

自宋而起，戏场建筑就成为一种公共建筑类型发展起来。对比今天遗留下来的神庙戏场建筑和农村中的戏场，前者整体比后者要更为精美，中国传统建筑雕梁画栋的装饰方式彰显着更多的文化内涵与教化作用信息，且在空间尺度上也更为宽阔和宏伟，而后者则趋于普通，就像传统建筑官式与民式存在级别差异一样，整体显得更为朴素，不难想象是由于不同阶层人士的政治与经济实力影响所致。但是，在这些差异性之内，无论是城市的还是农村的戏场建筑都在经济条件与建筑使用功能本身的作用下，自宋代至清代形成了一个关于建筑本体规范化的空间形制，其原因在于自宋至清社火类的祭祀形式没有很大的变化，在相对稳定的文化意识形态中，建筑的使用功能便具有了日臻完善的土壤。从今天遗留下来的戏场建筑来看，这些空间形制体系是针对中国整体戏场建筑而言的，当然也包括陕西戏场建筑在内。

陕西戏剧历史悠久，散布在三秦各地的传统戏剧剧场为此提供了佐证。据统计，“陕西省宝鸡市全市（区）新中国成立前约有戏台903座，宝鸡县有325座”[1]，“咸阳全市（区）新中国成立前约有戏台360座，其中长武县有98座”[2]，铜川地区“至民国20年，全区仍有40余座戏楼保存完好”[3]，“据1980年各地文化文物部门普查，陕西省全省清以前的戏场建筑计有3000余处”[4]。陕西境内的传统戏场基本都是宋代以后建造，尤以元明清时期的居多，这与前面谈到中国戏场成形于宋代是一致的。

（1）关中农村戏场建筑研究及举例：关中民俗博物院“梨园”老戏台（图3.187，图3.188，图3.189）

受气候条件的影响，关中农村戏台多为三面封闭一面观式，大多数底座为台基式，架空式的较少（架空式多为具有较高等级的寺庙戏台，村庄亦很少见），建筑结构多为受传统建筑对民用建筑级别的限制而形成的状态，如《大明令》中提出的：“庶民所居堂舍，不过三间五架，不用斗栱彩色雕饰。”[5]尽管如此，在现存农村老戏台的考察中发现，在额枋上还是有彩画装饰，也有的在正脊上会使用鸱吻与歇山式，以及使用斗栱，其华丽程度总体比民居装饰要高，但若与寺庙戏台，如城隍庙、东岳庙、仓颉庙等戏台相比则较为朴素。仅就戏台的屋顶而言，如城隍庙的戏台，由于随整体建筑级别形制而建造，所以屋顶所使用的黄色与绿色琉璃瓦，不仅可以拼出菱形图案，还在正脊（及砖雕纹样装饰）、垂脊、鸱吻、吻兽等的陪衬下呈现出金碧辉煌、富贵华丽的面貌；相比之下，农村老戏台就比较朴素，由于主要以砖雕、石雕所雕刻的花卉图案、具有教化作用的英雄

1. 鱼汛主编. 陕西戏剧志・宝鸡卷[M]. 陕西. 三秦出版社，1996. 345～357.

2. 鱼汛主编. 陕西戏剧志・咸阳卷[M]. 陕西. 三秦出版社，1996. 301～316.

3. 鱼汛主编. 陕西戏剧志・铜川市卷[M]. 陕西. 三秦出版社，1996. 271.

4. 中国戏曲志编制委员会. 中国戏曲志・陕西卷[M]. 中国ISBN中心，1995. 632.

5. 刘雨婷. 中国历代建筑典章制度[M]. 上海：同济大学出版社，2010. 173.

陕西关中部分寺庙与农村戏台　　　　表3.55

a.韩城北营庙戏台
台高1.45m，台口宽8.10m，
表演区进深5.10m
初建于金代

b.长安县北张村南戏台

c.长安县北张村北戏台

d.长安县内苑村老戏台

e.长安县五台留存老戏台
建于明代

f.耀县药王山太元洞戏台
台高1.80m，台口宽9.35m，
表演区进深5.81m，清咸丰
六年（1856年）

g.白水仓颉庙东戏台

h.白水仓颉庙西戏台

i.岐山周公庙戏台

j.灵泉村老戏台

k.库峪口村老戏台
建于1968年5月

l.春临村老戏台原址

m.冯村老戏楼

n.三益村戏台
（具体在鲍陂村）

o.郭家老戏台

故事及各种寓意的神话传说为主，雕刻虽然精美，在色彩上仍会呈现出整体的灰、黑色系，这就与寺庙戏台形成了明显的差别。关中民俗博物院现存的老戏台即为这样的状况。关中目前现存老戏台已为数不多，表3.55列出了几例，均属于寺庙戏楼和农村戏台（楼）。

图3.188　“梨园”门楼（左图）

图3.189　“梨园”戏楼（右图）

关中民俗博物院位于西安市郊南五台地区。“梨园”是进入四合院区域的第一个院子，其内主要是由一座老戏台和看楼组合而成的赏戏院落。戏楼与看楼建造于“元朝泰定元年，明清时期翻修，现存戏楼等建筑属于明清风格，原址位于合阳县”，主要分为戏台与看楼两个部分。戏台为台框式，前有两斜置景墙，类似于仓颉庙东、西戏台的形制，在功能空间结构上属于双幢竖连式。看楼分为上下两层，原址的东侧厢房危房已经倒塌，故于2000年拆迁后移入民俗博物院进行文物修复与恢复性重建。

由于失去了古建原本存在的场所，所以很难从地景关系中去真实地考察戏台和看楼原本的建造场景氛围和文化氛围，不过从这组戏场建筑华丽的砖石木三雕技艺仍可一窥明清时期关中农村传统戏场建筑朴素的华丽感，以及戏场建筑建筑形制特定且别具一格的特色、以秋报为戏剧故事原型的种种题材的传统民俗生活文化的意韵。

“梨园”门楼（图3.188）高约12m，共分为上下两段。上枋至屋顶为上段，上枋以下至台明为下段。上段从下至上分别为挂落、上枋（镶“凤凰牡丹”砖雕）、干摆砌砖、斗盘枋、砖刻斗栱、挂落、线枋子、混、砖椽，屋面不仅有镂空雕花的正脊、吻兽，仿歇山顶的两垂脊上翘，轻盈而隽秀，犹如水袖上扬。下段又分为中间以门框和字碑为主的部分和两边的垛头部分。中间的下段是抱框砖雕，抱框由外至内分别由一圈混砖、一圈线枋和一圈大枋组成，大枋子四周装饰阳刻砖雕，两边为与门框同高的两个大池子砖雕。抱框上被划分为三个小池子，中间小池子雕云、蝠纹，两侧小池子对称雕戏剧故事。紧挨抱框大枋子砖雕左右两边的是两块50cm×30cm的小池子戏曲故事砖雕（左为“祈子”，右边的较为模糊，无法辨认）。抱框砖雕上是由一圈混砖和一圈线枋子围成的大池子，内刻杂剧人物。再往上是阳刻砖雕蟠螭纹中槛，中槛以上是大镶边围起的字碑和兜肚，中为字碑，乃于右任先生题“梨园”字碑，左右两边由线枋子分隔围出的两个兜肚，内刻“麒麟祥云”纹，其上为上槛，与下面的一模一样，亦是阳刻蟠螭纹，上中槛强调了中间“梨园”字碑，清丽而醒目。上槛以上是由两条云纹砖雕

图3.190 “梨园”看楼

和线枋围起的戏曲故事砖雕，到这里是下段中间部分。下段两边是垛头和勒脚装饰，从下至上分别是左右相对的上两兽头、下“莲”纹垫花砖雕对联，左刻“家风德美联珠之作述依□，国史流芳赐酒之恩荣如□”，对联外框线枋子。左右对联上边为兜肚砖雕装饰，皆为戏剧人物与瑞草扇面装饰，外框为线枋子，线枋子上部为连枝纹枭一层，再往上是枭一层加“蝠”纹阳刻砖雕。线枋子下边为莲纹下枭，再下左右均为如意砖雕，其下由一层混砖收边。左右兜肚砖雕以上是两只太师。抱框前一对貔貅门枕石，垛头前为对狮门枕石。门楼整体气质华丽与俊美，加上两边看墙带中心岔花、边岔花与大枋子雕花的软心墙砖雕装饰，华美的正脊与封护檐砖雕装饰等，使门楼与看墙浑然一体。

“梨园”戏楼（图3.189）结构为台框式，空间构成为双幢竖连式。屋顶为硬山顶，正脊为镂空吉祥花卉“对莲”纹样，寓意生命之树，中间装饰对虎万字祥云朝天中花。筒瓦屋面小脊式。檐下不出踩斗栱，檐枋木雕彩绘戏曲故事与人物“西厢记”，其下乃二龙戏珠彩绘木雕挂落，黑漆楹柱，金字抱联。两边檐枋下檐垫板木雕彩绘“双凤朝阳”，再向下的小额枋为木雕彩绘“孔雀牡丹”，其下类似于影壁心墙装饰砖雕，左为松鹤，右为梅兰，上以缠枝花卉为挂落装饰，下用线枋子围小池子，雕“蝠”纹“寿”字。这座戏楼显著的特点在于从左右硬山墀头伸出“八字看墙”，屋面与“梨园”门楼砖雕装饰相同，歇山单檐带五脊，正脊有龙空雕花与吻兽，砖椽、砖雕斗栱、混、挂落俱全，墀头小侧面雕圭角上小戏楼与戏曲人物，左“武”右“文”，看面墙上两心墙砖雕亦皆为《三国演义》戏曲故事的改绘。戏楼的舞台立面墙上有5块砖雕，中间3块为戏曲人物（正中的是“桃园三结义”），两侧为瑞兽。戏楼的内部以木雕隔扇门分隔出了后台与前台，亦划分出了“出将”“入相”两门，室内屋顶延续传统戏楼藻井的形式，仅以3层装饰斗栱和中心的百花垂柱为顶部装饰。戏楼整体由其“八字看墙”的繁复砖雕与台口立面木雕彩绘和砖雕共同形成清丽而华美的气质，与门楼非常协调。

梨园的看楼（图3.190）与戏楼不仅从功能上，亦从建筑色彩、木雕、砖雕形式上达到了协调一致的美学效果，同时在建筑的整体造型形制上也与外部的门楼形成了内外对称的形态，使整个梨园在建筑功能上代表了典型的北方戏楼形制，在建筑审美上体现了关中戏楼华美又不失隽丽的气质，在建筑文化上以平实的戏曲人物造型故事及吉祥瑞草神兽所转化的木、砖雕，共同营造了神化与民俗世界。从学术研究的角度来看，将“梨园”戏楼异地保护虽对文物保护来说具有重要的贡献，但与物质文化遗产与非物质文化遗产保护的整体性、原真性原则是不太相符的，离开了戏楼原生的村落环境使研究很难结合具体的场所氛围，这一点有些遗憾。

（2）陕北农村戏场建筑研究及举例：米脂后马家园则村关帝庙戏台

在历史上，陕北人口有限，故其戏楼没有关中数量多，但据统计就榆林地区现约有150座清代戏场建筑[1]。陕北戏楼形制与关中基本相同，由于整体气候条件较关中更为寒冷，如果说关中某些地区还有伸出式（舞台两面没有隔墙）戏楼，陕北就完全以台框式为主，这一点可从陕北较为著名的戏楼（台）形制看出来，如米脂李自成行宫戏台、佳县白云观和关帝庙戏台（表3.56）等。

1．鱼汛主编．陕西戏剧志・榆林地区卷[M]．陕西:三秦出版社，1998．183～187.

陕北部分传统戏台图例

表3.56

佳县白云观乐楼
舞台高2.75m，台口宽11.85m，舞台表演区进深5.2m，始建于明万历三十三年（1605年）

佳县白云观关帝庙戏台

米脂李自成行宫戏台
舞台高1.70m，台口宽9.60m，舞台表演区进深5.25m，始建于明崇祯年间

本书作者在前往陕北米脂马家园则村拜访石雕匠人的时候，偶然发现马家园则村入口关帝庙戏台，为在具体的陕北村落环境中研究老戏台提供了现实资料。此戏台建于民国21年孟夏，至今已较为残破，整体面貌以民国时期仿古建筑风格为主，其地理位置位于村口关帝庙对面，是村子专为娱神娱人而修建的寺庙戏台。关帝庙规模小而精致且形制具备，经过庙宇和戏台之间的看场空地，反衬戏台的宽敞。此寺庙与戏台表明尽管是身处黄土高原腹地、交通不便到达的黄土村落，宗教信仰依然根深蒂固，且传统戏曲文化所体现的农耕本源文化的影响一直在陕北边远村落存在着。除此之外，寺庙与戏台建在沟道型村落的入口，占据村中地势最好、最为平坦且为三条沟道交汇的场所，又从村落空间结构的角度解释了宗教信仰与传统文化对村落和村民的重要性。

关帝庙坐东北朝西南，戏台正对关帝庙，因此为坐西南朝东北，乃依着背后土坡而建的半独立式砖砌建筑，总宽12m，总高5m，舞台高1.6m，台口高11m，表演区进深5～6m，后台约5～6m。戏台功能空间结构为双幢竖连式，后台突出了陕北地域建筑特色，以窑洞结构形态为主，两口窑洞连接两进入后台的门，两口窑洞亦规定了“出将”与“入相”。屋面为平顶，屋檐以勾头滴水收口，其下砖椽装饰，再下为干摆一层，连珠混一层，砖砌仿斗栱一层，额枋上书题漆字“莺飞鱼跃”，额枋下接直径为8cm的立柱4根，立柱两侧有类似于雀替的装饰结构，结构彩绘龙纹，柱础则是瓜磉。台口两边是墙垛，垛头接近屋面的位置有戗檐装饰（损毁严重，观其貌应为吉祥花卉砖雕），枭混和盘头均为砖砌素做。舞台立面为素做，没有砖雕，为5层石砌基座。此戏台目前已损毁较为严重，进入后台的后门被封，可见弃用许久。但站在戏台前面，还能感受到兴盛之时，逢年过节村民围观看戏的场景与浓烈氛围。

（3）陕南农村戏场建筑研究及举例：漫川双戏楼

与关中陕北相比，陕南老戏台亦不少，陕南以安康和汉中两地为主。据府、县志等记载，从明末至20世纪50年代初的400余年，仅安康地区便有戏台240座，其中，安康城内有22座。[1]而汉中地区，据《陕西省戏剧志・汉中地区卷》载：到清代，古戏楼已达数百个，凡大庙前必有乐楼，供每年祀神报赛演戏之用[2]。

陕南戏台（楼）更倾向于南方形制，以伸出式居多，受荆楚和湖鄂文化的影响，戏台雕梁画栋、连檐飞翼，山花装饰华丽无比。漫川的鸳鸯双戏楼（图3.191）便是具有代表性的陕南戏楼。鸳鸯双戏楼位于漫川关中心位置，是分隔北部上街与南部下街的地标性传统建筑。鸳鸯双戏楼始建于清光绪十二年（1886

1．鱼汛主编．陕西戏剧志・安康地区卷[M]．陕西:三秦出版社，1994．301～316.

2．鱼汛主编．陕西戏剧志・汉中地区卷[M]．陕西：三秦出版社，1996．226.

陕南部分传统戏台图例 表3.57

丹凤县花庙戏台（船帮会馆戏台）

舞台高度2.30m，台口宽度7.10m，舞台表演进深区5.0m建于清嘉庆二十年（1815年）。形制：重檐庑殿顶，伸出式，底层架空，后台宽于前台，两侧有封火墙。船帮会馆又称为平浪宫，是由水手和船工共资兴修的祭祀汉水水神、祈求下水平安的会馆，此戏楼以装饰华美的雕刻和典型的南方建筑形式达到娱神娱人的文化功能

略阳江神庙戏台

舞台高度2.60m，台口宽度9.40m，舞台表演进深区5.2m。建于清道光二十年（1840年）

勉县武侯祠乐楼

舞台高度1.70m，台口宽度9.40m，舞台表演进深区5.2m。始建于明正德八年

年），隶属于对面的骡帮会馆，由陕西、山西、河南三地的骡帮共同出资建造。骡帮会馆是南北并排的两座建筑，乃关帝庙和马王庙，因此鸳鸯双戏楼也是为关帝和马王建造的庙宇戏楼。

鸳鸯戏楼坐西朝东，在建造形态上紧扣“鸳鸯”二字，并排而建两座戏楼，寓意牡牝，北为牡，右为牝，一牡一牝、一阴一阳。两座戏楼皆属于底层架空的台口前凸式（即伸出式），后台建筑呈一字形横卧于两座门楼身后，两座门楼雕梁画栋、歇山重檐、山花木雕华丽浪漫，后台建筑封火山墙高耸，墀头屋面彩绘砖雕装饰，使此建筑成了陕西第一戏楼。在骡帮会馆与戏楼之间留有200多平方米的空地，不仅是漫川中街的街道，也是戏楼前的看场空地，可以想象当年漫川商肆林立、南北商客穿梭往来、三月三日驼帮庙会唱大戏的繁荣场景。

鸳鸯戏楼的牡戏楼体量较大，为单檐歇山屋面，共有5条脊。正脊饰暗亮云纹砖雕，两端饰鱼龙吻，筒瓦屋面，勾头滴水，戗脊飞翘，檐下为轩，彰显了南方建筑的清爽与秀丽；额枋两端龙头木雕，其上平板枋为布满镂空木雕，舞台两边围棂条花屉花栏杆，舞台台板侧面仍饰以华丽木雕。牝戏楼在牡戏楼南侧，两戏楼间以封火山墙间隔。牝戏楼体量稍小于牡戏楼，但造型较牡戏楼更为精致华丽。牝戏楼为重檐歇山屋顶，最有特点的是两层屋檐山花均朝向正面，使歇山建筑活泼俏丽的特点发挥到了最佳程度，这也是南方建筑常用的建造手法。上檐与下檐形态大小比例协调，四戗脊向上飞翘，好似迎风飞舞之裙角一样的优美，正脊与戗脊均由牡丹花砖雕饰面，正脊两端饰龙吻，筒瓦屋面，勾檐滴水。二层歇山山面撒头被改造为一正面、两斜面形式的“胜”形华盖匾额，中心书题现已无法辨认，但三面精美木雕依稀可见。至此可以说，重檐歇山的山花朝向正面的做法，加之吉祥花卉与龙吻脊饰，都使这半个戏楼从内向外透散着华美的气息，尽管现在的戏楼为修缮之后，但第一眼看到仍然会感到精彩。书题以下的平板枋和额枋与牡戏楼装饰基本相同，不同的是，牝戏楼的木雕更加繁复，与“胜”形书

题木雕浑然一体。其舞台两侧栏杆和舞台基板四周雕刻的形制与牡戏楼无二。两戏楼内部屋顶均为藻井外围辅以轩檩饰面，既满足声场需求又与整个戏楼所呈现出来的南方建筑特色一致，戏楼从内之外浑然一体。

图3.191　漫川鸳鸯双戏楼（台口前凸式）

3.3.4　关中、陕北、陕南传统村落礼制空间研究

天在上、地在下，山在上、水在下，穗在上、茎在下，冠在上、干在下，屋面在上、屋身在下，“礼”是内外、是高低、是纲常、是秩序，是古人在耕种时参透宇宙自然的奥义，是在夜观星空、日行四海于万物中觅悟的客观规律，是观物取象、近取诸身、远取诸物背后的哲学道理，也是渗透在村落空间与居住空间中的文化隐动力，是达及“天人合一”之境的始点、途径与终点。

礼是礼制的本与纲，礼制是由礼而生的规定、制度与规范，礼制空间即据礼的要求对空间的次序、秩序、高低、选址、朝向、面积大小、轴线、流线等进行规定而形成的空间秩序、等级、差异与规范。空间的差异与等级是“礼”文化与观念的体现，恰恰反映了非物质是物质的隐动力。礼制成形于周代，《周礼》《仪礼》中对空间的规定已经达到了农耕社会所能具备完善体系最高标准，后世虽有更为精密的补充，但均属于“积微成著，后密于前”的发展，《周礼》《仪礼》已基本将礼的性质、本质及功用体系建构完成。陕西自原始社会即为华夏九州的中心，是周王朝圣都与帝都所在地，亦是最早接受礼制教化的“首善之地”，这里的村落不仅是礼制的中心场所，也是空间承载礼制文化最长久的地方。

1.礼制的村落外部空间

《周礼》描述了如何在村落空间中规定礼制。关中地区是周朝的圣都与帝都，其传统村落空间是《周礼》村落空间布局的真实写照，空间礼制属性主要包括以下特点（图3.192）：

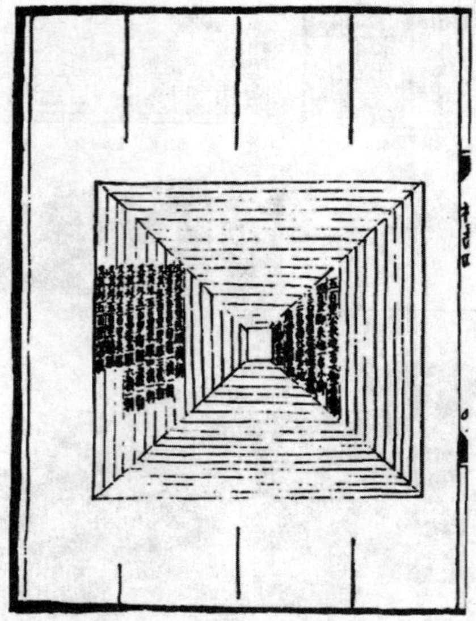

图3.192 九服图
资料来源：聂崇义《三礼图》（《四部丛刊三编》本）

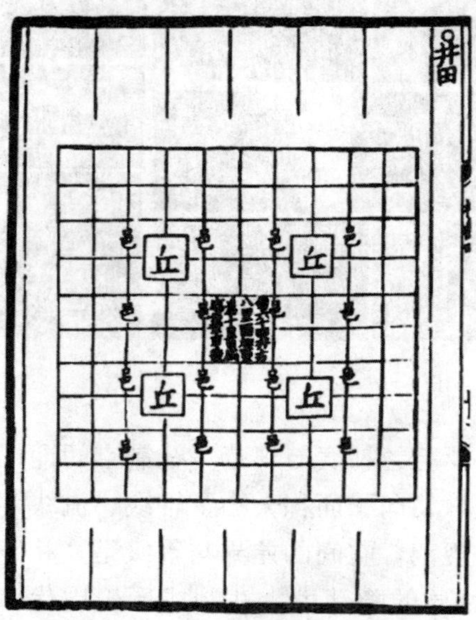

图3.193 井田图
资料来源：聂崇义《三礼图》（《四部丛刊三编》本）

首先，应定旷野的方位，确定中心与四方[1]，应对进行规划的土地有全面的了解[2]，确定哪里是城郭哪里是“野”，先宏观地予以区分，划定“疆”并以“沟封之”，随后建立祭祀土神和农神的“壝”，以最适宜这里土质生长的树为土神和农神所依托的神树，于是有壝的就称为“社”，“社”以外的地方就是“野”。

确定社壝与畿疆的位置和范围以后，便在畿疆内划分各种功能性质的空间[3]，根据这样的规划所模拟的规划图中，可以看出古人最初对村落的统一规划是以都城为中心，不断向外扩展的方形，并形成了7个等级，每一圈是一个等级，分别为廛里（都城）→场圃（城郭间）→农田与七田（近远郊）→六遂和公邑（甸）→家邑、小都、大都（稍）→县地（县）→畺地（畺）。这七个等级具体规定：廛里是都城内的市肆与民宅，指在城以内的范围，不能种植谷物，民宅周围种植树木[4]；场圃乃城与郭之间的空地，是由场人掌控的园圃，这里仍不能种谷物，但可以种植贡草木果蓏；七田（分别是宅田、士田、贾田、官田、牛田、赏田、牧田）与农田是近郊和远郊主要的田地属类，而近郊与远郊是郭以外100里内的地域；郭以外100里至200里之间的区域称为甸，此区域划分为六遂和公邑之田；郭以外200里至300里之间是稍，此区域主要是家邑、小都和大都；郭以外300里至400里之间是县，乃县地；郭以外400里至畿疆为畺，乃畺地。都城区域内，亦即廛里之间田地具体的划分方法采用“井田法”[5]予以划分（图3.193）。井田法是周代都鄙和王畿（即都城及附近的田地）内田地的划分方法，因此，产生了关中平原从宝鸡到潼关区域内直到今天村落与田地的空间结构框架。本书已在村落空间结构一节论述了井田制的产生源自于“+”符号，是“+”向“井”符号的演变。在传统文化本源中，“+”是崇天崇阳的太阳符号与生命符号，是“+”→“□”→“双方形”方格符号原型，还是关中以虎、牛、羊为图腾，崇天崇阳的伏羲、炎帝氏族、古羌族的原型符号，“+”体现了

1.《周礼》：“以土圭之法测土深，正日景，以求地中……日南则景短，多暑。日北则景长，多寒。日东则景夕，多风。日西则景朝，多阴。日至之景，尺有五寸，谓之地中，天地之所合也，四时之所交也，风雨之所会也，阴阳之所合也。然则百物阜安，乃建王国焉……”

2.《周礼》：“以天下土地之图，周知九州之地域广轮之数，辨其山林川泽丘陵坟衍原隰之名物，而辨其邦国都鄙之数，制其畿疆而沟封之，设其社稷之壝而树之田主，各以其野之所宜木，遂以名其社与其野，以土会之法辨五地之生物……”

3.《周礼》：“以廛里任国中之地，以场圃任园地，以宅田、士田、贾田任近郊之地，以官田、牛田、赏田、牧田任远郊之地，以公邑之田任甸地，以家邑之田任稍地，以小都之田任县地，以大都之田任畺地。”

4.《周礼·地官司徒第一·载师》的“园廛二十而一”，郑《注》曰：“古之宅必树。”

5.《周礼》：“乃经土地，而井牧其田野。九夫为井，四井为邑，四邑为丘，四丘为甸，四甸为县，四县为都，以任地事……”

五方（东西南北中）与无限，是远古文化从神话时代→半信史时代→现代、经历漫长时期后在自然环境地貌上留下的痕迹与符号，是最大的文化地景。

甸、稍、县、都四个等级的区域通属于“野”，野就是今天陕西关中村落的前身。对于这些区域的田地则应“五家为邻，五邻为里，四里为酂，五酂为鄙，五鄙为县，五县为遂，皆有地域，沟树之……教之稼墙”[1]，还要“夫间有遂，遂上有径，十夫有沟，沟上有畛；百夫有洫；洫上有涂；千夫有浍，浍上有道；万夫有川，川上有路，以达于畿”[2]，形成了一幅阡陌纵横的田野景象。

从畿疆等级的“圖”确定到各等级田地的“井”字划分都体现了从中心向四方无限扩展的概念，这是最古老的文化本源，是古人最初面对空旷四野所确立的空间原型，同时也是意识领域最初的文化空间原型，它反映了包括陕西在内的中国人的空间伦理观念，即内向中心且向四方无限延伸的五行观念，每一层级的构成元素是中心不断向四方延伸的结果。最初的是最简单的，也是最本质和清晰的，“积微成著，后密于前”，当后来的历史进程在大地上不断进行分割与改变，使面貌越来越趋于繁复的时候，尽管物质的实物发生了微妙的变化，但最初的格局与框架还在；即使框架与格局变了，物质消失了，但是物质曾经反映的思想和观念还是变成基因留在了这片土地所养育的生命中。

陕北与陕南由于地理条件以黄土丘陵和起伏山川为主，与关中区别较大，所以两个区域的村落空间的礼制特点主要以风水关系来决定（其中最主要的就是由“觅龙、观水、察砂、点穴”所决定的四象方位，北玄武、南朱雀、东青龙、西白虎，四象俱全乃为吉地），于是，在村落空间的选址上也就具有了礼制，即最佳的选址地一定是四象俱全藏风聚气之地，不符合此条件的就渐次降低等级，此外，四象俱全的吉地，也是以北为上，东西为下，南次之。

总的来说，关中传统村落在《周礼》所规定的“圖”大空间模式中以“井”形为框架展开，整个关中在最初建设的时候即已规定了礼制等级。可以说，从周代到今天，关中本身就是物质与礼制的非物质空间结合体。与关中不同的是，陕北与陕南的村落空间更多受到自然环境的限制，需要顺自然之势，以传统风水学的观念进行村落吉地的选择。传统风水观念基于阴阳五行与八卦，是以适宜农耕文化中生长的人的文化所形成的规则择地的行为，因此，风水的介入本身就是礼制的规定。

2.礼制的村落内部空间

陕西传统村落的内部空间也是典型的礼制空间，村落入口、水口、居住区、宗祠、书院、文峰塔、水井、神庙、碾磨等的安排有特定的秩序与等级。如水口一般选在山系脉络弯转及两山相夹的河流限定空间左右环转的地方[3]，由于我国河流多从西北流向东南，所以将水口定于东与东南方的巽位便是吉位；聚族而居是我国传统村落空间的重要特点，宗祠建在村落中风水最好的地点[4]；文峰塔一定要建在村中地势最高的位置，因为古人相信村中有高的建筑物就能出人才，《相宅经纂》中便有记载[5]，所以，在陕西规模较大、发展成熟的宗族性村落常

1.杨天宇.周礼译注[M].上海:古籍出版社,2004.223.

2.杨天宇.周礼译注[M].上海:古籍出版社,2004.225.

3.于希贤等.中国古代风水的理解与实践(下)[M].北京：光明日报出版社，2005．494.

4.于希贤等.中国古代风水的理解与实践(下)[M].北京：光明日报出版社，2005．495.“自古立于大宗子之处，族人阳宇四面围位，以便男妇共祀其先，切不可近神坛寺观。”

5.［清］《相宅经纂》：“凡都、省、府、州、县、乡村，文人不利，不发科甲者，可于甲、巽、丙、丁四字方位上，择其吉，立一文笔尖峰，只要高过别山，即可发家。”

建文峰塔；书院与魁星楼则要建在住宅的上风处，以使文风披及各家户等。总之，一个发育成熟的村落，应该是聚族而居，宗祠于中，水口在巽，书院在上，神庙在外，峰塔在高，草木葱郁、山环水绕，藏风聚气，礼制与山水相随，人文与自然俱佳的宜人田园。

3.礼制的居住空间

陕西传统村落的居住空间以合院式民居、合院式地坑窑院、四合窑院为典型的代表，它们都是中国传统居住空间原型的地域化类型，都是在横向五行八卦阴阳观、旋转观及竖向阴阳通天观的本源意识基础上，与地域材料、地域光照气候条件相结合的礼制居住空间类型。它们的形成以传统伦理观念为核心，使传统伦理观念贯彻到了空间结构的每一个部分和细节。

1）在方位朝向上，陕西三个区域村落居住空间均遵循坐北朝南、坐坎朝离、巽门坎宅的居住形态，以为最佳的居住空间布局，虽有根据大游年歌谣或其他算法而衍生出的其他宅居模式，如坐东向西巽门宅、坐西向东震门宅或坐南向北坎门宅等，但都不及坐北向南、坐坎朝离、巽门坎宅的居住空间吉祥，因为在后天八卦中，巽门坎宅使北方、南方、东方、东南方都为吉位，而这些位置是安排正房、厅堂、大门和灶房的最佳位置。基于横向五行八卦阴阳观的居住观念使陕西三个区域的成熟型合院民居（四合窑院）都以河图洛书所标示的方形内向心式围合空间格局为特性，后者规定了居住空间的小宇宙与宅门外大宇宙的分界、差异、和谐与统一，为人的居住确定了承天接地的小中心。

2）在轴线关系上，陕西三个区域的成熟型合院民居（四合窑院）都以代表着“经”的南北轴线为主，像织布机上的经线，串起了其他的空间，像五经、九经、十经、十三经，在不同历史时期，统领了传统社会政治、经济、伦理道德等社会生活的各个方面，礼制在中国传统文化中是自上而下、自内而外施行的，因此，作为首善之地的陕西三种成熟的民宅体系在空间结构上亦以经轴为主，联系了经轴上的重要建筑与空间元素（厅堂、正房、倒座、正窑、穿厦、仪门、碾磨、中门房、中门等），也确定了纬轴上的次要建筑与空间元素（正房耳房、厢房、厢房耳房、厨房、马厩、水井、排水口、景墙、门房、大门等），使空间秩序一目了然。

3）在等级关系上，陕西三种成熟型窄院的南北中轴，确定了经为上、纬为下，北为上、南为下，坎为上、离为下，玄武为上、朱雀为下，左为上、右为下，东为上、西为下，青龙为上、白虎为下，厅堂为上、倒座为下，东厢为上、西厢为下的秩序。

4）在建筑组成部分上，一幢完整的陕西民居建筑，从屋顶至台明，从中花到土衬石皆具有文化寓意与礼制等级。屋顶是中国本源文化中“方胜”符号的转化，又象征了“冠”，金柱是中国本源文化中通天生命树的“建木”，那么，屋顶就又象征了生命树的“冠”、“华盖”与“天”；屋面两垂脊相交于正脊，下垂的是图腾动物的首，尾部在正脊处相交，并以脊兽相合，是阴阳相交的通天观与地域性图腾的结合；台明、台基则象征了与天相对的“地”，也是通天生命树“建木”生长的“地”。所以，一幢形制完备成熟的民居，是“天地”的象征，是“建木”生命树的象征，从上到下，天在上、人在中、地在下，顶在上、人在中、地在下，是天地人三才相通，是传统哲学观和宇宙观的空间象征。

5）在建构细节上，陕西合院民居与四合窑院从上到下、从里到外的建构细节都以礼制规范来确定构造器件的形态、大小、名称，甚至构造原理。如檐柱之间的单额枋，取名“额”是因其位于建筑正面上部，而又为了区别大式“大额枋”，所以叫“单额枋”；硬山式的木构架从上至下屋面结构、“檩三件”、柱必须遵照的秩序是：脊檩→脊垫板→脊枋→上金檩→下金檩→金垫板→金枋→檐檩→檐垫板→檐枋；大门门框的构造则是于檐枋下分上槛→中槛→下槛，三槛确定了框架，又在三槛之间添加了上槛→短立框→横披（走马板）→中槛（门簪、连楹木）→门框、抱框余塞、腰枋→下槛→门枕，很多的构造细节都在传统构造技术与功能的基础上体现了传统礼制的内涵和寓意。

6）在建筑装饰上，陕西合院民居与四合窑院也严谨体现了礼的规制。如从五色上，民居建筑不能使用琉璃瓦屋面，仅能用布瓦和小青瓦；正脊不能使用鸱吻，而只能用清水脊；屋顶不能使用庑殿与歇山，常用硬山与悬山；举架不能过五架；不能用彩画；硬山墀头装饰从上向下要按照戗檐砖→二层盘头→头层盘头→枭砖→炉口→半混→荷叶墩来装饰，廊心墙的装饰从上到下又以象眼→穿插档砖→小脊子→象鼻子→立八字→线枋子→拐子组成；封护檐的冰盘檐的装饰也很讲究，如装饰最华丽的八层冰盘从上到下为盖板转→方砖椽→圆砖椽→枭砖→炉口砖→半混砖→连珠混→头层檐。可以举的例子还很多，这些都能从大范围到细节体现陕西合院民居建筑装饰的礼制规范。

7）在建造习俗上，在陕西即使是发育不成熟、最普通的单幢传统民居，其建造过程也是按照建造习俗的礼制要求展开的，习俗规定了在何时何地做何事是吉祥的，以下即为关中、陕北、陕南的建造习俗。

关中的建造习俗，主要包括上梁前、上梁与贺上梁三阶段：

以堂屋基点举行祀土仪式（划线祀土鸣鞭，主家摆刀头肉，焚香燃烛，向土地奠酒3杯，祈土神保佑）→主人在堂屋地基破土挖坑，埋入尺余长桃木楔子搭建好框架→上梁（选吉日、择吉时，常在早上或中午，妇女尤其是孕妇要回避）柱上贴红对联并由主家备酒席→唱上梁歌→浇梁、祭梁（木工手持酒杯，主人斟酒，边唱边向梁上洒酒）→梁贴红纸，上书“上梁大吉”“吉星高照”“姜太公在此，百无禁忌”→前檐正中挂“照妖镜”→梁（或大檩）用红黑二色写年、月、日，创建人姓名，为“梁志牌”→梁中间挂八卦图→客家送礼贺上梁（西府为糕点1封、鞭炮1挂、红布1条）→一男孩放这些鞭炮，另一男孩挑着红布，领着客人，主家老人接过红布递给木匠，木匠将红布搭于大梁上→吉时到，木工持5尺杆，挑鞭绕柱穿行，宾客均手持长木片，拍打柱子，口说“出煞”→屋架上房，左边要高于右边即左青龙要高于右白虎→木工和泥瓦匠骑在大梁两端，向下抛“上梁桃”（桃形花馍）下面邻居抢吃“上梁桃”。

陕南的建造习俗与关中大致相同，在具体的细节上略有不同，亦包括了上梁前、上梁、贺上梁三个部分：

上梁（主人拾柴并抱回家，寓意“抱柴回家”）→将柴放在堂屋中，燃火，寓意“燃大火、发大财”→吉时到，将梁两端架在两张摆放了祭品的方桌上，将白公鸡鸡冠掐破，用鸡血淋一两圈，把淋血的白公鸡从一边抛至另一边，为“斩煞、祭→锣鼓齐响、鸣鞭放炮，大梁披红挂彩，梁上画八卦、宝剑、兵书、厌胜驱邪→吉时到，主人焚香祭拜，木工从左右登梯上顶。梁两端有绳，木工大喊：“上梁啰，大吉大利”，然后上梁→木工问：“下面有人没有？”，梁下围火堆的人说：“下面人多的很，下面多的很”，寓意主人家“人丁兴旺”→木工将正梁放进榫内，将红布包的硬币与五谷杂粮种子拴在梁中间，兆房主财运亨通、五谷丰登，寓意“封梁”→在乐器伴奏下木工唱：“打扫堂前在今朝，插满香在金银炉。鞭炮齐响震天鸣，鲁班命我上大梁，上大梁喽，上大梁，主家辈辈人丁旺。大梁上完元宝撒，主家安康又富贵”，唱的过程中要撒五谷→木工撒蒸馍，主人拾了就寓意“得宝”→木工撒小馍、花生、硬币，让看热闹人抢→客人送礼贺上梁，送红绸→“搭红放炮”（将红绸答在堂屋大梁上或用绳子拴起挂在梁上，然后燃鞭）。

陕北窑洞的建造习俗与关中、陕南最大的不同在于，将上梁仪式变为窑洞的“合龙口”仪式，虽然名称与内容不同，但寓意都是相同的，“上梁”、“合龙口”都体现了为人所用的内空间小宇宙的完成，而这种仪式与寓意对于陕北农民来说是非常重要的时序标志：

主人写土神牌位→焚香、烧纸、叩拜→请风水先生诵经、念咒→取一新砖，用砾砂画五雷符象，埋在窑畔→破土动工日，主人宴请木工泥瓦匠，用红纸包钱送给掌尺划线的匠人→建造→预先在窑顶留小缺口，寓意为“龙口”→择吉日在正窑举行“合龙口”，由石匠在窑脑畔上，鞭炮齐放、唢呐齐鸣，把一个扎了红绸子，盛了2个大馍、很多小馍、红枣、硬币的量米斗从下面吊上来。匠人口念：“吊金斗、吊银斗，鲁班留下合龙口”→匠人将大馍扔下，主人接住，口中念：“接得住荣华富贵，接得住富贵荣华”→匠人将小馍、红枣、硬币撒向四方，边撒边唱：“龙口今合再不开，内旺人丁外旺财，家窑内外生喜气，天地神灵降幅来，一撒东方甲乙木，二撒南方丙丁火，三撒西方庚辛金，四撒北方壬葵水，五撒中土戊巳土，工匠无忌，主家无忌，天无忌，地无忌，姜太公在此，百无禁忌，大吉大利。”→下面的人边抢食边回：“抢红枣，好上好，吃小馍，真快活，小铜钱，四季安。”→石匠身搭红布，在龙口内放进十种物：红枣、小馍、硬币、小肉块、无色布条、五色丝线、五色石子、一碇墨、一支笔、一本书→用砖或石头封砌龙口，然后石灰抹缝→主人送被面于合龙口的师傅→客人送礼贺合龙口→择吉日安门窗，主人备好大红对联和鞭炮→安好窑门→贴吉祥对联→放鞭炮→门脑上搭红布→木工用长竿挑鞭炮，从窑里向窑外燃放→唱《开财门歌》：“恭喜恭喜真恭喜，万丈高楼平地起，昔日修房是鲁班，白日做起夜晚安，良辰吉日来贺喜，富贵就从今日起，唤声主人开财门，左手开门接珠宝，右手开门接黄金，左右双门齐打开，斗大黄金滚进来。”→在歌声中，男主人开窑门，女主人端堆得很高的金黄油糕进窑，寓意“招财进宝”→主人宴请工匠，主家吃油糕庆祝。

3.3.5 关中、陕北、陕南传统村落宗教祭祀空间研究

陕西乡土社会的宗教祭祀空间，如果以社会基本构成元素家庭、家族、宗族为参考系，可以分为两类，一类是家庭、家族、宗族以外的外部神灵祭祀空间，另一类是家族、宗族内部的祖灵祭祀空间。外部祭祀空间使传统村落与村落之间的社会关系得到沟通与融合成为熟人社会，内部祭祀使宗族里的各个家庭或者家庭中的每个人都得根归祖，在这两类空间中，文化与空间彼此交融，空间的形式、装饰、级别都是文化的物质外化。人们通过崇祀佛祖、神祇和祖灵，通过唱戏、社火、报赛的酬神仪式，祈求精神的皈依与庇护。

1.外部祭祀空间

陕西传统村落宗教祭祀空间是按照从大区域到小范围、由大到小的体系而建立与存在的，且以宋代之后所兴盛的庙会为主体结构，形成了超大型庙会、大型庙会、中型庙会、小型庙会、村落神庙群、宗族庙会六个层次，这个体系从根本上源于中国农民乃至全民族的儒、释、道、巫、术几方面的宗教信仰崇拜和伦理道德体系，也是影响社会组织与结构的主要作用因素，还是人们在繁忙的农耕劳作中，祈福纳祥、祈福禳灾、求各路神灵保佑之余休闲欢娱、彼此交往与商业贸易的重要文化承载和空间承载。尽管今天基层农村的结构组成形式已经发生了较大变化，但是这种农民发自内心祈求神灵保佑而自然形成的结构体系，对于基层社会单元的管理与农民物质精神生活的满足方面所具有的促进意义仍然是值得借鉴与思考的。

传统中国农民的宗教祭祀是以实用性与功利性为先的，崇祀神灵最重要的目的是祈福纳祥，无论是什么神，能够带来这样的结果便是最重要的，所以传统乡土社会的宗教信仰系统极为复杂，在受漫长的历史文化及外来文化积淀的影响后，形成以儒、释、道三家为主要崇祀对象，兼有各种丰富的人格神的信仰体系。因此常常可以看到一座庙群里面供奉着各路神灵，但是，各种神灵与信仰的崇祀目的皆是一致的，都涉及乡民生产、生活等息息相关的事宜。

陕西由于地处中国内陆中心区域，三大区域中除了关中平原的中心地带之外，向北向南的渭北高原、黄土高原、汉中盆地都呈现出丘陵沟壑、山峁塬、盆地、平坝等形成的小单元封闭的地理空间体系。地理环境的封闭是文化在统一农耕文明本源文化圈中所形成的“百里不同风、千里不同俗”的文化特性的根本决定因素。陕西地区历史文化积淀深厚，十四朝古都演绎了从原始社会到今天的历史进程，可以称之为中国历史发生核心区域的代表，中华文明中最重要的意识形

态的产生，宗教信仰的发端与成熟，及其丰厚民俗信仰体系的发生、深入与扩展也都在这里。此外，区域内丰富的山水自然景观体系，在民众内心也形成了关于中华民族远古神话的传说体系与神灵信仰体系。总之，区域地理环境结构特性、长期丰富而厚重的历史文化积淀、特殊的山水自然景观体系三大方面因素的共同作用，形成了陕西地区深厚的宗教信仰文化体系。

1）陕西乡村民间信仰神祇

如果按照地区来分，陕西农村的宗教及信仰应该用民间信仰来表达更为确切，因为具有组织较为松散、自由，没有教义和规制，人们的崇拜更多以功利与实用性为目的，有较强变动性等特征，与城市的宗教信仰是具有一定差异的，它既有正统宗教的成份又与正统宗教相区别。首先，它承继了原始宗教的基因，至今在很多形式当中仍能看到原始宗教基因密码，如神木麻谷长脖子面人人就是黄帝天鼋族族徽与信仰图腾符号；其次，它包含了各种个人信仰在内的人为宗教因素，农民的组织相对松散，在具体的生活劳作实践中所形成的缘于自身体验的人为宗教因素总是在点滴中萌发；最后，它还包含了民间俗信，区域化的民间俗信在潜意识中发挥作用，这也正是“百里不同风，千里不同俗”的原因。与此同时，它的特性表现在所有的民间信仰均与农民们的衣食住行、婚丧嫁娶的生命活动相关联，民间信仰正是在祈求这些生命活动的顺利开展并获得更多的佑护的过程中应运而生。此外，民间信仰多与农民一年四季的农耕活动紧密相连，主要表现在庙会产生与兴盛的阶段，陕西地区几乎80%的庙会都是为了农耕器具或相关商品的贸易活动而设置的。陕西的地域化神灵表现出了多样性和“一神”多种崇祀对象的情况（表3.58）。

陕西乡村民间信仰神祇汇总　　表3.58

<table>
<tr><th colspan="2">神祇分类</th><th colspan="2">神祇名称</th><th>宗教信仰类型</th><th>崇祀区域</th></tr>
<tr><td rowspan="11">农业相关神祇</td><td rowspan="11">自然与天象神</td><td rowspan="9">天象</td><td>日神</td><td>原始崇拜，始于炎帝时期</td><td>关中陕南陕北</td></tr>
<tr><td>月神</td><td>原始崇拜</td><td>关中陕南陕北</td></tr>
<tr><td>星</td><td>原始崇拜</td><td>关中陕南陕北</td></tr>
<tr><td>风神（风伯）</td><td>原始崇拜</td><td>关中陕南陕北</td></tr>
<tr><td>雨师</td><td>原始崇拜</td><td>关中陕北</td></tr>
<tr><td>雷师（公）</td><td>原始崇拜</td><td>关中陕南陕北</td></tr>
<tr><td>电母</td><td>原始崇拜</td><td>关中陕南陕北</td></tr>
<tr><td>云师、云中君</td><td>原始崇拜</td><td>关中陕南陕北</td></tr>
<tr><td>太岁</td><td>原始崇拜之天体崇拜</td><td>关中陕北陕南</td></tr>
<tr><td colspan="2">地神</td><td>原始崇拜</td><td>关中陕北陕南</td></tr>
<tr><td>山神</td><td>东岳（东岳仁圣天齐王大帝）</td><td>原始崇拜、道教</td><td>关中陕北陕南</td></tr>
</table>

续表

神祇分类			神祇名称	宗教信仰类型	崇祀区域
农业相关神祇	自然与天象神	山神	西岳（西岳华山金天顺圣大帝）	原始崇拜（西岳庙与庙会）、道教	关中（华阴县）
			武当山（真武大帝）	原始崇拜、道教	关中（合阳、铜川、华县）
			太白山	原始崇拜	关中
			天台山	原始崇拜	陕南（汉中）
			太乙山	原始崇拜	关中（长安县）
			尧山	原始崇拜	关中（蒲城）
			白云山	原始崇拜	陕北（佳县）
		石	石王	原始崇拜	陕南留坝县乱石铺乡
			石敢当	原始崇拜、民间俗信	关中
			泰平石	原始崇拜、民间俗信	关中耀县旧城
			石磨（青龙左）	原始崇拜、民间俗信	关中（铜川、蓝田）陕北
			石碌碡（白虎右）	原始崇拜、民间俗信	关中（铜川、蓝田）陕北
		水	水神、神水、水鬼	原始崇拜、民间俗信	关中陕北陕南
		火	火神（火祖、火德星君）	原始崇拜、民间俗信	关中陕北陕南
		河流崇拜		原始崇拜、民间俗信	关中陕北陕南
	农业祖神		黄帝	原始崇拜、民间俗信	关中陕北
			炎帝（神农）	原始崇拜、民间俗信	关中陕北
			后稷	原始崇拜、民间俗信	关中陕北
			嫘祖	原始崇拜、民间俗信	关中陕北
			公刘	原始崇拜、民间俗信	关中陕北
	八腊神		①先啬（神农）②司啬③农（农夫）④邮表畷（茅棚、地头、井）⑤猫虎⑥堤防⑦水庸（城隍）⑧昆虫	民间俗信	关中陕北陕南
	畜力神（与农业相关）		马神	民间俗信	关中陕北陕南
			牛神	民间俗信	关中陕北
			瘟神	民间俗信	关中陕北陕南
			槽神	民间俗信	关中陕北陕南
			圈神	民间俗信	关中陕北陕南

续表

神祇分类	神祇名称	宗教信仰类型	崇祀区域
灵物神祇	虎	民间俗信、道教	关中陕北陕南
	狮	民间俗信、佛教	关中陕北陕南
	蝙蝠	民间俗信	关中陕北陕南
	麒麟（司送子）	民间俗信	关中陕北（黄陵、洛川）陕南
	燕	民间俗信	关中陕北陕南
	仙鹤	民间俗信、道教	关中陕北陕南
	凤凰	民间俗信	关中陕北陕南
	龙（代雨师）蛇	民间俗信	关中陕北陕南
	龟	民间俗信	关中陕北陕南
	蜘蛛（蟢子）	民间俗信	关中
	树神（包括桃木、槐树、松树、椿树）	民间俗信、人为宗教因素	关中陕北陕南
	镜子	民间俗信	关中陕北陕南
	朱砂、红布、红纸	民间俗信	关中陕北陕南
	灶神	民间俗信	关中陕北陕南
祈子神	送子娘娘	民间俗信	关中陕北陕南
	三霄娘娘（送子娘娘、眼光娘娘、痘神娘娘、糠神娘娘）	民间俗信	关中陕北
	碧霞元君	道教、民间俗信	关中陕北
人格神	女娲（骊山老母）	民间俗信	关中
	姜嫄	民间俗信	关中
	仓颉	民间俗信、道教	关中
	尧山圣母（在蒲城代雨师）	民间俗信	关中蒲城
	孙思邈（在耀县代雨师）	民间俗信、道教	关中耀县
	周公	民间俗信	关中岐山
	司马迁（太史公）	民间俗信	关中韩城
	孙思邈（药王）	民间俗信	关中耀县、陕南
	武侯诸葛亮	民间俗信	陕南汉中勉县
	韩世忠（韩蕲王）	民间俗信	陕北绥德
	禹王（雨神）	原始崇拜、民间俗信	关中
	伍子胥（地方雨神）	民间俗信	陕南
	奕应候（地方雨神）	民间俗信	关中韩城、大荔

续表

神祇分类	神祇名称	宗教信仰类型	崇祀区域
人格神	毛泽东	民间俗信	陕北陕南
	周恩来	民间俗信	陕北
	朱德	民间俗信	陕北
	真武祖师（玄武）	民间俗信、道教	陕北
	花木兰	民间俗信	陕北
	吕布	民间俗信	陕北
	财神（赵公明）	民间俗信	关中陕北陕南
	关羽（关帝）	民间俗信	关中陕北陕南
灵魂崇拜	鬼魂	人为宗教因素、民间俗信	关中陕北陕南
	祖先灵魂	人为宗教因素、民间俗信	关中陕北陕南
	厉鬼	人为宗教因素、民间俗信	关中陕北陕南
	鬼投胎	人为宗教因素、民间俗信	关中陕北陕南
	招魂	人为宗教信仰、民间俗信	关中陕北陕南
	钟馗	民间俗信	关中陕北陕南

在陕西省与农村相关的民间信仰崇祀神祇体系中，关中神灵崇祀很多，这与关中是文化集中区和各民族融汇区的关系很大；同时亦表现出与农耕活动紧密相关的特点，如由于关中与渭北很多地方水资源短缺，自古就有祈雨仪式与崇祀，因此，龙王、太白、华岳、太白山等都是农民崇祀的雨神。不同地方还根据地域文化的不同，各自供奉不同的雨神，关中西部就供奉太白山神，韩城和大荔（同州）祈雨祭祀奕应候，且所有水域都有龙王神祇，如井龙王、河龙王等。陕北民间信仰体系主要集中在人格神（英雄人物与历史名人）崇祀、民间俗神、宗教信仰三方面，与关中情况大致相同。陕南民间信仰崇祀与关中基本相同。

总的来说，陕西乡土社会中的民间信仰具有丰富性、多样性、地域性的特点，以农耕文明为本源，紧紧围绕衣食住行的生产生活内容，在各种外在意识形态与文化层积淀，以及地域场所氛围的共同作用下，将原始宗教的传承痕迹、人为宗教信仰因素与民间俗信三个层面叠加与共融，形成了陕西乡土社会质朴、丰富、直率、原始的民间信仰体系，并由这些信仰体系在陕西乡土空间形成一系列的以村落为基本单元的文化空间体系，包括超大型庙会、大型庙会、中型庙会（社祭）、小型庙会、村落神庙群、宗族祠堂六个层次。

2）庙会祭祀空间

中国人有着报终反始的态度与观念，农民以每一次农耕活动为一轮作为衡量标准，在每一个年节的结束与开始之时会举行大型的迎神赛会活动，以感恩各方神祇赐予的丰收之福，并为下一轮农耕循环而春祈秋报，耍社火、唱社戏、各种游神活动纷纷上演，在世俗化的喧闹与热烈氛围中，人们畅快淋漓地歌舞与放松，不仅娱神酬神，亦娱人娱已，这正是“祈神（说出心愿）→祷神（盼愿望实现）→农耕→收获→酬神”的完整过程。随着生产物资的丰富且有了较多剩余，农耕工具需求量的增多引起了市场交易的产生，一般的酬神赛会便发展成了庙市、庙场，进而随着宗教盛行、寺庙繁荣而发展成为各地规模庞大、贸易兴盛的超大型庙会，成为传统乡土社会重要的、规模最大、乡土文化、经济、功利性与民间信仰紧密结合的，以寺庙为中心、以宗教崇祀和商贸活动为主的乡土公共生活空间体系。

庙会的发展经历了以宗教崇祀为主要功能至宗教崇祀与集市合并的综合性功能阶段，发展到现在其功能模式定位已相当确定，即宗教信仰属于非物质文化范畴，是无形的，通过寺庙等与之相关的建筑空间环境承载与体现出来。因此，通过对陕西庙会空间分布情况的研究可以看到陕西农村民间宗教信仰的空间分布体系及集市空间分布体系，而与农民生活相关的宗教崇祀与集市贸易活动又是农村公共生活的主要内容，相应地，陕西农民公共空间的情况也就有了清晰的面貌。此外，还应提出的是，庙会在其成熟阶段所具有的集市功能，是由于在传统社会物资匮乏，只能借助于庙会人流较大的背景而成就商业贸易。社会发展到今天，物资的丰盛及各种商贸体系的完善使集市功能将逐渐从庙会空间消失，最后的结果是，庙会成为使农村生活富有意义的社会性活动，是农民一年四季文化生活的节点与高潮形式，是农民社会组织的构成方式，庙会空间就是承载了这些意义与人群结构的物质空间体系。

在陕西，无论是关中、陕北还是陕南都有大量和丰富的庙会，如关中地区仅周至就有782个村子办过庙会，在这些庙会中，有专门以寺庙崇祀为背景的庙会，有以单一类或综合类社火为主的庙会，有以古会为主的庙会，也有综合类型的庙会，主要是古会与寺庙崇祀相结合。这里以寺庙崇祀为背景的庙会为研究主体（包括以寺庙为空间背景的古会类庙会），这些庙会按照空间领域的大小，可以分为超大型、大型、中型、小型庙会（表3.59的划分标准）。由于陕西三个区域的寺庙道观众多，传统庙会也是县城有大庙会，村村有小庙会。如关中庙会之多是全国著名的，陕北米脂就有大庙29处，横山有大庙27处，陕南也是州、县村寨家家酬神、户户报赛。庙会是主宰农民传统宗教生活与公共生活的重要内容，是农民传统生活中除了个人衣、食、住、行外全部内容的核心。针对陕西丰富的传统庙会文化空间，本书共统计和研究了三个区域的218个重点庙会（以寺庙为空间背景），并从庙会会址、辐射区域与祭祀内容进行了考察，这些庙会都是在现有寺庙建筑或者原址处展开的，都是各个地区具有代表性和传承性的传统，虽然有些庙会已经没有了原本辉煌、精美的寺庙建筑群，但农民的信仰力量仍然存在，农民依然以自己的方式，执着信奉着虽然没有了“庙”“貌”的神祇，相信神祇可以保佑他们的生活与子孙平安，这正是非物质文化遗存（产）在民众中的重要力量的显示。通过对庙会体系的研究可以看到关中、陕北、陕南三区域农民的宗教信仰生活面貌和三个区域乡村宗教信仰空间的分布情况与存在特点。

陕西庙会规模划分标准 表3.59

分类	规模	会期	辐射区域	数量		
超大型庙会	建筑规模庞大或具有二级祭祀点的寺庙、道观群	7天以上	跨城区或辐射海内外	关中	8	16
				陕北	7	
				陕南	1	
大型庙会	大型寺庙（道观）建筑群	5～7天	跨县区	关中	35	50
				陕北	12	
				陕南	3	
中型庙会	中型寺庙（道观）建筑群	2～3天	相邻村庄	关中	59	73
				陕北	12	
				陕南	2	
小型庙会	村中庙或道观	1天	村内	关中	76	79
				陕北	3	
				陕南	0	
总计				218		

关中农村宗教信仰空间主要以较正统的佛教寺庙为主，受到这个区域总体是传统社会皇家寺庙祭祀区的影响，村民们在大主流和大传统的祭祀礼仪和习俗的影响下，分别形成了趋近于主流宗教信仰祭祀形式的信仰空间。具体在关中，不同片区的宗教空间又与自然环境协调而形成了天人合一、与自然山水环境共生的宗教空间：①在关中南部的秦岭北坡，即从西端的宝鸡至东边潼关的72个峪中，古人建造了众多的寺庙与道观（以寺庙为主），成了大传统的皇家、市井阶层和小传统的乡村农民所共同朝拜的儒、释、道三教合一的宗教空间，可以说，秦岭北坡隐藏在这72个峪中的宗教信仰空间不仅是古人人文环境与自然环境共生的表现，也是传统寺庙道观空间隐逸于山川之间的宗教理念的体现；②关中西部以宝鸡、岐山为中心，受周文化发源地的影响，成了周文化重要的祭祀区；③关中中部偏北的地区主要是轩辕黄帝的祭祀区；④关中渭南北部东端是以太史公祠司马迁和向龙王、法王祈雨为主的信仰空间等；⑤关中渭河南东部区域主要是祭祀西岳大帝华山神为主的信仰空间；⑥关中中部渭河北岸除了大传统的信仰祭祀区域之外，主要是以祭祀炎帝、后稷、姜嫄等为主的信仰空间；⑦关中渭河南岸大荔地区以药王孙思邈为主要祭祀空间；⑧关中中部渭河南岸以周至为中心形成了道教信仰空间。此外，关中除了这些具有明显区域普遍性的宗教信仰空间特点之外，在各个区域还重点存在着城隍、东岳大帝、药王、送子娘娘、关帝、火神等各路神祇，可以说城隍庙、药王洞、送子娘娘庙等遍布关中。统观关中地区，就

是一个大传统带动小传统、聚集了儒、释、道三教主流祭祀与各种民间俗信的宗教空间祭祀场，在这其中，对于原始宗教的信仰，对于三皇五帝时期中华宗教信仰的宗源从未断裂过，这些都充分反映了关中传统文化生活与宗教信仰空间的丰富博大。

从宏观层面来看，陕北与关中的信仰祭祀大致相同，但陕北所具有的特点主要有三个方面：①陕北由于人口相对较少，地域环境条件没有关中富饶，农民的宗教信仰相对单纯，较为集中地信奉真武大帝（玄武）等神祇，陕北各地区都有真武大帝（真武祖师）庙；②局部环境单元的封闭使原始宗教信仰对陕北地区的影响极为深远，但在寺庙供奉上表现不甚明显，更多保留在民间衣、食、住、行的形式中；③生存环境条件的恶劣，使陕北农民对神祇的信仰心理更为迫切，故儒、释、道三教合一的供奉情况非常普遍。在宗教信仰空间特点上，陕北地区各个县、乡、村都有寺庙或道观，信仰习俗非常浓厚，也是受到地理环境条件的影响。在被自然的梁峁丘陵所分割的单元空间中，相对封闭的单元空间体系也将农民的宗教祭祀空间从大到小、从规模级别高到级别低划分为县→乡→村不同等级。

陕南地区与关中的信仰祭祀内容基本相同，在各个州、县、村、坝都有庙会，庙会文化空间亦十分丰富。区域性祭祀有一定的特色，主要是汉中地区以信奉祭祀武侯为最重要的祭祀空间，这也是陕南最具特色的信仰类型和信仰空间。陕南区域依秦望蜀傍楚，受到秦川文化、荆楚文化、巴蜀文化的影响，相反又都不是三种文化区域的中心，地域上的边缘位置使这里既位于文化边缘，又充分融合各处特色，因此其宗教信仰祭祀类型较为平均，武侯诸葛亮成为最为突出的名人崇祀。

总体来说，陕西农民的宗教信仰空间是丰富、宽容而博大的，是在农耕文明的驱使下，在传统原始信仰基础上形成，包括自然神祇、儒、释、道三教合一、民间俗信、名人忠烈等信仰类型；在空间分布上，遍布从陕北到关中到陕南的各个县城和村落，乃至名山川河；在建筑形式上又以中国传统建筑寺庙道观建筑类型为主，只在具体装饰上依据建筑主题的不同而进行相应的选择。可以说，陕西就是一个以农耕文明为本源的大的宗教信仰空间。

2.内部（祖灵）祭祀空间

农耕文明形成的依据是农作物栽种、生长、成熟、收获的过程，这是一个农业季节的轮回，随着一季又一季农作物生长到成熟，农民在周而复始的务农耕作中，逐渐形成了生命不断延续的生生观、继承观，形成了对给予农作物丰收和子孙绵延福气的神灵报终返始的尊敬与崇拜，最初给予福荫、庇护的祖宗、先人成为最重要的顶礼膜拜的祖灵。因此，在传统神庙类公共建筑中，能与各种庙观道场并驾齐驱的就是传统乡土社会各个宗族的宗祠、祖祠（大门祠堂）和族祠（二门祠堂），及最基本的祭祀单元主体（主干）——家庭合院中的上房或院落。在陕西，于基本家庭单元中的正房、上房、正窑或房间中的北方及其院落所进行的祖宗祭祀是家庭祭祀，在祖祠或各族祠进行的祭祀为宗族、家族祭祀，在村落附近的风水宝地为祖宗选择的阴宅祭祀为祖坟祭祀，所以陕西村落的祭祀空间主要包括正房（窑）家庭祭空间、祖（宗、族）祠庙宗族祭祀空间、村落环境祖坟祭祀空间三类。与宗族伦理制度所规定的一致，庙祭（祠堂）祭祀指的是同宗、同祖或者同族的五服内外的血缘亲戚共同祭祀，家庭祭祀则是核心家庭或者主干家庭的独立祭祀，墓祭则是没有祠堂（庙）的家庭或家族的祭祀。

宗族与家庭祭祀是构成整个中国社会的宗教空间最基层的层次，是关系到千千万万个社会组成基本元素的祖先崇拜、精神宗教信仰及组织管理的重大问题，也是中国农耕文化报本返始、孝文化精神最根本的体现。

1）宗族祭祀空间：在祠、庙里举办的民间家族祭祀活动是庙祭，一般具有相当规模的宗族都是在祠、庙里举行祖宗祭祀，且随着一代代后人的成长，祠、庙会分出各族支祠，所以在陕西地区，宗祠或者祖祠称为长门祠堂，分支出来的族祠称为二门祠堂[1]。在《陕西省志·民俗志》记录了关中东部的潼关地区宗祠祭祀空间的情况：冬至之时，连着三天三夜会在面阔五间的祠堂里，设一大型供案与屏障，上置各种各样祭祀所用的花馍、油炸果品糕点，供案四周摆有大量纸扎花和花束、各种祭祀牺牲、山珍海味，红色大蜡、宫灯高悬，红色光影中映衬着高高挂起的宗谱，因纸匣神主碑高达0.7m，所以被放置在供桌前面，在其院子里面还备有当地的锣鼓队，在族长主持的祭祀礼仪中完成了一次由族中男子为主而代表的宗族集体对祖先的拜祭活动，随后锣鼓喧天，以庄严而欢腾的气氛告慰了祖灵。清光绪十年的《高陵县志》记载的庙祭空间设置形式与礼仪的程序基本情况为：在家庙中进行，且家庙的规格与供奉的献食贡品仿照有官位的等级进行，每年的阴历冬季十二月，请专人选吉日祭礼。前三天，要在室内外备斋饭，在北向供桌上摆放“高祖考妣下四代”神主碑，昭左穆右，供桌前各摆上一椅，祔位在东西两侧窗下供奉，主人备好供品后，族人清洁沐浴并按规礼穿戴完毕，开始祭祀礼仪（妇女不能参加）。祭祀程序内容包括参神主→降神主→进馔→初献→亚献→终献→侑食→启门→主人行饮福受胙礼→神主套归庙，这一仪程是针对具有官位的家族而言，一般家庭则主要在除夕、寒食、中元等节日进行简单祭礼。陕西关中地区庙祭的另一种情况是，有的地区原本有很多宗祠，后来由于种种原因而被破坏，于是只能在各家正房或院落举行。[2]白水在民国时期一般家庭都没有祠堂，祭祀基本都在庭院中，没有庭院的就在室外进行，还有的农民遇到元旦，会带着先祖的画像到县里茶馆和酒肆里，设供宴祭祀，仪式完毕后一起行饮福受胙礼。[3]陕北农民的祭祖空间主要也分为两类：祠堂和窑院，规模较大的家族或宗族会在祠堂里举行，而一般的家庭就只能在自家窑院里临时设供桌祭祀。有一点特别的是，陕北祭祀时间除了普通规制之外，会在结婚当天祭祀祖先，无论是在祠堂还是在自家窑院都会用最好的献食和贡品来完成仪式。

2）家庭祭祀空间：正房（窑）家祭空间主要是在合院中（四合院、三合院）的正房北面设置祖先的神主套、神主龛、神主碑及祭祀物品。陕西地区对于

1.陕西省志·民俗志

2.清宣统三年《泾阳县志》：“旧族多建祠宇，壬戌后无存着，岁时伏腊，皆各就其家设位而祀。”

3.《白水县志》（民国14年本）

在族辈中比较远的祖先设置族谱进行祭祀，而只对高、曾、祖、祢四代先人进行家祭。用神主套来保护神主龛和神主碑，神主碑要刚好能够放进神主龛内，且神主龛要用栗子木板分成几个格挡，以供奉各祖先的神主碑。神主碑的位置还应按照昭左穆右的次序，妣位则按照应该的秩序供奉。在传统社会里，家祭有着严格而庄严的规定和秩序，这可以从清光绪十年修的《高陵县续志》[1]里得到印证。另外，在家祭空间中有“迎神点主”的仪式，亦即在神主碑正面的“××××神王（本应是主）”“主”字上面的一“点”必须在吉日邀请有文化或功名的人来点（如同在有些神像、佛像塑成之后的点睛及舞狮舞龙前的点睛一样）。神主碑是先人的灵位，是先人灵魂的依附之位与化身，一旦“王”点“点”成“主”，就是归位仪式的完成。这一仪俗在陕北地区更为重视，陕北点“王”仪式往往会在出殡后进行，祖先下葬后，便将神主碑迎进神楼，鼓乐随行，接回家中，再请有功名的文化人以朱笔点“主”，随后将神主碑请进神主套，以事供奉。

3）坟墓祭祀空间：在村落周边地区自然形成的墓葬聚集地进行的祭礼为墓祭。陕西有“祖宗虽远，祭祀不可不诚”的古训，因此农民们亦非常重视墓祭。墓祭老坟和新坟，老坟是同族的祖宗坟，新坟是分支出来的分族坟，祭祀之时应老坟、新坟一起祭祀。在陕北米脂，20世纪40年代的时候，每年墓祭的时间主要在清明、端阳、中元、冬至，人们在这一天都会早早起来，准备好祭祀用的香和纸钱、酒与献食，带领子孙们前去扫墓祭奠，先上香烧纸钱，依次序站立，鸣炮以后再拜，同时，也会拜祭后土神位，回去后再于祠堂里面行祭拜礼。清光绪年间的绥德，没有祠堂的家族，清明时节族中家户会齐聚于先祖坟上开坟会，享完

1.清光绪十年修的《高陵县续志》记载：庶士家祭之礼，于寝室之北为龛，以版别为四室，奉高曾祖祢，皆以妣配（昭左穆右，妣以适配），南向，前设香案总一。服亲男女成人无后者，按辈行书纸位祔食，男东女西相向，事至则陈，已事焚之，不立版。岁以春夏秋冬节日出主而荐，粢盛二盘，肉食、果蔬之属四器（庶人荐果蔬新物，每案不过四器羹二，饭二）。前期，主人及与祭者咸致斋。荐之前夕，主妇盛服治馔于房中。其日夙兴，主人吉服，率子弟设香案于南，燃烛置祭文，于堂北设供案二，昭东穆西，均以妣配，位均南向；设祔案于两序下各一，男东女西，东西向。主人以下盥，奉木主设于案，设祔位于两序案讫，主人东阶下立，众各以行辈东西序立。主人诣香案前上香毕，率在位者一跪三叩，兴。主妇率诸妇出房中，荐匕箸，醢酱，跪叩如仪，退（县俗，妇人不与祭）。子弟奉壶，主人诣神案以次酌酒荐熟讫；皆就案前跪叩，兴。子弟荐祔毕，主人跪，在位者皆跪。祝进至香案之右，读祭文：“气序流易，时维四仲，追感岁时，不胜永慕。谨以庶品，粢盛醴齐，致荐岁事。以某亲某氏等祔食，尚飨。”讫，兴，退。主人以下叩，兴。再献，主妇荐羹饭，三献，主妇荐饵饼、时蔬，主人酌酒跪叩，均如初仪。毕，主人率族姓一跪三叩。兴，祝取祭文及祔食纸位焚于庭。众出，主人纳木主彻，退。日中而俊，春一举。布席于堂东西北上。陈椅、盏、匙、箸，如其人数，传祭食于燕器，热酒馔。族姓至，主人肃入序位，以行辈年齿为等，旅揖即席，进酒馔，酬酢如礼（每进食，子弟间行酒三巡，长幼献酬交错，饮无算爵）。汤饭毕，长者离席告退，主人送于门外，诸子弟皆随以出，彻。仆人俊余，食皆尽。月朔望日，主人皆家众夙兴，启寝室，燃烛，诣香案前，依行辈序立。主人上香献茶，复位，率众一跪三叩，兴，沏茶阖室，众退。若家有吉事，主人盥洗，启室燃烛焚香，以其事告，行礼如朔望仪。庶人设龛，奉四世神位。主人率众行礼，主妇治馔荐羹，日中众俊，朔望供茶行礼，告事，均与庶士仪同。县俗，士庶寝荐在除夕，寒食，十月朔日，长至日，礼极简略。

饮福和受胙礼才结束。[1]光绪年间的柞水县，每逢年节、祭日，没有祠堂的家族或家庭，坟离得近的就进行墓祭，远的则在自家进行神主龛祭。[2]嘉庆年间的汉中西乡县，元旦时在堂屋祭拜神主，晚上要在门外焚烧贡品，清明时则祭坟，七月十五麻谷节（鬼节）则在门外祭祀，十月一的送寒衣节也要祭祀。城固、洋县亦是清明祭祖坟。关中地区清明时节的祭祀为最盛，民国时期的兴平县，除了各家祭祀老坟和新坟外，焚烧大量纸钱，还会为姻亲家的坟上烧纸钱，互相祭拜。[3]陕西地区清明节与寒食节是一起过的，民国时期，高陵的寒食日祭祀，对于前一年的新坟会在寒食前一天祭祀，与其相同的礼泉县也是如此，会在寒食日的前一天先扫未过三年的新坟，清明时候再祭拜老坟。而潼关县就有区别，会在寒食这一天祭祀新坟，清明日祭扫老坟，祭时会在树上挂五色纸剪成网状的长络随风飘舞。

1.清光绪三十一年《绥德州志》
2.《陕西省志·民俗志》：光绪九年刻《孝义厅志》
3.《陕西省志·民俗志》：民国12年（1923）《兴平县志》

第四章　陕西省新农村建设、乡村非物质文化遗存（产）、传统村落建筑空间环境三者支持关系研究

中国传统文化是最大的非物质文化遗存，陕西非物质文化遗存（产）是传统文化在陕西农民具体生活中民俗化的表现与沿传，是陕西农民生活对传统文化的表现、演变、继承、创造，可以说，陕西非物质文化遗存（产）就是融化在陕西农民“衣、食、住、行、想”生活中的传统文化。时至今日，面对新农村建设，以传统文化为本质的非物质文化遗存（产）可以为其提供宏观的文化框架、生活内容及空间构成图示参考系等支持。

传统村落就像“容器”——承载农民生活的容器，承载非物质文化遗存（产）的容器，更是承载传统文化的容器。传统村落是孕育农耕文明的土壤，反之，在农耕文明中形成的优秀文明成果，其本身就是重要的物质与非物质文化遗存（产）。作为文化遗存（产）的传统村落是人的智慧与自然环境的交融，是在天人合一的非物质思想指引下建造的，体现阴阳关系、榫卯关系的凹凸契合传统文化空间，也是先祖留给人们与传统文化契合的人居理念和人居智慧。

新农村建设是国家发展到现阶段针对社会构成体系中最基层的社会群体而进行的系统性建设，其系统性体现在从起点到过程都应该是两个方面交融的并进，亦即文化建设与物质建设两个方面的交融并进，而这一切努力的最根本目的是让新农村建设主体——农民的精神生活、社会生活、物质生活得到整体提高。在西方文化已经大幅度进入中国社会各层面的今天，中国人应该清醒地认识到在西方文化“意欲向前”[1]的导向指引下，在物质单方面增长之外，将因此而产生严重后果，即人自身的、向内的精神生活的匮乏、崩溃，人与人之间社会生活的冷漠、解组，以及人与自然关系中的对自然单向地、单方面地摧残和不复回的破坏。

在深入分析和清晰认识新农村建设的本质、西方文化的优劣、传统文化的优势、非物质文化遗存（产）与传统村落空间的本质及相互关系之后，本书认为，在新农村建设中必须以非物质文化遗存（产）为其文化、精神的支持，传统村落为其空间形态结构的支持，新农村建设必须是统一了传统文化精神支持，传统空间形态结构支持，及适用于农村生活的先进物质技术支持的共生成果，只有保证了三方面的统一，才能使农民拥有田园式的生活，具有心灵归属感的家园，足不出户、尊严地享受现代物质技术文明成果；才能使农村成为与城市相区别，与自

1.梁漱溟先生在《东西文化及其哲学》中指出世界文化的发展形式和路向共有三种：第一种是意欲向前的路向，第二种是调整自己的思想、持中的路向，第三种是转身向后去要求的路向。这三种路向的代表分别是西洋以物质发展为质的文化，中国调和、中庸思想的文化，印度的宗教文化。

然相融合的山水田园，成为农民赖以生存的家园，成为受现代物质文明支持的诗意栖居地，成为国家的坚实社会基础支柱；才能使农业的发展更为良性，成为人的事业不侵害自然环境、在适度发展的前提下与自然和谐的典范，成为农民安居乐业的基础，成为国家的坚实经济基础支柱和社会协作良性发展的重要环节。

4.1 陕西乡村非物质文化遗存（产）与传统村落建筑空间环境支持关系研究

中国传统哲学思想以“易”为根本，在于以变化的观点，以理智地运用直觉的方式[1]达到调和、中庸的状态，产生如此的思想是因为古人认为：自然间的任何事物都是调和、守中的结果，执意的极端，偏向于一方面的，都是片面和不妥的，因此，传统哲学观从6000年前的母系氏族晚期始都是双的、两个、两极、两仪的观点，即“易是太极，是生两仪，两仪生四象，四象生八卦”。

陕西乡村非物质遗存（产）与传统村落建筑空间环境（以下简称传统村落）即为陕西乡村的两个方面，可谓一阴一阳，它们共生地表达了乡村调和的、本真的情境，太极是理，阴阳是气，“万物负阴而抱阳，冲气以为和”。中国山水画与田园中各种表现田园生活的场景，即已说明传统时期乡村中两种因素的融合所交织出来的田园情境，虽然没有现今程度发达的物质文明，但是仍能使人充分感受到当时田园生活趣味、情志和情境的浓郁，而非物质文化遗存（产）与传统村落融合保持了乡村生机盎然、本真的情境状态，即是孔子所说的“仁”[2]。

乡村非物质文化遗存（产）与传统村落阴阳相合便是“仁”，是乡村这个调和整体的本真的“仁”。两者之间支持关系具体表现在以下五个方面：

4.1.1 传统村落是“容器”，乡村非物质文化遗存（产）是“内容”，两者是共生关系，“内容”决定“容器”的外部形态和内部空间，“容器”是“内容”的物质表达

传统村落是“容器”，其环抱、围护结构有两层，一层是自然环境的风水结构，包括一脉连续下来地景结构中的“昆仑、祖山、少祖山、主山、外护、水、案山、朝山”，另一层是传统民居形成的整体向外的界面，包括“大门、水口、外立面、山墙、路面”。这两层共同构成了“容器”的围护结构。环抱围护结构围合而成的“容器”——中空的“空间”又是容纳与承载非物质文化遗存（产）的场所，包括居住空间、礼仪空间、公共空间、宗族空间等。传统村落就像所有的建筑一样，外部是形态，内部是空间，是具备了“有之以为利，无之以为用”的“容器”。

乡村非物质文化遗存（产）是传统村落“容器”中所承载的“内容”，具体表现为生活的“衣、食、住、行、想”，亦即精神生活（宗教、艺术、科学、哲

1.梁漱溟先生在《东西文化及其哲学》中指出：西洋以第一路向发展，在意欲向前中，其文化的本质是直觉地运用理智；中国以第二路向发展，在调和、中庸中，其文化的本质是理智地运用直觉；印度以第三路向发展，在宗教的、出世的、转身向后看中，其文化的本质是理智地运用现量（佛教唯识宗的用语，现量即“现象”）。

2.梁漱溟先生在《东西文化及哲学》中指出，被后世一次次误解了的孔子的“仁”原是指敏锐的直觉，本书认为即生机勃勃的、保持了本真的情境交融，因为他用唯识宗的“受、想二心所”、“带质境”、“非物”来解释直觉就是介于物质给人的影与物质共同作用的情境交融的状态。本书认为就是现象学的核心所指，也是非物质文化遗产的本质内容。乡村非物质文化遗存（产）与传统村落的相合，就是情境交融的“仁”，是蕴含于乡村这个调和的本真的“仁”。

学）、社会生活（社会组织、伦理习惯、政治制度、经济关系）、物质生活（饮食、起居），其本质乃是决定生活样式的文化，及由文化传衍积淀的文明成果。文化与文明又是自古至今农耕活动的源发，所以，农耕文明的本质属性又是其质的核心。乡村非物质文化遗存（产）是从古至今乡村个体、群体、共同体生活的整体面貌，是它们固着于大地的方式，是心思、智慧、情志的具体表象，是与固着场所亦即承载“容器”——传统村落的情境交融。

传统村落与乡村非物质文化遗存（产）是共生的关系，就像阴阳双鱼一样，是阴阳两合形态的表达，两者是相互咬合、契合、凹凸的榫卯关系，这种共生关系具体表现为：①“内容”决定了“容器”的外部和内部空间形态，如围合、包围的观念是中国自古便有的思想，亦即“物我合一”“物我同在”“物我和谐”的思想，虽然这其中亦有以“我”为中心的思想，但古人的中心的“我”不是与自然相对立和割裂的“我”，而是在“物我共生”观念上的我，而风水环抱的围合结构恰恰体现了“我”是自然的一部分，是地景结构一部分。又如，传统民居整体的向外界面是“人文与自然的共生”，从质上依然是“物我同在”“物我合一”的观念。从使用材料的自然属性上体现了人工建造与自然环境的共生观念，从传统民居本身向外的外部形态，具体为大门、山墙、外立面、路面，皆又是受由仰韶文化双鱼人面网纹符号一直传衍下来的“二龙戏珠”的阴阳观、通天观文化观念所决定的物质形态。再如，内部居住空间形成的纵向轴线的正房在北在上，左右东西厢，东厢高于西厢，倒座在南在下，正房地基高，左右次之，倒座最低，但都高于大门外等形式又都是由孝悌思想与伦理观念所决定的。②“内容”的现形又是通过“容器”界面变化与内部空间元素构成的物质表达，以上所举的风水观念与村落外部环抱结构关系的分析，村落向外围合结构与本源文化、围合观念关系的分析，孝悌、伦理观念与居住空间结构关系的分析，反过来又均为“内容”是“容器”的物质形态的表达的例子。

综陈上述，传统村落是“容器”，非物质文化遗存（产）是“内容”，两者是共生的关系，是道生一（乡村）、一生二（阴的非物质文化遗存/产，阳的传统村落）、二生三（情境交融的生活）、三生万物（精神生活、社会生活、物质生活诸事）的关系，两者是两个，也是一个，不能将两者割裂开来看待，两者所共生的结果就是“情境交融”的生活诸事、“情境交融”的活态文化。传统村落“容器”与非物质文化遗存（产）“内容”的共生关系具体表现在，“内容”决定了“容器”的外部形态和内部空间，“容器”是“内容”的物质表达。

4.1.2 传统村落“容器”是身体，乡村非物质文化遗存（产）“内容”是灵魂，“容器”使“内容”得以保护，“内容”使“容器”具有生命

作为“容器”的传统村落所形成的风水环境结构与组成村落的传统建筑整体向外的界面，是其中所包含的、表现为生活具体形式的非物质文化遗存（产）内

容的保护，这种保护分为两个层面：第一个层面是形而下的，是物质性、物质形态的保护，是防御与遮蔽，第二个层面是形而上的，是对精神生活愉悦的、社会生活和谐的保护。

反过来说，作为被保护“内容”的乡村非物质文化遗存（产）也为使与其特定匹配的“容器”具有了存在的价值与意义，“内容”使“容器”不是纯粹的物，而是被注入了活气的物，所谓“流水不腐，户枢不蠹”“万物负阴而抱阳，冲气以为和”。

传统村落的“容器”是身体，非物质文化遗存（产）的“内容”就是魂，“容器”使“内容”受到保护，安然以在，“内容”使“容器”不再是僵死与无生机的物质，而是具有生命的“物”。传统村落与非物质文化遗存（产）的共生才是田园式情境交融生活的本真，是乡村的“仁”。

4.1.3 传统村落是传统文化在大地上的空间图示的物质表达，乡村非物质文化遗存（产）是传统文化与传统村落在大地上的情境交融

传统村落“容器”是乡村非物质文化遗存（产）“内容”的物质表达，乡村非物质文化遗存（产）是传统文化在时空中积淀而成的情境交融的生活样式，所以，传统村落“容器”亦是对传统文化“内容”物质表达。传统村落“容器”是有形态的，传统文化中“仰则观象于天，俯则观法于地；观鸟兽之文，与地之宜；近取诸身，远取诸物；于是始作八卦，以通神明之德，以类万物之情”的哲学思想是传统村落形态形成的主要指导和依据，不仅涉及整体村落的外形，也包含其内部空间形态和具体构成物的形态。因此，传统村落“容器”不仅是传统文化在大地上的物质表达，亦是由传统文化投射于大地上的空间图示的物质表达，这图示是文化的图腾、思想观念的凝结，是书写个体与共同体情志的语言。

传统文化不仅决定了传统村落在大地上的空间图示，还决定了传统村落“容器”中所包含的“内容”，这“内容”是活态的，是与传统村落共融、共生的人的“衣、食、住、行、想”的生活，是由传统文化决定了样式与方向的生活，积淀到今天就是非物质文化遗存（产），可以说，非物质文化遗存（产）的本质就是与传统村落情境交融的生活。

4.1.4 传统村落是人与自然环境相通桥梁的物质表达，乡村非物质文化遗存（产）是人与自然环境相通桥梁的决定与物质表达内容

传统村落是人的思想智慧作用于自然环境材料后的人文创造物，具备双重的属性——人文属性和自然属性，可以说，它不仅是对人的生活的形适和保护，是人的思想智慧的凝结，更是对环境材料的使用和环境结构特征的延伸与反映。如果以人的生活为此岸，自然环境为彼岸，两者之间的过渡与桥梁就是传统村落。传统村落不仅是物质，也是物，更是被非物质文化遗存（产）注入了生命的

物，传统村落与乡村非物质文化遗存（产）互为里表，互为形神，互为“容器”和“内容”。据此说，传统村落是人与自然环境相通桥梁的物质表达，乡村非物质文化遗存（产）是人与自然环境相通桥梁的决定和物质表达内容。

4.1.5 传统村落是人创造的文明成果与物质表达，乡村非物质文化遗存（产）是人创造的文明成果与物质表达内容

总的来说，传统村落是人创造的文明成果与物质表达，乡村非物质文化遗存（产）是人创造的文明成果与物质表达的内容，两者是阴阳相合的一，不是二，是紧密的共生关系，它们的融合共同构成了乡村田园生活生机盎然的情境，而最后在时间的积淀中又成了延续与传承的文明成果。

4.2 陕西乡村非物质文化遗存（产）对新农村建设支持关系研究

陕西新农村建设不是凭空展开的，是在乡村原有基础上进行的现时代、适度、进步性变化，原有基础包括提供文化样式与生活内容的非物质文化遗存（产），也包括承载非物质文化遗存（产）内容的“容器”及自然与人相沟通的“桥梁”——传统村落。这两者形成的阴阳两合的基础，是当代新农村精神建设、社会建设、物质建设的起点，它们对新农村建设的支持作用不容忽视，无可替代。

4.2.1 陕西乡村非物质文化遗存（产）将为新农村建设提供文化样式、框架的支持

新农村建设的今天，已经不再是传统时期，而应是现时代农村建设的创新和进步，表现为适宜适度的变化。这变化包含两个方面，一是物的方面，一是精神文化的方面。在精神文化方面，变化的情势是纯粹以获得“物质”满足、“物质”丰富、“物质”享受的西方现代文化以迅雷不及掩耳之势进入中国乡村，成为吞噬乡村传统文化的重要因素，不仅使农耕文明属性的传统文化几近衰亡，更为严重的是以“物质”“利益”为追求目标的西方“意欲向前”的文化在极短的时间内“改造”了人心，使“物质”成为人心计算的唯一目的和欲望，除此之外，人生、生活所有趣味、幸福来源的伦理道德、亲情关系、邻里关系、社会组织关系，亦即所有能够温暖和培养内心幸福感的途径都分崩瓦解，最为显著的乃是很多地方没有照顾到不同人的需求及地域文化特色之“千村一面”的实际情况，这正是孔子所说的最大的“不仁”，也是中国最初设定传统文化模式的伟大的祖先对个体与社会发展最大的担心。

发展的现状证明：纯粹、单一的“物质”性，“意欲向前”的发展是不适合中国农村的，其中亦必包括陕西，而中国现在或未来文化发展的正确方向，仍必

须以传统文化为根本，关于这一点梁漱溟先生在《东西方文化及哲学》中进行了详细而深入的阐释，本书亦以梁先生的观点为然。梁先生认为世界的文化有三种路向，第一种是西洋所走的，以物质为目的，将自然与“我”相对立、割裂，科学的，意欲向前的，以直觉运用理智的路向；第二种是中国所走的，调和自我思想，变化的，中庸的，艺术的，以理智运用直觉的路向；第三种是印度所走的，转身向后的，佛教的，出世的，以理智运用现量的路向。梁漱溟还深入分析了未来文化的大发展必然是中国传统文化，他认为：在西洋经历了唯物质与经济是目标的苦痛经历后，经历了各阶层的人都像欲望的机器去计算和获取利益的阶段后，在以自然为障碍而排除障碍改造自然，发展到无可发展的地步时，就会转入人对人改造的阶段，原本将人看做物质的方法在新的阶段将不起作用，这种经济变化带来了改变成第二路向的可能性；学术见解，尤以心理学的无意识研究为主，认识到人心理的重要部分不在知而在于情和意，而这正是与孔子只关注人的情志的观点是一致的，还有以“互助论”揭示了社会本能的研究对进化论给予的修正等，这些见解的变迁也为第二路向的改变提供了必然性；梁漱溟研究了当时思想界各方面认识态度的转变，认为第二路向的改变是发展的必然趋势。

研究西方文化发展的情况实质是为了更明晰地看清中国文化发展的现状、问题及未来的趋向。中国的问题是我们智慧极高明的古圣人，在很早的时候便已经指明了非常高明的发展道路，即“调和的”“中庸的”发展路向，这条路是需要理智地运用直觉的，是在理智十分发达的层次上运用直觉的道路，但对于传统社会来说，这条路来得太早，对于现在的中国社会来说，这条路又几乎被西方的第一路向取代。传统社会时来得太早表现在以下几方面：在对待自然的问题上，没有科学、没有学术，对自然界的认识完全任由艺术态度、模糊态度处理，天灾水旱无法抵御，正常的生命生活安全无法保障；在对待自身权利问题上，没有认清“我”就先讲“无我”，没有“个性伸展”就先讲“屈己让人”，民主权利得不到保障，受到种种威权的压迫；在理智的学术、科学问题上，没有理智系统地分析事物，就直接崇尚非论理的精神，以直觉判断，所以思想不清晰，学术无眉目，总的来说，就是没有达到高层次的理智状态，没有较高的理智系统为基础就直接运用直觉，使社会在上千年中没有突破性的发展，只是文化作用的重复。现代中国社会又几乎被“物质的”“理性的”“经济的”西方文化完全充斥，传统文化所拥有的精华、光彩，“调和”“中庸”“孝悌”“伦理”“道德”，最根本“仁”的哲学思想又几乎全部衰竭，使人们陷入“唯物是图”的痛苦、崩溃之中。

非物质文化遗存（产）是具有中国农耕文明本源属性的传统文化的时空积淀，是目前仍遗存在农民日常生活中的活态的传统文化，它完全传承了传统文化中“生生不息”“阴阳”“调和”“中庸”“仁”“孝悌”“礼乐”“伦理”“道德”等的哲学思想和文化精髓，是活态的，不是古董式的存在，是创新的，它的创新就在于对现阶段的调整，目前中国社会所存在的唯物是图，以物质的追求代替生活真正的乐趣，以理性的计算代替本真直觉的社会现状正需要通过保护和发展非物质文化遗存，以活态的非物质文化遗存（产）中所留存的传统文化之力量去予以调整。

传统文化在现时代不应是古董式的、观赏性的存在，应该是融入了中国人生活中的活态，中国人的生活中所应有的状态应该是物质文明高度发展、解决生存物质需求的同时，传统文化精髓成为完整的形而上思想、哲学、艺术的另一方面，使人们真正达到拥有生机盎然的、高层次、直觉式、“仁”的生活。这对于作为传统文化农耕文明本源的生长土壤——农村来说是必然。因此，在今天的新农村建设中，传统文化活态存在的非物质文化遗存（产）将为其提供文化样式、框架支持。

4.2.2 陕西乡村非物质文化遗存（产）将为新农村建设提供生活内容的支持

陕西乡村非物质文化遗存（产）是传统文化在乡村生活中的遗存，即“衣、食、住、行、想”，在新农村建设时期不仅为其提供了文化样式和框架支持，同时，亦能提供由文化样式和框架所决定的具体文化生活内容的支持。

生活内容主要包括三个方面：精神的生活、社会的生活和物质的生活。非物质文化遗存（产）以传统文化中形而上学的哲学思想为指导为新农村建设中的三个方面的生活提供具体的内容支持。因为这些生活内容原本就是与地域化的环境相共生的情境交融，从这一方面看，非物质文化遗存（产）为新农村建设提供生活内容支持的意义亦在于使适合于人民的传统文化生活样式、框架活态地保护与传承下去。

具体而言，在精神生活方面，民间文学作为农耕文明“想”的本源的文明成果，是依附于一方水土、对民族或一方民众共同体记忆与符号的总结和传承，体现了人们对过往的民族历史的艺术式的理解与解读，表达了“向后看的”“报本反始”的对先祖的深厚“孝悌”之情，正因有此相同历史背景的人们才能在情志、精神层面有“向上”“升华”的感情产生，才能有凝聚力。民间美术作为农耕文明“衣、食、住、行、想”多方面本源的文明的成果，“生生不息”是其永恒的主题，是人们在日常艰辛和困难、也生机盎然的田园生活中，于内心绽开的朵朵生命之花，通过剪纸、刺绣、扎花、雕刻、皮影等各种平常生活媒材的艺术性的物质表达，它使人们的精神生活充满艺术性光彩，并通过艺术的表现慰藉、抒发和升华了人的灵魂。民间舞蹈作为农耕文明“行”的本源的文明成果，是以艺术性的舞乐形式表达人们祈福禳灾，祈祷风调雨顺、五谷丰登的情志，属于孔子认为的最能陶冶人的精神情志、以达直觉敏锐、生机勃发、勇猛刚进、柔韧如水的“礼乐”配舞的衍生。民间音乐作为农耕文明“想”的本源的文明成果，是孔子最为看重的“礼乐”的遗存，孔子认为能够让人在高度理智的层次上仍能保持本真，保持敏锐直觉，在物质丰盛的情况下不迷失本性的方法只有两个，“孝悌”和“礼乐”，“孝悌”让人向后看，从对父母之情作为起点而生发或唤醒人性本善之情，“礼乐”却是以艺术的方式，以光明的、向上的方法时时陶冶人的情志，使人性本善之情长存，民间音乐即是“礼乐”的遗存，是人们精神生活不可缺少生活方式。传统戏剧作为农耕文明“想”的本源的文明成果，其内容以春来暑往、春耕秋种夏收的耕种过程的付出收获之情为艺术创作的内容原型，以“孝悌”等道德之情志为艺术创作的主要内容，就像“礼乐”一样对人们的情志起到了寓教于乐的固本向善的教化作用。曲艺作为农耕文明“想”的本源的文明成果，亦属于“礼乐”的民间变体，可以看作是传统戏剧的短小版，以表演便利、说唱的艺术表现形式，宣扬“孝悌”等道德内容，亦起到了陶冶人的精神生活和情志的固本向善作用。传统体育作为农耕文明中“行”的本源的文明成果，是以传统哲学或文化为其形而上的指导的，通过艺术性的运动方式，疏通身体经络，在意气风发的机体状态中，使精神得以振奋，情志得以激励和生发，虽然其表现形式是身体的运动，但运动的根本在于强身健体以达精神情志作用，所以仍是精神生活。

在社会生活中，作为以上各类型综合的农耕文明成果——民俗（社火、庙会）是最能集中体现社会组织生活的类型，它是个体和共同体以精神领域的信仰、观念为名义而举行类似于宗教性质的集体协作组织活动，并以活动的仪式过程表达共同体的共识性的信仰。它是农村重要的社会生活，以共同认识和信仰为纽带紧密地将个人、家族、户族、社、村落等紧密连接在一起，对社会组织、社会关系的维系起到了重要的作用。民俗活动越兴盛，乡村共同体的文化共识也越稳固，社会组织和关系也更紧密。

在物质生活方面，传统手工技艺作为农耕文明中“衣、食、住、行、想”本源的文明成果，不仅满足了日常生活之需，更为重要的是指导其文化样式展开的形而上哲学思想极为高明，那就是在“天人合一”“物我合一”“物我同在”中形成的人的生活不以破坏自然为代价，这或许是因为传统时期的科技条件的限制，但其所体现的生产与社会交换的“适度性”是值得新农村建设汲取的宝贵经验。此外，传统手工技艺中所独具的口口相传的传承方式与制作技艺达到的艺术情趣，使制作者在劳动中所得到的情志生发，也是现代化的大工业所无论如何不能比的。大工业将人看作物，看作生产线上的工具，枯燥、机械、算计的生活可以让人对生活失望、悲观、厌世、崩溃，而传统手工业却让人在制作过程中，以制作艺术品的心情经历整个过程，从而有由内心生发的成就感，一个让人痛苦一个让人愉悦，这就是于人而言最大的区别。因此，可以说在传统哲学思想指导下的物质生活仍然是包含了极充盈的精神生活，两者是交融的，完全割裂的恰恰是将物质与精神对立的现代工业。传统医药作为农耕文明本源“食”的文明成果，在满足人的物质生活中治病需求时，无论从物态的构成还是治病思想均是以形而上的传统哲学理念为其根本指导的，尽管传统的中医没有病理学、生物学等学科的支撑，有一定的不足，但是与以科学为指导的西医将人体看作是各部分的组合而未曾考虑到各部分与整体的关系，及其整体之内除了物的层面之外更为深奥的层面相比，中医有着完全不同的治疗理念和用药理念。

总的来说，在新农村建设的今天，乡村非物质文化遗存（产）将为农村盎然生机的田园生活给予完整的、主流的内容支持。

4.2.3 陕西乡村非物质文化遗存（产）将成为新农村建设空间构成图示的参考系

新农村不是凭空而展开的建设，是在原有的文化和物质基础上的进步和创新，文化是乡村非物质文化遗存（产），物质乃是传统村落，乡村非物质文化遗存（产）不仅是传统村落在大地上空间图示物质表达的内容，亦将是新农村建设在大地上空间构成图示的参考系。

首先，新农村建设必以传统村落“容器”原有的空间图示为基础，是在其基础上的调整，但与环境相融合的整体风貌的地景结构和围护结构是不能有根本变动的，而对于传统村落来说，整体风貌的地景结构和围护结构图示的形成不仅是对自然的顺遂，对自然的限制条件的适应和改造，更多取决于形而上的传统哲学思想与传统文化观念的指导和渗透，最主要的是“风水、观物取象、阴阳、五行等”，所以说乡村非物质文化遗存（产）是新农村建设地景结构和围护结构的整体风貌图示的参考系。

其次，对于建设的新农村的内部亦应保留传统空间原有的几大空间类型：居住空间、公共空间、礼仪空间、宗教空间、祭祀空间。对于这些空间来说，乡村非物质文化遗存（产）依然是形成其空间图示的参考标准。这些空间图示的形成包括两个方面，一方面是静态日常图示，另一方面是变化节日图示，因为受农耕文明的无意识作用，中国人的一年从起点至终点循环一次的观念根深蒂固，而每一个轮回中又有数个重要时间节点，日常生活与时间的起点、终点、节点就构成了两类不同意义时段的划分，空间图示亦会与这两类时段所赋予的空间的文化意义与内容保持一致。

在静态日常图示中，居住空间就是家族、家庭伦理关系的图示，也是横向五行八卦与纵向阴阳通天观念的图示；公共空间在整个村落中就是实体之外的虚形，包括道路、院场、涝池、井户、峁顶、沟道交汇空地、耕地，它们是建筑界面向外围合而成的村落公共活动空间，其静态日常空间图示由观物取象、文化同构、风水、伦理等观念依据自然环境条件形成；礼仪空间存在于整个村落当中，村落空间图示中的牌坊位置，教育空间学宫纵轴线上的伦理关系，居住空间中纵轴线上的伦理关系，祭祀空间的伦理关系，宗教空间的等级关系都是由非物质文化所决定的静态日常礼仪空间图示；宗教空间中的神位高低级别的等级差异，纵向轴线的进深等级，戏楼与庙堂的主次关系无不是非物质文化所决定的日常礼仪空间图示；家族祭祀空间更是以伦理关系为根本、纵向轴线相联系的，由非物质文化决定的静态日常空间图示。

在一年轮回的起点、终点、节点时间，将根据功能的不同而因活态定期举行的乡村非物质文化遗存（产）的介入，使静态日常图示成为变化节日图示：民间文学与民俗将使特定日子的单个村落或多个村落以某个神庙为中心，形成中心向外放射的图示，日常清净的村中主道会成为临时性的商业交易空间，亦会在民间舞蹈、民间音乐的参与中，使整个村落由入口起的巷道变成游神仪式空间，最后停止在村中最大的院场、广场或戏台前的院场做固定场的表演仪式，还会在向阳的黄土梁前日常的耕地上，整出方形空地（150m × 150m），标出九曲八卦阵图示，在正月十五的月圆之夜旋转出吉祥；在年节、婚丧嫁娶、娃娃满月的时候，民间美术会使居住空间变成各种仪式空间，民间美术本身即是空间的吉祥图示和入口，使空间成为吉祥的内宇宙。

总之，在新农村建设中，乡村非物质文化遗存（产）将以其无孔不入的文化力量决定其建筑的静态日常空间与变化节日空间的图示，使新农村成为容纳天地之气、吉祥之气、生生不息之气的田园。

4.2.4　陕西乡村非物质文化遗存（产）将是新农村建设中生活情景的接续和文化的传承

陕西乡村非物质文化遗存（产）是农耕文明与传统文化的积淀和表现，是在陕西的关中、陕北、陕南三大地域中活态的非物质文化与具体的村落地景中所形成的情景交融的生生不息景象，是人文情境与自然情境的共生，它体现了无限的生机和祥和，这也是现在的新农村建设当中所必须传承的根本。

4.3　陕西传统村落建筑空间环境对新农村建设支持关系研究

4.3.1　陕西传统村落建筑空间环境将为新农村建设中文化生活保护方式提供支持

陕西传统村落是与乡村非物质文化遗存（产）榫卯契合的“容器”，是为传统文化特定设计的“容器”，从村落外部整体风貌到内部建筑实体及公共空间，居住空间、礼仪空间、祭祀空间、宗教空间，都是与传统文化非物质文化遗存（产）阴阳相合的实体与围合，当然也是对传统文化非物质文化遗存（产）最具保护性的实体与围合。

新农村建设不是凭空而起的，是对过去的传承、现在的融合和未来的理性预测，现在的正在实验，未来的没有出现，唯有对过去的传承是确定不移的，因此，传统文化活态传承即是对乡村非物质文化遗存（产）和传统村落的保护，传统村落必将为新农村建设中文化生活的保护方式提供支持。

4.3.2　陕西传统村落建筑空间环境是新农村建设空间构成图示的物质基础

陕西传统村落是与乡村非物质文化遗存（产）阴阳、榫卯相关的“容器”，两者的交融，活态地保存与展现了非物质文化遗存（产）式的生活情境，这种情境也是当今新农村建设最需继承的基础、进步性建设的起点。如上所述，乡村非物质文化遗存（产）是新农村建设空间构成图示的参考系，传统村落则是新农村建设空间构成的物质基础，只因在同为物质承载的表达上，非物质文化遗存（产）均为传统村落和新农村的决定和参考系，今天新农村建设又将以传统村落的物质表达为基础，作为一种文化样式的物质表达，新农村建设是传统村落空间构成图示的进步阶段，传统村落则必然永远是新农村建设空间构成图示的物质基础。

4.3.3 陕西传统村落建筑空间环境的保护传承将使新农村建设不失去传统文化生长的土壤

陕西传统村落是在传统文化与智慧作用指导下建造的人居空间，它与乡村非物质文化遗存（产）交融所构成的情境是对传统文化最本质的活态传承。新农村建设将以传统为基础和起点，吸纳现时代的文化、物质技术方面创新的文明成果。目前，发展的现状是新农村建设中对过去文化传承保护的不足，现代的文化技术成果的运用又缺乏在宏观体系中适度的定位，基于这种情况，保护与传承传统村落，保护与传承传统村落与乡村非物质文化遗存（产）共同形成的生活情景，将为当今的建设提供宝贵、丰富的智慧和经验，这也是确保新农村建设不失去传统文化生长土壤的根本措施。

第五章　陕西省新农村建设、乡村非物质文化遗存（产）、传统村落建筑空间环境三者共生性建设模式研究

下面分别就陕北横山县南塔乡张村有地村、关中户县蒋村、陕南紫阳县城关镇石板房区三个村落（或片区），在新农村建设、乡村非物质文化遗产（存）、传统村落建筑空间环境三者共生性建设模式的指导下，针对性地进行保护式、改造式、重建式建设方式的研究。

5.1　保护式建设模式研究：横山县南塔乡张村有地村

5.1.1　张村有地村新农村建设

南塔乡（图5.1）位于横山县城东部偏南60km处，距204省道15km，属于黄土高原丘陵沟壑地区。全乡共有15个行政村，93个村民小组，总人口3013户12801人，总面积133.2km^2，南塔乡的新农村建设情况见表5.1。

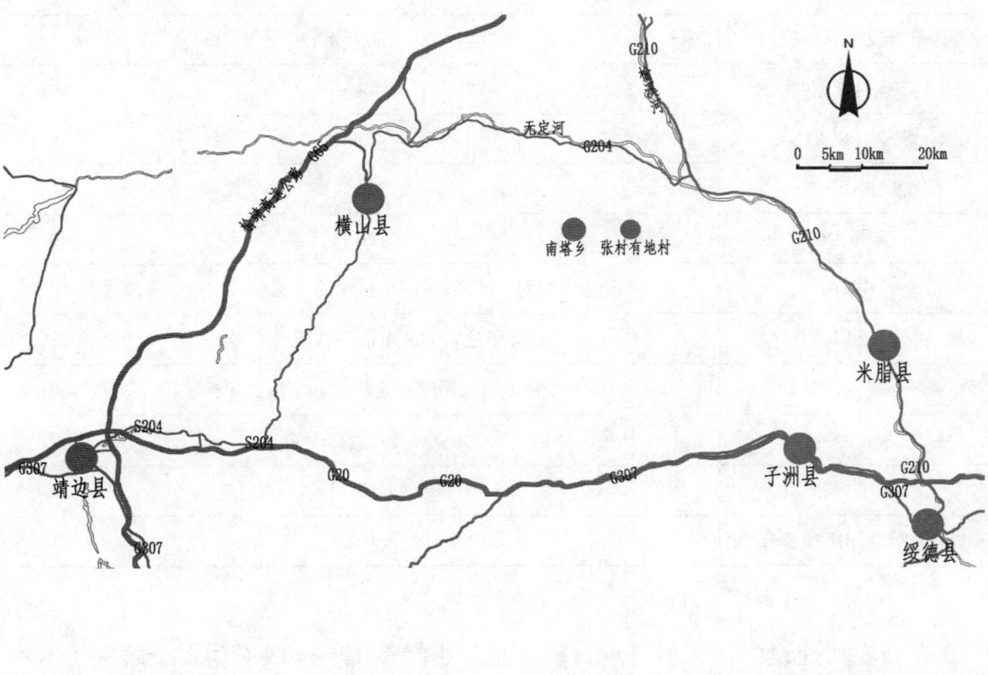

图5.1　南塔乡与张村有地村区位

张村有地村（图5.2，图5.4）位于南塔乡东8.4km处，现有131户700多人，根据老腰鼓成形的时间，该村于明中期已经存在。在风水格局上，据隐龙寺铭碑记

载，村庄位于古青铜山西北方1.5km的位置，属于深藏于黄土高原峁梁（图5.3）阳面黄土坡的古老村落（图5.4）。倚着川道坡塬形成绵延30里的村落，住户与住户之间相距甚远，之间的路程一般都在20～30分钟。耕地基本都在峁顶或峁畔，有的耕地离住户较近，距离远的较多，如李成元（老腰鼓非物质文化遗产传承人）家距其耕地就有1小时约3km路程。进村的道路是依附着座座峁梁形成的盘上弯下的小路，6m宽，从进村路一直到村子里全部是土路，但收拾得干净而平整。村子原有小学一座，因年轻人外出务工较多，人口不断减少，小学撤并。

横山县南塔乡新农村建设情况　　表5.1

类型	具体内容
主导产业	羊、豆、薯、劳务输出
2008农民人均纯收入	3300万元
道路	1400万元修通响南通乡油路
	930万元修通南塔至牛圪崂、南塔至小沟则、南塔至高楼、南塔屈焉至韩石畔四条通村油路（水泥路）
	640万元修通南塔到高圪坮 、南塔到张村地村、南塔至牛圪崂、南塔至高楼
水利	解决高圪坮、李崖窑、南塔、牛圪崂和小沟则等村2000余人饮水困难
	新建加固淤地坝7座
扶贫开发项目	10个村
扶贫开发项目总投资	280万元
新建村级道路	40km
新建村级支路	110km
新建沼气池	330口
改厕改圈	120个
电力	改造小沟则、范高粱等5个村农网。实现村村通、户户通
通信	新建移动、电信、联通基站4处
扶持农业	张村地村大明绿豆合作社和窑湾鑫源养殖场
粮食播种	稳定控制在5万亩
羊子饲养	2.5万只
新型农村合作医疗参合率	95%

资料来源：南塔乡乡镇府

在新农村建设中，张村有地村被评定为省级贫困村，政府为村子解决了基本电信与通信设施，电视是通过家庭小型卫星接收器接收信号的。各家户做饭依然使用传统的连通火炕的火灶烧柴。目前，饮用水仍然是张村有地村的大问题，由于这里的水质不好，味道苦咸，严重影响了村民们的身心健康，是否能顺利解决村子的饮水卫生问题将成为关乎这个古老的村子未来存亡的大事，新农村建设以来，张村有地村被定为横山县饮水工程重点村。

张村有地村以种植糜子、小米、土豆、绿豆等作物为主要的经济来源，为了增加收入，村里的年轻人外出务工的占2/3，但这些年轻人对家乡仍然是非常有感情的，每当村里有重大事宜的时候都会回来，即使不是年节，只要村子里有祈福禳灾、祭祀神庙的大事情，他们都会赶回来参加仪式，足以证明村落的百年习俗对他们的影响及在他们内心的分量。

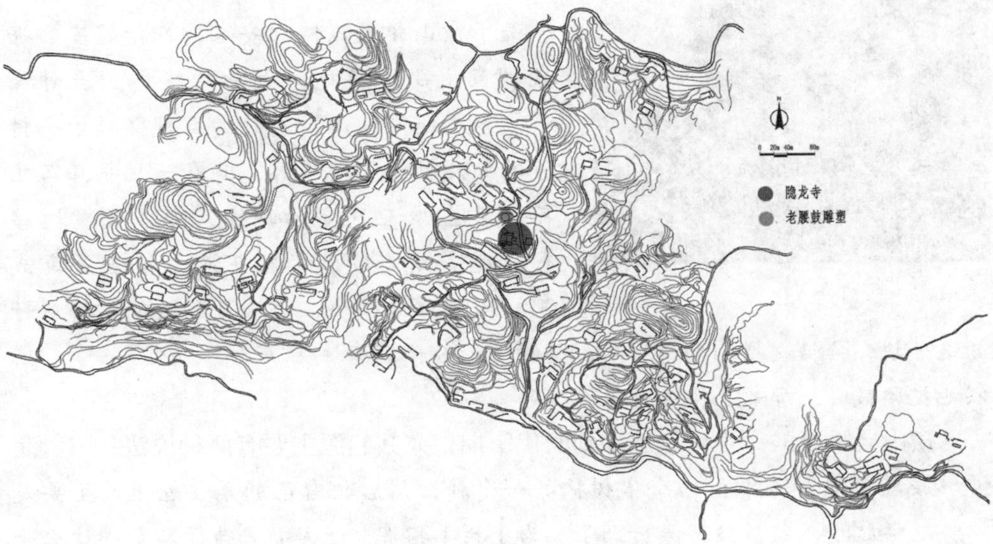

图5.2　张村有地村总平面

图5.3　张村有地村的地景结构之黄土高原峁梁

图5.4　张村有地村落景观
深藏于峁梁、面朝阳面的古老村落。

5.1.2 张村有地村非物质文化遗产：横山老腰鼓

1.老腰鼓历史沿革

老腰鼓是安塞腰鼓的宗源，是陕北地区最为原生态的腰鼓。陕北腰鼓分为三大类：传统腰鼓、发展过程中的腰鼓和新腰鼓。横山老腰鼓属于传统的原生态腰鼓。安塞腰鼓的产生与兴盛完全是因为横山人向安塞真武洞与西河口迁徙并将这一民俗带到迁徙地的结果。

图5.5 学者孟海平

资料来源：网络引用

研究横山老腰鼓的学者孟海平（图5.5）解释横山老腰鼓与安塞腰鼓的源流关系说："关于横山腰鼓流传到安塞，包括延安，据我调查主要是移民，大量的移民。当时佳县、米脂还有横山，当时老百姓整村子整村子的分几批大量地移民，就在三几年、四几年，毛主席在延安的时候，那是大量地移民，还有断断续续的往下跑，恰恰是真武洞、西河口这一块，恰恰是打腰鼓打得最好的这一块，恰恰是横山的这一块，整村子的人移到那块住下来了，他下去了，所以他把腰鼓带到那儿了，这是很准确的。"

横山老腰鼓的产生可以追溯到明代中期，究其起源主要有两种说法：一种是说"腰鼓是牧羊人做的一个拿树掏的一个桶，然后把自己的羊皮包上，主要是'咩起咩起'，敲着鼓，羊听到了，为了拦羊指挥，于是就产生了腰鼓，这么一种传说。"另一种是说"过去横山这个地方，是屯兵的地方，它就是在原来屯兵的时候助阵用的一种鼓，但是没有确切的资料来证实，但是我们河西走廊到这一块少数民族杂居区，过去有'讶鼓'一说，讶鼓这一说是准确的，它也是这种杂色的角色，我认为横山腰鼓恰恰是与那个讶鼓是一样的"（孟海平讲述 作者整理）。张村有地村腰鼓队顾问李成元（图5.6a）（老腰鼓的国家非物质文化遗产传人）解释说："在战场上，鼓和锣都是指挥士兵的令号，鼓是前进和冲锋的，锣是收军的。"从老腰鼓像戍边士兵的服饰装扮样式与"顺风旗"等动作程式来

图5.6 从左至右：*a.* 老腰鼓非物质文化遗产传承人李成元；*b*、*c.* 老腰鼓服装与动作

资料来源：作者拍摄与网络引用

看（图5.6b，图5.6c），老腰鼓更似源于戍边士兵传递军事消息、指挥士兵冲锋陷阵以壮士气或胜利之时欢庆娱乐之物。

张村有地村是横山老腰鼓的发源地之一，也是今天老腰鼓保留最原始和最完整的地方。张村有地村的腰鼓起源于清朝中期，最初的产生是为了祈福禳灾，到今天已有16代。“……起源那就在清朝中期那一阵，唐朝遗留下来就近中期了，这才开始闹秧歌就是因为那个瘟疫，过去说瘟疫就像现在2003年的‘非典’，就是那个性质，人们没有办法，那时候就没有这个旋子了、镲了、鼓了，就用盆子，说起因就是有响动的，有惊动的，攘整攘整，就是除消妖魔，辟邪的，铁器类型的，就是烂锅子也罢，烂盆子也罢，有响的东西都拿上，那就闹上了，你说再怎么也得有个头啊，起码要有个伞头，据听说是拿了个扫帚，随便用扫地用的扫帚，那就代替伞了。（从前）随着社会的发展，最早有了那些铜器了，咱把这弄成个旋子，弄成个镲，有那个东西就开始拉起这个乐器。这就一代一代地闹，到现在十六代了。”

2.老腰鼓是张村有地村的生活方式

老腰鼓在张村有地村是融入村民生活的重要组成部分，是一种生活方式，家家户户的男人都会打老腰鼓。作为民间娱乐活动，老腰鼓最大的特点就是它的参与性，“在张村有地村打腰鼓并没有什么高的要求，只要你喜欢都可以上场，在腰鼓的传承上，也没有什么师徒关系，没有专门的教授，只要有人学就有人教，大多数时候，就是很随意的交流”（李成元口述）。村中会计李生荣（图5.7）是腰鼓队的腊花，他的表演就是跟随父亲和村中的老人们学的：“小的时候不会闹阳歌，就喜欢看人家老前辈闹，一旦有阳歌，我就追着看，看了就模仿，模仿看看哪个闹的好，我就模仿着，谁闹的好，仿照人家闹，慢慢自己也看怎样能闹好，怎样好看，模仿人家的动作，一举一动，走步，连身转……”李会计全家人都非常关心和热衷村子的“热闹”，三个儿子都是打老腰鼓的好手。日常生活中，父子们经常在院子里组织个小场子，演练和探讨下场子的程式（图5.8），“在这方

图5.7 张村有地村会计/腊花 李生荣

图5.8 李生荣三个儿子在院里扎的小场子

面，我好闹，本身我父亲原来就是闹阳歌的，从现在来说，我总共有三个子弟，大小子李荣，那个也好闹阳歌，是打腰鼓的，那个三小子，也是打腰鼓的，这几年闹阳歌，有一次我看是八几，九几年，横山焰火节，总共进场子十二人，就有我们弟兄、父子们占一半，有六个人。"

村民们辛苦劳作一整年，在日积月累的光阴中，以干农活的动作为原型结合古代军中打旗传递号令的动作，融合而成老腰鼓一整套动作的程式，说明老腰鼓从根本上是农耕文明衍化而来的文化形式，是农耕文明"行"本源的文化遗产。每个动作的基本元素结合在一起就是一个完整的老腰鼓系列，它产生于孕育农耕文明的黄土高原，又在融合自然和人文的场域中升华为村民共同体的共识。无论年节还是祭祀仪式，在这些为村民们共同拥有的精神场域里，打老腰鼓都是必备的习俗仪式。与年节对于中国人的重要意义一样，每年只有在年节闹社火、打完老腰鼓后，农民心里才在向神神祈祷的过程中宣告过往一年辛苦的结束和万象更新一年的到来。

图5.9　青龙山上隐龙寺

图5.10　打扫隐龙寺前先拜韦陀和接引佛

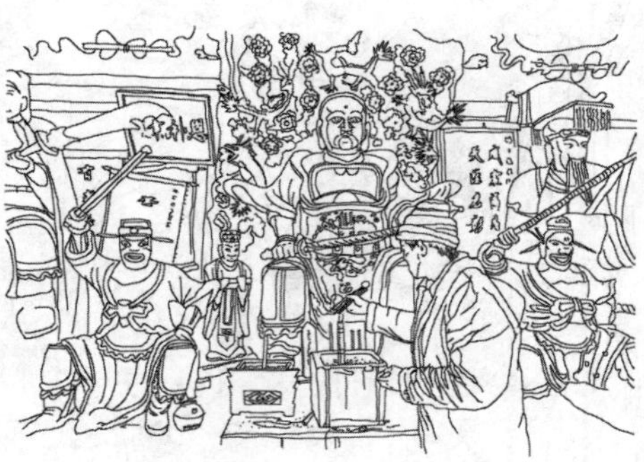

图5.11　社家会头给各路神祇上香

3.老腰鼓习俗仪式流程

老腰鼓属于社火的组成部分，而社火是年节的头等大事，社火的仪式主要包括谒庙、拜神、沿门子三个文化构成部分，老腰鼓是各部分的结构主体也是主要的表现形式，更是串起各个部分的核心文化形式链条。

陕北人称社火为"热闹"和"闹红火"。作为村中的一项公共事务，每年社火热闹结束后，都会在村中选出一个家户作为社家，社家负责管理与社火相关的一切事宜，如社火的组织、村庙的上香、老腰鼓等，社家的男主人则是会头，社家会专门腾出一间窑洞用来保存村里老腰鼓队的衣物、道具。村落是老腰鼓、社火的表演空间，老腰鼓、社火就是空间中表演的内容，社家的窑洞、院子则是后台准备空间，是举办社火前锣鼓队员们收拾装扮、喝茶休息的地方。

张村有地村完整地保存了清代以来老腰鼓的传统，所以与安塞变化了的新腰鼓不同，是不允许女人打的。

新年时节，村子闹社火的基本流程为：腊月二十九扫庙、晒鼓，正月初一上

图5.12 清扫寺庙（左图）

图5.13 2009年的社家（右图）

午谒庙、拜神，正月初一下午至初三沿门子，正月十五转九曲。

1）腊月二十九一早，社家的会头必须将隐龙寺（图5.9）清扫干净，程序为：打扫之前，先给庙中心的四面坡攒尖顶庙龛的韦陀和接引佛上香（图5.10），然后打开各个神殿的大门，并给每位神祇上香（图5.11），祈祷年节社火和腰鼓进行的顺利。这些都进行完毕了才能对寺院中杂物进行清扫（图5.12）。下午，村中老人们会到寺中来求签，家中有事需要占卜的，也来寺中求签，一般都是询问来年外出务工年轻人的运气，也有的是祈求消灾祛病。

打扫完隐龙寺，社家（图5.13）会打开装老腰鼓道具、服装的窑门（图5.14），将其摆至院中的碾盘上晾晒（图5.15）。老腰鼓也是阳歌（陕北秧歌的词源是“阳歌”），阳光是万物生长之本，在新的一年社火开始的时候，晾晒披挂的道具，不仅是为了消除窑洞中阴凉的潮气，也是为了吸纳阳气，使道具在即将开始的老腰鼓仪式中“活”起来。

2）正月初一正式打腰鼓前，社家会先吹起大碗唢呐和打响直径1米的大鼓，村中的伞头、鼓手、腊花等都会闻声而自动集结到社家，在院子里披挂整齐后进行严肃的祭拜“福禄善喜”牌位仪式（图5.16），集体先在社家扎个小场子，打了“太阳圈”（图5.17，图5.18）或是别的阳图[1]，如“四门斗底”（见表5.12），然后，热闹的社火便宣告开始了。

新年第一天，在伞头带领下，老腰鼓队边敲边打地去谒庙和拜神，是张村有地村流传百年的不变习俗。谒庙是拜谒位于风水最好的峁即青龙山隐龙寺（图5.19）。

1.陕北本源文化研究学者、画家郭庆丰先生在《阳歌阳图》中将陕北阳歌场子图示称为阳图。

图5.14 社家放腰鼓的窑洞室内（左图）

一般腰鼓和道具都是存放在暂时不住人的窑洞内。

图5.15 晾晒腰鼓和道具（右图）

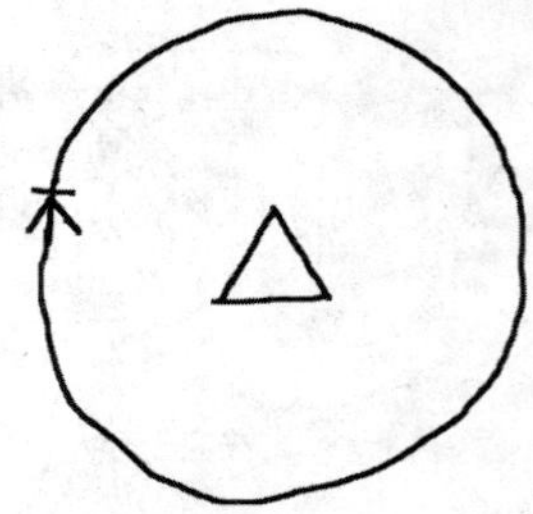

图5.16 叩拜福禄善喜（左图）

图5.17 太阳圈场子平面图（右图）

图5.18 在社家先走“太阳圈”场子

隐龙寺是村中最重要的公共空间、宗教空间和祭祀空间，除了大年初一拜谒仪式外，这里也是每年选社家和祈雨的地方。腰鼓队在进入寺门之前，村里有人专门负责在门前燃鞭放炮，以迎接队伍到来，渲染酬神的喜庆。鞭炮放完，便要在门前焚香叩拜，行完礼后才能进庙。进入庙中，先拜寺中心四面坡攒尖顶庙龛中供奉的韦陀和接引佛（图5.19），然后再叩拜其他神祇与东西南北五方，叩拜后，在院子中心围着庙龛走大过场并转“太阳圈”，伞头在中间唱敬神词（图5.20）。最后，再以“三上三下”的大礼叩拜大殿、左辅右傍偏殿的各路神仙。

拜神神对村中年轻人来说是父辈传给他们的习俗，是不需要问原因的事情，这一点可以从腰鼓队鼓李荣（李生荣的大儿子）的话中得以证明：“这个是给我们村消灾免难，阳歌一起，去村子里转转，打打响响，一年四季传说中没有瘟疫，神神保佑，风调雨顺，多打粮食，就有这样的传说，一代一代就传下来了，相信这了就一直相信，老先人留下就这样。”作为一种仪式性活动，谒庙拜神的场子舞步与其他的不一样，其中包含着虔诚心情，虽然也是最简单动作的重复（“三上三下”）。李成元是村子里对此最了解的文化人，他说：“拜庙这常规的场子就不行了，要有进退步，三上三下，三上一跪，三退就一下，三参三拜……”

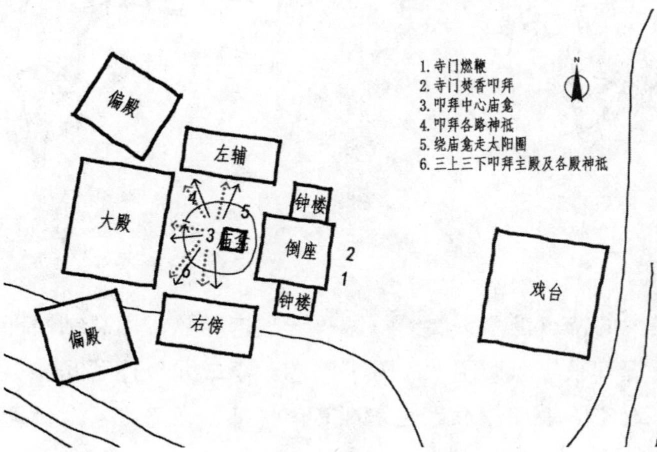

图5.19　腰鼓队先叩拜隐龙寺内各路神祇（上左图）

图5.20　腰鼓队在隐龙寺院子里绕着中心庙龛走太阳圈（上右图）

图5.21　谒庙拜神空间流程图（下左图）

图5.22　走在沿门子路上的腰鼓队（下右图）

总的来说，谒庙拜神的空间流程变化包括寺门燃鞭→腰鼓队寺门焚香叩拜→入寺门→叩拜中心庙龛→叩拜各路神祇→绕着庙龛走太阳圈场子→“三上三下”叩拜主殿神祇。图5.21示意了上述腰鼓队谒庙拜神神的空间流程变化。

3）正月初一早上谒庙后开始沿门子。由于是川道半坡型村落，该村131个家户之间都相距甚远，全部走下来约有上百里，但陕北阳歌沿门子要求腰鼓队必须家家户户都要走到（图5.22），即使有的家户今年没在村里过年，也要到院子里打腰鼓、走场子。此外，拜完神、谒完庙的腰鼓秧歌队，带着神的福气和旨意，人们要以迎接神祇的虔诚心情迎接（图5.23）。他们到每家每户的院子里扎场子，伞头唱吉利歌，灯笼伞转起来，腰鼓打起来，阳歌图跳起来时，就是将神神赐予的福气、阳气、循环往复、生生不息之气带到各家各户。

总的来说，沿门子的内容就是腰鼓阳歌队在峁梁的道路上穿行来到各个家户，并以神的名义在各家户的院子内扎场子（图5.24），打腰鼓，跳阳歌图，唱吉利歌，并接受主家的感谢和供奉（图5.25）。在具体进行过程中，“沿门子”要根据每家每户院子的大小而扎不同的场子。无论场子大小，最开始的一定是“太阳圈”类的规则场子，然后是分列的文场子，最后是变化多端、交叉

图5.23　主家在门口迎接腰鼓队来沿门子

的武场子。

除扎场子外，沿门子最大的特点是伞头要给每家每户唱吉利歌，用总结性押韵的语句赞扬家里的主人，祝其来年风调雨顺、万事顺遂。李成元叙述了2008年沿门子情况："沿门子你给人家唱吉庆，表达这家人具体情况，究竟这家人他是个工人，你不能给人唱成个揽工的，他是个干部，你不能给人唱成采煤工人，那个要随机应变，是什么样的人家唱什么样的歌。你像人家给我家唱的阳歌，我记着呢：

'家有黄金满斗量，
不如养儿送学堂，
上到高等大学堂，
不是那留洋胜留洋。'

那我家的孩子，没有留洋也算留洋了，人家上研究生了，这是个大学生家的情况。又到一院结婚的，人家娶媳妇了，刚娶回来的媳妇，这家人要这样唱：

'今日梁山喜门开，
又添上人口又添财，
去年娶回天仙女，
今年定生个状元孩。'

就是人家去年腊月结婚，今年正月拜年，那个就算去年了，现在这样唱，这个要适合，不能跟人家瞎唱，唱坏了人家有意见，咱也不好看。这个沿门子秧歌复杂呢，我就一直操心沿门子唱秧歌。"

4）沿门子一般闹两天，到了初三晚上，全村人会在社家的院子里堆起高高

的“旺火”（图5.26），还要根据社家院子的大小扎场子、打腰鼓、耍旱船和地方小戏，在一顿喧天腾地的热闹之后，在欢腾的气氛中结束。沿门子结束也就表明这一年节的闹红火暂告一段落。

4.老腰鼓的角色和道具

老腰鼓的角色与工具也是以农耕文明为本源的本源哲学文化“阴阳相合”“五行相生”的具体表现形式。角色主要包括伞头、腰鼓手、战鼓手、腊花等，角色始终体现着阴阳相合的配对原则。伞头两位，一位为阳为牡，一位为阴为牝。阳性的角色头戴象征华胜的明黄色包头巾，额上系着带有太阳圈装饰的额带，手持身上绘有四季、八仙或有寓意图案的灯笼伞；阴形角色扮相简单，没有任何头饰，手持灯笼伞为素面，没有装饰（图5.16）；伞头象征着腰鼓队的“头”、“龙头”，阴阳两个伞头，在扎有变化的并排或交叉场子中，就是龙凤呈祥、阴阳相交、相合的民俗体现。腰鼓手和腊花也是一阴一阳的牡牝关系，从

图5.24 在窑院里扎武场子（上左图）

尽管主人没在家，腰鼓队也会进院，并按照习俗扎场子。

图5.25 主家敬酒感谢腰鼓队场子阳歌带来的吉祥（上右图）

图5.26 初三晚上结束篝火与扎场子

资料来源：王永强摄

图5.27 灯笼伞和虎铮

虎铮中心是径向孔洞，可穿入食指，然后将其整个拿在掌中，摇晃而发出响声的铜铃。虎铮的形状是本源文化中“混沌”初开的民俗表象。

服饰到动作，腰鼓手身穿征战与戍边的军服，腊花头戴花冠抹额，上身短花袄，下身穿长裙，腰鼓手动作粗狂，腊花身姿扭捏，碎步前行。

在装扮规定上，伞头右手拿着灯笼伞，左手拿着虎铮（图5.27）。灯笼伞又称幌子，高80cm，顶为圆形华盖，下面是梯形四面体，华盖周边有像柳条一样的丝穗或五彩布条结，梯形四面体上装饰有吉祥花卉或八仙等图案，灯笼伞是腰鼓阳歌中通天的象征符号。走场子时，灯笼伞转起来，就象征着一年四季风调雨顺、五谷丰登，象征着阴阳五行循环往复、生生不息。

“伞头举的这个伞最早的叫日照，黄罗的一块大黄布，做好以后，风调雨顺，它是神权的象征，后来就发展成灯笼伞，因为晚上闹秧歌的时候，它这个要明亮，不然就看不见，于是就把那个灯笼伞缩小以后，里面放上灯盏，它本身那个伞，就是很美的一个工艺品，它里面有很多文化的喻意和含量在里面，你看那四面‘风调雨顺’，过去还讲究‘五谷丰登’，伞要转起来，转呀转呀，日月春夏秋冬，一年四季，转的很顺，很顺就表达农民那种天地兴顺的理想。”（孟海平讲述）“伞头这里面原来还点盏灯，里面点蜡烛灯，这个现在都改革了，过去上面是八洞神仙，汉钟离、韩湘子，就是那八洞神仙，这个是后来有的。”（社家会头讲述）

伞头左手拿的虎铮是为了辟邪，“伞头的这个虎铮，这个东西就相当于现在的哨儿”，“虎铮其实就是辟邪的，郎中，乡间的郎中他拿着虎铮，‘呛啷啷啷！起！就医喽！’，郎中来了么，再一个，郎中的虎铮表示老虎的口，它起辟邪的作用。”（孟海平讲述 作者整理）

腰鼓手（图5.28）和腊花（图5.29）是农耕文明理想的生活模式男耕女织生活的形象化表现，腰鼓手身披军服类型的服装，头戴草帽，像戍守边陲的战士，腊花则穿着花袄和花裙，头顶帕帕，腰鼓手打鼓矫健有力、威武豪放，腊花则步

图5.28 腰鼓手（左图）

图5.29 腊花（中图）

图5.30 自制老腰鼓（右图）

资料来源：网络引用

态扭捏，含羞带嗔，在场地里依照场子动作相互配合，一对对闹着红火。腊花是腰鼓队里的女角，多由男性反串，意思是“腊月之花”，手握铰子、旋子，含嗔带羞，脚步轻盈，与鼓子手成双配对、眉目传情，如水上飘、草上飞，让人目不暇接。“（腊花）就是男扮女装，梁山伯与祝英台我们应该知道吧，还是过去到现在那个旧遗传，就是那个男男女女、姑姑爹爹，我也悲了，他也喜了，带点笑容……”（李成元讲述 作者整理）

老腰鼓（图5.30）与安塞腰鼓不同，老腰鼓更多地体现了原生态性，且多为自己制作加工，农民们在农暇之余截一段木头，将中间掏空，在两边敷上牛皮，用木钉子将牛皮与木头钉在一起就成了老腰鼓，所以老腰鼓是直桶的，鼓槌也是木头削的，但必须是25cm。

5.老腰鼓的动作和打法

张村有地村老腰鼓动作（图5.31）是以干农活时的姿态和活动为原型，是农耕文明的表现形式，与安塞腰鼓等新腰鼓根本不同。安塞腰鼓的动作都是向上，向天上飞，而老腰鼓的动作则以稳健的“底盘”即脚下功夫为基础，全身的动作都呈现出向下的力度，就像在锄地和犁地。正是以这样的动作为基础，才形成了老腰鼓后来在打法上的变化，主要有顺风旗、二起脚、蹬腿打、踹脚打、翻身连转步打、三脚不落地、过堂对打、缠腰对打等，各种打法穿插进行，形成了老腰鼓场子丰富的变化，但是不管怎么变化，老腰鼓稳健而厚重的气韵始终都在。

“安塞腰鼓的打法有一种新腰鼓的感觉，它真是变了，它的角色结构、表演程式结构，表达的情绪结构，都不对了，都已经改革开放了，它打得像飞起来一样，其实腰鼓是向下的，它是像农民掏老撅头一样那种感觉，你发现它是他就自己这样陶醉的，好像自己是天神一样，就那种感觉，它向下的，它表达一种力量，同时也是一种精神的宣泄，他一年苦啊，他非常苦，他要把这个宣泄出来，让上天看到，我苦啊，下点雨吧，降点甘露吧。”（孟海平讲述 作者整理）

6.老腰鼓场子空间图示

老腰鼓重要的传统功能在于祭神并将风调雨顺、循环往复、生生不息的吉祥带给家家户户，所以，在与村落空间结合的过程中，老腰鼓有着传承千百年的场

图5.31 从左至右皆为老腰鼓基本动作

子图示，这场子图示正是在建筑学与规划学科范畴内，与陕北传统村落空间息息相关的本体性研究内容。

据郭庆丰《阳歌阳图》总结，场子图示共有七类，分别是自然图、花草图、武术图、城楼图、盘肠图、葫芦图、莲灯图，这七类囊括了陕北阳歌167幅图示。张村有地村的老腰鼓图示流传下来的，经李成元整理的共有37种，这里列出32种（表5.2）。

按照郭庆丰的观点，场子图作为一种“符图”，从角色、队伍构成形式到场子图示形式都是阴阳、五行观念的民俗表现。角色构成的意义前已介绍。队伍构成形式有两种类型，连续型和分开型，连续型用于连续场图，分开型用于分开和交叉场图。

队伍与连续型场图的关系是，伞头、腰鼓手、腊花等角色的排列必须按照“阳→阴→阳→阴→阳→阴→”的顺序，然后，在伞头带领下，从一个起点到一个终点连续往复的图示走场子，这种队伍结构体现的正是“金、木、水、火、土”相克相生、相间相胜的五行关系，是阴阳相合、五行相生、循环往复、万事顺遂、生生不息、通天吉祥图示的空间表达，这样的图示如“黑虎掏心”（图5.32）、“天地牌”、“十二莲灯”等。

队伍与分列型、交叉型场图的关系是，队伍分成两队，分别由牡牝两个伞头带领，阳性的腰鼓手一队，阴性的腊花一队，通过走分列型的图示形成一个完整图示中的两个部分，放在一起来看，便是八卦图示中的阴、阳两仪，这正是“易是太极，是生两仪，两仪生四象，四象生八卦”的民俗图示，这样的图示如“双官帽”、“双龙摆尾”；两股队形如果走的是交叉型的场图，就会出现阴阳两队相交的情境，这样就是“阴阳两合、化生万物”的图示，这种图示包括“剪子股”（图5.33）等。

作为一种“符图”，场子图示并非仅具娱乐的功能，而是有着深层文化内涵，是陕北人民通天的哲学文化符号，郭庆丰与靳之林的研究成果表明，这种“符图”作为陕北传统文化集体无意识的凝结，无孔不入地渗透在他们的生活，可以说，这就是他们的一种精神生活方式。

在具体走场子的时候，场子一定要“闹”得好看，为此就要注意不同场子的变化，也就是根据不同空间的大小安排相应的人数和表演队伍的场地图形变化。

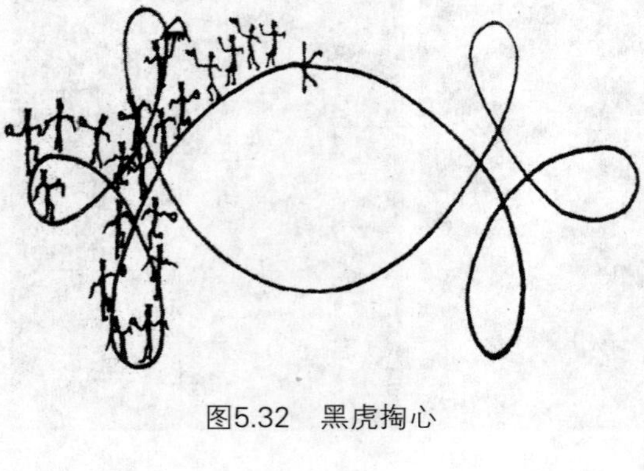

图5.32 黑虎掏心

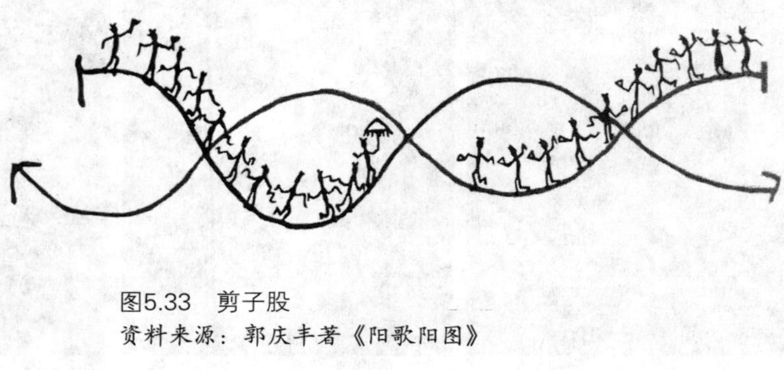

图5.33 剪子股
资料来源：郭庆丰著《阳歌阳图》

场子变化最主要的原则是：队形不能散，场子不能乱，让腰鼓队走出规矩的场子是伞头的主要职责之一。如“黑虎掏心，一扭脚是右插翻转，四个左转弯，左转朝这面转，右转就朝这样转，你左右转不对，咱俩撞一块了，就耍坏了，场外的观众看出来就特别难看，‘哎，那个耍的不好，耍的不好！’，你按照这个转，从这再到后面来，这个从这儿来，往上一套，都是向右插翻转，这叫黑虎掏心。”（李成元讲述）

7.老腰鼓角色的服饰

横山老腰鼓服装、扮相、道具、动作等都保持了传统的特色，包含了丰富的历史信息，均是按照阴阳、五行、八卦的规律安排与设置的。如鼓子手的服饰由青、赤、黄、白、黑五色搭配而成（图5.28）。

“他过去就是阴阳、五行、八卦，他舞动的场面是八卦、五行，他的服装、道具里面仍然包含着五种金、木、水、火、土，这就是他过去的服装，上下服装，你注意数，从头到脚打扮起来是五色，暗含金、木、水、火、土，相生相克，你要把金、木、水、火、土全部包含起来也是个‘顺’，相生相克，中途你短一个，这就不顺了就不吉祥了，他五色在一起他吉祥，还是追求一个顺，心顺，添心顺，就是表达这个意思。”（孟海平讲述 作者整理）

老腰鼓场子图　　表5.2

编号	名称	场地要求	图形
1	（古图）枣匢子开花	需上24人，间距2m	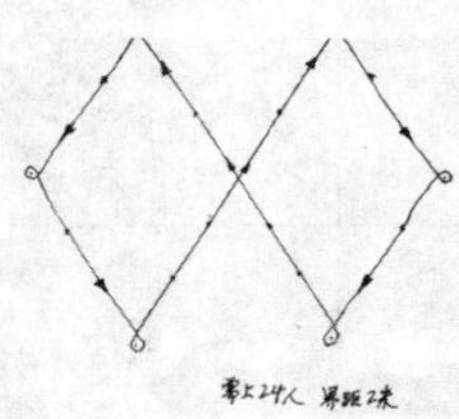
2	（古图）白马分鬃（拜寺庙图）	需上28人标准，多也可以加大场图，场地占144m^2	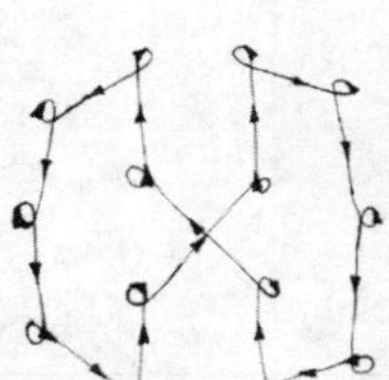

续表

编号	名称	场地要求	图形
3	（古图）四木斗底	场地$64m^2$，需上24人，间隔2m	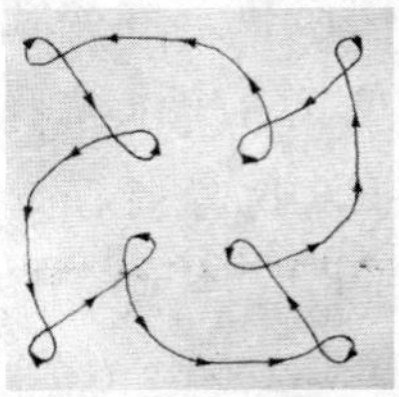
4	（古图）蛇盘蛋	占地面积$81m^2$，需上28人，间隔2m，有2个左转，6个右转	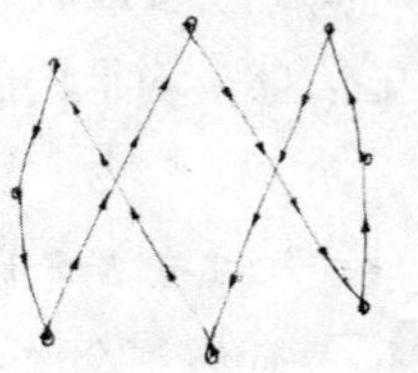
5	（古图）黑虎掏心	场地占$144m^2$，需上28人	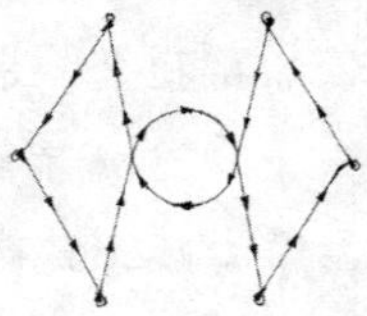
6	（古图）黑驴滚昼	场地$144m^2$，需上30人，间隔2m	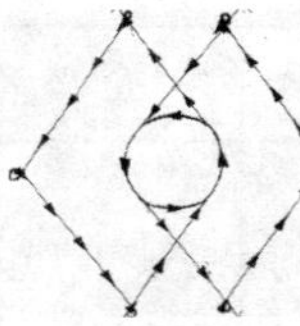
7	（古图）十二连灯	场地占$144m^2$，需上32人，间隔2m	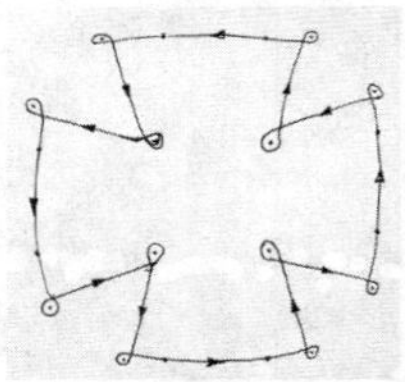
8	顺风旗	图线80m，需上40人，占地面积$144m^2$	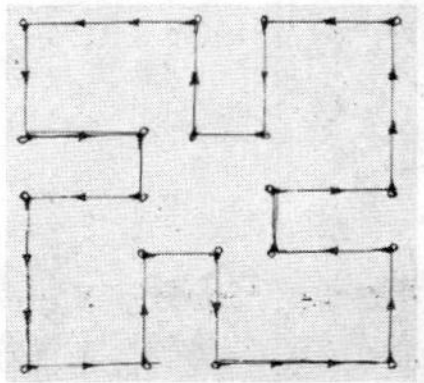
9	过街场图缠线板	人数不限。两边宽相对4m，间隔2m，如果走得宽了效果不好	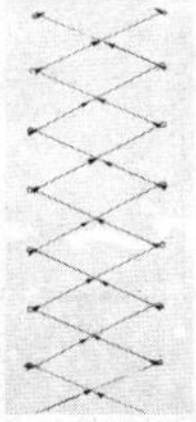

续表

编号	名称	场地要求	图形
10	文武上殿（舞台表演图）	需上16人，间隔2m	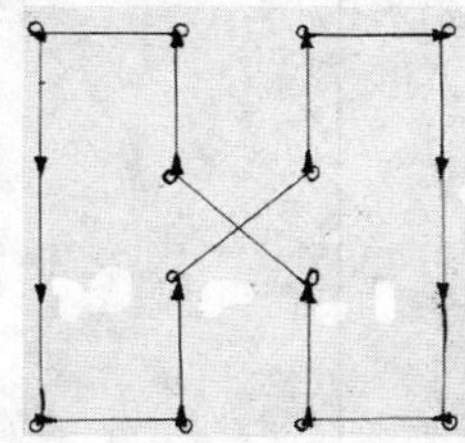
11	十字梅花	需上36人，图线72m，场地144m^2	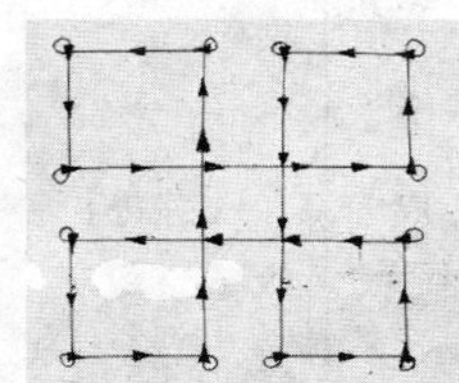
12	遍地开花	占地面积400m^2，需上56人，间隔2m	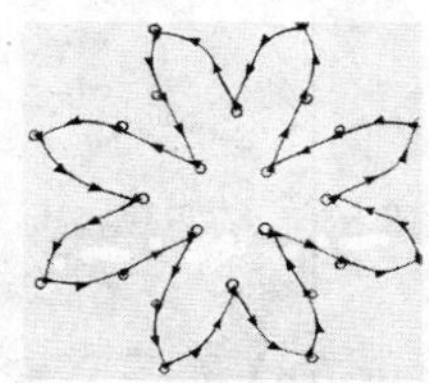
13	卜卦图	需上60人，场线图120m，有12个左转，16个右转，占地面积324m^2，间隔2m	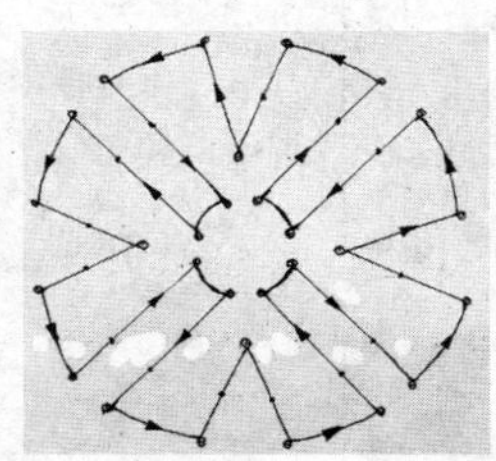
14	二十四盏灯	场地400m^2，需上64人，间隔2m，8个左转，16个右转	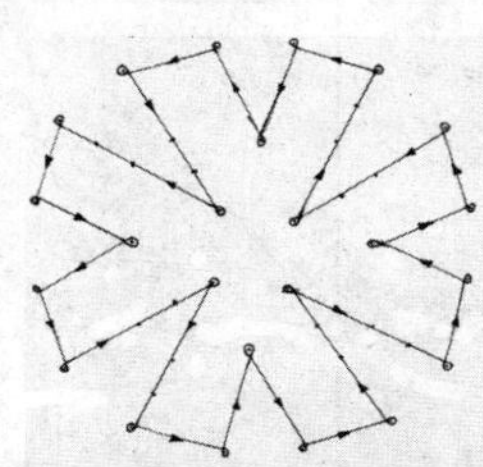
15	双蝴蝶	场地面积400m^2，图线128m，需上人64人，2个左转，14个右转	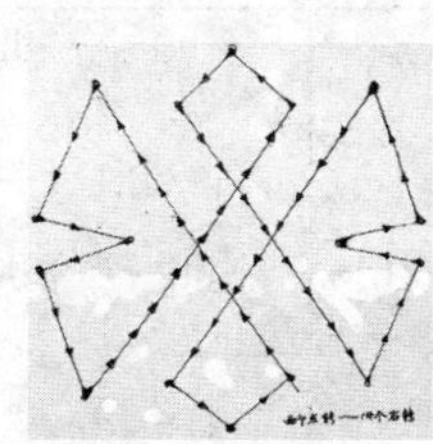

续表

编号	名称	场地要求	图形
16	伞连扇	占地面积324m^2，24个右转，需上64人	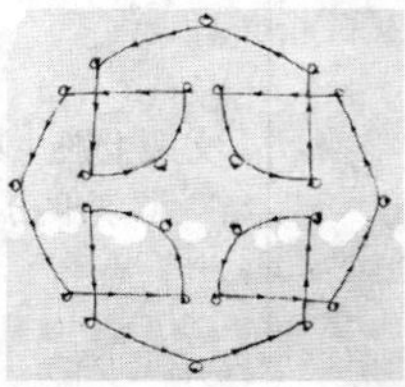
17	莲花宝地	占地面积400m^2，16个左转，16个右转，需上64人，间隔2m	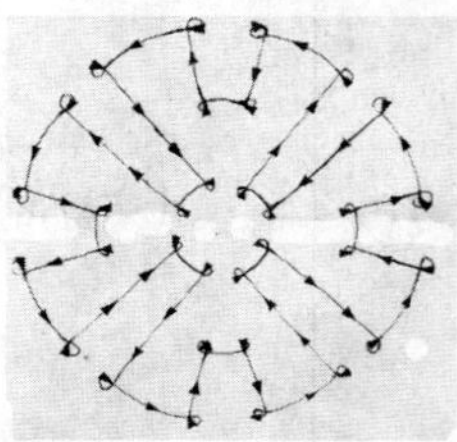
18	双龙摆尾	场地324m^2，需上70人，27个左转，27个右转	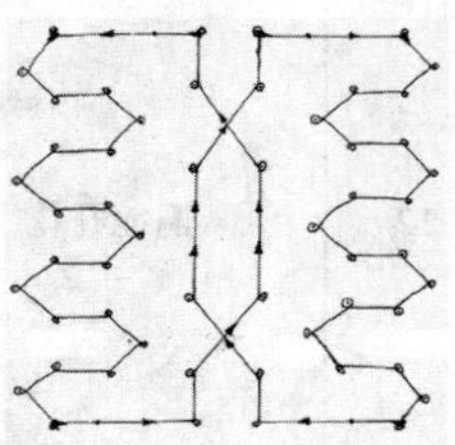
19	剪子钻	占地面积400m^2，24个左转，需上72人，间隔2m	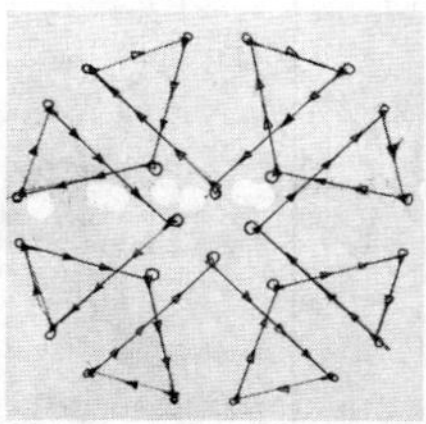
20	房连房	占地面积576m^2，4个左转28个右转，需上72人，（点）中线人到弯点上，弯点人急过，间隔还是2m	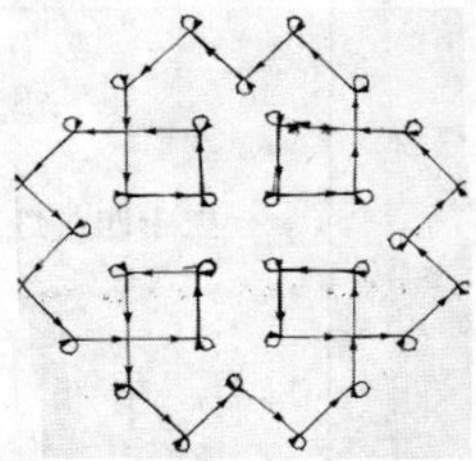
21	联（通）网	场图400m^2，需上76人，间隔2m，只有2人引	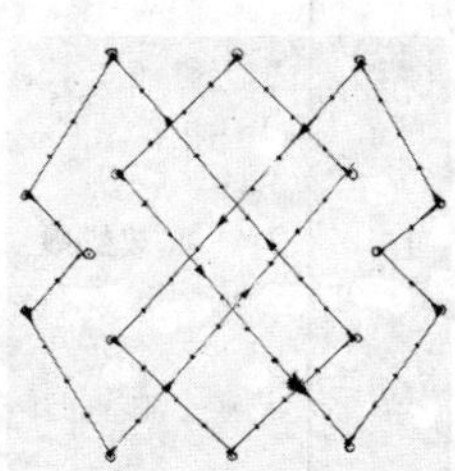

续表

编号	名称	场地要求	图形
22	四通八达	占地面积484m^2，需上人数76名，16个右转，4个左转	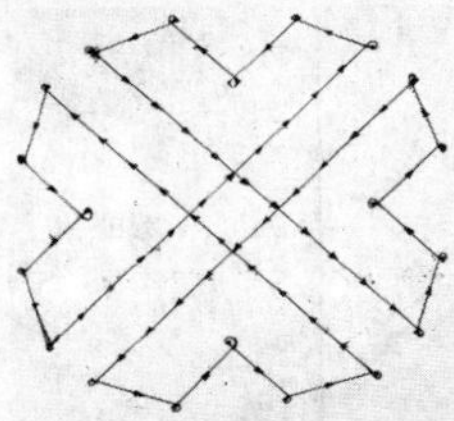
23	葡萄吊架	占地484m^2，16个右转8个左转，需上80人	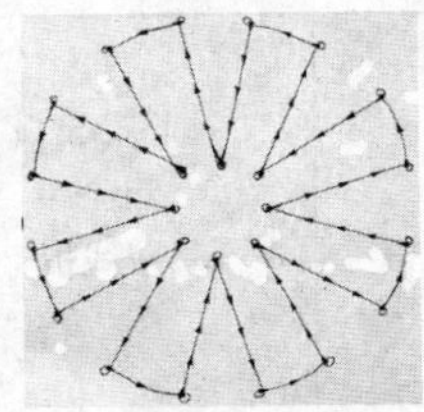
24	四路围拢	占地484m^2，需上88人，间隔2m，28个左转	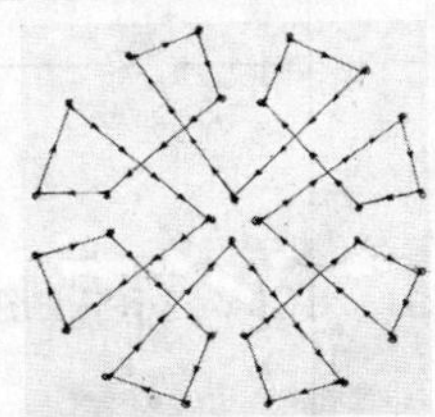
25	马连操	场地面积400m^2，需上92人，间隔2m，必须上4人引走	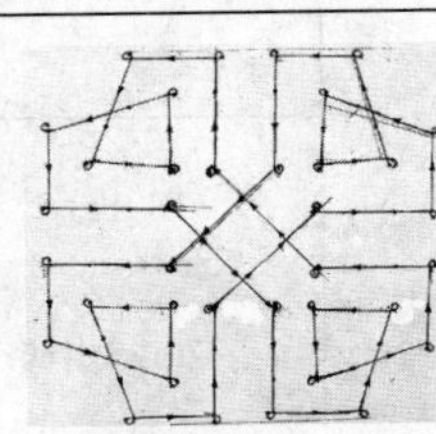
26	天地牌	占地面积576m^2，有24个左转，16个右转，需上96人	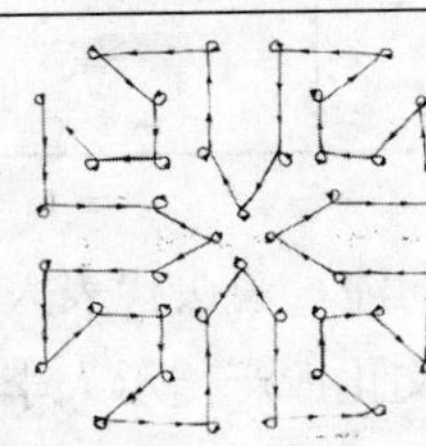
27	倒卷连	占地面积576m^2，需上104人，共24个左转	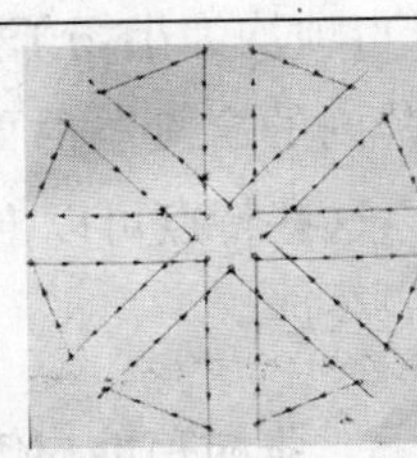
28	四方八面	占地面积576m^2，需上112人，间隔2m，共28个右转	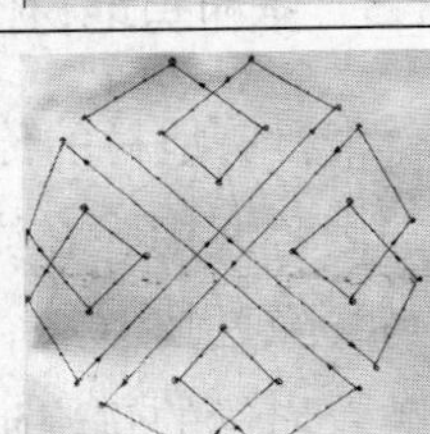

续表

编号	名称	场地要求	图形
29	喇叭花	占地面积784m^2，图线有16个左转16个右转	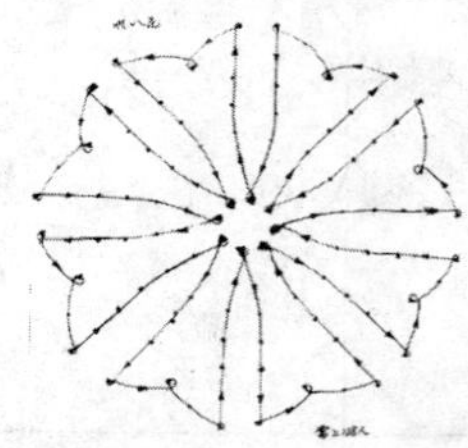
30	双线板	四路并列从中间上，占地面积484m^2，需上148人	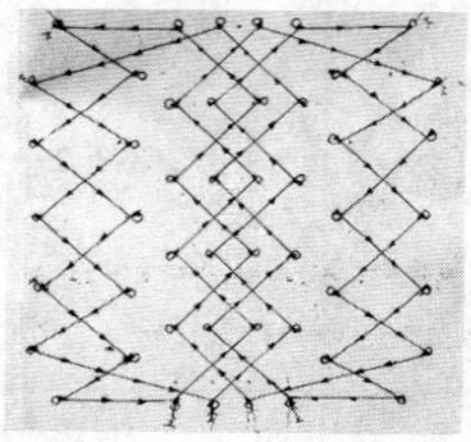
31	四季平安图	占地面积1156m^2，需上152人，4个左转28个右转	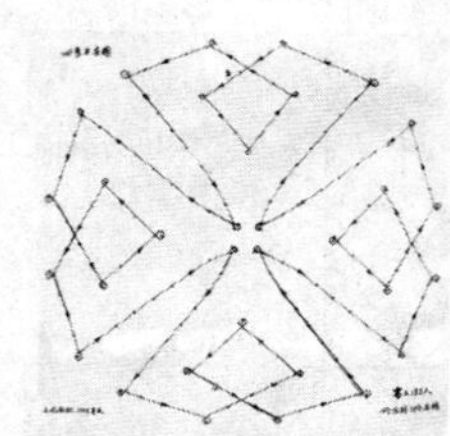
32	和谐大中华	占地面积1296m^2，需上192人，16个左转32个右转	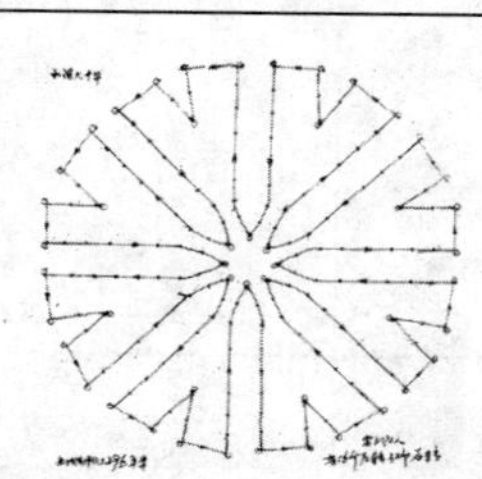

注：箭头代表人，箭头标示向前走的方向，32个场地图由老腰鼓国家级非物质文化遗产传承人李成元老师提供。这些场子图分别适应不同的场所需求，其中1～11项均为小场子需求的图形，这里面包括了所有的古图，其中都是适合144m^{2}及其内的窑院。后面的场图则所需面积较大或者很大，很多是近现代创新的形式，这些特点可以推测老腰鼓在谒庙、拜神、沿门子中的重要，以及这些习俗存在的久远。

5.1.3 张村有地村传统村落与建筑空间环境

张村有地村的传统村落格局属于典型的黄土高原腹地的村落形态，在梁峁起伏的山势之中，在峁梁伸向地面的黄土侧壁上（图5.4），一家一家的窑院沿着等高线隐藏其中，个个坐北朝南，负阴抱阳，为了选择最好的建设位置，整个村子顺着峁梁的轨迹延伸上百里，在这里传统的靠崖窑式建筑与自然峁梁共生，传统建筑在成为建筑之前首先是峁梁的一个组成部分，一道道峁梁就是一个个村落。

该村窑洞建筑主要有靠崖窑和独立式窑洞，而以靠崖窑居多，家家户户基本都是由一排四孔或五孔的靠崖窑与前面的方形（或长方形）院子组成。如李成元家（图5.34、图5.35），四孔窑洞相连（图5.36），为两明两暗的形式，从西往东分别用来做储藏间、儿女卧室（图5.37）、老人卧室（灶房）（图5.38）、主卧（灶房）（图5.39），储藏间没有火炕但有灶台，且灶台与儿女卧室的火炕相连，另两间的老人卧室和主卧分别为单间灶台与火炕相连接的单元形式。院子约为12m×12m，144m^2。牲口圈是屋外西侧的简陋窑洞和西侧壁前砖砌的小房子，这个独立的牲口圈东面围墙的外面靠近进院路西的位置是石碾子，院子对面是一梁峁，而此院子也是位于所在梁峁的二级台地上。

张村有地村的庙宇是位于村子中央高地青铜山上的隐龙寺（图5.40，图5.41）。庙宇是村子公共生活空间最重要的场所。隐龙寺建于清光绪二十六年（光绪二十二年开始建造，历时四年建成），寺的建造缘于村子东南的青铜山。隐龙寺建造的概况可以从寺中两座碑和门口的一座蛟龙碑上看出。大殿内的《创修寺佛殿庙碑文》（图5.42）记载了该寺的建造时间与地点：“盖闻圣人云，神之为德也甚至矣乎，视不见而听不闻，求必应而祷则灵，以是知人则敬神也，实神之灵应所感耳。我村张村有地有神山一座，名曰青龙山，其旧止有龙王马王庙二所。但此地高山峻岭，聚气藏风，诚可为栖神之地。村人触目惊心，偶起善念，创修隐龙寺一座，其正殿：

笑世王佛 左傍 伽蓝 九天圣母娘娘

哼 东

西天古佛 中间韦陀背靠接引佛前面洞亭 二将四大天王 钟鼓二楼

哈 西

玉皇大帝 右傍 太子 观音 十个罗汉

图5.34	图5.35

图5.36

图5.37	图5.38	图5.39

图5.34 李成元家前的峁

图5.35 李成元家入口

图5.36 李成元家的窑洞（全景合成照）

图5.37 儿女窑

图5.38 主窑

图5.39 主窑的老人卧内的灶台

图5.40　从左至右：隐龙寺；大门

现在的隐龙寺是修缮过的，已经看不到从前的面貌。

……大清光绪二十六年十月十一日开光立碑大吉”（《创修隐龙寺佛殿庙碑序》，作者抄录）。大殿外的另一石碑记载了隐龙寺三次修缮的时间及其与周围另二组寺庙的方位关系：“该寺位于张村地村中央山岗，立足山巅眺望，有一览众山之小感。古刹始建于大清光绪二十六年，寺西与道光年间修建的龙王、马王二庙比邻，寺北则有民国年间修建的祖师庙陪伴，三组庙群建筑雄伟，古色古香，工艺压众……第一期工程专为正殿古佛重塑金身，一九九年初冬开工，翌年八月八日开光典礼……第二期工程特为侧殿诸神塑像，并修复钟鼓楼、接引佛阁，于二零零五年三月开工，翌年六月八日竣工开光……第三期工程大兴土石，繁修庙宇，二零零八年隆冬开工翌年六月十一日竣工……三期工程共经十载……”（《复修隐龙寺碑记》（图5.43），作者抄录）。

寺庙门口的一座蛟龙碑（图5.44）记载了张村有地村和隐龙寺的风水格局：“青铜山方位立于古银州通往远□山大兵营的车行盘□大道三十里界上岳三十里界现称沙界□ 青铜山在张存有地东南三十里处此山八方来风四面出水一条古道犹如长蛇戏凤之态曲线运行之势横穿西东直古人传说此山在汉代时期用大量天然石烧炼过青铜所以故称青铜山此山片瓦随时甚多到明末清初时此山夜雨不绝白天红日烈照庄稼长势喜人不知何年何月青龙托梦于山主李孝章建祠李孝章因此山长年五谷丰登落雨又十分古怪在加梦中之谜等等有此每日搬石运料下定决心在青铜山建祠从而引起全村人等和百里香客的大力帮助很快就建成龙王庙山神垣门等同时在民间传开一句民谣蹬上青铜山四季保平安……”

图5.41　隐龙寺内院（全景合成照）

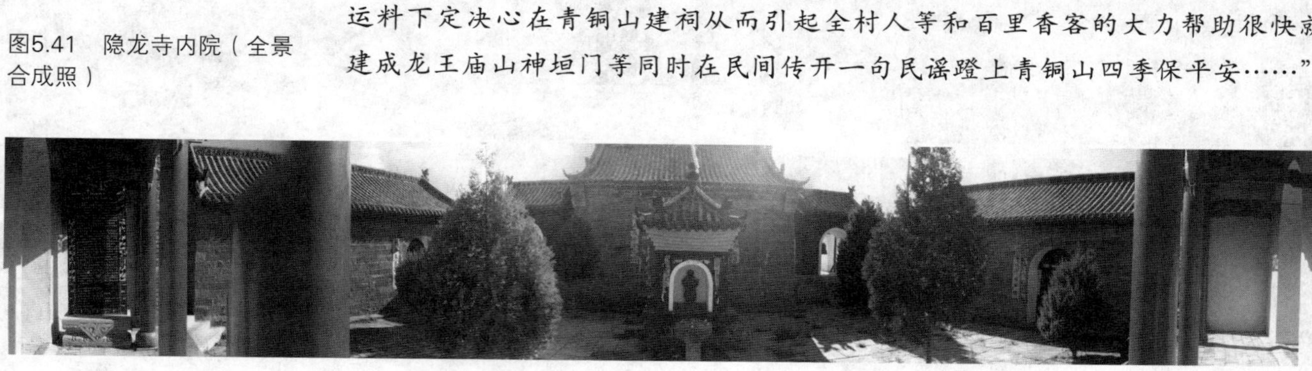

图5.42 创修寺佛殿庙碑（左图）

图5.43 复修寺碑（中图）

图5.44 蛟龙碑（右图）

（2007年2月1日村民李成雄所献蛟龙碑记载，作者抄录）。这三座碑文记载和说明了张村地村至少在清光绪年间就已经建村，且该村依附青铜山，是拥有着风水格局的古村落。

因为后来三次重修隐龙寺，所以现在的隐龙寺完整地保留了传统的格局，只是在隐龙寺对面增加了一座老戏台，称为隐龙阁（图5.45）。戏台的形制是在陕北一带常见的类型。隐龙寺对面建戏台正是民间文化中娱神和娱人的体现。

5.1.4 以保护式为主的三者共生性新农村建设模式研究

张村有地村的新农村建设应该首先解决村民的饮水、取暖做饭的能源等问题，其中，解决饮水问题是重中之重，水质不好已经是困扰祖祖辈辈张村有地村村民的大事。由于水质咸苦，村民们的牙齿都不好。尽快完善村民们的基本生活条件，解决饮水问题是该村新农村建设的当务之急。在实现了村民物质生活条件的改善之后，作为拥有老腰鼓和丰富的传统习俗及传统川道型村落和窑院建筑的张村有地村，因其独特的代表性，应以保护式的新农村建设模式实现新农村建设、非物质文化遗产、传统村落与建筑环境三者的共生，将张村有地村作为文化体原真地保存下去。

1.老腰鼓及传统习俗与张村有地村传统村落建筑空间环境的支持关系

首先，在张村有地村，以传统老腰鼓为代表的习俗与传统村落建筑空间

图5.45 隐龙阁戏台

环境两者是相互支持与共生的关系。人的生存需要两个方面的满足，一是物质生活条件，另一是精神生活条件，它们是一个“一”，不是“二”，是相互交织在一起的，是一个事物的两个方面，共同构成人们存在于世的必要条件。张村有地村的老腰鼓及传统习俗与传统村落建筑空间构成该村村民的物质和精神生活方式，是自然环境与人工环境共同作用而产生的物质与文化形态，它们共同为人们定居于此创造了稳定的生理与心理条件。传统村落与窑洞式建筑的形成是与黄土丘陵独特的梁峁川塬地景结构结合在一起的，是人们为了生存，最初在生产有限的情况下选择背塬向阳的地形条件，在冲沟的二级台地、边坡、黄土塬边缘、塬顶，按照一道道等高线，顺着川道发展的趋势而存在。只有这种村落与建筑形式才是与整体自然环境的地景结构共生的人工建造，虽然现在的建造技术已经达到了相当的高度，但是以集约化的建造来衡量，这种方式仍然是最经济与最生态的技术与方法，因为这一系列以传统建造技艺为核心的非物质文化遗产是黄土丘陵地带人们集体智慧的结晶，是先辈为了生活得更好、顺天应地、长期思考与实验的成果。与传统村落建筑空间环境一样，老腰鼓及传统习俗也是人们顺天应地的结果：老腰鼓的制作材料是最简单的树干，老腰鼓基本动作缘于人们耕种时不断重复的动作和男女阴阳差异，老腰鼓的角色设定缘于人们男耕女织的传统理念，老腰鼓服装的色彩搭配缘于中国人传统色彩观念的文化结构，老腰鼓的场地变化则缘于本源哲学文化的五行、八卦与阴阳理念。不仅如此，老腰鼓在以这片土地上的人们生活点滴为原型的基础上，还处处隐藏了此处曾离战场不远的历史信息。人的生存是需要信仰的，张村有地作为一个风水村，对神神的崇敬心理就是村民们的信仰。为了表达这种信仰，人们创造了社火，并在每年年节的终结与新的开始时以打腰鼓、闹红火的形式娱神、娱人。

其次，传统村落建筑空间是老腰鼓及传统习俗存在的具体物质空间场所。从老腰鼓的传统场子图可以看出，传统场地图基本都在144m^{2}以内表演，场子图保持了正方形或者圆形（方中取圆或圆中取方），不仅象征了天圆地方、圆满和谐，更在具体的空间场地占有上适合现实，因为张村有地村的寺庙庭院和窑院基本都是方形或者长方形，大多数面积都在144m^{2}以内。演员与演员之间的间距都保持2m，在踩场子和进行中心场地鼓表演的时候，创造的场地图才能展示出“符图”的面貌。就是在村路上行进过程中的表演也有具体的场子图“缠线板”。这说明从老腰鼓最初作为一种群集性的表演形式开始，就是根据张村有地村特定的空间场所而设计创造的，所以说是该村的传统村落与建筑空间衍生了老腰鼓与传统习俗及其丰富的变化。也许在陕北的其他地方，如安塞等地，可以在老腰鼓的基础上产生新腰鼓，但新腰鼓不可能代替最为原生态的老腰鼓的价值与意义，而张村有地村作为老腰鼓的发源地，应该将传统村落保护下来从而更好地保护老腰鼓及传统民俗。

最后，老腰鼓及传统习俗的存在又使传统村落建筑空间具有了勃勃生机，是藏风聚气中聚人气的本质手段，是传统村落生机盎然的象征。古语有“流水不腐，户枢不蠹”，一个没有精神的物质体就是一具空壳。一个城市、城镇、村庄、聚落，甚至是一间房子，它们的生命力来源于两个方面，一是在最初建造之时的勘察环境与相地，一是生活在其中的人们依着自己的定居地而衍生出来的种种习俗、观念和仪式，正是这两个方面的共同作用使一个场所具有了生命力。张村有地村在选址之初的风水体系使这里成了宜居的风水村，老腰鼓及传统习俗的存在使这里更具有了鲜活的生命力，尤其是在今天，当村里的年轻人都外出务工的时候，却在老腰鼓的召唤下回到村子打腰鼓、谒庙、拜神神，这就是村子共同体的生命力之所在。

2.老腰鼓及传统习俗对张村有地村新农村建设的支持关系

现阶段的新农村建设重点是改善和提高农民物质生活条件。对于张村有地来说，近几年在新农村建设的促进下，村民的生活条件确实得到了很大的改善，无论是在生产发展、生活富裕程度和生活条件上，都得到了极大的提高。为了解决饮水问题，南塔乡现在已将该村定为“农村饮水工程实施区”。但无论是现在的努力还是将来发展到某种程度，狭义上的新农村建设都只是解决物质生活条件方面的需求，但是这并不能标识张村有地村的存在意义，或许当更多的外来文化或者“现代”文化猛烈冲击这个偏僻山村的时候，它也将像米脂老县城那样布满了现代化建筑和元素，那将是一场浩劫，一场将最好的东西洗劫一空的浩劫。为了避免发生那样的状况，新农村建设应该适度地，应该是在以老腰鼓和传统习俗为代表的传统文化的参照系控制下进行物质生活条件的改善，只有很好地保留传统文化，新农村建设才是适度的和理智的。

3.张村有地村传统村落建筑空间环境对其新农村建设的支持关系

张村有地村的老腰鼓及传统习俗与传统村落建筑空间环境是互为依存的整体，是物质和精神的合一，是村子的过去、现在和未来生命力的所在，是自然环境和人工智慧共同的结晶，其新农村建设应该是在老腰鼓的传统习俗与传统村落建筑空间共同作为参照系，来改善和提高村民物质生活条件，应该是以保护为前提的局部修缮，只有在保护式途径下才能实现新农村建设、非物质文化遗存和传统村落建筑空间的共生。

5.2 改造式建设模式研究：关中户县蒋村

5.2.1 蒋村新农村建设

1.蒋村情况概述

蒋村（图5.46，图5.57）是关中中南部地区的大村，原属周至县管辖，后划至户县，地处秦岭北麓，东临甘河，距户县县城15km，北接祖庵镇

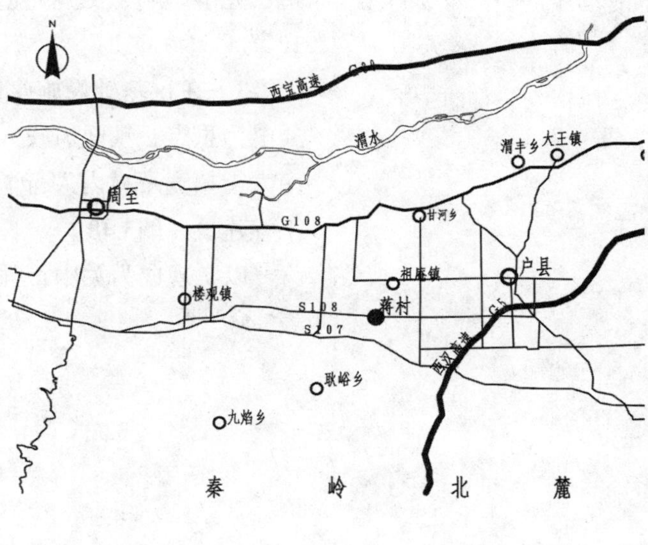

图5.46 蒋村区位图

资料来源：作者转绘

4km，西接周至30km，南距秦岭北麓山脊2km。该村土壤肥沃，气候温和。

据元代石碑记载：蒋村原名蒋夏村，因蒋夏两姓定居于此日久成村。相传崇祯十七年以前已没有了夏姓，故更名蒋村。近千年的生息繁衍过程中，村中形成以温、巩、张为大姓，王、刘、杨等小姓共同杂居的局面。蒋村基本情况见表5.3。

蒋村基本情况汇总 表5.3

序号	1	2	3	4	5	6	7	8	9
项目	现有农户	人口	村民小组	占地面积	村内有东西街	村内有南北街	共有耕地	主要农作物	果木
内容	1078户	约4500人	18个	>900亩	9条	5条	5349亩	小麦、玉米（小麦800斤/亩，玉米平均1000斤/亩）	苹果、猕猴桃

2.蒋村新农村建设

2006年始，蒋村按照陕西省统一部署开展新农村建设工作，到2010年，重点实施了工业城镇化建设，连续5年被评为县目标责任综合考评优秀单位。具体的建设措施为：

1）继续保持农业大镇的基础优势。镇域农业发展的宏观规划为南部以种植万亩干杂果林带为主，中部为大棚种植的优质瓜菜带，北部为时令水果种植带。到2010年，实现建设西安市2万亩大棚瓜菜示范区，如蒋村的“同兴大棚西瓜”，塑造了2个瓜果销售带，分别是户县一、二号路瓜菜经营带和环山路沿线经济林带干杂果销售带，建成了同兴、王坊、八什村3个农业大棚示范点，树立了白龙奶牛小区、清凉山养猪场、天菊实业有限公司4个龙头农产企业。

2）在保持农业基础地位的前提下，注重发展相关产业，使农民变得富裕起来，重点扶持瓜果蔬菜种植与牛奶生产的富民工程，以汽车配件生产、机电制造、光电印刷、工业铸造四项培育为镇支柱产业，这些产业在镇域内的企业共有12家。

3）在村基础设施建设和村容整治方面，以道路修缮、水泥路面铺设、架桥通电为重点，镇政府投入1500万余元，完成街道立面改造、综合贸易市场建设、南大街拓宽及村内人行道路硬化、地砖铺设、基础绿化、太阳能路灯架设等基础工程建设（图5.48）。

以实现成为关中百强镇为目标，到2010年蒋村镇工业城镇化建设数据汇总见表5.4。

2010年蒋村镇工业城镇化建设数据汇总 表5.4

序号	项目	具体分类	数值	其他
1	总体情况	工农业总产值	4.2亿元	
		同比增长	11%	
		固定资产投资总额	2.1亿元	
		财税增收	1800万元	
		增长	11.5%	
		乡镇企业总产值	4.05亿元	
		镇农民人均纯收入	5500元	净增360元
2	镇域工业发展	规模企业	12家	
		工业总产值	23亿元	
		销售	13亿元	
		上缴利税	1.8亿元	
		同比增长	18%、15%、8%	
3	农业产业发展	大棚瓜菜	8000亩	
		优质果杏	5000亩	
		时令蔬菜	1000亩	
		奶牛存栏率	500头	
		生猪存栏率	15000头	
4	村容环境整治	共投资	＞1500万元	
		完成水泥硬化工程	42个行政村	
		达一级新农村绿化标准	15个重点村	
		各主干道绿化率	100%	
		退耕还林	8000亩	
		村庄搬迁	3个山村	
		沟峪保护	建4个保护站	
		危房改造	73户	
		安居工程	13户	
5	医保	医疗合作和社会养老基本保险覆盖率	96%	
6	社会救助	救助金发放	13万元	
		劳动输出	4500余人	
		技能培训	1200余人	

资料来源：蒋村镇政府

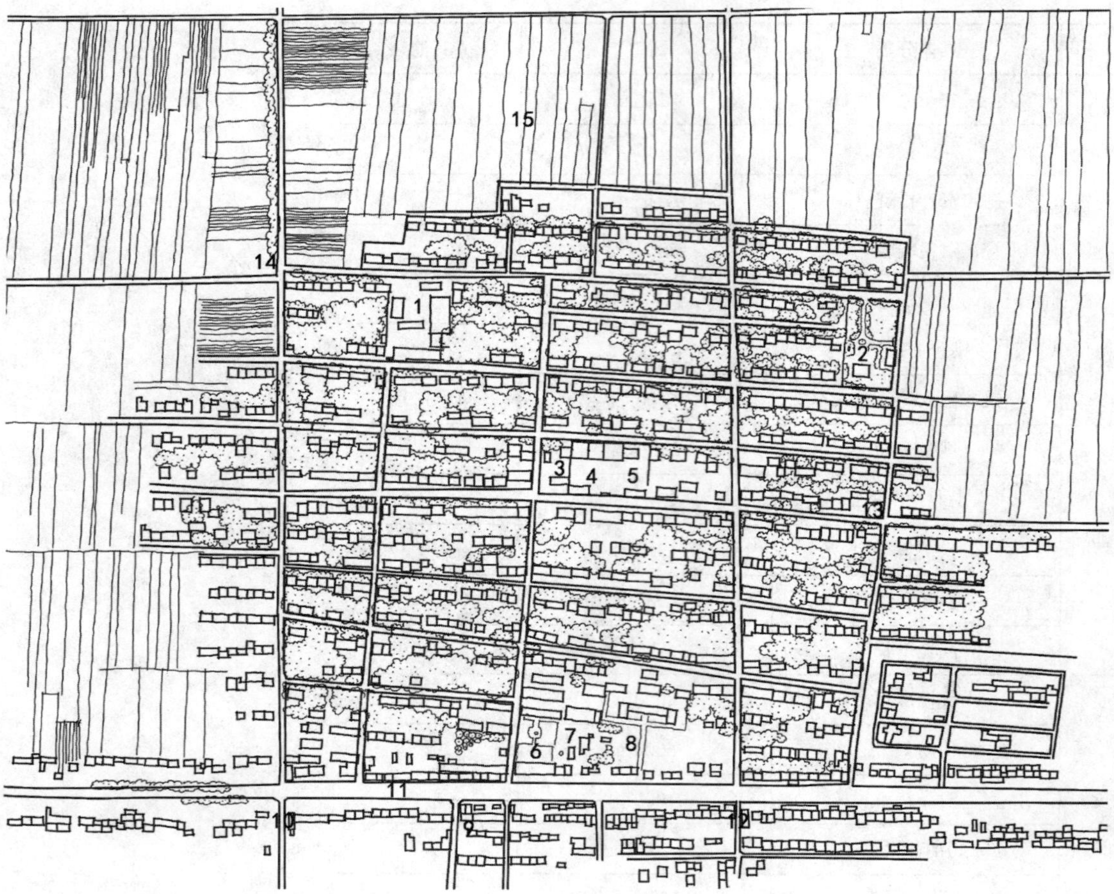

图5.47　蒋村现状平面图

a　*b*　*c*　*d*

图5.48　蒋村新农村建设现状

a.道路上的太阳能路灯及硬化路面；*b*.道路；*c*.蒋村文化站；*d*.现代民居大门

5.2.2　蒋村正月民俗与传统村落空间关系

1.蒋村正月民俗的历史沿革

蒋村正月民俗最早形成于周代，成熟于清康熙年间，其中春官起源于周礼，蛮鼓、板对和歪官几项加入后形成完整的民俗活动，传说是由康熙年间一位祖籍蒋村名唤张起凤[1]的将军从南方带回来的耍热闹形式。根据正月民俗的结构和张起凤的传奇，大概可以确定，以永宁寺为核心的栽高照、报春官应是蒋村原有的社火内容，打蛮鼓、出板对、出歪官则可能是张起凤受到南方民俗影响而带回的南方民俗形式，这是出于偶然还是受当时蒋村人文环境影响，现在已不得而知，

1.《周至县志》记载：张起凤，字仪庭，蒋村人，从军打击台湾残明政权，屡立战功，迁提督，诰封怀远将军。

但这种融合了傩仪、卜丰歉、改岁的乡村习俗却在坎坷的历史发展变化中遗留了下来，成为规范、和谐蒋村社会结构及人与人之间关系的意识教育促成习俗，让面貌已发生巨大变化的环境场所结构仍能保持一种清澈之气。

2.蒋村正月民俗文化结构

蒋村正月民俗就像一场从古至今由蒋村人共同完成、自编自演的大戏，而这大戏有其独特的文化结构：打蛮鼓是起始的铺垫，出板对是前奏，出歪官、在永宁寺前栽高照、游春官是高潮。这是一出经过编排的戏剧，从开启的铺垫到高潮再于高潮中结束。在每年一轮回开启之初用最传统的方式，由民众民主选举代表共同体认可和完美人格的优秀村民代表为演员，在作为舞台的蒋村村落空间中，情境交融地共同完成具有宗教意义和娱乐意味的民俗大戏。

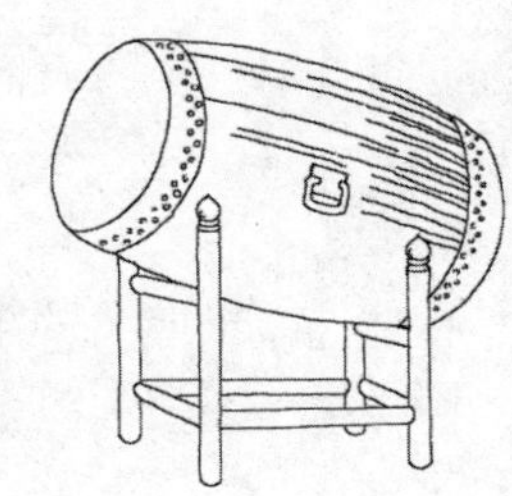

图5.49 鼖鼓

资料来源：作者转绘

1）蛮鼓

蛮鼓可查的资料很少，只有在网络释义中解释为“一种南方大鼓，或称蜀鼓”。《周礼·地官司徒第二·鼓人》中记述了周代鼓的礼制：“……以雷鼓鼓神祀，以灵鼓鼓社稷，以路鼓鼓鬼享，以鼖鼓鼓军事，以鼛鼓鼓役事……”据说蛮鼓是从军的张起凤带回的军中战鼓鼓舞形式，所以，蛮鼓应该就是鼖鼓。郑玄注释：“大鼓谓之鼖，鼖鼓长八尺”。贾《疏》亦释：“鼖鼓是一种两面鼓。”结合蒋村现在所用的蛮鼓可以断定：蒋村的蛮鼓（图5.50）就是周礼中所记载的“鼓军事”而用的鼖鼓（图5.49），只是随着时间变化而缩小至1～1.5m。就像所有以军中战鼓为原型的非物质文化遗存民间鼓舞那样具有交战双方的激烈氛围和对抗性，在空间上亦必表现为左、右相对的位置关系。

2）板对

板对可查的资料亦甚少，只是在网络上解释为“诗文中的对偶句”[1]。这里认为，蒋村板对的“板”字更多的是强调这种习俗所用的物质载体，即由一对一对出行的人扛着的长约2.5m、宽约0.25m、用来写一组一组对偶句的细长形薄板

1.明王世贞在《艺苑卮言》卷三中曾说：“‘国尚师位，家崇儒门’，老生板对，唐律赋之不若矣。”

图5.50 2009年蒋村蛮鼓

图5.51　板对

子（图5.51）。

板对的习俗反映了蒋村人崇尚文化，崇尚正直、正义的价值观和人生态度，这是具有教化作用的共同体意识的表达形式，是塑造一村民风、规范民众行为的有效途径，也是张载（北宋）、李二曲（清初）两位关中大儒所倡导的“知礼成性”“化民为士”的现实表现形式，这种民俗在其他村庄几乎未曾见到。

如果说蛮鼓是“武”的对垒，板对则是“文”的比赛，蛮鼓与板对，一武一文，反映了蒋村先人自古就重视对子孙文武全才的训练意识。

蒋村四门板对的比赛有着独特的规则和取胜技巧，几位村中著名的撰联文人对此作了详细的介绍。北门撰联人吴志义（图5.52）说：“各门上一般都要选择3、5个人，在解放前，3、5人都是地方豪绅，有历史文化水平，有的有写作能力，在解放后来说，一般也就还是3、5人，对新的知识要懂得多，在政策上要懂得多，还要有水平，（有）写作知识。打锣鼓，出板对的时候，对这3、5人都非常紧张，比如南北门打锣鼓，南门出板对，北门专门有抄板对的人，到南门没有出来的时候就要抄回来，抄回来怎么办，这3、5个人就要绞尽脑汁，要苦思冥想，要把这个板对对好。”

图5.52　撰联人吴志义（左图）

图5.53　撰联人温世凯（中图）

图5.54　撰联人展元泰（右图）

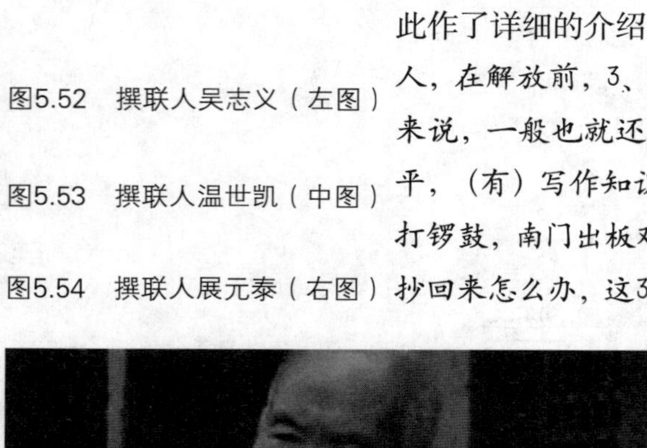

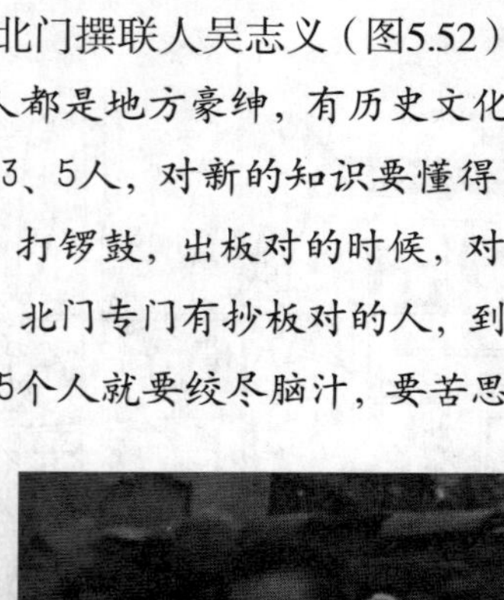

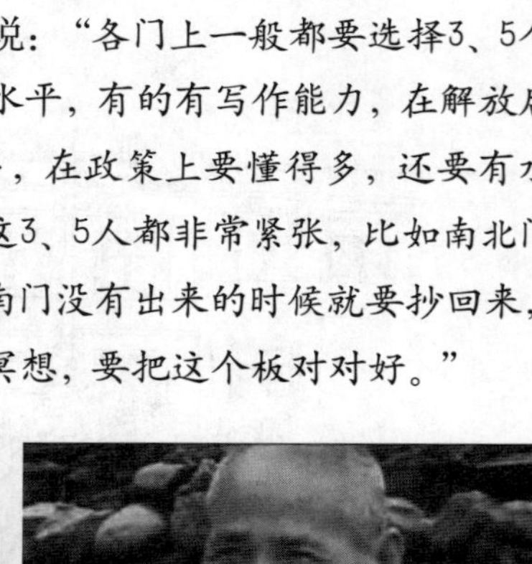

从康熙时期正月民俗成熟至今，无数板对上优秀的对偶诗文曾在蒋村人的心中留下了非常深刻的印象。相距久远的由于老人们的去世已无从考证，近十年左右亦有以诗文形式对村中人事予以赞扬和抨的。北门撰联人温世凯（图5.53）说：“（约2006年）西门那个庆功是那个当志愿兵那个复员后，回来后，写了一副对联：‘东吴将军百战死，西蜀勇士庆功还’，庆功是西门上的人，当了志愿军，这个东吴指的是东门上的人，他哥叫百战。”北门撰联人展元泰（图5.54）说：“村这个耍热闹，那年彩门观望门上有一副对子技艺很深，那上联是‘万丈光芒共产党’，下联‘百战功劳解放军’，额子是‘威震西羌’。作为东寨宫家堡人，老人看了都翘大拇指，那一副对子做得好，符合形势，既歌颂了共产党，又歌颂了解放军威震西羌，西指的是对方，那副对子得到了周围许多人的好评。”西门对联人刘青松说：“板对不光是自夸强大，而且对群众的不良恶习和错误的行为给予抨击。你像咱们西门一个人，在甘水坊教书的时候和那个女人乱来，人家男人和兄弟逮住了，东门揭发这事，‘为师辱妇女真乃脸厚不知羞，索绑冻彻夜方显体健颇耐寒’。不但对作风还对经济问题给予揭发，自村电工用集体水电费3000元，那人叫宫自得，东门写对子‘自得三千块，失去万人心’。”

出板对时于对阵双方是有约定成俗的规定的。首先，双方必须按照历来约定成俗的“十”路线进行攻守与四门锣鼓表演，这保证了在激烈的氛围中还要热闹得好看和有秩序。其次，蒋村的双方门前对决仍然要循“礼”，即对方来到本门的时候，必须让对方敲完锣鼓展示完板对，回到他门之后，本门才能开始。再次，板对体现的是言论的自由与被抨击一方的容量与气度，所以，无论受到对方板对多么尖刻的抨击，都只能以板对的形式予以还击。另外，板对的还击不能相隔时间太久，如若过夜，即使对出，仍算败北。最后，每一方的板对内容都不能

图5.55　2010年蒋村东门报歪官

繁冗和重复，要句句出新，对对出奇。

总之，出板对体现了蒋村重文、重礼的村风，对于使民众知礼成性、育民成士有着潜移默化的规范、引导、塑造作用。

3）歪[1]官

1.歪官的歪，是陕西地方俗语，是“厉害”的意思。

歪官源于唐时的参军戏，即以神尸、工祝、参军、苍鹘四个角色的对话表演为主，形成具有讽刺意味的滑稽戏。蒋村歪官戏就是由村民选出（图5.55）公认相貌凛然、思维敏捷、口齿伶俐的人穿上军服扮演由清朝张起凤为角色原型的征南大元帅角色，对对垒一方的不良社会现象进行抨击的生活之戏。西门撰联人刘青松曾是歪官戏和春官游园的编导，他对歪官戏的解释是：“这个歪官和春官游园的时候，我基本都是编导，也是在这个歪官的表演上，是我们的歪官和西游园，我们叫小丑，是自对方的代表，临场发挥，根据新来的题材，临场发挥，把对方一下说得感到无地自容，所以说我们蒋村这个歪官在打击不良倾向，打击胡来，打击那坏作风，有经济问题的，有贪污腐化问题，胡嫖乱赌，都给你掘地三尺，无一不进行抨击，不像对联那是要懂些文字方面知识，才能进行分析，才能知道说什么，歪官跟小品一样，所以说蒋村的歪官是小品的精品。”

4）高照

高照是本源文化中的生命之源、生命之树崇拜，高照的中柱（主心骨）用当地盛产、高度至少20m、直径至少0.2m的整株杨树干制作，是本源文化中支撑天地的生命之树建木的民俗表现形式，其顶端用柳条装点更是生命之树的树冠，即通天华胜的象征，用纸糊成的三层倒梯形米斗装置是生命之源的水盆符号，从下往上，一个比一个大（尺寸分别为：底层上口径200cm，下口径160cm；中层上口径120cm，下口径90cm；上层上口径60cm，下口径30cm），共三层，是层层通天的三重天含义。米斗四角插三角形火焰边小旗代表五方，米斗四面书写“风调雨顺”“五谷丰登”等祈福纳祥言词，米斗上所缀纸花亦是代表吉祥、祥和、如意，有的时候村民会在米斗上的小旗或四面画上龙、虎图腾，则是生命之树、生命之源的通天通地符号与图腾符号的融合。龙主阴主地，虎主阳主天，这亦是通天通地的意思。总之，高照是充满了祈福纳祥内涵的本源文化哲学符号，是传统文化重要的非物质文化遗存。

图5.56 栽高照

栽高照（图5.56）也是一种报赛活动。负责人的水平与高照的高度代表了各门的颜面。东门锣鼓头张卯伦（图5.57）说：“这彩门高车，是有眼色的人才能去呢，你跟人家斗心眼，这是一大旗杆，代表中央政策和军队一样，旗是很重要的，那人家旗是十来米高，你却七八米，这是栽了，谁不知道谁，你把气冒得扑扑的。”

5）春官

春官是周朝的官职。《周礼·春官宗伯第三·叙官》中说：“惟王建国，辨方正位，体国经野，设官分职，以为民极。乃立春官宗伯，使帅其属，而掌邦礼，以佐王和邦国”，其意乃是王建立国都以后应辨别方向，确定宗庙和朝廷的位置，划分都城与郊野的界限，分设官职，以做民众的榜样，遂设立春官宗伯，以率领其下属掌管天下礼事，而辅佐王以使天下各国和谐，所以，春官是掌管“礼”的官职，是万民之礼的道德表率。蒋村的报春官正是遵守了《周礼》中所阐述的文化内涵和规定。

图5.57　东门锣鼓头张卯伦

图5.58　1985年西门春官

春官的选择是极其严格的，人选应是当地民众的道德表率，不仅要品貌端正，还要对蒋村民众集体事业具有较大贡献，是人们心中公认的优秀人士，是东、南、西、北堡各共同体认可的，可以代表共同体形象的，具有完美人格的人。如东门锣鼓头张卯伦（图5.57）谈起村官的选择便让人感到了其要求之严格：“这个村官，这个人选，这个老人，每次议事厅人多的很，老年人坐在一起商量，要怎么样的人来当，一要德高望重，一辈子不胡来，不抽烟，不喝酒，不赌博，不乱嫖，过日子正儿八经的人，也有钱，很稳重的人，也不要带一点缺陷，也不这个人不好，有辱咱们村的形象，你家再寻不下人了，没人了，没马拿驴充槽呢，不能弄那事，必须寻找公正代表型的人！”1985年西门的春官巩联贵（图5.58）是一位面像白净、天庭饱满、地角方圆的老人，让他当村官的时候，他还没有退休，他说：“叫我当春官这个事，我原来也没有梦想这事，当时我还在职，可是村子硬让我，非叫我干不可，有的人想当，拿1000元还不给他呢！”从他的话语中，能够看出春官在蒋村人心目中的分量，以及蒋村人在伦理道德方面的共同价值观。这也是塑造勤劳、正直、善良蒋村人性格的重要促进因素。

总之，蒋村正月民俗的文化结构有着典型的阴阳观，即在对一方民众习俗观念塑造上以“文武相对”的表现形式，即武蛮鼓←→文板对，武歪官←→文春官，教育民众在做人做事上应“文武相合”，同时，运用轻松随和的民俗形式达到了相互监督、相互教育的社会舆论、道德、伦理效果，体现了以传统文化为承载的乡村文化建设智慧。

3.蒋村正月民俗的流程与村落空间关系

1）流程

整个正月民俗始于正月初一，直到二月二龙抬头结束，前后经历一个月时间，将分别进行打蛮鼓→出板对→歪官戏→栽高照→游春官（图5.59）→耍社火几项活动，具体时间节点和程序（图5.60）与下述内容：

（1）正月初一至正月十三是打蛮鼓的阶段。打蛮鼓分为两个部分，初一至初七八的挑衅部分（图5.61），初七八至正月十三的正式对垒部分（这个阶段已经出了板对，是蛮鼓与板对的争逐表演）（图5.63）。挑衅阶段主要从双方年轻

图5.59 游春官

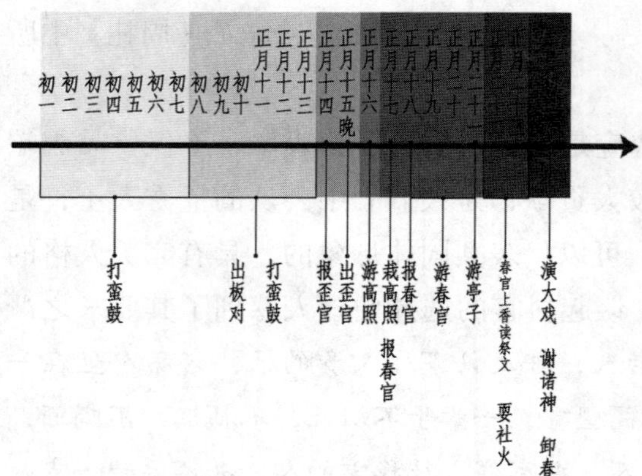

图5.60 蒋村正月民俗时间流程表

图5.61 打蛮鼓第一阶段之挑衅蛮鼓

人的先后到对方门前“惹事”开始，与第二部分相比，这时的鼓敲得较为随意。东门锣鼓首领张卯伦解释说：“正月初一上午给军属送礼，上午10点、11点结束后，鼓铙都有了，在家里放着，年轻人没事了，敲锣鼓。西门人多，好强些，东门人少，占下风，所以西门年轻人多，敲起锣鼓到东十字门（图5.62），敲一阵蛮鼓（向东门人）惹一下事，由这，东门年轻人不服，这就接着到西门惹一下事，敲一圈一圈蛮鼓由这变为正月的一来一往。”第二部分是从正月初八开始，由双方大人上阵的正式对垒阶段，此时的锣鼓队人员齐备，通过建立公署（正月初七建立公署）由选出的锣鼓头作为领头人，这一阶段更多的是比斗敲槌时的谋略，看哪方能够压下对方的气势，“到正月初七八，东门的大人受不了了，大人上了手了就不让你娃娃弄了，大人就正式敲开鼓了。那三五天，耍到那个程度，好像谁把你家娃抱走了，都是那种感觉，受不了，鼓槌拿到手中，把鼓面往烂以打，可以说把全身一百二十的劲都使出来。那鼓没有规律，你家板对只要过来，我家板对和鼓就要过去，没有下数，一来一往不能停。见大十字都杀，东门十字，他到东门十字来，就到东门十字杀，一个十字最少要打你三蛮，一个十字最低要杀你三蛮，三蛮鼓。好小伙子可以说就如背上背了一背柴火，气都喘不过来，有的人体力不好，嘴唇都青了，娃们到初七八，大人一正式上鼓，你一来我一往，根据那几天的精力，说精力好，你来我往就过去了，精力不好，你来我抻慢慢不过去，我不过去，你不能过来，你还知不道我过来不过来，我歇上一两个小时，就不过来，一般比如晚上打鼓，今晚上打鼓，十二点以后西门到东门来了一回，咱没有精力过去，自很可能就扛3点、4点过去，必须要扛到3点、4点，天明以后人家以为你断了弦，你家输了，你家扛不起了，天一明就有人糟蹋你咧，所以空当的时间不能太长，你说次数多少，没有规定。”（张卯伦口述）

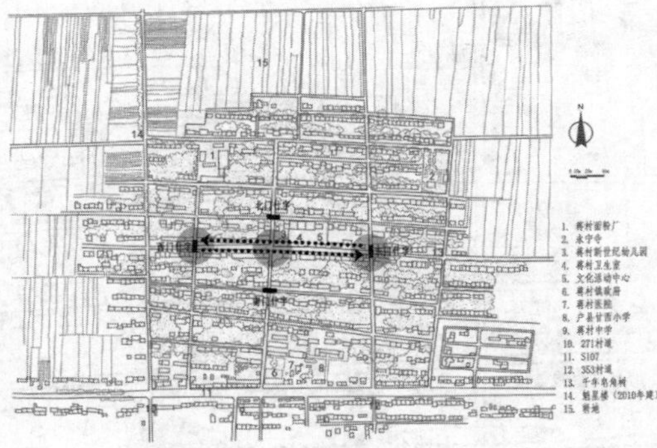

图5.62 东门与西门挑衅蛮鼓对攻路线

（2）正月初八至正月十三是出板对和打蛮鼓一齐进行的阶段（图5.63）。出板对是随着蛮鼓从初八的第二部分开始且与蛮鼓相配合着进行的，蛮鼓的队伍在此时变为：各门牌匾（车拉）→旌旗仪仗队（青少年组成，2列约20排）→板对队伍（2列，数量不限，最多时候50副）→蛮鼓队（领军堂鼓→铜锣2面→盘鼓十几面→铙数十副→军号→喇叭）

图5.63 东门出板对与蛮鼓

白天的板对是用长2.5m、宽0.25m木板写的对偶诗文，在2007年一般都是刷了黑漆的薄木板，上面用粉笔来写，虽稍显简陋，但字迹工整，或草或行或楷，民情高涨，以文对垒的气氛非常浓厚。2009年后，随着人们生活水平的提高，就用木板上粘贴墨字红纸的板对进行表演，更加显得年节的喜庆。对垒到夜半子时的板对就要求走在前面的一对是特制的了，一般是用木条做成比板对大的长方体框子，里面插上蜡烛，外面则用红白纸裱糊（红纸在正面，白纸在其余三面），再做一个像扇面似的扇灯，也是红纸在正面，白纸在其余三面，这样就成了夜晚用的板对灯笼和横额，这对板对灯也体现着各门的“面子”。其余的板对仍用白天的，但每个都增加了专门的瓜灯照明。

旌旗仪仗的形制从古至今也发生了较大的变化，传统的样式是三角形白布芯子，外饰蓝色火焰边，20世纪90年代以后就演变为各色彩旗，这一细节意味着传统的文化形式在长时间的过程中会发生改变，但是否传统的形式都应该发生随意更改和变化呢？本书认为这是一个值得深入思考的学术问题。

在板对与蛮鼓争逐表演的时候，板对走在队伍的“中间”，即鼓队所包围的中间位置，前后的中段及左右的中间，蛮鼓就像保驾护航的，有时双方的板对与蛮鼓会在大十字路口相遇，双方便分列两边，比对诗文。如果在对垒的过程中谁

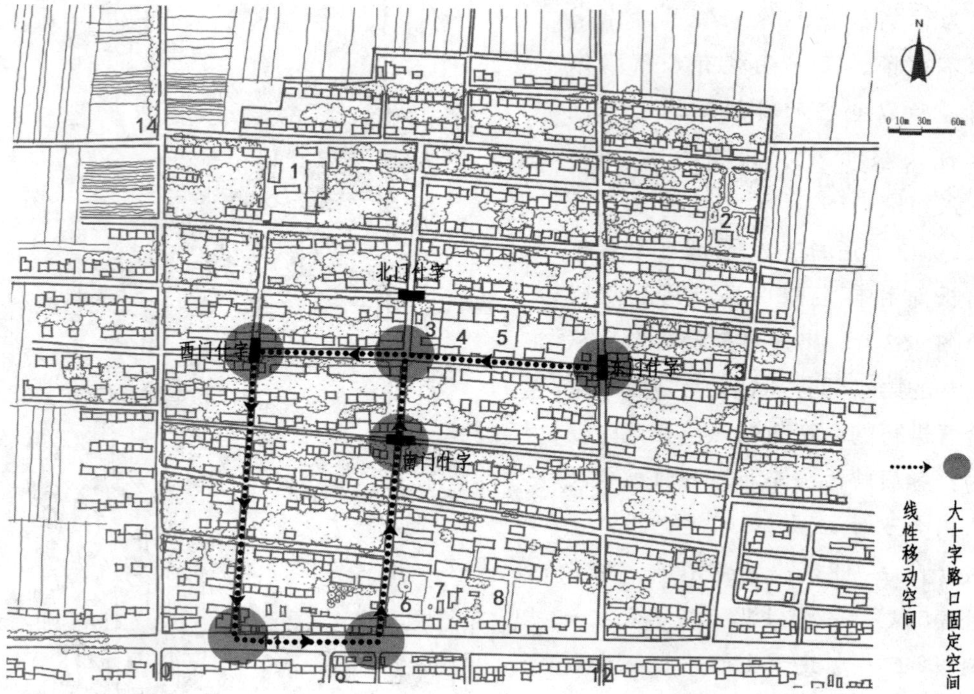

图5.64 东门（对西门）出板对蛮鼓路线

家占了上风，便鼓锣齐鸣以示声威，总之，这一文一武相互配搭的形式和内容，使双方的情绪更为高涨，比斗更为激烈。

从整体层面来看，打蛮鼓与出板对的空间位置和结构（图5.64）主要以所划定的四门、四区为基点，以线性街道的空间规定，呈线性的点的位移，且每到对方的大十字路口，都会形成长时间的停留点以进行对攻，亦即线性的道路交通是变化的空间，大十字路口都是固定的停留空间（图5.64）。

（3）正月十四双方报歪官（图5.65）。报歪官即以张榜公告的方式告知全体村民对垒双方扮演歪官的角色及参演的其他角色和人数。具体程序为：

探马告知全村村民（一般在村中跑三圈）→6人部队前去张贴公示榜单，并送任命状和军装→下午歪官仪仗去歪官府报到（仪仗队伍：旌旗→板对→对垒方与协助方的蛮鼓队）→返回公署

（4）正月十五出歪官。出歪官乃在双方报完歪官之后对对方进行的声讨，要求在浩大的声势中到对方地域“征讨”并以歪官戏的方式达到讽刺对方、抨击训诫社会丑恶现象的目的，具体程序为：开誓师大会→宣读檄文→出歪官→板对→蛮鼓队→灯队→仪仗。

歪官戏是对抗活动的高潮，于正月十五晚上出歪官对对方进行讨伐之时在每个大十字路口进行表演。歪官戏的服装、道具、帅印一应俱全，且随着时代的不同而变化，但其阵仗有规律可循，一般是前有探马报告路况，鸣锣开道之后有“回避”“肃静”号令牌（图5.66），随行的有参军一名、号手一名、护卫若干，黄罗伞一顶，日月伞（图5.65），刀、叉、戟、朝天蹬、龙头杈杖一对等一应俱全。穿军服的演员皆相貌堂堂，骑着高头大马，村民前呼后拥行进在街巷

中，每到一个大十字路口便以参军、神尸、工祝、苍鹘四角色的对话为主进行表演，如2010年的歪官戏对话（图5.67）：

神尸："先锋官现在来到什么地方？"

参军："报告元帅，现在来到蒋夏村蒋村镇镇政府门前。"

神尸："传蒋村镇镇政府领导来见！"

参军："蒋村镇镇政府领导来见！"

工祝："参见元帅大人，有何吩咐？"

神尸："本元帅征南大军路过此地，发现你们这里漆黑一团，路灯不明，马路不平，你们在干什么？"

工祝："元帅大人有所不知，我们忙于搞产业结构调整，以同兴大棚西瓜为主，南大街拓宽，柳泉路硬化，等等。"

苍鹘："元帅大人……！！"

工祝："退下！退下！见了元帅不报告，还拍拍打打，下去！"

苍鹘："老爷，我冤枉……！！"

参军："报告元帅，此地有人喊冤。"

神尸："州有州官，县有县衙，哪里所管，哪里去告！"

苍鹘："那人恶霸，州县衙门管他不下！"

……

神尸："……本元帅命令你们，要抓紧学习，认真贯彻科学发展观，以三个代表的思想武装头脑，只有这样踏实工作，才是人民的好公仆……尽快地脱贫致富，能够走向富裕的道路，现在命令三军，鸣锣开道，继续前进！"

除了角色对话内容外，还有苍鹘具有讽刺意义的单口，如2007年的歪官戏：

"东洋鬼子坏蛋，常在边境胡捣乱，
破坏交通把路断，野心勃勃常侵犯，
独眼司令很疯狂，带领鬼子毁民墙，
整得大人做了难，给丫赔了大日元，
算算算，大路口，他家反把大路堵，
烂车拦在路中央，害得群众没法走，
馋手被捉野心狼，想占大路盖楼房，
东洋鬼子罪多端，我们挖地他捡砖，
目的是把庄基占，经常要来又下串，又下串。"

歪官戏的表演内容来自于民众生活，是真实生活的写照，是蒋村人的心声，具有强烈的现实主义内涵。

歪官戏在村落当中的行进路线与蛮鼓和板对的路线相同，亦是在线性道路中行进，后在每一个大十字路口都必须表演歪官戏，表演时，角色在十字空间中间，群众围绕在四周，有站的，有坐的，一层一层簇拥着演员阵仗，观看在每个十字路口的滑稽戏（图5.68）。

图5.65 东门歪官之歪官、黄罗伞、日月扇（左图）

图5.66 东门歪官之阵仗（右图）

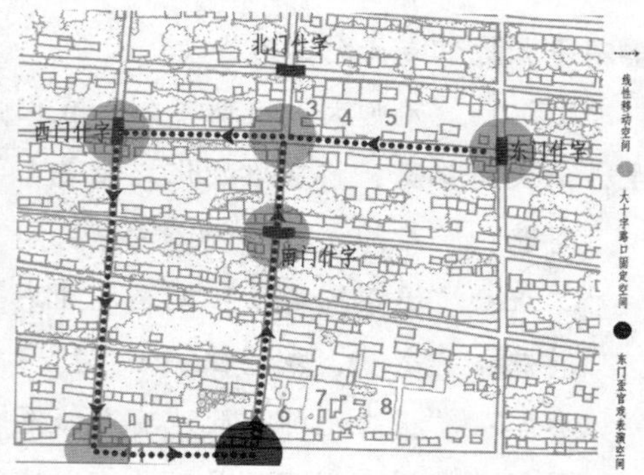

图5.67 东门在政府门口十字演歪官戏（左图）

图5.68 东门歪官戏表演空间位置举例图示（右图）

随着歪官戏的落幕，正月民俗的对抗活动就结束了，紧接着是在祥和舒缓的十样锦中栽高照、报春官和游春官。

（5）正月十六游高照。高照在村中的游行仍然按照前几项的路径而进行。游行过程中亦仍然保持牌匾、蛮鼓、板对、旌旗的仪仗规模，只是高照在村内游行结束后，在向永宁寺行进的过程中，必须出东门而走向村东北角的寺庙（图5.69），因为东门有千年皂角树一株（图5.70），相传先有皂角树后有蒋夏村，皂角有镇灾辟邪的功效，所以东门又称彩门，是村落格局中的吉祥之门。高照作为吉祥的祈愿必须从东门出去礼佛。

此外，游高照的另一特点乃是鼓声由激烈厮杀声声的蛮鼓变为了瑞祥、和谐的十样锦合声，高照就是在这样的瑞祥之乐中，在众乡民的簇拥之下被抬至永宁

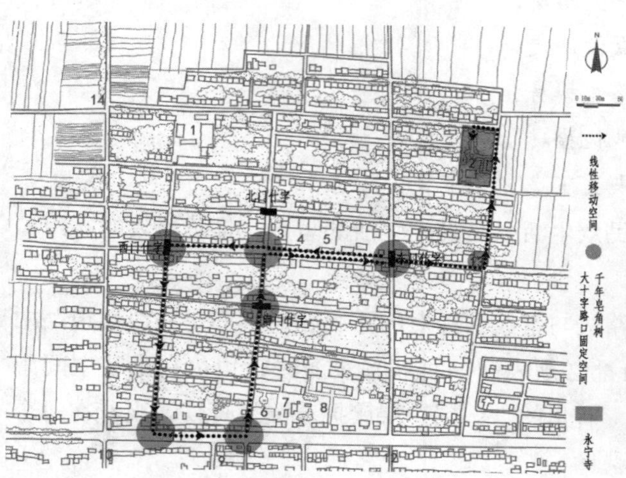

图5.69 游高照路线（左图）

无论村中的游演和对垒路线是如何设定的，所有的重点都是出东门后，经过千年皂角树，向北区的永宁寺，这是村中民俗的空间结构特征

图5.70 千年皂角树（右图）

寺（图5.71）。

（6）正月十七栽高照（图5.56）。高照必须栽在永宁寺前东边白杨树相围的庄稼地内，基本的规定是各门必须按照自己本门的方位来栽，如对垒的是南北两门，则南门栽南方，北门栽北方；如果对垒的是东西两门，则东门栽东方，西门栽西方。

图5.71　游高照

前面供桌所抬是永宁寺中供奉的青龙匾额。

（7）正月十七下午开始报春官，正月十八另一门报春官，报村官具体程序为：探马告知全村村民（一般在村中跑三圈）→6人文职角色前去张贴公示榜单，并送任命状和春官服→下午春官仪仗去春官府报到（仪仗队伍：祈福高僧→轿子黄罗伞→日月扇→旌旗→板对→对垒方与协助方的蛮鼓队）→返回春官府。

报春官的程序与歪官基本相同，唯一的差异在于春官随从全部是模仿古代政府内的文职官员，歪官则是武将，这正体现了“文武”相照。正月里在春官当职期间，村内的大小官员都要来拜见，商定村中大小事宜，说明了春官既是一个角色也是一个临时的真实职务角色，因为这是文化的习俗所规定的，也是被共同体内心认同的。当然，春官在任职期间的招待乡里客人的费用，轿夫的费用也要由春官本人来负责，尽管有的经济并不十分宽裕，可作为春官的荣誉和肩负本门乡亲期望的责任，仍然让当选春官的民众有着极高的热情。

（8）正月十八至正月二十游春官（图5.59）。具体程序为：先以隆重的仪仗（与歪官仪仗基本相同：铜锣开道→肃静、回避牌→春官轿→日月扇→斧钺、金瓜→朝天蹬）抬春官在村中周游一圈，来到永宁寺进行祭拜仪式，这是春官的职责，祈求上苍风调雨顺以保五谷丰登。《周礼·春官宗伯第三·叙官》中规定春官的任务之一：“以吉礼事邦国之鬼神示（祇）。以禋祀祀昊天上帝，以实柴祀日、月、星、辰，以槱燎祀司中、司命、风师、雨师……”蒋村春官无法达到《周礼》所述的详细礼仪规范，主要以高照象征槱燎之礼而祀风神、雨师，祭祀完后便在永宁寺大殿上香叩拜佛祖，且从正月十八到二月初二每天早晚两次。正月二十二、二十三春官在永宁寺和高照前读祭文，不知这是否与西北地区的“跳干人”有关，这一点还要在以后深入调研。

（9）正月二十二、二十三永宁寺庙会、社火、送亭子。除了春官分别要在永宁寺和高照前诵读祭文以外，庙会与社火也在这两日举行。其中的一项特别民俗是对垒双方的盟友要分别扎制亭子送至永宁寺前的空地，以表祝贺，亭子样式复杂，里面分为三层：上层玉皇，中层福、禄、寿三星，下层八仙。

对垒双方的社火规模庞大，阵仗包括探马→旌旗队→牌匾→板对→巨幅标语

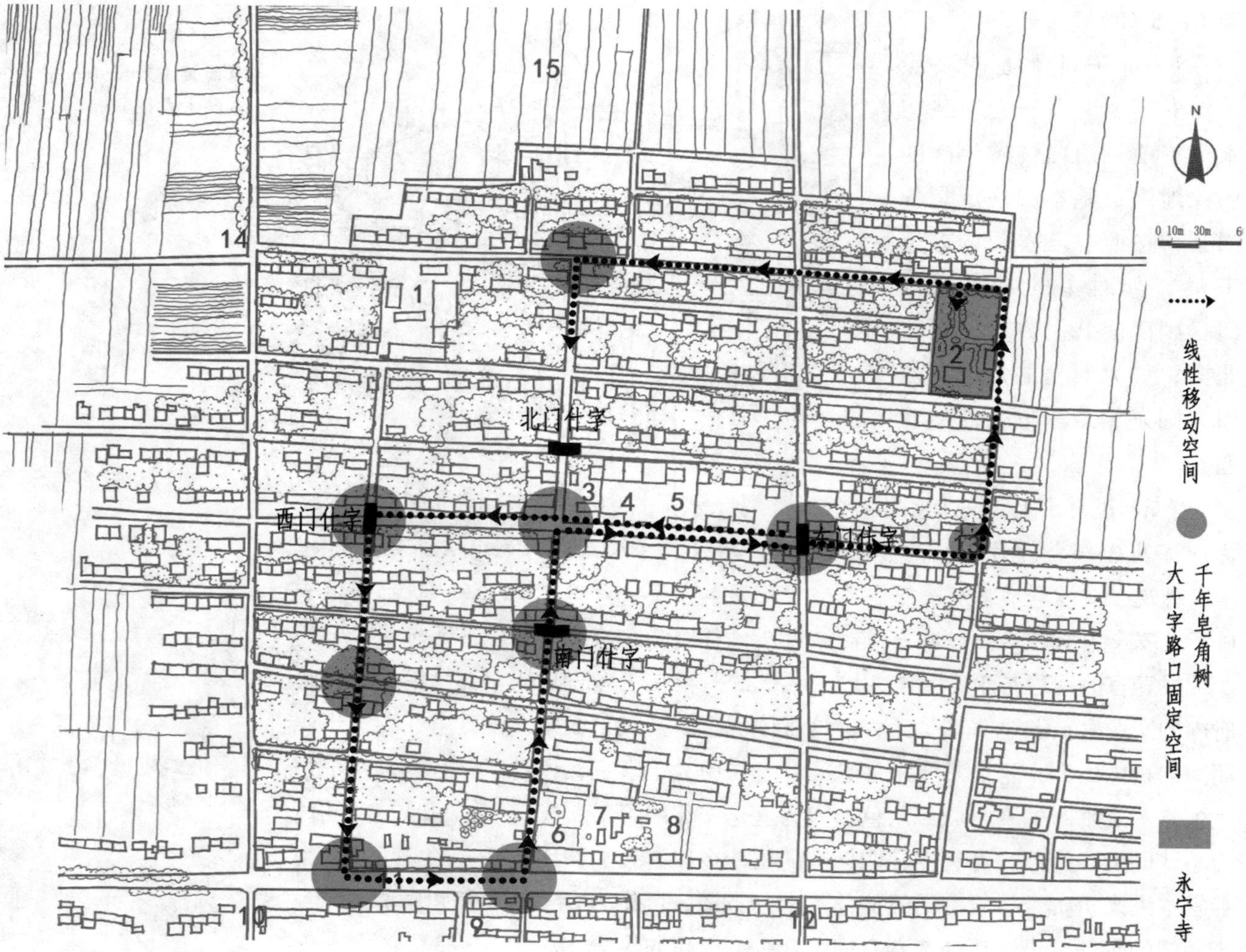

图5.72　社火路线

社火路线是最完整的，到达永宁寺后，从北门回到村内，完成整个仪式的全过程。

→锣鼓→高跷→秧歌→芯子→舞狮→舞龙→旱船等。行进路线（图5.72）与前面几项的路线相同，只是在村中游完之后必须出东门向东北的角永宁寺，经过永宁寺门前向西至北门进村，整个完成社火表演和巡游，经过永宁寺时，对垒双方在永宁寺门口或院内空地搭两座高台，各方春官坐于其上，台下设桌摆放赐予耍社火的人和村民们的各类果品点心钱币，街道两旁，做生意的小贩和食摊林立，热闹非凡。

扎亭子、耍社火以永宁寺为中心，体现了村民们酬神的心理和习俗。

（10）二月二龙抬头，谢神、卸春官。谢神的主要仪式是在永宁寺前对垒双方各唱一台大戏。卸春官，是以正式的仪式宣告扮演卸春官角色的人任职到期，以卸下重任，这不仅是对村民大众的宣告，也是对神灵的宣告，因为在整个民俗活动中，春官就像是一个半神半人的角色，是介于神和人之间的起到沟通作用的。村民们认为这么重的责任对于普通的饰演者来说恐日后难以承受，为保其平安，故要以郑重的仪式卸其职位。

2）流程与村落空间关系

蒋村正月民俗是以对垒方式开启大幕并作为各个阶段的核心表演结构的，而对垒活动却与蒋村自古以来的村落格局紧密相关。

（1）蒋村传统村落格局：传统村落格局原型仍为《考工记》匠人营国的模式而形成的正方形围合城墙式村落（图5.73），在四方分别有南门、北门、东门、西门，村中道路以南北、东西两条中轴线垂直相交而形成的“＋”中心道路为主，分别在四方又形成两条辅助道路，亦即蒋村内部空间被南北、东西的3条道路以“井”字形式分割成16个方形居住组团，并形成中心十字和四方四隅的8个十字路口，而居住空间亦由东、西、南、北四门为规定，划分为东、西、南、北四堡、四府（也称为东、西、南、北四门）。

（2）蒋村正月民俗是以村落空间为基础形成的对垒格局（图5.74）。民俗中的打蛮鼓、出板对、出歪官、游高照、游春官、耍社火就是在典型的具有四门、九星、五方、五行、八卦的村落空间格局基础上而衍生的双方对垒活动。两方对垒具体指东门与西门对垒、南门与北门对垒，其中北门和东门可以结成盟友，西门与南门可以结成盟友。与此同时，北门、东门结成的同盟以青龙为图腾，南门、西门结成的同盟以白虎为图腾。

（3）蒋村正月民俗的空间路线规定：无论在村中的路线如何变化，最后都要从东门出后前往永宁寺（图5.75），只因东门有千年皂角树，古传“先有皂角树，后有蒋夏村”，皂角树是镇灾辟邪的祥树，所以有皂角树的东门、紫气东来的东门又称彩门、喜门，故正月里所有的民俗活动路线必然由此通向永宁寺。

（4）蒋村村落空间格局是传统民俗文化的空间图示：蒋村传统民俗空间包含了整个村落与永宁寺的节点。传统村落形态形成的横轴、纵轴十字相交于村中心的游演路径，为四个区域的民俗活动提供了空间承载框架，即南北相对和东西相对，以及东北为盟（以龙为标志），西南为盟（以虎为标志），正是四灵中左青龙、右白虎文化概念。蒋村正月民俗相传甚远，留下了最初有关于四神中“龙、虎”图腾的记忆，即黄帝部落与炎帝部落最后的融合才产生炎黄子孙，那么在空间上的表现就是井田式的框架中，东北龙与南北虎的对抗，并最终将从“喜门”出，经过祛除灾难的皂仙树，行北归至永宁寺，在永宁寺前栽高照、立亭子，祈福“五谷丰登”“天下太平”。

图5.73　蒋村传统村落空间结构原型（左图）

在四方分别有南门、北门、东门、西门，村中道路以南北、东西两条中轴线垂直相交而形成的“＋”中心道路为主，分别在四方又形成两条辅助道路，亦即蒋村内部空间被分为南北和东西的3条道路“井”字形式分割成16个方形居住组团，并形成中心十字和四方四隅的8个十字路口，而居住空间亦有东、西、南、北四门为规定和划分为东、西、南、北四堡、四府。

图5.74　蒋村正月民俗文化在传统村落空间的图示化投射（右图）

蒋村正月民俗与传统村落空间是紧密结合在一起的，充分体现了村落空间与传统文化习俗的契合关系，尽管今天蒋村村落已改变较大，但传统习俗遗存下来的文化记忆、习俗仍然发挥着重要的作用，是蒋村文化与精神的核心主体。

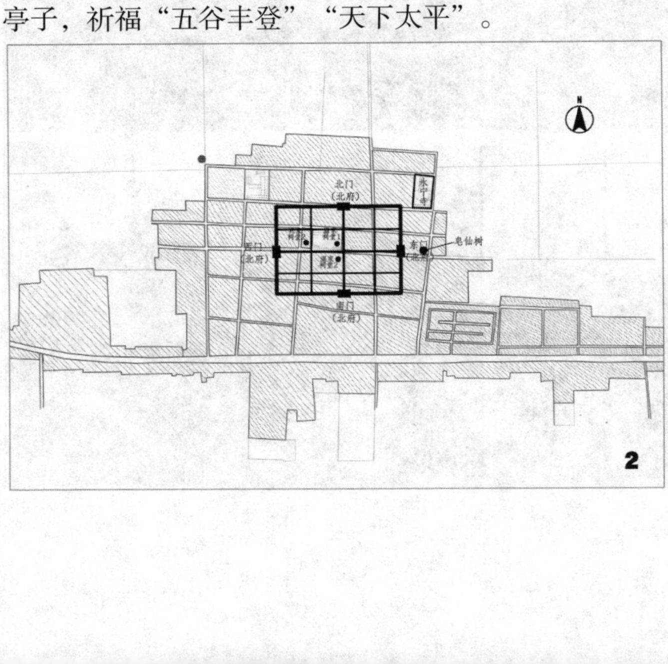

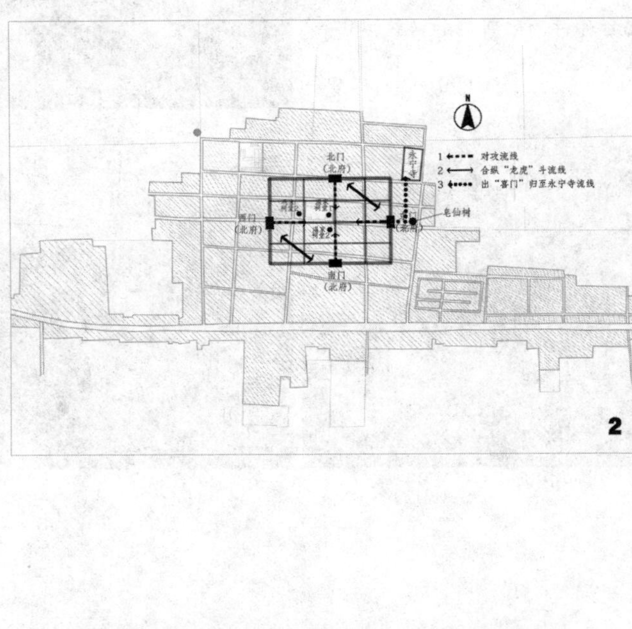

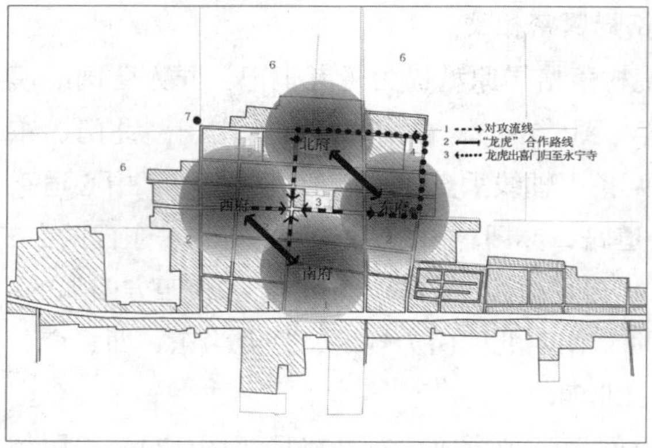

图5.75蒋村正月民俗路线规定

出东门，经千年皂角树到永宁寺，再由北门回村是路线的空间路线不变的规定。

5.2.3 蒋村传统村落建筑空间环境

1.蒋村传统村落

蒋村正月民俗与传统村落空间结构息息相关，是村落与非物质文化遗产的“容器”和“内容”契合的典型代表。目前，蒋村居住区域面积扩大，新增道路后形成东西街9条、南北路5条、外部有环道的道路系统框架，传统村落建筑环境面貌改变很大。值得一提的是，蒋村附近的墓地基本都在耕地一角或边缘的位置（图5.76），旁边种以直挺向上生长的丛丛杨树，以对坟墓进行界定，坟墓以家族为布置原则，一小片一小片安排。用杨树作为地域范围的标志与民俗活动中用杨树主干做冲天高照的“主心骨”一样，也与陕北府谷长脖子娃娃用高粱杆箭箭做“主心骨”具有一样的文化含义，都体现了支撑天地的建木生命树崇拜，亦都反映了生者长寿、死者永生的通天生命观。

2.蒋村传统民居

蒋村传统民居（图5.77、图5.78、图5.79、图5.80）以与永宁寺大致相同的双坡建筑为主，一般民户没有形成四合的院落，而是仅仅盖起了正房，前面留有约10m的相当于前院的空地，然后直接接村路。朝街的正房面阔3间，3架或5架，硬山双坡瓦顶，中脊用瓦横叠而成，两端上翘，现剩余的土坯房大多没有中花，

图5.76 蒋村耕地边缘由杨树界定的坟地（下左图）

图5.77 蒋村传统建筑基本形式（下中，上图）

传统建筑在蒋村已基本消失，这是在其附近村落中所拍摄的与蒋村传统建筑形式相同的例子。

图5.78 蒋村传统建筑基本形式（下中，下图）

图5.79 蒋村传统建筑基本形式（下右，上图）

图5.80 蒋村传统建筑基本形式（下右，下图）

此为蒋村西门所剩的传统建筑样式。

有关蒋村的影像资料显示传统建筑有用瓦拼的对生叶子图形，其下是半圆形华胜符号。两边山墙有墀头，墀头上端接檐处没有戗檐砖，檐下紧接青砖砌二层盘头、头层盘头，再往下依然是青砖砌盘头样式，代替枭砖、炉口、半混、荷叶墩而层层内收，平均9层。门中开，抱框两边的垛头包青砖装饰，门楣以上有青砖砌额枋，额枋上端收以三条菱形直线檐层层叠落，平门板与抱框皆为黑色，但用红色线条装饰。窗户为槛窗，窗框与门周围垛头和额枋样式保持一致，亦是青砖相砌，额枋为三层直线檐。门与窗户上有镂空的花砖砌成的六角景窗，中心花砖图案为同心六瓣花卉形，也有简单的直棂窗。目前所剩较多为砖木结构，较早的土坯结构老房子依然保持这样的形制，只是在门与窗户之上的开窗形式与位置有些许变化。

永宁寺（图5.81，图5.82）是蒋村非常重要的公共建筑，几经毁坏和修复，现在的寺庙是蒋村村民自筹资金建造的。根据蒋村复原图可以确定该寺原为坐北朝南，只是经过损坏，1999年重建时变成了坐南朝北的方位，寺内现有建好的大殿一座（图5.83），东厢房7间。寺内堆满原木，显示其目前仍在修建之中，原因是村民自筹资金有限，故建设缓慢，尽管如此，这里仍是蒋村的传统文化中心。寺内有石碑三座，西边所立，面朝东方的是嘉奖征南名将张起凤的蛟龙碑（图5.84a），大殿门口的两座碑形制普通，西边的上刻永宁寺建造之铭（图5.84b）："永宁寺是蒋村历史文化活动中心，也是十方善男信女礼佛诵经的胜地，经有关领导及乡邦贤远倡议，研究决定修建围墙和庙宇，把永宁寺作为老年人养颐娱乐场所，于一九九七年五月开始筹资，九月兴工。围墙东西宽五十四米，南北长一百零五米，墙根三合土加固，五七砖砌成，墙高两米三，二四砖砌成，修教纸炉两座，厢房七间……负责人张鹏……后勤负责人温海朝、张有信……蒋村庙管会 蒋村老年人活动中心 公元一九九九年仲春榖旦立石。"东边是镌刻捐资人姓名的碑。

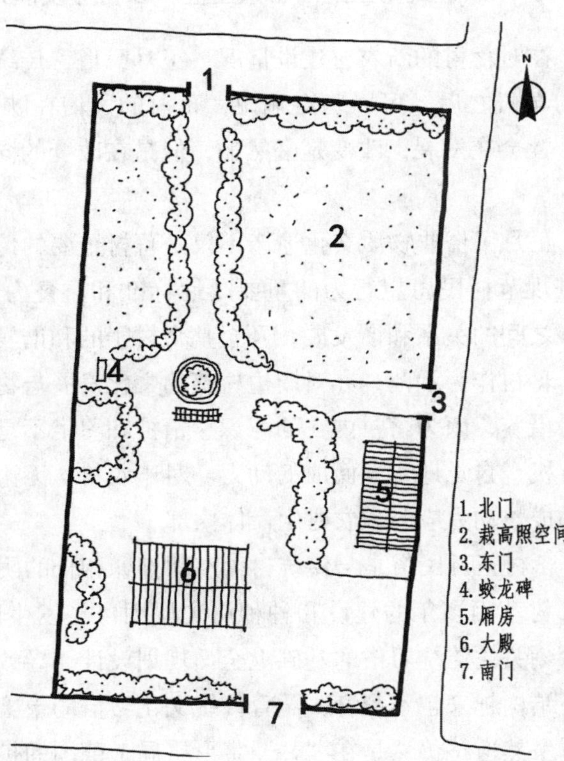

图5.81 永宁寺总平面图

图5.82　永宁寺（从入口看永宁寺内全貌）

图5.83　永宁寺大殿

a　b　c　d

图5.84　*a.*永宁寺大殿内蛟龙碑
*b.*建制铭碑
*c.*殿内供奉左青龙牌匾
*d.*殿内供奉右白虎牌匾

大殿内供奉的青龙、白虎牌匾是蒋村北门、东门联盟，南门、西门联盟的象征，两匾平日供奉在永宁寺，年节时随民俗仪式游村。

5.2.4　以改造式为主的三者共生性新农村建设模式研究

在对蒋村的新农村建设情况、正月民俗、传统村落与村落现状进行详细的考察与调研之后，可以确定地说，蒋村的民俗在陕西地区乃至国家都是独一无二的。社会在发展，改变是必然的，但是在改变的同时应该慎重地进行预先的建设规划。

正月民俗非物质文化遗产不仅是蒋村重要的传统文化，共同体意识和习俗，也是规范村民思想行为的重要柔性标准和监督力量，对于村内的社会组织构成和人之间的关系和谐发展，乃至整个村子的和谐发展都具有不可替代的价值，同时，蒋村作为示范，亦对周边村落的文化发展与物质发展具有指导作用，其经验值得借鉴，因为蒋村内在的意识、精神和习俗不是纯粹外部力量的结果，而是内部有机、自觉地生发而成的动力。对于农村，无论是物质方面还是文化方面，健康的成长动力应源于农村生命体内部。

蒋村正月民俗是与传统村落空间榫卯相合的阴阳关系，以整体保护原则来评定，村落因多年的建设和种种历史原因已经发生巨大的改变，建设亦没有做到在深刻关注传统习俗的基础上全面规划设计，导致现在的村落空间与传统文化习俗、结构越来越不契合，孕育传统文化习俗的土壤与环境、场所结构正在快速消失，虽然道路仍然是在“井”字形格局上范围的扩大，但原本规整的空间框架已经消失，道路系统没有明显的等级区别，十字路口标识性很弱，公共空间场所的特征不明显，领域性不明确，传统建筑几乎全部消失，现代建筑形态缺乏统一规划，50%民居为二或三层平顶水泥楼房，无法为传统民俗的非物质文化遗产建立吻合的空间界面体系。因此，蒋村亟待在新农村建设、非物质文化遗产、传统村落建筑空间环境三者共生的基础上进行改造式建设，只有这样才能保住蒋村先人留下的根，才能让具有浓郁农耕文明特色和地域特色、包含丰富历史信息的传统文化生生不息。

5.3 新建式建设模式研究：陕南紫阳县新农村建设参考系——城关镇石板房区

紫阳县位于巴山之北，汉水上游，北临汉阴，东接安康，西临镇巴，南与四川城口、万源两地接壤，北距西安约195km，东离安康约50km^2，西到镇巴约62km，南到四川城口约65km，县总面积2204km^2，是关中与川楚文化及地域空间过渡区域。紫阳文化底蕴深厚，城关镇以北考古发现的新石器时期仰韶文化半坡类型马家营遗址证明早在六七千年前便已有先民在此活动，遗址中挖掘的某些文物显示此地在龙山文化时期便已具有更多的先巴蜀文化的特征，表明黄河中游地区新石器时代文化与长江中游地区及四川地区的石器时代文化已有交融现象。

从商代开始至今，紫阳县几经起落，人口亦从明朝最初置县时0.5km境域147户1507人、“三家村者无”的情况，发展到清初乾隆四十年（1775年）全县总人口25690人、道光十八年（1838年）总人口127829人，再到1987年底331965人、150.6人/km^2，村庄亦从置县时的“如晨星散落”“觅三家村者无”且被视作“畏境”，发展到今天“山大人不稀”、572个村庄3322个村民小组。

紫阳县石板房区域作为独具地域特色的传统民居建筑群，是紫阳人民在时空变化中留下的活态社会小组团，是承载了丰富历史信息的非物质文化因素的生活形态与物质文化因素的风土建筑情景交融的非物质文化遗产组团，这个组团所包含的建筑学领域的空间组合构成方式、风土建筑建造技艺与方法，文化人类学领域的南北交融的地域文化形态，艺术学领域的地域美学法则、民歌旋律结构，民俗学领域的饮食文化等所具有的内在规律为紫阳县在同种地理环境条件和文化区域中的新农村建设提供了成熟和丰富的经验参考。

5.3.1 石板房区历史沿革

石板房区是原紫阳旧县城的历史文化遗存，位于紫阳县城关镇南部滨水区域（图5.86），从明朝建立迄今已有500年历史，几经损毁与修缮，嘉靖三十五年与民国5年分别形成了完整规模的“堡”型空间格局，现东、西、南、北城门遗址仍在，总的来看，其建设历史沿革情况大致是：

明正德七年（1512年）	在任嘴河建军事机构紫阳堡
↓	
明正德八年（1513年）	升为县，建县于“紫阳滩左”，即今天的粮食加工厂
↓	
嘉靖三十五年（1556年）	迁至“紫阳滩右”，筑土为城，建东、西、南三门。东起教场坝，西到西城楼，北起北城墙，南到盐店街周640丈（2133m），高2丈5尺（8.3m），池深（厚）1丈2尺（4.3m）。面积0.33km²
↓	
万历元年（1573年）	重修，建东、西、北三门，各有城楼
↓	
万历四年（1576年）	重修，城墙加高1m，未竣，后又继续修建
↓	
崇祯七年（1634年）	高迎祥、李自成农民起义军攻破县城，遭到破坏
↓	
崇祯十一年（1638年）	代理的汉阴县令依照原来西、南、北重筑城墙，面积缩小，周长仅1200m
↓	
顺治七年（1650年）	城墙倾塌，又将南隅向里收缩，建东、西、北三门，周长与明嘉靖相比不及一半
↓	
康熙	称紫阳：“紫阳，寨也”“障围山麓，仰而视之，如螺髻然”
↓	
咸丰初	封北门，未竣而倾
↓	
光绪九年（1883年）	将东门加高3层为8角形
↓	
民国5年（1916年）	略加修缮，尺度为东西宽350m，南北长66m，面积0.023km²
↓	
1967年	拆东门楼顶为营房
↓	
1970年	因建城内公路而拆西门南侧一段城墙
↓	
1979年	此前，北城门已毁。这一年发现北门，后为县招待所地下室东出口
↓	
1980年夏	南城墙坍塌30m，建劳动服务公司大楼

石板房区位于紫阳县城关镇南部任水与汉水“人”形交汇处的汉水东岸南山坡滨水区，总占地面积约21万m²。由于此区年轻人基本都外出务工，只剩老年人留守，此次居住人口没有深入统计。紫阳县曾经都是石板房，只是随着近些年经济发展与城市巨大变革，石板房老建筑的地域风貌才逐渐被吞噬（图5.88），使石板房区域成了县城仅剩的仍能体现紫阳历史风土文化遗存风貌的区域。

5.3.2 石板房区传统村落建筑空间环境

1.外部风水格局

石板房区位于紫阳，故紫阳四周的风水山川格局就是石板房区的风水格局。

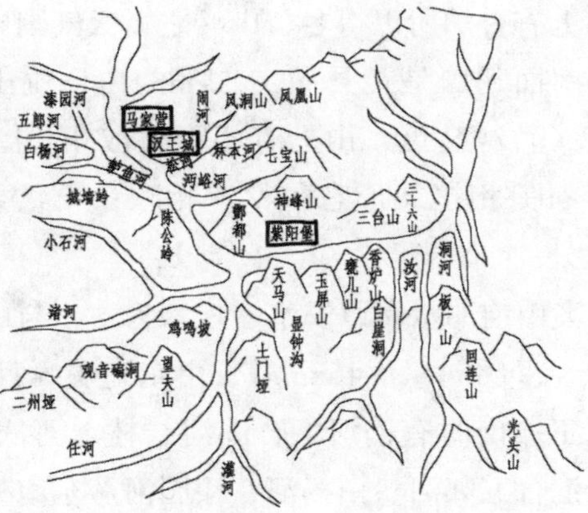

图5.85　紫阳县城风水格局

资料来源：作者据《乾隆兴安府志》插图参照文字内容转绘

该区域坐北朝南（图5.85），在重山林立与曲水环绕的山水格局中，依着山梁与起伏山坡，形成了滨水的传统村落与建筑空间环境。

坐北的靠山为神峰山，山势壁立如屏，云雾缭绕，县城枕其麓上；神峰山南是距县城5km的滴水崖，山崖怪石嶙峋，山上洞中有石龙吐水，以下盛水的太白池深不可测，在此祷雨则兴；滴水崖又南，距县城2km是高耸叠嶂的七宝山；再南便是距县城35km的凤凰山，该山连起了紫阳与汉阴，其山峰连绵叠耸12层，好似凤凰翔舞其上，山上仙迹众多，乃是吉祥之山。

东边左辅，距县城15km为三台山，山形叠嶂，有石洞龙泉。左臂为群峰簇拥的三十六峰，位于三台山以南且与其相近，再东17.5km是冲天洞，正对汝水的山上有石洞，曾是紫阳真人修炼之处。

西边右弼，距县城7.5km为峰峦秀出的酆都山，由于山上有酆都神洞故得名，此山亦为祷雨而兴的祈雨之山。外护是县城西25km的陈公岭，原名“铁绳滩”，因其南岸石崖高耸、陡峻壁立，崖壁上悬挂铁索，供逆流而上的行人挽着铁索前进，但年久失修损坏，顺治十六年（1659年）沔（勉）县陈左参安国招募工人凿山修路，故得名陈公岭。

西南方是距县城30km的鸡鸣坡，其坡甚高，相传汉高祖当年征行于此闻得鸡鸣而停止前进。鸡鸣坡西南是距县城32.5km的土门垭，灌水从土门垭与望夫山间流过，两边两山夹峙，丛木悬崖，犹若巨大的门阙。距县城西南60km是像城墙一样横亘南北15km的城墙岭，清代以前曾经在此岭上建过城墙而做军事防御，故得此名，该岭亦与汉阴相接。鸡鸣坡西南是距县城62.5km的观音碥洞，沿任水而行悬崖高耸覆立，有天然而成的石龙俯首滴泉，下有石瓶用来盛接注入的泉水，不竭不溢，洞内能容千余人。鸡鸣山以南，观音碥洞东南是距县城45km的望夫山，望夫山与土门垭分别在任水之滨，望夫山上有望夫石，传说是盼望成边的夫君早日归来的妇人化成，故得名望夫山。观音碥洞以西是距县城80km的二州垭山，此山将紫阳与四川达州相接，清代曾在此设戍防，山上有擂鼓石。

南面案山为距县城1km的天马山，因其山势好比骏马腾骧，故得此名。天马山以东是距县1.5km的玉屏山，《乾隆兴安府志》中记载玉屏山附近有离此较近的笔架山学宫，其右，相对的是印台学宫，其左，相对的是形状像甕的甕儿山，山上有宋代紫阳真人张平叔修炼所用的三个石洞，均深约3m。甕儿山东是文笔峰与香炉山。文笔峰是距县城4km的一座突起若笔的山峰，香炉山距县城5km，因山上有香炉所以得名，山岭之上云气则雨，人们观此可知物候。

南面朝山是距县城22.5km的白崖洞山。该山沿汝水南北绵延15km，悬崖峭壁，竹林丛茂，山上有相距约17m的上下两个山洞，洞中顶有钟乳石滴水，地有石笋相接，形态如牡牝相顾，石纹好比鱼鳞，相传这里曾是宋代仙灵隐修之处。

案山前的水系以汉水、任水为主，与山系相配合形成完整的风水格局。其中汉水经汉阴向东流45km后，由东南蜿蜒盘曲流经马家营入紫阳县界，随后，流至汉王城南时有松河汇合闹河、林本河从西南汇入，继续向东南方前行，有鲈鱼河汇合五郎河、白杨河、漆园河从东南处汇入，再向东南有沔峪河从西南方汇入，后经陈公岭转折向东流至县城，在其西南处的石梁滩有任水汇入。任水发端于川蜀太平县，东北方向流向紫阳，首先在左得王瓜溪水，又右得东西灌河汇来的水，又左得西乡县的渚河、小石河水，随后右纳显钟沟的水，左纳瓦房沟的水，在石梁滩汇入汉水，然后又向东流经紫阳县城南，右得龙洞沟的水，继续前行，又右得紫阳沟的水，继续向东有东西汝河与东西洞河水汇入，且一直向东北流去。

2.石板房区传统村落与建筑空间

1）传统村落

石板房遗存区在紫阳县城现仍有21万m^2，位于镇西南濒临汉水的带状区域，这里选取其中具有代表性的东部片区作为范例进行深入分析。该片区总面积约

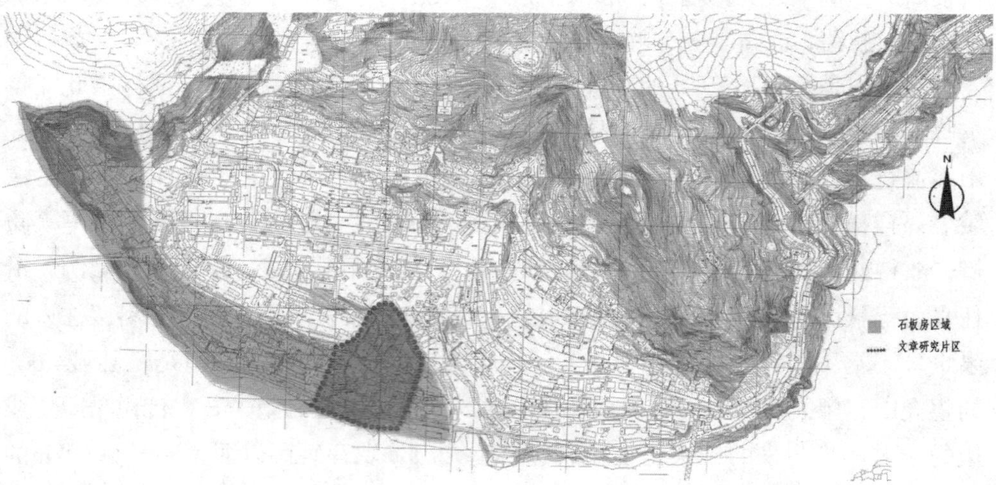

图5.86 石板房区域与研究片区区位

图5.87 竖向分析（石板房区域竖向位置）

资料来源：石磊、饶常明绘制

图5.88 石板房区古与今

资料来源：作者拍摄与网络

4.5万m^2，在全区中的具体位置及外部形态见图5.86、图5.87，此片区损毁与盲目拆除情况具有典型性，根据对2008年到现在调研情况的总结（图5.89，图5.90，图5.91），所存问题主要集中于砖混、混凝土、白瓷片的平顶建筑对石板房区整体风土面貌的破坏，及年久失修老石板房受汉水水位升高和雨水浸泡的侵蚀而大面积坍塌损毁，整片区域目前只依稀遗留整体风貌；到2012年，破坏就更为严重，在商业观念与外来文化犹如釜底抽薪般的作用下，石板房区独有的风土面貌正从人们眼前消失（图5.88）。

针对此片区的研究可以起到窥一斑而见全貌的效果：在历史建筑遗址方面，该区域包括了明正德七年建的北城门和南城门遗址，包括清真寺与关帝庙两处公共建筑遗址；在居住空间方面，区域内于坡度较大的建造面上，包括土墙石板型、土墙瓦房型、石板与瓦混合型、红砖石板顶型、青砖石板顶型、青砖或红砖混合型（平顶或单坡）、混凝土平顶型、白瓷片饰面型、水泥土墙混合型等多种民居种类，它们并置在一个空间中的混杂现象与其赋予县城门户山坡的繁杂表情，清晰、明确地表述了紫阳风土建筑与传统习俗不断消失的过程。

在公共私密空间关系方面，片区内几十个由3～6个家户、依着一块人工或天然的狭窄平台（坝）而建造的相互依存的邻里建筑小组团，是紫阳石板房区最大的特色。这种邻里小组团不仅在有限的面积内，最大化、以院落的形式区分了私密空间与公共空间，在解决功能的基础上，使私密、公共空间和谐共生，亦体现了一种在现代社会难以再见的亲密有度的邻里关系。在这一点上，从社会学、人类学的角度来对比，石板房区作为陡坡山地人居营造模式及其在材料、建造方面与自然环境共生，其成功价值与积极意义是现代城市建造所无法比拟的。

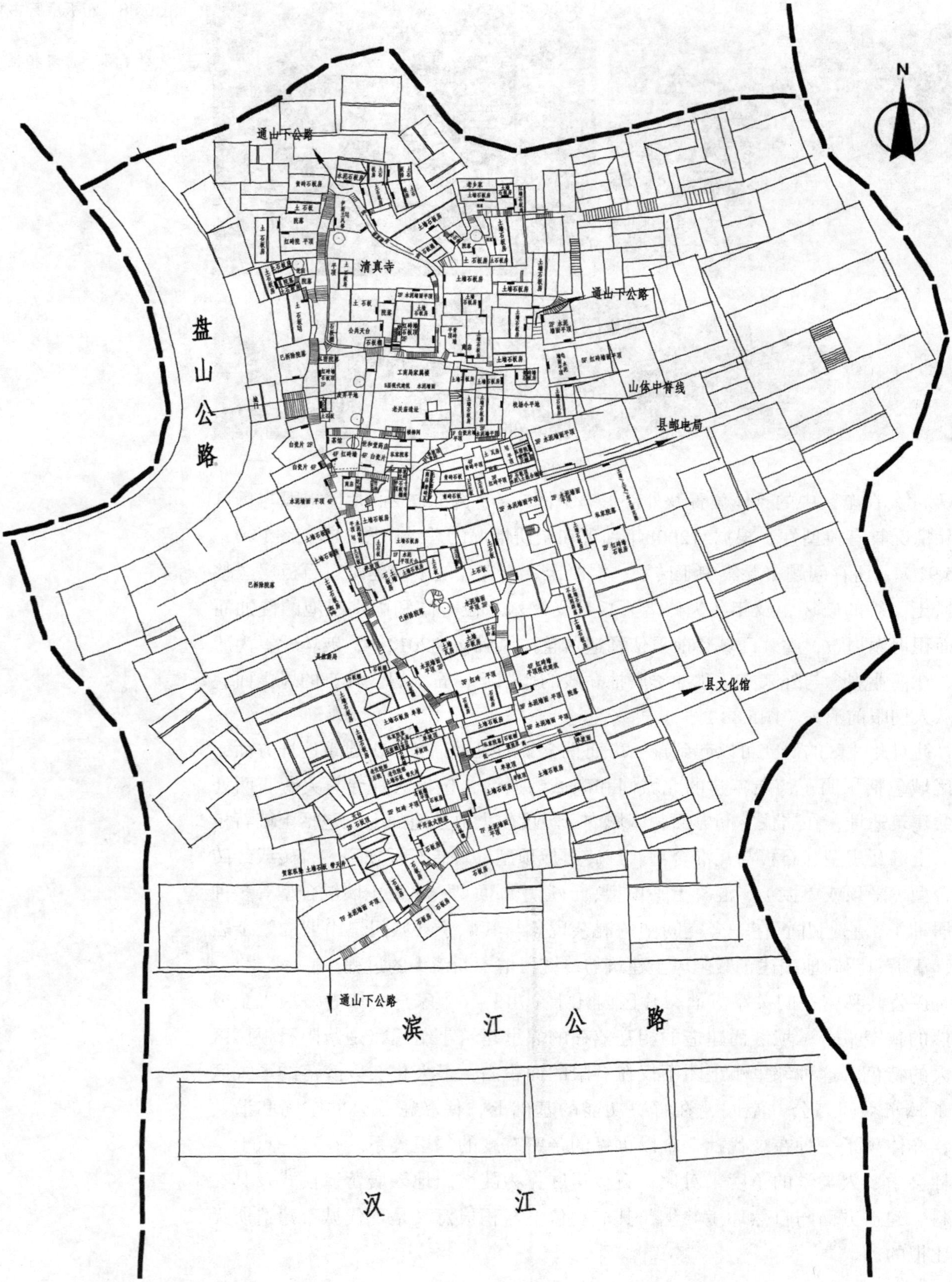

图5.89 石板房片区总现状平面图

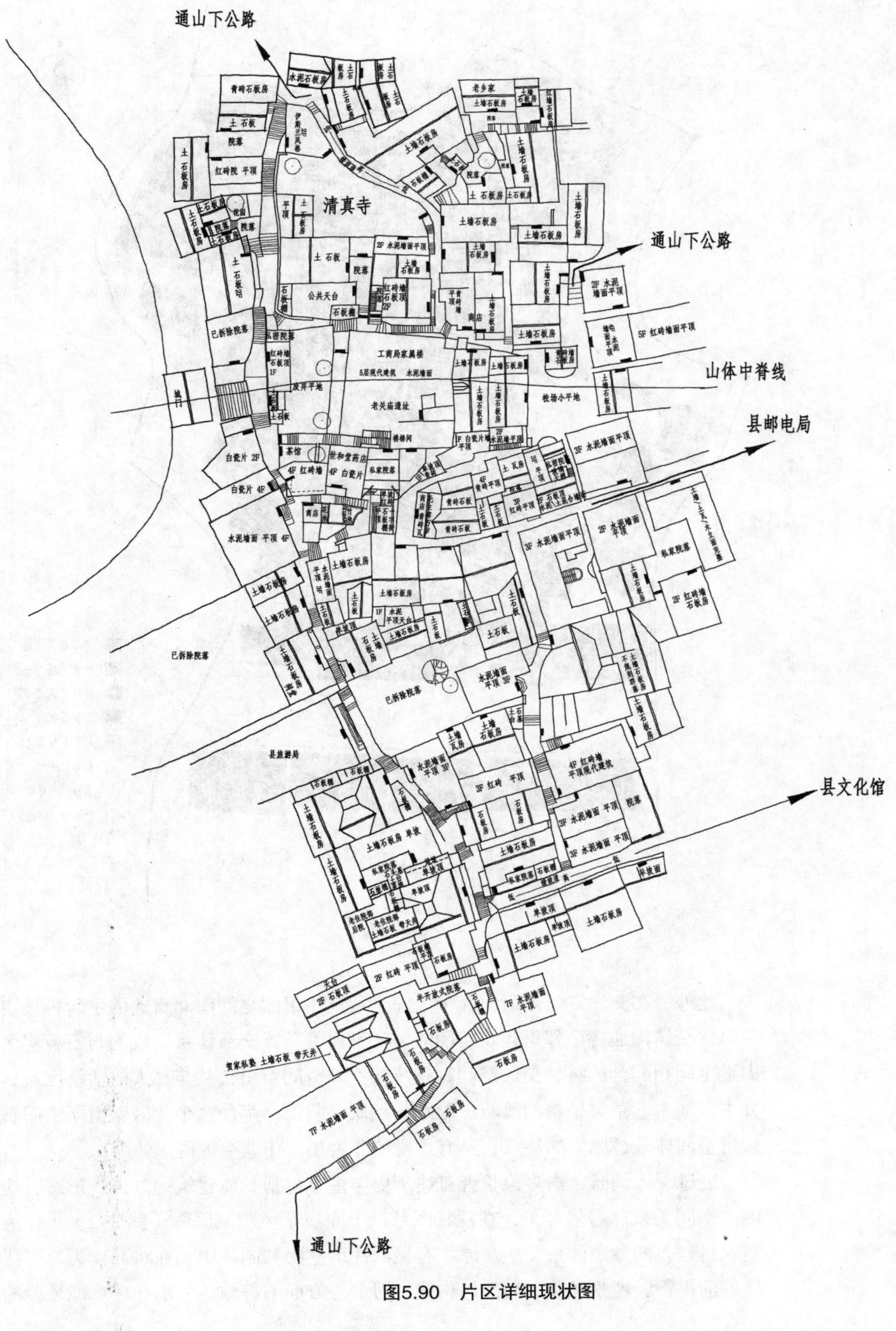

图5.90 片区详细现状图

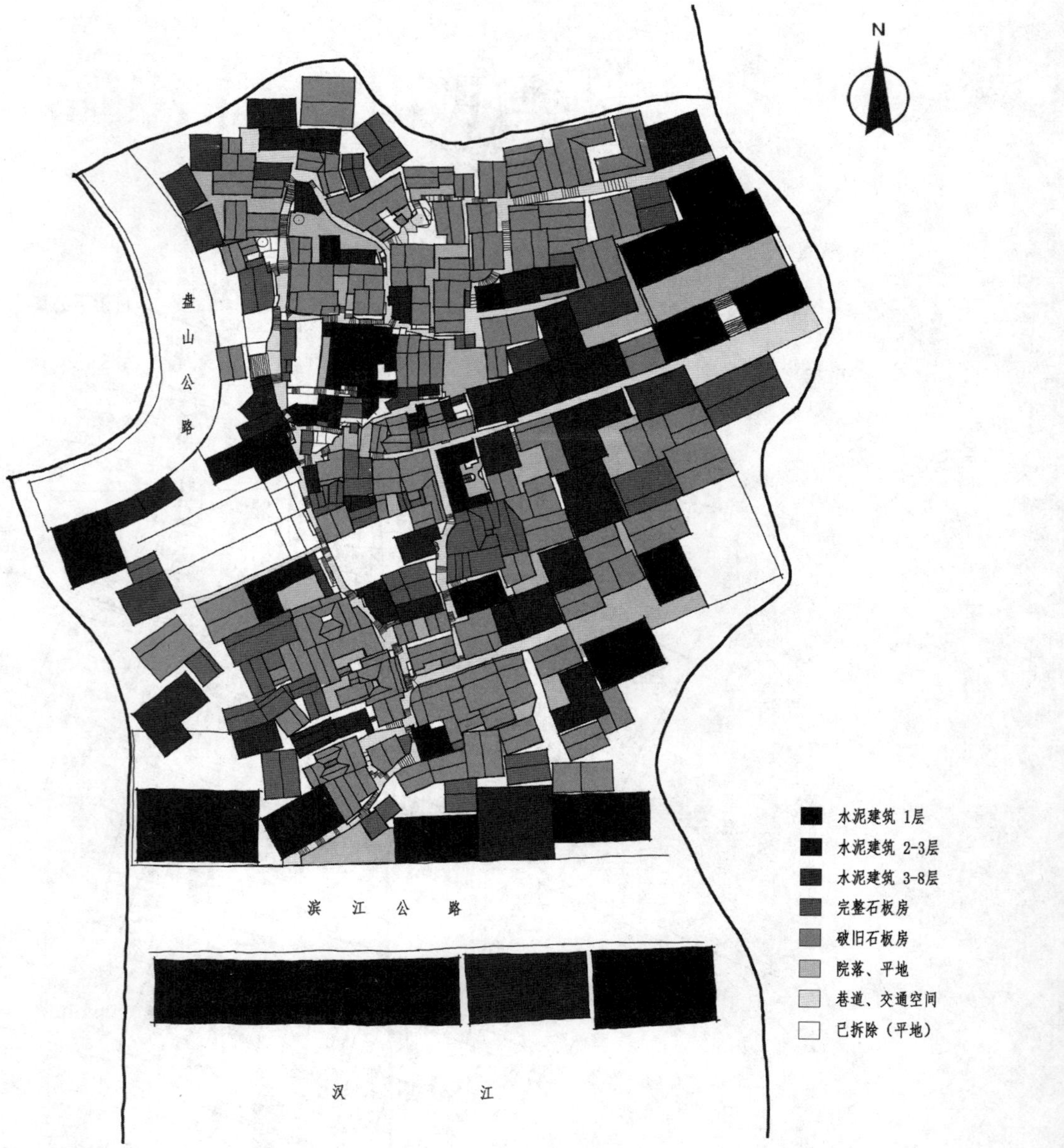

图5.91　石板房片区建筑评价

此外，在交通空间方面，几十个邻里建筑小组团之间南北贯通的主阶梯坡道与纵深交错沟通各个邻里建筑组团的“毛细血管”式交通体系，成为与石板房区山地空间相配合的特色交通空间；狭窄的室外空间留出公共与私人的活动区域，乔木、灌木、草类植物的遮蔽、隐藏、点缀、装饰，都使这个片区保留了紫阳石板房空间体系最原生的特点，具有重要的非物质文化遗存价值。

经过深入调研，据多位长者口述历史（主要包括具体建筑的方位、形态、功能、空间关系、习俗等），在现状图基础上完成了风貌复原图（图5.92）。作为新农村建设的参照体系，应从原本有机的片区空间共同体中，在将其作为复原活体的前提下，考察风貌、功能、构成、习俗等方面的特性，力求在尽可能还原的

图5.92　石板房片区复原图

1. 老城门　2. 关帝庙　3. 清真寺　4. 绿荫休闲广场　5. 陡坡巷　6. 竹林听风道　7. 老十字街　8. 四水归堂茶楼　9. 戏楼　10. 俯视建筑景观　11. 公共休闲区　12. 天井院落　13. 巷道　14. 下城门　15. 下沉院落居民区　16. 贺家私塾院落　17. 高台院落　18. 不规则建筑　19. 回坊小吃店　20. 竹林休闲区　21. 老城门茶楼　22. 县旅游局　23. 老年人活动中心　24. 滨江公路　25. 码头　26. 步道　27. 盘山公路

前提下对片区特点进行分析与总结，使之成为代表整个紫阳石板房的典型人居营造体系，使有益经验在新农村建设中得以借鉴。

（1）在整体外部形态上，石板房片区的传统村落空间主要以紫阳堡为原型，虽受地形限制，没有贯穿南北、东西的主空间轴，但整体外形仍按方形、外围城墙的空间进行布局，在文化观念上仍然保持了“东、西、南（图5.93）、北（图5.94）”四方、四门的空间概念。

图5.93 南门及沿街立面复原图（左图）

资料来源：石磊绘制

图5.94 北门（右图）

（2）在内部空间构成上，石板房区从北至南的滨江公路竖向落差35m（图5.95），山坡继续向南则延伸至汉水。在整体依山枕坡建屋筑城的大趋势中，亦随地形变化有些许差异，即中段山体中脊线东西方向的位置整体趋于平缓，在中线上确定了北门位置，建造了天主教堂与关帝庙。关帝庙建筑位于北城门以东，正是民间俗信辟邪禳灾意愿的表达。天主教堂（图5.96）位于关帝庙以北，建于民国12年（1932年），是由权河口林家碥人姚恢先家的姚氏祠堂改造而成[1]。

（3）在居住空间布局上，受地形条件影响，北部区域多为高台或台上建筑，南部则以下沉院落为多。邻里小组团空间结合是石板房区最大的特点与成功建造经验，无论是高台式还是下沉式（图5.97），当地居民运用智慧和地域性材料，成功地与山地陡坡环境有机结合，将公共院落和私密院落相结合，高低错落，形成陡坡山地邻里组团人居模式。

下沉邻里院落组图显示了位于片区东南角的下沉式院落邻里组团的空间构成情况。该组团包括4个院落，占地面积共1300m^2，1号院占地162m^2，建筑118m^2；2号院占地290m^2，建筑182m^2；3号院占地166m^2，建筑104m^2；4号院占地239m^2，建筑129m^2。在竖向关系上，主干道处于最高地势，院落组团整体呈下沉态势，其中3号、4号地势较高，1号地势居中，2号地势最低，从主干道到2号院体现了陡峭坡地建筑用地随坡而变的特点。在邻里组团内部，由组团公共道路串起了4个院落，并有分别入户的道路，在明确交通路线的前提下，划分给每家一个平均80m^{2}的内院，并以木格栅架、入土植物和盆栽植物分隔与点缀，形成尺度宜人的

1.《陕西省志·柴阳志》

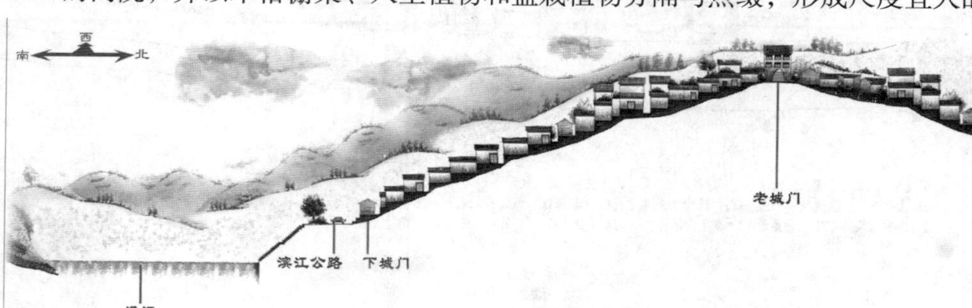

图5.95 石板房区竖向分析

资料来源：赵杰绘制

图5.96 天主教堂现状

资料来源：作者/饶常明拍摄

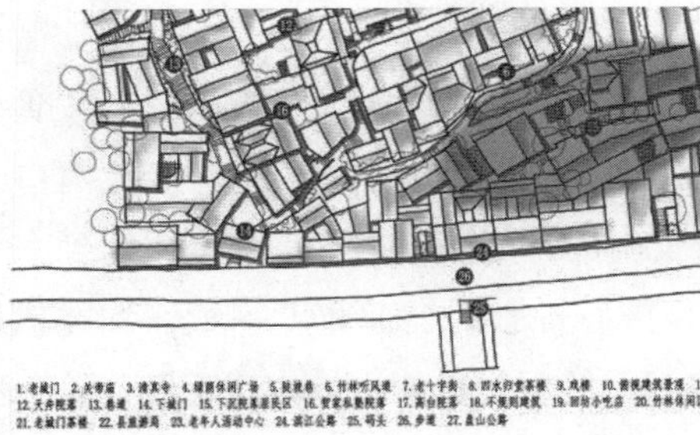

a

b

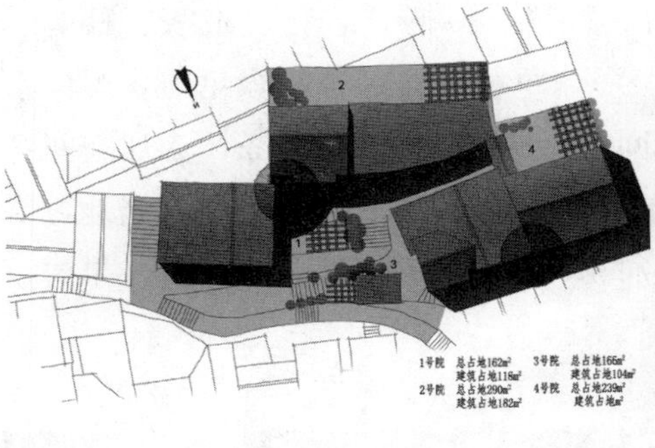

c

d

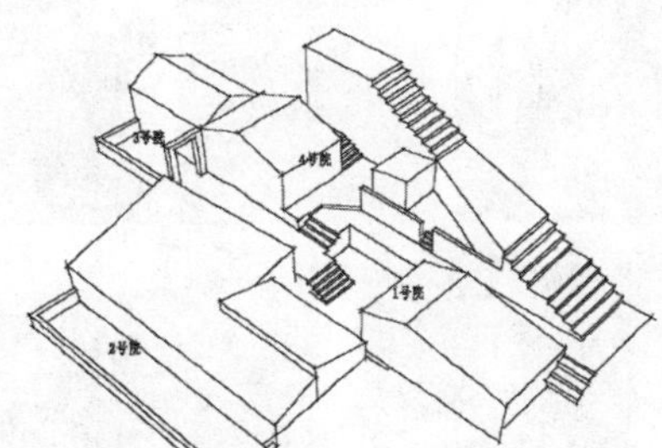

e

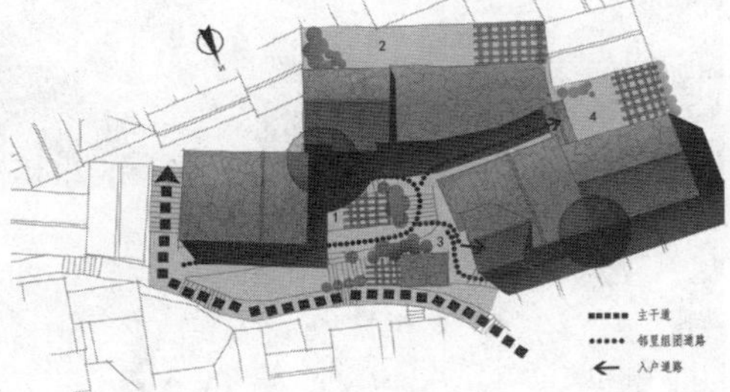

f

图5.97　下沉邻里院落组团；*a*.下沉院落位置；*b*.现状；*c*.现状；*d*.下沉院落平面图；*e*.下沉院落邻里组团空间构成分析；f.交通分析

图5.98　道路空间及节点

主道与毛细血管的辅道相连通，狭窄用地条件中公共空间、邻里空间、私密空间得到区分（图中以高台院落举例）

资料来源：石磊绘制

主道是阶梯与坡地的结合

道路汇交的公共景观

因地制宜的道路交通空间

人居环境。

（4）道路空间（图5.98）主要由缓坡与台阶相结合，平均宽度为1.5～2.5m，现状道路是在区域内偏西的位置形成从北至南的主道连接北出口、西门与南门，原本区域内的道路除了有北至南的2条主道之外，还有从西到东的主道，但即使是所谓的主道也与四通八达、贯通各家的辅道宽度一致，均在依据原有用地狭蹙的条件最大限度安排与利用空间，展现为犹如机体内“毛细血管”般的“迷宫”道路系统，也因此而使这里的风土村落空间更具浑然天成的山地特色。

（5）在空间绿化上，以椿树、槐树、杉树、柳树、慈竹、山茶、杜鹃、月桂、元币草、书带草等为主形成了乔、灌、草相结合的空间绿化与景观体系（图5.99）。乔木常出现在建筑与建筑之间的夹缝中，竹子则是紫阳人居空间必不可少的私密空间围合、分隔的吉祥树、生命之树。植物的种植也是有当地习俗的，如房前不栽杉（人变愚蠢），屋后不种柳（人变盗贼），还有20岁种果树，25岁种棕、桑，30岁种杉，50以后种白杨，等等。

图5.99　石板房区绿化

2）传统建筑

石板房区的传统村落占地面积狭小，仅4.5万m^2左右，却容纳了近115户，各家各户在狭窄的用地空间中利用北高南低，东西高差平缓的坡地条件，运用填方、挖方、填挖互补、半边楼、吊脚楼、附崖、架空、坡屋、栈道、递落10种基础建造方式（图5.100），创造了犹似“迷宫”且尺度在最低限度内达到舒适的人居环境。

填方式（山坡型）即在原有的坡地上增筑出一伸出的方形基础，以承接独栋穿斗木骨泥两坡石板房。挖方式（山坡型）是在原有的斜坡上向内挖去一部分而形成内凹式的方形台基，并在其上建造独栋的穿斗木骨泥两坡石板房。

填挖互补式（山坡型）是填方式与挖方式的过渡形式，它像挖方式在原有坡地上向内挖出土方，又像填方式将挖出的土方补在斜坡，并与内挖的平台保持水平高度，以形成建造所用台基，这种形式较前两种所做台基面积更大，可为独栋木骨泥石板房创造较大的前院或后院。

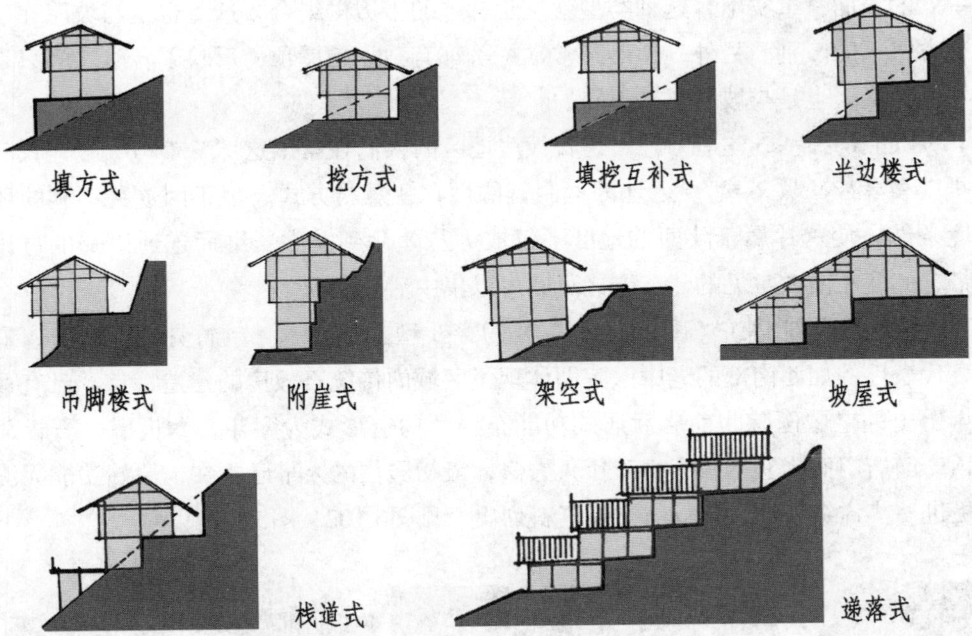

图5.100　石板房基础建造方式汇总

半边楼式（山坡型）是在原有的坡地上内挖出两级台阶，作为台基而建造，只是石板房一边的柱子延伸至第一阶，其余柱子均在第二阶，形成室内空间高差上的变化，使一半的空间成为半边楼。

吊脚楼式（崖壁型）是倚着天然或滨水的崖壁建造的穿斗式房屋，只是崖壁亦有一天然形成的内凹平台，可以作为建造台基，而又因台基面积狭蹙，不得已将外部的柱子延伸至崖壁固定，而该柱也为建筑形成向外悬挑的室内空间，且在增大的台基上能够形成小面积后院，所以这种好似一只脚悬吊支撑的类型便是吊脚楼。

附崖楼式（崖壁型）是完全倚着崖壁而建造的穿斗式楼居，这种方式是在没有完整或可延伸形成台基的情况下而形成的因地制宜的建造方式。

架空式（山坡近顶型）是在接近坡顶的位置，以坡地条件建造穿斗石板民居，通常保持3层，最上面一层与室外坡顶保持水平，并以竹桥、木桥将两者连接，形成进入建筑室内的通道。

坡屋式（山坡型）是利用竖向高差不同的山坡阶地而形成的连续升高和连续进深的穿斗式石板民居，与此同时，这一系列的房屋具有统一的坡屋，亦即一面长长的坡屋顶覆盖了所有建筑的室内。这是一种纵向轴线上具有连续进深房屋群的建造方法，然而统一的坡屋顶又限定了建筑之间的亲缘关系。

栈道式（山坡型）是以半边楼为主体在其前部增加由吊脚支撑向外悬挑的栈道作为交通空间或小前院而形成的类型。

递落式（山坡组团型）与坡屋类似，也是倚着山坡构成的竖向等差阶地居住组团建造形式，只是这种类型每一层都分别向外悬挑，而每一层的地面亦都是下一层的顶面，事实上，这种类型就是阶梯式的半边楼组合，这点也是与坡屋在建造方式上的区别。另外，递落式常常每阶都有独立的屋顶，反映了各阶之间只是邻里关系，也是与坡屋意义不同的。

以上10种基础建造方式，是石板房地区的人们在紫阳这“多崇山峻岭，民所耕以食者皆陡坡石碛”[1]之地因地制宜的生存智慧与方式，也正因这种不利的环境条件，使这片属于陕西的地区不仅成为从陕北到关中，继而连通巴蜀的过渡带，亦使在南方常见的建造方式于此得以集中活态展现。

1.康熙《紫阳县新志・建置沿革志》

区域内传统建筑（图5.101）主要为穿斗型木板或木骨、竹骨泥石板房，最具代表性的如西南部的老中医院即体现了区域内传统石板房的建造特点。已有百年历史的老中医院为前店后居式功能布局，构造形式为穿斗、木板墙、石板瓦顶，前店门面为实木板，由于年久失修，最初居住的人早已不在，原始功能无法更进一步详细考证，现仅将已有资料列出，见图5.102、图5.103。

图5.101　穿斗型木骨、竹骨泥石板房

老中医院的木骨、竹骨泥穿斗结构已有很多学者在专著中予以详细介绍。但要注意的是，天井院中的水池正是由河姆渡文化延续下来的南方典型本源哲学符号“”的变体，是和纹饰中双鸟、双凤相交位置的通天华胜，水池上正对着向天开敞的天井，这正是建筑中通天的位置，此外，水池在雨天承接天赐雨露，其意义乃与蒸盆子的乌盆相同，亦是“扶桑出于东海”的水盆、花盆、水盆圭胜的水盆崇拜，这与遍及大江南北的庭院中所放置的石制门海，与紫禁城太和殿前放置的鎏金水缸的意义也相同，都是水盆崇拜的民间变体。这种文化符号的出现，也证明了紫阳无土著，皆为川蜀、荆襄、两广移民的史实。

5.3.3　石板房区非物质文化遗存（产）

紫阳的非物质文化遗产（存）为数不少，这里重点阐述两项——石板房建造与蒸盆子传统手工技艺。

1.传统手工技艺：石板房建造技艺

大自然赋予紫阳最重要的财富之一便是储藏量几近60亿m^3的板岩、页岩。传

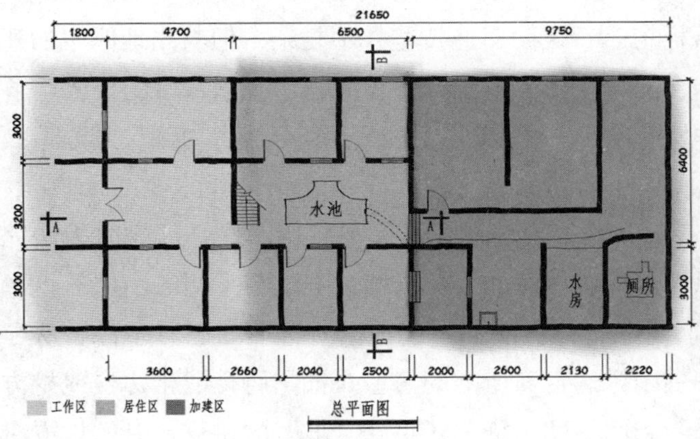

a

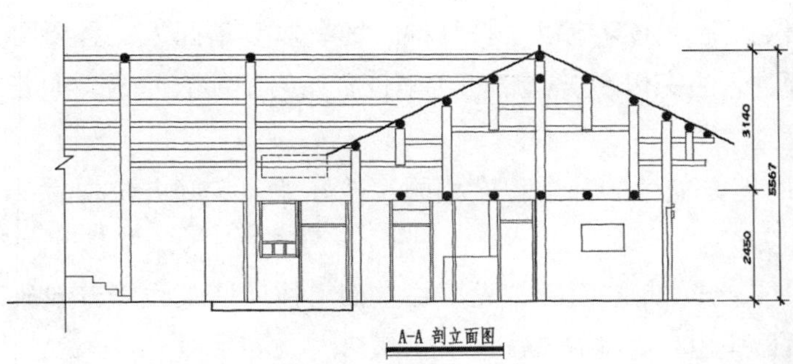

b

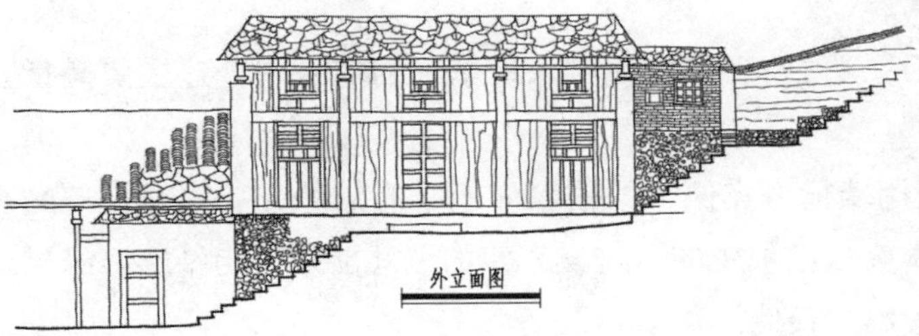

c

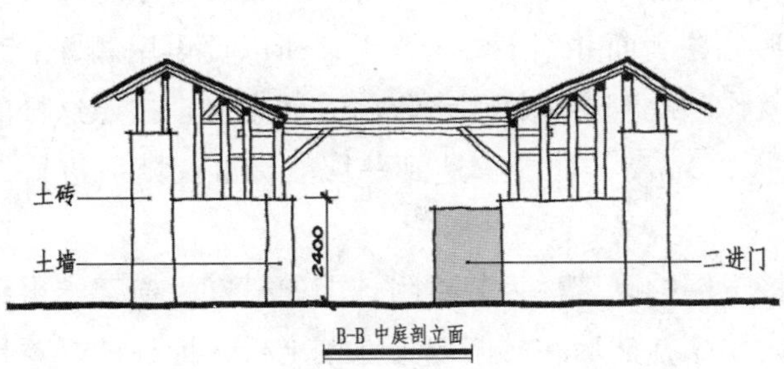

d

图5.102 老中医院图纸
a.平面；*b*.剖立面；*c*.外立面；*d*.中庭剖立面

图5.103 老中医院现状图
资料来源：作者绘制与拍摄

统社会的紫阳人顺应自然，适度运用这重要的地域性资源创造了定居的方式，建造了与当地环境共生的石板房。石板房建造技艺并不复杂，但与当地原生的建造经验和建造习俗观念相结合的时候便形成了具备传统建造观念习俗的技艺。

石板房包括土墙、木墙、石墙三大类，以木板土墙石板房为例，其建造技艺包括以下程序：

1）选地与定方位：紫阳山地狭蹙，地无三尺平，所以在选地之时无法完全按照坐北向南的风水观念来选择，更多的是首选稍微宽敞与平阔的小坝子。

2）选房型：传统时期建造石板房前，主家根据所选地的已有条件，从匠人所提供的《阳宅入门》一书中挑选自家所需的房型，如吊脚楼、半边楼或挖方填补楼等。在朝向上，主要受到门是朝“垭”还是朝“坡”的讲究，有的地方讲究不能朝“垭”，认为“朝垭败家”；有的地方讲究门不能朝“坡”，认为“对坡招祸”。其余的则是依据具体的山形、山水条件来调适。

3）动土仪式：动土仪式上，主家应以“打神福”的餐宴宴请匠人，且要给匠人“封红包”。掌脉师进入主家以后，其席间所坐位置始终不能有差错，如若乱了秩序就要重新开宴。

4）平整夯实：与别的地方盖房的基本程序相同，选好地，定好方位之后，便要将基地进行平整与夯实。

5）按基线放墙板：平整夯实完基面后首先要在基面上按照墙基线竖着栽放墙板，墙板共有三块，两长一短，高都是50cm。

6）砌根基：载好墙板后，用选好的石块砌建筑的根基，石板房地区的建筑地基亦主要用石材来砌，如在石板巷，整条街都是用不同规格自然形态的石材来砌筑。

7）倒泥：地基砌好后，便将和好的泥倒入地基上的墙板内，这主要是指土墙石板房而言。

8）打墙：打墙就是用墙槌夯实倒入的松散泥土，有的地方要根据均匀的程度增加，墙槌是工人用木头自己加工的。这样夯实的墙才能平整与结实。经过这一系列的工序，就完成了第一板墙。

9）扇墙：扇墙与陕北修窑的目的相同，即初次用泥筑好的墙体的外表面，因为只是粗略筑出了大概的形态，表面并不平整与光滑，所以要再用调好的细泥涂在表面，填补凹凸之处，就像陕北刮窑一样用扇板将表面扇平。按照这样的程度从第一板一直垒筑到第六板，3m高，便能够达到一层的标准，随后进行二层的工序。

10）装楼附：在当地，将二层的砌筑称为装楼附，即先搭好纵横架子再砌筑板墙，所以先要起竖向的楼附墙架，然后在楼附墙架上铺地板，地板铺好意味着架子完整形成，随后再用围板筑泥的方式砌3～4板泥墙（1.5～2m）。

11）砌垛子：二层砌完后，到了顶端的收口处便要收垛子，这主要是针对左右两边墙端和房与房之间的墙垛而言，打的时候，从下往上每一板都向里收

3～5cm，逐渐形成“⏢”，为后序架檩作准备。到此，墙体已经完成，通高14～15板，约7～7.5m。

12）装檩钉椽：在盖石板之前要先装上檩子和椽子，檩、椽在传统时期的简易做法是将砍伐下的原木剥去树皮便直接使用，现在会将表面刨平，粗打和磨圆后再装。

13）上梁：大梁的选择是非常讲究的，这与关中、陕北情况相同，亦有本地的上梁、祭梁仪式。大梁要选择向阳生长的大阳椿，应不沾地地砍伐下来，放置在院内的木马上被刨成形后上梁。上梁仪式讲究用斗盛米，内插木匠与土匠的尺子，在院内设桌供奉，与此同时，主家会请戏班、皮影班、打万字、说书的临时搭台表演，还必须给匠人封红包。梁上还须以“金、银、铜、铁、锡、盐、茶、五谷”供奉，这与陕北在“龙口”内放进“布袋鸡”的意义相同，都是代表着太阳和当地重要植物的生命树。黄道吉日，锣鼓齐鸣，鞭炮共响之时乃上梁，此前，先由土匠和掌脉师杀鸡血祭，在掌脉师言说的吉利词中，大梁径直被拉至垛上，与关中、陕北相同。上梁后，亲友们亦来“贺梁”，在主家的酬谢酒宴中表示祝贺。

14）盖石板：盖石板是最后的程序。板岩是泥沙在水域的低洼地带沉积之后，经过上亿年的高压和粘结作用而形成的层叶状且具有径向纹理的沉积岩，其本质乃碳酸盐岩变质发育的层理岩，开采下来的大块板岩荒料侧面能够看到一层层的横向纹理，每层厚度为2～20cm不等。将大荒料按照所需尺寸的大小放墨线，然后用扁槌敲钝头凿子，将墨线的痕迹凿成内凹的凹纹，经过一场雨或者在上面浇水以后，水会渗入纵向的岩层中，岩层粘结度变小，因为板岩是经压实的鳞片状黏土，在自然状态下脱水后凝结成的页片状层理，如果水分渗入，层理之间的粘结度变松，就易于开片。开片（图5.104）使用的是较为锋利的凿子和扁槌，在页岩的一角先开一个小缝隙，将凿子插入后，再用扁槌敲击便可敲下一层岩片。开好的岩片，大小一般不再切割，而是保留原有凹凸不齐的边缘，这样才能展示手工技艺的原始美感，且开片的层岩上布满了与开片方向垂直的横向石纹，整片的石板能够保持石纹原始的长度。因为石板是完整的，所以完整的石板盖在屋面其硬度是不会削弱的。石板上顶时，大块的石板是由人攀梯子背上的（图5.105）。铺石板要求按照坡度的方向从高至低，一片压着一片铺，四边相压5cm左右，如此铺就的顶面，雨水不会灌进缝隙中，所留的缝隙在夏天便于通风和散潮气，还能起到较好的隔热效果。大巴山的冬天没有严寒，室内火塘即可满足保暖需求，因此冬天的室温并不受缝隙

图5.104　石场开片

图5.105　石板上顶

图5.106　石板房顶晒场空间

的影响。住在石板房里的老人们都说石板房冬暖夏凉。

另外，在阳光的照射下，石板的硬度更好。在山坡上，前后叠落的房前屋后，前一家的房顶兴许就是后一家的晒场（图5.106）。人们常把红薯、玉米、辣椒、谷物等用竹编的簸箩盛着放在石板上，表面阳光晒，下面被加热的石板烤，晒干的食物易于储藏，符合当地人们的生活习俗。

15）做燕窝：受到发源于长江流域河姆渡“双凤朝阳”文化的影响，紫阳人也将燕子视为吉祥。燕、鸡、凤、鸟都是“汤谷上有扶木。一日方至，一日方出，皆载于鸟”中驮着太阳的三足鸟神祇的民间变体，是东部太昊、少昊氏族鸟图腾文化向西延伸传播在紫阳形成的文化遗存。在盖完房子后的开春时节，于门框或堂屋檩条上，用钉子钉上木板引燕子来做窝，燕子做窝预示着五谷丰登。

在房子建造过程中仍有重要习俗。为避免建造时说出不吉利的话，主家人不能与匠人随便说笑，如“一火成功”、“背时”、“死人”[1]等是最大的禁忌。在紫阳，即使是建造面积特别小的房子这也是最大的禁忌。建造禁忌事实上在各地都有，这些习俗都反映出了传统时期建造行为对于人和人生的重要性，人们将它视作一辈子最重要的事情来实现，内心的敬畏感是当今社会所极度缺乏的。

石板房在今天的紫阳县城已经有了非常大的变化，但在现代建造技术与材料的实施中，传统技艺仍然是值得借鉴的宝贵经验。传统石板保持了横向与石板长度相等的石纹纹理，其边缘参差的自然轮廓，与岩层大小自然斑驳的痕迹，都体现了与自然环境共生的面貌和表情，而现在的工艺将其边缘打磨得平整而光洁（图5.107），虽然这样能够用在现代别墅屋顶的建造上，但应该反思的是，这将无法保留传统手工技艺下的石板房建造文化情境交融的原始表情，亦无法保留与自然相生的审美意味和场所精神，只能是僵死和机械的面貌。如果当地立志保护石板房区域的话，必须首先保住石板房手工开片的技艺，保持原生叠落的纹理，只有这样才能保持与传承石板房原生的、美丽的、极富场所精神意味与特色的风土面貌，在此基础上的新结构与技术的引进才能使石板房焕发新生。

石板房的建造习俗仪式体现了传统社会人们由于需要从自然环境中索取建造

1.《紫阳县志》

图5.107 石板房区现代建筑规则石板顶

资料来源：网络

材料使自己拥有家园和栖息地，而对自然与周遭所怀有的敬畏感。相比之下，现在的建造行为已经很少再有这种心态了，能够看到的是，越来越多为获得板岩而开采山体的企业对山体的肆意挖掘和切割。

2.传统手工技艺：蒸盆子

1）蒸盆子起源及本源文化内涵

大多资料与当地传说都显示，蒸盆子起源于汉刘邦夜行至汉王镇，当地人为犒劳三军而做的有当地材料特色的大烩菜，然而，这里认为作为一种传承了农耕文明“食”本源的非物质文化遗产，蒸盆子以“水盆”的形象，体现了“大海”“东海”“扶桑之树出于海”的生命本源的哲学观念。

图5.108 河姆渡文化第四文化期遗址出土四叶花苞陶纹

资料来源：靳之林著《生命之树》第42页

新石器时代晚期，中国原始农业核心发展区域——黄河流域陕西华县老官台文化（距今8000年）、河南新郑裴李岗文化（距今7900年）、河北武安磁山文化（距今7400年）、山东滕县北辛文化（距今7000年）分别进入锄耕文化阶段以后，原始农业产生了前所未有的大发展。伴随着劳动行为与经济发展的是反映了农业文化意识的纹样在彩陶上的产生，它们都体现了这一时期植物崇拜与生命树崇拜。其中最为先进的是长江下游浙江余姚河姆渡文化（第四文化期）出土的陶片刻画水盆四叶花苞纹样（图5.108），它体现了生命之树神祇崇拜本源哲学观念，纹样中的花苞下部有三角形的生命之源符号，而下面长方形框则是生命之源的水盆符号。在河姆渡文化之后的黄河下游山东大汶口文化晚期的水盆四叶圭胜纹样、长江下游南京良渚文化的水盆四叶圭胜陶尊符号，乃至商周青铜器的饕餮纹圭形双角、圭形生命树双角崇拜纹等都是河姆渡四叶花苞纹样的直接延续，直至今天遍及全国大江南北的水盆、水盆圭胜、花胜崇拜，以及今天民俗生活中的聚宝盆、摇钱树崇拜都是直接延续的变体纹样传承。蒸盆子以乌盆为原初的承载器皿及其内部所盛菜食的品种，都是水盆的生命之源崇拜象征，菜品中必有的“元宝”形蛋饺，是“聚宝盆”象征的民间变体。

靳之林先生根据地上民俗、地下考古文物与文史资料三者相对比研究成果指出，中国的本源哲学观念早在6000年前新石器时期晚期就已经形成，北方黄河中游仰韶文化遗址出土的彩陶盆上双鱼人面网纹（图5.109）和南方长江下游河

图5.109　仰韶文化遗址出土的彩陶盆上双鱼人面网纹

资料来源：靳之林《生命之树》

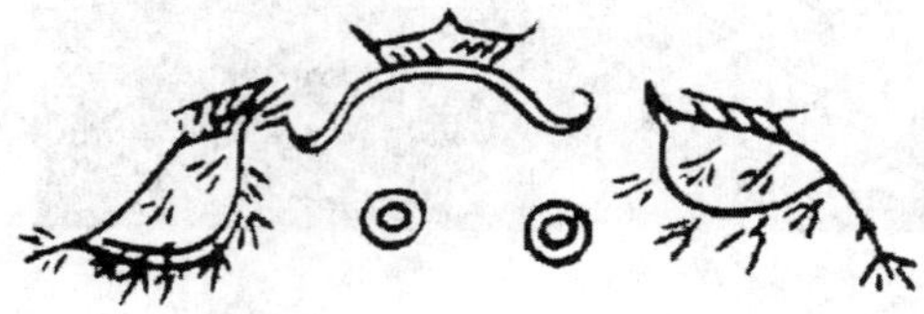

图5.110　河姆渡文化遗址出土的彩陶盆上双鸟戴胜双同心圆纹

资料来源：靳之林《生命之树》

图5.111 河姆渡文化遗址出土的骨匕上的双凤尾部相交同心圆通天纹

资料来源：靳之林《生命之树》

图5.109	
图5.110	图5.111

姆渡文化遗址出土的彩陶盆上双鸟戴胜双同心圆纹（图5.110）、骨匕上的双凤尾部相交同心圆通天纹（图5.111）分别代表了北、南文化的最早形态，都体现了阴阳相交通天的观念，这种观念即后来主宰北方主体文化的“二龙戏珠”与主宰南方主体文化的“双凤朝阳”，相对应的神祇符号是“△”和“⬠”。“△”乃是上的三角形通天符号，“⬠”则是、中双凤相交上端的类似于“华胜”的通天符号。这两个本源符号分别代表着南北文化贯穿于中华文明整个发展过程，无孔不入地渗透在人们衣、食、住、行的中。蒸盆子菜系中必有的整鸡就是“双凤朝阳”的鸟图腾崇拜，墨鱼及金鱼形蛋饺作为必备的品种，亦都是阴性的鱼的崇拜，鸟、凤、鸡是阳性崇拜，这几种食物正是阴阳相交的通天通地通阳的生命之树生于水盆的本源哲学观念。此外，鸟图腾崇拜是太昊、少昊两昊东夷氏族部落的崇拜神祇，《山海经·海外东经》中说：“扶桑生碧海中，树长数千丈，一千余围”，《山海经·大荒东经》亦曰：“汤谷上有扶木。一日方至，一日方出，皆载于鸟”，郭璞注：“中有三足乌”（《淮南子·精神训》）。生命之树扶桑出于东海，扶桑上有三足乌驮着太阳，日出日落。蒸盆子作为地域文化形态，其中的鸡就是鸟，乌盆乃三足，也是三足乌象征。乌盆即是水盆，东海即是大水盆，乌盆即是东海的寓意。东海出生命树，乌盆中盛满可供人食用的当地盛产的最新鲜的蔬菜。乌盆是聚宝盆，里面有元宝，乌盆是圆天方地，里面有阳性的天鸡和阴性的金鱼，通天通地通阳、生命之源生命树的观念得到了完整的诠释。蒸盆子颇为浓厚的南方本源文化内涵，也是紫阳在历史上几次重要的南方移民迁徙中所引发的南方文化北传的活态见证，充分体现了紫阳无土著、客家人居多的情况。据此可以判断蒸盆子起源于紫阳汉王人民设宴款待刘邦的传说不可靠，从蒸盆子中所反映出的本源哲学意识来看，其起源应该更早。

2）蒸盆子流程及与传统空间的关系

蒸盆子的菜品比较丰富，这里以非物质文化遗产传承人陈良第制作蒸盆子的程序为例阐述这一技艺及其与传统空间的关系。

（1）蒸盆子原料采集：蒸盆子的原料以当地产的原生材料为主，是地地道道的地域菜，就像中药的一方水土养一方药，蒸盆子也是一方水土养一方菜的成果，味道亦反映了场所精神。紫阳农民的耕地常常就在自家的房前屋后山坡上（图5.112），猪圈亦与住房离得很近，传统时期人居与牲畜圈不分之时，牲口圈常在吊脚楼一层，二层住人，所以自耕、自种、自养的农业环境使蒸盆子的产生有了天然的条件。蒸盆子的原料以紫阳本地所产为最好，主要包括一年养的公鸡或母鸡，带肘子的猪前腿，木耳、莲菜、白萝卜、红萝卜、鲜肉、菠菜、墨鱼、香菇、海参、鱿鱼和紫阳产土鸡蛋，大量的配料包括料酒、生姜、干辣椒、大葱、青葱，香料包括白胡椒、花椒、草果、八角茴、良姜等。在原料采集中，极具本源文化生命之源水盆的盛具——乌盆的选择是非常讲究的，最传统的蒸盆子必须用乌盆（图5.113），乌盆为三足敞口盆，圜口直径约35cm，重3斤，以汉王镇附近龙王潭边瓦窑烧制的为最好。

图5.112 原料采集空间

原生的紫阳地景，石板房前屋后的田地就是孕育一方食材及其文化的土壤

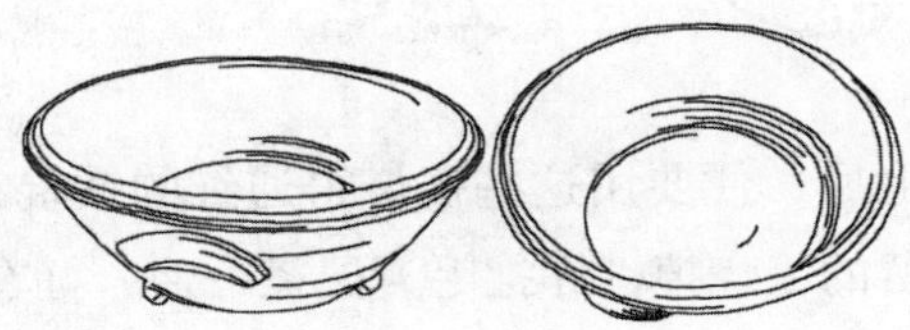

图5.113 乌盆

所以，从最原始的角度来看，蒸盆子原料采集空间应该为各家户自己的田、自己的牲口圈，反映了传统“食”的本源与环境共生的特点，反映了场所精神的文化空间和文化形态。

（2）蒸盆子原料加工：原料加工包括5道重要的工序——整鸡加工、猪肘加工、蔬菜加工、蛋饺加工、香料加工。

原料加工是需要合理安排时序的，一般最先进行的是加工整鸡。鸡是已经养了一年的公鸡或母鸡，控制在3斤左右。在厨房的宽檐下，两个人，一人帮忙控制，一人手持菜刀，从鸡的脖颈处割开动脉放血，旁边常用的四腿高凳上放了一个粗瓷碗用来接鸡血。放血后，鸡被整只置于一水桶中，以滚烫的热水浸泡，好使鸡能从软变硬，以便后期在盆中塑造形态，用热水浸泡后的鸡毛容易拔掉。处理完的整鸡取出内脏，清洗干净，以备内壁涂抹咸盐腌制。

猪肘加工亦是在屋前宽檐下进行。猪肘要选择前腿，且上端要有带圆形肥厚的猪腿肉。初次处理之后，便要细心地拔猪毛。将猪腿放在四腿高凳上，用一头是宽夹、一头是刮刀的工具（图5.114），先大面积地刮，后一根根细心地拔。拔好后，用榔头将坚硬的前蹄敲掉，只留蹄上的肉。凳子旁边是一直径25cm的小蜂窝煤炉，在蜂窝洞内插着四五根直径1.5cm的铁棍，被煤球烤得通红，拔完

图5.114 处理猪肘盘盘1

图5.115 处理猪肘盘盘2

图5.116 处理配菜

图5.117 制作蛋饺

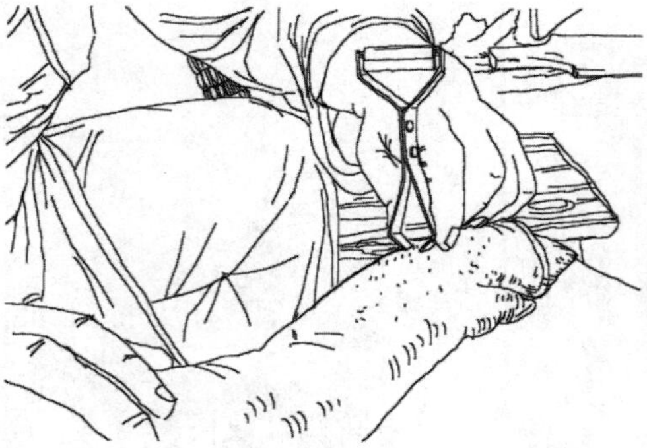

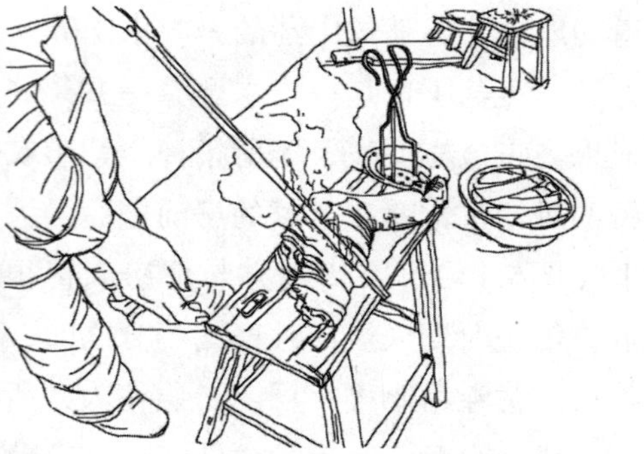

图5.114	图5.115
图5.116	图5.117

毛后，便要用这些被烧得通红的铁棍在表面用劲搓和蹭（图5.115），以便把残留的毛烧掉，亦把毛囊层烫一遍，好在清水中清洗得更加干净。等处理完后，将其横向切成圆盘状，当地人称为“盘盘”，再拌上咸盐和料酒，腌制5小时后便可使用。

在处理整鸡时，白萝卜、红萝卜、土豆等蔬菜已经在廊檐下盆中的清水里泡上了。盘盘处理好后，蔬菜上的泥已经脱落，再清洗几遍便非常干净。这些蔬菜要选择长相好看，没有结疤、虫眼儿的一等品，就像封社要用当地最适宜生长的植物、树种一样，大年三十最重要的这道菜也必须用最好的食材。此时的蔬菜处理已经移至了厨房室内，在加工菜的红案上将这些根茎类蔬菜统一切成三角块形（图5.116），然后分别放置在盆中，以咸盐腌制。

蛋饺是蒸盆子中必备的食材，是用鸡蛋摊小饼而成，分为两种类型——金元宝和金鱼。元宝形寓意“四季发财”“吉祥发财”，金鱼形寓意“年（连）年有鱼”。鸡蛋必须选择紫阳本地产的土鸡蛋。蛋饺制作是在厨房内红案前（图5.117），将前面所述的小蜂窝煤炉提至此处，旁边四腿高凳上的两只碗，一只盛着拌好的鲜肉馅，另一只盛着打好的鸡蛋糊和一扁勺。制作者手持一约20cm的大铁勺，先用直径4cm、高2.5cm的猪板筋擦于勺面（这是为了防止蛋饼粘在勺面），后从蛋糊糊碗中舀一勺蛋糊放入大铁勺中，顺时针晃动铁勺，让蛋糊摊成圆形蛋饼，即将成型干燥的时候，用竹筷划一圆形鲜肉馅置于蛋饼中心位置，然后像包饺子一样，将包了馅的蛋饼对折，再用筷子迅速将仍有蛋糊的边缘粘结在一起，一个金黄色的元宝蛋饺便做好了。

蒸盆子中需要的香料很多，但要求不能在盆中看到香料渣，要将香料用干净的纱布包裹起来，将口用线绑扎，做成香料袋。

这5项便是食材加工的重要工序，此时从室外过渡空间到厨房室内的红案，接下来的装盆直到完成就主要在厨房室内空间了。

图5.118盆子蒸制

图5.119大年三十堂屋聚餐食用蒸盆子

（3）食材装盆：食材装盆仍然是在红案上。装盆有两大要点，一是食材从下向上的摆放顺序，二是食材的造型。在顺序上，要求先将猪蹄盘盘平铺在盆底，然后将整鸡摆入盆中，鸡头必须仰向天空（有的也将鸡分开装盆，先把可食用的鸡内脏放入胸腔内，翻转后平放在猪蹄上，再摆仰向天空的鸡头，并将翅、腿、爪在身子周围摆出欲向上飞腾的姿态），鸡嘴中亦必须叼着青葱段或红辣椒，青葱寓意家中孩儿聪明伶俐，红辣椒寓意家中生活红红火火。香料包放在整鸡下面。装好整鸡后紧接着将各种已经切好与泡好的配菜一层一层分类配色摆在盆子圜口的周边，包括黑木耳、莲菜、水萝卜、红萝卜、青菜、鱿鱼等，墨鱼、海参等易熟且比较重要的配菜应在肉菜蒸熟后再放入，蛋饺在出锅前放入。

（4）盆子蒸制：盆子上火蒸制最好是在紫阳特有的土柴灶[1]上完成（图5.118）。在直径1m的大蒸锅中，将盆子放于中心，然后在蒸锅中加水，水位要达到盆壁2/3处，盖上锅盖开始加火。加火的诀窍是“先武火，后文火”，武火能使水在短时间内沸腾，产生高温蒸汽，蒸熟里面的食材，冒大气后慢慢改用文火再继续蒸制。武火需要用当地产的竹子做柴火，竹子火“硬”，能满足武火的需求，文火则用杂柴即可，烧文火时火不能灭，要不断添柴及往锅里加水，并根据经验把握时间放入海参、墨鱼，这样连续蒸6～8小时，就能完成。

1. 土柴灶亦即“牛头灶”。

（5）蒸盆子食用：蒸盆子是紫阳人大年三十晚上最重要的主菜，一般都是从大年二十四祭过灶王以后便开始备料，腊月二十九白天蒸一天，晚上蒸好后，将火熄灭，第二天早晨再燃火加热，临出蒸锅前放入蛋饺，也有的在此时将辣椒或青葱放入鸡嘴，再撒上葱和蒜苗末后上桌。

蒸盆子的食用是在家中堂屋（图5.119），全家人共聚一堂的空间氛围中进行。蒸盆子在上桌之前应先上八荤八素，等饭上后才上这道主菜。鸡头要向着家

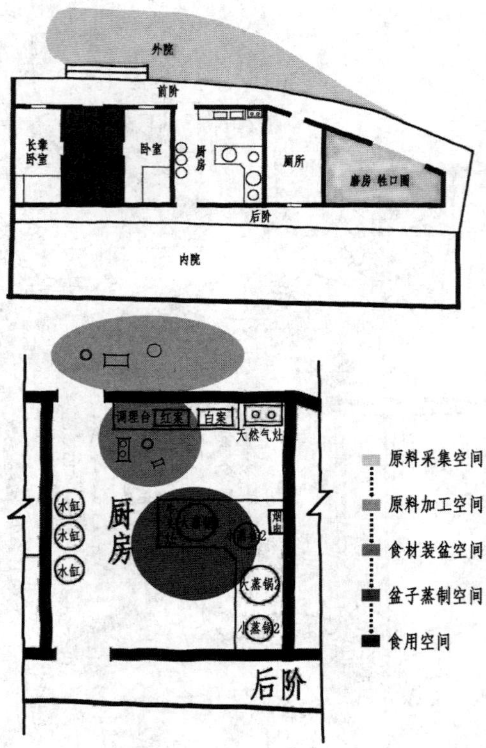

图5.120　蒸盆子制作程序与传统空间关系

中长辈，以表尊重之意和体现伦理关系，家中长辈在北方的座次依然按照昭穆之序，父左母右，儿女及晚辈分坐两边与对面。

以上便是蒸盆子的制作程序及其与传统空间的关系（图5.120），这项传统技艺以其与环境共生的质朴和单纯反映了深刻的本源文化内涵，更重要的是对于紫阳人来说，没有蒸盆子的除夕是不完整的，它代表了这个区域人民在地无三尺平、南北相交的地景结构和地理位置中所形成的生活方式，与传统石板房建造技艺一样，都是土生土长、与紫阳的场所精神相契合的文化结构，都是需要在新农村建设中予以保护和传承的。

5.3.4　紫阳县因灾迁建村庄三者共生性新农村建设模式

2010年，紫阳遭遇了前所未有的特大型洪水灾害，江河沿岸受灾严重，对村落设施造成了严重的破坏，沿岸许多村落需要重建或迁建。鉴于此，这里提出在村落集中迁建或重建的过程中应该注重将紫阳县城石板房区空间特色、石板房的建造技艺，以蒸盆子等为代表的非物质文化遗产（存）对空间形态的需求引入到规划与设计方案中，采取借鉴、引入的方法，使迁建和重建村落能够在新技术、新材料、新结构等现代化因素的支撑中传承体现千百年积淀下来的传统文化，使人们仍能找回关于祖先的记忆。

第六章　结论

6.1　结论

对新农村建设与文化传承的理论研究及对新农村建设、乡村非物质文化遗存、传统村落建筑空间环境三者共生性建设模式的研究可总结如下：

1. 农耕文明是中国传统文化与当今文化的本源和根本属性。农耕文明最初源发于行为，日积月累而形成文化体系，最终积淀为人类重要文明类型。在中华民族历史发展序列的传统时期，农耕文明决定了文化体系的方方面面，无孔不入地渗透在人们生活的衣、食、住、行、想中，是传统文化形成的本源和根本属性。随着时代的发展，在物质技术条件均已达到较高水平的今天，物质形式的进步并未改变中国人生活中衣、食、住、行、想的根本观念、流程和模式，农耕文明仍然是中华民族集体无意识的文化本源和根本属性。

2. 中国乡村是孕育传统文化的土壤，亦是孕育乡村非物质文化遗存（产）的土壤。面积广阔和人口众多决定了乡村是中国地理环境空间最重要的特性，亦决定了农耕文明发端、形成、发展的客观必然，正是因为有了广阔的乡村，产生了农耕行为，才肇始了传统文化系统的各个方面。乡村以其稳定的风土性习俗使传统文化在缓慢而稳定的发展过程中得以保护和传承，而面积广阔和人口众多又使乡村成为保护、传承传统文化最稳定与契合的容器。传统文化与乡村非物质文化遗存（产）是母子关系，二者又皆以农耕文明为本源和根本属性。中国乡村是孕育农耕文明、传统文化、乡村非物质文化遗存（产）的土壤。

3. 传统文化与乡村非物质文化遗存（产）是母子关系，传统文化是孕育乡村非物质文化遗存（产）的母体，乡村非物质文化遗存（产）是传统文化从古至今的历史积淀与具体时代表现形式，前者是后者产生的根基，后者是前者在历史时间序列中的保存和表现，两者互为依存和因果。

4. 今天的新农村建设处在基本物质生活条件的初步改善阶段。风土的稳定性、场所结构与场所精神的稳定性、传统文化孕育传承土壤的稳定性三个方面确定了这件事情所具有的重大意义，同时也提出了切勿急功近利的警示。以农耕文明为本源和属性的国家六大文化区域中，仍存在大量丰富多样的乡村非物质文化遗存（产），它们的存在客观上规定了新农村建设不应忽视文化保护与传承，它们对空间的影响及使其表现出的独特性质亦使新农村建设、乡村非物质文化遗存（产）、传统村落建筑环境三者共生性建设模式具备了客观的文化前提和物质空间前提。

5. 新农村建设、乡村非物质文化遗存（产）、传统村落建筑环境三者共生性建设模式是科学处理农村建设和文化保护传承关系的重要途径，是理性解决农村物质生活条件改善和非物质文化遗存保护并行发展的有效方法，是在农村建设中适度进行拆建和保存的最佳衡量标准，是中国乡村、传统文化、农耕文明的昨天、今天、未来得以联系和发展的科学、理性、适度的方式。

6. 新农村建设、乡村非物质文化遗存（产）、传统村落建筑环境三者共生性建设模式针对中国乡村的具体情况，形成了保护式、改造式、新建式三种建设方式。村落外围地景结构、村落内部空间实体、村落实体性构成元素、村落整体、村落非物质文化遗存（产）、村落物质生活条件六个方面的存在是衡量三种建设方式实施条件、过程、结果的标准。

1）保护式针对的传统村落应具备以下条件：

（1）村落外围保存了完整的地景结构，村落属于地景结构的延伸和组成部分，其选址具有完整的风水营建思想，村落与环境共生。

（2）村落内部从空间到实体，从整体结构到单一空间单元，皆是对农耕文明本源的传统文化的空间图示化表达，村落内部由传统文化所决定的各功能空间体系完整。

（3）村落实体性构成元素（包括建筑物和构筑物），①存在时间久远，对村民共同体或个人具有着重要或特殊的意义。这些元素是通过传统建造技艺完成，匠人、传统技艺、传统材料的共同作用使实体性元素凝结和表达了以农耕文明为本源的传统文化；②实体性构成元素除了作为围合各种空间的界面，其本身所具功能体系完整，在微观空间中又与微观空间结构一致，体现了风水原则和实体性意义。

（4）村落整体作为具有包被形态的人居环境空间，凝结与聚集了场所精神，体现了风土的稳定性，是情境交融的空间体系。

（5）村落非物质文化遗存（产）完整而独特，体现了村落存在久远的传统习俗，且非物质文化遗存（产）对村落建筑空间形态具有决定或影响作用。

（6）村落物质生活条件因时间久远而致使生活设施与公共设施陈旧或遭到破坏，或因周围宏观自然环境条件（尤指宏观山水格局）的改变，对传统村落物质生活条件造成破坏性影响。

2）改造式针对的村落应具备以下条件：

（1）村落外围的地景结构遭到一定程度的改变和破坏，但仍有部分存留。村落与地景结构的一致性关系部分性断裂，风水营建模式部分或少部分保留，村落外貌在历史变迁中产生较大程度的改变，村落与环境的共生关系虽遭破坏但仍有部分遗存。

（2）村落内部由传统文化决定的整体空间结构部分性改变或遭致破坏，文化空间图示化表达残缺不全但有迹可循，部分性的功能空间因实体拆除而消失，功能性空间体系不完整。

（3）村落实体性构成元素已有近半数残旧或遭破坏、拆除，盲目新建实体从整体形态到局部装饰，皆没有体现传统文化的古风，从建造方式到材料皆没有运用与传统建筑协调一致的传统技艺和材料，新建筑无法融入整体空间结构，无法融入微观环境结构，无法成为对村民共同体或个人具有重要意义的实体，而只是场所结构与场所精神的撕裂性不协调因素。

（4）村落整体的包被性被部分撕裂，不再是完整的人居环境空间体系，场所精神部分性丧失，风土的稳定性遭致破坏。

（5）村落非物质文化遗存（产）独特而较完整，虽仍能体现村落存在久远的传统习俗，但完整性和原真性遭到部分破坏与遗失，非物质文化遗存（产）的空间表达受到较为严重或严重的影响与破坏。

（6）村落物质生活条件虽随时代发展有所改善，但工程建造缺乏整体保护性规划指导而造成的工程形式的非隐蔽性，成为破坏场所结构的多余或不和谐因素，成为破坏场所精神的撕裂性重要原因。

3）新建式针对的村落应具备以下条件：

（1）村落外围地景结构因盲目性建设或不可预测自然灾害的破坏已基本丧失，风水模式完全消失，村落失去与环境共生性的联系。村落外貌在历史变迁中已完全改变，可视的历史信息几乎完全消失。

（2）村落内部由传统文化决定的整体结构已完全被破坏，文化空间图示化的表达形式已完全丧失。传统文化决定的各功能空间已全被拆除而消失。

（3）传统文化所决定的村落实体性构成元素已全被拆除，村落的古风和场所精神已消失殆尽，取而代之的是与环境相对抗的“现代”形式、建造技术和材料，实体性建筑不再与环境共生，不再与微观空间结构相一致，拆建容易且不再对共同体与个体具有重要意义。

（4）村落整体的包被性不复存在，物质与非物质因素的围合意味完全丧失，场所精神完全丧失，风土性完全破坏。

（5）村落非物质文化遗存（产）几乎完全消失，社会解组情况严重，非物质文化遗存（产）与空间关系完全被割裂，进一步增强了非物质文化遗存（产）消失的速度。

（6）村落物质生活条件或是处于陈旧落后状态，或是处于较为完善的状态，但都以完全抛弃传统文化支撑的古风和场所精神为代价。

4）保护式、改造式、新建式三种建设方式的要求、目标与原则：

（1）保护、改造与恢复村落外围地景结构，使村落与自然环境共生。

（2）保护、改造与恢复村落内部的整体空间结构与重要的体系性建筑空间和实体，使村落恢复或具备古风，并使村落发展不影响、不破坏古风的整体结构和空间实体性节点，以保证村落在从现代到未来、从宏观整体到微观局部的物质与非物质元素、氛围的完整与原真。

（3）保护、改造与恢复村落实体性构成元素的物质与非物质特征，物质性特征以保护、修复手段为主，恢复必须使用传统建造材料并通过传统建造技艺予以实施，以保证古风的保存、修复和恢复。

（4）从整体性的角度和视阈保护、改造与恢复村落的场所结构和场所精神，使村落成为情境交融的人居空间体系。

（5）保护、挖掘与引进乡村非物质文化遗存（产），挖掘与引进应该针对改造和新建式，使乡村非物质文化遗存（产）对空间的影响与决定性在农村改造建设中予以体现，从而实现整体性场所精神的保护与恢复，使村落成为情境交融的空间体系。

（6）村落物质条件建设和发展，不能影响和破坏外围地景结构、内部空间结构与实体元素的古风、整体性的场所结构和精神及乡村非物质文化遗存（产）的空间表达形式，应多以隐蔽工程为主，注重协调古风的文化外貌与现代物质技术内在支持之间的“内外”关系，使文化保护与发展在科学、理性、适度的原则下协调发展。

6.2 思考

社会的形成是多样化和多元素的，繁杂的社会组织运行的根本动力在于人人潜意识中认同与熟知的伦理关系，伦理关系即是人人自觉遵守各自的身份原则而存在，这是法律的外部约束所无法替代的。在面对西方文化、外来文化冲击的今天，伦理关系的缺失是真正需要反思的大问题，这也是各种社会问题产生的根因，痛苦的是，我们正经历着这个动荡的、丧失的、变化的过程。

人是复杂的生物，人的需求是多样化的，城市与乡村在并行发展的时代，应该具有不同的面貌，应该回归到城乡本身所具有的伦理关系。城市是体现了现代思想、变化思潮的场域（这已经是客观现实），乡村则应该是田园的、传统的，因为中国的传统文化本身就是一种艺术型的模式和社会构成方式，城市与乡村应该各得其景、各司其职。

在广阔乡村中，风土景观是相对稳定的特性，农民的问题农民会以他们所熟知的方式去解决，这种方式或是祖祖辈辈传承或是劳作中总结的最方便之经验，所以，新农村建设应该仍然以农民自身的建设力量为主，外部只能是支持和引导的力量。然而，在各种外来文化冲击、激荡的今天，纷杂的现状又使农民的选择变得盲目，短期利益、长远利益的衡量常被表象所蒙蔽，故这也是学术、学者所应还原的真相。

对于一个国家、一个群体甚或是个人，短期利益、长远利益都是需要整体考量的需求，短期利益与目标必须在长远利益、目标、计划的框架中予以界定，因为不在宏观框架中看问题和作决定都是不全面与不客观的，然而，宏观、中观、微观的概念都是相对的，一粒沙子亦是一个世界，宏观体系亦需要若干细微结构的支撑。农村建设是一个微观体系，也是一个宏观体系。作为微观体系，需要将其放置在国家、民族发展的大序列、大历史中予以判断，如此才能看清它的位置和意义；作为一个微观体系，需要对其内部的社会因素、建造因素、环境因素、自然因素、人文因素、技术因素等各个元件进行认真分析，才能从内到外看得仔仔细细，这是目前新农村建设所急需的思考方式和工作方法。

参考目录

[1] 梁漱溟.乡村建设理论[M].上海：世纪出版社集团，2006，8.

[2] 梁漱溟.中国文化要义[M].上海：上海人民出版社，2005，5.

[3] 梁漱溟.梁漱溟全集[M].山东：山东人民出版社，2005，5，1.

[4] 费孝通.江村经济——中国农民的生活[M].北京：商务印书馆，2002，2.

[5] 费孝通.人的研究在中国[M].天津：天津人民出版社，1993，10.

[6] 费孝通.乡土中国[M].北京：三联书店，1985.

[7] 费孝通.江村经济——中国农民的生活[M].北京：商务印书馆，2002，2.

[8] 靳之林.绵绵瓜瓞与中国本原哲学的诞生[M].桂林：广西师范大学出版社，2001，1.

[9] 靳之林.中国民艺民俗与考古文化丛书：生命之树[M].北京：中国社会科学出版社，1994，4.

[10] 靳之林.中国民间美术[M].北京：五洲传播出版社，2004，8.

[11] 靳之林.抓髻娃娃与人类群体的原始观念[M].桂林：广西师范大学出版社，2001，10.

[12] 国风.中国农民的传统生活[M].北京：经济科学出版社，2006，8.

[13] 国风.中国农村的历史变迁[M].北京：经济科学出版社，2006，8.

[14] 国风.中国农业的历史源流[M].北京：经济科学出版社，2006，8.

[15] 张力军，胡泽学.图说中国传统农具[M].北京：学苑出版社，2009，2.

[16] [美]鲁思・本尼迪克特.菊与刀[M].吕万和等译.上海：商务印书馆，1990，6，1.

[17] [法]莫里斯・梅洛-庞蒂著.直觉现象学[M].姜志辉译.北京：商务印书馆，2001，2.

[18] 中共中央国务院关于积极发展现代农业扎实推进社会主义新农村建设的若干意见[N].Baidu，2007.

[19] 胡锦涛.高举中国特色社会主义伟大旗帜为夺取全面建设小康社会新胜利而奋斗——在中国共产党第十七次全国代表大会上的报告[N].2007.

[20] 阮炜.地缘文明[M].上海：三联书店，2006，6.

[21] 贺雪峰.乡土中国[M].桂林：广西师范大学出版社，2003.

[22] 胡兆量等.中国文化地理概述[M].北京：北京大学出版社，2006，3.

[23] 刘玉婷.中国历代建筑典章制度（上、下）[M].上海：同济大学出版社，2010，9.

[24] 负慧星.新农村人居环境与村庄规划丛书：新农村住宅建筑实用技术[M].北京：中国社会出版社，2006，9.

[25] 佟庆远等.新农村人居环境与村庄规划丛书：新农村生态建设与环境保护设计[M].北京：中国社会出版社，2006，9.

[26] 浦善新等.农村人居环境与村庄规划丛书：走向城镇化新农村建设的时代背景[M].北京：中国社会出版社，2006，9.

[27] 杜鹃.农村人居环境与村庄规划丛书：农村环境污染防治[M].北京：中国社会出版社，2006，9.

[28] 陈衍庆.新农村人居环境与村庄规划丛书：新农村新能源利用[M].北京：中国社会出版社，

2006，9.

[29] 杨旭东等.农村人居环境与村庄规划丛书：新农村房屋节能技术[M].北京：中国社会出版社，2006，9.

[30] 佟庆远等.新农村人居环境与村庄规划丛书：农村可持续发展对策及案例[M].北京：中国社会出版社，2006，9.

[31] 方明等.新农村人居环境与村庄规划丛书：农村建设中的村庄整治[M].北京：中国社会出版社，2006，9.

[32] 浦善新.新农村人居环境与村庄规划丛书：新农村建设导读[M].北京：中国社会出版社，2006，9.

[33] 邵爱云等.新农村人居环境与村庄规划丛书：新农村村庄整治规划实例[M].北京：中国社会出版社，2006，9.

[34] 方明等.新农村人居环境与村庄规划丛书：社区规划与住宅设计[M].北京：中国社会出版社，2006，9.

[35] 方明等.新农村人居环境与村庄规划丛书：国外村镇建设借鉴[M].北京：中国社会出版社，2006，9.

[36] 韩飞等.新农村人居环境与村庄规划丛书：游在农家沪地"农家游"模式解读[M].北京：中国社会出版社，2006，9.

[37] 李佐军.中国新农村建设报告（2007）[M].北京：中国社会科学出版社，2008，1.

[38] 李佐军.中国新农村建设报告（2006）[M].北京：中国社会科学出版社，2008，1.

[39] 聂华林等.中国西部新农村建设概论[M].北京：中国社会科学出版社，2007，5.

[40] 张松.历史城市保护学导论——文化遗产和历史环境保护的一种整体性方法.上海：同济大学出版社，2008，3.

[41] 常青.建筑学的人类学视野[J].ARCHITEC，2008，（12）.

[42] 常青等.探索风土聚落的再生之道——以上海金泽古镇"实验"为例[J].城市规划学刊，2008（2）.

[43] [美]拉普卜特著.宅形与文化[M].常青，徐菁，李颖春，张昕译.北京：中国建筑工业出版社，2007，7，1.

[44] 常青等.杭州来氏聚落再生设计[J].时代建筑，2006，4.

[45] 常青.略论传统聚落的风土保护与再生[J].建筑师，2005，（3）.

[46] 常青等.梅溪实验——陈芳故居保护与利用设计研究[J].建筑学报，2002，4.

[47] 常青.人类习俗与当代建筑思潮[J].上海：同济大学学报自然科学版，1993，21（3）.

[48] 常青.建筑人类学发凡[J].建筑学报，1992（5）.

[49] 庄锡昌等编译.文化人类学的理论构架[M].浙江：人民出版社，1988.

[50] [挪威]诺伯格·舒尔茨著.场所建筑：迈向建筑现象学[M].施植明译.武汉：华中科技大学出版社，2010，7.

[51] [美]Alexander Christapher.建筑的永恒之道[M].北京：知识产权出版社，2004，1.

[52] [美]拉普卜特著.建成环境的意义——非语言表达方法[M].黄兰谷等译.中国：建筑工业出版社，2003，8.

[53] [美]拉普卜特著.文化特性与建筑设计[M].常青等译.中国：建筑工业出版社，2004.

[54] [英]布莱恩·劳森著.空间的语言[M].杨青娟等译.中国：建筑工业出版社，2003.

[55] [英]G勃罗德彭特著.符号·象征与建筑[M].乐民成等译.中国：建筑工业出版社，1991.

[56] [美]里查德·桑内特著.肉体与石头——西方文明中的身体与城市[M].黄煜文译.上海：上海世纪出版集团，2006.

[57] [法]列维·施特劳斯著.结构人类学[M].谢维扬等译.上海：译文出版社，1995.

[58] [美]法兰西斯·福山著.历史之终结与最后一人[M].李永炽译.台湾：时报文化出版社，1993.

[59] [美]约瑟夫·里克沃特译著.城之理念——有关罗马、意大利及古代世界的城市形态人类学[M].刘

东洋译.中国：建筑工业出版社，2006.

[60] [美]约瑟夫·里克沃特著.亚当之家——建筑中关于原始棚屋的思考[M].李保译.北京：中国建筑工业出版社，2006.

[61] [美]肯尼斯·弗兰姆普敦著.建构文化研究——论19世纪和20世纪建筑中的建造史学[M].王俊阳译.中国：建筑工业出版社，2007.

[62] [德]哈贝马斯著.交往行为理论－行为合理性与社会合理化(第一卷)哈贝马斯文集[M].曹卫东译.上海：人民出版社，2004，8.

[63] [美]简·雅各布斯著.美国大城市的生与死[M].金衡山译.江苏，译林出版社，2005.

[64] 于海广等.中国文化遗产保护[M].山东大学出版社，2008，5.

[65] 陕西人民出版社项目组.第一批陕西非物质文化遗产图录(共6辑)[M].西安：陕西人民出版社，2008，8，1.

[66] [法]丹纳著，傅雷译.艺术哲学[M].合肥：安徽文艺出版社，1991，7.

[67] 丁俊清.中国居住文化[M].上海：同济大学出版社，1997，1.

[68] 尹国均.居家文化[M].北京：中国经济出版社，1995，3.

[69] 赵民等.土地使用制度与城乡发展[M].上海：同济大学出版社，1998.

[70] 中共中央党校文史教研部教师范玉刚[J].中共中央党校学报，2004，（3）.

[71] [以色列]SN艾森斯塔德著.现代化：抗拒与变迁[M].陈育国，张旅平译.北京：中国人民大学出版社，1988，1.

[72] 周宪，许均.现代性研究译丛：总序部分[M].北京：商务印书馆，2000，1.

[73] 周宪.从现代到后现代[M].人文艺术.北京：中国美术学院出版社，2002.

[74] [英]安东尼·吉登斯著.现代性的后果[M].田禾译.上海：上海译林出版社，2000，1.

[75] 陆杨.关于后现代话语中的现代性[J].文学研究，2003.

[76] 张法.后现代与中国的对话：已有的和应有的[J].北京：文艺研究，2003.

[77] 胡泽学.中国犁文化[M].北京：学苑出版社，2006，12.

[78] 陶莉等.传统农耕聚落研究初探[J].安徽农业科学.2008，36（28）：12463～12464.

[79] 倪晓燕.农耕经济对中国传统文化特征形成的影响[J].江苏广播大学学报，2003，10，14（5）：53～55.

[80] 王晶.农耕经济对中国农民传统文化信仰形成的影响[J].长白学刊，2004，5（119）：111～112.

[81] 林巍.中国城市化的背后——农业的潜在危机[J].边疆经济与文化，2005，（4）：43～45.

[82] 彭兆荣.人类学仪式理论的知识谱系[J].山东济南：民俗研究，2003，（2）：5～19.

[83] 蔡莹.从《左传》看郑国的文化空间[J].广东：嘉应学院学报（哲学社科版），2008，4，26（2）：68～71.

[84] [元]薛景石著.郑巨欣注释.梓人遗制[M].济南：山东画报出版社，2006，1，1.

[85] [梁]刘勰著.范文澜注.文心雕龙（上、下）[M].北京：人民文学出版社，2008，4.

[86] [明]宋应星.天工开物[M].书林杨素卿梓.

[87] 刘英.清代陕西关中的油料栽培与利用研究[J].安徽：安徽农业研究，2008，36（36）：16251～16253.

[88] 苏东海.生态博物馆的思想及中国的行动[J].南京:国际博物馆，译林出版社，2008，（1-2）：29～40.

[89] 郑林.中国近代农业技术创新三元结构分析[D].南京：南京农业大学，2004，6.

[90] 彭南生.20世纪二三十年代中国农民的文化生活形态[J].武汉：华中师范大学，2008，5，47（3）：60～67.

[91] 杨天宇.周礼译注[M].上海：上海古籍出版社，2004，7.

[92] 杨天宇.礼记译注（上、下）[M].上海：上海古籍出版社，2004，7.

[93] 杨天宇.仪礼译注[M].上海：上海古籍出版社，2004，7.

[94] [明]王君荣原著，许颐平主编.图解阳宅十书[M].北京：华龄出版社，2010，4.

[95] 于希贤等.中国古代风水的理论与实践——对中国古代风水的在认识（上、下）[D].北京：光明日报，2005，9.

[96] 高见南.相宅经纂[M].味根州堂藏板,道光甲辰新刊.

[97] 王石川.人民时评：整饬“权力之手”，“才能根治千城一面”[EB/OL].人民网，http://opinion.people.com.cn/GB/5346788.html, 2007，10，30.

[98] 王仁贵等.无差异化战略导致中国城市“千城一面”[EB/OL].中国新闻网，http://www.chinanews.com/gn/2010/09-13/2528496.shtml, 2010，9，13.

[99] 李长灿等.“千城一面”是国际化之大忌[EB/OL].杭州日报，http://hzdaily.hangzhou.com.cn/hzrb/html/2009-07/16/content_711024.htm, 2009，7，16.

[100] 王兆君等.韩国“新村运动”对青岛市社会主义新农村建设的启示[J].哈尔滨：商业研究，2008，12：126～130.

[101] 吴源林，晓文.英国保护乡村运动80年 田园风光今犹在[EB/OL].中国经济网，http://civ.ce.cn/main/syjd/gygm/200911/19/t20091119_20458068_3.shtml. 2009，11，19.

[102] 重返英伦 从乡村中寻隐世美景[EB/OL].中国新闻网，http://www.chinanews.com/life/news/2009/04-13/1643916.shtml.2009，4，13.

[103] 骆书玉.英国乡村的地景保护政策[EB/OL].豆丁网，http://www.docin.com/p-204534457.html.2006，5，5.

[104] [美]华盛顿·欧文(Washington Irving)著.见闻札记.高建译.上海：上海译文出版社，2011，10，1.

[105] 张志荣.独具特色的英国乡村别墅.北京：中华民居，2010，7:50～55.

[106] 谢万.与欧洲“新农村建设”相比中国差什么[EB/OL].中国经济网http://www.chinanews.com/cj/news/2009/08-19/1824824.shtml.2009，8.

[107] 冯书泉.国外农村建设的基本经验[J].北京：中央党校科社部，2006，（1）：13～15.

[108] 杨东群等.世界主要国家农村建设与发展问题探索[J].北京：世界农业，2007，（5）：39～46.

[109] 曾建民，彭玮.略论发达国家农村建设的政策与措施[J].湖北武汉：江汉论坛，2006，（12）：30～32.

[110] 姜红雨，发达国家加快农村建设的政策措施[J].黑河：黑河学刊，2009，9，（6）：39～53.

[111] 车将，廖允成.国外农村建设对我国新农村建设的启示[J].安徽：安徽农业科学，2007，35（29）：9381～9385.

[112] 汪广荣.论农村建设中农民的话语权及其实现[J].辽宁沈阳:农业经济，2008，（9），3～5.

[113] 吴松弟.无所不在的伟力——地理环境与中国政治[M].长春：吉林教育出版社，1989，4.

[114] 高翔.新疆生土建筑体系街区保护和改造探索——以喀什为例[D].重庆：重庆大学，2002，4.

[115] 李生英.新疆生土建筑的研究——以吐鲁番为例[D].乌鲁木齐：新疆大学，2007，6.

[116]杨晓峰，周若祁.吐鲁番吐峪沟麻扎村传统民居及村落环境[J].北京：建筑学报，2006，4:36～40.

[117] 李欣华等.历史文化名村的旅游保护与开发模式研究——以吐鲁番吐峪沟麻扎村为例[J].新疆乌鲁木齐：干旱区地理，2006，4，29（2）：301～306.

[118] 王欣，范婧婧.鄯善吐峪沟麻扎村的民俗文化[J].新疆乌鲁木齐：西域研究究，2005，（3）：112～130.

[119] 刘萍.维吾尔人的“同乳人”研究——麻扎阿勒迪村维吾尔人的认知[J].甘肃兰州：西北民族研究，2004，（2）：139～144.

[120] 李群等.土性文化——新疆鄯善县麻扎村生土建筑景观规划[J].北京：装饰，2010，（3）：139～144.

[121] 岳邦瑞等.人地关系视角下的吐鲁番麻扎村绿洲聚落形态研究[J].长沙：经济地理，2011，8，31（8）：1346～1350.

[122] 林向东等.无核白葡萄葡干过程中褐变原因探析[J].北京：食品科学，199，6：72～74.

[123] 郑永菊等.吐鲁番葡萄干加工中存在的主要问题[J].山东济南：中外葡萄与葡萄酒，2011，9：62～64.

[124] 陈炜.简单的生活——西藏民居建筑研究[J].北京：装饰，2006，12：125.

[125] 陈履生.西藏民居[M].北京:人民美术出版社，1995，5.

[126] 索朗措姆.山南邦典民俗文化研究[D].西藏拉萨：西藏大学，2010，4，10.

[127] [法]约翰·劳格文(John Lagerwey).客家传统社会（上、下）[M].北京：中华书局，2005，12.

[128] 福建省连城县地名办公室编.连城县地名录[M].1983，6.

[129] 中国人民政治协商会议福建省连城县委员会文史资料委员会.连城文史资料(15)[M].1991，8.

[130] 中国人民政治协商会议福建省连城县委员会文史资料委员会.连城文史资料(4)[M].1985，5.

[131] [法]雨果·戴瓦兰(Hugue de Varine)著.20世纪60～70年代新博物馆运动思想和“生态博物馆”用词和概念的起源[J].北京：张晋平译.中国博物馆，2005，（3）：36～38.

[132] 包俊洪，陈锡文.努力建设社会主义新农村——访中央财经领导小组办公室副主任、中央农村工作领导小组办公室主任陈锡文[J].北京：求是，2006，（7）：29～31.

[133] 中国地方志集成·陕西府县志辑目录[M].南京：凤凰出版社，2007.

[134] 郭庆丰.黄河流域民间艺术考察手记：纸人记[M].上海：上海三联书店，2010，8.

[135] 郭庆丰.黄河流域民间艺术考察手记：符图记[M].北京：中国人民大学出版社，2009，10.

[136] 郭庆丰.阳歌阳图[M].台北：汉声杂志社.

[137] 梁志刚.关中皮影[M].杭州：浙江人民出版社，2007，12.

[138] 乔建中，陈克秀.中国锣鼓[M].太原：山西教育出版社，2002,12,1.

[139] 程征等.中国民间美术全集：剪纸[M].南京：江苏美术出版社，2002，8.

[140] 吴山.中国纹样全集[M].济南：山东美术出版社，2009，8.

[141] 钱正坤，钱正盛.中华吉祥装饰图案大全：吉祥人物[M].上海：东华大学出版社，2006，9.

[142] 王宁宇等.陕西药王祟祀风俗考察记[M].北京：学苑出版社，2010，5.

[143] 王宁宇.关中民间器具与农民生活[M].北京：学苑出版社，2010，5.

[144] 方李莉.西部人文资源考察实录[M].北京：学苑出版社，2010，5.

[145] 方李莉.西行风土记——陕西民间艺术田野笔记[M].北京：学苑出版社，2010，5.

[146] 方李莉.从遗产到资源——西部人文资源研究报告[M].北京：学苑出版社，2010，4.

[147] 杨先让，杨阳.二十世纪八十年代黄河流域民间艺术田野考察报告：黄河十四走[M].北京：作家出版社，2003，4.

[148] 康捷等.陕西西路皮影造型的流变[J].北京：艺术与设计，2009，10:342～344.

[149] 李福蔚.西府城市民俗[D].西安：三秦出版社，2006，8.

[150] 张建忠.陕西民俗采风（关中）[M].西安：西安地图出版社，2000，4.

[151] 张建忠.陕西民俗采风（陕南、陕北）[M].西安，西安地图出版社，1999.

[152] 陕西省文化厅，陕西省非物质文化遗产保护中心.陕西省非物质文化遗产保护高峰论坛论文集[M].西安：三秦出版社，2008，12.

[153] 张晓红.文化区域的分异与整合[M].上海：上海书店出版社，2004，1.

[154] 陕西地情网，http://www.sxsdq.cn.

[155] 陕西省合阳县文化馆编.合阳县民间文学作品选[M].1983，6.

[156] 陕西省文化厅，陕西省非物质文化遗产保护中心.陕西省第一批非物质文化遗产名录图典[M].西安：陕西人民美术出版社，2008，12.

[157] 余龙飞.青山秀水话汉中[M].西安：西北大学出版社，2009，1.

[158] 叶孟理.汉水文化研究集刊（一）[M].西安：西北大学出版社，2006，10.

[159] 王立新.汉水文化研究集刊（二）[M].西安：西北大学出版社,2009,1.

[160] 曹本治.中国传统民间仪式音乐研究·西北卷[M].昆明：云南人民出版社，2003，12.

[161] 张璧田，刘振亚.陕西民居[D].北京：中国建筑工业出版社，1993，9.

[162] 赵立瀛等.陕西古建筑[M].西安：陕西人民出版社，1992，11.

[163] 雷振东.整合与重构——关中乡村聚落转型研究.南京：东南大学出版社，2009，8.

[164] 周庆华.黄土高原·河谷中的聚落——陕北地区人居环境空间形态模式研究[M].北京：中国建筑工业出版社，2009，1.

[165] 孙大章.中国民居研究[M].北京：中国建筑工业出版社，2006，3.

[166] 侯继尧,王军.中国窑洞[M].郑州：河南科学技术出版社，1999，9，1.

[167] 王军.西北民居[D].北京：中国建筑工业出版社，2009，12.

[168] 周若祁，张光等.韩城村寨与党家村民居[M].西安：陕西科学技术出版社，1999，10.

[169] 吴昊.陕北窑洞民居[M].北京：中国建筑工业出版社，2008，11.

[170] 段友文.黄河中下游家族村落民俗与社会现代化[M].北京：中华书局，2007，10.

[171] 王路.村落的未来景象——传统村落的经验与当代聚落规划[J].北京：建筑学报，2011，（11）：16~22.

[172] 马炳坚.北京四合院[M].天津：天津大学出版社，1999，6.

[173] 田永复.中国仿古建筑构造[M].北京：化学工业出版社，2010，3.

[174] 马航.中国传统村落的延续与演变——传统聚落规划的思考[J].上海：城市规划学刊，2006，（1）：102~107.

[175] 刘沛林.古村落：和谐的人聚空间[M].上海：上海三联书店，1998，1.

[176] 刘沛林.论中国历史文化村落的“精神空间”[J].北京:北京大学学报(社科版)，1996，（1），44~48.

[177] 金涛等.中国传统农村聚落营造思想浅析[J].西安：人文地理，2002，10，17（5）：45~48.

[178] 王绚，侯鑫.陕西传统堡寨聚落类型研究[J].西安：人文地理，2006，（6）：35~39.

[179] 薛敏，祁嘉华.陕西古民居生态美学意蕴解读[J].河南郑州：美与时代，2007，（5）.

[180] 祁嘉华.陕西古村落的现状、问题与对策[J].西安：西安建筑科技大学学报(社科版)，2010，6，29（2）：28~32.

[181] 祁嘉华，孙琳.古村落成为新农村的文化思考——以陕西省为例[J].安徽合肥：安徽农业科学，2011，39（3）：1744~1745，1769.

[182] 丁正勇.关中平原村镇生活空间[D].西安：西安建筑科技大学，2001，6.

[183] 童丽萍等.生土窑居的民间营造技术探讨[C].2007第十五届中国民居学术研讨.西安：西安建筑科技大学学报，2007，413~415.

[184] 罗强.西北地区生土民居设计与营造技术研究[D].重庆：重庆大学，2006，6，1.

[185] 侯政.生土建筑下沉式窑洞建筑的精神和延续[J].太原：山西建筑，2007，4，33(12)：30~32.

[186] 刘海宁.下沉式窑居村落之现状调研与发展展望[D].西安：西安建筑科技大学，2001，5.

[187] 马成俊.下沉式窑洞民居的传承研究和改造实践[D].西安：西安建筑科技大学，2009，5.

[188] 赵德锁.柏社史话[M].三原县城建局.

[189] 李雅丽，陈宗兴.陕北乡村聚落地理的初步研究[J].乌鲁木齐：干旱区地理，1994，3，17(1)：46~52.

[190] 闫杰.陕南民居建筑及其文化特征[J].四川成都：四川建筑科学研究，2009，（4）：221~225.

[191] 沈弘.晚清映像：西方人眼中的近代中国[M]北京：中国社会科学出版社，2005，6.

[192] 贾德江.中国当代名家画集·窦鸿[M].北京：北京工艺美术出版社，2008，11.

[193] 邹衡.夏商周考古学论文集（第二版）[M].北京：科学出版社，1980，11.

[194] 邹衡.夏商周考古学论文集（续集）[M].北京：科学出版社，1998，4.

[195] 郭沫若著作编辑出版委员会.郭沫若全集·考古编·第四卷[M].北京：科学出版社，2002，10.

[196] 郭沫若.两周金文辞大系图录考释（上、下）[M].上海：上海书店出版社，1999，7.

[197] 巩天峰.神性和俗性的融合——神庙戏台建筑装饰文化特性解读[J].北京：美术观察，2008，（4）：117.

[198] 张建军等.传统戏场中的戏台研究[J].西安：陕西建筑，2009，11，（173）：1.

[199] 王鹏.陕西传统戏场建筑及音质初探[D].广州：华南理工大学，2010，4.

[200] 宋联奎.味经书院志 七十二[M].陕西通志馆印.

[201] 杨慎初.中国书院文化与建筑[M].武汉：湖北教育出版社，2002，12.

[202] 赵所生，薛正兴.中国历代书院志16册[M].南京：江苏教育出版社，1995，9.

[203] 赵所生，薛正兴.中国历代书院志6册[M].南京：江苏教育出版社，1995，9.

[204] 刘晓喆.清代陕西书院研究[D].西安：西北大学，2008，6，12.

[205] 刘晓喆，胡玲翠.陕西书院的历史概貌与区域特征初探[J].西安：西北大学学报(哲学社科版)，2007，9，37（5）：28～31.

[206] 杨洪冰，贾嫚.陕西民间乐舞中的“傩”[J].西安：西北大学学报，2008，9，38（5）：167～169.

[207] 苏燕平，黄有军.关于杨凌区上川口村锣鼓民俗文化产业发展的思考[J].陕西杨凌：陕西农业科学，2010，（2）：176～178.

[208] [日]田仲一成著.中国戏剧史[M].布和译，吴真校译.北京：北京大学出版社，2011，7.

[209] [日]田仲一成著.中国祭祀戏剧研究[M].布和译.北京：北京大学出版社，2008，2.

[210] 焦文彬.长安戏曲[M].西安：西安出版社，2010，10.

[211] 陈忠实.我的关中我的原[M].上海：学林出版社，2007，8.

[212] 陈团结.最后的老油坊[J].人文中国.

[213] 王静.祠堂中的宗亲神主[M].重庆:重庆出版社，2008，4.

[214] 孙建华.漫步民间神庙[M].北京:中国社会科学出版社，2008，1.

[215] 秦燕，刘慧.20世纪八九十年代西部农村的庙会文化——以陕北地区为个案[J].北京：当代中国史研究，2006，7，13（4）.

[216] 吕波.陕北农村神庙活动探析[J].榆林：榆林高等专科学校学报，2002，10，12（4）：39～41.

[217] 王铮.陕北庙会与二十世纪上半期陕北社会变迁[D].延安：延安大学，2008，6.

[218] 殷新锋，王恺瑞.清代陕北乡村手工业结构和分布变迁研究[J].延安：延安大学学报(社科版)，2006，10，28（5）.

[219] 朱莹.晚晴关中民间信仰与城乡经济活动[D].西安：陕西师范大学，2004，4，1.

[220] 刘翠萍，张小兵.陕北信仰民俗探析[J].延安：延安大学学报（社科版），2011，6，33（3）：82～86.

[221] 赵德利，孙新峰.关中西府庙会的调查与文化思考[J].北京：民间文化论坛，2005，（6）：90～95

[222] 张少平.乡村庙会：“小传统”的画卷[J].四川内江：内江师范学院学报，2009，24（11）：56～59.

[223] 孙鸿亮.陕北农村庙会书调查与思考[J].河北石家庄：社会科学论坛,2009，2（下）：98～102.

[224] 孙鸿亮.仪式和说唱：陕北农村口愿书田野调查[J].西安：西安文理学院学报（社科版），2008，11，11（4）：25～28.

[225] 张萍.明清陕西集市的发展及地域分布特征[J].西安：人文杂质，2008，（1）：152～159.

[226] 张玉.民间艺人、书会传承——胡集书会调查与研究.济南：山东大学，2008，3，28.

[227] 彭宁.近代陕南庙会经济初探[D].西安：西北大学，2009，6，8.

[228] 甘满堂.福建村庙酬神演戏与社区公共文化生活[J].福州：福建省社会主义学院学报，2006，（1）.

[229] 田荣军.社火文化研究——以宝鸡县天王镇社火为个案[D].西安：西安美术学院.

[230] 紫阳县县志编辑委员会.紫阳县志·民俗志[M].

[231] 陕西省考古研究所，陕西省安康水电站库区考古队.陕南考古报告集[M].西安：三秦出版社，1994，6.

[232] Maurice, M P (2001). Phenomenologie De La Perception. Peking: The Commerical Press.

[233] Nitschke, Gunter (1993). From Shinto to Ando: Studies in Architectural Anthropology in Japan. Academic Press, c.

[234] Rene Dubos (1965). Man Adapting. New Haven: Yale University press.

[235] Edward, T Hall (1966). The Hidden Dimension. N Y:Doubleday.

[236] Kent, C Bloomer & Charles W Moore (1977). Body Memory and Architecture. New Haven: Yale University Press.

[237] Edited by Setha M, & Denis L Z (2003). The Anthropology of Space and Place-Locating Culture. Blackwell Publishing.

[238] Kate Nesbitt (1996). Theorizing A New Agenda For Architecture. Princeton: Princeton Architectural Press.

[239] Ardrey Robert (1966). The territorial imperative. New York: Atheneum Publishers.

[240] Aspects de la maison dans le monde. Brussels: Centre International d'Etude Ethnographique de la Maison dans le Monde, n D.

[241] Benedict Ruth (1959). Patterns of culture. Boston: Honghton Mifflin Company.

Breuil H, & R Lawtier (1951). Les hommes de la pierre ancient. Paris: Editions Payot.

[242] Brosse, J, et al (1961). 100,000 years of daily life. New York: Garden Press.

[243] Dubos, Ren é (1965). Man Adapting. New Haven: Yale University Press.

[244] Febver, L (1922). la terre et l' é volution humaine. Paris: La Renaissance du liver.

[245] Fitzgerald, C P (1965). Babarian Beds. London: Cresset Press .

[246] The human habitat. New York: W W Norton & Company, Inc.

[247] Lévi-Strauss, Claude (1963). Structural Anthropology. New York and London: Basic Books , Inc.

[248] Maguire Paul (1962). From tree dwelling to new town. London: Longmans, Green & Co Ltd.

[249] Maisons dans le monde. Paris: Librairie Larousse, n. d.

[250] Mumford Lewis (1952). Art and technics. London: Oxford University Press.

[251] Peasant society and culture. Chicago: University of Chicago Press.

Sauer Carlo (1952). Agricultural origins and dispersals. New York: American Geographical Society.

[252] Scully Vincent (1962). The earth , the temple and the gods. New York : Yale University Press.

[253] Sopher Davide (1967). Geography of religions. Englewood Cliffs, N. J.: Prentice-Hall, Inc.

[254] Tax Sol , ed (1962). Anthropology today. Chicago: University of Chicago Press.

[255] Varagnac A (1948). Civilization traditionelle et genre de vie. Paris : Albin Michel.

[256] Wagner Philipl (1960). The human use of the earth. New York : Free Press of Glencoe .

[257] Linder Werner (1964). Bauwerk und Umgebung. Tü bingen: Verlag Ernst Wasmuth.

注：本书照片、插图、表格未注明出处的，均由作者自摄绘制。